동서양정치 사상사 2

지기영 지음

법영사

머 리 말

동서양 정치사상사 1권은 나의 스승이신 고(故) 김영두 교수께서 약 60년 전에 출간한 책을 고쳐서 작년에 세상에 내 놓았다. 그리고 내게는 1권 이후, 즉 마키아벨리와 당·송 이후의 정치사상사(政治思想史)를 이어 써 완결시키고자 하는 얼마간의 의무감과 보다는 아직도 버리지 못한 미련(未練)이 함께 하여 그 동안 모아두고 준비했던 것들을 정리하여 이 책으로 엮었다.

1. 서양 정치사상사

서양(西洋)이 근세로 진입하는 데는 데카르트와 뉴톤의 공헌이 절대적인 초석(礎石)이 되었고, 근대적 의미의 정치사상에서는 홉스와 로크의 진지한 노력이 같은 역할을 수행하였다.

영국의 감성적 자각(自覺)에 근거한 경험주의 철학에 따르면 사물(事物)의 실재성(實在性)은 모든 개별적인 것에 존재하며, 합리론의 연역적(演繹的) 방법에 의한 보편성의 실재(實在)를 추상적이라 하여 이를 부인(否認)한다. 이는 정치사상에서는 '공공선(公共善)'을 인정하지 않는 결과로 나타난다.

홉스는 심리학을 바탕으로 이지(理智)에 의한 논리적 방법에 입각하여 근대적 정치이론을 형성하였다. 이러한 과학적 방법론에 따른 사유(思惟)의 결과는 그가 본래 의도한 절대군주 옹호와는 반대되는 개인주의, 공리주의에의 길을 제시하여 후학(後學)들에게 서구(西歐) 정치사상의 기본궤도(軌道)로서 영향하였다.

또한 로크는 그의 자유(自由)와 인권(人權), 인간 본성의 존엄(尊嚴)에 대한 순수한 신념으로 근대 민주주의의 정신적 지표(指標)가 되었다.

이후의 정치사상은 이들을 근간(根幹)으로 하여 그 진전(進展) 과정에서 정치현실과 조응(照應)하며 겪게 되는 운용상의 변형(變形)에서 크게 벗어난 것은 아니었다.

그러나 이들과 다른 하나의 흐름이 루소로부터 시작하여 독일 관념론에서 헤겔에 의해 주창(主唱)되었다.

독일 관념론은 인간성에 보편적으로 존재하는 자유(自由)에 대해 경험주의 철학의 개인적 판단과 행위에 대한 자유의 옹호라는 한계를 넘어 그 관념의 심폭(深幅)을 훨씬 확대·고양(高揚)시켰다.

헤겔에 있어 자유(自由)는 의지(意志), 사유(思惟)와 함께 하나의 의미체계(意味體系)를 형성한다. 그에 의하면 자유없는 의지란 공허(空虛)하고, 자유는 오직 의지로서 그리고 주관적으로서만 현실적인 것이다. 이때 사유는 직접적인 개별성을 넘어 보편성(普遍性)을 부여하는 힘이다. 이처럼 자유(自由)는 주관적인 의지와 개관적인 보편성이 함께 할 때라야 그 본질적 의미를 실현할 수 있어 비로소 존재이유(存在理由)를 가지게 된다.

자유의 본질(本質)은 인간의 개별적이고 자의적(恣意的)인 것에서가 아니라 보편적인 것의 실현(實現)에 있고, 이는 공공선(公共善)에의 참여를 통하여 주어지는 것이다. 이렇게 하여 헤겔에 있어 국가는 개별적인 것이 거기서 비로소 진정한 의미의 개별적인 것으로 존재할 수 있고 자신의 실제를 성취시키는 구체적인 자유의 현실태(現實態)이다. 그것은 정치사상사(政治思想史)에 있어 이상주의(理想主義)의 표현이었다.

영국의 경험주의가 개인적 삶의 진정한 의미를 구체성(具體性)을 갖춘 감성(感性)에 근거한 건강한 상식(常識)의 세계(世界)에서 추구(追求)한다면, 독일의 관념론은 이로부터 비상(飛上)하려는 추상적(抽象的)인 초월의지(超越意志)를 들어낸 것이다.

이러한 독일 관념론을 잉태(孕胎)한 토양에서 가장 추상적인 예술형식인 위대한 고전음악(古典音樂-Classical Music)의 세계가 탄생할 수 있었고, 이는 인류에게 큰 선물(膳物)이 되어 인간의 삶을 고양(高揚)시켰다.

서양세계의 이 두 흐름은 20세기에 들어 전면전(全面戰)을 치루지만 현실은 언제나 현실적인 인간들에게 승리를 안겨주는 법이다.

2. 동양 정치사상사

명·청대(明·淸代)의 정치사상은 성리학(性理學)이 완벽하게 주도(主導)하였다.

성리학은 형이상학의 관점에서 천(天), 인(人)과 성명(性命)의 이치를 궁구하고, 정치에서는 왕패(王覇)와 의리(義利)의 변별(辨別)을 엄격히 하고, 사회적으로는 천리(天理)와 인욕(人慾)을 분별하여 지배계층과 백성간의 구별을 강화하여 군왕의 전제(專制)를 밑받침하였다. 그리고 이를 위한 윤리적 필요에서 삼강오상(三綱五常)의 가르침을 가장 중시하였다.

특히, 이 과정에서 주희(朱熹)의 『사서주해(四書註解)』는 원(元)·명(明) 이후 '사서(四書)'의 국가(國家) 주해가 되어, 그 후 과거(科擧)는 '사서'를 고시 출제범위로 삼아 그 제목은 반드시 그의 '주해'에 근거했으므로 이에 위배되면 합격할 가망이 없었다.

또한 일반 지식인들이 읽는 유가 경전(經典)은 사서에, 그리고 사실상 주희의 주해에 한정되어 그의 영향력은 절대적이었다. 이때가 되면 공자는 명목(名目)일 뿐 실제는 주희가 유가의 교주(敎主)가 되었다(펑유란의 『중국 철학사』 중에서).

주자학은 정치와 학문이 하나인 동양에서 사상계(思想界)를 지배함으로써 정치세계 역시 장악하여 전제적인 권위(權威)를 누릴 수 있었다. 특히 조선사회에서는 중세 기독교 신학(神學)을 방불(彷佛)케 하는 전횡(專橫)을 오래 유지하였다.

그러나 중국에서는 주자학에 대해 반대 내지 비판하는 사상들은 양명학(陽明學)의 유심론(唯心論)에서부터 왕부지의 유물론(唯物論)까지 그 스펙트럼(spectrum)에는 경계가 없었고, 이들은 거리낌 없는 사상의 자유를 누리고 있었다.

왕양명은 주자학에 대한 전면적 반대사상을 펼쳤음에도 불구하고 명(明) 중기에 고위관리를 역임하며 국정의 일익을 담당하는데 아무런 불이익도 당하지 않았다. 이탁오는 76세에 자결(自決)로 생을 마감할 때까지 오랜 동안 주자학에 대한 광기(狂氣)에 가까운 독설(毒舌)을 펼

수 있었다. 청초(淸初)에 문자옥(文字獄)이 있었으나, 그것은 정치적 필화(筆禍)이지 사상적인 것은 아니었다.

이러한 중국사회의 사상에 대한 관용은 광대한 생활영역과 함께 아마도 유가와 대대적(待對的) 관계에 있는 도가(道家)와 선종(禪宗)의 영향력이 아니었나 싶다.

19세기 중엽에 아편전쟁을 시작으로 서구의 침탈(侵奪)을 겪는 과정에서 중국인들은 많은 고초(苦楚)를 당하였다. 그러나 중국인들의 이러한 상황에 대한 합리적 대응은 한 단계씩 진행되어 양무운동, 변법운동을 거쳐 신해혁명으로 이어졌다. 그리고 이러한 상부구조의 개혁에 힘입어, 사회·경제라는 하부구조를 새롭게 구성하는 공산혁명이 성공할 수 있었다.

이 과정에서의 정치사상들은 당시(當時)에는 상호간 대립하는 관계이었으나, 역사적 견지(見地)에서는 어느 하나 건너 뛸 수 없는 필연적인 단계들이었다.

이 시기에 개혁(改革)을 주장하는 정치사상가들은 대부분 개인적인 철학사상을 기반으로, 풍부한 시대상황에 대한 이해가 있었으며, 이미 범세계적인 안목을 갖추고 있어 그 지향하는 바가 서로 다를 수는 있어도 편협(偏狹)하거나 쓸모없는 자국(自國)에 대한 문화적 자존심으로 상대를 오판(誤判)하는 경우는 적었다.

이들은 자신들의 중화사상(中華思想)을 엄격히 비판하고 반성함으로써 오히려 대국(大國)으로서의 면모를 보였다.

담사동은 개혁에 장애가 되는 중국인들의 중화의식(中華意識)을 비판하며 '지구(地球)는 둥글다. 어디가 중(中)이겠는가? … 금일의 중국과 서양을 비교하면 서양이 법도, 정령(政令), 공예, 기용(器用)의 면에서 중국보다 열 배나 정밀하다. 냉철히 말한다면 중국이야 말로 이적(夷狄)이며 서양이 오히려 문명국가이다.'라고 말하였다.

인간은 스스로를 완벽(完璧)하게 분리(分離)해 낼 수 있을 때 오히려 자신에게로 돌아가 잠재적으로 자신 안에 존재하는 본연의 의미 있는 모습을 회복할 수 있는 것이다.

중국은 이렇게 하여 실제에서 그 과정은 험난(險難)하였지만, 그러나 올바르고 빠른 회복(回復)의 길을 갈 수 있었다.

일찍이 양계초는 『국민십대원기론(國民十大元氣論)』에서 '문명(文明)에는 형질(形質)이 있는 것과 정신(精神)이 있는 것이 있다. 형질의 문명을 구(求)하기는 쉬우나, 정신의 문명을 구하고자 하면 어렵다. 정신이 갖추어 지면 형질은 저절로 생긴다. 정신이 존재하지 않으면 형질은 의부(依附)할 곳이 없다. 그러니 진짜 문명이라 할 것은 정신만 있으면 된다.'고 하였다.

현재 중국에서 개방정책 이후 진행되고 있는 괄목(刮目)할 사회·경제적 발전(發展)은 양계초의 문명해석이 옳은 것이었음을 현실(現實)로서 증명하고 있다. 이것은 분명히 정신문명(精神文明)의 힘이다. 이제 중국은 세계의 정치판도(政治版圖)를 미국과 양분하는 형세가 되어가고 있다.

나는 한 권의 책은 생명체처럼 제 자신의 능력으로 살아간다고 생각한다. 그리고 이 책에 오랫동안 건강하게 살아 갈 생명력이 있었으면 좋겠다.

동서양 정치사상사 1권을 출판할 용기를 내 준 법영사 고준영 사장이 이번에도 수고를 마다 않아 감사하게 생각하고, 중학교 1학년부터 5년간을 한 반에서 보낸 치과의사 한남수 박사의 한결같은 우정, 늘 고맙게 생각하고 있다. 그리고 이번에는 따로 법영사 정정희 편집팀장에게도 인사하고 싶다.

2012. 12. 1

저자　지 기 영

※ 『동서양 정치사상사』 1권에도 5장이 있고 2권에도 5장이 있으나 이는 내용상으로 겹치는 것은 아니며, 2권 6장에는 1권 4장의 말미 부분과 내용이 겹치고 있으나, 이는 1권과 2권의 저자가 다른데 따른 부득이한 결과로 독자들의 양해를 바랍니다.

차 례

제5장 서양 근세 전기 - 근대성의 성립 -

제6장 동양 근세 전기 - 근대성의 준비 -

제 7 장 서양 근세 후기 - 이성과 자유의 자기전개 과정 -

제9장 서양 현대

제10장 동양 현대

제5장 | 서양 근세 전기 - 근대성의 성립 -

제1절 종교개혁

1. 서 론

중세(中世)를 성속(聖俗) 양면에서 완벽하게 장악한 기독교 신학(神學)은 그리스 로마의 전통과 헤브라이의 메시아적 신앙의 조우(遭遇)로 성립된 것이다. 이 두 문명의 만남은 전자의 논리적 지성(知性)과 후자의 권위적인 유일신(唯一神) 사상의 결합으로 강력한 신학체계를 확립함으로서 천년 중세를 흔들림 없이 이끌어 나갈 수 있었다.

탁월한 신학자들에 의해 체계를 갖춘 중세의 신학(神學)은 이른바 진리(眞理)라 주장하는 종교적 신념(信念)이 논리의 비호(庇護)를 받아 그 정당성이 주장될 때의 권위적인 힘이 가공할만한 것임을 역사로서 증언하고 있다.

비록 중세를 일관하며 속권과 영권간의 끊임없는 투쟁이 있었지만 이는 신앙상의 교리문제와는 무관한 권력투쟁의 일환(一環)이었을 뿐이었다. 수도원(修道院) 운동도 이어져 기성 교리해석과 성직자들의 관행(慣行)에 도전(挑戰)해 왔으나 이는 한 집단 내의 소조(小組)활동의 범위를 크게 벗어난 것은 아니었다. 그리고 이들의 도전은 이를 흡수하여 자체개혁을 해 감으로서 해결하였다.

이에 비해 종교개혁 운동은 광범위한 대중들의 호응과 맞물리어 거대하고 공고(鞏固)한 기독교 세계를 근원으로부터 균열(龜裂)시켜 다시는 통합된 세계를 이룰 수 없도록 이분화(二分化)시켰다.

관점(觀點)을 바꾸어 보면 종교개혁 운동은 순수한 신앙 제일주의를 강조하는 면에서 이탈리아 르네상스의 인간성 회복이라는 인문주의 그리고 이에 따른 지적(知的)이고 도덕적인 자유(自由)에 대한 종교적 반동(反動)의 성격을 갖고 있다.

또한 정치적으로는 두 강국, 즉 스페인과 영국간의 패권(覇權) 다툼으로 볼 수도 있다.

당시 서구에서 군주의 전제(專制)정치가 가장 강력한 국가는 영국과 스페인이었다. 스페인의 필립 2세(1556-1598)는 모든 종교개혁 운동에 대하여 강압(强壓)할 것을 선언함으로써 스페인에서 종교개혁으로 야기되는 내란을 미연에 방지함과 동시에 카톨릭의 맹주로서 자처하기 위해서였다. 그러나 스페인과 상업적 식민지 획득 투쟁의 적수(敵手)인 영국은 종교개혁의 주동자로서 국내의 종교적 분란을 억압하고 대외적으로 종교개혁의 지원자로서 나섰다. 러셀은 이를 두고 종교개혁의 투쟁과정에는 영국과 스페인간의 패권(覇權) 경쟁의 성격이 있었음을 주장한다.

2. 종교개혁의 성격과 성공의 배경

종교개혁운동은 교황의 권위를 부정하고, 형식적인 의식(儀式)의 철폐와 초기 기독교정신에로의 복귀 등을 교리(教理)로 확립하고 성서(聖書) 제일주의를 내세워 신앙의 내면화, 개별화와 대중화를 표방하며 카톨릭과의 결별을 선언하였다. 루터는 이러한 상황에 부응하여 라틴어로만 쓰여 있는 성서를 자국어로 번역하는 일을 우선적으로 하였다.

루터의 종교개혁 이론의 내용에는 이전의 반교황의 논리와 그리 다른 점이 없었다. 교황청의 부패는 늘 있어 왔고 그의 이론은 옥캄이나 마르실리오 그리고 그 이후의 쿠자스의 니콜라이들이 펼친 교황에 대한 공격보다 더욱 날카롭다고 하기도 어려웠다.

특히 영국의 14세기 교회 평의회(評議會)의 주창자(主唱者)인 위크리프에 의한 반교황 투쟁은 면죄부(免罪符) 문제를 포함하여 성서제일주의 같은 종교 내부 문제에서 만이 아니라 농민반란의 원동력이 되었다는 점에서도 루터와 거의 다를 바 없었다. 사실 루터의 교황에 대한 반대 논리는 교회는 지상의 모든 기독교 신자들 총집합체라는 평의회의 원리에 근거하고 있다.

1) 종교개혁의 성공 여건

루터의 개혁운동이 성공할 수 있었던 근원은 옥캄 등의 교황에 대한 투쟁이 속권 군주들의 비호(庇護) 아래 이루어진 그들만의 저항에 그친데 비하여, 민중의 적극적 참여를 유도하였다는데서 찾아야 할 것이다.

중세에서 근대사회로 진입하기 위해서는 르네상스와 지리적 발견, 그리고 마지막 관문(關門)으로 종교개혁을 통과하여야 하였다. 그리고 르네상스와 지리적 발견은 이후의 종교개혁에 지대한 영향을 주어 근대사회로의 흐름을 자연스럽게 형성하였다.

르네상스는 중세를 일관하여 온 권위주의적인 교회의 위세(威勢)에 묶여 있던 인간의 의식세계(意識世界)에 인문주의와 과학정신, 그리고 자연(自然)세계를 개방시킴으로서 민중의 의식(意識)에 변화를 가져다 주었다. 그 의식세계는 아직 독립적이지는 못하였지만 새로운 흐름에 기꺼이 참여할 수는 있었다. 다른 하나는 지리적 발견과 상업주의 성공으로 인한 가치관의 변화이었다.

이 두 사건은 더 넓은 세계, 더 다양하고 능동적인 삶의 가능성을 보여 주었고, 중세 이래 서구(西歐)의 '하나의 교회, 하나의 국가'라는 전통적 관념을 흔들어 놓았다. 그리고 이 관념에 근거한 교황의 보편적 권위 역시 힘을 잃어, 종교개혁을 주도한 사람들이 로마교황과의 결별을 선언 할 수 있었다.

다시 말해, 르네상스가 정신적 문화적인 면에서 다양성(多樣性)을 제시하였다면, 지리적 발견은 서구 외에 더 넓은 세계에 대한 기대감을 개시(開示)함으로서 로마교황의 일원적, 보편적 권위에 대해 더 이상 집착하지 않을 수 있게 하였다.

그러나 이러한 사회 문화적 영향 외에, 민족 내지 영역적(領域的) 국가의 성장이라는 정치적 상황이 결정적 역할을 하였다. 이들 민족국가의 성장은 종교개혁 과정 이전에 이미 기독교 세계를 통합하려는 평의회, 즉 바젤회의 실패(失敗)의 원인이었다. 이 교회 평의회의 실패는 평신도(平信徒)들에 의한 기독교 세계의 통합이 불가능함을 확인시킨 결과가 되어 교황청으로부터의 독립이라는 종교개혁의 목표설정을 불가피한 것으로 만들었다.

시대적 상황의 제약(制約)은 위크리프를 교회 평의회에 의한 교회의 통일이라는 중세적 이념(理念)을 벗어나지 못하게 한 반면 루터는 이미 그런 제약으로부터 자유로울 수 있었다.

2) 개인의식과 이성

서구세계에서 '대분열(大分裂)'이라는 교황권의 분열로부터 시작된 교황권위의 추락(墜落)은 중세적 기독교세계가 점차 해체되어 감을 상징하는 것이었다. 그러나 그것이 바로 탈종교 즉 종교자체의 권위를 부정하는 것은 물론 아니었다.

프로테스탄트가 성서만이 오류(誤謬)가 없으며 신자들이 믿고 따라야 할 유일한 근거라고 주장하면서 기성 교회조직을 비판하였으나 그것이 교회의 계급적 조직의 권위를 대체하거나 교회를 탈권위적으로 만들지는 않았다.

개인의 의식(意識)은 기성교회를 비판할 수 있을 만큼 자각을 이루었으나 그것은 개인의 권리의식에서가 아니었다. 교황이나 신교(新教)의 교회나 간에 그들의 종교적 권위는 부동(不動)의 것으로 종교개혁은 그 권위를 인정하면서 변화를 추구하였던 것이다.

그리스 시대에서 인간 삶이 지향하는 목표는 도시 공동체와의 합일을 통한 삶의 완성에 있었고, 중세에서의 종교적 신앙생활은 강력한 교회의 권위에 복속되어 있어 이 시기까지 아직 개인은 홀로 설 수 있는 의식단계에 이르지는 못하였다.

그러나 근본적으로 신앙의 궁극적 목표인 영혼(靈魂)의 구원(救援)은 개인적인 차원의 문제이다.

종교개혁 운동 과정에서 카톨릭이나 신교(新敎), 어느 한편의 완벽한 승리가 어려워지고, 기독교가 여러 종파(宗派)로 분리·독립되는 상태가 되어 교리의 해석이 다양해지면서 개인은 스스로 기본교리(基本教理)를 생각하게 되었고, 이는 자유로운 의식(意識)을 키우는 결과로 이어졌다.

그리고 많은 유능한 사람들이 신학상의 싸움을 혐오하여 세속학문 특히 수학(數學)과 과학(科學)에 점점 더 관심을 갖게 되면서, 이들에 의해 개인, 자유주의의 기틀인 이성(理性)의 중요성이 확인되어 갔다.

이러한 결과로 17세기에는 데카르트와 뉴톤을 위시한 위대한 인물들이 나타났으며, 그리스 시대 이후 가장 괄목할 만한 진보를 이루었다.

이렇게 다듬어진 개인의식은 계몽주의 시대에 이르러서는 이성(理性)이 인간의 삶에서 주도적 지위를 차지하게 되면서 이후 정치철학의 중심에 개인주의가 서게 되었다. 또한 정치적으로는 개인이 공동체와 대립항(對立項)을 이루며 이 둘 사이의 관계설정이, 곧 정치사상의 성격을 규정지우는 기준이 되었다.

3. 종교개혁의 전개과정

종교개혁의 전개과정에서 중요한 종파는 루터주의(Lutheranism), 칼뱅주의(Calvinism) 외에 영국의 영국 국교회(Anlglicanism), 장로파(Presbyterans), 프랑스의 민족적 색채가 강한 카톨릭인 갈리카니즘(Galicanism), 그리고 신교 운동에 강력하게 대항하여 로욜라(Ignatius de Royola, 1491(?)-1556)에 의해 창립된 스페인을 중심으로 하는 예수회, 즉 제수이트파(Jesuits) 등이 있었다. 그리고 지역적으로 루터파는 북부 유럽과 동부 독일에 보급되었으며 칼뱅주의는 서남부 독일, 프랑스, 네덜란드와 스코트랜드에 보급되었다.

중요한 종교투쟁은 서구의 여러 나라 즉 프랑스, 네덜란드 그리고 스코트랜드 등에 칼뱅의 신교주의적 종교개혁이 유포되어 그것이 당시의 정치적 조건과 결부함으로써 시작되었다. 각국의 칼뱅주의자들은 그 초기에는 칼뱅의 수동적 복종이론을 추종하여 군주의 전제정치에 충실하게 복종하고 있었다.

그러나 칼뱅의 신교가 국민 각층에 침투하게 되었고, 그들 사이에 정치적·경제적·사회적으로도 그 이해가 밀접하게 결합 내지 혼합됨에 따라 이들은 하나의 큰 세력이 되어 16세기 후반의 소위 종교전쟁의 시대가 나타나게 된다.

1) 독 일

처음으로 종교개혁의 봉화(烽火)를 올린 독일은 일반적으로 봉건제가 타국에 비하여 확고하였을 뿐만 아니라 로마교황과 신성로마제국의 지배권 역시 강력하게 존재하였다.

이러한 독일은 구교와 신교(Protestant)간의 치열한 종교적 투쟁이 봉건영주(領主)들 사이의 세속적 정치적 대립과 결부되었고, 또 농민봉기와 복잡한 혼합을 이루었다.[1)]

그러나 독일에서는 많은 강력한 소수파 종교개혁집단이 등장하여 누구도 절대 강자(强者)가 될 수 없다는 이해(理解)에서 이들은 비교적 일찍 동일한 정치권 아래 공존(共存)하는 관용(寬容)의 길을 걸었다.

2) 프랑스

프랑스의 경우에는 1598년 낭트 칙령에 의해 종교전쟁이 종식될 때까지 많은 우여곡절(迂餘曲折)을 겪어야만 했다. 그것은 종교적 원인에만 기인했다기보다는 정치적·경제적 세력과의 긴밀한 결합 때문이었다.

---

1) 독일의 중부 및 북부이탈리아에서 북해(北海)에 도달하는 상업로(商業路) 상에 있는 도시들은 르네상스기에 상당한 상업적·공업적 번영을 보이고 있었다. 따라서 자유로운 도시의 형성도 가능하였고 또 존재하고 있었다. 이러한 독일에서의 종교개혁 운동은 반봉건적 투쟁을 겸한 종교적·신학적 이단(異端)의 형태로 나타났다고 특징지을 수 있다. 또한 가혹한 봉건적 지배에 대한 농민의 반항은 종교개혁과 결부하여 치열한 농민반란을 야기(惹起)시켰다.

프랑스에서 칼뱅주의는 경제적으로 번영한 서남부 지방의 여러 도시의 상류사회에 광범한 침투를 보이었다. 이 나라에서는 칼뱅주의자인 위그노(Huguenots)들과 카톨릭 동맹(Ligueurs)간의 대립과정에서 중앙집권적 군주권과 지방적 귀족적 이해(利害)가 충돌하였고 귀족편에 서 있던 이들은 군주권과 투쟁하지 않으면 안 되었다.

그리고 스페인이 카톨릭 동맹을, 영국이 위그노를 국외(國外)에서 지원하면서 프랑스에서의 종교전쟁의 성격에 한층 복잡성과 심각성을 부가하였다.

1562년에서 1598년까지의 30여 년간에 성바토르뮤(St. Bartholomew)의 위그노 대학살을 포함하여 여러 차례의 내란이 발생하였고 그것은 사회를 무질서와 혼란 상태에 빠트렸다.

이는 결국 보르봉 왕조의 앙리 4세(Henri 4, 재위 1589-1610)에 의하여 장기간의 혼란이 수습되고 프랑스 사회의 위기는 완전히 극복되었다. 이는 종교적으로 프랑스의 구교인 가리카니즘(Galliccanism)의 승리를 의미하였으나 신교도들도 1598년의 낭트칙령(Edict df Nantes) 반포(頒布)로서 신앙의 자유를 획득하였다.

3) 스코트랜드와 네덜란드

프랑스에서의 정치사상의 고양(高揚)은 정치적 조건이 비슷한 스코트랜드와 네덜란드에서도 동일한 정치적 유형을 낳게 하였다. 즉 스코트랜드와 네덜란드에서 정치적 지배자에 의하여 칼뱅파 신교도들이 박해를 받았기 때문에 그들은 정치적 지배에 반항하지 않으면 안 되게 되었다.

스코트랜드에서는 존 녹스(John Knox, 1505-1572)가 설립한 칼뱅주의인 장로교파(Presbyterian)가 카톨릭 여왕 메리(Mary Stuart, 1542-1587)와의 대립에서 여왕의 반대파인 귀족과 결합하여 종교적 정치투쟁에 개입하였다. 이러한 투쟁을 겪으며 메리여왕의 처형 후 장노교회파는 사실상 스코트랜드의 지배적 교의로서 자리 잡았다.

한편 네덜란드의 칼뱅주의자인 고이센(Goesen)도 동일한 정치적 투쟁에 개입하였다.

네덜란드는 소위 대서양시대의 상업혁명으로 당시 서구에서 가장 경제적 번영을 이루고 있었으나 정치적으로는 구교국인 스페인에 예속되어 있었다.

영국의 정치적 지원 아래 네덜란드의 독립투쟁이 개시되었고 이는 전국민적 규모의 투쟁으로 확대되었다. 이때 국민의 하부층(下部層)에 침투하였던 칼뱅주의자 고이센의 반항(反抗) 역시 스페인의 가혹한 정치, 종교적 탄압과 박해에 부딪치었다. 이 과정에서 종교적 자유를 부인(不認)하는 폭군의 폐지는 정당하다는 견해가 독립투쟁에 적용되었고 네덜란드 공화국의 수립으로 투쟁은 종결을 보게 되었다

그러나 종교개혁 운동은 정치적인 권력이 종교적 신학적인 대립 투쟁에 중재(仲裁) 내지는 해결세력으로 개입하게 되어 절대군주정의 형성과정에 도움이 되었다. 또한 그 과정에서 정치적 권위에 대한 인민의 수동적 복종이 주장됨으로서, 이 논의는 민족국가의 성립과 정치적 권력의 강화에 공헌하였다.

4. 종교개혁과 국가권력의 강화

종교개혁은 교리(教理)의 혁신운동이었지만 근대국가의 성립이라는 정치적 변혁과 밀접한 함수관계가 있다. 종교개혁은 중세 기독교의 보편주의를 타파함으로서 근대 민족국가의 초기적 정치형태인 절대군주제의 확립과정에서 촉진제 역할을 하였다.

종교개혁 시기의 정치사상은 신학적 논리로 변호되었고 정치적 동맹은 종교적 진리의 이름으로 이루어졌지만 그것은 그 종파의 현실상황에 따른 것일 뿐 그들의 진정한 정치신념과는 무관한 것이었다.[2)]

그러나 당시 일반인들의 교리에 대한 경직된 신앙심은, 다른 종파

2) 세이빈, 『정치사상사』, 543.

와의 차이의 원인을 상대의 맹목성이나 사악(邪惡)함으로 보아 상대를 관용할 여지가 없었다. 따라서 그 해결은 교황이나 세속의 정치력과 같은 공공(公共)의 권위에 의존할 수밖에 없었다.

이러한 상황에서 정치가들은 종파(宗派)들의 통일이 공공질서에 절대적으로 필요하다고 생각했기 때문에 이 문제에 개입하게 되었고 이는 신흥 부르주아들의 지지를 받아 강화되고 있던 군주권에 더욱 힘을 실어주게 되었다.

사실 현실적으로 세속 정치력에 의존하지 않고는 구교나 신교나 간에 자신들의 교리를 지켜나가기 어려웠던 것이다. 그리고 종교 교리의 정당성 여부(與否)가 세속 군주에 의해 선택·결정되는 상황에 이르러 성속(聖俗)을 아우르는 절대군주의 권위가 마련된 것이다.

종교개혁 세력이 기도했던 개인의 종교적 자유라는 본래의 목적은 이와는 상관없이 종교전쟁을 통하여 절대군주제가 성립하는데 결정적 역할을 하였다는 사실은 역사의 아이러니라 하겠다.[3)]

이러한 인간 자유에 역행(逆行)하는 역사적 진행과정을 보고 니체는 종교개혁을 이탈리아의 르네상스에 대한 낡아빠진 정신을 가진 자들의 반발이라고 피력(披瀝)하였다.

---

3) 래가드(Georges de Lagarde)는 종교 개혁자의 정치사상은 다음의 두 길을 따라 전체주의 국가에 이르는 길을 열어 놓았다고 하였다. 즉 하나는 국가를 도덕·종교적 제약으로부터 해방시킴으로서 또 하나는 국가를 사명을 띤 하나의 도덕적 실체로 만듬으로서 였다. 또한 브레노스키는 증대하는 국가통제와 개인의 정치적 자유의 확대가 모두 종교개혁으로부터 나올 수 있었다는 의견을 제시하고 있다(브레노프스키, 메즐리시, 『서양의 지적전통』, p.114).

제 2 절 루터(Martin Luther, 1483-1546)

1. 시대적 배경

독일은 수많은 연방제후들이 할거하여 인민, 군주, 교황간의 이해가 대립되었고, 따라서 국민의식 역시 희박하였다. 독일황제는 신성로마제국의 황제를 겸하고 있어 거대한 제국의 건설만을 꿈꾸며 대외정책 특히 이탈리아에서 패권을 장악하기 위해 친교황정책을 취하고 있었다. 따라서 교황청이 독일 내에 막대한 교회령과 재산을 보유하고 방대한 종교세, 봉납금(捧納金)을 징수하여 부(富)가 유출되어도 영국에서와 같은 국가적 저항을 받지 않았다.

이러한 상황에서 연방 제후들은 종교 개혁을 통한 교황청에 대한 민중의 저항이 격렬해지자 이를 계기로 교황령과 수도원의 소유지를 몰수하고자 하는 야심(野心)이 생겨 종교개혁자들을 옹호하는 정책을 채택하여 독일에서의 루터파의 개혁은 비교적 순조로울 수 있었다.

또한 북독일에서는 많은 강력한 소수파 종교개혁 집단이 등장하여 누구도 절대강자(强者)가 될 수 없다는 상호 이해(理解)에서 이들은 비교적 일찍 동일한 정치권 아래 공존하는 관용의 길을 걷는다.

루터(Martin Luther, 1483-1546)는 독일 작센 지방의 광부의 아들로 태어났으나 곧 그의 아버지는 차차 성공하여 시민계급이 되었다. 그는 17세에 에르프르트 대학에 입학하여 법학을 이수(履修)하고 그 후 수도원에 들어가 신학을 연구하며 수도(修道) 성직자들의 모임인 아우구스티누스파 교단에 들었다.

그는 신부(神父)로 임명된 후에 강의도 하였으나 보다는 자신의 신학 연구에 몰두하여 스콜라 철학으로부터 벗어나 자신과 신(神)의 발견에 전념하였다.

1517년 그 유명한 "95개조의 의견서"가 나왔고 이것이 파문을 일으켜 마침내 종교개혁의 발단이 되었다. 그는 만년(晩年)에 이르기까지 많은 저서와 강의를 하였고 이에는 그의 사상이 담겨있다.

2. 신앙의 성격

루터는 종교의 본질은 개인의 영적(靈的) 체험에 있으며 성직자의 간섭은 방해가 될 뿐이라는 생각이었다. 이러한 개인주의적 성향에 따라 그는 종교적 강제에 반대하였고, 같은 맥락(脈絡)에서 종교개혁에서 파생된 과격파나 농민전쟁에 대하여도 분명한 거리를 두었다.

그는 '나는 자유로워지고 싶다. 나는 어떠한 권위의 노예가 되고 싶지 않다. 왜냐하면 설사 그것이 카톨릭교도 혹은 이교도에 의해 제창(提唱)되든 아니든, 또는 권위에 의해 공인된 것이든 아니든 간에 나는 진실이라고 믿는 것을 자신 있게 주장할 것이기 때문이다. 나는 어떠한 권위에도 상관하지 않는다.'

이러한 루터의 선언은 프로테스탄티즘의 참으로 중요한 기조(基調)이며, 16세기에 있어서의 지적(知的)활동의 태반(太半)의 경우와 일치하는 믿음이었다.

루터는 성격상 칼뱅보다 자유주의 경향이 농후하고 정적(靜寂) 분위기와 신비적 체험을 선호하였다. 그의 정적주의(靜寂主義) 내지 신비주의적 성격은 칼뱅주의가 세속적 활동 및 세속적 성공을 중시하는 경향과는 대조를 이루는 것이다.

루터는 중세의 토마스 아퀴나스의 신학보다는 고대(古代) 아우구스티누스의 신학체계를 선호했다.

아우구스티누스는 철저하게 예정설(豫定說)을 믿었고 인간이 쌓은 공덕과 상관없이 신(神)만이 인간의 구원 여부를 결정한다는 입장이었다. 이는 인간의 자유와 책임에 대한 여지를 남겨두지 않는 반자유의지론(反自由意志論)이었다.

그러나 12, 3세기를 거치면서 토미즘(Thomism)에서는 교회에서 행하는 성사(聖事)는 하느님의 은혜를 전달하는 것으로, 죄인으로 하여금 구원의 기회를 갖도록 도와 줄 수 있으며 그 성사는 사제만이 집전할 수 있다는 내용으로 바뀌었다.

이러한 토미즘의 주장은 인간이 "선(善)한 행위"를 함으로 구원을 얻을 수 있다는 말과 같은 뜻으로 루터가 목숨을 각오하고 싸우고자 한 바로 그 신학(神學)의 내용이었다.

루터는 교황과 성직자들도 오류를 범할 수 있는 인간에 불과하며 기독교 최고의 권위는 성서(聖書)의 진리뿐이라고 주장하였다. 따라서 이제까지 성직자들의 전용물처럼 되어온 라틴어 성서를 번역하여 그들의 성역(聖域)을 깨트리며 기독교의 대중화를 선도해 나갔다.

또한 그가 초기 기독교 정신으로의 복귀로 신앙의 순수성을 되찾고자 한데 대해 프랭크 틸리는 그의 『서양 철학사』에서 '인문주의가 고대의 철학, 문학과 예술에 도움을 구했듯이 종교도 이제 성경과 초대 교부들 특히 아우구스티누스의 단순한 신앙으로 돌아가 지원(支援)을 얻었다.'고 하였다.

이처럼 루터 신앙의 두 가지 특징 중 하나는 신앙은 순수히 개인 내면적인 것으로, 사제(司祭) 중심의 교회 위계질서와 그 권위의 거부이고, 다른 하나는 이에 따른 성경(聖經) 지상주의(至上主義)로 요약된다.

3. 정치적 입장

루터 자신은 '신앙에 의한 의인(義認)(Justification by Faith)'이라는 교리적 신념 때문에 로마 교황청과 결별했고, 독일 민중은 종교적 국민주의에 휩쓸리어 그를 추종했으며, 제후들은 무엇보다도 정치적 주권(主權)을 얻고자하는 열망 때문에 루터주의를 지지했다.[4)]

루터는 종교적 경험의 내적인 면을 강조하는 기본적으로 자유주의자였다. 따라서 기본적으로는 종교적 강제에 반대하는 입장이었으나 이단자(異端者)를 진압하기 위해 국가권력이 필요해진 현실적 문제에

4) E. M. 번즈 외, 『서양 문명의 역사』.

직면하자 그는 그의 입장을 수정하여 국가 권력을 지지하였다.

초기 종교개혁자들은 공통적으로 군주권에 대한 반항은 사악(邪惡)한 행위라는 동일한 입장을 취했다. 루터의 입장 역시 그의 자유주의 경향에도 불구하고 종교개혁이 군주권의 지지 없이는 불가능하다는 인식에 따라 군주에 대한 맹목적 복종을 그 종파의 기본적 자세로 일관하였다.

그는 '군주가 정당하게 지배하던 아니던 간에 반항은 정당화될 수 없는 것으로 신(神)만이 군주에게 벌을 줄 수 있으며 인민은 다만 신에게 기도할 뿐이다'라고 하였다.

그는 로마교황의 절대권을 부인(否認)하고, 또한 세속적 권력으로부터의 종교적 강제도 배제하여 종교의 정신성을 순화(醇化)하려한 자신의 초기 목표를 관철시키지는 못하였다. 오히려 군주의 권한에 대한 정당성을 부여하며 그의 보호에 의한 국가교회를 창설하였다.

그러나 이러한 루터의 사상적 배경에는 그가 세속적 권위를 평화와 질서의 유지를 위한 수단으로서만 인정한 것이 아니고 국가는 신이 준비한 수단으로 정치권력은 신적(神的)인 것이라는 생각이 있었다.

사실 루터는 근원적으로 국가의 필요성을 인정하고 있었다. 그는 신의 사랑이 이웃 사람들 간에도 이루어져 신의 의사(意思)가 지상세계에서 실현되기를 희망하였다. 그리고 신앙을 통하여 신에게 접근하고, 사랑으로 이웃사람과 함께 살아가야 한다는 믿음에서 그 실현 장소로서 국가라는 공동체의 의미를 기대하였다.

이러한 국가관념이 초래한 결과는 자유로운 정신의 내면생활(內面生活)과 국가권위(權威)에 예속(隷屬)된 인간의 외적생활(外的生活)이 조화(調和)를 이루며 병존(竝存)하는 독일적 사유(思惟)에 영향을 주었다. 이러한 루터의 사상(思想)의 이원성(二元性)은 특히 헤겔에 영향을 주었을 뿐 아니라 독일적 정치사상 일반에 큰 틀로서 작용하였다.

제 3 절 칼뱅(Jean Calvin, 1509-1564)

1. 생 애

칼뱅은 프랑스 피카르디 지방에서 태어나 오를레앙 부르제의 대학에서 법률학을 배웠다. 그는 신앙으로 말미암은 신변의 위험을 느끼고 스위스 바젤로 피신하였다가 스트라스버그(Strasburg)에 체재하면서 교수 및 신학자가 되었다.

그는 1541년 제네바에서 종교개혁운동을 개시하였다. 당시 그곳은 프랑스를 비롯해 서구 전역에 신교복음을 전파하기 위해 선교사들을 파견하면서 카톨릭의 로마와 같이 신교(新教)의 성지(聖地)가 된 곳이었다.

칼뱅은 그곳에서 교회 의례제도뿐 아니라 일반시민의 생활풍습도 개혁하고 시정부(市政府)를 개조하여 교회적 국가를 건설하여 반대자에게는 엄벌과 극형으로 대하였다.

그는 종교적 정치적 이상을 실현하기 위하여 진력하였다.

1559년에는 그의 제자인 베에자(Theodorus Beza, 1519-1605)를 원장으로 하는 '아카데미'를 창설하여 스코트랜드의 개혁논자 녹스(John Knox, 1505-72)를 비롯하여 각국의 학생을 교화하였다. 그는 1564년 병사(病死)하였다.

2. 신학의 성격

칼뱅은 본질적으로 루터와 종교적 도덕적 문제에 관하여 동일한 기초에 입각하고 있으나 칼뱅은 루터보다 반자유의지론(反自由意志論)을 더 밀고 나아가 논리정연한 조직적 그리고 체계적 신학을 수립하였다.

그는 법률지상주의자로 권위주의적 성격이 강하였다. 그의 정치사상은 신학적 체계의 일부분으로서 『시민정부론(On Civil Government)』에

서술되어 있다.

칼뱅은 루터와 같이 인간은 본질적으로 타락하여 죄 많은 존재로 보았다. 그러나 그의 관념은 루터보다 철저하였고 종교적 교의(教義)에 있어서 선발사상과 예정설은 그의 신학의 특징적인 점이다.

칼뱅은 인간은 본질적으로 죄를 지어 자신의 힘으로는 구원(救援)될 수 없다는 생각이었다.

인간의 구원은 인간의 희망이나 그의 신앙으로서 좌우되지 않는, 신의 영원한 의사에 의하여 예정되어 있다. 그리고 세계사를 움직이며 그 방향을 결정짓는 것은 신의 의사와 결단에 의하여서만 이루어진다. 다만 인간은 신의 의사에 복종하여 신앙을 가지는 길 밖에 없으며 기독교도의 자유는 여기에 있다고 한다.

그는 예정설(豫定說)에 따라 신의 은총에 의하여서만 인간이 구원될 수 있다고 하였지만 그러나 그가 인간적 노력을 부인하고 맹목적인 복종만을 주장하는 노예적 도덕을 설교한 것은 아니었다. 그의 종교적 도덕적 사상은 일반 민중에게 윤리 및 합리적인 내면의 자각(自覺)을 앙양(昂揚)하여 전통과 권위에 구애되지 않고, 자기의 인격적 존엄성과 타인의 인격을 존중하도록 가르쳤다.[5)]

그의 도덕률(道德律)은 사랑이나 자비(慈悲)보다 자제(自制), 기율(紀律) 그리고 동료에 대한 존경을 강조하였다. 세이빈은 그의 기율에 대한 강조를 두고 '우주적 세계의 준군사적(準軍事的) 기율에 대한 신념'이라고 까지 하였다.

칼뱅은 루터의 신비주의적 체험을 중시하는 정적주의(靜寂主義)와는 반대로 고도의 사회적 도덕론을 전개하였다. 그는 인간이 신의 의사를 추측하는 것은 불가능할 뿐 아니라 신앙에 의한 구원도 기독교도의 생

---

5) "칼뱅주의는 대중적이었고 국가의 범주를 망라했으며 또한 민족적이기도 했다. 모든 신자들에게 정신적이고 지적인 성장을 강조하는 점은 여성들에게 매력적이었다. 몇몇 교육받은 궁정(宮庭)의 여인들을 시작으로 수많은 비천한 출신의 여성들에게 강한 호소력을 지니고 다가왔다. … 100만명 내지 200민명의 신자와 2150개의 교회를 확보하고 있는 칼뱅주의는 추락해 가는 프랑스 왕조에 또 하나의 어려운 문제가 되었다"(코린 존스, 『케임브리지 프랑스사』, p.166).

존목적이 아니며 인간은 신에 의하여 선발된 신의 도구(道具)일 뿐이다.

따라서 인간의 목적은 신의 영광을 위한 수단으로서의 역할을 하는 데 있으며, 인간의 임무는 신의 섭리와 영광을 이 사회에 실현하여 성화(聖化)된 사회를 만드는 것이다. 이러한 목적을 전령적(全靈的)으로 수행하는 것이 기독교도의 의무이며 인간은 신에 의하여 주어진 현실에서의 생활, 즉 시민적, 직업적 생활에서 금욕(禁慾)과 직업적 노동을 통해 신에 의한 구원과 선발된 자로서의 확증을 얻게 된다. 그의 윤리는 본질적으로 하나의 행동윤리였다.

그는 일상적 세속적 생활 그 자체가 신의 영광을 빛내는 고차적 윤리적 의의를 가진다고 한다. 여기에 그의 세속적인 생활과 노동에 대한 긍정이 있다. 막스 베버는 『프로테스탄티즘의 윤리(倫理)와 자본주의 정신(精神)』에서 이러한 윤리가 근대 자본주의의 형성에서 정신적 요인으로 작용하는 과정을 밝히고 있다.

3. 정치적 입장

1) 초기(初期)

칼뱅도 루터와 같이 국가와 교회를 별개의 것으로 취급하며 후기의 쯔빙그리(Huldreich Zwingli, 1484-1531)[6]가 양자(兩者)를 단일의 조직 가운데 통일하려고 하는데 반대하였다.

그는 교회와 국가를 구별할 것을 주장하였다. 국가의 제일의 임무는 순수한 의미를 지닌 신(神)의 숭배를 지지하고 이에 반대하는 것을 근절하는 것이라고 하였다. 또한 교회는 세속적인 것에 관여해서는 안되고 종교적 정신적 영역에 그 활동을 국한하여야 한다. 그리고 교회는 원시 그리스도교에서 보는 바와 같이 장노(長老)들에게 도덕의 감시

6) 스위스의 종교 개혁가. 1522년 로마카톨릭의 의식(儀式)을 철폐함과 동시에 반대논문을 발표하고 공개토론을 전개하였다. 종교개혁은 스위스를 신구 양파로 분리시켜 카톨릭 측이 오스트리아의 지원을 얻어 신교의 거점(據點)도시인 제네바 정부(政府)에 도전, 그는 종군목사(從軍牧師)로 참전, 전사하였다. 이후 종교 개혁은 칼뱅에 의해 계속되었다.

와 교리에 따른 기율확립을 위한 최종적 권위가 부여되어 있어야 한다.

칼뱅의 운명예정설은 결과적으로 현세(現世)에서의 성직자 위임통치를 의미하는 것으로, 사실 장로와 성직자가 합치었을 경우 교회의 세력은 정치적으로 막강한 힘을 발휘하였고, 이 둘이 하는 교의회 총회는 의회보다 인민의 대표성을 더욱 잘 반영하였다. 그는 루터보다 자유를 불신(不信)하고 도리어 정치권의 권위를 신뢰하였다.

칼뱅은 개인의 양심의 자유가 재침례교파(再浸禮教派)와 같은 급진적 교파에 의하여 과격한 정치적 목적에 이용당하는 것을 우려하여 국가의 강력한 권력을 강조하였다. 그는 정치적 지배자는 신의 영광(榮光)을 나타내는데 명예로운 지위를 차지하고 있음으로 정치적 권력에의 복종은 기독교도에 있어서는 종교적 의무이며, 국가의 정치적 권력 행사에 대해 인간은 여하한 자라 하더라도 국가에 대한 반항권을 가질 수 없다는 것이다.

이처럼 칼뱅은 맹목적 복종론을 지지하였으나 그 이유는 종교적인 것이었고 또한 직권 담당자 개인(個人)에 대한 것이 아니라 '불가침의 위엄(威嚴)'을 갖는 직위(職位) 자체에 대한 것이다.

칼뱅에 의하면 유능하고 선량한 지배자에 대하여서 뿐만 아니라 폭군적인 지배자에 대하여서도 무조건 복종하여야한다는 것이다. 그러나 폭군적 행위에 관하여서는 그것이 신에 대한 반역(叛逆)이라고 생각하였다.

폭군적 지배자에 대한 처벌은 신이 행하는 것으로 인민의 이에 대한 관여를 허용하지 않았다. 그의 이러한 생각은 절대주의 전제정치(專制政治)의 이론으로서의 성질을 띠고 있어 그의 추종자인 칼뱅주의자들과 다른 모습이었다. 물론 그 이유는 제네바 당시, 그 자신의 전제적 정치적 지배자로서의 지위와 결부되어 있는 것이기는 하다.

그의 정치사상은 귀족주의적 내지는 성직자와 귀족의 동맹에 의한 일종의 과두정치적(寡頭政治的)인 것이었다.

사실 현실적으로 그의 제네바 정부에서는 권한이 콘시스토리(Consistory)에서 행사되었다. 이 집회는 6인의 승려(Ministers)와 시민의 대표자인

12인의 장로(Elders)로서 구성되었다. 그리고 정치기관으로서는 24인회(Council of Twenty-four)가 있어 정치권력을 전제적으로 운영하고 있었다.

이리하여 동일한 시민(市民)이 국가와 교회를 구성하고 있으며, 종교적 교육적 기타의 모든 문제는 국가의 법률에 의하여 규정되고 극히 엄격하여 모든 문제가 정치문제로서 취급되었다. 그의 정치는 신정적(神政的)이었다.

칼뱅의 국가와 교회의 분리이론은 교회가 자신들의 교리를 반대자에게 이를 강요하는데 정치적 권력을 이용하고 또 그러한 정치적 권력의 전면적 행사를 허용한다는 것을 의미하는 일종의 교회 중심의 신정주의였다.

루터와 쯔빙그리는 교회를 국가에 예속시키려는 경향이 있었으나 칼뱅은 교회와 국가를 명확히 구별하였고 오히려 교회의 특수기능을 세속적 권력에 넘기려 하지 않았다.

이점에 있어서 그의 교회론은 중세적 교회관과 동일한 성질을 띠고 있는 것이며 따라서 타국의 국가 교회론자들에 의하여 제수이트파와 동열적(同列的)인 것으로 취급되었다. 이들에게 관용의 정신은 전혀 없었다.

2) 반항권

칼뱅은 기독교의 교리를 받아들이지 않는 모든 사람에게 계율을 강제하는 것은 교회의 의무라 하였고 이러한 생각이 정치권력에 대해서는 반항권의 근거이기도 하였다. 그러나 이들이 주장하는 반항권은 물론 인민적 권리는 아니고 더구나 민족이나 민주적인 것은 아니었다.

그것은 하느님의 말씀, 명예, 영광을 위한 신앙의 순수성 확보를 위한 행위일 뿐이었지만 그러나 이러한 태도는 서구에서 군주권에 대한 저항의 정당성을 전파(傳播)하는 계기가 되었다.

그의 정치이론에는 칼뱅 자신에게는 중요한 것은 아니었으나 정치적 반항이론이 논의되어 있었다.

칼뱅은 하급집정관(下級執政官)에게 국가 수뇌에 의한 폭정(暴政)에 저항하여 인민을 보호하는 의무가 부과되어 있다고 하면서, 그러한 헌법의 존재의 한 예(例)로서 고대 로마시대의 헌법을 지적하고 있다. 이 헌법에 의하면 하급집정관에게는 폭정에 대한 신으로부터 파생된 반항권이 허용된다는 것이다.

로마에서 최고권력은 각 국가기관에 분유(分有)되어 있었고, 그 중 하나가 타자를 침해하는 것은 방지되어야 하며, 폭정은 이들 하급집정관에게 주어진 권한에 대한 침해로 간주되었기 때문에 저항할 권리가 주어졌었다. 그는 하급집행관을 고대 로마의 호민관(護民官)과 같은 것으로 생각하였다. 그러나 여하한 개별적인 개인도 저항권을 소유·행사하는 것으로는 생각하지 않았다. 그러나 그것이 뒤에 칼뱅주의자들에게 의하여 반항권의 근거로서 이용되어 폭군방벌론으로 전개되었다.

그의 이러한 정치적 반항권 이론은 추종자들인 칼뱅주의자들에 의하여 특히 중요하게 취급되었다.

칼뱅 자신은 권위주의적이며 수동적(受動的) 복종의 이론을 강력하게 주장하고 자유를 허용하지 않았다. 그러나 칼뱅주의자들은 칼뱅 자신의 정치적 환경과는 달리 국가에 의하여 박해를 받고 있는 상태여서 이에 반항해야 하였다.

네덜란드와 프랑스에서 칼뱅주의의 반항권 주장은 전제군주에 대한 투쟁의 이론적 무기로서 이용되었고 영국에서는 절대군주제에 저항하는 자유옹호의 수단으로서 채용되었다. 칼뱅 자신이 말한 반항은 죄악이라는 견해는 그 추종자들에 의하여 무시되었고 도리어 종교와 신앙문제에 관여하려고 하는 정치적 지배자에 대하여 반항하는 것은 당연하다는 사상으로 나타났던 것이다.

그리하여 칼뱅주의는 환경의 상이(相異)에 따라 정치적 자유옹호(自由擁護)를 위한 저항권(抵抗權)의 주장으로 변질하여 그 강한 권위주의적 성격만큼이나 근대민주주의와 자유주의에로의 길을 개척하는데 공헌하게 된다.

또한 칼뱅주의는 경제적 측면에서는 현세적(現世的)인 생활의 중요성을 강조함으로서 대두(擡頭)하는 중산계급을 고무하였다. 즉 근검절약을 통한 부(富)의 축적을 종교적 행위의 일환으로 인정함으로서 자본주의사회로의 진행에 결정적 역할을 하였다.

제 4 절 절대군주주의 시대의 정치사상

1. 절대군주에 대한 상반된 두 이론

1) 시대적 배경

절대군주주의 국가는 이탈리아에서 르네상스 시대가 진행될 무렵 서구 각 지역에서 군주의 권력 확대를 배경으로 형성되기 시작하였다.

중세 봉건제의 쇠락(衰落)은 주로 경제적 교역의 발달과 그로 인한 지역적 확대에 의하여 촉진되었다. 이러한 경제적 추세에서 중세 봉건제의 고립적, 봉쇄적 사회는 장애(障碍)가 되었으며, 이러한 요구에 따른 지역적 범위의 확대와 군주의 정치적 권력의 강화는 중세의 변화를 불가피하게 하였다.

이리하여 중세적인 다원적(多元的) 정치사회를 대신 할 수 있는 능력과 조직을 구비한 민족 혹은 영역 단위의 군주제가 근대 민족국가 건설의 담당자로서 등장하게 된다.

서구 근대 민족국가는 중세적의 일원적(一元的)인 기독교사회에 대하여서는 다원적인 권력주체의 성립이며 반면에 다원적 봉건적 정치사회에 대하여서는 일원적 통일적 정치사회의 형성을 의미한다. 달리 말하면 로마교황과 신성로마제국의 보편주의(普遍主義)에 대한 반항과 독립을 의미함과 동시에 대내적으로는 통일된 국가 내에서 봉건제에 따른 정치권력의 분산(分散)을 허용하지 않고 군주의 정치적 권력 밑에 귀속시키는 것이었다.

서구 각국에서의 절대군주제의 성립은 영국의 튜더(Tudor)왕조, 프랑스의 부르봉(Bourbon)왕조에서 부터이며 또한 스페인, 포르투칼 그리고 러시아에서 각각 16세기에 걸쳐 성립하였다.

2) 절대군주에 대한 상반된 두 이론

종교전쟁은 중세 기독교의 보편주의를 타파함으로서 근대 민족국가의 초기적 정치형태인 절대군주제의 확립과정에서 촉진제 역할을 하였다.

초기(初期) 강력한 물리적 실력을 배경으로 하는 절대군주주의에서는 정치이론이 요청되지 않았다. 그러나 종교전쟁을 치루는 동안 정치사상의 실천적·이론적 의의(意義)가 부각되면서 정치적 사유(思惟)가 활발하게 전개되었다.

따라서 정치사상의 전개는 당연히 종교논쟁의 형태로 나타났으며, 그 기본적 경향은 절대군주주의의 옹호 또는 부정(否定)이라는 상반된 두 이론이었다. 그리고 신교(新教)의 등장은 이를 허용할 것인가의 여부를 결정하는 정치권력과의 관계에 따라 필연적으로 정치권력에 대한 복종 또는 저항이라는 문제와 직면(直面)하게 되었다.

이 때 저항의 정당성 여부(與否)를 위요(圍繞)한 정치이론이 펼쳐지면서 그 이론들이 왕권신수설(王權神授說)이나, 혹은 반대로 폭군방벌론(暴君放伐論)으로 발전하였다.

프랑스에서는 군주의 주도(Initiative) 아래 프랑스 칼뱅 신교도들인 위그노에 대한 박해가 감행되었고 위그노는 여기에 반항하지 않으면 안 되게 되었다. 그들은 칼뱅의 수동적 복종론에서 벗어나 기회주의적으로 반항이론을 전개하게 되었다. 모나르코마키(Monarchomachi),[7] 즉 반왕당파의 이론이 그것이다.

그리고 이들 위그노와 대립관계에 있던 스페인의 지원을 받은 제수이트파의 정치이론 역시 반군주적 이론이라는 점에 있어서 신교와 공통점이 있다.

한편 위그노의 비판적인 반군주이론에 대하여 군주권을 옹호하고 그 신성성을 주장하는 왕권신수설(The Theory of Divine Right of Kingship)이 대두하였다. 이는 종교적 신앙상의 문제를 정치로부터 분리하여, 종교

---

7) 모나르코마키(Monarchomachi)라는 명칭은 저항권(抵抗權)을 정당화하는 호칭으로 윌리암 바크레이(William Barcrey)가 처음으로 사용하였다.

상의 관용을 주장하는 국가주의론자들 중 일부에 의해 주장되었다.

그들은 프랑스 교회파(Galicalism)에 속하는 군주권 옹호론자들로서 프리틱(Politiques ; 정치학자들이라 불리는 온건한 학파)라 불리는 학자들이며 쟝 보댕도 그들 중 하나였다. 그러나 보댕은 왕권신수설을 수정 발전시켜 주권론(主權論)이라는 근대적 이론으로 승화(昇華)시켰다.

2. 반군주적 정치이론(Monarchmachi)

1) 신교의 반군주론

① 스코트랜드

신교의 반군주론의 전개는 스코트랜드의 카톨릭 군주 메리 여왕에 대한 칼뱅 신교주의의 투쟁이 격화되는 데서부터 시작한다. 그것은 칼뱅의 아카데미 출신인 녹스(Knox)에 의하여 주도되었다.

녹스의 『호소(呼訴 Appellation, 1558)』에 의하면 신의 권력은 최초에 인민에게 부여되었고 국가의 제기관은 인민의 위임에 의하여 존립한다는 것이다. 그럼으로 진정한 기독교도의 의무는 국왕이 신의 말씀, 명예 그리고 영광에 반하여 행동하는 경우에는 이를 교정 억제해야 하는 것이다.

그의 철학의 중요한 의의(意義)는 최초로 칼뱅의 정치적 지배자에 대한 반항은 여하한 것이라도 사악(邪惡)하다는 사상을 포기함과 동시에 신교적 종교개혁은 기독교도가 수행해야 하는 의무로서 군주권에 대한 반항권의 사용은 정당하다고 한 점이다. 그러나 그의 반항권은 인민주권적인 것이 아니고 종교적 의무의 일부분으로서 간주된 것이다.

스코트랜드의 종교투쟁에서 가장 중요한 정치사상가는 부캐넌(George Buchanan, 1506-1552)이다.[8] 그는 『스코트랜드의 통치권론(On the Sovereign

8) 부캐넌(George Buchanan 1506-1582) : 그는 파리에서 교육을 받았고, 프랑스, 스코트랜드, 영국 등 여러 지역을 편력한 학자이며 교사였다. 1536-38년 제임스 5세 왕자의 교사로 있었고, 1563-68 스코트랜드 의원(議員)으로 있었다. 메리 여왕의 개인 문고(文庫)의 책임자, 제임스 6세의 가정교사 등을 거쳐 정부 고위직을 역임하였다.

among the Scots 1579)』을 저술하였다. 그것은 다음에 살펴보게 될 『폭군방벌론』과 같은 해에 완성된 것이고 그 내용에 있어서도 대동소이하다. 그러나 부캐넌 이론의 특징은 군주와 폭군을 명백히 구별하고 폭군에 대한 반항권을 신학적(神學的)이 아닌 인문주의적(人文主義的) 견해에서 전개하는데 있다. 그는 고대 스토아학파의 견해와 같이 정부가 인간의 사회적 성향에 따라 자연적으로 성립된 것으로 보았다

그의 주장은 국가가 계속적으로 존립하려면 필수적 조건으로 정의(正義)로 워야 한다는 것으로 인문주의적이었다. 그는 정의의 국가와의 관계는 건강의 인간에 대한 관계와 동일하다고 하여 플라톤의 비유(比喩)를 회상케 한다.

군주는 정의의 보지자(保持者)로서 노련한 의사(醫師)가 인간의 건강을 유지하게 하는 것과 같다. 이러한 군주가 진정한 지배자이며 그의 기능은 정의의 유지에 있으며 이는 법률에 의하여 지켜져야 한다.

그에 따르면 폭군에 대한 반항권은 개인으로서 또는 인민 전체가 행사할 수 있다. 그러나 군주가 정의에 합치하고 있는가에 대한 의문이 생기는 경우에는 자유롭고 온당하고 선량한 시민이 결정하는 것이라고 한다. 그러나 그들의 실체(實體)에 대하여는 밝히지 않고 있다.

이러한 면은 그의 인민에 대한 불신(不信)과 이론의 실천적 효과에 무력성(無力性)을 들어낸다.

② 프랑스

프랑스에서는 16세기에 들어오면서부터 중앙집권제가 강력히 시행되었고 위그노는 여러 차례 종교적 내란을 경험하지 않으면 안 되었다. 카톨릭파에 대항하는 위그노는 지방적 특권계급과 결합하여 중앙집권적 군주권과 투쟁하는 과정에서 반항권의 이론으로서 폭군방벌론(暴君放伐論)을 채택하였다.

이들의 폭군방벌론은 인민주권적 경향을 다분히 가지고 있으나 군주의 신권성(神權性)을 완전히 부정하는 것은 아니었다.

신교 반군주파의 정치사상은 절대군주주의에 반항한다는 점에서 모두가 공통적인 견해를 갖고 있으나 이론전개에서는 두 개의 견해로 구별할 수 있다.

a) 이론(理論)중 하나는 군주의 절대적인 전제적 권력을 공격함에 있어 그 근거를 역사적 사실에 의거하였는데 즉 중세적 봉건제도를 예로 들어 군주의 전제정이 불가(不可)하다는 것이다.

이 이론은 프란시스 오트망(Francisco Hotomannus, 1524-1590)이 대표하고 있다. 그는 그의 저서 『프란코 가리아(Franco Gallia, 1573)』에서 프랑스 헌정사에 비추어 최초부터 프랑스 왕국이 전제군주제의 국가가 아니었다는 것을 실증하려고 하였다.

그에 의하면 프랑스왕국은 독일 지방의 선거군주제(Wahlmonarchie)가 그 기원이라 하고 또 세습적 군주국으로 된 후에도 세습적인 왕위계승의 배후에는 인민의 암묵(暗黙)의 동의(同意)가 잠재하고 있었다는 것이다. 그뿐 아니라 군주는 선거에 의하여 그 지위에 있게 된 것이고 그의 권력은 군주의 사법기관인 고등법원에 의하여, 동시에 전 프랑스 인민을 대표하는 삼부회(三部會)에 의하여 제한되어 있다는 것이다. 사실 이는 중세 게르만법에 의한 왕의 지위에 대한 전통적 이론이다.

그러나 이 이론은 중세봉건제의 타파로부터 절대군주제가 수립되는 역사적 필연성을 인식하지 못하여 성공할 수 없는 것이었다.

b) 이론의 다른 하나는 군주의 정치적 권력의 철학적 기초를 고찰하고, 군주정치의 근저에는 자연법이 존재하며 따라서 전제정치는 자연법에 반(反)한다는 것을 입증하려는 것이다.

반군주파(反君主派)의 대부분은 여기에 속하며 랑게(Huber Ranguet)가 대표한다.

랑게는 성 바르토미유의 대학살 직후인 1579년 『폭군방벌론(Vindiciae contra Tyrannos)』을 부루투스(Junius Brutus)라는 가명으로 출판하여 앙리 3세(Henri 3)에 대한 프랑스 인민의 반항을 정당화하려고 하였다. 이 책은 종교적 신학적 요소가 혼재되어 있지만 군주권의 합리적 기초를 구명(究明)함으로 전제군주에 대한 무조건적 무제한적 복종을 부인(否認)하였다.

군주의 최고의 지배목적과 임무는 예배의 순수성을 책임지는 일과 인민의 복지증진에 있다. 그러나 군주가 그의 의무를 거슬러 진정한 예배와 진실한 교리를 따르지 않을 경우 이 임무는 기독교인으로서의 인민이 위임받게 된다.

『폭군방벌론』에서 저자(著者)는 저항권에 대한 일반론을 펼치고 있지만 그 근저(根底)에는 이러한 종교적 의미가 깔려있다.

③ 폭군방벌론(暴君放伐論)

a) 서 론

『폭군방벌론』에서는 저항권의 근거가 되는 4개의 주장을 유도하기 위하여 다음과 같은 질문을 하고 있다.

'1) 만약 군주가 신법(神法)에 반한 것을 강요한다면, 신민은 여전히 군주에게 복종의 의무를 가지고 있는가? 2) 신법을 위반하거나 신의 교회를 황폐하게 하는 군주에 저항하는 것은 정당한가? 3) 국가를 억압하고 파괴하는 군주에게 저항하는 것은 정당한가? 누구에게, 어떻게, 그리고 무슨 권리나 법에 의해 그것이 허용되는가? 4) 인접(隣接) 국가의 군주는, 진정한 종교가 박해받거나 명백한 폭정에 억압받는, 다른 군주의 신민을 지원하거나 혹은 도울 의무가 있는가?'

그는 먼저 지배와 복종간의 정당성에 대한 문제를 계약론(契約論)을 중심으로 논하였다.

군주권은 이중(二重)의 계약이 기초로 되어있다.

최초에는 신(神)을 한쪽의 당사자로 하고 인민 및 군주를 다른 당사자로 하여 신에 절대적으로 복종한다는 것을 약속하는 것이다. 따라서 군주권이 신으로부터 주어졌다는 점에서는 왕권신수설과 동일한 신학적 근거 위에 있다. 그리고 그것의 논증을 위해 성서를 인용하였다.

지배계약(支配契約)은 이 계약체결 후에 맺는 계약으로 이 지배계약에 의하여 세속국가가 성립한다. 그러나 랑게는 지배계약은 어떠한 형식적, 의식적 방법으로 체결할 필요가 없으며, 이미 군주가 인민을 지배하고 있는 국가에서는 사물의 성질상 계약이 군주적 정치권력의 기초로서 존재하고 있다는 것이다.

따라서 군주는 이중적(二重的)으로 구속되며 그의 권력행사 역시 이중의 근거위에 서게 된다. 즉 군주권의 근거에는 신으로부터 유래한 것이며 동시에 인민과의 계약에 의한다는 이중적 성격이 있다. 이는 중세 이래 일반적으로 통용되어 온 논리였음으로 그가 이에 따른 것이지만 그러나 엄격하게 보아 그는 이 둘 사이의 모순을 간과한 것이다.

그는 신이 최고의 주권적 절대적 존재이며, 따라서 군주의 지배권은 인민을 지배함에 있어 정당하게 하여야 할 의무를 지는 것으로 군주의 권력은 무제한적이 아니다. 반면 인민도 또한 이러한 이중계약의 범위 내에서 군주에게 복종할 의무를 진다.

최초에 인민이 존재하고 그 다음에 군주가 존재한다.

인민이 주권자이며 군주는 인민에 의하여 위임된 자에 불과하다. 인민은 주권자로서 입법권을 가지고 군주는 입법권에 하속(下屬)하는 행정권을 행사하는데 지나지 않으며 군주의 인민에 대한 관계는 노예의 주인에 관한 관계와 동일하다.

군주는 인민의 관리자, 보호자이며 군주의 국왕(國王)이라는 관직(官職)은 특권이 아닌 직무(職務)이다. 그것은 자의적(恣意的)인 것이 아니고, 그의 임무는 공공봉사에 불과하며 또한 법의 제한을 받는다.

그의 이론에는 '인간은 타인에 의해 통치당하는 것을 용납하지 않으려 하며, 어떤 특별하고도 커다란 이익을 기대하지 않고서는 자연적 특권을 포기하지 않는다'[9]는 의미를 함축하고 있어 공리주의(功利主義)의 한 단면도 볼 수 있다.

b) 저항의 형태

그들은 군주제에 대하여 반대한다는 것이 아니고 군주제 이외(以外)

9) 세이빈, 동서.

의 정치형태의 존재를 시인함과 동시에 군주제를 기본적으로 인정하고 있다.

랑게는 위에서 본바와 같이 계약을 이중적으로 구성하여 신과 인민 및 군주, 그리고 군주와 인민과의 관계를 분리하였다.

그는 폭군에 대한 인민의 반항의 문제도 신과의 계약의 위반 즉 군주 및 그의 정부가 신법(神法)에 저촉하는 경우와 군주가 지배계약을 위반하는 경우라는 두 개의 측면으로 구분하였다.

전자(前者)의 경우는 군주가 그 권력을 단순히 힘으로 탈취한 경우이고 후자는 합법적으로 군주의 지위를 획득하고 있으면서 지배계약을 유린하여 권력남용을 하는 경우이다.

전자의 경우, 인민은 군주에 대한 복종을 거부할 수 있고 실제상 반항해도 좋고 군주를 사형에 처하여도 그것은 당연하다고 한다. 후자의 경우에는 군주가 계약을 파기하였기 때문에 계약의 당사자인 인민도 이미 약속을 이행해야 한다는 의무로부터 자유로울 수 있다.

따라서 원리상 인민은 이러한 계약에 구속되지 않고 폭군에 반항할 수 있으며 또 사실상 개인적인 반항도 정당하다. 이점에서 보면 이 이론은 급진적이었다.

그는 군주의 폭정으로 인하여 국가의 파멸이 초래된다면 인민의 반항이 가능하다고 한다. 그러나 그는 이를 세밀하게 구별하였다. 즉 폭정이 국가의 파멸을 초래할 우려가 있는 경우와 그렇지 않은 경우이다.

전자는 폭정에 대한 반대가 귀족, 행정장관 인민의 대표기관에 의해야 한다고 주장하였으나 이러한 반항이 실패하는 경우 이는 국가의 파멸과 결부돼 있어 개인에 의한 반항도 가능하다고 한다. 그리고 후자의 경우 즉 파멸의 우려, 대표기관의 항의도 없는 상태에서는 인민의 여하한 반항도 정당하지 않다고 하였다. 이 경우의 폭군에 대한 반항은 인민의 대표기관이며 군주에 대한 조언자인 귀족계급이 언론을 통하여 저항하고 군주의 권력행사를 광정(匡正)하는데 노력하여야 한다.

그러나 폭군방벌론은 인민과의 계약을 전제하면서도 인민의 반항권은 원칙적으로 인민의 지도자만이 행사하는 것으로서 주장한다. 그의 인민주권설은 중세적인 그리고 귀족층의 특권 의식을 바탕으로 하고 있다. 그에게 인민은 대단히 무지하고 혼란한 대중에 불과하다. 그들 인민은 자기의 문제를 자기 자신이 처리할 능력이 없고 인민이 가지는 주권을 행사할 능력도 없다. 따라서 인민은 신적, 자연적 질서에 의하여 인민 위에 있는 인민대표자 내지 보호자의 지도를 필요로 한다. 인민이 가지는 주권(主權)은 인민을 전체로서 대표하는 집합체(集合體)가 이것을 담당할 수 있다.

즉 그 권리는 법인체적 권리이며 개인적인 권리가 아니었다. 그는 중세적인 등족회의를 사실상 염두에 두고 있었다. 그러므로 반군주파의 인민은 근대적 의미의 주체적 인민이 아니고 또 근대의 시민과도 역사적 차이를 가지고 있다. 따라서 라스키(Laski)는 이 정치이론은 근대적인 것이라 하기 보다는 도리어 귀족주의적 내지 봉건적인 것이라고 평가하는 것이 정당하다고 하였다.

2) 카톨릭의 반군주론

① 개 요

구교신도(舊敎信徒)들의 폭군방벌론은 카톨릭에 반대한는 신교군주가 군림하는 국가에서의 구교도에 의해 주장된 이론이다. 특히 프로테스탄트 출신의 앙리 4세가 프랑스의 정통적 왕위를 계승하여 정치정세가 역전된 상황에서 카톨릭동맹이 신교의 폭군방벌론을 거의 그대로 답습하여 펼친 것이다.

카톨릭의 반군주론은 일반적으로 세속적 권력과 교권을 분리하여, 세속적 권력의 성립을 자연과정으로 이해하였다는 점에서 중세의 양검론(兩劍論)이나 왕권신수론과 차이를 보인다.

프랑스에서의 카톨릭에 의한 폭군방벌론은 당시 광범한 지지층을 가지고 있기는 하였지만, 보다는 스페인의 제수이트파를 중심으로 하는 구교도들이 폭군방벌론을 전개하면서 이들의 이론이 정치사상사에서 더욱 중요성을 갖게 된다.

② **벨라미노**(Roberto Bellarmino, 1542-1621)**의 이론**

벨라미노는 정치적 주권자의 권력의 기초를 계약에서 구하고 있다는 점에서는 동일하나 교황권과 군주권의 기원을 별개로 취급하고 있다는 점에서 현저한 차이를 보인다.

교황의 교권(敎權)은 신으로부터 직접 신수(神受)된 것이다. 교황은 베드로의 후계자로서 신이 그에게 수여한 교권을 계승하였다. 따라서 군주권이 행사되는 범위는 교권 밖의 세속적 사항에 국한되어야 한다.

그는 왕권신수설이 주장하는 정치권력의 신수설(神授說)에 반대함과 동시에 교황권 우위론자들이 주장하는 정치적 권력이 교황권에서 유래한다는 견해에도 반대하였다. 이는 서구(西歐)의 정치정세가 사실상으로나 감정상으로 민족국가로 된 상태에서 세속문제에 대해 독립성을 인정해 줌으로서 이탈자들을 회유(懷柔)하려는 것이었다.

세속적 목적을 위하여서만 존재하는 군주는 당연히 그 신민에게 절대적, 즉 신앙을 포함한 생활전반에 걸친 사항에 대하여 복종을 강요할 수 없다. 그러나 교권자체는 직접적으로 군주권에 간섭하는 것은 아니나 정신적인 사항에 관하여서는 지도(指導)를 통하여 군주권에 간접적으로 간섭할 수 있다. 그럼으로 경우에 따라 교황이 이단적 지배자를 재판하고 퇴위시킬 수 있으며 그 인민을 군주의 신하로서의 의무로부터 해방시킬 수 있다.

③ **마리아나**(Juande Mariana, 1536-1624)**의 이론**

제수이트의 폭군방벌론은 마리아나에서 한층 명백하게 천명되지만 그의 이론에는 신학적 색채가 희박하다. 그는 시민적 사회의 기원을 자연상태에서 구하고 정치의 기원 및 진화를 자연과정으로 이해하였다. 그는 군주도 하나의 인간으로서 개인적 충동을 가지고 있어 그것에 좌우된다. 그럼으로 인민은 군주의 자의적(恣意的) 권력행사를 방지하기 위하여 법률에 의하여 군주의 권력을 제한하는 것이 필요하게 되었고 이로부터 시민사회가 성립한다.

시민사회에서의 군주권은 무조건적인 것이 아니고 법률에 의하여 제한된다. 즉 군주권은 인민권(人民權)에 기초하는 것이며 군주제는 입헌적 제한군주제라야 한다. 따라서 군주가 그 권력행사에서 국가의 근본법을 침범하는 경우 당연히 그의 지위는 박탈(剝脫)되어야 하는 것이다.

이러한 비신학적(非神學的) 견지에서 정치의 자연적 생성과정을 논하면서 그는 인민을 대표하는 것으로 스페인의 등족회의를 유념(留念)하여 이 기관을 법률의 수호자라고 하였다. 군주는 이 기관이 수호하는 법률에 전폭적으로 복종하여야 하고 법률 변경권과 신세(新稅)의 징수권은 이 기관이 보유한다.

마리아나는 군주권보다 법률과 인민권의 우위를 말하면서 동시에 종교의 법에 대한 우월론을 주장하였다. 즉 교황은 각 국가를 통합하고 그 위에 존립하는 수장이라는 것이다. 그리고 군주는 신의 명령에 복종하여야 하며 따라서 법률과 함께 교권에도 복종하여야 한다. 그는 군주에 대한 반항권은 인민의 명예권이며 수행하여야 하는 의무로서 간주하였다. 그러나 교황의 권력에 대하여서는 거의 언급하지 않았다.

카톨릭의 반군주적 정치사상은 인민주권적인 것이 아니고, 오히려 로마교황의 보편적 주권을 주장하는 것이었다. 인민은 군주 없이 존재할 수 있으나 성직자 없이는 존재할 수 없다는 것이다. 따라서 이교적(異敎的)인 개신교 군주 밑에 있는 구교도는 군주에게 반항할 수 있는 것이다.

3. 왕권신수설(Theory of Divine Right of Kingships)

1) 서 론

프랑스에서 절대군주는 중세 말기 서구의 대표적 지배세력인 로마교황과 신성로마황제의 권위를 무력(無力)한 것으로 만들고, 다른 한편 국내의 모든 성직자(聖職者)와 귀족(貴族)의 세력을 억압하면서 민족을 통일하여 갔다. 그러나 이러한 과정에서 성립하는 광범한 절대적 권력은 정당한 정치 윤리적 계기(契機)를 가지고 있는 것은 아니었다.

따라서 이러한 절대군주제에서는 그 권위의 이론적 기초를 정립하는 것이 실천적 성격의 문제로 제기되었다. 왕권신수설은 이러한 상황에서 주장되는 절대군주주의의 가장 효과적인 정치이론이었다.

왕권신수설(王權神授說)은 결코 낯선 이론은 아니었다.

이미 구약성서에 의한 양검론(兩劍論)과 로마교황과 신성로마황제와의 대립투쟁 시기에 적용되었던 이론으로 사도(使徒) 바울이 '모든 권력은 하느님의 것'이라 말한 이래 기독교인 누구도 의심한 적이 없는 진리(眞理)로, 군주권 역시 하느님으로부터 물려받은 신성한 권력이라는 것이다.

근대 왕권신수설은 이러한 이론을 민족국가의 형성과 성장기에 군주의 신격화(神格化)에 이용함으로서 군주절대권 옹호를 위해 주장하였다. 이는 사상적 방면에서는 반군주파들과 논쟁해야 하는 필요성이라는 요구에 따른 것이기도 하다.

프랑스에서는 신구교도 간의 종교적 분쟁을 치르는 과정에서 초래된 국내의 피폐(疲弊)와 혼란을 군주의 강력한 통치에 의하여 극복하는 것이 분쟁의 유일한 해결책으로 인정되어 더욱 힘을 받았다.

영국에서는 영국 전통인 군주와 의회와의 투쟁 형태로서 전개되어 스튜어드 왕조 시대에 격화(激化)되었다. 이때 군주권의 의회에 대한 옹호이론으로서 왕권신수설이 제기되었다.

반군주파의 사상 및 영국의 의회파의 사상이 군주권의 인민적 기원설을 내세워 제한(制限) 군주이론으로서 전개될 뿐 아니라 군주에 대한 반항권으로 발전함에 따라 군주권의 절대성은 그 반대로 신수권(神授權)의 방향으로 전개될 수밖에 없었다. 그러나 이 시기에 두 이론에서 기본적 쟁점은 군주의 종교적 이단성(異端性)이 인민의 불복종의 정당한 근거가 되느냐의 신학적 문제였다.

따라서 왕권신수설은 군주의 신민에 대한 무조건적 복종의 요구로서 나타나고 신앙을 이유로 하는 군주에 대한 반항도 독신적(瀆神的)

인 것이며, 즉 신이 주신 왕권에 대한 부정(否定)은 곧 신을 모독하는 행위로 간주되고 군주의 이단성은 인민이 군주에게 불복종하는 정당한 근거가 되지 않는다는 논리로 전개되었다.

2) 프랑스

종교전쟁은 프랑스 정부와 프랑스 문명(文明) 모두에 대한 심각한 위협이 되었고 이는 프리틱들의 주장 즉 프로테스탄트나 카톨릭이라는 것이 더 이상 정치 분열의 이유여서는 안 된다는 견해(見解)가 앙리 4세[10]에 의해 정치적 결단으로 실행됨으로서 종교적 내란을 성공적으로 종식시켰다.

그 결과로 모든 종교적 정치적 파벌이 군주를 민족국가의 수장(首長)으로 추대하여 그에 충성하는 것이 민족정부를 유지하는데 가장 효과적임을 모두가 승인하게 하였다.

프랑스에서는 인민의 권리인 저항권을 옹호하는 이론과 이에 반대하여 민족의 국가적 통일의 보루(堡壘)로서의 왕권신수설은 거의 함께 제기되었다. 이때 왕권신수설은 애국심에 대한 구심점(求心點)으로 또 시민의 의무를 종교적으로 합리화하는 역할을 하였다.

프랑스에서의 종교적 내란은 낭트칙령(勅令)에 의하여 신교파인 위그노들에게 조건부적인 신앙자유가 허용되어 대내적으로는 무질서의 최대의 원인이 제거되었고, 대외적으로 스페인과의 장기간(長期間)에 걸친 전쟁이 종결되어 17세기에는 군주의 전제적인 절대적 권위가 확립되었다. 그리고 페누롱(Fenelon, 1651-1715)은 조금은 완화된 형태의 군주권을 주장하였다.[11]

---

10) 앙리 드 나바르(Henry de Navarre, 앙리 4세)는 프랑스 왕위 계승자의 두 번째 서열이었으나 프로테스탄트의 지도자로서 프로테스탄트들에 대한 대학살(大虐殺) 때 잡혔고 목숨을 구하기 위해 카톨릭으로 전향하지 않을 수 없었다. 그러나 그는 곧 탈출하여 위그노에 가담하여 탁월한 군사지도자로서의 역량을 과시하였다. 그 후 수년 안에 프랑스를 정복하는데 성공하였으나 파리시(市)에 대한 공략에는 실패하였다. 이 때 그는 '파리는 미사를 올릴 가치가 있다'는 유명한 말로 카톨릭에의 복귀를 결정, 이는 종교전쟁을 종결시키는데 결정적 계기가 되었다. 1598년의 낭트 칙령(勅令)으로 신교에 대한 관용(寬容)이 이루어졌고, 소위 프리딕트와 노선(路線)을 같이 하였다.

왕권신수설은 이러한 프랑스왕조(王朝)의 현실적, 정치적 권력 증대에 상응하는 군주권의 불가침을 촉진하는 정치 이데올로기인 것이다.

이 이론이 힘을 받은 시대적 배경에는 중세 보편적 권위체제를 대체하여 '민족(民族)'이 하나의 강력한 정치 구심력(求心力)으로 확인되면서 민족국가의 수장(首長)인 군주의 신권적(神權的) 권위가 요구된 것이다.

3) 영 국

영국의 왕권신수설의 제일의 주장자는 국왕 제임스 1세(1566-1625)이다.

그는 『자유군주의 진정한 법(The Law of Free Monarchies, 1598)』에서 자유군주는 지상에서의 신(神)의 대리자이며 왕권은 외국의 여러 군주, 국내의 귀족 및 종교 교파의 강제로부터 완전히 독립한 지상에서 최고의 것이다.

군주는 신의 대리자로 그것은 신이 왕위에 오르는 것과 동일하다. 군주 없이 시민사회가 존재할 수 없고 군주와 인민과의 관계는 아들에 대한 아버지, 신체에 대한 두뇌와 같은 것이다.

법률의 제정권은 신이 군주에게만 부여한 권리이며 군주는 국가의 법률을 존중하여야 하지만 이는 강제의 의미를 갖는 것은 아니고 임의적(任意的)인 것에 불과하다. 군주는 신에 대하여서만 책임을 지고 인민에 대하여는 초월적인 것이다. 그가 주장하는 군주의 성격은 설명과 토의(討議)를 초월한 초자연적, 신적(神的)인 것이다.

제임스는 1616년 성법원(Star Chamber)에서의 연설에서 국왕이 무었을 할 수 있는가에 대하여 신하들이 언급한다는 것은 신하의 오만이며 군주에 대한 모욕이라 하였다.

영국에서는 봉건적 세력에 대하여 신흥시민이 그들의 정치적 권력

---

11) 군주권의 신성설을 주장한 또 한사람은 페누롱(Fenelon, 1651-1715)이다. 페누롱은 보슈에의 군주권 사상에서 보는 바와 같이 군주권의 절대성 옹호에 대하여 다소의 완화(緩和)된 경향을 보여 주권자에 대한 외부로 부터의 제한을 인정하였다. 그는 등족회의가 군주와 같이 입법권을 분유한다고 하였다. 군주는 입법과정에서 등족회의의 협조 없이 그 권능을 발휘할 수 없으며 군주의 권력은 국가의 유일한 권력이 아니다. 군주권과 귀족의 권력은 서로 협조하는 것이 필요하다. 그러나 페누롱은 인민의 입법권 참여를 부인하였다.

을 요구하고 청교도 혁명의 담당자로 나타나 군주제에 대해 공격을 시작하게 되었으나 이 혁명에 반대하는 왕권신수설이 휠머(Robert Filmer, 1604-1656)에 의하여 용감하게 주장되었다.

그는 주장하기를 신은 최초의 가부장으로서의 아담에게 가부장권을 부여하였고 아담은 그의 권력을 군주에게 부여하였다. 가부장권은 자손에 대한 생사여탈의 절대적 지배권이었다. 군주권은 이 가부장권을 원형으로 세습적으로 계승되는 신권적인 것이다. 따라서 군주는 당연히 신법에 복종하고 신에 대하여 책임을 진다. 그러나 그 이외에는 자연법과 기타의 법에도 구속되지 않는 것이며 오히려 자연법도 군주에 의하여 결정된다.

군주권은 인민에 대하여는 만능의 것이며 군주의 정치적 지배 아래서만 인민의 선(善)과 자유는 유지된다. 그는 의회가 군주권을 제한하는 것은 불가(不可)하며, 의회는 군주에 대한 자문기관에 불과하다고 하였다.

4. 결 어

절대군주주의의 정치적 이데올로기로서의 왕권신수설은 군주의 정치가 반동적(反動的)으로 극단화함에 따라, 근대적 시민세력의 정치권력에 대한 투쟁이 치열(熾熱)하게 전개되면서 사회적으로 그 타당성의 근거를 점차 잃어갔다. 또한 왕권신수설은 자연법에 근거한 사회계약론과 합리주의의 대두에 따라 그 불합리함이 논박(論駁)되었다.

왕권신수설은 영국에서는 스튜어드 왕조 이후 영원히 그 자취를 감추고 만다. 그러나 대륙에서는 합리주의에 대한 반발이 일어나고 나폴레옹의 전제국가의 발전, 부르봉 왕조의 부활, 그리고 메테르니히(Metternich, 1773-1859)의 반동세력이 몰락하는 19세기 초두(初頭)까지 그 주장자가 잔존하면서 보수적 반민주적 사상의 지주로서 이용되었다.

제 5 절 장 보댕(Jean Bodin, 1520-1596)

1. 생애와 배경

보댕은 1530년 프랑스의 앙쥬(Anjou)에서 출생하여 툴루스대학에서 법학을 전공하였다. 한 때 법학강사를 하였으나 곧 파리에서 변호사업을 개업함과 동시에 저술에 몰두하였다. 그는 당시의 군주 앙리 3세의 총애를 받아 1576년 궁정변호사에 임명되었다. 그러나 그는 부로아의 삼부회(三部會)에 제삼 신분의 의원으로 선출되어 앙리 3세의 위그노에 대한 박해에 반대하였다.

그의 주저(主著) 『국가론 6권(Les sixlivers de la Republiques)』은 1576년에 출판되었다. 그리고 1581년 이후 공적생활에서 은퇴하여 1596년 리옹에서 사망하였다.

보댕과 마키아벨리는 16세기의 가장 훌륭한 정치이론가로서 두 사람 모두 상당한 기간 공무원으로 일했으며 이들의 정치사상은 실제 경험의 영향을 깊이 받았다. 그는 역사에 몰두한 정치이론가라는 점에서 마키아벨리와 닮았으나, 그는 마키아벨리보다 더 광범하게 책을 읽었으며, 더 학식(學識) 있는 인물이었다.

보댕은 자연법을 인간에 내재하는 신적(神的) 지혜로 이해하였다. 그리고 그는 고대 이래의 자연법적 정치사상을 군주의 절대권력과 결부하면서 그의 『국가론』에서 정치이론을 전개하였다. 그의 저서는 프랑스 군주국의 최고의 광영(光榮)이 군비(軍備)와 법률질서에 의하여 수호되기를 기대하며 쓴 것이다.

그의 정치사상사에 있어서의 지위를 결정지은 저서는 『국가론』이다. 그는 이 책에서 군주의 절대권을 옹호하면서 그 권위를 합리적 기반위에 조직적으로 수립하려고 계획하였다.

그가 속한 프리틱파는 종교 전쟁기에 군주권의 강력한 옹호자로서

민족국가의 형성에 지대한 영향을 주었다. 그들은 가리카니즘에 소속하는 현실주의자들로서 종교적인 것과 정치적인 것과를 분리하여 군주권의 강화(强化)에 제일의적 의의(意義)를 부여하고 종교를 부차적인 것으로 취급하였다.

그러므로 그들은 루터와 칼뱅이 국가의 강제력에 저항하며 종교를 통일하려고 하는데, 또한 제수이트적 반군주론자들이 주장하는 교황권이 간접적으로 군주에 간섭하는 생각, 모두에 반대하였다.

프리틱파의 이러한 중용주의(中庸主義)의 정치적 지향은 프랑스의 민족국가주의였다. 그들은 정치적 권위의 안정과 번영을 위한 평화를 지상의 목적으로 하였다. 또한 그들 중 일부는 군주권은 신적 기원을 갖는 것으로 인민은 정치적 지배자에 절대복종해야 한다는 견해를 가지고 있었다.

그들은 현실주의자들로 신앙상의 관용 역시 도덕적 원리로서 보다는 정책적(政策的)으로 주장하였다. 오직 국왕만이 종교적 관용정책을 감행하면서도 평화를 유지하기에 충분할 정도로 강력할 수 있다는 믿음에서 군주권의 옹호자가 된 것이다. 사실 보댕은 앙리 3세가 극단적인 카톨릭의 주장을 채택하였다는 이유로 국왕에 반대하였었다.

2. 국가론

보댕 정치이론의 역사적으로 중요한 의미의 하나는 그가 국가 권력의 절대성을 주권(主權) 개념으로 정립하였다는 것이다. 그는 객관적·관념적 실체로서의 '주권이념(主權理念)'을 정립하여 종래 군주의 절대권력을 왕가(王家)의 사적(私的)관계로부터 분리하여 국가의 공적(公的)관계로 전환(轉換)시키는 기초를 마련하였다.[12)]

이는 근대국가의 특징인 사법과 공법관계를 분명하게 구획(區劃)짓

12) 서구(西歐) 여러 나라들을 지배하고 있던 왕족(王族)들은 왕가들 간의 혼인관계로 얽혀있었고 왕위계승은 국가 위주(爲主)가 아니라 왕을 위요한 왕가의 계승 서열에 따라 정해져 왕권에는 왕가(王家)의 사적(私的)관계의 성격이 강하였다.

는 계기(契機)이며 동시에 결과인 것이다. 근대국가는 이러한 법적 공개념(公概念)의 확립에서 가능한 것이었다.

다른 하나는 왕권신수권(王權神授權)이라는 종래의 종교적 신학적 견해를 벗어나 인류 지리학적 방법을 채택하였다는 점이다. 그는 학문상으로 종교적 신학적 방법에서 벗어나 합리주의적 방법을 취하였다는 점에 있어 근대적 사상가이다.

그의 '역사의 이해 및 의의에 관한 고찰'에 따르면 인간의 모든 행위는 그들의 천성(天性), 즉 기질(氣質)에 의하여 결정되며 이 기질은 기후에 좌우 된다. 그러나 인간의 행위는 기질 기후에 의해서만 규정되는 것이 아니라 인간이 생존하고 식량생산의 토대가 되는 토지의 성질에도 의존한다. 이리하여 모든 국가는 특별한 국민적 성격적 차이를 가지며 동일한 국민 중에도 여러 상이한 기질이 존재한다.

보댕은 인간의 행동뿐만 아니라 역사의 해석에도 합리적 방법을 채택하여 법의 기원(起源)과 성질을 구명하려고 하였다. 각 국가의 현실적인 법은 자연법의 불완전한 표현에 불과하고 진정한 법은 역사적 비교 연구에 의하여 밝혀질 수 있는 것이다. 이러한 그의 학문적 접근방법은 후일 몽테스키외에 의하여 다시 등장한다.

3. 가족과 국가

그의 이론의 출발점은 아리스토텔레스와 로마법의 가족의 관념에서부터였다.

가족(家族)은 모든 사회가 형성되는 가장 기초적 자연공동체로서 사회구성의 기본적 단위로 간주되었다. 그는 가족을 구성하는 개인은 인격적 자유의 주체가 아니며 가족을 구성하는 일분자로서 비독립적 존재로 취급하였다, 가부장(家父長)은 가족 안에서 재산에 대하여 완전한 지배권을 보유하며 그러한 가부장만이 국가의 시민이다.

국가 기타의 사회는 가족을 구성단위로 하여 형성되며, 군주의 국가에서의 지배적 권력은 가부장권을 모델로 하는 것이다. 국가는 제

가족의 공동체로서의 정치단체이다.

그는 국가는 사회집단－협동체－공동체의 최종적 형태라고 한다.

각 가족은 상호 결합하여 공동방위를 위한 촌락을 형성하고 도시 기타의 각종 단체를 이루고 이러한 결합체가 주권적 권위에 의하여 통일되어 국가가 형성된다. 그는 국가와 제사회집단과의 차이를 국가 이외의 모든 사회집단은 혈연관계, 습관, 상호협정 등 기타의 유대를 매개로하여 결합되는 것인데 반하여 국가는 권력에 의하여 그리고 이것을 매개로 하여 형성되는 것이라 하였다.

보댕은 대부분의 국가의 기원을 권력(權力)에 의거한 것으로 보았다. 그러나 보댕은 국가를 도적(盜賊)집단과 같은 폭력단체와 동일한 것으로 취급하지는 않았다. 그의 국가 기원론은 자연발생론으로 소박하게 시작하였으나 전개과정에서 그 논의를 일신하여 주권(主權)의 합법적 내지 정당성의 문제로 전개하였다.

국가는 이성적 자연법에 적합한 사회이다. 국가는 사회적 여러 관계에 의하여 우연히 창조된 것이 아니고 사회의 역사적 진보에 따라 형성되는 최후적 단계의 산물로서 합법적으로 국가를 지배하는 권력 즉 주권을 보유하고 있는 점에서 다른 사회집단과의 특질적 차이가 있다.

4. 주권의 성격과 기능

1) 성 격

보댕은 그의 저작의 중심과제인 국가권력 즉 주권의 연구에 전력을 경주하였다. 그에 의하면 주권은 시민과 신민에 대하여 그것을 초월하는 최고권력(Supreme Power over Citizens and Subjects)이며 국가의 절대적 그리고 항구적 권력이다.

그는 주권의 형식적 정의(定意)를 자세하게 규정한다.

주권은 항구적이라야 한다. 주권이 시간성에 제한된다면 제한된 시간이 경과하면 주권은 본래의 주권자에 귀속되기 때문에 제한된 시간에 구애되는 주권은 진실한 주권이 아니다.

그는 로마공화국 시대의 한시적(限時的) 독재자를 염두에 두고 있었다. 인민이 일인 혹은 수인(數人)에게 일정기간을 정하여 주권을 부여하였다면 그들은 주권의 수탁자에 불과하여 기간의 경과와 함께 위탁된 주권은 인민에게 돌아가게 된다. 그러나 군주에게 주권이 종신토록 부여된다면 군주에게 주권이 양도되었다고 간주하여야 한다. 이점에 관한 그의 설명은 명백하지 않다. 이는 군주에게 주권이 존재한다고 전제하고 있는 것이라 하겠다.

주권의 절대성에 관하여 그는 다음과 같이 설명하였다.

인민은 조건 없이 특정의 인물에게 종신(終身), 최고(最高) 그리고 항구적(恒久的) 권력을 부여할 수 있고 그 경우 인민은 군주에게 무조건 복종하여야 한다. 또한 군주는 자기가 제정한 법뿐만 아니라 이전의 군주의 법에도 구속되지 않는다.

그는 주권이 국가의 본질적 요소로서 가족을 포함한 모든 집단과 구별하는 표식이며 그 특징은 단일적(單一的)이며 불가분(不可分), 불가양(不可讓)의 성격에 있다.

2) 기 능

보댕은 주권의 최고의 기능은 그의 상급자 또는 하급자의 동의 없이 시민에게 대하여 일반적 또는 개별적으로 법을 부여(附與)하는 것이며 기타의 권능은 국가의 주권자로서의 지위에서 나오게 되는 결과의 속성이라고 한다.

그는 주권의 구체적 속성(屬性)을 여덟 가지로 열거하였다.

1. 입법권, 2. 선전 강화권, 3. 관리 임명권, 4. 최고재판권, 5. 은사권(恩赦權), 6. 충절 및 복종의 의무, 7. 화폐주조, 도량형 선정권(選定權), 8. 과세권 등이 그것이다.

5. 주권의 제약(制約)

보댕은 주권의 절대성을 주장했으나 또한 몇 가지 측면에서 그 제한을 인정했다. 그 첫째가 신법(神法)과 자연법(自然法)에 의한 제약, 두 번째는 왕위 계승법이고, 세 번째가 사적(私的) 소유권과 국제관계이다.

먼저 신법과 자연법에 의한 제약(制約)으로 이에는 자연법의 준수(遵守)가 국가를 단순한 폭력집단과 구별시켜주는 기준이라는 면에서 볼 때, 이 제약은 주권행위에 대한 도덕적 명제(命題)로서의 의미가 있다.

다음에 주권자가 변경시킬 수 없는 어떤 특수한 법률로서 '왕위 계승법'을 들고 있는데 이는 주권의 정당한 소유(所有)는 어느 경우에도 유린(蹂躪)당해서는 안 된다는 것을 강조하는 것이다.

그는 주권은 누구든지 정당하게 그것을 소유하는 자(者)에 의해 획득(獲得)되는 것으로 그 취득과정에서의 정당성을 상실하면 주권자체가 소멸된다고 생각하였기 때문이다. 이 논리는 보댕이 정치권력자로의 군주(君主)와 정신적 실체로서의 주권(主權)을 구별하였기에 가능할 수 있었던 것이다.

끝으로 그는 자연법이 보장하는 계약(契約)의 준수가 요구되는 영역(領域)을 사법적(私法的) 관계와 국제관계(國際關係)를 나누고, 사법적 관계로서는 사유재산의 절대적 보호를, 그리고 국제관계는 다른 주권에 대한 정치적 의무를 들고 있다. 그는 주권의 입법권에 관한 초법성(超法性)을 주장하면서도 군주가 시민과 사법적(私法的) 계약을 체결하였을 경우 그 계약은 자연법적인 것이기 때문에 군주도 의무를 진다고 하였다. 따라서 재산에 대한 과세(課稅)에는 시민의 협찬과 합법적 과정이 필요하다.

또한 법률적 관점으로는 가족의 불가침성과 국가의 제약 없는 입법권을 동시에 주장하였다. 이때 가족은 사적(私的) 영역이고 국가는 공적 영역이다. 이는 사적 영역인 소유(所有)는 주권과 구별되어야 한다는 그의 근본적 견해에 따른 것이다. 그에 의하면 소유(所有)는 가부장에, 주권은 군주 혹은 기타의 주권자에 귀속하는 것이다.

가족은 소유에 기초하고 있고, 소유는 국가보다 오래된 제도로 가족과 소유는 주권으로부터 유래한 것이 아니며 따라서 국가에 의해 존중되어야 한다. 따라서 재산에 대하여서는 주권자인 군주의 권력에 제한이 존재한다.

그것은 절대군주 체제에서의 사회경제적 정의(正義)를 여실히 표현한 것이기는 하나, 가족이라는 사회집단과 국가 사이의 본질적 구별 표식인 주권개념에 명료성(明瞭性)이 결핍하였다는 것을 의미하기도 한다. 따라서 군주의 절대권의 주장에서 보자면 그는 철저하지 못하였고 그것은 다음의 보슈에(Jacques Bossuet)[13)]에서 이루어진다.

그는 국제관계에 대해 마키아벨리와는 달리 조약(條約)과 동맹(同盟)에 대한 신의(信義)를 강조하였는데 이는 자연법사상의 영향과 아울러 당시 국제적 분쟁에 대한 협력의 필요가 점증(漸增)하는 사태를 인식한 것이다.

6. 정치 형태

보댕은 국가는 주권적 권력을 소유함으로서 존재하며, 정부는 주권이 행사되는 기구(機構)라 하여 이 둘을 선명하게 구별하였다. 그는 국가와 기타 사회와의 구별 표식(標式)인 주권을 중심으로 하여 정치형태론을 전개하고 있다.

그는 주권의 주체여하(主體如何)에 따라 국가의 형태를 구별하였다. 그는 주권의 주체를 인민 전체, 인민의 일부, 그리고 단일인(單一人)으로 구분하여 각각 민주정, 귀족정, 군주정으로 분류한다. 이처럼 그는 고대의 아리스토텔레스의 학설(學說)을 그대로 답습하였다.

군주정에서 주권은 군주에 있다. 이때 등족(等族)의 기능은 조언적(助言的)인 것에 그치고 군주는 이 조언에 법적 구속을 받지 않는다. 그는 등족회의를 주권이 허용하는 하나의 단체로 취급하였다. 그러나 군주가 등족의 행위에 구속된다면 주권은 등족회의에 있으며 그것은 귀족

13) 보슈에는 신민의 군주에 대한 능동적인 반항은 군주가 비록 이단자, 범죄자 혹은 찬탈자라 하더라도 처단되어야 한다. 따라서 군주권이 합법적으로 권력을 갖던지 혹은 아닌지를 불문하고 신성성(神聖性)을 띠는 것으로 간주된다. 군주는 신(神)에게 중대한 책임을 지고 있으나 신민에게는 절대적인 권력행사를 해야 한다.

정이다. 또 최종적 결정 및 비판권이 어떠한 일종의 인민단체(Popular body)에 있는 경우에는 민주정이라고 한다.

그러나 보댕은 그의 주권이론에 따라 아리스토텔레스와는 달리 혼합정체의 존재를 부정하였다. 만일 혼합 정체가 존재한다면 그것은 주권의 주체가 둘 혹은 셋이 있다는 것을 의미하는 것으로 이는 주권의 불가분성과 상치(相馳)하는 것이며 질서 있는 국가라고 할 수 없다.

보댕은 위에서의 세 종류의 정부형태 중 민주정이 가장 자연과 조화하는 것이라고 하면서도 거기에 여러 가지 결함이 있다고 하여 군주정이 가장 이상적인 국가형태라고 한다. 그는 민주정의 결함(缺陷)을 민주정이 갖는 산술적 평등(算術的 平等) 이념에서 찾았다.

보댕은 정의(正義)를 산술적(算術的), 기하학적(幾何學的) 그리고 조화적(調和的)인 것 셋으로 구별하였다. 산술적 정의는 민주정치에 고유한 것으로 개인을 권리와 의무의 추상적(抽象的) 주체로 평등하게 취급한다. 기하학적 정의는 귀족정치이고 인간을 그의 환경, 부(富), 그가 속한 계급에 따라 다르게 취급한다. 그리고 군주제의 정의는 불평등을 용인하지만 그것을 사회의 필요사항을 고려하여 제한범위 내에 머물도록 하는 조화적 정의이다.[14)]

그리고 민주주의에 대하여 그는 부(富)와 사회적 지위의 완전한 평등이 존재하는 사회는 과거에도, 그리고 미래에도 존재하지 않는다고 믿었다. 만일 이러한 평등을 인위적으로 창출하려고 시도하더라도 사람들의 재능이 달라 지속되지 못하고 사라질 것으로 보았다. 사실 그는 평등 자체를 소망스럽지 않다고 생각하였다. 다시 말해 그는 평등의 사회적 실천이 가져 올 사람들의 반응을 부정적으로 판단하였다. 사람들은 자기 자신은 물론 자손들을 위해 일한다. 그리고 이러한 희망을 박탈한다면 재능을 최대한으로 발휘토록 하는 동기(動機)를 약하게 함으로 사회를 약화시킨다.

보댕은 군주정이 가장 이상적이라고 생각하였고 이를 다시 세 종류

14) 플라므나츠, 『서양 정치사상사』, p.176.

로 구분하였다.

1. 가부장적 군주제(Pateriarchalische Despot)
2. 왕조적 군주제(Monarchia Regalis)
3. 참주제(Tyrannis)

가부장적 군주제는 가부장이 그 노예를 지배하는 것과 같이 군주가 그 신민(臣民)을 통치하는 것이며 참주제(僭主制)는 군주가 신법과 자연법을 침범하면서 군주의 자의(恣意)에 의하여 인민을 전제(專制)하는 국가이다. 그리고 이에 비(比)해 왕조적(王朝的) 군주제는 군주가 자연법과 신법에 구속되어 인민의 능력과 자유를 인정하고 인민의 인격과 재산의 자유가 보장되어 있는 군주제이다.

보댕은 왕조적 군주제를 최선의 것이라 하였다. 그 중에서도 세습적 군주제가 선거를 통한 군주제에 비하여 우수하다는 것이다. 그러나 세습제 중에서 여계(女係)상속은 인정하지 않았고 장자(長子) 상속제를 선호하였다.

보댕은 군주가 바뀔 때의 돌연한 정책변경, 왕위 계승논쟁, 섭정(攝政)정치 그리고 도전되지 않는 권력의 부패 등 단점을 알고 있었다. 그러나 국가는 이성(理性)에 적합한 것이며 만일 공정하고 조화롭게 지도된다면 군주제가 모든 국가형태 가운데 가장 아름답고 다행하고 완전한 국가라 하였다. 현명한 군주는 귀족과 평민, 부자와 빈자 중 다소 귀족에게 유리하도록 배려하면서 조화 있게 통합해야 한다.

7. 결 어

보댕의 주권론은 당시의 시사적(時事的) 문제 제기성 팜프렛들과는 성격이 다른 체계적 국가론의 수립을 의도하였다. 그러나 그것은 절대군주의 권력을 옹호하는 정치적 이론으로서의 성격을 가지고 있다. 주권론은 절대군주제의 사회경제적 관계의 정치적 표현으로서 군주의 세력과 근대 시민세력의 타협 내지 협조관계를 잘 표현하고 있다.

보댕의 정치사상이 어느 정도 정치적 이데올로기로서의 성격을 띠고 있다고 하더라도 국가권력을 주권 문제로 구명(究明)하여 군주의 절대권력에 정당성을 부여하였다는 점에서는 의미가 있다. 또한 더 나아가 보댕이 정치권력자로의 군주(君主)와 정신적 실체로서의 주권을 구별하는 단서(端緖)를 제공한 것은 시대를 초월한 것으로 단순히 군주권력의 옹호를 위한 것이었다고 단정하기에는 부족한 면이 있다.

그의 이론에는 여러 난점이 있으나 아리스토텔레스의 실증적, 비교적 방법을 구사함으로서 중세적 방법에서 이탈하였다는 점에서 정치학수립에 공헌하였고 군주권의 자연법적 제약(制約)을 논함으로서 근대 자연법적 정치이론에의 길을 개척하였다.

그의 정치이론의 중심과제인 주권론은 근대 초기에 민족국가의 출현 그리고 역사적으로 민족적 주권국가의 형태가 적어도 19세기에 이르기까지의 일반적 국가체계였다는 현실적 이유에서도 그로티우스의 주권국가적 국제정치학과 더불어 후세에 그 영향은 지대하였다.

그의 사상에는 고대적 사상의 편편(片片)이 개입되어 있다. 그는 현실적, 중용주의 입장에서 마키아베리의 부도덕한 경향에 반대함과 동시에 무어와 플라톤의 유토피아적 정치사상에도 동정을 표시하지 않았다. 사실 그는 비록 현실주의자이기는 하나 극히 신앙심이 깊은 사람이었다.

보댕의 정치사상은 정치학의 신학·윤리학으로 부터의 해방을 주장하는 마키아베리에 비하여 자연법, 윤리학이 정치학에서 근본적인 것이라 인정하고 있다는 점에서 과학적 정치학 수립에 마키아베리보다 일보 후퇴한 것이다. 그러나 그의 주권론은 후에 홉스에 지대한 영향을 주었다.

제 6 절 사회계약 이론의 대두와 자연법

1. 배 경

종교개혁 운동이 그 열기로부터 벗어나면서 정치이론의 문제가 세속화되고, 정치권력의 기원(起源)과 정당성(正當性)의 근거에 대한 신학적 해석이 점차 무력(無力)해 지면서 자연법사상에 따른 사회계약 이론이 등장한다.

자연법은 '우주의 질서와 인간 내면의 양심 혹은 이성(理性)이 합치한다.'는 직관적이고 추상적 관념으로 그것이 이성자체일 수는 없지만, 이는 인문주의(人文主義)에서 중세 신법을 대체하여 양심이나 이성의 근원으로서 정당성을 보증해 주는 역할을 하였다.

사실 자연법의 모체(母體)는 인간 본성(本性)으로, 인문주의적 자연법은 종교적 권위의 속박으로부터 인간의 본성을 완전히 분리·해방시켰다.

이제 가장 확실한 것은 개개인의 인간 본성으로 16, 7세기 들어 심리학(心理學)은 인간 본성에 감추어진 행동동기를 드러내 주는 학문으로 성장하여 갔다. 이는 감각적 경험주의에 바탕을 둔 홉스, 로크에게서 나타나는 일반적 현상에 대한 설명일 수 있다. 또한 고대사회가 하나의 공동체 구성원으로서의 인간을 우선시(優先視)하고 오히려 개인으로서의 인간을 파생적(派生的)이라고 보았던 견해와는 완전히 다른 입장이다.

개인은 논리적으로나 윤리적으로 보나 사회에 우선한다. 사회가 인간을 위해 만들어진 것이지 인간이 사회를 위해 태어난 것은 아니다.

사회계약 이론은 자연법사상에 근거한다. 계약(契約)은 계약에 동의 체결하는 당사자로서의 개인에 대한 의식을 암묵적으로 전제하지 않고는 성립하기 어려운 것이다. 이때 계약의 존립근거는 그 약속이 지켜져야만 가능한 것으로 사회계약에 따른 사회에의 구속의무는 절대적인 것이다.

또한 개인의식(個人意識)이란 인간이 합리적 존재라는 인식을 내포하고 있으며 계약에의 구속은 외부의 강제에 의한 것이기 보다는 구속에 동의한 이성의 자기약속에 따른 것이다.

사회계약 이론이 상정(想定)하고 있는 자연상태에는 두 가지 측면이 있는데 그 하나는 사적(私的) 개인 간의 관계이고 다른 하나는 주권국가들 상호간의 관계이다. 그리고 전자가 국내법을, 후자가 국제법을 생겨나게 하였다. 그러나 후자에 대한 논의는 그로티우스에 의해 강조되었을 뿐 일반적인 정치이론의 영역에서는 별로 취급되지 않았다

2. 알투시우스(Johananes Althusius, 1557-1638)

1) 배 경

영·불에서 근대초기에 군주, 귀족 그리고 시민들의 상호투쟁 과정에서 절대군주의 정치적 지배하에 민족국가가 강력히 형성발전하고 있을 때 독일은 종교개혁을 지나 30년 전쟁을 치르면서 중앙집권적 체제의 수립을 보지 못하고 상호 경계를 접하고 있는 군소제후(諸侯) 국가들이 대립하고 있는 분립상태에 있었다.

그럼으로 독일에서는 정치사상이 풍요롭게 성장할 수 있는 기반과 계기가 결여되어 있었다.

따라서 독일 내의 어느 한 작은 국가가 전제정치의 방향으로 그 세력을 획득하면 보댕이나 보슈에의 군주의 절대권 옹호하는 사상이 이용되기도 하고, 때로는 봉건귀족과 인민과의 사이에 권력분배에 관하여 논의가 되는 경우 록크(John Locke)의 사상에서 그 원칙을 이끌어 내기도 하였다.

네덜란드와의 국경 부근에서 태어난 독일 칼뱅주의 정치학자 알투시우스는 그의 정치이론을 반왕당파(Monarchomachi)와 동일한 관점에서 출발하여 독일의 정치상황에 적용하였다.

알투시우스는 독일의 디이텐스하우젠에서 출생하였다. 장성하여 바젤에서 신학 및 법학박사의 학위를 받고 제네바에서 법학을 연구하였

다. 그는 여기서 칼뱅주의 신학의 영향을 받았다. 그 후에 그는 법학 및 신학연구에 몰두하여 독일과 네덜란드의 각 대학에 초빙을 받았으나 모두 거절하고 1604년 이후 자유도시 엠덴(Emden)의 시장에 취임하여 그가 1638년 사망할 때까지 이 도시의 개혁에 진력하였다.

그의 정치사상의 주저는 『체계적 정치학(Systematic Politics, 1603)』이다. 이 저서는 반군주파의 다른 저서와는 달리 단순한 정치적 논쟁의 문서가 아니고 국가를 포함한 모든 형태의 집단에 대한 체계적인 것이다.

그는 정치학과 법학과의 혼합에 반대하고 양자의 분리를 계획하였다. 그는 정치이론의 기초를 종교적 권위에 의탁하지 않고 계약관념에서 구하였다. 그리고 자연주의적 성향에 따라 인간의 수평관계(水平關係)로서의 사회계약론을 형성하여 사회계약 이론상에 획기적 지위를 차지한다.

2) 정치이론

그는 반군주파와 동일하게 국가는 인민의 명시(明示) 혹은 암묵(暗黙)의 계약에 의하여, 그리고 인민의 일반적 행복을 위한 본질적 요구에 따른 결합에서 성립하는 것이며 그 결론으로 인민주권론을 이끌어 내었다.

모든 사회는 사회계약이 그 결합의 기본원칙이다. 알투시우스는 모든 사회는 계약에 의하여 성립된다고 하며, 계약이론을 사회계약과 지배계약의 이중적으로 구성하였다. 사회계약에 의하여 사회의 종류가 결정되고 그 바탕위에 지배계약에 의하여 사회의 공통적 문제를 처리하는, 즉 지배와 피지배관계를 창설하는 권위가 결정된다.

그는 보댕과는 달리 국가를 개인 혹은 가족을 기본 단위로 하여 성립하는 것으로 생각하지 않았다. 국가의 성립 이전에 크고 작은 사회집단이 존재하였으며 이 집단을 포괄하는 일반적 정치적 결합이 국가이다. 그는 사회구조를 단순하고 유치한 것에서부터 복잡, 고등한 것의 순서로 분류하였다. 즉 가족, 조합, 지방단체 주(州) 및 국가가 그것이다.

각 사회집단은 모두 사회계약을 기초로 성립하여 각각 특수영역을 가지고 있고 그 주체는 구성원 전체이다. 각 사회집단간의 상호관계에 있어 하나의 사회집단은 그 이전의 작은 집단을 포괄하는 관계이며 이 과정에서의 계약 당사자는 하위(下位) 집단 혹은 단체이다. 국가는 이러한 제 집단을 포괄, 즉 지방적 공동체의 결합으로 형성되며 따라서 국가의 주체는 근원적으로 전인민(全人民)이다.

알투시우스는 국가와 기타의 사회집단과의 차이는 국가의 주권(主權)에 있고 주권은 전체로서의 인민에 소재한다. 그는 주권의 성격을 보댕에서와 같이 양도할 수도, 분배할 수도 없는 것으로 따라서 군주에게 위양(委讓)할 수도 없는 것으로 보았다. 이점 보댕이 군주에게 주권이 종신토록 부여된다면 이는 주권이 양도된 것이라 간주한 것과 근본적 차이가 있다.

국가의 본질로서의 주권은 공동단체의 구성원으로서의 인민, 정확하게는 '인민으로 구성된 법인체(法人體)'에 소재(所在)하는 것으로, 따라서 여하한 형태의 국가에 있어서도 인민주권이 아니면 안 된다. 이러한 논리구성은 어떠한 이론(異論)도 제기하기 어려운 명쾌한 것이었다.

3) 국가 형태

국가의 형태는 그의 두 번째 계약인 지배계약(支配契約)에 의해 주권의 행사가 위임되는 정부조직의 상이(相異)에 따라 달라진다. 주권은 반드시 인민 전체에 있으며 주권을 행사하는 정부기능은 일인 혹은 다수인에 위임된다. 주권은 위양할 수 없으나 주권의 행사권은 위임이 가능하다. 왜냐하면 주권의 위양은 주권 자체의 소재(所在) 변경을 의미하지만, 주권의 위임(委任)은 단순히 행사의 권한과 임무를 위촉하는 것이기 때문이다.

국가의 정치형태는 단독제와 합의제로 나뉘고 단독제의 경우, 최고관리가 자연인(自然人)이고 군주제가 여기에 속한다. 그리고 최고관리(官吏)로서의 군주의 권력은 법적 제약을 받을 뿐 아니라 인민의 대표기관에 의한 감독이라는 이중(二重)의 제약을 받는다.

합의제 국가는 다수인민의 단체가 합의제의 조직을 가지고 각 부분이 일정한 규정에 따라 지배하는 것이다. 이 정치형태는 귀족제와 민주제로 다시 분류되고 귀족제는 소수의 인물이 정치권력을 장악하며 민주제는 인민 전체가 최고권을 갖는다. 그러나 역사상의 정치형태는 순수한 것이 없고 혼합정치 형태이다.

계약은 정치적 권력행사의 한계를 구성한다. 그는 반군주파와 같이 정치적 지배자가 그 권력행사의 한계를 이탈하는 폭군에 대한 인민의 반항권을 시인하였다. 이러한 반항권의 근거는 지배계약, 인민주권, 자연법, 그리고 신법 등이다. 그러나 알투시우스는 반군주파가 가지고 있는 시대적 제약을 완전히 벗어나지는 못하였다.

인민이 가지는 주권은 전체로서의 인민이 그것을 행사할 수는 없고, 따라서 권력을 위임받은 자들에 대한 전체로서의 인민을 대표하는 감독자가 필요하며 이를 시행하기 위해 제후, 귀족, 시의회 등으로 구성되는 집회(集會)를 지목(指目)하였다. 이러한 인민대표기관만이 정치적 문제를 관리하여 인민의 권리를 보호할 수 있다.

인민의 폭군에 대한 반항은 인민에게는 수동적 반항권이 있음에 불과하여 다만 폭군이 인민의 생명 및 재산에 침해를 가할 경우 자연법상의 정당방위권이 있으나, 반항 및 정치적 지배자의 폐위, 재판권은 위에서 말한 집회가 보유한다.

즉 그의 정치이론은 반군주파의 사상을 독일의 정치형태에 적용한 것으로 등족회의를 염두에 두었고 타면(他面) 네덜란드의 연방적 조직에서 그의 계약설의 근거를 구하였던 것이다.

3. 그로티우스(Hugo Grotius, 1583-1645)

1) 국제법의 배경

16세기 후반에서 17세기에 걸쳐 영국, 프랑스, 스페인 등 여러 나라에서 강력한 군주제에 의한 민족국가가 성립 발전함에 따라 중세의 서구(西歐)질서에 비하여 심하게 상호경쟁하고 투쟁하는 국제관계가 등장하게 되었다.

각 민족국가는 산업혁명에 의하여 한정(限定)된 지중해 무역에서 벗어나 광대한 대서양 무역 중심으로 이행함으로서 스페인을 선두로 중상주의적(重商主義的) 식민제국이 형성되어 갔다. 식민지 획득을 위한 경쟁은 이 시기의 민족국가의 하나의 특징이었다.

이러한 일반적 경향은 네덜란드도 그 예외가 아니었다.

상업혁명에 뒤따르는 대서양 중심 무역으로 경제적 번영을 누리고 있던 네덜란드에서 칼뱅의 신교가 근대적 시민세력과 결합하여 카톨릭인 스페인과의 독립전쟁에서 승리하여 당시 사회경제적으로 가장 자유로운 근대 국가로서 네덜란드 공화국을 건립하였다. 민족적 독립을 완수한 후에는 서구의 상업과 금융의 중심지로서 경제적으로 자유로운 식민지제국으로 발전하였다.

민족국가 성립기에 정치사상가의 대부분은 국내 질서의 회복 유지에 열중하여 국제정치 문제에 대한 관심은 크지 못하였다. 당시의 국제정치는 민족국가를 실천적인 단위로 하여 경쟁적인 군사력을 배경으로, 소위 마키아벨리즘의 권모술수 정책으로 일관하면서 식민지 획득, 상업적 발전, 해외시장의 개척을 둘러싸고 혼란을 야기(惹起)하고 있었다. 여기에 종교전쟁으로 인한 상대에 대한 증오심이 더하여 국가간(國家間)의 문제해결을 어렵게 하였다.

이미 교회는 질서유지에 무력한 존재였으며, 영국은 스페인의 무적함대를 격파함로서 무력(武力)으로 해상(海上)의 지배권을 확립하려 하였다. 따라서 민족국가 상호간의 질서문제가 제기되고 국제관계에서 분쟁의 조정(調停) 기준을 수립하는 것이 요청되었다.

이리하여 국제정치에서 실력(實力)에 의거하려는 국가행위를 규제해야하는 국제정치의 문제가 제기되었고 그로티우스는 국제적 분쟁을 법률화함으로서 이 문제를 해결하고자 하였다.

2) 생 애

그로티우스는 1583년 네덜란드의 델프트(Delft)의 명문에서 출생하여 고전문학과 철학을 공부하였다. 후에 라이덴 대학에서 신학, 법학, 수학을 배우고 변호사가 되었으나 1613년 로텔담에서 시장(市長)이 되기도 하고 삼부회의원에도 피선된 바 있다. 그는 정치적으로는 귀족주의적이었다.

그는 아르미니우스파(Jacob Arminius)[15]의 실각(失脚)에 따라 1618년 투옥되었으나 탈옥하여 파리로 망명하였다. 1634년 국적을 바꾸어 스웨덴의 주불(駐佛)대사로서 10년간 활동하다 대사직을 그만두고 여행 중에 배가 난파하여 그것을 원인으로 1645년 병사하였다.

그는 파리 망명 중에 『화전법론(和戰法論)』을 출판하여 국제법의 시조(始祖)로 불리어지게 되었다.

3) 철학적 지위

그로티우스의 철학사적 공헌은 자연법의 재발견에 있다. 그는 엄격한 칼뱅주의에 반대하는 아르미니우스파의 영향으로 인문주의적 전통에 서서 기독교 이전의 자연법 개념으로 쉽게 접근할 수 있었다.

종교개혁으로 인한 중세 보편적 권위의 붕괴는 법철학의 입장에서 보면 신법(神法)의 절대성에 대한 부인(否認)을 의미한다. 그로티우스는 그 하위(下位)에 놓여있던 자연법을 최상의 철학적 원리로 수용(收用)함으로서 작게는 이를 국제법의 근거로 확립하였고 크게는 이어지는 세대의 철학적 이론의 근거로 제공하였다.

자연법은 서구역사를 일관하여 인간이 의존하는 본질적 정의(正義)로서 잠재(潛在) 혹은 현재(顯在)하여 왔고, 기독교 신법의 기능상실을 계기로 새롭게 등장한 것이다. 따라서 그로티우스에 있어 자연법은

15) 아르미니우스(1560-1609) : 네덜란드의 신학자. 신의 은총이 보편적이라는 주장으로 엄격한 칼뱅주의와 결별하는 합리주의 신학(神學)의 계기를 제공하였다. 정치적으로는 공화주의자이었다.

그를 신학과의 연계에서 해방시켰고 그 원리는 홉스에서처럼 역학적(力學的)으로 분해되지 않고 목적론적(目的論的)으로 남아있다.

이후의 사회계약론 그리고 특히 근대 개인주의의 근원인 자연권(自然權)을 포함한 모든 정치이론의 배경에는 자연법이 있었고 또한 그로부터 정당성을 찾았다.

4) 자연법과 국제사회

그로티우스는 인간 이성(理性)과 일치하는 사회적 질서는 진정한 법의 연원인 자연법에 따르는 것이라고 믿었다.

자연법은 인간성에서 추출되는 이성법(理性法)이다. 자연법은 인간의 이성과 사회적 본성에 합치하는 합리적이며 보편적인 법이며 따라서 특수한 인간, 인민의 이해관계, 그리고 종교적 분파(分派) 여하에도 좌우되지 않는다.

자연법의 주요한 내용은 타인의 재산을 침범하지 않고, 타인의 재산에 대한 손실을 배상해야 하며, 약속이행의 의무, 그리고 범죄에 대한 정당한 형벌을 가한다는 것 등이다. 그는 이러한 보편적인 불변의 자연법이 적용되는 지반(地盤)을 국제사회까지 확대 적용시켰다.

그는 국제사회의 존재를 시인(是認)하였고 국제관계 조정의 기준을 자연법의 해석으로 시작하였다. 그는 국제적 여러 제도는 국가 상호간의 협조를 촉진하는 합리적 내용으로 만들어 져야하며, 국제사회의 완전한 정립(定立)은 이상적으로 실현되어야만 한다. 그리고 자연법으로부터 연역한 그의 국가론(國家論)은 국제사회 내의 개별적인 민족국가는 고유의 목적을 갖는 것으로 옹호되어야 한다는 것이다.

인간은 가족형성의 본능과 사회적 욕망이라는 특성 그리고 사회의 일반적 원칙을 발견하고 이에 따라 행동하는 능력을 구비하고 있다는 점에서 동물과 구별된다. 인간은 그들의 사회성(社會性)인 평화적이고 합리적인 사회결합의 욕구에서 사회가 필연적으로 형성된다. 그리고 인간은 사회에 참여함에 있어 상호간에 사회유지에 관한 의무를 진다. 그리고 사회의 안정적 유지를 위해 자연법에 입각하여 상호약속을 준수한다는 계약이 존재한다. 이 계약을 연원으로 국가가 구성된다.

국가의 성립은 국가권력을 행사하는 자가 국민이 결정한 것을 준수하겠다는 명시 혹은 암묵의 약속이 있음으로 가능하며, 이 약속에 따라 국민법(國民法)이 존재하게 된다. 이처럼 국민법은 국민의 권력에서부터 생기며 이에 의해 국가는 완전한 인격적 결합체로서 인정된다. 국가는 법의 보호를 향유하고 공통의 복지를 증진할 것을 목적으로 하는 자유인(自由人)의 결합체이며, 국가권력은 사회적 결합의 필연적 산물로서 국가가 그 권력행사의 주체이다.

그는 국가의 주권을 최고권이라 하였다. 그러나 주권의 최고성은 절대적인 것이 아니고 신법, 자연법 국민법에 의하여 제약을 받을 뿐 아니라 정치적 지배자와 피지배자와의 협정에 의해서도 제약된다. 그는 주권의 주체로서 보댕의 군주, 혹은 반왕당파의 인민이라는 개념이 갖는 일방성(一方性)을 거부하고 지배자와 피지배자 쌍방의 조화를 기도하였다.

그는 최고권을 권력 자체와 권력의 집행기관으로 구별하여 최고권의 분할은 가능하다고 보았다. 최고권의 보유자는 국가(國家)라는 일반적 주체와 단일인 혹은 복수(複數)로 구성되는 특수한 주체 즉 정부(政府)로 나눌 수 있다. 그리고 특수적 주체는 각 민족의 역사적 사회적 요구에 따라 결정된다.

그로티우스는 국제관계 조정의 기준으로서 국제법의 기초를 정립하였다.

이 법에 따르면 각 국가는 주권국가로서 국제관계에서 독립적이고 평등한 것으로 간주된다.

그로티우스는 자연법과 국민법을 구별하였고, 국민법보다 범위가 넓은 만민법, 즉 국제법의 존재를 주장하였다. 국민법이 시민의 이익을 위하여 존립하는 것임과 동시에 각 민족의 의사(意思)로부터 강력히 부여된 법인데 대하여, 국제법은 시대와 관습의 산물로, 국제사회를 구성하는 국가, 민족들 공통의 동의에 의하여 일반적 이익을 위하여 협정된 것이다. 그럼으로 이러한 법의 준수는 모든 민족의 이익이 된다.

5) 전쟁 윤리

자연법과 국제법을 침범하여 전쟁을 도발하는 행위는 침략 당사자들 모두의 행복과 평화의 보장을 파괴하는 것이다. 국제법의 침범은 문명생활 기초의 전복(顚覆)으로 이러한 침략자에 대한 방어적 전쟁은 정당한 것이다. 그는 『화전법론』에서 최초로 어떤 도덕적 원칙들이 신중히 준수되기만 한다면 정당하게 전쟁을 할 수도 있다고 하여 정당한 전쟁이론의 주창자가 되었다.

그의 이론에 따르면 전쟁은 특수한 과오(過誤)를 바로잡기 위해서, 최후의 수단으로 채택될 수 있다. 그러나 그 선택에는 승리의 가능성이 커야하고, 과오를 바로잡음으로서 얻어지는 선(善)이 전쟁으로 인한 해(害)보다 가치가 있어야 한다.

그의 전쟁이론이 후세에 준 가장 긍정적인 영향은 그가 강조한 전쟁 윤리(倫理)에 있다. 그는 전쟁에서도 정의(正義)가 지켜져야 한다. 즉 비전투원을 고의로 죽이는 일과 전쟁포로들을 부당하게 취급하는 일이 있어서는 안 되며 이러한 행위는 어느 경우에도 전쟁 자체를 부당한 것으로 만드는 것이라 하였다.

그로티우스의 자연법에 따른 도덕적 원칙에 입각한 전쟁 윤리는 현재에도 가장 힘있는 국제법의 내용을 이루고 있다.

4. 스피노자(Benedict Spinoza, 1632-1677)

1) 생애와 역사적 배경

17세기 초 네덜란드는 오렌지 공(Orange 公)을 중심으로 하는 귀족주의적 공화국이었고 칼뱅주의적 근대국가였다. 그러나 세기(世紀) 후반에 농민층을 지반으로 하는 오렌지 공의 세력은 프랑스의 압박에 대항하면서 점차 군주적 정치형태로 이행하고 있었다.

스피노자는 포르투칼에서 네덜란드로 이주(移住)한 유태인의 아들로

1632년 암스테르담에서 출생하였다. 어려서 유태교의 교의(教義)를 배웠으나 점차 데카르트의 철학에 몰두하여 조상인 유태인의 학문을 대담하게 비판하여 23세에 교회에서 추방되었다.

그의 신은 기독교의 인격신이 아니고, '신(神)은 즉 자연(自然)이다'라 하였다. 자연을 초월한 곳에 신이 있는 것이 아니라 자연 즉 "유일한 실체만이 실존"하며 그들 속성으로부터 절대적으로 무한(無限)한 신을 구성하는 범신론을 주장하여 박해를 받았다.

그는 하이델베르그 대학에서 철학교수로 초빙한 것도 거절하면서 학문적 체계수립에 전력하였으며 그의 정치적 저작인 『신학정치적 논문(Tractatus-Theologico Politicus, 1670)』을 완성하고 『윤리학(Ethik)』을 저술하였다.

그는 정치적으로는 반(反)오렌지공파인 귀족적 공화파의 지도적 인물과 접촉하고 그 원조를 받고 있었다. 그는 45세를 일기로 헤이그에서 사망, 그의 유작(遺作)으로 『정치론』이 있다.

그의 정치적 관심은 인간은 항상 사회 속에서 실존하기 때문에 이성적인 삶은 항상 사회성을 포함하게 된다는 생각에서 비롯된 것이다. 또한 그는 인간은 은둔 상태에서 보다는 공동의 결정에 따라 살아가는 국가 속에서 훨씬 자유롭다하여 그의 사회에의 관심을 확인하였다.

스피노자의 정치사상은 비록 그의 논술이 신학(神學)으로 포장되어 있으나 당시 일반적 신학과는 결정적으로 결별하고 있다. 당시 칼뱅을 추종하는 많은 네덜란드인들은 국가와 종교가 연합하여 시민들의 삶은 통치해야한다는 모세 이래의 정치적 신념을 가지고 있었으나 스피노자는 『신학 정치론』에서 이러한 잘못된 관점 때문에 정당한 정치목표가 파괴되고 있다고 하였다.

그는 홉스의 추종자로 그의 이론의 출발점 역시 자연상태에 있으며 또한 사회계약론을 따랐다. 그리고 자신의 사상적 성격에 따라 가장 중요한 정치적 과제를 표현의 자유에 두었다.

2) 자연상태

자연상태는 불안전하고 공포에 쌓인 상태로서 인간은 상호대립하고, 동물보다 영리하기 때문에 대립은 한층 첨예하게 된다. 따라서 인간은 생명을 유지하려는 자기보존의 본능이 위협받게 된다.

자연상태에서 인간은 이성법으로의 자연법에 의거하는 생활을 하고 있었던 것은 아니다.

인간은 자기의 필요만을 생각하여 무지(無知)하고 욕망의 충동에 따라 행동한다. 따라서 자연상태에 존재하는 선(善)은 다만 인간이 욕망하기 때문에 선으로 간주됨에 불과하다. 자연 상태에서는 자연적 권리, 도덕적 의무도 존재하지 않고 다만 힘(Macht)만이 존재한다. 따라서 '범죄'나 '불법'은 그 개념조차 없으며 질서(秩序)는 국가상태에서 비로소 존재하게 된다.

스피노자는 홉스가 자연상태에서 국가로의 이행을 단순히 공포(恐怖) 때문이라고 한데 비해 그는 자기보존을 위한 평화와 질서에 의한 생활의 안전이라는 공리적인 이해타산, 즉 합리적 의식이라고 하였다. 즉 타인에게 해롭거나 타인이 욕구하지 않는 행위에 대하여는 스스로 자기의 행동을 억제하여야 하며, 또한 자기의 권리와 동일하게 타인의 권리를 옹호한다는 합리적인 계약을 맺음으로서 국가가 성립한다. 국가에서 인간은 그의 욕망 또는 자기감정이 명령하는 대로 행동할 수 없으며 오히려 욕망과 감정을 국가생활에 적응시켜야 된다. 따라서 자연적 필요 대신에 국가의 필요가 인간의 모든 행동을 규정하게 된다.

3) 국가론

국가의 본질(本質)은 최고권력에 있고 그것은 개개인의 권력의 결합으로 존재하게 된다. 그럼으로 국가의 주권은 국가를 형성하고 있는 개개인의 권력의 총화(總和)로서 간주되며 이 범주 내에서 최고권이라고 한다.

또한 국가권력의 일반적 목적은 그 권력행사에 의하여 인간의 자기

보존의 권리를 확보해 주며 개인의 이익을 보호하고, 공공의 복지를 증진시킨다는 데 있다. 그러나 국가권력은 국가성립의 기초인 사회계약의 위반 즉 직접적으로 사회를 위험케 하는 여러 행위의 방지에 그 행사가 국한되는 것으로 따라서 무제한의 것이 아니다.

스피노자가 구상한 국가는 인간의 합리적 공리주의에 따른 계약에 의하여 자연인이 가지고 있는 자연적 권력의 위양으로 성립하며 그 위양의 대상은 국가 전체, 즉 공화제(共和制)이다. 그것은 홉스가 구상하는 절대주의적 국가도 아니고 또는 록크의 계약에서 성립하는 약화된 근대적인 국가도 아니었다.

그는 국가의 본질적 요소인 국가권력을 최고권으로 파악하였다. 최고권은 어떠한 법규에도 구속을 받지 않는다. 오히려 도덕과 법의 의미를 함께 지시하는 법규(法規)가 국가권력에 의하여 결정된다. 그러나 최고권 즉 주권은 국가전체에 개개인이 그의 자연적 권리를 위양함에 있어 정부의 권력에 개인이 복종함으로 자기이익이 초래(招來)된다는 공리적 타산이 근거가 되어 있어 도덕적으로 절대적인 것은 아니다.

특히 그는 사상과 언론의 자유를 국가적 생활에서 가장 중요시하여 국가의 일반적 목적과 동등하게 간주하였다. 이 자유는 정치적 종교적 제도와 양립될 수 있는 것일 뿐 아니라 정치적 안정에 불가결의 조건이라 하였다.

4) 정치 체제론

그의 『정치론』에서 구체적인 고찰의 대상은 군주정, 귀족정, 민주정이다. 그러나 민주정을 서술하는 도중에 사망하여 이에 대한 그의 의중(意中)은 분명치가 않다.

그는 국가의 안정과 존속이 보증되지 않는 혁명에 대해 강한 불신감(不信感)으로 이 세 정체를 모두 시인하였다. 즉 정체의 변경이 혁명의 원인이서는 안 된다는 생각이었다. 그러나 그는 혁명을 개인의 자연적 제 권리가 존중되지 않는 경우에 발생하는 필연적 산물로서 하나의 자연현상으로 생각하였다.

군주정에서 군주가 혼자 최고권을 장악한다는 것은 사실상 불가능하고 실재하는 군주제는 귀족제에 불과하다. 그런데 절대 군주하의 귀족들은 자신들의 욕망과 이해관계 때문에 군주에 아첨하고 그에 영향을 줌으로 올바른 정치를 펼 수 없게 한다. 또한 군주의 권력이 절대적으로 되면 될수록 인민은 공포와 억압 하에 놓여 결국은 정정(政情)은 불안하게 되고 인민은 불행해 질 수밖에 없다. 그는 이러한 군주정에 대한 보완책으로 의회의 설립과 토지의 국유화를 제시하였다.

의회의 설립은 군주권력의 제한을 의도한 것이다. 그리고 토지의 국유화는 이를 통해 국민들 간의 경제적 평등이 이루어지고 부수적으로 토지를 소유하는 계급이 없어지면 그 인력(人力)에 의한 교역과 상업의 발전을 이루어 평화와 안정을 가져 올 수 있다고 보았다.

귀족정은 다수에 의한 통치로 인민들의 의견을 충분히 수렴할 수 있으며 군주정과 달리 주기적(週期的)인 격변을 피할 수 있어 보다 안정적일 수 있다. 또한 귀족정에서 선포된 의회의 의지는 곧 바로 법이 되어 통치권의 의지(意志)와 불일치하는 경우가 없어 그로부터 생기는 갈등을 겪지 않아도 된다.

그는 군주정에서는 의용군제가, 귀족정에서는 용병제가 바람직하다고 하였는데 이는 군주제에서의 용병은 인민을 억압하는 도구로 사용될 우려가 있다고 본 것이다.

이와 함께 민주제에 대하여서는 학자에 따라 그 의견이 스피노자가 이를 귀족제보다 선호하였다거나 혹은 반대하였다는 등 서로 다른 해석을 하고 있는데 이는 앞서 말한바와 같이 그가 민주제에 대한 서술을 끝내지 못한데 원인이 있다.

다만 선호하였다는 측에서의 주장은 민주정에서는 독립적인 생활을 하는 모든 시민이 최고회의의 의원으로 선출될 수 있어 국가의 공직을 맡을 권리가 있는 장점을 제시한다. 반면 반대하였다고 보는 사람들은 민주제의 본질인 인민의 수적(數的) 다수의 지배는 필연적으로 정치 과잉으로 나타나며 그것은 최고권의 본질과 상치한다하여 귀족제적 공화제를 지지하였다고 본다. 그러나 이들은 공통적으로 스피노자가 네덜란드의 귀족적 공화제에 대한 이론적 기초를 제공하였다는 결론이다.

스피노자는 윤리와 종교를 수학적 자연과학과 일치시키려는 노력을 평생 동안 해왔으나 성공하지는 못하였다. 따라서 결과적으로는 그의 철학은 비합리적이면서 동시에 자연적인 것이 되려는, 다시 말해 위대한 비인격적, 창조적인 신성(神性)이라 할 수 있는 자연의 숭배에 대한 경향을 갖게 되었다.

그리고 이러한 스피노자의 철학이 18-19세기 독일의 정신생활(精神生活)에 얼마만큼 열렬히 환영되었는지는 놀랄만한 것이었다. 19세기에 독일에서는 점진적 비기독교화가 이루어지며 자연주의적 범신론은 문학과 시(詩)의 정상권(頂上圈), 그리고 철학교수로부터 대학인(大學人)의 의식을 거쳐 민중의 의식 속으로 파고들게 되었다. 이러한 흐름에 스피노자의 철학은 큰 영향을 주었다.

제 7 절 영국의 내란

1. 민주주의 정치사상의 생성

1) 종교적 배경

영국에서의 종교개혁 운동은 교황청에 대한 격렬한 비판과 순수한 신앙을 지향한다는 의미에서는 이미 14세기 위크리프에 의해 시도되었었다. 비록 그것이 개혁의 성공으로 이어지지는 못하였지만 이는 시대적 배경의 미숙(未熟)에 의한 것이며 또한 종교 평의회에 대한 기대(期待)로 위크리프 등의 투쟁의 목표가 하나의 통일된 교회라는 중세적 관념을 벗어나지 못하였다는데 있었다. 그러나 위크리프는 그의 민족적 성향에 따라 영국 국토는 영국 국왕의 것으로 신(神)의 현세적 대리인인 국왕이 국민교회의 수장이 되어도 부당하지 않다는 생각을 하였다.

이는 헨리 8세에 의하여 현실화되어 카톨릭 교황과의 결별과 영국 국교회(國敎會)로의 전환을 가능케 한 정치 종교적 논리의 근거가 되었다. 그러나 위크리프가 생각한 것은 '영국내의 종교'였지 '영국의 종교'는 아니었다.

영국은 국교회의 성립으로 다른 나라들과는 달리 종교개혁 시기의 정치적 파란을 어느 정도 잠재울 수 있었다. 그러나 로마 카톨릭교회를 대신한 국교회(國敎會)는 다만 수장(首長)이 바뀌었을 뿐 신앙상의 개혁은 아니었기 때문에 신교도들로부터 국교회에 잔재(殘在)하고 있는 카톨릭적인 제도나 의식(儀式)의 철폐와 순수한 신앙생활을 위한 요구를 받게되어 이들과 마찰을 빚었다.

영국에서의 신교와 국교간의 마찰의 논점(論点)은 세속적 영국왕이 영원한 진리인 교리(敎理)를 판단하는 것은 정신적 독립에 대한 침해가 아닌가, 그리고 청교도(淸敎徒)들도 영국 국교회법에 복종해야하는가에 있었다.

한편 국교회의 입장에서는 청교도(淸敎徒)[16]가 로마 카톨릭과 마찬가지로 교회와 국가를 별개(別個)의 두 사회로, 더 나아가 국가에 대한 교회의 우월을 확립하려고 하여 국가의 혼란을 가져온다고 생각하였다. 그러나 이러한 대립상태에서 청교도 계열의 장로교는 프랑스나 스코트랜드의 칼뱅주의와는 달리 오히려 초기 칼뱅에 가까운 정치성향을 가지고 있어 결코 종교전쟁으로 이끌지는 않았다. 이는 마그나 카르타(Magna Carta) 이래 이념(理念)과 현실간의 모순을 투쟁이 아니라 타협에 의한 조화로 이끄는 경험주의 철학의 본거지로서의 면모이기도 하였다.

2) 시대적 배경

군주와 의회의 대립은 엘리자베스 여왕시대에 시작하였으나 스튜어트 왕조(1603-1714)에 들어오면서 첨예하게 나타나[17] 1628년의 권리청원(Petition of Right)[18]은 이러한 대립의 한 결과인 동시에 다음에 야기

16) 영국에서 칼뱅주의의 흐름을 이어받은 한 파. 영국 국교회(國敎會)에 내재하고 있는 카톨릭적인 제도, 의식(儀式)의 일체를 배척하고 엄격한 도덕적 생활을 요구. 1642년 청교도 혁명의 주체로 등장, 그 과정에서 장로파(Presbyterian)와 독립파(Independents)로 분열하였다. 청교도 문학으로는 밀턴의 『실락원(失樂園)』이 대표적이다.

17) 엘리자베스 치세(治世) 중기까지는 영국의 절대왕정이 신흥 근대 시민과 협력하는 정치체제를 유지하였고 시민 역시 군주권을 그들의 발전에 필요한 정치세력으로 간주하고 있었다. 그러나 그 이후 이미 경제적 실력을 장악한 시민은 정치권력을 요구하기에 이르렀다. 이리하여 그때까지 정치적 권력을 독점하고 있던 절대왕권에 대하여 서민원((The House of Commons)에 집결하고 있었던 시민층은 국가권력을 위요한 투쟁을 전개하기 시작하였다.
이러한 권력 투쟁은 스튜어트 왕조에 들어서면서 격화하였다. 투더왕조의 절대주의 시대에서는 절대주의적 정치사상을 반대하는 대립적 정치세력이 부재(不在)하여 이에 대한 논쟁이 없었으나 스튜어트 왕조시대에 와서는 의회세력에 맞서 군주권 옹호, 그리고 근대시민적 경향에 대한 봉건적 정치사상으로서 왕권신수설이 요구되었다.

18) E. 코크 등이 중심이 되어 국왕에게 청원(請願)이라는 이름으로 자신들의 권리를 선언을 하였는데 이 "청원"은 영국인이 이미 과거로부터 가지고 있던 권리로 새로운 권리의 창설이 아니라는 것을 국왕에게 납득시키기 위한 방편이었다. 주요 내용은 의회의 동의 없는 과세(課稅), 법에 의하지 않는 체포나 구금(拘禁), 민간인의 군법재판 등을 금(禁)한다는 것이다.

(惹起)되는 혁명의 전주곡이기도 하였다.

영국의 농촌에서는 이미 농노제(農奴制)는 거의 소멸되었고, 부르주아적 대토지 소유자층의 생겨났다. 또한 도시(都市)에서도 근대적 상공업적 부르주아의 세력이 형성되면서 봉건적 질서는 붕괴과정에 들어선다. 이러한 지주(地主) 및 상공업적 부르주아의 대두와 세력형성은 그 부(富)가 증대함에 따라 튜더왕조 말기 17세기 초엽에는 의회 의석의 다수를 획득하고 있을 만큼 그 세력이 강화되어 절대주의에 반대하는 의회세력을 구성하였다.

이러한 의회 세력에 맞서 군주 세력은 봉건귀족 및 특권적 상업자본가들, 그리고 종교적으로는 국교도(國教徒) 중심으로, 형성되어 정치적 권력을 두고 의회와의 대립형태를 취하였다.

3) 내 란

권리청원(權利請願, 1628년)에 이은 국왕(國王)에 의한 10년 이상에 걸친 의회기능의 정지(停止)는 결국 왕당파와 의회파간의 반목을 심화시켜 내란으로 발발되었다.

군주와의 대립 초기에 의회파에는 장노교파(長老教派)의 지도 밑에 근대화한 지주 및 상업자본가 등 반군주의 여러 세력들이 집결하였다. 따라서 혁명의 진로는 정치적으로는 제한 군주제이며 경제적으로 지주적(地主)이기도 한 상업자본가들 중심적(中心的)인 것이었다.

1648년 1차 내전(內戰)은 크롬웰에 의한 의회파의 승리로 끝났다. 그러나 의회의 태도 변화와 크롬웰 자신의 우유부단으로 투쟁이 미온적(微溫的)으로 되면서 혁명세력에 내분(內紛)이 발생하였다. 이 내분은 종교적으로는 지주적·상업적 세력인 장노교파(Presvyterian)와 서민층인 독립파(獨立派, Independants)[19]간에 발생하였다. 이는 군내부(軍內部)에서

19) 이들의 주장에는 영업자유의 확립, 독점폐지, 봉건적 토지소유제의 폐지 국교회의 제권리 삭탈, 의회의 관리임면권, 현의회의 해산 등을 포함하고 있어 영국의 자본주의적 농업의 발전과 근대적 토지소유제의 확립을 결정적인 것으로 하였다. 그들은 군주세력의 토지재산 몰수(沒收)에 열의를 표명하였으나 군주제의 폐지, 보통선거제의 실시를 인정하지 않았다.

보면 장교들과 병사들 사이의 대립이었다. 그리고 독립파 중 일부는 정치집단인 수평파(水平派)이기도 하였다.

영국의 장로교파는 군주의 최고성을 부인했지만 그들 자신의 반란(叛亂)을 정당하다고는 생각하지 않았다. 그들은 대체로 온건한 반란집단이었다.

이에 비해 독립파는 행정장관이나 교회권력의 공인(公認)없이도 진정한 교회가 될 수 있고 스스로 목사를 임명, 예배 양식을 만들 수 있다하며 독립된 교회를 주장하였다. 이들은 궁극적으로는 교회와 국가의 분리를 목표로 하였고, 정치적 측면에서는 군주에 대한 반대의 정도에서 급진적이었으며 가장 철저한 개인주의자들이었다. 이들은 런던 서민층의 정치적 결합인 수평파와 연결된 병사(兵士)들로서 자본주의적 농업의 발전에 따라 몰락하고 있는 농촌경제에서 각자 평등한 소토지 소유, 즉 자작농 창설을 희망하는 소농민(小農民)과 도시의 하층, 기타의 소상공인들을 대표하는 세력이었다.

수평파는 교회 종파가 아니라 정치적 정당형태로 나타난 최초의 집단이며 이들의 구성원은 종교적으로는 주로 독립파들이었다. 그들은 정체(政體)를 자유주의적으로 이끌려는 구체적 이념을 가지고 있어 후에 중산층의 자유주의(自由主義)와 부유층의 보수주의(保守主義)를 구별하는 이론에 영향을 주었다.

그들뿐 아니라 영농빈민층이 주도하는 소위 진정수평파(True Levellefs)가 등장하였다. 그들의 지도자는 윈스턴리(Gerard Winstanley)로서 일종의 공산주의적(共産主義的) 사상을 가지고 있었다.

이와 같은 혁명적 세력의 방향설정의 분열은 반(反)혁명 진영으로서는 사실상 혁명세력인 의회군(議會軍)이 위기에 봉착하는 것으로 보였기 때문에 반격을 시도하여 2차 내전으로 이어졌으나 실패하였다.

의회군의 내분은 독립파의 정치적 진출을 초래하였고 혁명적 세력 내부의 균형이 전도(顚倒)되어 혁명의 지도권은 독립파 군대의 수중으로 이행하였다. 이로 인해, 그들이 작성한 '인민협정'의 방향에서 인민주권이 채택되고, 군주와 타협하는 장노파 의원의 추방, 왕당파의 토지몰수 등이 단행, 국왕의 처형(處刑) 등과 귀족원의 부인(否認)으로 나타나면서 자유공화국(Commonwealth and Free State)[20]선포가 있게 되었다.

국왕 처형으로 양파(兩派)는 다시 분열하여 대립의 표면화를 초래하였다. 그러나 '인민협정'의 주장자인 수평파의 지도자 존 릴번(John Lilbdure) 등을 배제시키면서 크롬웰을 지도자로 하는 의회군 수뇌부의 지도권이 점차 확립되어 드디어 1653년 의회군 장교(將校)들에 의한 통치기구에 의해 크롬웰의 호민관(護民官)정치, 즉 군사적 독재의 수립을 보게 되었다.

크롬웰의 독재는 청교도적 종교적 분식(扮飾)을 하였으나, 영국의 절대주의적 군주제의 모든 기간(基幹)을 타파하고 시민층의 정치 경제적 자유를 확보하려고 하는 것이었다. 그러나 이들은 정치적으로 관용성이 없는 종교의 강요와 급진적인 공화주의적 개혁으로 혁명의 결과를 확보하는데 성공하지 못하였다.

영국은 일시 스튜어드 왕조의 복고시대가 있었으나 의회세력과 군주세력의 제휴 하에 명예혁명(名譽革命)을 성공시키며 입헌군주제를 수립하였다.[21] 이 결과로 개인주의적 정신의 소유자들인 근대적 지주(地主) 및 시민층은 의회를 근거지로 입법권을 보유하는 우위를 확보하고 군주권을 행정권에만 국한하는 등 군주를 정치적으로 후퇴시켰다.

---

20) 이 통치기구는 입법권을 호민관(護民官)과 의회(議會)가 가지며 집행권은 호민관이 장악한다. 의원선거자격은 200파운드 이상의 재산소유자에게만 부여되었다. 호민관인 크롬웰 독재의 기반은 부유한 시민층이었다. 그리고 내란(內亂)의 추이는 근대적 지주층 및 산업자본가들을 산출하였고 그들의 정치적 권력이 확립되어 지배적 세력으로 되었으나 이들은 과거의 장노파와 같이 보수적(保守的)으로 그 성격이 바뀌면서 크롬웰의 독재에 등을 돌렸다.

21) 영국은 정치적 대 변혁(變革)인 마그나 카르타(Magna Carta)의 선포 이래 종교전쟁의 와중에서도 유혈사태 없이 전개되었고 이러한 정치, 종교적 충돌을 상대와의 대화로서 해결할 수 있을 것이라는 사회적 콘센스가 이루어졌으며, 이를 바탕으로 하는 영국 전통의 연장선 위에서 명예혁명이 이루어진 것이다.
영국인들의 의식 세계의 근저를 이루는 경험주의 철학에서는 형이상학에서처럼 당위(當爲)와 현실의 이분법(二分法)이 존재하지 않으며 가치(價値)는 상대적인 것으로 어떤 희생을 치루더라도 성취해내야 할 당위(當爲)로서의 절대적 가치와는 다르다. 이러한 유연(柔軟)한 가치추구에는 항상 서로 타협(妥協)의 여지(餘地)가 있을 수 있었다.

명예혁명은 절대주의 정치형태에서 근대 민주주의적인 정치에로의 영국적 전환(轉換)이었다. 그것은 의회와 군주의 타협의 산물이었다. 그러나 명예혁명의 성공이 가능하였던 것은 유럽의 강대국 중 영국만이 군주정치에 대한 범국민적인－봉건적, 종교적, 종파적이 아닌－저항을 할 수 있을 정도의 대의제 의회의 전통을 갖고 있었기 때문이었다.[22] 사실 대륙의 여러 나라와는 달리 국가의 통일을 위협하지 않고서도 군주권을 제한하는 것이 가능하였던 것은 이러한 정치전통에 있었다.

명예혁명 정신을 선포한 권리장전(Bill of Rights)[23]은 의회가 새로운 군주 윌리암 3세에게 요구하여 군주의 확인을 얻어 1689년에 공포되었다.

내란(內亂)은 기나긴 영국의 의회주의 전통에서 보면 '찻잔속의 폭풍'에 그쳤지만, 여론(輿論)이 주요한 정치적 요인으로 등장하면서 잠재되어 온 여러 불만요소들을 표면화시켜 이들을 정치사상에 흡수함으로서 이후의 영국 입헌군주정치를 더욱 공고히 하는 결과를 가져왔다.

또한 이들이 제기한 급진적 자유주의 철학은 개인의 자유를 신장(伸張)시키는 결과가 되었다. 이러한 상호투쟁 관계에서 홉스와 로크의 정치사상이 전개되었다.

이 양자의 사상은 모두 근대적 개인주의 사상에서 출발하여 그 정당성을 사회계약설에서 구하고 있다. 그러나 양자는 서로 상반하는 정치적 이데올로기로서 결말짓고 있다.

이들에 앞서 밀튼과 해링턴의 정치사상을 살펴본다.

---

22) 영국과 프랑스의 정치정세에는 본질적 차이가 존재한다. 프랑스에서는 계급적(봉건귀족과 시민) 대립이나 종파적(宗派的) 갈등이 문제였으나 영국에서는 민족적 통합이 문제의 중심이 아니라 국왕과 의회 중 누가 국가의 중심기관이냐의 문제가 주된 것이었다. 특히 내란의 발발(勃發)을 계기로 인민주권설 및 인민의 반항권론이 전개됨으로 이에 맞서 왕권신수설이 왕권 옹호를 위하여 등장한다.

23) 명예혁명은 혁명 중에 몰수되어 있던 봉건적 토지소유의 부활을 불가능하게 하였고 군주의 절대주의적 전제정치를 불허하였다. 그러나 의회세력을 구성하는 근대적 지주와 대상업적 시민층에 의한 명예혁명은 크롬웰 혁명의 성과를 전면(全面) 전복시키는 것은 아니었다.

2. 밀톤과 해링턴

1) 밀튼(John Milton, 1603-1671)

영국에서 군주제가 폐기되고 공화국으로 크롬웰의 독재정치가 행해지는 시대에 이미 스코트랜드 녹스의 장노교파 정치사상이 영국에 이입(移入)되어 자연법, 사회계약에 관한 이론이 전개되었고, 또한 '진정 수평파(水平派)'에 의하여 인간의 천부의 자유 평등의 주장과 인민주권설이 연결되고 있었다.

진정 수평파는 국왕의 전복은 다만 크롬웰 내지 군대의 노력뿐만 아니라 인민의 협조로서 이루어 진 것으로 인민도 당연히 혁명의 혜택을 입어야 하며 당연한 권리로 공유지에서의 자유의 향유를 주장하였다. 그들은 수적(數的)으로 미미하였으나, 미경작(未耕作)의 공유지에서 천막생활을 하면서 경작하였고, 그러나 엔크로져(Encloser) 운동을 방해하지는 않았다.

그들은 일반시민의 행복은 근본적인 사회경제적 변혁에 의하여 가능하다는 것을 강조한 것이고 이러한 공산주의적 견해에 입각하여 진정수평파는 정치 경제적 개혁에 대한 의견을 발표하고 있었다.

크롬웰의 호민관제(護民官制)에 의한 독재는 그 확립과정에 산업자본가, 근대 지주층을 기초로 하고 진정수평파와 수평파에 반대하는 런던의 산업 자본가층과의 타협을 거쳐 수립되었기 때문에 철저한 민주주의의 관철을 기대할 수 없는 것이었다.

군주제의 폐기(廢棄) 뒤에 수립되었던 공화제는 일종의 귀족주의적인 보수적 색채를 띠고 있었고 이는 밀톤과 해링턴의 정치사상적 기반이라 할 수 있다

밀톤은 청년기에 높은 지적(知的) 분위기에서 살아 왔다. 그는 캠브리지 대학에서 스콜라 철학에 대한 반감을 갖게 되어 자유의 옹호자로서의 사상을 키워나갔다. 대학을 졸업한 후에 많은 시(詩)를 썼고, 유럽 각지를 여행하고 귀국한 해인 1639년은 내란이 치열하게 전개되

고 있었던 때였다.

밀톤은 귀국 후 정치적 논쟁의 와중(渦中)에 몰입하여 의회세력에 가담, 언론의 자유를 역설함과 동시에 국왕 처형 지지를 표명하여 혁명정부를 원호하였다. 그는 크롬웰 정부의 기본성격이 변질하여 왕정복고로 접근하고 있는 시기에도 귀족주의적 공화주의 이론을 번복하지 않았다. 그는 녹스와 부캐넌 등의 종교개혁논자들에 의하여 주장되었던 반군주적인 고전적 교의(教義)를 그의 정치이론의 기초로 하였다.

그러나 그의 특징은 자유에 대한 적극성에 있다. 그는 왕권신수설론자인 살마시우스(Claudius Salmasius, 1588-1653)의 찰스 1세의 정치변호론에 대하여 반박하는 다음과 같은 내용의 글을 썼다.

모든 인민은 본래 신의 형상에 따라 자유로운 존재로 출생하였으며, 스스로 자기 운명을 개척하기 위한 생명의 방위와 보전의 권력은 천부(天賦)된 것이다. 그러나 인간세계는 아담이 신의 명령을 어기고 부정과 폭력을 저지른 원죄(原罪)로 인하여 부단한 상호투쟁과 폭행이 행해진다.

인간은 자연법에 따라 계약에 구속되는 존재이다. 인간은 투쟁과 폭행을 방지하기 위하여 계약을 체결하여 국가(공화국)를 설치하였다. 인민은 그 결과 그들이 복종해야 할 정의를 집행하기 위하여 인민의 수탁자(受託者)로서 군주 및 행정관을 선출하였고 또한 군주 및 행정관의 행위를 제약하고 횡포를 방지하기 위하여 법을 만든 것이다. 그에 있어서 권력은 인민에 보유되고 그것을 인민으로부터 박탈하는 것은 인민의 생득권(生得權)을 침해하는 것이다. 그는 군주가 신에게만 책임을 진다는 왕권신수설의 논리를 반박(反駁)하였다.

인민은 그의 욕구하는데 따라 행동하는 자유인으로서의 권리를 보유하고 있고, 군주 및 행정관은 인민의 권력의 위탁자로서 그 권력이 위양되어 있는데 불과하다. 그들의 권력행사는 법이 제한하는 범위 내에 국한되는 것이다. 그럼으로 군주 및 행정관은 만일 그들이 법과 인민의 권리를 무시하는 경우 인민은 언제든지 그들을 폐위 또는 추방할 수 있을 뿐 아니라, 폭군에 대한 반항은 인민의 신성한 의무이기도 하다.

밀톤은 그의 초기에 군주의 행동을 제한하려 하였고 군주가 성실히 계약을 준수하게 하고 이를 보장하는 기구로서 의회(議會)를 생각하였다. 즉 군주 앞에 다만 무릎을 꿇을 뿐이며 군주가 없더라도 일정기간 또는 항구적으로 어떠한 위험이 돌발하면 공공의 안전을 보장할 수 있도록 의회가 설치되었다고 하였다.

그는 의회가 진실로 인민을 대표하는 것이라고 하였다. 그러나 그는 인민주권을 시인하면서도 이 점에 철저하지는 못하였고 귀족주의적이었다. 그는 현인(賢人)에 의한 어리석은 자들에 대한 지배가 자연적이라는 것이다. 그의 인민의 개념은 일반 민중을 의미하는 것이 아니었다. 그는 인민은 우매하고 무능한 집단이라는데 대해서는 동의하나, 이는 가장 현명한 인간을 포함하는 중산계층에 대해서는 적용되지 않는다고 생각하였다.

그는 군주의 세습적 권력은 부인되어야 하고 또 한 사람에 의한 정치 즉 호민관 정치도 부인하였다. 크롬웰의 독재정치가 종말을 고하고 왕정복고가 목전에 임박한 시기인 공화국 말기에도 그는 군주와 귀족원이 없는 자유공화제가 최상의 정치형태라고 하여 이를 옹호하였다. 그리고 인민이 편견을 버리고 자기이익을 고려하여 선출한 기사(騎士)와 시민들에 의한 의회(議會)의 영구성을 주장하였다.

2) **해링턴**(Jamse Harington, 1611-1677)

① 정치적 배경

영국 군주제가 크롬웰의 혁명에 의하여 붕괴되면서 여하한 정치체제를 수립할 것인가의 문제가 제기되었다. 그러나 당시 크롬웰 자신도 국왕인 찰스 1세를 처형할 의도는 없었고 일정기간 후에 비록 제한된 지위(地位)로이긴 하지만 그의 왕권을 회복시키려는 생각이었다. 그러나 찰스 1세는 그들을 실망시켰고 그의 처형(處刑)은 더 이상 그에 대한 기대를 할 수 없게 된 결과였다.

크롬웰이 공화정을 택하게 된 것은 강렬한 욕구에서 보다는 달리 선택할 여지가 없었던 것이기도 하였다. 당시 공화정은 영국인들에 낯설고 그리 선호하는 정부형태도 아니었다.

해링턴은 이런 정치적 감성의 분위기 속에서 더 이상 군주제가 불가능하다고 판단하고, 그에 대신하는 정치제도의 모범적 플랜을 만드는데 노력하여 그의 저서 『오세아나 공화국(The Commonwealth of Oceana)』에서 그 계획을 제시하였다.

그는 지방의 귀족출신으로 옥스퍼드대학을 졸업하고 서구 여러 나라를 여행하면서 각국의 정치제도를 연구하였다. 특히 이탈리아에서는 베니스의 정치제도에 관심을 갖고 그의 이론에 기초로 삼았다.

해링턴은 내란에는 개입하지 않고 권력에 대하여 불편부당한 태도를 견지하였다. 그리하여 국왕이 의회군에 체포되었을 때는 의회군에 의하여 국왕에의 특사에 임명된 바 있고 그는 양자의 화해를 계획하였다.

해링턴의 근본적인 정치적 견해는 경제적인 힘이 정치적 권력의 근저가 된다는데 있다. 따라서 경제적 지배자가 국가권력을 장악하는 것이 당연하다는 것이다. 이러한 견해는 그가 청교도 혁명의 배후에 깔려있는 사회경제적 동인(動因)을 정확하게 파악한 결과로 정치적 현실에 대한 감각이 뛰어남을 보여준다.

그의 역사적 내지 비교적 접근방법으로 사회경제적 현실 분석하여 그 결과로서의 정치상황을 이해하는 능력은 당시로서는 독창적이었다. 그는 홉스와 마키아벨리를 존경하였다. 그러나 홉스가 학문상 법률적 형식논리에 따른데 비해 그는 최초로 정치의 변동과정을 사회경제학적 접근방법에 의거하였다.

② 정치체제

해링턴은 혁명 당시의 영국 튜더 왕조의 사회사(社會史)를 분석하여 공화주의자로서 그의 지위를 명백히 하였다. 영국에서는 장미전쟁(薔薇戰爭)으로 인한 귀족의 몰락과 헨리 7세의 정책으로 대토지 소유자의 토지가 비교적 소규모의 토지소유자들에게 분할되었다. 이렇게 토지 귀족의 희생 위에, 그리고 특히 영국 최대의 토지소유자인 교회의 토지에 대한 헨리 8세의 교회령 몰수로 다수(多數)의 소지주 계급이 창출되었다.

다수의 소지주에게 토지가 분할됨으로 이들의 인민권(人民權) 요구가 제기됨은 당연하였다. 따라서 당시의 정치적 권력구조는 재산상의 분배에 대응하여 공화국이 되는 것은 자연적이다. 시민혁명의 결과는 공화제이며 그것은 사회적 사실로서 파악되었다.

해링턴은 경제적 현상이 정치적 권력구조에 결정적인 영향을 가진다는 사실을 인식한 최초의 근대 사상가이다. 그는 정치사상사상 특이하게 토지소유를 기준으로 하여 정치형태를 분류하였다.

전국의 토지의 전부 혹은 대부분을 일인이 소유하면 군주제 국가이며 소수자 즉 귀족과 승려가 가진다면 혼합군주정 그리고 다수의 인민이 토지를 분할 받아 대부분의 국민이 지주(地主)인 경우 공화국이라고 한다.

해링턴은 1656년 정치적 유토피아에 속하는 『오세아나』를 출판하였다. 이는 한 세기 전 토마스 모어의 공상 소설 『유토피아』와 유사한 형식으로 그 역시 가상국(假想國)을 설정하여 자신이 계획하고 구상한 정부형태를 써나갔다. 그러나 모어는 현실 고발을 위해 『유토피아』를 썼지만 해링턴은 그의 정치구상(構想)을 풀어 나가기 위해서였다. 그가 『오세아나』에서 제안한 정치조직의 이상적(理想的) 형태는 사회 여러 세력이 균형을 유지하는데 있다. 따라서 정치기관의 지배위치에 있는 자(者)나 혹 그 지배하에 있는 자들이 자신들의 지위와 임무를 착란(錯亂)하여 행동함으로서 이익을 얻는 일이 없도록 할 필요가 있다.

또한 각각의 개인이 소유할 수 있는 토지에 일정한 한도를 설정하여 소수인의 수중에 정권이 장악되지 못하게 하여야 한다. 즉 공화국의 이상(理想)은 소수자에게 토지의 대부분이 귀속하지 않고 대부분의 국민이 지주로서 존재하는데서 실현될 수 있다.

그러나 해링턴은 귀족주의자이고 재산권의 변동을 원하기 보다는 현상유지를 선호하였다. 그는 공화국의 지도력이 향신계급(Yeomanry-자유농민)에 있어야 사회가 안정된다고 믿었다. 그는 혁명의 원인이 재산의 불평등에 있다고 한 아리스토텔레스, 그리고 강력한 귀족계급은 인민정부와 조화가 불가능하다는 마키아베리에 찬동하는 편이었으나 귀족계급이 큰 몫의 토지를 가지고 있다면 이는 인정할 수밖에 없다는 생각이었다.

해링턴의 공화국에 또 하나의 특징은, 공화국은 법의 국가로서 인간의 자의(恣意)에 의해 통치되는 국가가 아니라는 점이다. 홉스적인 국가에서는 인간의 자의(恣意)에 의한 지배로서 지배자의 절대성이 강조되어 있다. 그러나 그는 지배자는 타자와 같이 법 앞의 평등이 아니면 안 된다고 주장하였다. 그렇게 함으로서 정치적 안정 즉 평화가 한층 더 유지되는 평등국가(Equal Commonwealth)가 이루어진다고 하였다.

그러한 목적을 위하여서 토지의 평등분배를 규정하는 농민법과 정치기관의 선거에 관한 교대제도 등이 필요하다. 농민법은 국가의 기본법의 중심적인 것으로 토지 및 국유재산은 매년 공평하게 분배하여 정치적 권력을 다수자의 수중에 장악되도록 한다.

그는 국가기관으로서 원로원, 인민의회, 행정관을 구상하였다. 이때 원로원은 귀족적인 것으로 법률안의 입안 및 정책의 제안기관이며 행정관은 원로원이 선출하는 집행기관이다. 그리고 그는 주권의 장악자로서 원로원과 인민의회를 생각하였다.

제 8 절 토마스 홉스(Thomas Hobbes, 1588-1679)

1. 생 애

홉스는 영국의 절대군주권을 확립하는데 하나의 계기가 되었던 스페인의 무적함대(無敵艦隊)를 격파한 해인 1588년에 목사의 아들로 태어났다.

옥스퍼드 대학에서 교육을 받았으나 스콜라주의와 청교도 정신은 그에게 하등의 영향을 주지 못하였다. 대학 졸업 후 귀족의 가정교사로 왕당파와 밀접한 접촉을 갖게 되었다.

이 시기에 베이컨과는 그의 사적 비서로서 교제하였고, 자신의 학문연구의 최초의 결과로서 투기디데스의 『역사』를 번역하였다. 그는 1641년 최초의 정치적 저술 『시민론(De Cive)』를 출판하였고, 10년 후에 군주의 절대주의를 옹호하는 『리바이아탄(Leviathan)』을 출판하였다.

2. 사상의 철학적 성격

1) 배 경

홉스의 생애는 영국이 대외적으로 세력이 확고해지는 시기였고, 대내적으로는 영국의 입헌군주제가 성립되는 시민혁명의 혼란기에 걸쳐 있었다. 그의 정치철학은 내전(內戰)의 산물이다.

변혁기의 정치사상이 대개 논쟁적 성격을 띠고 있었음은 프랑스와 기타 나라에서도 나타난 일반적 현상으로 체계적 조직적 정치이론이 나오기 어려웠으나 홉스의 정치이론은 예외였다.

17세기 철학과 과학의 발전은 유럽 세계의 지적 시야(視野)의 변화를 가져왔고 이에 따라 정치학에 있어서도 체계와 논리적 일관성이 요구되었다. 이러한 의미에서 홉스의 정치철학은 이론의 논리적 명확성과 자기

이론의 전제를 끝까지 일관시킨 지속성에서 타의 추종을 불허한다.

당시 영국과 프랑스에서는 내전이라는 정치현상에 대해 현실과 이론을 일치시키려는 정치사상이 준비되었고 이들의 이론은 당시 철학의 일반적 경향인 과학적 접근방법을 따랐다.

홉스는 경험론이나 합리론 어느 한쪽으로 분류하기 어려운 철학자이다. 그는 로크, 버클리, 흄같이 경험론자였지만, 그들과는 달리 순수수학뿐 아니라 응용수학의 가치를 인정한 철학자였다.24)

홉스는 프랑스와 이탈리아의 과학과 철학적 사조(思潮)를 접하였고 1636년 갈릴레오와의 만남은 그에게 중대한 영향을 주었다. 또한 이 시기에 유크리드 기하학에 심취하기도 하였다. 그는 갈릴레오가 물리학에서 한 바와 같이 기하학적 접근을 통한 정치학을 구상하려 하였다. 사실 그는 수학적·자연과학적 방법을 사회현상에 적용함으로 사회과학에서의 무한한 발전을 기대하였다.

또한 그는 경험론의 관점에서 모든 학문적 대상은 인간의 이지(理知)에 의한 논리적 방법에 입각하여 인간의 의지 및 그 근원이 되는 감각의 연구에까지 미치지 않으면 안 된다는 생각이었다.

이러한 그의 인간행위를 비롯한 사회현상 일반을 과학적 원리에 따라 규명하고자 한 학문적 방법은 그를 최초의 근대 정치사상가의 지위에 올려놓았다.

2) 경험론과 유물론

그는 베이컨의 경험주의 철학에 의해 인식의 기초를 정립하였다. 사물(事物)의 실재성(實在性)은 모든 개별적인 것에 존재한다고 믿었고 또한 개별적인 것에 대한 감성적(感性的) 지각(知覺)으로부터 보편적 개념을 추출하려 하였다. 이러한 관점에서 그는 합리주의적 연역(演繹)에 의하여 얻어지는 보편적 개념의 실재성을 거부하였다. 결과적으로 그는 기존의 정치사상(政治思想)에서 설정한 주요한 목표인, 오랜 전통을

24) 러쎌, 『서양 철학사』, p.705.

가진 소위 '공공선(公共善)'을 허구(虛構)라고 일축하였다.

한편 그는 베이콘의 경험주의에만 머물지 않고, 기하학적 자연과학적 방법을 채택하여 기계론적 유물론으로 그의 철학을 정립하였다. 그는 『리바이아탄(Leviathan)』의 첫 머리에서 철저한 유물론을 선포한다.

'생명(生命)은 지체(肢體)의 운동과 다르지 않기 때문에 (운동이라는 측면에서 보아) 자동인형(自動人形)도 생명을 갖는다. '리바이아탄'이라 부른 국가는 기예(技藝)에 의한 창조물로 사실상 인공(人工)으로 만든 인간이다'고 까지 하였다. 이에 대해 러셀은 '이는 비유(比喩) 이상의 의도(意圖)를 주장한 것으로, 통치권(統治權)에서 인공영혼(人工靈魂)으로 '리바이아탄'을 창조하기로 한 협정과 계약은 '인간을 만들자'고 선언했던 신(神)의 명령을 대신한다.'[25]고 하였다.

그는 절대군주를 옹호하기 위해 이 책을 썼으나 그의 기계론적 유물론의 원칙에 의한 냉철한 합리적 사고는 결과적으로 군주제가 의존하고 있는 전통적 정서(情緖)인 충성심이나 경외심(敬畏心)을 용해(溶解)시키는 원인이 되어 오히려 왕당파의 의심과 오해를 받았다.[26]

그의 군주권 옹호라는 본래의 목적과는 달리 이러한 오해가 가능하였던 다른 이유는 그가 포괄(包括)하고 있는 정치사상의 범주가 그의 과학적 방법론과 함께 당시의 정치현상에 대한 논쟁의 범위를 넘어선 보다 근본적인 문제들이었다는 데 있었다.

그의 정치학은 심리학을 바탕으로 형성되었으며 그 진행 방식은 감성적 지각(知覺)으로부터의 연역적 방법이다. 모든 사상의 근원은 인간의 감각에 있으며 감각에 의해 지각되는 물체의 성질은 연장(延長)과 운동이며, 이는 각각 자기의 마음을 관찰(觀察)하는 경험에 의하여 그 원인을 발견할 수 있다.[27]

---

25) 러셀, 『서양철학사』, p.708.

26) 세이빈, 『정치사상사』.

27) 이러한 홉스의 기계론적 유물론에 대하여 프랭크 틸리는 다음과 같이 설명하고 있다. "모든 자연적 사건은 고정된 법칙에 따라 물체의 운동에 의해 야기된다. 모든 것은 원자의 운동 결과이다.
철학(哲學)은 자연체와 정치체의 운동과 행동에 대한 학문이며, 모든 것은 운동에 의 그는 정치학의 기본 원리(原理)인 인간 및 그 감정의 경향을 이런 방법에 따라 파악하였다. 즉 인간사회는 목적이 아니라 동물적 심리 구조인 일종의 동인(動因)에 의한 행위와 반작용이 어우러져 형성된 것이며, '일종의 동인'이란 곧 자기보존의 본능으로 모든 기준은 생명 자체의 유불리(有不利)로 이는 각각 욕망과 혐오로 나타난다는 것이다. 이것이 철학적으로는 그를 근대적 의미에서의 개인주의와 공리주의의 효시(嚆矢)로 만들었다.

홉스는 그의 정치사상의 형성과정에서 마키아벨리의 인간의 이기적 성품을, 보댕에게서는 주권이론을 그리고 그로티우스에게서는 기하학적 자연법사상을 받아 들였다.

3. 자연 상태, 자연권과 자연법

1) 자연상태

홉스는 인간은 본래 이기적 존재라는 인성론(人性論)에서 출발한다. 자연상태에서 인간은 이기적 목적을 위해 각각 자기의 자연권을 행사하려 하고 그 실현을 위해 노력한다. 그것은 타인을 굴복 또는 굴복시키려는 형태이며 따라서 자연상태는 인간의 상호대립에서 비롯된 '만인(萬人)의 만인에 대한 투쟁'이라는 비참한 상태로 나타난다.

그의 자연상태에는 산업, 기계, 사회도 없고 공포와 위험만이 존재하는 곳으로 인간은 고립적이고 불행하다. 그들은 '더럽고 야수적이며 그 생명은 짧을 수밖에 없다.' 자연상태에서는 법과 불법, 정의와 부정의도 존립할 여지가 없다. 왜냐하면 옳고 그름의 규범적 개념은 순수히 자기능력 즉 힘만이 존재하고 자기의 힘이 미치는 한 어떤 행동도 허용되는 상태에서는 존립하는 것이 아니다.

이 논리는 당시 혁명적 시기에 여러 혼란 상태를 야기하는 자기 이익만을 도모하는 무모(無謀)한 근대시민, 그리고 그 기본정신인 개인주

해 설명될 수 있다. 물리적 자연의 사건과 마찬 가지로 인간, 정신적 세계, 국가의 본성은 기계적으로 설명될 수 있다(프랭크 틸리, 『서양 철학사』, p.351).

의를 보면서 자연상태를 이론화한 것으로 추상적 면이 있다.

2) 자연권

홉스는 아리스토텔레스와는 달리 인간은 원래 사회적이 아니고 이기심(利己心)을 본성으로 한다는 것이다. 인간은 자기의 이익이 된다고 생각되는 것을 획득하려 하고 해악(害惡)이 되는 것을 회피하려고 한다. 그리고 선(善) 또는 행복도 자기이익을 부단히 발전시키려는 상태를 의미할 뿐이다.[28]

인간은 공동존재로서의 사회의 이해관계에 대하여 전연 고려하지 않으며, 다만 자연적 소여(所與)에 기초하는 자기능력의 실현을 위하여 자유로이 행동할 뿐이다. 이러한 자연권(自然權, Natural Right)은 인간의 자연적 능력의 실현과 자기보존 본성의 자유로운 발동이다. 그것은 개인의 고유한 힘을 행사하는 자유이며 이는 인간이 자기 고유의 판단과 이성에만 의거하여 자기의 능력을 실현하는데 있어 최적의 수단을 행사하는 것을 포함한다.

그러나 인간의 자연권 행사의 물질적 대상(對象)은 무한하지 않다. 따라서 인간의 능력과 희망상의 평등의 실현은 그 대상의 부족(不足)으로 향유가 불가능하게 된다. 사실 모든 인간이 세상 만물에 대하여 자연권을 갖고 있다는 것은 실제상 아무도 어떠한 물체에 대하여 권리를 갖고 있지 않다는 것을 의미한다.

인간에게는 자신의 생명력을 유지 강화시키려는 보존 본능이 가장 중요한 의미와 목적으로 오히려 모든 것은 이로부터 출발한다. 그리고 자기보존(保存)의 욕망이 무조건적이고 절대적이라면 당연히 정의와 도덕의 유일한 근원은 개인의 자기보존을 위한 권리로부터 출발하지 않으면 안 된다.

---

28) 홉스에 있어 행위 기준은 공리주의가 주장하는 쾌락이나 고통이 아니다. 인간은 일체의 자극(刺戟)이 생명체, 즉 인간에 주는 영향이 생명(生命) 자체에 유리한가 아니면 불리한가에 따라 반응하게 된다. 그리고 생명체는 본능적으로 자신의 생명력을 유지 강화시키려 한다.

따라서 자연법(自然法)의 의무는 그것의 이행이 자기보존을 위협하지 않는 한에서, 바꾸어 말하면 자기보존의 권리로부터 파생된 것이어야 한다.

3) 자연법

고대 이래의 자연법사상에는 두 다른 방향을 지향하는 개념이 존재해 왔다. 그 하나는 아리스토텔레스에서와 같이 목적론(目的論)을 지향하며 윤리적 힘으로 인간의 행위를 규제하고 통제하는 '규범적(規範的)' 의미이고, 그리고 다른 하나는 자연과 인간의 본성(本性)이란 모두 인과관계의 결과 내지 체계에 불과하며, 인간이 자신의 생활을 통제하는 것은 목적을 위해서가 아니라 하나의 동인(動因), 즉 심리적 구조에 따른다. 이때 자연법은 인간들이 협조적 행동을 유도(誘導)할 수 있도록 하는 '합리성'만을 의미한다. 그리고 이를 홉스식으로 표현하면 전자는 신(神)의 명령으로서 도덕법(道德法)이고 후자는 행위에서의 '신중(愼重)의 격률(格率)'이다.

기계적 유물론자인 홉스는 이 후자의 대표적 인물이다. 홉스에 의하면 인간에게는 욕망과 이성이라는 상반(相反)된 경향을 가진 행동원리가 있다. 그리고 자연법은 인간적 생존을 보장하기 위하여 이성으로 발견되는 제 원칙이다.

홉스의 자연상태는 욕망에 따른 무질서한 개인들 간의 상호대립과 투쟁의 상태이다. 인간은 모두 불안과 적의(敵意)를 가지고 생존함으로 이러한 불안과 적의로 부터의 안전이 보장되어 있지 않다. 이러한 투쟁상태에 종지부를 찍고 평화로운 생활을 하게 하는 것이 이성(理性)이며 그 해결방법이 자연법 즉 앞서의 '신중의 격률'인 '협조적 행동을 유도할 수 있는 합리성'이다.

자연법은 이론상으로 자연적 인간의 행동에 대한 구속과 제한을 의미한다는 면에서는 자연상태의 자연권(自然權)과는 절대적으로 상반하는 결과를 가져오는 개념이다.

그러나 자연법은 인간이 자기 자신의 생명과 신체를 존속시키기 위하여 '해야 하고' 또 '해서는 안 되는' 것에 관한 이성의 정당한 명령으로, 이는 평화에 대한 욕구와 부합되고 그렇게 하여 인간의 욕망을 장기적으로 연장한다는 점에서는 그 목적이 자연권과 일치한다. 이런 의미에서 자연법의 제일의 기본적 목적은 자연권의 합리적 관철을 위한 평화의 추구이다.

이때 자연법은 인간이 이성에 의거하여 판단한다면 승인할 수 있는 것으로 이는 내적 양심(良心)의 구속에 그치지 않고 외적 행위까지 구속하는 것이다.

4. 사회계약론과 국가론

1) 사회계약론

홉스는 사회가 자연적이라는 것을 부정했다. 그는 사회계약을 동등한 인간간의 자발적(自發的) 합의, 그리고 만인(萬人)의 만인과의 계약으로 생각하였다. 그리고 이때 계약의 전제조건인 '동의(同意)'가 개인적이며 자발적이라는 생각은 명확히 개인주의(個人主義)에 근거한 논리이다. 그리고 그 바탕위에서 다음과 같은 논의가 가능하고 유효한 것이 된다.

인간은 평화와 자기 자신의 방위를 위하여 필요하다면 타인도 그와 같이 한다는 전제아래 자신의 권리를 자진하여 양도해야 한다. 이리하여 인간은 자신이 타자에 대하여 허용할 수 있는 한에서 자신의 자유를 보유하는데 만족해야 하며, 그러나 그것은 자연권의 포기는 아니다.

그리고 이때 권리의 양도는 평등한 개인 상호간의 계약에 의해 성립한다고 하여 개인주의 뿐 아니라 인간평등의 이념을 그의 정치사상의 기저에 두고 있다. 그리고 계약은 이행되어야 하고 계약이행이 정의(正義)이고 불이행이 부정의이다.

따라서 정의란 계약체결 이후에 성립하는 개념(概念)이다. 그런데 계약 불이행의 위구(危懼)가 제거되지 않는 한 계약은 사실상 효력이 없고 따라서 비합리적(非合理的)인 것이다. 그러므로 평화와 상호계약의 이행에 대한 객관적 보증이 요청되며 이를 위한 제3의 강제력이 설치되어야 한다.

그리고 인간은 폭력을 마음대로 행사하는 것보다 행사하지 않는 것이 생존상 안전하다고 믿을 수 있는 사회를 인공적(人工的)으로 만드는 것이 필요하다. 다시 말해 이성(理性)은 대외적으로 적의 침략을 방위하고 대내적으로 각 개인의 자유로운 투쟁을 방지하는 강력한 단체를 만드는 것이 좋다고 명령한다. 또한 대내적으로 통일이 없으면 각 개인 상호간의 투쟁행위를 금지시킬 수 없기 때문에 각 개인들이 이산(離散)하지 못하게끔 구속하는 하나의 통일적 권력이 구성되어야 한다.

이러한 공동적 권력을 구성하기 위하여서는 각 개인이 각각 그의 의지(意志)를 일인 혹은 합의체의 의지에 종속시켜 후자의 의지를 자기의 의지로서 승인하는 계약을 체결하는 방법 이외에는 없다. 그리하여 인민이 국가의 의지(意志)를 자기 자신의 의지로 간주하여 절대적으로 복종한다는 것을 상호 계약한다는 것이다.

이는 전체 의사를 하나의 인격체의 의사에 종속시키는 것이다. 이 계약이 곧 사회계약이다. 따라서 국가의 본질은 이러한 하나의 인격체라는데 있다.

2) 국가론

홉스의 국가론은 그의 인식론적 기초위에 입각한 것이다. 그는 사회를 그 구성요소의 단순 총계와 그 다양성으로 파악하였고 이러한 사회형성체는 어떤 의미에서도 실재성을 갖는 것이 아니고 기계적 구성에 지나지 않는다고 보았다.

그는 개인만을 개별적인 것, 실재적인 것으로 생각하였다.

이는 합리적 연역에 의한 보편적 개념의 실재성을 거부하며 개별적인 것에 실재성이 존재한다는 그의 철학적 배경에서 나온 당연한 결과이다.

따라서 그의 국가이론의 출발점은 개인의 성격에 대한 이해로부터 시작한다. 그는 국가를 개인의 필요성의 관점에서 보았다. 국가 없는 혼란한 무정부 상태에서는 자기보존이 불가능하며, 인간이 할 수 있는 것은 절대주권자의 권위를 인정하는 국가 상태와 이를 부정하는 무정부 상태간의 선택뿐이다. 이러한 의미에서 국가는 인간의 이성에 의한 합리적 추출물(抽出物)로서 역설적으로 국가의 강제가 인간 각자의 자연권의 실현 수단이 된다.

홉스는 국가라 함은 사회 내에서의 각 사람의 상호계약에 의해 그들의 의지가 합체(合體)하여 된 하나의 인격체이며, 이 인격체는 사회의 질서 및 평화를 위하여 사회 내에 있는 모든 권력을 자유로이 행사할 수 있다'고 하였다.

이 인격체의 의지를 수행하는 자가 주권자이고 주권자는 최고권력을 가지고 그 이외의 인민은 신민(臣民)이다. 주권의 분할은 있을 수 없다.

주권자는 평화의 유지를 위한 처벌권(處罰權), 선전강화(宣戰講和)의 권리, 입법권, 법률의 해석·적용의 권리, 관리임명권, 종교의 해석권, 국가재산의 자유처분권, 조세 징수권 등을 가진다. 그것은 보댕의 주권보다 한층 고도의 절대성을 띠고 있다.

홉스는 그의 철학적 논리에 따라 집단적으로 행동한다는 것은 허구(虛構)이며 대리자(代理者) 없는 집단은 행동할 수 없고, 따라서 주권자가 없으면 국가도 사회도 존재하지 않는다[29]고 한다.

그는 법(法)과 도덕(道德)의 관계에 대하여 주권자의 허가 없이는 도덕성을 부여할 수 있는 다른 어떠한 권위도 존재할 수 없으며, 주권자라는 인격체는 법과 도덕이 함께 하는 존재로서, 도덕은 그의 의사(意思)일 뿐이다. 따라서 법과 도덕에는 구별이 없다. 그는 저항권을 부정하였는데 이는 저항권의 정당성이 저항하고자하는 바로 그 권위

29) '눈에 보이는 정부(政府)－즉 그들의 의사를 강요할 수 있는 권력을 지닌 사람들－라는 존재를 제거해 버리면 국가도 사회도 존재하지 않는다. … 법과 도덕 간의 구별 또한 착각이 된다. … 사회는 주권자의 목소리와 의사만을 가지고 있기 때문이다'(세이빈, 전게서).

자체의 승인으로 주어지는 것이기 때문이다. 따라서 그에게는 부패한 국가라는 것이 없다. 이렇게 해서 그는 보댕의 주권론에서의 애매성을 벗어 날수 있었다.

3) 주권론과 자유

홉스의 사회계약상의 가장 큰 특징은 주권자는 계약의 당사자가 아니라는 점이다. 그는 사회계약을 실행하기 위하여 설립된 제 삼자이다. 그러므로 신민(臣民)에게는 그들의 정부형태를 변경할 권리가 없다. 왜냐하면 신민은 주권자의 모든 공적(公的) 행위를 인정하기로 계약하였고 이는 그의 승인 없이는 다른 누구와도 동일한 의무관계를 맺을 권리를 포기한 것이기 때문이다. 즉 혁명 내지 저항권은 부정(否定)된다.

또한 신민은 주권자와 계약을 하지 않았기 때문에 주권자는 평화를 확보하기 위하여 계약 또는 법률이 부적당하다고 인정된 경우에는 그것을 준수하지 않아도 되는, 정의, 도덕을 초월하는 무제한(無制限)의 절대적인 권력이다. 이러한 절대권을 가진 국가 즉 리바이아탄(Leviathan)은 인공(人工)의 기계적인 괴수(怪獸), 모탈 갓(Mortal God)이다.

그러나 리바이아탄은 전체주의(全體主義)를 의미하지는 않는다. 오히려 개인의 보존과 이익을 위하여 합리적으로 구조(構造)된 이성(理性)의 인위적 가공체(加工體)로서 그 목적에 따라 분해(分解) 내지 재조립될 수 있는 것이다. 그러나 홉스는 주권의 성립에 의하여 인민의 자유가 소멸하지는 않는다고 한다. 이에 대한 논리로서 그는 아래와 같은 세 가지를 들고 있다.

첫째, 국가는 원리상으로 인간의 자유의지(自由意志)에 의하여 창설된다.

둘째, 홉스에게 자유는 외부의 장애(障碍)의 부재(不在)를 의미하는 것이 아니라 법률(法律)과 의무의 부재를 뜻한다. 따라서 인간은 국가 내부에서 법률이 허용하는 범위 안에서 가장 유리하다고 생각하는 것을 행할 자유가 있다. 또한 인민은 법률이 간과(看過)한 사항에 관해서는 당연히 자기들의 이익을 위하여 자유로이 행위 할 수 있다.

셋째, 적극적으로 혁명을 일으키는 것은 불가능하다 하더라도 주권자를 포함하여 자기를 죽이려는 자에게는 저항할 수 있다.

4) 국가의 분류

주권의 성립은 두 가지 방도에 따른다. 그 중 하나는 강자의 자연적 실력, 즉 정복(征服)이나 압박에 의하여 성립되는 것이고, 다른 하나는 인간이 자발적(自發的)으로 일치하여 임의(任意)나 신임(信任)이라는 승인(承認)을 받아 복종(服從)관계가 형성됨으로 성립한다.

전자는 가부장적(家父長的) 국가와 피정복(被征服) 국가로 나뉘고 후자의 방법에 의한 것이 정치적 국가 내지 법제적(法制的) 국가이다.

홉스는 후자(後者)인 정치적 국가만을 상정(想定)하였고, 국가의 분류 기준은 보댕과 같이 주권자의 수(數)에 의거하여 군주국, 귀족국, 민주국으로 분류한다. 그러나 국가형태의 우열문제는 국가설립의 목적 즉 평화의 확보라는 관점에서 어느 국가가 가장 적당한가로서 고려되어야 한다.

5. 평 가

그의 정치 이론은 개인주의적인 입장에서 출발하였음에도 불구하고 절대주의의 옹호로서 귀결되었다. 그러나 홉스를 군주주의의 옹호자로서만 평가하고 민주주의에 대한 반동사상가로 취급하는 것은 잘못이다. 오히려 그의 합리적인 개인주의는 후세 사상가들에 의해 항상 차용(借用)되는 중요한 의미를 갖는다.

그는 혁명적 위기를 조성하는 요인의 하나인 이해관계에 좌우되는 상업 시민적 근성에 대하여 혐오를 느꼈고, 그들을 국가 및 국가 업무의 적(敵)이라 하였다. 그러나 그는 인간이 평등하며 자유롭게 이성에 의하여 사회계약에 이른다는 측면에서 근대적 시민의 역사적 진보성을 어느 정도 인정하였다.

또한 사회계약이 평등한 인간의 이성에 의한 추출물이라는 이론은 독점적인 특권, 문벌, 신분을 부정하는 것이며, 왕권신수설논자들과는 근본적으로 다르다.

정치사상사 측면에서 그는 종교교의 해석권 및 법률, 도덕에 대한 주권자의 권리를 주장함으로서 마르실리오가 두 개의 정부 이론으로 교회를 세속권력에 종속시키려한 의도를 완성시켰다. 홉스에 있어 교회도 하나의 단체에 불과하며 이는 당연히 주권자의 권위에 종속돼 있는 것이다. 사실 이는 당시 영국 국교회(國敎會)의 현실이기도 하였다.

홉스 같은 유물론자에게 종교란 허구에 지나지 않는 것이다. 더구나 그가 말하는 절대권력 앞에서는 신법(神法)도 그 의미를 상실하고 만다. 그는 인간의 행복에 반하는 특수 이해를 억압하고 국가의 안전과 통일을 확보하는 것을 목적으로 하는 국가권력의 절대성(絕對性)에 대한 정치 이론을 전개하였다. 그러나 홉스는 그가 살아온 시대의 미숙성과 복잡성을 그대로 반영하고 있다.

그는 근대적 시민에 대한 인식의 결핍에서 시민의 자율을 인정하지 않고 절대주권 독재를 주장하였다. 그는 인민의 적극적 혁명권을 부정하고 소극적인 저항권만을 인정하였다. 그러나 그의 정치이론은 역설적으로 개인주의와 공리주의에 지대한 영향을 주었다.

제 9 절 존 로크(John Locke, 1632-1704)

1. 생 애

17세기 영국의 홉스가 사회계약설에 의하여 절대군주주의를 옹호하는 방향에 서 있는데 반하여 로크는 절대군주주의에 반대하고 명예혁명의 결과인 입헌적 군주주의에 이론적 기초를 제공한 정치이론가이다.

로크는 1632년 브리스톨의 외곽에서 태어났다. 그의 아버지는 변호사로서 내란 당시 의회측의 의용군에 가담하였던 청교도이며 크롬웰의 주세력이었던 지방의 요맨리(Yeomanry)였다. 그의 청소년 시기는 내란 중의 공화정 시대였다.

그는 옥스포드 대학에서 공부하고 교직을 얻었으나 의학(醫學)을 전공하여 의사가 되었다. 그러나 1665년 외교계에 진출하여 주불(駐佛)공사로서 그의 임무를 수행하였고 독일에도 체재하였다. 귀국 후에 샤흐트 백작의 시의(侍醫)겸 비서가 되어 10여 년간 종사하였다.

샤흐트 백작은 크롬웰 정권의 타도(打倒)에 중요한 역할을 하였고 명예혁명의 주동적 세력인 휘그당의 지도자였던 대정치가였다. 그는 정치 실각(失脚) 후 1673년 정치계에서 물러나 프랑스에서 수년간 지나고 다시 네덜란드로 갔었다. 로크는 샤흐트 백작의 정계복귀와 함께 1679년 영국에 귀환하였으나 휘그당과 토리당의 대립 격화와 휘그당의 패배로 네덜란드로 망명하였다.

그는 거기서 오렌지 공 즉 후의 윌리암 3세를 중심으로 하는 스튜어드 왕조 번복 계획에 참여하였다. 1688년 명예혁명에 의해 윌리암 3세가 왕위에 오르게 됨에 왕후 메리와 같이 귀국하였다. 그의 중요한 저작은 이 네덜란드 시기에 완성된 것이다.

그의 철학상의 주저(主著)인 『인간 오성론』(Essays on Human Understand,

1690)은 1687년에 완성되었다. 정치상의 저작으로는 왕권신수론자 필머와 절대군주론자 홉스를 논박하며 제임스 2세의 퇴위와 명예혁명을 변호하는 『정치론 2편(Two Ttreaties on Civil Government)』을 썼다. 그는 1696년 관직에 취임하였고 1704년 영면(永眠)하였다.

2. 철학적 배경

로크의 학문상의 본질적 관심은 형이상학적 문제에 있었기 때문에 정치적·사회적 문제에 대하여는 부차적인 것에 불과하였다. 그러나 그것이 정치사상사에서 그의 중요성을 감쇄하는 것을 의미하는 것은 아니다. 그는 18세기에로의 전환기에 앞서 영국 정치사상을 고전적(古典的)으로 대표하고 있다.

로크는 그의 철학적 근본입장을 영국 전통의 경험주의적 합리주의에 두고 베이컨과 홉스의 근본원리, 즉 지식과 제관념은 감각의 세계에 근원이 있다는 원리를 따랐다. 그의 철학적 접근방법은 홉스가 수학적 기계적인데 대하여 실험과학적이며 좀 더 구체적인 것이었다.

모든 인식(認識)은 후천적으로 획득된 것이며 가장 추상적인 인식은 가장 늦게 얻어 진다. 소위 본유관념(本有觀念)이란 존재하지 않는다.[30] 인간의 마음은 최초에 백지(白紙)이며 다만 경험에 의하여 관념들이 축적된다. 모든 관념은 경험을 통하여 획득되며 이러한 경험의 기원은 이중적(二重的)이다.

감각과 반성(反省) 즉 외적 경험과 내적 경험이다. 이때 반성은 독립적으로 내적 정신활동의 영역, 내적 경험의 독립을 의미하지만, 그 목적은 주로 정신자체와 여러 가지 활동을 인식하는 데 있다. 즉 반성에 의해 사유(思惟), 의지(意志), 상기(想起), 판별(判別) 등의 관념을 갖게 된다. 이러한 이중의 경험은 인간의 내부의 암실(暗室)이 조명되는

30) 로크의 본유관념에 대한 부정 내지 공격은 과학은 물론이고, 도덕과 종교에 있어서도 선입견(先入見)에 따른 모든 편견을 불식(拂拭)시키는 해결책이 되도록 하려는 기대에서 이루어진 것이다.

두 개의 창(窓)이다. 단순한 오성(悟性)은 암실의 흐려진 거울과 같은 것으로 사물을 반사하나 그때 그것을 변형시킨다.

인간의 감각은 외적 대상에서 신경계통을 통하여 뇌수에 전달되는 충격에 의하여 생기는 것으로 인식 내지 지각(知覺)은 이러한 감각에 기초하여 형성된다. 따라서 모든 관념은 감각에 기원한다. 그러나 경험을 이중적인 것으로 파악한 로크는 반성에서 정신적 실체를 도출하였다. 그는 정신도 하나의 실체로 생각하고 오성(悟性)의 독자성을 인정하였다.

3. 정치이론

로크 당시 영국의 지적(知的) 분위기는 50년 전 홉스가 저술(著述)하던 내란시기와는 많은 차이가 있었다. 1688년의 명예혁명은 왕위의 선택이 의회에 의하여 결정된다는 사실이 의심할 여지가 없어졌고 또 하나 종교와 정치의 연계(連繫)라는 종교개혁 시기의 문제 역시 종지부를 찍었다. 이는 홉스가 비종교적이었지만 당시의 분위기는 그의 『리바이아탄』에서 많은 부분을 성직권(聖職權)의 문제에 할애했다는 데서 알 수 있다. 그러나 로크는 이를 언급할 필요를 느끼지 않았다.

로크의 정치이론 중 가장 중요한 두 부분 중 하나는 모든 합법적인 정치적 권위(權威)는 동의(同意)에 의존한다는 원칙이고 다른 하나는 소유권(所有權)에 관한 것이다. 그러나 이 두 부분은 정치적 권위의 시행자인 통치자의 의무가 소유권을 보호하는 것을 우선으로 한다는 점에서 밀접하게 연관되어 있다.

1) 자연상태

로크의 정치이론도 홉스에서와 같이 자연 상태에서 출발하였고, 또한 사회계약을 중개로 하여 국가가 성립한다는 것이다. 그러나 로크의 자연상태 하의 인간은 홉스가 주장한 바와 같은 상호투쟁 하는 인간이 아니며 또한 본성적으로 비이기적(非利己的)인 사회적 동물이다.

인간은 자연적으로 자유롭고 평등하며, 이성적인 자연법의 구속을 받으면서 평화와 선의(善意) 그리고 상호부조 하는 생활을 하였다. 자연상태의 개인은 자연법에 따라 판단하여 행동하는 이성적 인간이기는 하나 각개인 위에 권위를 행사하는 우월자가 없는 상태이고 개인은 평등, 독립 따라서 상호간에 대등하다. 거기서는 이성법에 저촉(抵觸)하는 자가 있는 경우 개인이 자기의 실력으로 그것을 배제해야하는 상태이다. 물론 배제가 성공하느냐의 문제는 별개이다.

로크의 자연상태는 인간이 자연법 하에 자연권을 보유하면서 평화적으로 상호부조 하는 상태로 원칙적으로는 서로간의 투쟁을 제거하기 위한 사회계약이 성립할 여지가 없다. 사실 자연상태가 전연 결함이 없다면 정치사회가 형성될 이유가 없는 것이다.

그러나 자연상태 하의 이성적 인간은 자연법의 제한 밑에 생활하고 자연법에 위반하지 않는 한에서 자연권을 행사하지만 인간은 불완전한 존재로 때에 따라 욕망으로 말미암아 이성법으로서의 자연법을 유린할 가능성이 있다.

이러한 자연법의 위반은 평화상태의 파괴를 의미하며 이 경우 자유와 재산, 질서의 유린을 초래하여 홉스의 "만인의 만인에 대한 투쟁"이 전개되고 개인 각자의 실력만이 모든 것을 해결하는 무정부상태가 된다.

그러나 홉스와의 중요한 차이는 로크는 이 투쟁상태는 자연상태 본연의 성질은 아니고 그 타락 형태라는 것이다. 자연상태에서는 질서의 침해가 있는 경우에 개인에게만 그 구제가 맡겨져 있을 뿐 공동의 권력, 실정법, 재판관 등이 결여되어 있다는 데 그 위험이 존재한다.

이성적 존재로서 부단히 발전하려고 하는 인간은 그의 자유와 재산이 좀 더 확실하게 보장되는 상태를 선택하려 한다. 그리고 자유와 재산의 확보를 목적으로 정치사회가 형성되어 그것이 공동의 권력, 실정법, 재판관을 가지게 되는 이유이다. 이때 자연법은 정치사회에 여러 상이한 실정법의 기초가 되고 그것을 배후에서 지지하며 실정법이 미치지 않는 영역에까지도 그 타당범위를 가지고 있음은 물론이다.

정치사회는 직접적으로는 실정법이 그리고 간접적으로는 자연법이 지배한다.

2) 소유권

로크의 자연 상태에서의 경제질서에 대한 고찰(考察)은 그의 사상 저변(低邊)에서부터 성립된 것으로 자연권 이론은 재산권(財産權), 즉 소유권을 바탕으로 구성된다.

인간의 자연권은 외부의 우월한 권력 즉 사회에 의하여 부여(附與)되는 것이 아니다. 그것은 인간의 자연적 그리고 기본적 권리로서 자기의 생명 재산 등에 대한 자기보존의 권리로서 의식(衣食) 등 생존상 필연적으로 필요한 것에 대한 권리와 결부되는 것이다.

인간의 사유재산은 사회가 창출하는 것이 아니며, 따라서 제한적인, 즉 다른 사람의 동일한 권리 주장을 유효하게 하기 위해서라는 경우를 제외하고는 사회가 이를 규제하는 것은 옳지 않다. 바꾸어 말하면 각개인은 평등한 타인의 권리를 침해하지 않는 한 그가 하고 싶은 대로 자유로이 행동하는 권리를 보유한다. 그리고 자유, 생명과 재산권 같은 자연권 중 로크가 가장 관심을 가진 것은 역시 재산권에 관한 문제였다.

그는 재산을 토지 및 그 생산물에 주로 착안하였다. 재산은 원시상태에서는 공공물(公共物)이었으나 점차 사유물로 된다. 개인은 자연권을 보유하기 때문에 자기 보존 및 자기 발전을 위하여 자연물에 노동을 가(加)하고 그 결과 획득한 것이 사유재산이 되는 것은 필연적이며 당연히 인정되어야 한다. 이러한 노동가치설은 토마스 아퀴나스를 이어 받아 근세 경제학에 의해 계승케 되는 중요한 이론이다.

로크의 소유권 개념은 두 개의 자연권에 기초하고 있다. 하나는 생명과 자유를 보전하기 위해 필요로 하는 것을 사용할 권리이고 다른 하나는 자연물에 자신의 노동을 가하여 그것을 자기의 목적을 위해 처분할 수 있는 배타적 권리이다.

로크의 소유권 이론은 사회주의의 등장으로 구체적인 도전을 받았는데 특히 '배타적 사용권' 즉 자본가들에 의한 노동자에 대한 소유권의 배타적 행사가 문제였다. 그러나 로크는 소유권을 자유를 위한 수단으로 생각하였고, 이는 공리주의자들과는 달랐다. 그가 소유권을 자연권이라 하였을 때, 그가 함축하고 있는 의미는 사적(私的)인 생활영역에서 어느 정도의 물질적 독립성 등, 인간다운 삶의 기본적 권리의 조건 확보였다.

따라서 노동자라는 약자(弱子)가 자기의 노동 이외에는 아무것도 팔 것이 없다는 사실은 자유가 축소 혹은 박탈된 상태라는 의미이며, 자본가들의 배타적 재산권 행사로 인한 이들에 대한 착취는 그의 근본정신에 위배된다.

그는 다만 당시의 시민적 정신에서 개인주의적 시민 경제질서를 국가형성 이전에 존재하는 것으로 취급하고 그것이 영구불변의 자연법적인 것으로 본 것이다.

3) 가족과 사회

가족은 인간의 사회적 성향의 필연적 귀결로서 자연상태 하에서도 존재한다. 최초의 사회는 남자와 그 처(妻)이며 이것이 부모와 그들의 자손과의 사회 즉 가족을 형성한다. 이러한 가족은 상호간의 임의적 계약에 의하여 생식, 종족보존, 상호부조를 목적으로 결합하였으며, 이 목적에 관하는 한 가족의 장(長)이 최종의 결정을 행하는 것이다. 그러나 이외의 상황에서는 부부가 모두 각각 자유이며, 이 경우 가부장권이 배제되는 것은 당연하다.

로크는 가족은 정치적 권력성립 이전에 존재하는 것으로, 국가의 법률에 의하여 기초되는 것이 아니며 그 자체로서 도덕적 구속력을 보유하고 있다고 생각하였다.

4) 사회계약론

사회계약의 목적에 대해 홉스는 이기주의에 바탕을 두고 자기보전을 최우선으로 하였지만 로크는 같은 이기적 개인주의라도 쾌락과 고통의 원리를 이에 더하였다. 로크도 이중(二重)의 사회계약을 상정했으나 그 표현은 알투시우스처럼 명확한 것이 아니라 암묵적이었다.

먼저 원시계약에 의해 공동사회가 형성된다. 인간은 자연상태에서의 자연적 자유와, 정치사회에서의 정치적 자유의 비교, 그리고 자유와 재산 보장 정도를 비교·고려(考慮)함으로서 자유의사에 따라 정치사회의 첫 단계로 공동사회를 성립시킨다. 이것이 원시계약이다.

그는 자연상태의 인간이 원시계약을 체결함으로서 형성되는 사회를 공동사회라 하고, 그 공동사회에 입법권 그리고 그 이하의 권력이 설정되는 상태를 정치사회라 한다. 전자는 과도적 사회로서 후자에 대한 논리적 전제이다.

공동사회에서의 질서는 자연법에 의거할 뿐 아직 권력이 존재하지 않는다. 그러나 이 공동사회는 정치사회의 기반인 입법권의 설정을 위시(爲始)한 여러 가지 임무를 띠고 있다.

공동사회의 형성은 계약에 의하여 성립하며, 이 계약은 인민의 개별적이고 명시적인 동의에 의한다. 그럼으로 공동사회의 권력은 계약참가자 전원이 보지(保持)하여야 한다. 즉 공동사회의 의사의 최종결정권은 인민이 가진다. 따라서 가장 중요한 입법권의 설정은 인민의 권력에 기초하여야 하며 또 최종적으로 그들에 의해 지지(支持)되어야 한다.

입법권은 최고권이다. 이 입법권의 설정은 공동사회에서 정치사회로 이행되는 결정적 계기가 된다. 입법권력은 정치사회 내에서 기타의 종속적 권력이나 국외(國外)의 모든 권력과의 경합을 배제하는 최고 권력이다. 그것은 궁극적으로 인민의 원시계약에 의거한다. 이는 그가 비록 주권이라는 용어를 사용하지 않았으나 내용상 인민주권을 인정하는 것이다.

로크는 알투시우스의 두 번째 사회계약인 지배계약 대신에 인민의 신탁에 의한 정부 설립이라는 논리적 형식을 택하였다. 따라서 정부의 권력은 제한적이며 권력의 정부에 대한 위양이 아니다. 이것이 홉스의 절대 권력과 다른 점이다. 사실 홉스의 주권자(Sovereign)는 계약 당사자가 아닌데 반해 로크의 통치자(governer)는 최초의 계약 당사자이다.

정치사회의 최고권은 공동사회 자체가 가지는 것이며 정부의 권력은 자연적 권리를 옹호하는, 엄밀하게는 경찰력에 국한되는 것이다. 공동사회는 자유·평등의 개인으로 구성되어 여기에 입법권의 궁극적 연원이 있고 다만 일시적으로 입법권자 즉 양원제(兩院制)의 의회에게 신탁되는 것이지만 어느 때나 다시 회수할 수 있다.

행정부는 입법권에 종속하는 법률의 집행기관이다. 그러나 법률의 범위 내에서는 최상의 권력을 갖는다. 그리고 공동사회는 평상시에는 잠재적 주권자로 존재하나 정치사회가 본래의 형성된 목적에 배치되는 경우 적극적 주권자로서 나타난다. 즉 저항권(The Right of Resistance)의 인민에 소재함을 인정한 것이다.

4. 정치 현실

1) 배　경

로크는 휘그당의 정치 이데올로기의 대변인으로서 근대 시민적 개인주의에서 출발하여, 입법부를 최고의 통치 대표체로 인정하였고 동시에 개인들의 총화인 공동사회가 실질적 주권자라고 함으로서 근대 시민혁명으로서의 명예혁명에 대한 이론적 기초를 제공하였다.

로크는 자유·평등의 개인주의 입장에서 인민이 최종적 결정권을 가지는 공동사회, 그리고 인민이 자유와 재산을 확보하기 위하여, 신탁원리에 따라 형성하는 정치사회를 추론하였다. 이 논리를 따르면 귀족, 군주와 같은 특권적 존재와 그들에 의한 권력 장악, 인민의 정치참여에 대한 차별대우는 이론상 불가능하며 당연히 민주정치가 되어야 한다.

로크는 명예혁명을 지지하는 그러나 보수주의자이다. 따라서 그는 정부, 즉 국왕이나 다른 통치기관에는 일종의 불가침성이 있어 이를 기득권 내지 항구적 권리로 인정하려는 입장이었다. 또한 단순한 수(數)에 의한 민주정치 이전에 국왕·귀족·승려 그리고 시민 등, 이해집단간의 균형을 보다 중시하였다. 사실 그에게는 그것이 현실인 것이다. 이처럼 로크는 극히 상식적인 사람으로 만일 이론과 현실 사이에 상위(相違)나 모순이 생기는 경우 그는 상식의 입장에서 현실을 인정하였다. 다르게 보자면 기본적인 윤리적 목표를 상식에 의해 파악했다고 하겠다.

2) 정치형태

정치형태는 입법권력의 주체 여하에 따라 결정된다. 입법권을 전체로서의 공동사회가 장악하고 다만 법률의 집행을 위하여 관리를 선임한다면 당연히 민주정치이다. 공동체가 다수자의 투표에 의하여 입법권을 소수자 또는 단일인에게 부여 한다면 그 정치는 각각 과두정과 군주정이다. 그리고 여러 가지 혼합정치가 존재한다.

국가에는 세 가지 권력기관이 있다.

하나는 입법권이 신탁되는 기관으로 국민이 선거하는 대표적 의회 또는 위원회로 이 때 의회는 양원제이어야 한다. 둘째는 집행권이며 이는 입법권으로부터 파생하고, 따라서 이에 종속하는 다만 법률을 집행하는 권력이다. 그 권력에 의하여 자유와 재산이 보호되어야 하며, 이에는 권력 독점을 피(避)하는 것이 필요하다. 그 이유는 입법권과 집행권을 동시에 장악한 사람은 집권욕이라는 인간이 가진 약점으로 인해 모든 권력을 손아귀에 넣으려는 유혹을 받게 되기 때문이다. 따라서 집행권은 입법권자 즉 의회와는 다른 개인 단체, 즉 군주에 신탁되어야 한다. 그리고 집행권자는 입법권자에 종속, 책임을 지며 임의로 해임 내지 폐기된다. 셋째는 동맹권(Federative Power)이다. 역시 입법권에 종속하나 집행권과는 상이하다. 그것은 선전(宣戰), 강화(講和) 기타의 외교교섭권을 의미한다. 그러나 이는 편의상 집행권자가 장악한다.

로크는 사법권에 대하여는 언급하지 않았는데 이는 분명 사법권을 행정권의 일부로 생각하였다는 데서 온 결과이다. 후에 몽테스키외가 군주정 입장에서 입법과 행정의 분리보다도 사법부의 독립을 중시한 것과는 대조를 이룬다.

로크의 권력 분립은 권력의 상호 병립(竝立)관계의 분립이 아니고 본질상 입법권의 집행권에 대한 우위를 승인하는, 이권(二權)분립이다. 그러나 집행권 그리고 동맹권을 실해하는 데는 집행권자의 자유재량을 인정해야 한다. 왜냐하면 입법권은 상설적(常設的)이 아니고 민주정치는 사무의 신속을 기하기 어렵고, 다른 국가를 상대로 하는 동맹권은 임기응변이 요구되기 때문이다.

국제관계는 자연상태에 가까워 집행권자의 행동기준은 정치사회의 실정법의 범위를 벗어난 자연법에 속하는 영역이다. 그러나 이 경우에도 집행권자가 입법권자보다 우월해서는 안 된다.

인민은 입법권자와 집행권자가 신탁된 임무를 수행하지 않으면 인민은 이들을 면직 또는 경질하는 저항권 즉 혁명권을 갖는다. 그러나 로크는 이를 다만 “하늘에 대한 소원(Appeal to the Heaven)”이라고 만하여 설명을 회피했다. 인민의 입법권의 위양은 사실상 단 한 번의 행위에 국한되며 그 권력을 되찾는 것은 정부가 해체될 때 즉 혁명에 의해서만 가능한 것으로 로크 같은 보수주의자로서는 인정하기 어려운 문제이다.

홉스는 공동체가 허구이며 절대권력의 뒷받침 없이는 대의제, 그리고 일체의 책임 같은 것은 있을 수 없다고 하여 공동체 자체의 도덕적 역할을 부인하는 쪽이었다. 그러나 로크는 영국의 전통적 입장에서 공동체에 대한 군왕의 책임과 법률에 대한 정부의 종속이라는 권력자체의 제한에 따른 도덕성을 믿었다.

로크는 자연법에서 하나는 불가침적인 개인의 권리라는 면, 그리고 다른 하나는 사회의 공동선(公共善)의 성취라는 논리적으로 양립하기 어려운 양면을 보았는데 그는 이 둘이 같은 것이라는 자연에 대한 감상적 신뢰(信賴)를 표(表)했다. 이러한 모습은 중용(中庸)을 중시하는 사상적 성품에서는 늘 보아 온 것이다.

5. 결 어

로크는 서구 자유주의 철학의 대표자이며 가장 용인(容認)되고 존경받는 자유민주주의의 해석자로 군림해왔다. 그럼에도 불구하고 그는 정치적 혹은 사회적 평등의 신봉자는 아니었다.

로크는 논리적 일관성에 크게 구애되지 않았다. 그가 하고자하는 바는 과거의 이론이나 경험을 현재의 정신 속에서 결합하되 모든 당파의 분별 있는 사람들 간의 합의의 토대위에서 이를 이루고자 한 것이다. 그는 사람들이 이미 믿으려 하는 견해에 불과하였던 것들을 진실(眞實)로 설득하는 능력을 타고 났다.

세이빈은 그의 책에서 로크를 "진지성, 도덕적 확신, 자유와 인권, 인간 본성의 존엄에 대한 순수한 신념이 그의 중용 및 양심과 결합되어 중산계급의 자유주의적 이상실현을 위한 혁명의-그러나 폭력적인 개혁이 아닌-이상적 대변자"로 극찬하였다.

로크는 프랑스 혁명과 미국의 정치사상에서 빛을 보았다.

제6장 | 동양 근세 전기 -근대성의 준비-

제1절 시대적 상황

1. 개 관

14세기부터 19세기에 걸쳐 근대 유럽세계는 대내적으로는 르네상스와 종교개혁을 거치며 민족국가의 성장 그리고 산업 혁명과 프랑스 혁명을 성공적으로 이행하고, 대외적으로는 신세계와 세계 전역으로 세력을 팽창하는 역동적(力動的) 발전을 이루고 있었다.

이에 비해 중국에서는 전통적으로 자신들의 관념적 규범을 항상 과거에서 찾아 왔고 그로부터 영감(靈感)을 얻으려 하였기 때문에, 명대(明代)에서는 위대한 시기인 한(漢), 당(唐), 송(宋)을 칭송(稱頌)하는 분위기에서 큰 변화의 전기(轉機)를 맞지는 못하였다.

또한 몽골에 의한 외족(外族)의 지배는 중국인들에게 외래(外來) 사물에 대한 적대감(敵對感)을 불러 일으켰다. 외부세계에 대한 공포와 경멸이라는 상충(相沖)되는 심리적 제약은 중국인의 중화사상(中華思想)의 자기중심적 성향과 맞물리어 외래의 자극에 대한 지적(知的), 심리적 거부감과 면역성을 가져와 정치사회 전반에 걸친 정체의 또 다른 원인이 되었다.

몽골의 세계사적 영향은 정치적으로나 문화적으로 지대하였다. 유럽의 르네상스와 지리적 발견은 이들이 중앙아시아를 지배하며 실크로드를 확보하여 안전한 교역로를 제공함으로서 중국의 종이, 화약, 나침반

등이 소개된데 영향 받았다. 한편 몽골의 군사적 위협은 유럽 국가들의 민족의식을 자극하여 민족국가가 탄생하는 계기로서 작용하였다.

2. 몽골치하(治下)의 중국

중화의식이 포함하고 있는 보편제국적(普遍帝國的) 성격의 '천하(天下)'는 민족단일 국가에 대해 개념상 병립(竝立)이 아닌 상위(上位)관계에 있다. 따라서 중국에서는 독립적인 국가개념은 항상 부차적(副次的) 의미에 그쳤다. 그러나 중국은 몽골의 지배로 인해 민족감정에 심각한 타격(打擊)을 받았고, 결과적으로 명(明)이라는 민족주의 국가를 탄생시켰다.

중국이 외래 이적(夷狄)들에 의해 침략당하고 때로 그들의 지배를 허용하였던 사례[1]는 결코 새삼스러운 일은 아니었으나 몽골의 경우는 이전의 경우와는 많이 달랐다.

조광윤(趙匡胤)이 송(宋)나라를 세운 이래로 여진족이 세운 금(金)나라(1115-1234)의 침공으로 국력이 쇠퇴하여져 수도를 남쪽으로 옮기게 되었고, 몽골은 이 남송(南宋)을 엄습(掩襲)하여 멸망(1279년)시킴으로서 고금에 없는 대원제국(大元帝國, 1271-1368)을 출현시켰다.

몽골은 최초로 통일된 중국을 지배한 단 하나의 완전한 유목민족으로 이전의 중국과 인접한 지역에서 정착과 유목생활을 겸하며 살던 군소 이적들에 의한 국부적(局部的)인 지배와는 그 파괴력이 비교하기 어려울 만큼 컸다.

문화적으로 이전의 이적은 중국을 지배하기 시작하면서 중국 문화에의 동화(同化)가 자진해서 이루어졌으나 전 세계를 상대로 거대한 세력을 펼쳐 나가고 있던 몽골은 중국 바깥의 광대한 지역과의 접촉을 통해 비(非)중국적인 특성을 끊임없이 보강할 수 있어 동화가 쉽게 이루어지지 않았다.

---

1) 춘추전국시대의 여러 나라들도 그들이 모두 한족(漢族)은 아니었으며, 이후 오호십육국 그리고 오대(五代) 등 수(隋)에 의한 통일이 이루어지기까지 이적의 부분적 지배는 중국역사와 함께 하여 왔다.

또 다른 원인은 원(元)왕조는 자신들과 친화(親和)하기 쉬운 티벳의 불교(佛教)를 거족적(擧族的)으로 받아들여 중국의 기존 불교와 거리를 둠으로 중국문화의 영향을 반감(半減)시켰다.

몽골족에는 근대적 의미의 민족개념은 아니더라도 자신들의 세력을 배경으로 한 몽골족으로서의 자부심(自負心)과 정체성(正體性)은 확고하였다. 이는 이전의 이적들을 삼강오상(三綱五常)이라는 문화, 도덕심으로 동화시켜 정치·사회적 적대관계를 해소시킬 수 있었던 상황과는 다를 수밖에 없었다.

한족(漢族)이 화이(華夷)의 구별은 삼강오상만 지켜진다면 문제시하지 않아도 된다고 하였을 때 이는 자신들의 입장에서 이적(夷狄)을 포용한다는 뉘앙스(nuance)가 스며있었다. 그러나 몽골족은 스스로를 정복자(征服者)로서 자처(自處)하며 한족에 대한 핍박(逼迫)을 가하였고, 그들이 비록 중국의 문화를 따른다 해도 그것이 곧 정치·사회적 전반에 걸친 차별들을 해소시킬 수 있을 만한 수준은 아니었다. 이는 한족으로서는 진정한 의미에서 피정복(被征服) 민족의 아픔을 겪는 과정이었고 이러한 역사는 만주족(滿洲族)에 의한 청조(淸朝)에서 되풀이 되었다.

바꾸어 말하면 이전의 화이(華夷)는 대립관계에서 문화의 친화력(親和力)에 의해 하나로 통일되는 전화(轉化)가 이루어진 반면 몽골 그리고 후일 만주족과의 관계는 대립이 적대적 모순(矛盾)의 양상으로 유지되었다.

한족(漢族)들은 이적에 대한 혐오감으로, 특히 처음으로 이적의 지배를 받게 된 남중국인(南中國人)들은 원(元)의 관료기구에 진출하기를 거부하였다. 이에 몽골인들은 중앙아시아와 서아시아에서 온 무슬림들을 높은 관료(官僚)로 고용하여 통치하였고－그러나 물론 그것이 광대한 중국의 행정 전반을 장악·운영한다는 의미는 아니지만－이는 정복자로서의 몽골인과 피정복자 인 한족(漢族)사이의 간극(間隙)을 심화시켰다.

몽골인들은 사회계급의 위계질서를 설정하여 그들 자신은 가장 높은 계급, 무슬림 등 색목인(色目人) 협력자들을 두 번째 계급 그리고 한족(漢族)을 그 아래 두었다. 또한 중국인을 위한 법(法)과 몽골인을 위한 법이 따로 규정되어 몽골의 지배계급은 중국인에 대한 우월감을 유지면서, 그들의 생활로부터 분리되어 있었다.

원대(元代)에 몽골인들에 의한 한족(漢族)에 가(加)한 억압과 멸시는 극심하였고 당연한 결과로 몽골인들에 대한 후세 중국사가(史家)들의 평가 역시 그들을 '파괴와 극도의 폭음(暴飮)이나 할 줄 아는 원시적 야만인'으로 묘사하였다

원대 초기에는 유교를 보호하고 유학자들에 세금을 면제시켜주며 유교 경전(經傳)에 의한 과거제도를 시행하였다.

주자(朱子)의 성리학은 그의 당대에는 이를 위학(僞學)이라 하여 박해를 받았으나 원대에 이르러 관학(官學)으로 채택되었다. 원(元)왕조 인종 때인 1313년 신유가들이 선정(選定)하고 주자가 주석을 붙인 사서(四書-논어, 맹자, 대학, 중용)는 과거 시험의 기본 과제(課題)가 되어 서양 문물이 들어오기 전까지 그 생명력을 유지하였다.

그러나 원대(元代)에는 불교를 위시한 외래종교인 이슬람, 네스토리우스교 등을 권장하여 학인(學人) 계층의 적대감을 자극시켰다.

주자학(朱子學)의 입장에서 보면 이처럼 다양한 종교가 동시에 성장한다는 것은 분명한 문화의 퇴보였고, 본래의 민족종교로서 출발한 도교(道敎)에게 이러한 상황은 민족의식(民族意識)을 다시 깨우치는 계기가 되었다.[2)]

도교(道敎)는 원대(元代)에 들어 심한 압박을 받았다. 원(元)왕조가 티벳 불교로 귀의(歸依)하면서 지하(地下)로 추방된 도교는 곧 바로 이민족(異民族) 지배에 반항하는 투쟁을 통하여 일종의 민족신앙으로 자리하게 되었다. 도교의 중국 문화에서의 좌파(左派)적 성격에는 혁명과 결부될 소지가 충분하여 이 투쟁을 효과적으로 수행할 수 있었다.

원의 지배는 백년을 넘지 못하였다. 결과적으로는 겨우 백년이 못되는 원(元)의 중국지배는 문명이 뒷받침되어주지 않는 강력한 정치적

2) 도교는 외래 종교인 불교의 전래(傳來)에 자극을 받아 도가(道家)사상이 종교형태로 변모되었던 것으로, 그 탄생동기에서부터 민족의식을 담고 있었다.

권력이 얼마나 빨리 몰락(沒落)할 수 있는가를 보여주는 역사적 사례로 남게 되었다.

3. 명(明)의 정치 사회적 배경

1) 명의 건국

원(元)의 지배 약 100년 동안에 한(漢)민족의 국권회복 운동은 계속되었고 드디어 주원장(朱元璋)이 원을 멸망시키고(1368) 명(明)나라를 세워 홍낙제(洪武帝)의 전제군주시대가 개시(開始)되었다.

명(明)의 국가 성격이 민족주의일 수밖에 없었던 것은 이민족(異民族) 정권을 투쟁으로 무너뜨린 당연한 결과였다. 사실 이러한 민족국가 형태는 유럽에서는 17세기에나 등장하였다.

명(明)은 자신들 문화의 우월성을 철저하게 확신하였던 거대한 민족중심의 국가로 중앙정부 아래서 군현제라는 하나의 행정단위로 통일성을 유지하였는데 이는 역사적으로 '국가와 문화'가 동일한 경계를 가진 것으로 간주되어 온 진시황의 중국 통일 이후의 사상적 전통에 근거한 것이다.

명나라 초기에는 원나라 때 몽골족의 한족 박해에 격앙된 민족적 원한(怨恨)으로 오호십육국(五胡十六國) 이래의 중국 영토를 침략한 여러 호족(胡族 ; 오랑캐) 세력들의 잔재까지도 축출 소탕하여 한(漢)의 민족주의를 선양하였다. 제3대 영락제(永樂帝)부터는 북벌에 성공하고 베트남을 정복하여 남해의 여러 나라와 멀리 페르시아와 아프리카까지 해군을 파견하였다.

2) 통 치

명의 통치 시기는 ① 홍무제(洪武帝)의 건국후의 통합(統合)의 시기(時期)로부터 영락제(永樂帝, 1402-1424)와 그 후계자들에 의한 확장(擴張)의 시기, ② 제국(帝國)의 힘이 쇠퇴(衰退)하면서 이에 수반(隨伴)되는 혼란의 시기, ③ 17세기 초까지 재난이 격화되어 붕괴(崩壞)된 시기로 나눌 수 있다.

명(明) 왕조의 창건자인 주원장(朱元璋, 1328-1398)은 천부의 능력과 좋은 기회로서 황제의 지위에 오른 비천한 평민(平民)으로서, 같은 경력의 한(漢)의 건국자 유방(劉邦)과 이름을 나란히 하였다. 그의 편집광적(偏執狂的) 기질은 공포와 의심, 망상과 난폭한 격분에 사로잡히기도 하여 사소한 잘못에도 무서운 고문(拷問)을 하였다고도 한다.

이러한 창건자의 32년간의 무자비한 전제정치는 그의 기질과 몽골의 지배방식의 영향이 결합된 것으로 명대의 전제정치 전반에 성격을 설명해주는 것이기도 하다. 그러나 그는 국가 기틀을 확립하여 발전의 계기를 마련했다는 점에서 긍정적인 평가를 받았다.

명 초기에는 사회 지배층을 구성하고 있던 몽골세력의 패퇴(敗退)로 생긴 토지와 기타 재산 소유의 공백(空白) 내지는 여유(餘裕)가 신흥 지배층에 돌아감으로서 하층 농민에 대한 수탈(收奪)은 심하지 않았다. 그러나 명 중엽부터는 다시 고위 관리나 황제의 친인척들에 의한 토지 겸병(兼併)이 시작되고 명 말기에는 그 상황이 극심하였다.

3) 정치제도

명의 정치제도상의 특징의 하나는 '내각(內閣)'에 있었다. 1380년 개국공신(開國功臣)인 승상(丞相) 호유용(胡惟庸)이 관련한 광범위한 음모(陰謀)를 진압한 후에 홍무제는 행정의 중심기구인 중서성(中書省)을 폐지하고 육부(六府)를 직접 관장하였고 선종(宣宗, 1425-1435)은 현재의 대통령 비서실(秘書室)과 유사한 성격의 '내각(內閣)'을 대학사(大學士)들을 중심으로 구성하여 육부(六部)보다 상위에 놓아 자신의 직접적인 통치의 수단으로 삼았다.

내각(內閣) 이외에 또 하나의 정치권력의 중심에는 환관(宦官)들이 있었는데 이전의 환관들의 정치적 행보(行步)가 은밀(隱密)했던 것에 비하여 이들은 오늘날의 안보(安保)체제와 다를 바 없는 독립적인 행정조직을 가졌을 뿐 아니라 군대의 지휘관이나 지방행정의 감독관이 되기도 하였다.

내각과 환관이라는 전제정치의 구도(構圖)에서 이들 간의 마찰은 불가피하였다. 명조에서는 내각 구성의 중심에 있던 대학사(大學士)들과 환관간의 대립, 그리고 이들 궁중(宮中)의 집단과 정부 고급 관료들과의 권력투쟁이 끊임없이 전개되었다. 특히 왕조 후기에는 향신계층(鄕紳階層)까지 정치의 한 주축(主軸)으로 등장하면서 당쟁(黨爭)은 더욱 격화되었다.

명대에는 한족의 통치가 회복되면서 당·송의 제도로 돌아가려는 정신이 활기를 띠게 되었고 이에 따라 과거제도(科擧制度)의 중요성이 일깨워 졌다.

명에서 과거시험[3)]은 대량의 관료군(官僚群)을 배출하여 가장 뛰어난 인물들을 공직에 충당시키는데 성공하였다. 때로 지방 유지들에게 황실의 창고에 기부하는 형식으로 돈을 받고 과거(科擧) 급제자에게 주는 학위(學位)를 수여하기도 하였으나 이들에게는 관직은 주어지지 않았다. 즉 향신(鄕紳)계층이 되는 것을 허락하는 것이지 관료계층으로의 진입은 아닌 것이다.

이 학위는 개인에게 주어졌지만 대가족 제도의 중국에서 학위는 개인의 것인 동시에 가문(家門)의 것으로 여기에는 정치·사회적 지위와 경제적 의미까지 포함되어 있었다.

유교국가인 명나라에서 향신계급의 역할은 매우 중요하였다. 그들에게는 공공사업에 필요한 기금을 모으고, 공중도덕에 대해서도 책임을 지고, 민란시(民亂時)에 지방 방어군(防禦軍)을 조직할 권한도 주어졌다.

황제들의 횡포에 가까운 전제정치 아래서도 사회 안정을 유지할 수 있었던 것도 이들이 보수(報酬)없이 사회의 공공기능을 수행하였기에 가능한 것이었다.

---

3) 명대의 과거제도는 향시(鄕試), 회시(會試), 전시(殿試)로 구성되었다. 향시는 3년에 한 번씩 각 성에서 실시되었고, 회시는 향시를 통과한 거인(擧人)들만 응시하였는데 예부에서 주관하였고 합격자를 진사(進士)라 하여 황제가 친히 실시하는 전시에 참가할 수 있었다.
전시는 합격 불합격이 아니라 진사들을 등분(等分)하여 내외 관직에 임명하는데 목적이 있다.

4) 경 제

중국의 인구는 명왕조 기간 동안 6~8천만 명에서 1억 5천만 내지 2억 명으로 두 배 이상 증가하였다.

농업에서는 송 이후 강남을 중심으로 지속적인 생산력 증대를 가져와 기층사회(基層社會)를 기아(飢餓)로부터 상당히 해방시켰다. 특히 명대의 농업은 개국 초부터 정부의 농업진흥정책에 따라 품종개량, 시비법(施肥法)의 발달, 면화 재배의 확대 등 품목이 다양해지고 생산량도 송·원대에 비해 30% 이상 증가하였다.[4)]

이 시기에는 철제(鐵製)농기구의 비약적인 발전과 보급의 확대가 이루어져 노동생산성의 상승과 함께 논농사의 범위를 넘어서 상품(商品)가치가 있는 밭농사로의 전망(前望)을 가능케 하였다.

산업면에서 보면 당에서 송·원에 이르기까지 도시의 경제적 기능은 점차 증대되어 명 중엽 이후에는 자본주의 맹아(萌芽)의 성격을 띤 경제형태가 출현되었다.

수공업은 상업자본과 결합하면서 이들의 자본(資本)이 시설확대, 원료구입, 제품판매 등의 분야에 투자되어 눈부시게 발전하였고 그 여파(餘波)로 전통적인 경제체제에도 동요(動搖)와 와해(瓦解) 작용이 일어났다.

이러한 경향은 농업 공동체의 봉건적 폐쇄성(閉鎖性)을 서서히 파괴하면서 전국적으로 소도시들이 출현하였다. 17세기에 이르러 양자강 삼각주 지역은 면직물과 견직물 생산의 중심지가 되었고 또한 저렴(低廉)하게 수상운송을 이용할 수 있는 이점을 살려 환금작물(換金作物)을 재배함에 따라 지역별 특화(特化)가 진행되었다.

5) 사회의식(社會意識)의 각성(覺醒)

명대 중엽의 사회적 특징의 하나는 농민의 각성이 시작되었다는 점이다. 당·송·원대의 농민반란은 그 동기가 생활고(生活苦)였으나 명대

---

4) 이춘식, 『중국사서설』, p.424.

에 이르면 백성들은 가난이 우연(偶然)이 아니라 사회의 구조적 모순에 의한 것임을 어렴풋이 깨닫게 되었다.

명초에는 서원(書院)이 그리 번성하지 못하였으나 중엽 이후로 경제적인 발전과 함께 서원뿐 아니라 촌락에서 강학(講學)하는 일이 유행하여 그 기풍(氣風)은 아래로 나무꾼이나 그릇장이에 까지 미쳤다(명유학안)고 한다.

선교사 마테오 리치는 '이곳에서 유통되는 엄청나게 많은 책들과 터무니없이 싼 가격'에 대하여 언급하였고, '점점 더 많은 책들이 더욱 낮은 계층을 상대로 출판되었다'[5]고 하였다.

또한 명대에는 시(詩), 사(詞)를 중심으로 하는 정통 문학이 별로 발달하지 못한데 비해, 일반대중을 위한 『수호지』, 『삼국지연의』, 『서유기』 등 많은 장편 소설들이 널리 읽혔다.

이들 많은 책들이 구어체(口語體), 즉 일상에서 사용하는 문법과 어휘를 사용해서 쓰였기 때문에 최소한의 기초교육을 받은 사람이면 누구나 읽기가 가능하였고 이러한 소설과 희곡의 잠재적인 독자층은 상인, 상점의 점원 등에 이르기까지 다양한 서민층이었다.

이러한 몇 개의 요인이 어우러져 명 중엽 이후의 백성의 자각(自覺)이나 의식 수준은 공자(孔子)가 민가사유지 불가사지지(民可使由之, 不可使知之, 논어, 태백)라 하여 정치의 단순한 수혜자로 여겨 온 이전까지의 백성들과는 정치에 대한 의식(意識)과 시각(視角)에서 차이가 있었다.

왕양명의 심학(心學)의 발흥(勃興)은 당대의 민중의식과 밀접한 관계를 가지고 이들 생활의식을 선도(先導) 혹은 부응(副應)하는 형세로 이어졌던 것이다. 명 중엽 이후의 많은 민란(民亂)의 간접적인 원인 역시 민중의 자각과 무관하지 않은 것이었다.

16, 7세기 이후의 명대 사회는 조세(租稅)에 대한 반항, 반관(反官)운동, 노복(奴僕)들의 변란 등으로 점철되었는데 이는 각종 산업과 상업 발달에 의해 급속히 변화하고 있는 사회와 함께 성장한 각계각층의

---

5) 캠브리지, 『중국사』, p.220.

실력행사로 이는 백성의 의식 계발(啓發)의 결과인 것이다.

명 말기 네 황제(신종·광종·희종·숭정제, 1573-1644)가 통치했던 시기에는 기강이 무너지고 당쟁이 끊이지 않았다. 이 시기의 동림당(東林黨) 인사들과 다른 당파들은 국본(國本), 봉건제 및 삼안(三案)[6]을 둘러싸고 논쟁(論爭)을 벌이고, 그 뒤를 이은 당쟁(黨爭)은 오랜 기간 계속되었고 대립(對立)이 격렬하고 첨예했다는 점에서 역사적으로 드문 사례였다.

4. 평가(評價)

명대(明代)의 정치상황에 대해 중국사가(史家)들은 엄혹(嚴酷)한 전제정치와 끊임없는 농민봉기 그리고 극심한 당쟁 등 혼란스러운 시대로 평가하고 있다.

이에 반(反)해 라이샤워 같은 서양인(西洋人) 동양학자는 '정체(停滯)에 대한 반대급부(反對給付)로서 1368년부터 1644년까지의 명(明) 시대는 정치질서가 잘 유지되고 안정되었던 시기로 평균 1억 정도의 인구가 근 3백 년 동안 비교적 평화스럽게 살았고 이러한 안정된 정치 사회적 질서는 다음 이민족(異民族)인 청조(淸朝) 치하에서도 근본적인 변화 없이 유지되었다.'[7]라고 찬사를 보내고 있다.

이러한 라이샤워의 평가는 서양 세계와의 비교에서 비롯된 것이다. 정치사회의 가치체계라는 측면에서 보면 서구의 16세기 종교개혁, 17세기 계몽사조 그리고 18세기 프랑스 혁명 등은 서구인들의 삶을 지탱하던 근원적인 가치와 원칙이 무너지던 시대로 이들의 투쟁은 단순한 일상 생활상의 문제를 넘어 삶 전체를 던지는 치열한 것이었다.

그러나 명대(明代)의 정치철학의 근간(根幹)인 성리학은 그 성립 이

6) 첫 번째는 1615년 한 촌민이 몽둥이를 들고 동궁(東宮)인 주상락을 습격한 사건이고 두 번째는 태자 상락이 즉위한 지 얼마 안 되어 환약을 먹고 죽은 사건, 세 번째는 상락 이후 즉위한 천계제가 궁인(宮人) 이선시(李選侍)를 멀리하기 위해 다른 궁으로 옮긴 사건을 말한다.

7) 라이샤워 외, 『동양 문화사』.

후 700년 동안 중국뿐만 아니라 동양 사회전반에 견고한 사회구성 원리로서 정체성(正體性)을 지켜 올만큼 인간 품성에 부합하는 윤리관에 근거한 철학체계인 것이다.

라이샤워는 명대의 정치적 혼란의 원인인 군주권의 횡포, 농민 봉기, 당쟁 등은 정치생활에서의 일상적인 문제로, 크게 심각하게 여기지 않은 것이다. 사실 당대(當代) 정치 사상가들의 문제의식 자체가 그 진폭(振幅)이 제한적이고 해결방안 역시 유가(儒家)사상 안에서 모색하였다. 라이샤워는 이러한 안정(安定)의 요인의 하나를 '전통 안의 변화'라는 중국적 역사관이라 생각하였다.

제 2 절 유기·방효유

1. 유기(劉基, 1311-1375)

유기의 자(字)는 백온(伯溫)이고 원말(元末)에 태어나 진사(進仕)가 되어 정치에 참여하였으나 뜻이 맞지 않아 그만두었다. 그는 명(明)태조의 초빙을 받아 건국(建國)에도 공이 있었다. 그는 천과 인간이 서로 조응(照應)하는 기일원론적(氣一元論的)인 세계관에서 군왕 주권의 지위를 말하였다.

'천(天)이 인민을 낳았으나 그들은 자치의 능력이 없다. 이에 군왕을 세워 죽이고 살리는 권한을 주고 폭행과 살인·난을 금지토록 하고 거만하고 모진 자를 억제시키고 약하고 착한사람을 돕도록 하였다'(天生民 不能自治 於是乎立之君 付之以生殺之權 使之禁暴誅亂 抑頑惡而扶弱善也).

즉 군왕은 하늘을 대신하여 인민을 다스리는 것을 전담한 것이다. 그러나 만일 포악(暴惡)한 정치를 하게 되면 곧 혁명(革命)을 초래하게 되는 것이 천(天)의 뜻에 관계되어 있음을 지적하였다. 즉 인민(人民)은 비록 어리석다고 하나 속일 수는 없는 것이기도 하다.

그는 기일원론(氣一元論)의 이해(理解)에서 하늘 역시 기(氣)를 바탕으로 하기 때문에 기가 평안함을 잃으면 변이(變異)를 일으키며, 이때 성현(聖賢)이 나와 혼란을 다스린다. 즉 인사(人事)로써 하늘의 잘못을 바로잡고 하늘의 본심을 실현토록 한다고 하여 천인관계(天人關契)를 쌍방적(雙方的)인 것으로 보았다. 이는 전통적 유가(儒家)의 하늘을 순수한 주동자(主動者)로 보고, 사람을 수동자(受動者)로 보는 관점(觀點)과는 구별되는 것이다.

그는 군주의 정치적 행위를 '하늘의 권능(權能)을 빼앗아 집행하는 것'으로 생각하여 '천지(天地)의 도(道)를 성취하여 천지의 마땅함(宜)을 도움으로서 천지의 만물을 화육(化育)한다면 또한 잘못이 아니다. 이는 천공인대설(天工人代說; 하늘의 일을 사람이 대신한다)로 인간의 주체적(主體的) 성격의 발전으로 볼 수 있다.

유기의 정치철학은 민본(民本)을 최고의 원칙으로, 그리고 양민(養民)을 근본으로 하는 군주전제(君主專制)를 지지하였으나 이는 민본사상을 전제(前提)로 한 일종의 계몽군주론을 전개한 것이다.

그는 당시의 민족주의적 사조(思潮)에는 관심이 없었다. 오히려 종래의 화이관(華夷觀)인 문화적 우월감마저도 중요하게 생각하지 않고 문화의 상대주의를 피력하였다. 그는 원(元) 정부의 부패를 강하게 비판하였으나 그것은 민족감정과는 무관한 것이었다. 그리고 그는 주변(周邊)의 만족(蠻族)들과도 대동(大同)할 것을 주장하였고 대동주의에서 일종의 국제적인 타협에 의한 평화도 논하였다.

2. 방효유(方孝儒, 1357-1402)

방효유의 자(字)는 효직(孝直) 또는 희고(希古)이다. 방효유는 영락제의 찬위(簒位; 왕의 지위를 빼앗음)에 의분하여 주권 관념을 완전히 인민의 지위에서 절창(絕唱)하였다. 연왕(燕王)인 영락제가 자신의 황제 즉위에 따른 조서(詔書)의 기초를 요구하자 그는 이를 거부하여 끝내 지조를 굽히지 않고 죽임을 당하였다. 이 때 그를 따르는 많은 사람들이 희생되었다.

그의 저작(著作)으로는 『손지재집(遜志齋集) 24권』이 있다.

1) 국가의 기원

명나라 학자들이 기론(氣論)을 중심으로 자연법적 관념에서 사물을 관찰하는 태도는 방효유에게서도 보인다.

'하늘이 인민을 낳음에 어찌 모두가 삶을 얻기를 바라지 않겠는가! 그런데 바라는 대로 할 수가 없다. 그래서 누구에게 맡겨서 남는 것으로 모자라는 것을 보충케 하는 것이다. 지혜로움과 어리석음 그리고 가난과 부유함의 차이는 기운(氣運)의 자극으로 말미암아 이루어진다. 하늘이 불평등을 원하는 것이 아니다. 어쩔 수 없이 그렇게 되는 것이다.

기(氣)가 천지 사이에 운행하고 만물이 그로부터 발생한다. 마치 강물의 흐름과 같이 몰려서 솟기도 하고 밀려나 가라앉기도 하여 부딪치는데 따라 모양도 달라져 크고 작은 여러 사물이 있게 된다. 큰 흐름은 교룡(蛟龍)과 같고 작은 흐름은 구슬과 같다. 소리가 수 천리 밖에 퍼지기도하고 혹은 그치듯, 강물이 뜻이 있어 크고 작게 모양을 달리하는 것이 아니듯, 만물이 서로 얽히어 다른 모습을 나타내듯, 사람들도 각기 다른 것이다.

지혜로운 사람은 천하를 통달 할 수도 있지만, 어리석은 사람은 제 한 몸 살피지 못한다. 부자는 재산이 후대까지 풍족할 수 있지만, 어려운 사람은 입에 풀칠하기도 힘들다. 하늘이 사람들 모두 슬기롭고 부유하게 하려고 하지 않은 것이 아니다. 다만 인간의 세도(勢道)가 그렇게 하지 못하도록 하는 것이다.

그러나 세도는 하늘에 매인 것이 아니고 인간이 하는 일이다. 그러므로 군왕을 세워 다스리게 함이니 하늘의 덕을 이어 받아 그 효용은 자신만을 위한 것이 되지 않도록 하려 함이다. 말하자면 가난한 자들도 생활해 나갈 수 있게 마련해 주어야하며 그렇게 함으로서 천지의 본뜻에 도달하게 되는 것이다. 성인의 마음 씀을 행하여 비로소 정치의 교훈이 살려질 수 있는 것이다'

다시 말하면 '하늘이 사람을 낳고 각기 평안토록 하는데 인간에게 맡기는 부분이 있다. 여유를 덜어 부족한 곳을 보족(補足)하도록 함이니 지혜·우둔·빈부의 상대적 차이는 다만 천지의 기운이 얽히며 이루어질 뿐, 하늘이 그렇게 고르게 할 뜻이 없는 것은 아니다. 다만 갑자기 되는 것이 아닐 뿐이다.'

2) 군주의 직무

방효유는 맹자(孟子)의 귀민(貴民)사상을 일관되게 계승하여, 군주(君主)의 지위가 높은 것은 그 직분(職分)에 따른 것이지 그 자체가 귀(貴)한 때문은 아니라고 한다. 그는 군주로 하여금 직책을 다 할 수 있도록 하려면, 필요한 권위(權威)와 봉급(俸給)을 주지 않을 수 없다. 그것은 기술자가 기구(器具)와 식량을 필수로 하는 것이나 별로 다를 바 없다고 하였다. 이러한 관점(觀點) 즉 군주의 권위(權威)를 기술자의 기구(器具)와 같다고 본 공리적(功利的) 견해는 맹자의 귀민(貴民)사상을 훨씬 넘어선 근대적 발상이라고 할 수 있겠다.

방효유는 폭군에 대한 인민의 반항할 권리를 명백하게 승인하였을 뿐 아니라 역사적으로 '인민은 진나라에서부터 반란을 하게 되었고 여러 왕조는 대개 인민의 힘에 의하여 멸망된 것으로 보았다.

그는 '하늘이 군주를 세운 것은 인민을 위한 것이다. … 군주의 직분은 하늘을 대신하여 인민을 양육하는 것이다. … 신하가 직분을 지키지 못하면 군주는 신하로 삼지 않는다. 군주가 직분을 닦지 못하면 하늘이 뭐라고 하겠는가?'(손지재집)라 하여 그 정당성을 설명하였다.

그러나 그가 인민 혁명사상을 고취하고자 한 것은 아니고 다만 그 이유를 인정한 것이다.

3) 정전(丁田)

방효유는 정전제를 주장하기 전에 그 필요성을 사회현상에 대한 견해를 통해 밝혔다.

'부자(富者)는 위력을 행사하여 위로는 정권을 농락하고 아래로는 평민의 재물을 함부로 빼앗았다. 국가는 재물을 평민에게 분산시키지만 평민은 얻지 못하고 부자에게 빼앗기니 대신하여 옮길 따름이다. 부자는 더욱 부유해지고 빈자는 더욱 가난해진다. 부자와 가난한 자는 모두 혼란의 근본이다(富者之威 上足以持公府之柄 下足以鉗小民之財 公家有散於小民 小民未必得也 有取於富家 則小民己代輸之矣 富者益富 貧者益貧 二者皆難之本也).'라고 하였다.

이는 사회의 형세와 경제적 관계가 세도에 결합되면 어떠한 상태를 표출하는가를 여실히 보여주는 우국론(憂國論)이다.

그러나 그는 고대의 제도를 그대로 회복하려는 것은 아니었다.

'강한의 이북은 평탄한 땅이 천리나 된다(江漢以北 平壤千里). 따라서 정전을 행하기가 쉽다. 그런데 강남은 땅이 험하고 인구가 조밀하여 나누기가 어렵다. 그래도 마땅히 그들에게도 땅을 갖도록 하여야 한다. 그리고 공전(公田)을 두어 힘을 합하여 경작토록 해야 한다'고 하여 토지·경제 여건의 제약을 인정하며 그러한 여건 아래서도 가능한 합리적 농토 운영을 통하여 문제를 해결할 것을 제안한 것이다.

후에 그는 이 제도의 미비점을 향족(鄕族)의 법제로서 보완하여 향당(鄕黨)의 자치 조직을 활용코자 하였다.

4) 향약(鄕約)

그가 구상한 것은 수백 집 단위로 향당을 구성하여 족장(族長), 전례(典禮; ① 법과 예의에 대한 의식, ② 예의 집행을 맡은 벼슬이름), 전사(典事), 학교와 병원 등을 상설기관으로 설치하고 자치세를 토지의 크기에 따라 곡식으로 받아 비축하여 흉년을 대비하고 빈부를 고르게 조정한다.

또한 이 향당은 향민의 선행과 악행을 게시(揭示)하여 이를 권장·경계한다. 학교를 세워 일정한 규정을 두어 교육을 진흥한다. 가을에 연회를 열어 향민의 친목을 도모한다는 등의 목표를 가지고 있었다. 이러한 향약(鄕約)에 의한 지방자치 정신은 중국에서는 일찍부터 실천되었다.

정치사상의 근간을 "대학(大學)"에 따랐던 주자(朱子)도 앞선 세대의 설계를 감안하여 이 향약에 주의를 기울인 바 있었다.

많은 향약제도가 지도자에 따라 그 구상과 실천에서 다소간의 차이를 보였다. 그러나 모두 덕(德)과 생업(生業)에 근면하고 잘못을 규율하며 문화 교육을 시행하는 한편 환난구휼(患難救恤)을 목표로 하였다.

송나라 때까지는 향약은 임의단체(任意團體)로 참가와 탈퇴를 개인이 자유롭게 할 수 있었다. 그러나 방효유의 향당제는 이를 근대적인 지방자치로 제도화하려 한 것이다.

5) 기 타

그는 민족정신에도 열렬하여 중국의 과거 역사를 정통(正統), 부통(附統), 변통(變統)으로 구별하였고 찬신(簒臣; 임금의 자리를 빼앗은 신하)

과 여후(女后 ; 여자황제)를 오랑캐 무리와 동일하게 보았다.

그는 오랑캐들의 무도함을 경멸하였고 한민족(漢民族)의 문물과 예의 윤리 정신을 찬양하였다.

제 3 절 왕수인(王守仁, 1472-1528)

1. 생 애

왕수인의 자(字)는 백안(伯安)이고, 호(號)는 양명(陽明)이며, 절강성(浙江省) 사람으로 명대 후기의 중국과 일본에 가장 큰 영향을 미친 사상가이다.

그는 성공한 고급 관료로 농민반란을 진압하였고 사후(死後)에는 문성공(文成公)이라는 시호(諡號)를 얻었다. 또한 그는 남감순무로 재직 중인 1518년에 강서 남부에서 명대 최초로 향약을 실시하였다.

양명학은 그 유심론적 입장에도 불구하고 행위의 중요성과 사회참여를 강조한다.

왕양명 역시 여러 차례 농민반란의 진압에 참여하였고 '신호의 난'을 평정하는 탁월한 군사적 능력도 겸비하였다. 명사(明史)는 '수인(守仁)이 없었다면 동남쪽의 일이 거의 위태롭게 되었을 정도이다'라 쓰고 있다.

그는 여러 반란의 진압 후 향촌처리에 관계하여 보갑법(保甲法)의 실시와 향약의 진작(振作)에 힘을 쏟았다. 그가 시행한 보갑법에 따른 십가패(十家牌)는 향촌(鄉村)의 성원(成員)을 각 십호씩으로 조직하고 이를 단위로 대외적으로는 향촌을 위협하는 유적(流賊)에 대항하는 자위(自衛)집단으로 키우고, 대내적으로는 상호 감시하게 하는 것이 목적이었다.

또한 향촌의 안정을 위해 간악한 사람은 관(官)에 통보하게 하여 내부사정을 항상 파악할 수 있도록 하여, 잘못이 있을 때는 열 집을 묶어 함께 처벌하는 등 사회 안정을 꾀하였다. 궁극적으로 향약은 향촌의 각 구성원들 스스로가 직접 도덕적 질서를 유지해 나가길 바란 것이다.

그는 그의 나이 56세 때 광동, 광서의 묘족(苗族)의 반란을 진압하고 돌아오는 길에 과로와 고열(苦熱)로 죽었다.

2. 심학(心學)의 성립 배경

1) 배 경

중국 정치사상의 발전과정에서 심학은 일차적으로는 정주이학(程朱理學)에 대한 반동(反動)의 성격을 갖는다.

원(元)의 과거제도에서 성리학이 시험교재로 채택된 이래 명(明)에 이르면 이학은 유가(儒家)의 정통으로 인정받은 이후 새로운 발전 없이 의미체계가 굳어지는 상태에 있었다. 이는 당(唐)나라 초기에 유가의 오경(五經)이 정부에 의해 공식적으로 편찬(編纂), 관방판본(官方板本)이 나오고 과거시험에 주된 과제(課題)가 되면서 그 활력을 잃고 고식(姑息)되는 과정과 흡사하였다

명대 유학자들에게 지식추구(知識追求)란 정주(程朱)를 따라 배울 뿐, 고대 유학에 대한 새로운 해석이나 이론도 거부 배척하고 심지어 과거시험에 팔고문(八股文)이 채택되면서 더욱 경직(硬直)되었다.

왕양명의 심학은 이러한 이학(理學)의 속박 아래서 벗어나려고 함으로서 사상 해방의 문을 연 것이다.

명사(明史) '왕수인전(王守仁傳)'에 의하면 그는 이정(二程)의 학문을 두루 읽었으나 수년간 아무런 소득이 없었으며 그 후 좌천되어 황폐하여 아무 책도 없어서 날마다 이전에 들었던 것을 연구하며 명상(冥想)을 통하여 격물치지(格物致知)의 도리와 지행합일(知行合一)의 학설을 깨달아 양지(良知)[8]의 의미를 일깨울 수 있었다고 한다.

이처럼 그는 자성적(自省的) 명상을 통한 정신적 계발(啓發), 그리고 사회 안에서의 적극적인 윤리적 행동을 함께 주장함으로서 주자학의 정통적 이론에 맞섰다.

---

8) 양지는 일종의 주체적 정신이 이미 우주 사이에서 본원적 성격의 사물로 확충된 것이어서 본체적 의미의 가치를 가지고 있다. 마음의 양지는 포용하지 않는 것이 없으며 주체의 인식 역시 아무리 써도 없어지지 않으며 생명의 창조력도 그 근원이 끝이 없다(평유란, 『중국철학사』).

2) 심학(心學)의 연원(淵源)

북송과 남송 시대의 도학(道學)은 이학(理學)과 심학(心學)으로 분류된다.

이 두 학파는 사실상 정씨(程氏) 형제에 따른 것으로 형(兄) 정호(程顥)는 '일체의 인륜과 사리(事理)는 모두 나의 마음속에 있다'는 맹자(孟子)의 말을 해석하며 '인(仁)이라는 것은 만물(萬物)과 혼연일체이고 … 천지의 용(用)은 모두 나의 용(用)이다(유서, 권2)'라 하였다.

인(仁)과 만물(萬物)이 합일이라는 정호(程顥, 호 명도(明道), 1032-1085)의 사상은 남송 시대의 육구연(陸九淵, 1138-1191)에 의해 계승 발전되었으며 왕수인에 의해 집대성되어 육왕심학(陸王心學)을 이루었다.

호(號)가 상산(象山)인 육구연은 주희와 동시대인으로 그의 논적(論敵)이었다. 그가 죽은 후에 모아진 저작집 『상산 전집(象山全集)』에는 '시공(時空)은 나의 마음(속)에 있다. 또 시공(을 생기게 하는 것)은 나의 마음이다(宇宙便是吾心, 吾心卽是宇宙).'[9]라는 말과 함께 '만물은 조그만 공간에 응집되어 마음을 가득 채운다. 그러나 그곳으로부터 발산되면 만물은 시공 전체를 가득 채운다(萬物森然於方寸之間, 滿心, 而發, 充塞宇宙).'라고도 하여 주관적 유심론(唯心論)을 펼쳤다.

이러한 '우주는 나의 마음이다(吾心卽是宇宙)'의 어구(語句)를 들어 중국학(中國學)을 전공한 포르케(Forke)는 '육상산은 칸트의 시공(時空)의 주관성(主觀性)에 대한 주장을 6세기나 앞질렀다'고 말하였고, 라이샤워도 그에 동의하였다.[10]

주희의 철학체계에서 심(心)은 이(理)가 기(氣)에서 구체화된 것으로 간주되어 추상적 이(理) 자체와는 같지 않다. 따라서 주희의 성리학에

---

9) 중국 철학에서는 사방(四方과 상하는 우(宇)요 고금(古今)은 주(宙)로 해석되어 왔다. 그럼으로 시공(時空)과 우주는 같은 의미를 갖는다. 칸트는 그의 "순수이성비판"에서 시공을 선험적인 순수한 주관적 직관(直觀)이라 하여 육구연과 같은 인식을 가졌음을 알 수 있다.

10) 라이샤워 외, 전게서, p.221.

서는 성즉리(性卽理)라고 말할 수 있을 뿐, 심즉리(心卽理)라 할 수는 없었다.

그러나 육상산은 심 자체는 성(性)이고 성과 심은 문자(文字)상의 구분에 불과한 것으로 생각하였다. 이러한 사유(思惟)의 갈림의 근저에는 주희가 이기이원론(理氣二元論)에서 출발한데 비해 육상산은 세계는 하나의 마음뿐이라는 유심론(唯心論)에 서있었다는 차이가 존재한다.

3. 양명학(陽明學)

육구연의 사상을 이은 왕양명은 '신체(身體)의 주인은 마음이고 마음이 표출된 것이 사유(思惟)이다. 사유의 실체는 안다는 것이고 사유가 존재하는 곳, 즉 대상은 물(物)이다(身之主宰便是心, 心之所發便是意, 意之本體便是知, 意之所在便是物)(양명선생집요)이라 하여 곧 마음(정신)과 천지만물은 하나의 기(氣)로 서로 유통되고 있다고 생각하였다.

심학의 핵심은 심즉리(心卽理)라는 근원에 대한 유심론적 이해를 바탕으로 치양지(致良知), 그리고 지행합일(知行合一)의 세 관념(觀念)이 서로 상관관계를 유지하며 전개되는 데 있다.

1) 심즉리

왕양명의 사상적 전제(前提)는 '심즉리(心卽理)'라는 명제(命題)에 있다. 그는 그 예증(例證)으로 '효친(孝親)의 마음이 있으면 효(孝)의 이(理)도 있고, 효친의 마음이 없으면 효의 이도 없다. 이(理)가 어찌 나의 마음 밖에 있겠는가?'라고 한다. 그러나 주희의 철학에 따르면 효의 이가 있음으로 해서 효친의 마음이 있고 그 반대일 수는 없다. 즉 이(理)는 심(心)이 있건 없건 관계없이 영원한 것이다.

왕양명의 심학에 따르면 심이 없으면 이(理)도 없고 따라서 심은 우주의 주재자(主宰者)이며, 이(理)의 주재자이다.

2) 양지(良知)

왕양명의 양지(良知)는 맹자(孟子)가 말 한바 '생각하지 않아도 알고, 배우지 않아도 할 줄 아는' 인간의 성선설(性善說)의 정신을 이어 받은 것이다. 맹자가 말하는 측은지심, 시비지심 등 사단(四端)이 본성의 발현이자 양지이다.

'지(知)는 마음의 본체이고 마음은 자연히 알게 되어 있다. 예를 들면 아버지를 보면 효를 알게 되고, 형제를 보면 공경을 알게 되고, 어린애가 우물에 빠지려고 하면 측은함을 알게 되는데, 이것이 양지이며 이것은 밖에서 구할 필요가 없다.'(전습록 중에서)

그리고 더 나아가 그는 '내 마음의 양지가 이른바 천리(天理)이고 이를 사사물물(事事物物)에 발현하면 사사물물은 그 이(理)를 획득하게 된다.'고 하였다.

시인(詩人)이기도 하였던 왕양명은 다음과 같은 시구(詩句)로서 '양지(良知)'의 뜻을 밝혔다.

사람은 누구나 그 마음속에 공자가 있는데(箇箇人心有仲尼)
때로는 나타나고 때로는 감춰진다(自將聞見苦遮迷)
말을 하지 않고도 그것이 무엇인지 지적해 낼 수 있으리라(而今指眞頭面)
의심의 여지도 없이 타고난 그대로의 양지라는 것을(只是良知更莫疑)

(왕문성공전서)

이는 윤리적 입장에서 보면 도덕적 직관에 대한 확신의 표현이기도 하지만 공자(孔子)를 내면세계에서 자신과 만나 같은 인간임을 확인함으로서 소위 유가 법통(法統)에 속하는 공맹(孔孟)에서 주희에 이르기까지의 성현(聖賢)들에 대한 우상화(偶像化)를 거부하는 뜻도 있다.

다시 말해 그는 '인간이 지닌 양지는 성인이나 어리석은 자나, 옛날이나 지금이나 같다.'는 생각에서 인간의 평등과 사상(思想)의 해방을 천명하였다.

그는 또한 '도(道)란 천하 사람들이 함께 실행하는 것이며, 학문이란 천하 사람들이 함께 배우는 것이므로 주자가 독점해서도, 공자가 독점해서도 안 된다(전습록 중)라고도 하여 공자나 주자의 말이 시비를 판단하는 기준이 아니라 하였다. 이는 당시 주자학이 배타적으로 사상계를 지배하던 사회에 대한 비판의 의미를 담고 있다.

그에 의하면 도학(道學)은 선악을 분별하고 도덕적 판단을 함으로서 인간의 도리(道理)를 다하려는 것으로 이때 마음이 그 기준이고 판단자이니 그것이 곧 각자의 양지이고, 양지를 발휘하는 것이 곧 치양지(致良知)이다.

그의 철학에서 양지를 발휘하는 치양지(致良知)는 이학(理學)의 즉물궁리(卽物窮理)에 해당하며 인간의 완전한 삶이라는 목표에 대한 착수처(着手處)로, 사회 윤리적 도리를 귀착점으로 하고 있다. 즉 '세상의 군자들이 양지를 추구하면 스스로 시비가 공정해 지고, 좋고 나쁜 것이 같아지고, 남을 자신처럼 여기고, 국가를 자신의 집처럼 여기며 천지만물을 일체로 보게 된다.'(양명선생집요 3종)는 것이다.

3) 지행합일(知行合一)

주자학에서는 사람은 마땅히 먼저 알고 난 후에 행(行)해야 한다고 주장하는데 비해 양명은 지식과 행동의 일치(知行合一)를 강조하였다. 그의 주장은 '지식은 행동의 시작이며, 행동은 지식의 완성(完成)이다'라는 것이다.

심학에서는 '지(知)의 과정은 행하는 가운데 있고, 진정한 지는 행하는 것이며 행하지 않는 것은 지(知)라고 할 수 없다.'(전습록 중에서) 그는 '양지는 지(知)이고 치양지는 행(行)이다. 양지를 발휘하는 행위 즉 치양지에 이르러 양지의 지(知)는 완성된다.'라고 하여 이학의 지행분립에 강하게 반발하고 있다.[11]

심학에서는 '지(知)의 진정한 독실처(篤實處)가 곧 행(行)이요, 행함의

11) 그러나 대학(大學)의 '치지재격물(致知在格物)은 인간에는 인식능력이, 사물에는 이치(理致)가 있어 앎이란 사물에게로 나아가 그 이치를 궁구해야만 이룰 수 있다 하여 지(知; 앎)를 실천의 첫 걸음으로 이해하는 측면이 있다.

명각정찰처(明覺精察處)가 곧 지이니 지와 행의 공부는 분리할 수 없다.'(전습록)[12]는 생각이다.

4. 정치사회관

심학은 주자학에서 천(天)과 인(人)의 관계를 명확히 구분하고, 나아가서는 천리(天理)와 인욕(人慾)을 분명하게 구별하였던 이원론(二元論) 체계를 부정하였으며 이 양자를 하나의 영역에 포함시킴으로서 불교에 보다 가깝게 접근하였다.

그러나 심학이 명상의 기술을 불교로부터 받아들였음은 사실이나 이들은 계속해서 속세에 있어서의 인간의 의무 등을 긍정하였고, 불교의 입장을 '도피(逃避)'라고 부정해 나갔다.

유교에서의 자기 수양(修養)이란 불교에서처럼 모든 욕망의 소멸(消滅)을 기대하는 것이 아니라 오직 이기적인 욕망만을 제거함으로서 사람과의 관계뿐 아니라 우주만물과의 조화를 충실하게 성취할 것을 목적으로 하였고 이를 위하여 '행동'은 필수적이다.

그는 대학(大學)의 삼강령(三綱領; 명명덕(明明德), 친민(親民), 지어선(至於善)을 해석하며, '명덕(明德)은 대인(大人)이 천하만물을 하나로 보는 마음으로 이는 체(體)를 수립하는 것이고, 친민(親民)은 그 용(用)을 행' 하는 것이다. 그리고 명덕의 본체가 양지(良知)이고 명명덕(明明德)과 친민은 모두 치양지(致良知)이자 치지(致知)이다. 치지는 격물(格物)에 있고 이때 격(格)이란 바로 잡는다(正)는, 바르게 되돌림 즉 악(惡)을 제거하는 선(善)의 실행을 의미한다.[13]

그리고 지어선(至於善)은 이들의 취고의 준칙(準則)이다. 지선(至善)의

---

12) 왕양명의 사상은 중국의 신해혁명 전후의 혁명가들에게는 일반적으로 혁명적 덕성(德性)의 건전한 기반으로 생각되었다. 늘 따라다니는 신체적 위협에 맞서야 했을 뿐 아니라 사회적으로 받는 압력을 견디어내기 위해서도 용기가 필요한 이들에게 '사람의 행동은 그의 직관적인 지식 또는 양심과 일치되어야 한다는 가르침은 필요에 합당한 것이니 그들의 성공은 그의 신념의 정도와 맞먹었던 것이다(체스타 한, 『중국 현대정치사상사』).

13) 펑유란, 전게서, p.599.

발현은 옳은 것은 옳다고, 그른 것은 그르다고 하여 경중(輕重), 후박(厚薄)에 따라 감응하고 부응하는 그 변동이 일정하지 않지만 항상 자연의 중도(中道)안에 머문다. 그리고 중도를 아는 것이 양지이다. 이때 중도의 의미는 조작하거나 증감하면 안 된다는 것으로 이는 사적(私的)인 의도이고 작은 지혜이니 '지선(至善)'이 아니다. (상동)

특히 그는 친민(親民)에는 교(敎)와 양(養)의 두 가지 뜻이 겸해있다고 보고 주자학에서 신민(新民)으로 읽어 '백성을 새롭게 한다.'는 뜻으로 새기는 것에 대해 이는 교(敎)에 치우쳐 양(養)을 잃는 잘못된 해석정신이라고 하였다.

그의 사민평등관(四民平等觀)은 이러한 '친민(親民)'에 대한 이해(理解)에 근거한 것이다.

'옛날에는 사민(四民)이 업(業)을 달리하더라도 도(道)는 같이 하였다. 그 마음을 다 하는 것은 한가지인 것이다. 치(治)는 닦고, 농(農)은 기르는데(養) 이바지하고, 공(工)은 기(器)를 이(利)하고, 상(商)은 화(貨)를 통(通)한다. 각기 그 자질(資質)의 가까운 바, 힘이 미치는 바에 따라 그것을 업(業)으로 하여 그 마음을 다 하기를 구하니 그의 돌아갈 바가 생인(生人)의 도(道)에 유익한 데 있기는 모두 같다. … 때문에 사민은 업을 달리하나 도를 같이 한다(양명전서). 따라서 양명의 생각은 도(道)가 같으니 당연히 학(學)도 같아야 한다고 하였다.

그는 성리학에서 사(士)계층의 전유물로 여겨온 유학(儒學)의 벽(壁)을 허물어 사민에 공개함으로서 사민동도(四民同道)의 길을 열어 대동의 이상사회를 지향하였다.

다른 하나 왕양명은 양지를 무엇보다도 시원적(始原的)으로 혈연관계에서의 사랑(孝悌)을 아는 능력으로 파악하였다. 따라서 그는 혈연적 상하관계를 기초로 그 연장선에서 사회내용을 이해하고 마침내 천지만물은 하나의 집안과 같다는 결론에 이른다.

그는 '대인(大人)은 천지만물로서 일체인 것으로 한다. 천하를 보는 것 또한 한 집과 같고 중국 또한 한 사람과 같다. 만약 그 형해(形骸)로 나누어서 너와 나를 가르는 자는 소인이다'

이처럼 양명학에서 부자형제(父子兄弟)는 단순히 가족안의 윤리에 머무르지 않고 일체의 사회내용 또는 만물의 기축(基軸)을 이루는 것이다. '이 때문에 내 아버지를 따르며, 이로써 다른 사람의 아버지에 미치며, 이로써 천하 사람의 아버지에 이른다.' '순수한 심(心)을 발해서 어버이를 섬기면 이것이 곧 효(孝)이고, 군을 섬기면 충이니'라 하였다.

주자학이 그 기본시각을 사회적 상하관계(忠)에 맞춘데 비해 양명학은 혈연적 관계(孝)를 기초로 하고 있다. 그러나 다 같이 봉건체계를 뒷받침하는 윤리를 제공하고 있다는 점에서는 그 차이는 크지 않다. 이러한 기본적인 도덕적 자각에 따른 의식에서 봉건적 윤리체계를 다음과 같이 설명했다.

'경(經)이란 항상 존재하는 도(道)를 말한다. 그것이 하늘에 있는 것을 명(命), 인간에게 부여된 것을 성(性), 인간의 몸을 주재하는 것을 심(心)이라 한다. 마음과 성과 명은 일체이다. 인간과 사물에 통하고 사해에 뻗쳐있으며 천지에 꽉 차있고, 고금(古今)에 존재하며 구비하지 않은 것이 없고, 같지 않은 것이 없고, 변함이 없는 것이 상도(常道)이다. 그것이 마음에 감응하면 측은지심(惻隱之心), 수오지심(羞惡之心), 사양지심(辭讓之心), 시비지심(是非之心)이 된다. 그것이 사람간의 관계에서는 부자유친, 군신유의, 부부유별, 장유유서, 붕우유신으로 나타난다. 측은, 수오, 사양, 시비, 친(親), 의(義), 서(序), 별(別), 신(信) 등은 모두 일체이다.'(양명선생집요)

그의 생각에 인류사회는 마음에 근원하는 인륜(人倫)을 바탕으로 세워진 것으로 이는 본능적인 것이다. 다시 말해 윤리는 외재적(外在的)이고 초월적인 규범이 아니라 인간내면의 세계에 이미 존재하는 양지에 근거하는 것으로 인간은 먼저 천리(天理)를 따로 배우지 않더라도 도(道)를 실천할 수 있는 것이다.

5. 결 론

왕양명의 학문은 주자학이 교조화(敎條化)하여 이미 활력을 상실한 시대에 강남지역을 풍미(風靡)하며 명대 후반기 사상의 주류가 되어 유학계에 신선한 활력을 불어 넣었다.

명 중엽 서민층의 긍정적이고 가치 있는 삶을 받혀줄 철학적 근거를 위해서는 먼저 이학자들이 독점하고 있는 '도(道)의 전유(專有)'를 깨트려야 했고 왕양명은 이를 '양지(良知)'라는 사상적 개념으로 이루어 냈다.

이학(理學)은 신성하고 초월적인 외재적 이(理)를 따르고 지키는 것을 중시했고 심학(心學)은 몸과 성품의 수양은 내재된 마음(心) 속에서 주체적으로 실현되어야 한다하여 세속생활 안에서 자아(自我)를 파악하는 일을 우선시하였다.

그는 지극히 높고 존귀(尊貴)한 천리(天理)를 세상사람 모두 다 인식할 수 있는 마음속의 양지(良知)로 변환(變換)시킨 것이다. 이로서 줄곧 이학이라는 신성(神聖)한 외피(外皮)에 싸여있던 유학(儒學)이 세속적 색채를 띤 모습으로 등장하였다.

사실 이학에서 천리(天理)와 인욕(人慾)을 구분하였을 때, 이 논리의 현실 사회적 의미에는 천리는 도학자의 몫이고 인욕은 서민의 일상생활을 지배하는 원리라는 계층구분(階層區分)의 성격이 강하였다. 양명학에서는 이 둘의 구분을 깨트렸고 이는 서민들의 삶이 도학자들과 다르지 않다는 그 시대의 요구에 부응한 것이다.

오동잎이 떨어지는 것은 다만 가을을 알리는 것이 아니라 이미 가을이 왔기 때문이다.

명대 중엽에 이르면 이미 민중(民衆)의 의식은 서구적 의미의 개인자유주의에는 훨씬 못 미친다 하더라도, 나름대로 통치권력에 대한 비판능력과 함께 삶의 존귀한 가치를 추구함에 있어 자신들의 성품이 정치적 내지 정신적 지배층과 다르지 않다는 통념이 형성되어 가고 있었다.

어느 사회, 어느 시기에나 이러한 의식을 선도(先導)하는 이념은 진보적 지식인들에 의해 선창(先唱)되며 왕양명은 그 역할을 하였다. 그러나 그러한 이념이 받아들여지는 것은 민중의 의식이 준비되어 있었다는 것을 의미하며 더 나아가 그들의 요구가 지식인들을 촉발(促發)시켰다 할 수 있다.

그러나 양명학은 명 후기의 혼란한 사회상(社會相)을 부추긴 원인 중의 하나라는 부정적인 평가(評價)를 받기도 한다.

황종희는 '도(道) 즉 이(理)라는 것은 내가 본래 갖고 있는 것이지만 깊은 연구를 하지 않으면 대략 그 겉모습을 살피고 완미(玩味)했다고 착각하게 된다.'고 하여 만물의 이(理)는 깊은 연구가 아니면 얻을 수 없다고 했다.

즉 진리(眞理)가 진리로서의 모습을 다시 들어 낼 수 있는 길은 결코 진리 자체의 지위(地位)에 있지 않고 오히려 진리를 진지(眞摯)하게 추구하는, 그리고 진리를 추구하기 위한 활동방식과 과정에 달려있다.[14] 특히 심학(心學)은 그 종지(宗旨)의 주관적(主觀的) 성격이 강하여 다른 학파에서 보다도 진지성(眞摯性) 여부(與否)가 절대적으로 중요한 의미를 갖는다.

사실 황종희가 지적한 대로 후대 사람들 중에는 양명학을 '겉모습만 살피고' 그 진의(眞意)에 벗어나 '오직 마음(心)'뿐이라는 생각을 사(私)의 이욕(利慾)추구를 마음껏 해도 된다는 의미로 받아들이는 경향이 있었다. 이렇게 왜곡(歪曲)된 양명학에서는 '천리(天理)'의 기능이 소홀(疏忽)해져 사회기강(社會紀綱)을 잡아주는 공(公)으로서의 중추적(中樞的) 역할을 할 수 없었고, 그것이 사회혼란의 원인을 제공한 결과로 나타난 것이다.

양명학은 이(理)의 객관적 실재성을 부인(否認)하며 개인의 양지(良知)에 직접 호소하는 체계로 대중화(大衆化)에는 성공하였으나, 정치에 있어서 그 해체주의적(解體主義的) 성격은 정치질서에 대하여 원심력(遠心力)으로 작용하여, 따라서 명말의 혼란에 일말의 책임이 있는 것 역시 사실이다.

---

14) 쉬딩바오, 『황종희평전』, p.296.

6. 양명학의 분파(分派)

양명학은 그의 생존시에 이미 분파작용(分派作用)이 일기 시작하였고, 그 발단(發端)은 양명학의 요지(要旨)를 밝힌 사구교(四句敎)의 해석(解析)에 따른 것이었다.

선도 없고 악도 없는 것은 마음의 본체요(無善無惡心之體)
선이 있고 악이 있는 것은 의욕의 움직임이요(有善有惡意之動)
선을 알고 악을 아는 것은 양지요(知善知惡是良知)
선을 하고 악을 버리는 것은 격물이다(爲善去惡是格物)

이 가르침을 두고 전서산(錢緖山, 1496-1574)과 왕기(王畿 龍溪, 1498-1583) 사이의 해결 없는 논쟁이 벌어지면서 명교(名教)의 시각(視角)에서 우파(右派)와 좌파(左派)로 나뉘게 된 것이다.

우파(右派)인 서산은 사유설(四有說)을 주장하여 마음의 본체는 선하지도, 악하지도 않지만 후천적으로 오염된 마음은 공부에 의해 떨쳐버려야 한다고 한 반면에 좌파(左派)인 왕기(王畿)는 사무설(四無說)의 입장에서 선천적인 마음을 깨치는 것이 중요하지 후천적인 의념(意念)을 문제 삼을 것이 못된다고 주장했다. 그는 공부의 중요성을 인정하지만 이는 어디까지나 방편(方便)에 지나지 않는다는 생각이었다. 이처럼 왕기는 선(禪)에 가까웠다.

이에 대해 양명은 어느 한 쪽만을 고집하지 말고 서로 절충 보완하도록 당부하였으나 두 사람은 양명 사후 30년을 더 살면서도 견해를 좁히지는 못하였다.

심학 좌파인 왕간(王艮 心齊, 1483-1540)이나 이지(李摯) 등은 같은 좌파인 왕기(용계)가 선(禪)에 편향(偏向)하며 사회문제에 대하여 대단히 소극적인 것에 비해 그들은 유학의 세속화와 더불어 계몽적 특성을 보였다.

왕간은 백성이 날마다 사용하는 것이 바로 도(道)이며 따라서 사람들의 세속적 욕망에 대한 합리적인 추구는 천리에 부합하는 것이라는 생각을 일깨웠다. 그는 '옷 입고 밥 먹는 것이 곧 인륜의 물리(物理; 사물의 이치)'라고 규명하였다.

왕간은 양명의 제자로서 왕기와 함께 좌파를 연 쌍벽(雙璧)으로 태주학파(學派)의 태두(泰斗)이다. 그는 염정(鹽丁; 소금장이) 출신으로 당연히 그 학문은 명대 후기 사회의 성장(成長)한 시민적 기풍을 반영하고 있다. 그의 문하에는 나뭇꾼, 그릇장이, 농사꾼 등 다양한 서민 학자가 배출되었다. 그의 논설은 치밀하지는 않지만 간결하고 실천성이 강하였다.

그의 격물론(格物論)은 '몸이 곧 천하(天下), 국(國) 가(家)의 본(本)임을 알면 천지만물로서 내 몸에 의지할 것임'(왕심제전집)이라 하여 몸을 천하만물의 근본으로 보았다. 또 하나 그의 대장부론(大丈夫論)에서 그는 대장부가 나아가 제왕의 스승이 되지 못하거나 물러나 천하인의 스승이 되지 못한다면 이는 아낙네의 도(道)로 전락할 뿐이라 하여 사대부(士大夫)의 기개를 떨쳐 이는 황종희에 영향을 주었다.

심학의 의미는 단순히 성리학에 대한 반발로서보다는 민중욕구의 표현이었다는데 더욱 중점을 둘 수 있다. 이지가 『삼국지연의』, 『수호지』 등에 대한 지대한 관심을 가진 것은 하층민과 호흡을 같이 하는 학자로서 당연한 것이었다.

제 4 절 이지(李贄, 1527-1602)

1. 생 애

이지의 원래 이름은 재지(載贄)이고 호는 탁오(卓吾)로 복건성 천주(泉州) 사람이다. 그의 저서에는 『분서(焚書)』가 가장 잘 알려져 있다.

천주는 오랜 동안 해외의 각국과 통상하는 최대 항구로 문화 교류의 중심지였고 그가 출생한 시대는 자본주의가 싹트고 발전하던 시기였다. 그의 조상(祖上) 역시 배를 타고 상업에 종사하였으며 부친(父親)은 학문을 가르쳐 생을 영위했다. 이러한 여건들이 그로 하여금 외래사상을 받아들이게 했고 개성(個性)을 존중하는 그의 정치사상 성격은 서구 개인주의적 색채(色彩)를 보인다.

그의 일생은 획일화된 유교의 사상적 억압에 대해 철저한 반골(反骨) 정신으로 투쟁하였으며 그에 따른 탄압으로 옥사(獄死)하였다.

그는 타고난 반골(反骨)이었다. 그는 자신의 성격에 대해 '속으로는 불꽃이 튀지만 겉으로는 냉엄하고 … 성격이 몹시 급해 남의 면전에서 상대방의 잘못을 꾸짖는 일이 많아 마음속으로 깊이 교류하지 않은 사람들은 말도 걸려하지 않았다'라 하고 있다(분서).

그는 이미 12세에 공자(孔子)가 번지라는 제자가 곡식 심는 일을 물음에 모른다고 하면서 그가 돌아간 후에 '번지야 말로 소인(小人)이구나'라고 말한데 대해(논어, 자로(子路)편) 그의 아버지이기도한 스승에게 '농업을 배우려는 것을 소인이라고 책망한 공자야 말로 사체(四體)를 움직이지 않고 오곡(五穀)도 구분할 줄 모르는 사람입니다.'라고 항의하였다고 한다.

이러한 그의 기질(氣質)은 '인간이 지니는 양지(良知)는 성인이나 어리석은 이나, 고금(古今)을 막론하고 같은 것이다'라는 왕양명의 학문을 만나 성현(聖賢)들의 권위(權威)를 부정하고 인간 평등(平等)을 주장하는 사상적 근거를 갖게 되었다.

이지가 이어받은 양명학은 전제정치에 이용되는 정통의 학술을 타파하기에 족했다. 왕양명은 이 길을 열었고 이지는 그 정신과 이론을 전개시켜 나갔다. 그리하여 명(明)후기에 천년(千年) 전통사상을 전면적으로 변화시켜 나아가는데 중대한 영향을 주었다. 그러나 이지의 사상(思想)은 부분적이기는 하지만 봉건윤리(封建倫理)를 반대하고 그 도덕을 부정(否定)하는 점에서 왕양명을 벗어났다.

그의 언행(言行)에는 담사동의 이른 바 '충결망라(衝決網羅; 모든 연줄을 끊어 버리는 것)' 같은 경향이 있었다. 예를 들어 그는 관직(官職)을 버리고 삭발(削髮)을 했는데 이는 군신·부자·부부·형제의 윤리를 끊은 것이나 마찬가지였다. 또한 남녀의 평등을 인정하고 부녀자의 학업을 허락하고, 혼인의 자주(自主)를 제창했다.[15)]

그는 불교의 학문적 이론을 말하기를 좋아하고 머리를 깎았다. 그러나 한 유명한 스님은 그의 죽음을 전해 듣고 '자유롭게 행동은 했으나 해탈(解脫)을 하지는 못했다'고 평하였다. 그의 개성(個性)을 중시하는 자유주의적 성격은 필연적으로 자신이 살고 있던 봉건사회의 가치 기준인 유가의 윤리에는 부합될 수 없었고 통치세력에 의한 박해를 심하게 받을 수밖에 없었다.

그는 29세부터 25년 동안의 관직생활을 하고, 54세에 은퇴하면서부터 본격적인 저술활동을 시작하였다. 그때부터 그는 학문을 가르치고 저술활동을 통해 도학가(道學家)들과 예교(禮敎)를 강하게 비판하였다 결국 그는 옥중(獄中)에서 자살로서 76세의 생을 마감하였다.

2. 사상의 성격

이지는 40세가 되던 1566년 예부(禮部)의 사무(司務)로 취임하면서 북경으로 돌아갔다. 그리고 그곳에서 함께 근무하던 왕양명의 제자들

---

15) 소공권, 『중국정치사상사』, p.948.

을 만나 성리학(性理學)[16]에 반대하여 일어난 새로운 학문인 양명학을 접하게 되었다.

이지는 사상의 근원으로서의 인간의 본성(本性)을 동심(童心)에서 보았다. 이는 '양지(良知)'와 유사한 개념이었고 다만 양지가 보다 사변적이었다면 동심은 원초적이고 자연주의에 친근한 것이었다.

그는 그의 저서 『분서(焚書)』에서 '동심(童心)이라는 것은 참된 마음이다. … 이는 맨 처음에 가졌던 본심(本心)을 말한다. 만약 동심을 잃으면 참된 마음을 잃게 되고, 참된 마음을 잃으면 참된 인간의 모습을 잃게 된다.'(분서, 권3 동심설)라고 하여 그의 사상의 뿌리를 표현하고 있다.

동심은 그의 중요한 사상적 개념으로 인간의 진심(眞心)을 자연상태에 처해 있는 천진(天眞)하고 순박(淳朴)함에 두고 있다. 이는 불교에서의 '선(禪)이나 도가가 말하는 박(朴)'에 매우 가깝고 서구 18세기 루소의 '자연으로 돌아가라'는 뜻과도 통하는 바가 있다. 그리고 이들의 공통적·사상적 경향은 인위적인 사회적 제약으로부터 인간성의 해방을 지향하는 것이다.

이지의 사상은 왕양명과 비교해 볼 때 '개인의 자각적(自覺的) 의식'을 더욱 중시하는 점에서 차이가 있었다. 그의 이러한 자각의 발로(發露)에서는 개성을 존중하는 근세 서구의 개인주의와 유사한 성격을 보이고 있다. 그는 공리(功利)를 말할 때도 당·송 시대의 구실(求實)을 추구하는 정치주의적 의미보다는 오히려 인간의 품성(品性)에서 그 근거와 정당성을 확인하려 하였다는 의미에서 서구 벤담의 공리주의의 색채를 띠고 있다.

일반적으로 도학가(道學家)들은 '사(私)를 버리고 공(公)을 세우라'는 도덕원칙을 내세우고 있는데 반하여 이지는 '사(私)라는 것은 사람의

---

16) 당시 사대부들이 이지에 대하여 반감(反感)을 일으킨 원인은 성리학의 우주관 인생관, 사회관에 대한 것이었다. 남송(南宋)의 이학(理學)에는 몇 가지 특점이 있었다. ① 천(天)·인(人)과 성명(性命)의 이치를 궁구한다는 점, ② 천리와 인욕의 분별을 밝힌다는 점, ③ 왕패(王覇)와 의리(義利)의 변별(辨別)을 엄격히 한다는 점, ④ 군자와 소인의 구별을 근엄하게 한다는 점, ⑤ 삼강오상의 가르침을 중시한다는 점 등이다. 이지는 그 모두에 대해 대담하게 공격하였다.

마음이다. 사람은 반드시 사가 있은 연후에야 그 마음이 나타나는 것이다 만약 사가 없다면 마음도 없다'고 주장한다.

이는 육구연 이래 왕양명의 주관적 유심론이라는 사상적 개념에서 유추(類推)되는 논리로 주관(主觀)에 초점을 맞춘 것이다. 이지의 사(私)라는 개념에는 개인 주체성, 즉 개성 그리고 인간의 선천적 욕구(人慾)라는 두 면을 아우르고 있다. 다시 말해 그가 사(私)의 중요성을 강조하는 의미에는 인간의 의식(意識)은 기본적으로 개인의식일 수밖에 없다는 선언(宣言)과 개인이 자신의 이익을 요구하는 것은 당연하고 합리적이라는 주장이 포함된다.

이지의 정치철학은 개성을 말살하려는 전제정치에 대한 반대와 개인의 합리적 욕구를 추구하는 공리주의의 양면을 갖는다. 따라서 이지의 정치철학이 반전제(反專制) 사상일 수밖에 없었음은 당연한 귀결이다.

3. 성현과 경전에 대한 비판

이지는 공자와 맹자 같은 전통 유가(儒家)의 성현에 대해 기탄(忌憚) 없이 비판을 가했다. 성현(聖賢)들에 대한 맹목적인 숭배는 한편으로 경학(經學; 사서오경을 연구하는 학문)의 사유방식에 근원하지만 다른 한편으로는 전제군주의 통치에 필요에 의한 것이었다. 따라서 성현들에 대한 숭배의 거부는 곧 전제정치에 대한 공격을 의미하는 것이기도 하였다.

그는 먼저 개인(個人)의 독립된 천부적(天賦的) 인격과 사상(思想)의 자유를 주장하며 '하늘이 공자(孔子)를 낳지 않았더라면 만고(萬古)는 밤처럼 어두울 것이다'라는 도학가들의 말을 공박하여 '하늘이 사람을 낳은 후에 그에게 모든 능력이나 자질을 주었으며, 공자에게서 얻어 준 것이 아니다. 만약 공자에게서 얻어 준 것이라면 공자가 없었던 옛날에는 사람이 될 수 없지 않았겠는가?(답취주응)'라 하여 성현들에 대한 포문(砲門)을 열었다.

그는 유가에서 절대적 권위를 부여하고 있는 육경(六經)과 『논어(論

語)』, 『맹자(孟子)』에 대하여서도 '이들은 사관(史官)들이 지나치게 떠받들고 높여준 말들이 아니면, 그 신하들이 극히 찬미(讚美)한 말에 지나지 않는다. 또 그렇지 않다면 핵심을 파악하지 못하고 빗나간 제자들이나 멍텅구리 제자들이 스승의 학설을 기억하되 머리는 있고 꼬리를 잃어 버렸으며, 뒤는 없고 앞을 빠트려, 제 견해대로 그저 책에 써 놓았을 뿐이다. 그런데 뒤에 이를 배운 사람들은 이를 제대로 살피지 못하고 그저 모두 성인(聖人)의 입에서 나왔으리라 여겨 그것을 경전(經典)의 내용으로 결정지어 버린 것이다. 더구나 성인은 어떤 쓰임이 있을 때, 병(病)에 따라 약(藥)을 쓴 것이고, 때에 따라 처방(處方)한 것인데 제자들은 이를 가지고 모두를 구하려 했을 뿐이다. 약과 의사는 병에 따라 처방을 해야 하는 것이지 한 가지를 고집하여 어찌 만세에 변할 수 없는 지당(至當)한 이론으로 삼을 수 있겠는가'라 하였다.

이는 한(漢), 당(唐), 송(宋) 이래 천여 년 동안 시비(是非)의 기준이었던 경전(經典)에 대한 비판으로, 경전이 다만 어리석은 제자들을 고치기 위한 것이라면 그 경우에 한해서만 옳을 수 있을지는 몰라도 만세불변(萬世不變)의 진리일 수는 없다고 한계 지으려는 것이다.

이러한 성현과 경전을 맹목적으로 숭배하는데 대해 그는 『도고록(道古錄)』에서 '너희들은 덕성(德性)이 높은 사람을 별다른 사람으로 보지 말아라. … 민중(民衆)들이 할 수 있는 것을 그들도 할 뿐이다. 요(堯)·순(舜)과 같은 성인과 길가는 사람들은 모두 같으니, 결국 성인과 범인들이 모두 같은 것이다'라고 하였고 이는 소박한 평등사상을 표현하는 것이다.

4. 도통론(道統論)

당(唐)의 한유에 의해 제시된 '도통론(道統論)'은 송대에 적극적으로 수용되어 유가(儒家)의 권위주의 성격을 강화하였고 그러한 사유방식은 군주의 전제권력을 옹호하는 이론과 쉽게 야합할 수 있었다.

역사적으로도 도통론은 사리판단(事理判斷)에 앞서 성현(聖賢)을 우상화시킴으로서 사상적·정치적 상대를 공격하는데 이용되어 사마광(司馬光)은 왕안석(王安石)을 '사문난적(斯文亂賊)'으로 매도(罵倒)하였다.

고대 성현들의 후광(後光)을 이어가려는 성리학파의 도통론에 대해 이지(李摯)는 '그들이 맹자가 죽은 뒤 그 도(道)의 맥(脈)이 끊어졌다고 하는 것은 참으로 잘못되었다. 오직 이 말이 나온 뒤 송나라 학자들은 곧 바로 주돈이, 장제, 정이, 주희 등이 끊어진 맹자의 도(道)를 이었다고 한다. 그러면 진(秦)으로부터 한을 거쳐 당에 이르는 중간에 진(晉) 아래 오대(五代)에 이르는 천수백 년 동안은 땅이 다하고 샘이 없어서 사람은 말라 죽은 지 오래된 셈이 되는 것이다.

만약 사람이 다하고 도가 없었다고 한다면 사람의 도는 없어졌을 것이지, 어찌 오랫동안 계속되어 올 수 있었을 것인가? 마침내 다 없어져 볼 수 없었고 혼돈(混沌)으로 듣지를 못했으니, 곧 바로 송을 기다려서 개벽(開闢)이 된 뒤에야 가능했을 것이다.'라고 그 불합리성을 공박하였다.

더 나아가 그는 이어서 '그런데도 송 왕실은 전혀 떨치지 못하고, 마치 숨이 끊어지는 사람처럼 위기에 처해 있었으니, 이는 오히려 도가 끊어진 시기가 이때보다 더 낫지 않았는가?'라고 하여 단순히 도통의 문제를 넘어 도학(道學)으로까지 그 비난의 수위(水位)를 높이고 있다.

이지의 전통에 대한 공격은 특히 성리학과 그 추종자들에 대해 매우 격렬하였다.

'지금의 주돈이, 정이, 장재, 주희를 강의(講義)하는 자들은 죽여도 마땅합니다. 그들은 주돈이, 정이, 장재와 주희를 내세우지만 모두 입으로는 도덕을 떠들면서도 마음은 높은 관직에 있고, 뜻은 큰 부자(富者)가 되는데 있습니다. 그런데 그들은 이미 높은 관직과 큰 부자가 되었기 때문에 인의(仁義)를 강의하면서 태연자약할 뿐입니다. 또 그들은 큰소리로 사람들에게 나는 세상의 풍속을 엄하게 하려고 한다고 떠들어 댑니다. 그럼으로 그들이 떠드는 세상의 풍속을 망가트리고 상(傷)하게 하는 자로서 주돈이, 정이, 장재와 주희보다 심한 사람이 없으니, 이런 까닭으로 그들을 더욱 신뢰하지 않습니다.'

그는 도학(道學)의 해독과 피해를 강조하며 이를 위학(僞學)이라고 단언하였다. 그는 다스림에서는 적당한 때를 귀히 여기고, 배움에서는 반드시 경세치용(經世致用)에 중점을 두어야 한다고 하면서, 도학이 매도(罵倒)하는 패도(覇道)와 법가 등의 정치적 업적을 긍정적으로 평가하였다.

오대(五代, 907-960)의 풍도(馮道, 881-954)는 4왕조(王朝)의 12군왕과 거란의 군주까지 섬겼던 정치가로 유교의 오륜(五倫) 중 가장 중요한 정치적 덕목인 충(忠)을 어겨 유자(儒者)들로부터 비판받고 있던 인물이었다. 그러나 이지는 '그로 말미암아 백성들은 결국 전쟁으로부터 받는 고통을 면할 수 있었던 것'이라 하여 그를 옹호하였다.

5. 공리주의 사상

당(唐) 후기에는 고문(古文) 운동을 통하여 유가(儒家)를 재해석하려는 움직임이 있었다. 그들 중 한편은 유가 본래의 진면목(眞面目)에는 '공리(功利)는 응당 유학에 내포되어야 할 의(義)'라 하여 경세치용에 그 뜻이 있음을 확인하였고 다른 한편은 유가 자신의 형이상학(形而上學)의 체계를 세워 우주론을 확립하려 하였다.

이는 송(宋)대에 경제적 실리를 추구하는(求實) 신당파(新黨派)의 왕안석(王安石)과 이에 맞선 사마광을 중심으로 주로 이학(理學)을 추구하는 구당파(舊黨派)간의 대립으로 나타났고, 그 투쟁은 격렬하였다.

이지는 당·송 이래의 공리주의를 계승 발전시켜 '인(仁)을 실행하는 사람은 이(利)를 도모하지 않는다.'는 도학가들을 비판하였다. 그는 공리를 추구하는 것은 인간의 공통된 욕망이며 공리를 추구하지 않으면서 '의(義)를 바로하고 도(道)를 밝히는 것'은 아무런 의미가 없다고 생각했다. 또한 '성명(性命)이나 현학적(衒學的)인 것만을 논하고' 백성들의 고통을 고려하지 않는 이학가(理學家)들의 의리관(義理觀)에 대해 '이재(理財)를 주장하지 않는 자는 절대로 천하를 다스릴 수 없고' 또한 이들은 무용(無用)한 유신(儒臣)과 위선(僞善)의 군자(君子)만을 만들어낸다고 공박하였다.

그는 '이 땅에 태어나면 반드시 살아가야 하는데 그러기 위해서는 식(食)이 필요하다. 또 반드시 자기를 지켜야 하는데 그러기 위해서는 병(兵)이 필요하다'고 하며 '농사에 힘쓰고 군비(軍備)를 강화하는 것을 결코 등한시해서는 안 된다'는 정치적 요구를 밝혔다.

그러나 이지의 공리주의는 그 접근 계기(契機)에 있어 이전의 사유(思惟)와는 크게 달랐다. 당·송 이래의 공리주의는 민생(民生)문제에 초점을 맞추는 정치·경제적 의미와, 명분론을 배척(排斥)하고 대의(大義)에 따른 공적(公的) 당위로서 주장되어 왔었다. 이에 비해 이지의 공리주의는 인간이 욕구를 추구하는 행위는 정당하다는 신념을 근거로 삼았고 그 욕구추구의 당연한 결과로서 공(功)과 이(利)를 내세운 것이다.

그는 '세상에 어찌 공과 이를 추구하지 않는 사람이 있단 말인가? 만약 무엇이 진정으로 자신에게 이득이 되어 자신의 공을 이룰 수 있다는 것을 알지 못한다면 의(義)를 바로하고 도(道)를 밝힐 필요가 어디에 있는가?'라고 하였다. 그가 공리주의를 주장하면서 당시의 도학자들을 비난하는 입장 역시 개인욕구에 근거하고 있다. 그는 '세상에 도학을 추구하지 않아도 영화와 부귀를 이루는 사람이 적지 않은데, 그렇다면 도학을 추구한 후에 부귀를 이루는 이유가 어디에 있는가? … 단지 학문과 재능이 없는 사람들은 만약 도학을 추구하지 않으면 평생 가난하고 비천하게 살게 된다. 부끄럽도다! 이것이 바로 반드시 도학을 추구해야 부귀를 이룰 수 있는 이유이다.'(속분서)

이지는 천리(天理)와 이욕(利慾)을 구분하지 않고 인간 생활에 필요한 욕구로서 의식(衣食)이 바로 인간 사회의 도리(道理)라 하였다. 그는 이러한 인간 본성 내지 본능에 대한 강한 긍정을 바탕으로 개성의 해방과 사상의 자유를 주장하는 개인주의 입장에 서있었다.

6. 무위(無爲)에 의한 정치

이지는 통치 원칙으로서 무위를 내세웠다. 그는 '최고의 도는 무위이고, 최고의 통치는 소리가 없으며, 최고의 가르침은 말이 없다.'(送大

姚序)고 말했다. 그는 유(儒)·불(佛)·도(道) 삼교에 두루 능통한, 학문에 매우 열성적인 인물로 무위(無爲)를 정치의 전면에 들어내었다.

이지의 무위는 전통적으로 선진(先秦)시대나 진·한시대의 황노사상(黃老思想) 사상이 주장한 무위와는 그 성격이 다르다. 선진(先秦) 때 도가(道家)는 무위를 '성지(聖智)와 인의(仁義)를 버리고 그리고 지식으로 나라를 다스리지 않는 것'을, 그리고 진한 시대에 '백성들을 쉬게 하고, 부역(負役)과 형벌을 가볍게 해주는 정치'라 하였다.

이지의 무위는 원칙적으로 '인위적(人爲的)이 아닌 행위'를 의미한다. 심학에서는 원론적(原論的)으로 양지(良知)의 자연에 따라 행위하여 모든 것에 속셈을 두지 않고 비교계산이나 안배할 의도를 개입시키지 않으면, 그런 유위(有爲)는 무위와 같아진다고 한다.

이러한 근거에서 이지는 무위를 자연과 인간 본성에 어긋나지 않는 행위(行爲)로, '사회적 요구에 부합(附合)하고 민생(民生)을 돕는데 성과(成果)가 있는 행위'는 무위(無爲)의 원칙에 맞는 것으로 보았다. 이는 그의 공리적 사고(思考)의 결과이기도 한 것으로, 행위의 근거를 '필요(必要)'라는 측면에서 이해하여 인간의 욕구를 적극적으로 긍정한 것이다.

이지는 자신의 무위에 대한 설명으로 정치의 기원(起源)을 말하고 있다.

'인간이 처음 태어났을 때는 금수(禽獸)와 다를 바 없었다. … 백성들이 살기 위해서 먹고 또 자신을 보호할 필요가 있었으므로 군주는 아무 일도 하지 않을 수 없었다. 먹는 것을 해결해야 했으므로 정전제(丁田制)를 만들었고, 자신들을 지키고 보호하기 위해 무기를 만들고 병사를 모집하게 되었다.'(상동)

이러한 정치가의 행위는 모두 '무위의 필요'에 부합한 것으로, 그 행위가 생존에 필요한 자연적 욕구와 모순되지 않으며 무위의 원칙에 부합한 것이다. 이 '자연적 욕구'는 극히 단순하여 누구에게나 분명한 것이다.

그러나 포악한 통치자에 의한 전제정치, 그리고 '천하백성을 제대로 살게 해주려고' 하는 유가(儒家)사상에 의해 이 '단순함'이 깨어졌다. 도가의 주장은 언제나 유가가 나타나 '제대로 살도록' 백성들을 교화시키기 위하여 인의예지(仁義禮智)를 내세워 많은 복잡한 제도를 만들게 되어 혼란을 자초했다는 입장이다.

유가의 인륜은 인간 도덕규범의 원리로서 인간관계 즉 사회성을 우선시한다. 이러한 인륜의 개념은 '도덕원리'의 이름으로 백성을 묶는, 정치적으로 전체주의 성격을 갖는 것으로 전제정치의 가능성을 열어놓고 있는 것이다.

이지의 무위는 일을 성사시키고 공을 세우는 것(功利主義)을 목적으로, 그리고 통치권이나 사회윤리로부터 자유롭기를 희망한 것이다.

무위정치(無爲政治)의 원칙과 목적은 통치자가 일정하게 계획된 정치 즉 인위적인 행위로 백성들의 생활을 규제해서는 안 된다는 데 있다. 그는 백성들이 자연에 따라 살게 놓아둔다면 그들은 서로 다르지만, 서로 방해하지 않으면서 자기들의 생활방식대로 잘 살아 갈 것이라 믿었다.

결국 이지의 무위는 백성의 본성에 따른 욕구를 성사시키고 공(功)을 성취하는데 방해가 되는 정치적 행위나 인위적 규범들에 반대함을 의미하는 것으로, 자연과 본성에 따라 사상의 자유를 누리면서 살게 하는 것이 곧 무위(無爲)정치의 이상(理想)이다.

7. 결 어

이지는 '오늘 날의 국가의 사직(社稷)의 사(社)는 백성을 편안하게 하는 것이며, 직(稷)은 백성을 잘 양육하는 것을 말하는 것으로 군왕이 바뀌는 것이 중요한 것이 아니라 백성의 안위가 정치의 관건(關鍵)인 것이다.'라고 하였다.

이를 맹자는 '귀민(貴民)'을 '사직(社稷)'에 우선하였고 후(後)에는 황종희는 '천하의 치란(治亂)은 한 개인 즉 왕(王)이나 왕조의 흥망에 달려있는 것이 아니라 모든 인민의 근심과 즐거움에 달려있다'고 하였다.

이러한 민중을 생각하는 마음에서 그는 많은 서민들이 읽을 수 있도록 구어체(백화문)으로 쓰여 진 『삼국지연의』나 『수호지』를 동심(童心), 즉 진심의 표현으로 보았다.

이지는 광기에 가까운 독설로 도학자들을 공격하였으나 그의 내면세계는 동심 그대로 순수한 백성들에 대한 연민과 사랑으로 가득 차 있었다. 그는 명대(明代)의 가장 특이한 인물로 평가될 만큼 시대를 앞서간 사상가였다.

제 5 절 장거정(張居定, 1525-1582)

1. 생애와 정치 업적

장거정의 자는 숙대(叔大)이고 호는 태악(太岳)으로 호북성(湖北省) 사람이다. 그는 태자의 스승이었으며 1572년부터 1582년까지 10여 년 동안 내각수보(內閣首輔)를 맡아 실권을 장악하여 정치개혁을 주장하고 진보적인 조치를 시행하였다.

장거정이 처한 정치적 상황은 통치계급은 날로 부패해 가고 관료들은 사리사욕에 물들고, 탐관오리(貪官汚吏)의 횡포는 더욱 극심하게 백성들을 탄압하였다. 또한 밖으로는 북(北)에서는 변방의 이적(夷狄)들이 침략하고 남(南)에서는 왜구(倭寇)들의 약탈이 성행하였다.

'통치자들은 뇌물을 주고받고 관리들은 백성들의 기름을 짜서 권세 있는 사람에게 아부했으며, 나라를 계승(繼承)한 자는 눈앞의 안일만 추구하고 빚을 진자가 수없이 늘어나며, 또 토지겸병(土地兼倂)이 늘어만 갔다. 사가(私家)는 갈수록 부유해지나 궁실(宮室)은 점점 빈곤해 지고 국가재정은 바닥이 나고 백성들은 가난에 허덕이니 이것이 바로 병(病)이다.'(답응천순무송양산논균량족민)

이러한 시기에 처하여 그가 생각하는 정치의 목표는 국가와 사회의 안정이었다. 그는 백성은 국가의 근본으로 나라를 잘 다스리기 위하여서는 반드시 백성들을 안정시키고 고통을 덜어주고 능히 살아 갈수 있도록 하여야 한다. 이렇게 백성들이 튼튼하면 비록 오랑캐나 도적들이 쳐들어온다 해도 나라는 안정될 수 있다.

내우(內憂)가 없으면 외한(外患)을 걱정할 필요가 없으며, 반대로 백성들이 도탄(塗炭)에 빠져 살아갈 수 없게 되면 반드시 도적이 봉기하게 된다.

장거정은 행정가(行政家)이지 정치 사상가는 아니었다. 따라서 그의 주장은 독창적인 면은 별로 없으나 경세치용을 추구하는 능력에서는 뛰어났다. 그는 정책을 실행함에 있어 그 과정에서의 보고(報告) 내용을 엄밀하게 심사하고, 결과의 점검을 거쳐 평가함으로서 결과의 확실성과 관리들 사기(士氣)를 진작(振作)시키는 행정의 근대성을 확보하였다.[17]

장거정의 정치업적 중에서 가장 두드러진 것은 건전한 재정(財政)확보와 토지제도의 개혁(改革)이었다. 그는 황실(皇室) 재정에 대한 지출을 억제하고 몽골의 알탄 칸과의 평화협정을 마무리하며, 북방(北方)과 요동지역(遙東地域)의 군사적 긴장을 해소시킴으로서 변경 군대를 줄이어 군사비(軍事費)를 삭감할 수 있었다.

다른 한편으로 그는 관리의 역참(驛站)이용을 제한하고, 지방의 생원(生員)의 수(數)를 줄이면서 이들에게 부여되었던 면세특권(免稅特權)을 박탈하였다.

또한 균형 있는 세징수(稅徵收)를 위한 기초 작업으로 전국의 토지를 측량하였고, 대토지 소유에 따른 은전(隱田 ; 감추어진 농토)을 가려내고, 과세대상을 공평하게 바로잡는 동시에 이에 근거하여 전국적으로 일조편법(一條鞭法)[18]을 시행하였다. 그리하여 그의 통치 만년(晩年)에는 '태창(太倉)의 곡식은 10년을 먹을 수 있고 국고에 남는 금(金)은 4백여 만 냥에 달한다.'라고 할 정도로 국가재정이 충실하게 되었다.

2. 학문과 사상의 통제

장거정은 비록 사상가는 아니지만 송(宋) 이래의 학문에 대해서 그 나름의 견해를 가지고 있었다. 그는 전통적 이학(理學)의 고수(固守)라는 보수적 시각(視角)에서 '성명(性命)을 연구하지 않는 학문(學問)은 학

---

17) 『현대중국정치사상사』, 체스타한, 136.

18) 근본 취지는 종래의 전부(田賦)와 요역(徭役)을 한 가지로 통합하고 전부의 기준에 의해 납세자 본인이 직접 주현에 은(銀)으로 납부하는 것이었다. 또한 과세의 기준이 애매했던 호등제(戶等制)에서 소유하고 있는 전지(田地)의 크기와 인정(人丁)의 수로 바뀜으로 과세의 기준이 정확해졌다.

문이 아니라 하였고, 경세치용을 중시하는 행정가로서 경제를 포함하지 않은 도(道)는 사람의 생활에 쓸모가 없는 것(한림원독서설)'이라고 하여 송대의 이학(理學)과 공리사상(功利思想)을 다 같이 긍정하였다.

그러나 한편 그는 심학(心學)의 영향을 받아 '몸을 닦고 마음을 바로 잡는 진실한 학문이 사라지고 구절(句節)과 훈고(訓詁; 경서의 고증, 해명, 주석)만을 중시하는 학풍이 성행하게 되었다. … 간혹 올바른 길을 가는 선비가 있으면 세상 사람들의 비웃음을 받았다. 오호! 학문이 마음에 근본을 두지 않고 밖에서 근본(根本)을 구해 스스로의 이익을 추구하니 갈수록 폐단(弊端)이 심해지는 것이다'라고 하였다.

그러나 장거정은 학문을 중시하는 학자가 아니고 정치가, 아니 오히려 행정가로서, 철저하게 실무적인 인물이었다. 따라서 그는 학문이 정치를 어지럽히는 일을 엄중하게 차단(遮斷)하였다.

그가 내세운 학문에 대한 원칙은 '기록(記錄)에 의하면 학문을 함에 있어, 관리는 업무를 우선시하고 선비(士)는 뜻을 우선시한다. 선비나 군자(君子)가 때를 만나지 못했을 경우 자신을 수양하여 남을 다스리는 도리를 배워 후일의 필요에 대비한다. 그리고 관리에 임명되면 업무를 중시하여 조심스럽게 직책을 다하여 잘못이 없도록 하고 또 윗사람의 명령을 완수해야 하기 때문에 그 근본인 업무를 버리고 따로 문과(文科)를 세워 학문을 해서는 안된다.'는 것이다.

그는 이러한 원칙에서 벗어나는 학풍(學風)을 근절(根絕)하기 위해서는 철권(鐵拳)정치도 마다하지 않았다. 그는 '만약 공자(孔子)가 지금 태어난다 해도 반드시 본 왕조의 선조들이 세운 기준으로서 제자들을 가르쳐야 하며, 이로서 신하들을 교육시킬 때는 반드시 황제가 내린 칙유(勅諭)에 따라야 한다.'고 하였다. 이처럼 군주의 전통(君統)을 도의 전통(道統)보다 높다고 까지 주장하여 전제정치의 극단적인 모습을 보였다.

장거정은 내각에 입각(入閣)하여 "진육사소(陳六事疏)"를 올렸다. 그 중에 '신(臣)이 보건데 근년 이래 조정에 의론이 너무 많아 한 가지 일을 가지고도 갑론을박(甲論乙駁)하며 아침부터 저녁까지 떠들기도 하며, 혹 앞뒤가 서로 배치되는 것도 모르고, 비방과 칭찬이 서로 모순되면 시비가 가려지지 않고, 감정에 따라 좌우되며 정치는 거듭 어지러이 바뀜을 일삼고 일에 기강이 없다.'고 하여 우선은 업무처리상의 기강과 능률을 문제 삼아 공허한 논의를 제한하려 하였다.

그러나 장거정의 사상통제의 문제는 모든 사학(私學)과 이설(異說)을 금지하는 사상과 학문의 획일화(劃一化)를 시행한데 있었다.

'나라에서 관리를 뽑을 때 책은 송나라 유가들이 주석(註釋)한 것을 중심으로 하며,[19] 문장은 참되고 순진하고 올바른 것을 높이 평가하며, 금후 사서오경, 성리대전, 자치통감강목, 대학연의, 역대명신진의, 문장정종 그리고 당대의 법률전서 등을 참고로 하고, 생원들은 이를 두루 익혀 고금을 능통하여 나라에 쓰이도록 하여야 한다. 이단(異端)이나 사설(邪說)을 표절(剽竊)하거나, 이상한 주장을 하는 자들은 비록 학문이 뛰어나다 해도 관리로 뽑지 않는다.'(청신구장식학정이진흥인재소)

이는 정주(程朱)의 이학 외에는 모두 이설(異說)로 단정하여 관리에 등용하지 않을 뿐 아니라 실제로 모든 학문과 사회적 행위를 정치권력 아래 통일시켜 전제정치 실행의 걸림돌을 사전(事前)에 제거하려는 것이다.

물론 이는 그가 정주이학에 특별하게 심취되어 있다거나 이를 진흥시키려는 목적이 아님은 분명하다. 오히려 그의 통치행태는 유가의 학문을 본체로 하지만 그 시행 목표나 정신은 법가에 가까운 것임을 알 수 있다.

그가 생각하기에 전제군주 정치에 헌신하고 충성을 다하는 학문 외에 다른 학문이 존재할 필요가 없으며 '원컨대 금일의 학자는 착실하게 공을 세우는데 힘쓰고, 기존의 법규를 잘 준수하고 윗사람에게 충성을 다 바쳐야 한다.'는 것이다.

---

19) 과거시험이 요구하는 답안의 내용은 시종 옛것에 억매여 사상과 감정의 표현이 제한될 수밖에 없었다.

3. 향신계층(鄕紳階層)에 대한 통제

특히 장거정은 선비들의 정사(政事)에 대한 간섭을 극력(極力) 반대하였다. 그는 이러한 자신의 정책의 정당성을 주장하며 '태조께서 천하에 잘못이 있을 때는 여러 사람들로 하여금 직언(直言)을 하도록 허락했으나 오직 생원(生員)들만 이를 허락하지 않았다.'는 역사적 사실을 내세웠다.

당시 생원이라는 향신계급[20]은 향촌(鄕村)의 모든 질서를 자율적으로 유지해 나가는 지도층 인사들로서 그 순기능(順機能)과 함께 많은 병폐(病弊) 역시 자행되고 있었다.

당시의 생원의 학위(學位)는 지식(知識)의 의미보다는 학위수여자의 사회특권계급으로서의 의식(意識)이 강하였다. 그들은 아문(衙門)을 출입할 수 있는 특권을 이용해 자신들과 자신들 가문의 문제뿐 아니라 온갖 이권에 개입하여 관리들을 압박하고 자신들의 뜻이 관철되지 않으면 무리를 지어 지방의 행정수령을 욕하거나 상급기관에 고소(告訴)하는 일이 빈번하였다.

당시의 지방 관리들의 생계(生計)는 상급정부가 보장하기보다 스스로 해결해야 하는 부분이 더 컸기 때문에 관리의 부정행위는 꼭 범법(犯法)이라기보다 오히려 일상적인 생활문제로 인정되었으나 생원들에게 이는 자신들 이익을 관철시키는데 좋은 협박 자료로 이용되었다.

다른 하나는 생원들에게는 면세(免稅)라는 특혜가 주어졌기 때문에 그 몫이 일반 백성의 과중한 세부담(稅負擔)으로 전가되었다. 이들은 수적(數的)으로는 소수에 불과했지만 이들 대부분이 향촌의 부유층으로 그들이 소유하고 있는 토지는 막대하여 국가로서 세수(稅收) 손실은 물론 그들의 세부담을 백성들이 떠맡음으로써 생활을 어렵게 하는

20) 이 계급은 관료계층을 배출하였고 향신은 진신, 신사, 향관이라고도 하였는데 부농과 지주층으로 구성되었고 이들에는 퇴직관료, 벼슬하지 않았던 수재(秀才), 거인(擧人) 등이 포함되어 있다.

원인이 되기도 하였다.

뿐만 아니라 이런 면세특혜를 이용해 일반인들의 토지를 위장등재(僞裝登載)함으로서 이익을 취하기까지 하였다. 사실 이들 지식인(知識人)들만이 국론을 분열시켜 국정을 방해할 지위와 능력이 있었기에 장거정은 생원들에게 정치의 득실, 관리의 자질 등을 논하거나 무리를 지어 소요를 일으키는 것을 허용하지 않았으며 이를 위반할 시에는 생원자격을 취소시켰다.

4. 결 어

장거정의 황제 일원적(一元的)인 전제정치를 위한 획일적인 관(官)중심의 사상 통제는 이미 그러한 통제가 필요할 만큼 민중의 학문과 정치에 대한 의식(意識)이 깨어있었고, 이를 바탕으로 향촌의 지식인들인 신사(紳士)계급에 의하여 공론화(公論化)되어 가고 있었음을 반증(反證)하는 것이기도 하다.

사실 명조의 당쟁(黨爭)은 장거정의 전권정치(專權政治)에 대한 반대에서부터 기원하였고 그로 인한 정치사회의 분열(分裂)이 왕조(王朝)의 붕괴로 이어졌던 것이다.

명 후기 당쟁의 주축(主軸)으로 지방분권을 주장하는 향신계급인 동림파(東林派)의 초기(初期) 지도자들, 즉 고헌성, 조남성, 추원표 등은 반장거정 운동을 통하여 동지적(同志的) 결속을 이루어 나갔던 것이다. 이들 반내각파의 관료들이 정치분쟁에서 쫓겨나 동림서원(東林書院)을 개설하고 강학(講學)을 시작하면서 비로소 동림당이라는 명칭이 나타나게 되었다.

제 6 절 동림학파(東林學派)

1. 세력 형성

동림당이 명말(明末)에 지방세력(地方勢力)을 규합하여 이를 정치세력화한 것은 중국 역사상 유래(由來)없는 일로서 정치상의 근대성(近代性)의 표현으로 볼 수 있다.

명말에 고헌성(顧憲成)은 추원표, 조남성 등과 함께 장거정의 강압정치에 반대하였고 그의 사후에는 황태자 책봉과 인사문제에 있어 당시 정부세력과 대립하다 정계에서 추방당하여 1604년 향리(鄕里)인 강소성 무석(無錫)에서 북송 시대의 거유(巨儒) 양시(楊時)의 동림서원을 재건하였다. 이들은 강학(講學)을 열어 당대의 정치와 인물을 비판하며 재야(在野) 향촌의 세력을 이루었다.

당·송 이래로 유가(儒家)의 사대부(士大夫)들은 하나의 계층으로 권력의 중심에 있어 왔다. 그러나 그 세력은 중앙정부를 위요(圍繞)한 상층부에 모여 있었다. 그러나 명대 중기 이후의 사대부의 변화는 향촌에 세력의 기반을 갖게 되었다는 점이다. 그것은 중앙집권적 행정체제인 군현제(郡縣制)에서 지방행정을 뒷받침하고 있던 이갑제(里甲制)[21]가 인구의 유동화로 붕괴된데 원인이 있었다.

당시 향촌에서 인구 유동화(流動化)의 원인은 크게는 유적(流賊)들에 의한 난(亂)과 이로 인한 백성들 생활 터전의 상실에 있었고 그와 함께 사회경제적 변혁기의 수공업(手工業)의 발달로 인한 도시로 유리(遊

---

21) 명조는 향촌지배를 위한 기본조직으로서 이갑제를 실시하였다.
원칙적으로 자급자족이 가능한 110호를 1리(里)로 편성하고, 인정(人丁)과 재산의 다과에 따라 호등(戶等)을 구분하는 제도였다. 위의 10호를 이장호(里長戶)로 하고 나머지 100호를 갑수호(甲首戶)로 하여, 10갑에 각 10호씩을 배속시켰다. 매년 이장 1명과 각 갑에서 차출된 갑수 10명이 이내(里內)의 조세 징수와 부역 배정 등의 업무를 이장(里長)에 맡기는 제도로 이들은 실제 농민의 교화, 권농, 재판을 맡고 있었다.

離)해 가는 경향에 따른 것이었다.

향신(鄕紳)들은 지방의 중소지주(中小地主) 계급과 상공업에 기반(基盤)을 가진 계층으로 이갑제의 공백(空白)을 메울 수 있는 유일한 집단이었다.

향신(鄕紳) 또는 신사(紳士)는 재야의 지식인이며 동시에 향촌의 세력가(勢力家)라는 양면을 가지고 있었다. 이들 세력의 궁극적 목표는 그들이 주도하는 민중의 여론을 내세워 자신들의 정치적 지위 향상을 이루려는 것이었다. 다른 관점에서 보면 모든 정치권력이 군주를 중심으로 중앙정부에 의해 왕실과 귀족계층에 전유(專有)된 당시의 정치사회적 구조에 대한 도전(挑戰)으로 이해될 수도 있었다.

동림당을 주도한 향신계급은 당시로서는 유일하게 연대의식(連帶意識)을 가지고 단체를 형성할 수 있는 계층이었다. 명 중엽 이후의 민중의 의식(意識) 수준은 당·송대에 비해 월등하게 개명(開明)된 상태였고 그 중에도 강남지역은 일찍이 상공업이 발달하여 민중들도 어느 정도 정치적 식견(識見)을 가지고 있었다. 그리고 향신들은 강남(吳)지방의 이러한 사회적 배경을 중심으로 여론을 주도해 나가며 향촌 세력으로 성장하였다.

2. 당쟁의 성격

동림파와 반동림파의 당쟁의 쟁점은 국본(國本)과 소위 삼안(三案)에 대한 논쟁이었는데 그 중에도 국본, 즉 태자(太子) 책봉을 위요한 신종(神宗)의 애매한 태도가 불씨가 되었다.

동림파는 1620년 초반에 일시, 주도권을 잡았으나 반동림파가 환관 위충현(魏忠賢)과 결탁하여 대 탄압을 가해 대다수가 체포되어 죽임을 당하였다.[22)]

22) 동림당은 1624년과 1626년 두 차례에 걸쳐 환관 위충현에 의한 탄압을 받았다. 이 때 동림계의 서원은 모두 파괴되고 모두 13명의 학자가 희생되었는데 1624년에 체포되어 사망한 6인을 전육군자(前六君子), 1626년에 희생된 사람들을 후칠군자(後七君子)라 한다.

이러한 동림당 인사들의 참혹한 죽음은 중소지주 계급과 상공업 계층의 이익을 대변하는 세력이 봉건 귀족세력의 무자비한 학대와 공격을 받았음을 의미한다.

조정(朝廷) 내에서 동림파는 일소(一掃)되었지만 향촌에서는 오히려 이들에 대한 잔혹한 탄압, 그리고 그 탄압이 혐오스러운 환관에 의한 행해졌다는 사실이 알려지면서 동림파에 유리한 분위기가 조성되어 나갔다.

송(宋) 나라 때도 당쟁은 있었으나 동림당과 반동림당 간의 투쟁과는 그 성격이 판이하였다. 한 나라의 국가정책을 두고 이를 담당하고 있는 정치인들 간에 의견의 차이를 보이는 것은 당연하고, 그 논쟁이 합리적일 경우에 그것은 오히려 장려할만한 현상이기도 하다.

송대(宋代)의 왕안석으로 대표되는 신법당과 사마광의 구법당간의 당쟁은 대의(大義)를 앞세운 사대부(士大夫)들 사이에서, 유가(儒家)의 사상적 근본을 해석하는 입장의 차이, 즉 인의(仁義)를 존중하는 명분론과 공리(功利)의 중요성을 강조하는 구실(求實)주의의 충돌(衝突)이었다. 이들은 다 같이 국가 정치의 운영을 담당하는 사대부들로 동류의식(同類意識)을 공유하고 있었으며 대립에서 공적(公的)관계의 한계를 벗어나지 않았고 따라서 정치적 승리가 상대에 대한 보복으로 이어지지는 않았다. 그러나 동림당의 주역(主役)들은 정치적 정통성(正統性)을 가진 집단이 아니었다.

장거정(張居定)이라는 걸출한 정치인의 죽음 이후의 공백을 차지한 환관들과 지방 세력을 기반으로 하는 동림학파 사이의 황제의 후계자 책봉이 가져올 정치권력의 향방을 두고 벌인 권력투쟁의 일환이었다. 이들 간에는 대의를 함께한다는 어떤 동류의식도 없었고 다만 일소(一掃)시켜야 할 적(敵)일 뿐이었고 국가의 존망(存亡)도 안중에 없었다. 물론 정쟁(政爭)의 사안(事案)이 있었지만 보다는 '정의로운 동림당'과 '혐오스러운 환관무리' 간의 투쟁이라는 의식이 앞서 온 것 역시 사실이다.

결론적으로 동림운동은 협의로는 환관과 집권내각에 반대하는 파벌적 정치행위였지만, 광의(廣義)로는 이갑제(里甲制)에 기반을 둔 정치체제의 붕괴과정에서 황제 일원적인 전제지배를 반대하고 정치분권(政治分權)을 주장하는 체제비판의 의미가 있었다.

또한 경제적으로는 황제 일가를 포함한 권력 상층을 형성하는 중앙의 대지주들과 지방의 중소지주들의 연합세력간의 정치권력을 위요한 투쟁이기도 하였다.

3. 복사(復社)운동과 동림당의 영향

한 때 의종(毅宗)이 즉위하면서 위충현 일당이 숙청되고 짧은 기간이나마 정국(政局)은 동림당에 유리하게 전개되었다. 이러한 분위기 속에서 1629년 장부(張溥) 등이 중심으로 고학(古學)의 부흥을 기치로 내세워 복사(復社)를 결성하였다. 복사는 하급신사·생원 등이 절대다수로서 이들은 문장연구의 명목 하에 공공연히 사(社)를 결성하여 통일된 집단행동을 하는 것이 가능하였다.

원래 복사는 학문 활동을 위한 단체로 출발하였으나 그 핵심인물들이 동림당의 노선을 따랐기 때문에 은연중에 향촌의 여론을 주도해온 동림서원의 대행 역할을 하게 되었다.

장부(張溥) 등은 자파(自派)의 인물들을 과거(科擧)에 다수 합격시켜 중앙 정부에의 진출을 노렸고, 반대당 인물의 정계 진출을 저지하는 등 정치에도 깊이 관여하였다.

황종희 역시 동림당에 연루되어 순직(殉職)한 부친의 영향으로 복사의 정치운동에 가담하였다. 따라서 황종희의 정치사상에는 동림당의 정치적 경향을 대변하는 의미가 깃들여 있다.

그의 정치사상에서 봉건제적 경향과 그에 따른 방진(方鎮制)의 제안, 그리고 보다도 학교에 대한 그의 정치적 제안은 동림의 정신을 이은 것이다.

고염무는 그의 스승이 반동림당이었고 그 역시 신사계층에 대한 강한 불신감을 들어내었지만 한때 복사운동에 참여하여 활동한 바가 있다.

고학부흥(古學復興)의 학술활동을 내세운 복사운동은 청조(淸朝)의 탄압으로 그들 학문에서 경세적(經世的) 성격이 탈각(脫殼)되면서 청대의 학풍인 고증학(考證學)의 진원지(震源地)가 되었다. 사실 청대(淸代) 고증학(考證學)의 개척자는 명말 유신(儒臣)인 황종희, 고염무, 왕부지 등이었다.

황종희는 동림당의 일원이었던 스승 유종주(劉宗周)의 뒤를 이어 절동학파(浙東學派)[23]를 확립하였으며 고염무는 절서학파(浙西學派)[24]를 창시하였다.

황종희는 사학(史學), 즉 역사적 사실을 확인하고 비교하는 연구를 통하여 정치 개혁과 제도 쇄신을 비판 분석함으로서 그 나름의 학풍(學風)을 일으켰고, 그의 학풍은 만사동(萬斯同), 장학성(章學誠) 등에게 전승(傳承)되었다.

한편 고염무는 추상적인 사색과 관념적 주관(主觀)을 배격하고 역사적 문헌의 전거(典據)를 위주로 한 '실사구시(實事求是)'의 연구를 진행하였다. 그의 실증적 학풍을 이어받은 제자들은 염약거(閻若據), 호위(胡渭) 등이었다.

이들 학문의 목적은 경세치용에 있었고 현실사회의 개혁과 구제를 전제로 얼마간 진행되었고 혜동(惠棟, 1697-1758)과 대진(戴震, 1723-1777)에 의해 전성기를 이루었다.

이 양파는 청초(淸初) 학문의 쌍벽을 이루었으나 청정부가 현직관료 이외에는 정치에 대한 발언을 금지하여 이들의 제자들은 더 이상 정

---

23) 이 학파의 특징은 양명학을 위주로 하고 사학(史學)을 중시하는 것이었다. 이들은 성명의리(性命義理)를 이해하기 위해서는 반드시 역사에서 그 의미를 찾지 않으면 안 된다고 주장하면서 공리공담(空理空談)을 배척하였다. 이들은 '육경(六經)이 모두 역사이다'라는 명제를 제기하였으며 사학(史學) 중시와 경세치용(經世致用)을 목적으로 하는 학문적 태도를 유지하였다.

24) 이 학파의 특징은 송대의 성리학보다는 한대(漢代)의 경학(經學)을 존숭하고, 훈고음운(訓詁音韻)을 중심으로 경서(經書)를 연구하는데 있다. 그에 따라 고문(古文)을 참조하여 확증을 구하려 하였으며, 광범위한 인용과 자세한 고찰을 학문방법으로 하여, 금석(金石), 지지(地誌), 산수(算數) 및 삼례(三禮 ; 예기, 주례, 의례)의 연구에 학문적 업적을 이루었다.

치적 입장을 개진하지는 못하였다.

따라서 경학(經學)을 중심으로 발달한 고증학은 역사학, 지리학, 금석학, 음운학 등 여러 분야에 파급되어 후에 금문(今文)학파[25]에 계승되어 중국 근대의 서구문화 수용의 이론으로 연결되고 양무(洋務)·변법(變法)사상의 기반이 되기도 하였다.

25) 진시황의 분서갱유 이후 경서(經書)의 수집과정에서 금문학파와 고문학파로 나뉘게 되었다. 서한(西漢)시대에 성행한 금문학파는 한초(漢初)까지 살아남은 일부 유생(儒生)의 구슬(口述)에 의거해 당시의 문자인 예서체(隸書體)로 정리된 경전을 기반으로, 그리고 동한(東漢)시대에 성행한 고문학파는 공자(孔子)의 집에서 발견되었다는 춘추전국시대의 문자로 쓰여 진 경전을 기반으로 하여 그 연구 및 해석을 하였다.
그리고 금문학파는 공자(孔子)를 교육자, 정치사상가로 생각, 그의 육경(六經)을 정치를 지도하는 학문으로 여겼기 때문에 탁고개제(託古改制)의 자료로 이용하였다고 보고, 또한 경전자구(字句)의 해석보다는 그 미언대의(微言大義)를 중시하였다.
금문학파는 경험적 지식을 바탕으로 실증적으로 진리를 추구, 서한시대의 왕충은 그의 저서 『논형(論衡)』에서 모든 존재는 기(氣)로 이루어지며 기(氣)의 전개에 따라 자연현상, 사회현상, 인간의 운명이 결정된다는 견해를 펼쳤다.

제 7 절　황종희(黃宗羲, 1610-1695)

1. 생애와 사상적 배경

황종희의 자는 태충(太沖)이고 호는 남뇌(南雷) 또는 이주(梨州)라 하며 당시 사람들은 그를 이주선생이라 불렀다. 그는 절강(浙江) 여요(餘姚) 사람으로 관료지주계급 출신이며 그의 부친은 한때 어사사(御使史)였으나 환관(宦官)들의 음모에 의해 희생되었다.

그는 청년시절 통치계급 내부의 부패한 엄당(閹黨 ; 내시 엄)과의 투쟁에 참여했다. 명(明)의 멸망 후에는 병사를 일으켜 청(淸)에 항거하였으나 결국 실패하고 만년에는 고향에 돌아가 저술활동에 전념하였다. 그의 주요 저서는 『명이대방록(明夷待訪錄)』, 『맹자사설(孟子師說)』, 『송원학안(宋元學案)』과 『명유학안(明儒學案)』[26] 등이 있다. 그리고 청나라 정부가 여러 차례 그를 초빙하였으나 모두 거절하였다.

황종희 정치사상의 핵심은 반전제(反專制) 사상에 있으며 경세치용의 학문을 성행케 한 사람이다. 그는 양명학의 영향을 비교적 많이 받았으나 주자학과의 차이를 없애고 이 둘을 합일하려는 노력을 추구하였다. '천지간에는 오직 하나의 기(氣)가 충만하여 두루 퍼져있다. 기가 인간을 태어나게 하고, 만물을 생성시키며 또 인간은 기를 받아 살아간다. … 기(氣)가 규칙을 잃지 않고 상하좌우로 움직이는 것이 이(理)이다.

이를 다시 설명하여 '오히려 이(理)와 기(氣)의 명칭은 사람들이 만들어낸 것임을 알아야 한다. 사물이 떠오르고 가라앉으며 올라갔다 내려

---

26) 명유학안(明儒學案)은 중국이라는 봉건사회에서 처음으로 완성된 철학사(哲學史) 전문 저작일 뿐 아니라 완전히 새로운 역사서술 방식인 '학안체(學案體)'로 이루어졌다. 학안체는 학안 앞부분의 서언, 학안 부분에 포함된 학자 개인의 평전(評傳), 평전 주인공의 어록을 뽑아 놓은 절록(節錄), 선집(選集)의 세 부분으로 이루어져 있다.

가는 측면에서 말할 때는 기(氣)라 부르는 것이고, 이 과정에서 규칙을 잃지 않는 점에서 말할 때는 이(理)라 부르는 것이다. 대체로 하나의 사물에 두 가지 이름이 있는 것이지, 두 가지 사물이 하나의 몸이 된 것이 아니다. 그리고 사람은 이(理)를 얻어 마음(心)이 생겨나므로 그 역시 기(氣)이다.'(明儒學案)

이렇게 그는 기(氣)를 들어 심(心)과 이(理)의 관계를 정합(整合)함으로서 마음에만 치우치는 양명학을 보충하려 하였다.

심학(心學)은 세계를 주체적 자아(自我)인 '마음'이 주재하는 것이라고 생각한 반면, 이학(理學)은 세계를 자아를 초월한 객관적인 이(理)가 주재하는 것이라고 생각했다. 따라서 이학이 강조한 것이 외재적 천리(天理)에 대한 복종이라면 심학은 내재적인 심성(心性)에 대한 자각(自覺)이었다. 이는 서구에서 자연법(自然法)과 자연권(自然權)의 관계에 비유할 수 있는 것이다.

성리학은 천명(天命)의 보편성과 이(理)의 법칙성을 근간으로, 천명을 따르는 것이 도(道)이고, 도에 이르기 위해 해야 할 일이 교(教)이며, 성인(聖人)은 사람과 사물(事物)이 따라야 할 바를 기준(基準)으로 세워 천하의 질서를 만들어 나가도록 하였다. 그리고 그 내용이 예악형정(禮樂刑政)으로 정치질서로 나타난다. 이는 곧 천명(天命)의 사회적 표현으로 정치주체에 절대적 권위를 부여하며, 정치질서에 구심력(求心力)을 제공한다.

유가에서 성인은 추상적 원리를 현세에 구체화시키는 사람으로 도(道)나 이(理)가 있어도 성인이 없으면 현상계에서는 그 모습을 볼 수 없다. 따라서 성인을 기다려 도의 실현을 기대한다. 이러한 도(道)와 성인(聖人)과의 관계는 어느 면에서는 기독교의 성령(聖靈)과 예수의 관계에 비교될 수 있다.

이에 비해 양명학은 이(理)의 객관적 실재성을 부인(否認)하며 개인의 양지(良知)에 직접 호소하는 체계로 대중화(大衆化)에는 성공하였으나, 이미 말한 대로 정치에 있어서 그 해체주의적(解體主義的) 성격은 정치질서에 원심력(遠心力)으로, 따라서 명말의 사회혼란의 일말의 책임이 있다고 평가된다.

2. 반군주론

황종희의 반군주론과 민본사상은 고대 민본사상이나 군주 무용론(無用論)과는 차이가 있다.

고대 유가에서의 민본(民本)의 예(例)로 '군주는 배이고 백성은 물과 같아서 배를 띄우기도 하고 전복시키기도 한다.'라 하였지만 이는 군주가 군권(君權)을 무한대(無限大)로 확대시켜서는 안 된다는 경고(警告)의 의미가 더 컸다. 또한 같은 맥락에서 맹자는 '백성이 소중하고(民貴) 군주는 하찮다(君輕).'라는 뜻 역시 인정(仁政)을 주창한 것으로 민본의 의미는 소극적이었다.

이는 봉건 정치체제의 입장에서 보면 '천명(天命)에 보탬이 되는 좋은 약재(藥材)'였다. 즉 천명을 거슬리려는 군주의 병통(病痛)에 대한 약재(藥材)로서 천명의 시행에 보탬이 된다는 것이다.

그러나 황종희는 '천하에서 가장 해(害)로운 것은 군주뿐이다'라 하여 당시의 시대정신을 극단적으로 표현했다(非君論, 군주비판론). 그는 또한 '천하가 주인이고 군주는 손님이다'라는 삼대(三代)의 정치적 이해(理解)를 내세워 당시의 전제정치를 비판하였다.

그는 군주정치의 기원과 군주의 책임을 다음과 같이 설명하였다. '처음 났을 때는 사람은 모두 이기적이었다. 천하 사람이 함께 누릴 수 있는 이익(利益)을 낳을 수가 없었고, 함께 당하는 해(害)를 제거할 수가 없었다. 그때 어떤 사람이 나타나 자기의 이익을 추구하지 않고, 오직 천하의 이익을 추구했다. … 그 사람은 천하 사람들보다 천 배나 만 배나 노력하면서도 이득을 누리지 못하니 천하 사람들 누구도 그렇게 하려 하지 않았다. 그러므로 옛날에는 군주의 자리에 오르려 하지 않았으니 … 그것을 버린 자가 요(堯)와 순(舜)이다.'

이처럼 최초의 군주는 권리가 아니라 의무이었으나 후세에 와서 군주가 사리사욕을 취하면서 공복(公僕)의 지위에서 권력의 소유자로 변한 것이다. 그래서 공(公)천하가 사(私)천하 혹은 가(家)천하로 바뀌면서 천하위공(天下爲公)의 원칙이 무너진 것이다.

그 이후 군주가 주인이 되고 천하는 객이 되어 천하 백성이 편안하게 지낼 수 없게 되었으니 그렇게 된 원인은 군주 때문이다. 진·한 이래 2천년 동안 군주는 왕권을 오래 유지하기 위하여 법을 만드니 이것은 군왕 한 가족의 가법(家法)에 불과한 것으로 이 가법이 천하의 공법(公法)을 대체하였으니 실제로 중국사회는 법도(法度)가 없는 사회로 볼 수밖에 없다는 것이다.

황종희는 '이러한 법들에 어찌 조금이라도 천하를 위한 마음이 있었겠는가? 이것을 법이라 할 수 있는가?'(原法)라고 통렬히 비판하였다.[27]

그는 군주제도를 명확히 부인하지는 않았지만 그 제도 안의 전제적 요소를 통렬하게 비판하고 역사적으로도 삼대(三代)시기 이후에는 전제정치가 아닌 적이 없었다고 하여 사실상 봉건시대의 군주제를 전복(顚覆)할 수도 있는 여론과 사상을 준비했다고 볼 수 있다.

이는 전통적 민본사상(民本思想)인 '하늘이 백성을 낳고 군주를 세웠다'보다는 한발 앞서는 민주계몽의식(民主啓蒙意識)의 전초(前哨)로서의 모습이었다.

3. 전제권력의 견제(牽制) - 분권(分權)

황종희는 군주 정치의 정상적인 운영을 위해서는 먼저 군주와 신하의 관계를 올바르게 정립하는 것이 중요하다고 생각하여 이를 우선시 하였다.

그는 역대 통치자와 동중서 이후의 정통 유가들이 주장하는 극단적인 존군(尊君) 사상인 '군위신강(君爲臣綱)'을 지극히 비정상적인 군신관

27) 이러한 황종희의 가법(家法)과 공법(公法) 관계로 정치적 현실을 설명한 부분은 헤겔이 당시 독일의 정치적 현상에 대해, 사법(私法)과 공법(公法)관계의 관점에서 공법(公法)의 부재(不在)를 독일이 근대국가가 되지 못한 가장 근본적 원인으로 이해한 것과 같았다.

계(君臣關係)라 여겼다. 군주와 신하는 그 명분(名分)이 다를 뿐이며 천하를 위하고 만민을 위해 일한다는 점에서 그 목적은 일치하는 것이다. 따라서 그는 군신관계는 무조건 복종하는 관계가 아니라고 보았다.

'천하를 다스리는 일은 마치 큰 나무를 옮기는 것과 같아서, 앞사람이 "영차"라고 소리를 내면 뒷사람도 "영차"라고 화답한다. 군주와 신하 역시 이들과 같다. 나무를 끌어야 할 사람이 앞자리에서 그저 웃으며 놀기나 하는데, 뒷자리에서 따르며 나무를 밀어야 하는 사람들이 그것을 옳다고 생각한다면, 나무를 끄는 일은 망치게 될 것이다.'

나무를 옮기는 것과 같은 군신관계에서는 군주는 높고 신하는 낮은 것으로 볼 수 없다. 군주가 죽음을 강요하고 또 신하는 죽을 수밖에 없다는 것, 자신을 희생하여 군주를 섬긴다는 것은 환관(宦官)이나 궁녀(宮女)의 마음일 뿐이다. 신하는 군주의 직책을 분담하는 사람으로서 신하가 된 자는 천하를 위해야지 군주 한 사람을 위해서는 안 된다.

그는 '옛날에는 군주가 신하를 대할 때, 신하가 절하면 군주도 반드시 답절을 했다. 그런데 진·한 이후에는 이런 제도가 폐지되었다'고 하였다.

천하는 광대하여 한 사람이 능히 다스릴 수 없으므로 여러 사람이 나누어 다스려야 한다.

'원래 군주를 세운 것은 천하를 다스리기 위해서였다. 천하를 한 사람이 다스릴 수 없으므로 관직(官職)을 설치하여 다스리게 했다. 그러므로 관리는 군주의 분신(分身)이다.'(명이대망록)

그는 '명대(明代)에 좋은 정치가 없었던 것은 고황제(高皇帝, 주원장)께서 승상제(丞相制)를 폐지한 것에서 비롯되었다.'고 하여 분권(分權)의 필요성을 주장하였다. 재상제도가 폐지되고 나자 천자의 아들이 혹시라도 현명하지 못하면 더 이상 그를 보완하며 상대할 현자(賢者)가 없어지게 되었다.

고황제는 군주의 권력 장악을 위해 금의위(錦衣衛)라는 특무기구를 설립하여 황권에 방해가 되는 사상과 행위에 무서운 압제를 가했다.

그러나 당대에는 성공했을지는 몰라도, 신하들이 존중되지 않는 이러한 전제정치의 결과는 명 말기에 이르러 외적의 침략을 막아야 할 때에 '즐비하게 늘어선 군영(軍營)에서는 화살 한 개의 구원(救援)도 받지 못하는 사태'를 맞아야 했다.

신하들의 도움을 받지 못하는 군주의 개인 독재는 나라는 물론 그 왕조(王朝)에도 해로운 것으로 그는 '한 사람의 능력은 천하를 얻으려는 여러 사람보다 못하기 때문에 길게는 몇 세대 후에 짧게는 자신의 세대에 천하를 남에게 빼앗기게 된다.'(原君)

그는 '천하의 안정과 혼란(治難)의 기준은 한 성(姓)의 흥망에 있지 않고 백성의 안락이나 근심에 있다.'(原臣)고 하여 사직(社稷)의 지위를 격하(格下)시키는 민주적 역사 해석의 새로운 시각을 제시하였다. 그러나 결론적으로 말하여 황종희가 반대하고 질책한 것은 군주제도내의 전제적인 형태 및 군주권력의 남용과 집중이었지, 결코 군권자체의 합리성을 부인하지는 않았다. 그는 군주제도에서 군권이 운용되는 정상적인 질서를 수립하려고 노력한 것이었다.

이를 위해 주권이 백성에게 있다는 민본사상, 정치체제의 감독에 대한 필요성, 공업과 상업이 모두 근본이라는 의식 등 근대 민주계몽의 색채를 띤 일련의 정치적 주장을 제기했다.[28]

4. 경세치용(經世致用)

황종희의 경세치용의 논의는 그가 경전(經典)과 역사서(歷史書)를 모두 중시하는 역사학자로서 역사에 포폄(褒貶 ; 칭찬과 나무람)을 더하는 기준(基準)으로서 세워진 것이다. 그의 역사 연구의 목적은 정치적으로는 반전제 사상, 그리고 사회적으로는 경세치용, 권선징악과 실사구시(實事求是)의 세 목표를 실현하는데 있었다.

정주(程朱)를 대표로 하는 이학(理學)은 공리(功利)를 경시하는 경향이 있었다.

---

28) 쉬딩 바오, 『황종희평전』, p.224.

그러나 황종희는 "변옥오군묘지명(辯玉吳君墓地銘)"이란 글에서 '유학이란 천지를 규명하고 경영하기 위한 학문이다. 그러나 후에 사람들은 마침내 어록(語錄)만을 중시하고, 이(伊)·락(洛)의 문하에서 단지 한 두 마디 문답을 들어 유가의 대열에 끼어 그 이름을 빌어 세상 사람들을 속인다. … 일단 나라에 급박한 사태가 발생하면 입으로만 말 할뿐이다. 이렇게 하여 세상의 도가 계속 타락해 갔으며 그 결과 공을 세우고 업적을 낳는 것은 유학자가 할 일이 아니라고 여기게 되었다.'

그는 정주학 이후부터 학자들이 내용 없는 의리만을 말하며 지행을 분리시켜 유가의 본면목을 잃게 하였다고 본 것이다. 그는 지식의 목적은 치용(致用)에 있으며, 그것의 주요 내용은 치국과 평천하이다. 또한 역(逆)으로 진정한 지식은 단지 실천을 통해서만 얻을 수 있다고 여겨 경험주의 철학의 한 면모를 보인다.

그는 '내 마음속의 지식은 자와 컴퍼스와 같으며, 제가(齊家), 치국, 평천하는 이로써 그린 사각형이나 원(圓)과 같다'고 하여 인간의 지식과 그 쓰임의 목적, 이 둘 간의 관계를 설명함으로서 이학(理學)과 공리(功利)가 합일하는 모습을 상정하였다.

그는 경세치용을 말하면서 '인간은 태어나면서부터 각기 자사(自私)와 자리(自利)가 있다. … 편안함을 좋아하고 수고로운 것을 싫어하는 것 또한 인지상정이다.'라고 하여 공리주의 입장을 이해하였다.

특히 그는 그 시대의 산업의식을 반영하여 '공업과 상업이 모두 근본(工商皆本)'임을 주장하였다. 이는 공업과 상업을 주요 직업으로 삼은 도시 시민계층이 급격히 늘어나면서 이들이 사회 재부(財富)의 원천으로 인식되었고, 이러한 변화는 필연적으로 이들의 지위와 역할을 새롭게 평가하게 된 것이다.

당시의 신흥 시민계층이 정치적 물질적 소망을 갖고 이를 추구한 점은 프랑스 혁명의 주체인 부르주아들을 연상하게 하지만 물론 아직 그와는 의식적(意識的)이 면에서나 경제적·사회적 비중에서 훨씬 못 미치는 것이었다.

5. 명(明) 정치제도의 결함

황종희는 진·한 이후의 법통(法統)은 진정한 법, 즉 공법(公法)의 의미를 상실한 사법(私法) 내지 가족법으로, 이를 본받거나 계승할 가치가 없다는 생각이었으며 이는 전제군주에 그 문제점이 있다고 보았다. 이러한 법의식(法意識)의 관점과 더불어 천하는 광대하여 군주 홀로 다스릴 수 없다는 두 가지 이유에서 그는 재상(宰相)제도의 부활을 주장하였다.

그는 재상의 중요성에 대하여 '옛날에는 천자(天子)가 나라를 자식에게 물려주지 않고 현인(賢人)에게 물려주었고, 그 후 천자는 자식들에게 나라를 물려주고 재상직은 현인에게 물려주게 되었으며, 황제의 지위를 계승한 천자가 모두 현명할 수는 없으므로 현인에게 물려 준 재상제도가 현명하지 못한 천자를 도울 수 있었다.'고 하였다.

천자나 재상은 국가를 경영한다는 입장에서는 같은 임무를 수행하는 대등한 것으로 공적인 상하 관계이며 결코 사적인 주종(主從) 관계와는 다른 것이다.

재상제도를 폐지한 명(明)의 군주는 방대한 국가업무를 수행하는데 있어 어차피 기탁(寄託)할 곳이 있어야 했으며 내각(內閣)제도와 환관이 그 공백을 차지하였다. 이 중 내각이 공적 기관으로 그 수반(首班)이 재상의 업무를 대신했다고는 하지만 이는 내각 생래(生來)의 성격이 군주의 비서(秘書)라는 점에서 이들 관계는 이미 주종의 범주를 벗어 날 수 없었다. 사실 더욱 큰 문제는 환관에게 있었다.

황제들은 궁중에서 성장하였기 때문에 어린 시절의 동반자이자 교훈자였던 환관들에게 의탁하는 경우가 흔했다. 1420년에는 환관을 위한 학교가 세워졌고 그 수도 수 천 명으로 증가하였다. 이들은 심지어 군대 지휘관이나 지방 행정의 감독관이 되기도 하였다.

재상이 없는 명나라는 육부아문(六府衙門)이 황제에게 직접 책임을 지도록 규정했으나 환관의 권력 증대로 때로는 육부가 환관의 뜻에 따라 움직여 정치가 이들에 의해 행해졌다.

명대(明代)는 중국 정치사에서 가장 심한 전제정치의 권력행태를 들어냈고 또한 가장 심한 환관(宦官)들의 횡포가 정치 전면(前面)에서 행해진 역사적으로 그 같은 예가 없는 시대였다. 이 시대는 '절대 권력에 있어 부패는 필연적이고 그 강도역시 그만큼 절대적이라'는 역사적 예증(例證)이 되었다.

6. 방진(方鎭)

황종희는 명 정치제도의 병폐(病弊)가 지나친 중앙집권에 있다고 보고 이를 시정하기 위해 봉건제 정신의 부활의 필요성을 주장하였다. 그러나 전면적인 부활을 요구한 것은 아니고 군현제와 절충하는 형태였고 특히 명말(明末)의 군사적 취약성을 보고 이를 시정하기 위한 방책으로 방진을 둘 것을 역설하였다.

그는 '이제 봉건은 머나 먼 옛일이 되어 버렸다. 따라서 봉건제[29]의 방향으로 개혁하려면 시의(時宜)와 대세의 추이를 감안하여야 하므로 방진을 부활시키는 것이 좋으리라 … 봉건제의 폐단은 강한 제후와 약한 제후사이에 병탄(併呑)이 일어나 천자의 정무(政務)가 제후들 사이에 잘 시행되지 않는 수가 있다는 것이다. 반면에 군현제의 폐단은 국경지대의 피해가 계속 끊이지 않는 것이다.'(명이대방록 방진편) 사실 군현제 하에서 국방(國防)이 중앙정부 단독의 책임으로 되면서 먼 변경의 방위에 어려움이 많았다.

당대(唐代)의 안록산(安祿山, ?-757)의 난(難) 등은 절도사 출신의 무장(武將)들이 방진의 군사력을 업고 반기(叛旗)를 들었던 것이다. 따라서 당조(唐朝)는 그 규모를 축소함으로서 위험을 예방하려 하였다. 그러나 황종희는 '… 당이 방진 때문에 망한 이래 어리석은 위인(爲人)들은 이에 현혹되어 방진을 좋지 않은 길로 접어드는 첫걸음으로 여기게 되

29) 봉건은 두 가지 의미로 사용되는데 하나는 군현제와 대비되는 제도적 의미이고 다른 하나는 귀족을 중심으로 하는 신분사회를 뜻한다.

었다. 안록산 등이 모두 방진의 힘을 믿고 난을 일으켰으나 이를 제압한 자들 역시 방진의 힘에 의지하여 성공하였다. … 당이 망한 까닭은 방진이 약함에서 말미암은 것이요. …'라 하였다.

황종희는 북경(北京)의 지리적 조건이 변경과 너무 가까워 국방(國防)에 대한 책임이 중앙정부만의 것인 상태에서는 북쪽 이적들이 침범할 적마다 곧 바로 영향을 받아 국정 전반이 마비되는 현상을 초래한다고 보았고 따라서 수도(首都)는 남경(南京)이 적합하다는 생각을 가지고 있었다.

그가 방진 설치를 주장하는 이유는 첫째가 지휘관의 독립성을 보장하여 군의 기강과 효율성을 확고히 하려는 것이다. 당시에는 대규모의 군사 활동이 필요한 때면 조정(朝廷)에서는 의례히 총독(總督)이나 순무(巡撫)를 파견하여 지휘관을 간섭·견제하여 유능한자는 견제에 걸리고 무능한자는 이들에게 책임전가를 시키는 폐단이 비일비재하였다.

다른 하나는 군량이나 장비의 보급선(補給線)이 길어 시간적으로나 경비면(經費面)에서 손실이 막대하다는 점이었다. 원래 명조(明朝)는 둔전제(屯田制)로서 군비를 충당하는 것이 태조 이래의 법이었으나 명 중엽부터 이 제도가 폐지되어 정부에서 모든 물자를 공급하게 되었다. 따라서 그는 방진에 대하여 거의 완전 독립에 가까울 정도로 많은 권한을 허용할 것을 제안하였다.

그 제안에 따르면 반드시 방진의 전량(錢糧)과 병마(兵馬)는 안으로는 자립하기에 충분하고 밖으로는 환난을 막기에 충분하도록 하여야 한다. 이를 위해 전부(田賦)와 상세(商稅)의 징수를 허용하여 그 비용에 충당케 한다는 것이다.

더 나아가 정사(政事), 주민의 교화(敎化) 및 형벌의 시행에 있어 중앙의 간섭 없이 독립성을 유지해야 한다. 특히 인사권에 대하여 관원들도 방진에서 자체적으로 선발하고 사후에 보고케 하였다. 그에 비해 방진의 의무(義務)는 매년 공물(貢物)을 바치고 3년에 한 번 입조(入朝)하는 극히 간략한 것이었다.

황종희가 거의 독립적인 방진의 설치를 주장하는 또 다른 정치적 배경에는 은연중에 중앙정부 내부에서의 불온(不穩)한 자들의 횡포를 견제할 능력 있는 세력을 둠으로서 정국(政局)의 안정에 도움이되리라 믿은 것이다.

7. 학 교

황종희는 전제정치의 제한을 위한 조정(朝廷) 밖의 감독기관으로서 학교를 생각하였다. 그는 학교는 사(士)를 양성하기 위한 곳이다. 그러나 고대의 성왕(聖王)은 학교의 의의(意義)를 이것에만 두지는 않았다. 그들은 천하를 다스리는 모든 방법이 학교에서 나오게 한 후에야 학교를 개설한 의의가 비로소 갖추어진 것이라고 확신했다.

그는 또한 여론을 조성하고 정치의 시비를 판단하는 중심에 학교의 역할을 두었다.

삼대에는 '천자가 옳다고 하는 것이 반드시 옳은 것은 아니며, 천자가 옳지 않다고 하는 것도 반드시 옳지 않은 것은 아니므로 천자가 감히 스스로를 옳고 그름을 결정하지 않고 학교에서 공정하게 옳고 그름을 공론화(公論化)했다.'고 하여 여론을 주도(主導)하고 감시하는 측면에서 학교는 군주권력을 제약할 수 있는 유효한 기구가 된다고 믿었다.

그는 학교가 존재했기 때문에 '조정의 상하 관리나 백성들이 점점 영향을 받아 『시(詩)』나 『서(書)』에 있는 관대함을 배울 수 있었다.'(명이대방전, 학교편)

학교를 설립함에 있어 그는 '태학(太學)의 제주(祭酒)는 당대 최고의 유학자를 추천하여 선발하되, 그 비중은 재상(宰相)과 동급이며, 재상이 퇴임할 경우 이 직책을 맡길 수도 있다. 매달 초하루에는 천자가 태학에 행차하며, 재상과 육경(六卿) 등이 천자를 수행한다. 제주(祭酒)는 남쪽을 향하여 앉은 채로[30] 강학하며, 천자 역시 제자의 자리에 앉는다.

30) 군주는 오행설에 따른 예법(禮法)에 따라 반드시 중앙에 앉아 남면(南面)하여 신하(臣下)들과 대하며, '남면한다'는 일반적으로는 군왕이 정치한다는 뜻으로 쓰인다. 따라서 이는 최고의 권위(權威)를 상징한다.

정치에 혹시 잘못된 점이 있으면 제주는 기탄없이 직언한다(상동).

이렇게 하여 학교는 군주를 포함한 권력기구를 대표하는 관리들을 감찰할 수 있게 된다. 그는 지방에 있는 각 군학(郡學)·현학(縣學)에도 이 방식을 따라야 한다고 생각했다. 특히 군현 정치에 잘못이 있으면 '작은 것은 고치게 하고 큰 것은 북을 울려 사람들을 모아 그들에게 밝힌다.'

이처럼 그는 유학(儒學)의 위상을 한껏 높이면서 그에 그치지 않고 유학 중심의 유일(唯一)사상을 이루려 하였다. 그는 '학궁(學宮) 이외의 성(城)이나 성(城)밖에 있는 모든 불사(佛舍), 도관(道觀; 도교사원), 암자, 신당(神堂) 등은 큰 것은 개조하여 서원(書院)을 만들어 경사(經師)가 관할하고, 작은 것은 개조하여 … 이들의 재산은 학교에 귀속시켜 여러 생도 중에 가난한 사람을 돕는다. 승려와 도사(道師)는 심사하여 그 가운데 학행(學行)이 있는 자는 학관에 소속시키고 나머지는 본래의 생업에 복귀시킨다(동서, 학교편).'고 하였다.

또한 그는 시문(時文), 소설 등을 건전치 못한 서적(書籍)으로 지목하여 이미 조판(組版)이 된 것은 그 판본을 찾아내어 불태워야 한다고까지 하였다.

이러한 주장들은 사상통제라는 면에서 볼 때 장거정과 다를 바 없는 극단적인 것이었으나 장거정은 자신의 주장을 시행할 권력이 있어 그대로 시행한 반면에 황종희에게는 이미 지나간 명조(明朝)에 대한 회한(悔恨)에서 자신의 연구(研究)를 피력한 것으로 현실적 실천과는 거리가 있는 내용으로 볼 수 있다.

제 8 절 고염무(顧炎武, 1613-1682)

1. 생애와 사상

고염무의 원래 이름은 강(絳)이고 자는 영인(寧人)이며 강소(江蘇) 사람이다. 청나라 군사가 남경을 격파하자 이를 수복하려는 뜻을 세워 이름을 염무로 바꾸었다. 그는 대지주(大地主) 집안에서 태어났으나 한때 호족(豪族)들에게 능멸을 당한 적이 있으며 일찍이 정치적 학술단체인 복사(復社)에 가입하여 정치를 논하고 환관들의 횡포에 반대하였다.

그는 청(淸)에 저항하는 투쟁에 참여했으며 실패한 후에 강남으로 도피했으며 만년에는 섬서성에 머물면서 학문에 힘썼다. 그의 주요 저서는 『일지록(日知錄)』과 『천하군국이병서(天下郡國利病書)』 등이 있다.

고염무 정치사상의 요체(要諦)는 '군자는 학문으로 도를 밝혀 세상을 구하는 것'이라는 경세치용(經世致用)에 있다. 그는 자신의 정치철학의 근거를 고대(古代) 유가정신(儒家精神)의 부활(復活)에서 찾았다. 유가사상은 본질적으로 자신을 수양(修養)하여 남을 다스리는 실천적인 학문으로 헛되이 성명(性命)이나 천도(天道)를 논하는 학문이 아니라고 하여 송대 신유가의 형이상학(形而上學)을 무용(無用)한 것으로 치부하였다.

따라서 황종희가 심학을 숭상하고 주로 정주의 이학(理學)을 비판하였음에 비해 고염무는 송·명 이후의 심학과 이학 모두에 대해 날카로운 비판적인 입장을 취했다. 그는 전통 유가사상과 송·명의 이학을 대조시켜 이학은 사실상 전통 유가사상을 벗어났다고 주장했다. 그리고 이학가(理學家)들의 청담사상(淸談思想)이 나라를 망치게 했다고 주장하였다.

그는 유연과 석륵이 중국을 침략하게 된 것은 청담사상이 야기(惹起)한 화(禍)임을 사람들은 모두 안다. 하지만 지금의 청담사상은 과거보다 더욱 심한 줄 누가 알겠는가? 과거의 청담은 노자와 공자를 논했으며, '지금의 청담사상은 공자와 맹자를 논하나, 그 정수(精髓)는 알지 못하고 껍질만 남아 있으며, 그 근본을 알지 못하고 말단(末端)만 말하고 있으며, 육례(六禮)를 배우지 않고, 선왕들의 제도를 살피지 않고, 현재의 급선무를 중시(重視)하지 않고, 오직 공자(孔子)가 말한 일관(一貫)된 도(道)를 추구한답시고, 심성(心性)에 관한 쓸데없는 말만하면서 자신을 수양하여 남을 다스리는 실질적인 학문을 저버린 결과, 신하(臣下)들은 나태(懶怠)에 빠지고 군비(軍備)가 엉망이 되어 주변의 오랑캐들이 쳐들어 와서 중국이 망하고 사직(社稷)이 무너지게 되었다.'(일지록)

그가 생각하기에 이학(理學)의 해로운 영향은 불교나 도교보다 오히려 컸다. 왜냐하면 이학은 고대 유교와 겉으로 같아 보이는 점에서 오히려 쉽게 혹세무민(惑世誣民)할 수 있기 때문이라는 것이다.

2. 반전제(反專制)

후세의 군주(君主)들이 정치를 제대로 시행하지 못하는 까닭은 천하(天下)의 모든 권력을 자신의 손안에 넣고 있기 때문이다. 정치란 모든 사람과 더불어 의지하고 시행할 일이지, 한 사람에 의해 좌우되는 것은 아니다(일지록).

전제군주제의 폐단(弊端)은 군주에게 권력이 과다하게 집중되고, 군현 수령(守領)들의 권한을 빼앗고, 각급관리들로 하여금 서로 견제하게 하는데 있다. 지방관리들은 자치권(自治權)이 없어 어떤 업적도 쌓기 어렵다.

반작(班爵)이란 천자와 공후백자남(公侯伯子男)이 한결같다는 뜻으로서 특별히 귀한 존재가 없다는 말이다. … 그런 까닭에 천자라는 지위의 의미를 알게 되면 인민 위에서 감히 스스로를 존귀(尊貴)하다고 하지 못할 것이며, 인민들이 밭을 경작함으로서 자신의 녹(祿)을 받는다는 사실을 알게 되면 감히 인민을 착취하지 못할 것이다(상동). 그러나 고염무의 이 주장은 군주와 백성이 평등(平等)하다는 것은 결코 아니다.

3. 봉건제

고염무는 군현제(郡縣制)에 내재하는 모순이나 약점을 보완하기 위해 그 외형을 유지하며 새로운 요소를 추가하거나 변경하여야 할 필요를 역설하였다. 이를 그는 '봉건제를 군현제 안에 둔다.'고 말했는데 그에 의하면 '봉건제의 폐단(弊端)은 아랫사람이 권력을 독점하는 것이고, 군현제는 윗사람이 권력을 독점하는 것'으로 이들의 조화를 모색한 것이다.

그는 먼저 '오늘날 왕은 사해지내(四海之內)를 모두 자신의 군현으로 만들고도 부족하여 사람마다 의심하고 규제를 한다. 그리하여 법률 조항과 문서가 나날이 늘어만 간다. 게다가 감사를 두고 그 위에 총독(總督), 순무(巡撫)를 둔다.'고 하여 성(省)과 그 예하(隸下)의 업무를 두고 삼중(三重)의 감시체계가 형성되어 있음을 비판하였다. 이러한 체제에서 수령(守領)들은 재량(裁量)을 발휘할 수 없고, 오히려 그들에 영합(迎合)하는 마음이 우선하여, 백성을 위한 정상적인 업무에 절대적인 지장을 준다는 것이 그의 생각이었다.

그가 구상한 봉건제는 성(省)을 폐지하여 지방 행정의 중심을 현(縣)에 두고, 군현제하에서 인사(人事) 원칙인 관리임명에 있어 연고지를 기피하는 회피제(回避制)를 포기하고 오히려 연고지 중심으로 운영할 뿐 아니라 현령직(縣令職)에 대한 종신(終身), 더 나아가 세습(世習)까지도 허용하는 혈연중심 사회로의 복귀를 제안했다.

그의 생각에 군현제하의 지방행정 최대의 병폐는 서리(胥吏)들의 농간(弄奸)에 있다고 보았다. 서리는 지방행정의 실무를 맡아 수령을 보필(輔弼)하는 기능을 가졌고 이들은 수령(守領)이 회피제에 따라 현지 사정에 어두운 점을 이용하여 사복(私腹)을 채우는데 혈안이 된 무리로 이들을 통제하여 폐단을 없애기 위해 그는 현령직(縣領職)의 연고지제를 주장하였던 것이다.

4. 사상의 자유로서의 교화

황종희는 유가(儒家)로서 도가(道家)의 영향을 많이 받은 사람이다. 그는 군주는 통치권을 장악하고 있으면서도 그것을 행사하지 않고 현재(賢才)를 등용하여 이를 행하는 군주를 으뜸으로 쳤고 따라서 그에게 현재, 즉 관료의 자질은 가장 중요한 관심사이었다.

모든 정치적 책임은 통치자에 귀일(歸一)되는 것으로 이는 곧 정치를 주도하는 학자층에서 배출(排出)된 현재(賢才)의 책임으로 되며 따라서 이들은 정예(精銳)로서의 강한 엘리트 의식 역시 가지고 있어야 한다.

반면에 고염무는 일반 백성이 국운을 좌우하는 가장 중요한 요인(要因)이며, 정치적 성패를 결정하는 것 역시 백성들이 형성하는 풍속(風俗)이라고 하였다. 그는 국운(國運)은 통치자의 덕성에 좌우되는 것이 아니라 백성들의 건전한 풍속을 세우는데 있다고 보았다. 풍속의 문란은 곧 법제의 붕괴를 가져 오게 한다는 점에서 국가의 존망에 직결되며 따라서 그는 '정치(政治)는 곧 백성의 일이다(奇天下之人)'라 하였다.

그는 명교(名教)를 통하여 인심(人心)을 바르게 하고 풍속(風俗)을 후덕(厚德)하게 해야 한다는 윤리관을 정치의 근간(根幹)으로 생각하였다. '성인(聖人)의 도(道)는 밑에서부터 배워 점점 위의 것을 일깨우는 것이며, 그것의 행위는 효제(孝悌)와 충신(忠信)으로 나타나며, 그것의 기록은 시(詩)·서(書)·예(禮)·주역(周易)·춘추(春秋)에 있으며, 그것의 용(用)은 진퇴(進退)·사수(辭受)·취여(取與)로 나타나며, 그것을 천하에 시행하면 정령(政令)·교화·형법으로 나타나며, 그것이 말하는 것은 모두 혼란을 바로잡고 안정을 되찾고 풍속을 바로잡아 태평스러운 사회를 만드는 것이다.'(與友人論學書)

고염무는 그가 정치에서 가장 중시한 근본적으로 인심을 바르게 하고 풍속을 후덕하게 정돈하는 데는 인륜의 명분을 밝히는 명교에 의해 기강(紀綱)을 교화함이 필수불가결하다고 주장하였다. 군신 상하가 자신의 이익만을 생각하며 서로 접촉함으로서 풍속이 그렇게 이루어져 다시 법제를 세우기란 불가능하니 오직 명(名)으로서만이 그것을 가능하게 할 따름이다.

그는 '한(漢)나라 사람은 명(名)으로서 정치를 하였던 까닭에 인재가 흥성하였으나 오늘날은 법(法)으로서 정치를 하는 까닭에 인재가 쇠미해졌다(漢人以名爲治 故人材盛, 今人以法爲治 故人材衰).'(일지록)

그는 '법제와 금령(禁令)이 날로 복잡해지고 엄밀해지면 사람들이 마음대로 행동하지 못하게 되며 이러한 상황에서는 사람들이 마음대로 생각하지도 못하게 되므로 인재가 나타나지 않게 되며, 또 이러한 상황에서 어떤 사람과 중요한 일에 대해 이야기하고자 한다면, 그는 손을 흔들면서 거절하고 만다. … 호걸들이 마음대로 활동할 수가 없으니 모두 나약(懦弱)한 자가 되고 만다고 하여 사상자유의 필요와 그 효용성을 역설하였다.'[31)]

또한 고염무는 군주의 독재에는 법치가 수반된다고 보았다. 그는 법치가 군주권력 남용에 이용되어 그에게 정당성을 주는 수단으로 전락하는 것을 비판하였고 다른 면에는 당시의 법이 군주전제와 이익을 위해 제정된 비법(非法)으로 그러한 법에 의한 명목뿐인 법치를 거부한 것이다.

그는 황종희의 말을 보다 자세히 설명하기 위해 국가와 천하를 나누어 생각하였다. 그는 국가는 한 집안 혹은 한 성(姓)의 왕조(王朝)를, 그리고 천하는 만백성의 삶의 터전을 의미하는 것으로 이 둘을 구분하였다. 그는 성(姓)이나 국호가 바뀌면 국가가 망한 것이고, 천하가 망한다는 것은 인의(仁義)가 사라지고 백성을 도탄(塗炭)에 빠트려 그들로 하여금 서로 해치게 하는 것이다(일지록).

고염무는 국가가 예·의·염·치(禮義廉恥)라는 네 가지 법도(法度)를 발양(發揚)케 함으로서 인심을 바로잡고 풍속을 두텁게 하려는 목표가 이루어진다고 보았다. 예·의는 사람을 다스리는 큰 법도이며 염·치는

---

31) 이러한 고염무의 자유가 억압 내지 부정되었을 때의 폐해(弊害)는 J. S. 밀의 "자유론"과 특히 토크빌의 사상의 자유에 대한 설명과 내용면에서 상통(相通)한다.

사람을 당당하게 행동케 하는 큰 도리(道理)이다. 염(廉)이 없으면 아무 것이나 취하고 치(恥)가 없다면 아무 짓이나 하게 된다. 사람이 이렇게 되면 화(禍)를 부르고 혼란을 일으켜 망하게 된다(日知錄).

5. 결　론

혹자는 '그는 비록 군주에 의한 전제(專制)를 반대하였으나 그것은 '천자의 권력은 더욱 존엄하다(天子之權益尊).'는 기본관념의 범위 내에서 이었고, 농민의 질고(疾苦)를 동정하면서도 농민봉기를 박해하였다.' 고 평가하지만 그가 원한 것은 안정된 사회였기에 그의 언동(言動)에는 변명의 여지가 있다.

여하튼 그는 도덕 윤리로 사회문제를 해결하려 하였으나 이는 현실과는 부합되지 않는 공상(空想)에 그치고 말았다. 그러나 황종희, 고염무의 제도적 고찰(考察)은 자신들의 왕조(王朝)인 명조(明朝)에 대한 진언(進言)이 아니었다. 따라서 그들 논리가 지향하는 바 목표는 현실적용의 적합성(適合性)보다는 이상성(理想性)에 가까운 것으로 오히려 순수한 원칙(原則)에 철저할 수 있었다.

고염무에 대한 역사적 평가는 정치사상가로서 보다는 청대(淸代) 주요한 학문의 두 주류 중 절서학파의 창시자로서 중요한 역할을 하였다는데 있다.[32]

32) 고염무는 진제(陣第)의 연구를 이어받아 후대에 고증학(考證學)의 태두로 인정되었다. 1606년 진제(陣第)는 귀납법을 사용하여 『모시고음고(毛詩古音考)』를 발표했는데 이는 본증과 방증의 두 항에 기초하여 인용문(引用文)을 모아 하나의 단어가 어떻게 발음되어지는가를 증거로 보이고 있다. 험맬은 '이는 귀납법의 조직적 적용과, 서방에서의 방법이 연상되는 참다운 술어(術語)의 이용을 중국학자가 17세기 초에 이루어 놓은 업적'이라고 하였다.

제 9 절 왕부지(王夫之, 1619-1692)

1. 생애와 사상적 성격

왕부지의 자는 이농(而農), 호는 강재(薑齋)이며, 호남(湖南) 사람이다. 만년에 형양(衡陽), 석선산(石船山)에 은거했던 까닭에 후세 사람들은 그를 왕선산이라고도 부른다. 그는 관료지주집안 출신으로 정치적으로는 지주계급 내의 혁신파에 속했으므로 왕족과 봉건귀족 계급인 대지주(大地主)의 특권에 반대하였다.

청나라 군사에 저항하여 한때 의병(義兵)을 모집하여 투쟁하였으나[33] 실패 후에 남명(南明) 계왕(桂王)에 몸을 의탁하였고, 후일 석선산에 은거하면서 저술활동을 하였다.[34] 그는 많은 저서를 남겼는데 그 중에서 중요한 것은 『주역외전(周易外傳)』, 『상서인의(尙書引義)』, 『독사서대전설(讀四書大全說)』과 『시광전(詩廣傳)』 등이 있다.

왕부지의 사상은 유심주의(唯心主義), 즉 주관적 관념론(觀念論)에 반대하는 비판정신이 투철한 유물론자(唯物論者)였으며, 회의론자(懷疑論者)였다. 따라서 그는 '육구연의 심학이 나타나자 송(宋)나라가 망했다고 하며(張子定蒙注), 특히 육·왕의 심학을 공격했다.

그는 전반적으로 신유학(新儒學)을 고수하였지만 우주생성론적(宇宙生成論的) 사변(思辨)은 관찰하거나 유용(有用)하게 논의할 수 있는 범위 밖에 있는 것으로서 그의 주요관심사는 아니었다. 그러나 그는 신유

---

33) 명말 삼대학자(三大學者)로 꼽히는 황종희, 고염무 그리고 왕부지는 모두가 명 멸망 후에 의병(義兵)활동에 적극 참여하여 국가를 책임지려는 뜻을 펼쳤다. 비록 그들이 성공하지는 못하였지만 대학자의 의병활동은 곧 유가의 내성외왕(內聖外王)정신에서 비롯된 의미 있는 행위이다. 이는 유가의 본뜻이 결코 고루한 예(禮)에 얽매인 공담(空談)에 있지 않음을 보여준 것이다.

34) 그의 많은 책은 청조(淸朝)에 의해 금압(禁壓)당하였는데 19세기 후반에 같은 호남 출신인 증국번(曾國藩)에 의해 선산유서(船山遺書)라는 이름으로 간행되었다.

학자로서 그 사유(思惟)의 체계는 신유학의 기본개념인 이(理)와 기(氣)를 중심으로 이루어져 있다.

평유란은 왕부지의 이(理)는 선험적(先驗的) 이념으로 자연과 인간을 초월적으로 규정하는 우주론은 본체론적 개념이지만, 이러한 불변성에 시간성을 내포시키는 역사적 개념이기도 하다라고 하였다.[35)]

그의 도기론(道器論)(주역 계사 편; 형이상학자를 도(道)라 하고 형이하학자를 기(器)라 한다)은 기(氣)를 우선으로 하는 이기일원론(理氣一元論)으로 '천하는 오직 기일 뿐이니 도(道)는 기의 도이며, 그러나 기는 도의 기라 할 수 없다.'고 하여 기(氣) 우선의 유물론의 입장에 서있다.

그에 의하면 천지만물의 생성은 기(氣)에서 비롯된다. 즉 기의 변화와 운행에 의해 인간과 만물이 생겨난다. 이는 기에 의존하여 존재하는 것으로 '고립적으로 존재하는 이(理)'는 없다. 그는 실례(實例)를 들어 '활과 화살이 없었을 때는 사도(射道)가 없었고, 수레와 말이 없었을 때는 어도(御道)가 없었다.'고 하였다.

그의 유물론(唯物論)에 따르면 세상은 불꽃이나 생물같이 끊임없는 변화과정에 있는 것으로, 만물은 '불변하는 정해진 물질적 성질'이 있는 것이 아니라 존속하는 한 끊임없이 변한다. 그러한 사물은 분산되어 태허(太虛), 즉 자연 생성력의 근원으로 돌아갈 뿐, 절대로 소멸하지 않는다. 이와 같은 유물론적 입장에서 그는 중국 역사상 많은 학자들 중에 오직 왕충(王充)[36)]만을 흠모하였다.

왕부지의 도기론과 '우주만물은 끊임없이 생성변화 한다.'라는 생각은 그의 사상 전체를 관류(貫流)한다. 그는 사물의 발전이나 변화의 법칙인 이(理)는 구체적이고 객관적인 사물 속에 있다고 하였다.

---

35) 평유란이 '시간성을 내포시키는 역사적 개념'이라 했을 때 이는 역사(歷史)라는 구체적 현실에 대한 이념 즉 '기(器)의 도(道)'로서의 성격을 부각시킨 것이다.

36) 후한의 사상가 자는 중임(仲任), 절강성 출신, 30(?) - 100.
그는 철저하게 반속(反俗)정신의 소유자로 독창성 넘치는 자유주의 사상가였다. 유교의 테두리 안에서 다듬어진 한대(漢代)의 사상을 타파하고 언론의 자유를 내세우는 위·진적 사조를 만들어 낸 사상적 전환기에 있어서 선구자였다. 그러나 관료로서는 매우 불우하였다. 그가 당시의 정치나 학문을 비판한 『논형(論衡)』이 남아있다.

그는 '세(勢)는 사(事)의 말미암은 바이고 사는 세가 이루는 바이니, 사(事)를 떠나서 이(理)가 없고 이(理)를 떠나서 세(勢)가 없다'고 하여 이세(理勢)의 합일과 '필연의 세(勢)에 따르는 것이 이(理)이고 이의 자연이 천(天)이며 이세의 자연은 각기 그 시(時)에 맞을 뿐'이라 하여 이(理)가 시(時)·세(勢)의 변화에 순응해야 한다(왕선산 학보)고 보았다.

이러한 왕부지의 '이(理)가 변화를 수용할 수 있다'는 이념은 중국 개혁기에 개혁을 시도(試圖)하는 변법(變法)의 정당성과 서구의 이념이나 가치체계를 수용할 수 있는 철학적 근거를 제공하였다.

그의 천인합일(天人合一)에 대한 사유(思惟) 역시 유물론적 자연관에 기초한다.

하늘과 인간이 품고 있는 것은 하나의 기(氣)일 따름이다(속사서대전설). 천하의 형세는 일이일합(一離一合), 일치일난(一治一難)하는데 이로부터 천도(天道)를 알 수 있으며 이를 통해 인치(人治)를 알 수 있다(속통감론)라고 하여 천도(天道)의 흐름을 알면 인간의 속성을 알게 되며 이것이 치난(治難)의 관건이다. 즉 천도와 인치가 상위(相違)한 것이 아니다.

그의 자연관에 따르면 '인간의 삶은 하늘과 땅 사이에 있으며, 땅에 의지하여 형체를 이루고 하늘에 의지하여 본성을 이룬다. 성(性)은 형체에 의지해서 인·의·예·지(仁義禮智)의 모습으로 나타나며, 인간의 도리를 다하면 반드시 볼 수 있다(장자정몽주)'라 하여 인간의 본성에 대한 긍정적인 자세를 보여주고 있다.

이와 같은 천인합일의 생각은 당연히 천리(天理)와 인욕(人慾)을 성리학에서처럼 길항(拮抗)관계의 대립적인 개념으로 보지 않고 오히려 시(是)가 있음으로 비(非)가 있고 욕망이 있음으로 천리(天理)가 있다고 하였다.

그는 예(禮)가 비록 천리의 절문(節文)을 따른다고 하지만 반드시 (삶의 현실적 표현인) 인욕 속에서 나타난다고 보았는데 이는 도(道)가 기(器)의 도(道)라는 그의 도기이론에 따른 결과이다. 그는 이를 두고 '인욕(人慾)은 각기 얻은 바의 천리(天理)와 완전히 부합된다(속도거대전).'[37]

고 하기도 하고 '식욕·성욕과 같은 욕망은 인간 누구나가 공유하는 것이다(시광전(詩廣傳)).'라 하였다.

이처럼 그는 인간의 욕망이 충분히 만족을 얻어야 비로소 천리에 부합되는 것임으로 '인간 각자가 그들의 욕구를 충족시키는 것이 천리이다(속사서대전). 더 나아가 그는 인간의 욕망의 합리성과 보편성을 믿었는데 이는 그것이 바로 올바른 천리의 반영이기 때문이라(상동)'고 하였다.

2. 역사관

주희는 삼대(三代) 이전을 천리가 행해지던 시대로 보아 이를 본받을 것을 주장하였다. 그러나 왕부지는 삼대(三代)가 공맹(孔孟)이나 정주(程朱)가 말한 것처럼 이상국가(理想國家)가 아니라 하였다. 국가는 작고 통치자는 많아 포악한 왕이 날뛰었던 당시는 부락민(部落民)을 잡아먹고, 굶주려 수척하고, 누추하고 다 떨어진 옷을 입고 초목의 열매를 따먹는 지금의 사천(四川)지방의 야만족 우두머리와 별로 다르지 않았다(속통감론). 그래도 삼대는 복희(伏羲)씨 시대에 비해 상대적으로 많은 진보를 한 상태로 복희씨 이전에는 인간이 짐승과 별로 다르지 않았다(사문록(思問錄)).

그는 역사는 부단(不斷)히 진화(進化)하고 발전하며 역사의 추이(推移)에 따라 인간의 문명수준이 더욱 높아진다. 즉 '시간이 지나면 지날수록 문물은 더욱 구비된다(속통감론)'고 보았다.

따라서 왕부지는 '나라를 다스리는 법은 시대에 따라 다르며, 한 시

---

37) 주희는 인성을 천명지성(天命之性)과 기질지성(氣質之性)으로 구분하고 전자는 천리이고 후자는 인욕(人欲)이라 했다. 천명지성은 인·의·예·지의 이(理)에서 나오고 기질지성은 귀·눈·정감(情感)의 욕심에서 나온다. 그는 천리와 인욕은 양립하지 않으며 완전히 천리의 우위에서 움직여야 비로소 인욕이 모두 사라진 것을 볼 수 있다. 그러나 주희가 '욕(浴)을 버리고 이(理)를 회복하자'고 주창한 것이 일반적 의미에서의 금욕주의를 뜻하는 것은 아니다. 그는 사람의 자연스러운 본능적 욕구에 부합하는 것은 '천리'라는 점을 인정하여 '먹고 마시는 것은 천리이지만, 맛있는 음식을 찾는 것은 인욕이다'라 하였다.

대의 왕조는 그 시대에 맞는 법을 만들어 나라를 다스린다. … 고대 사람들의 법을 흠모하여 그것을 현재에 적용시킨다고 하더라도 지금에 맞는 법이 될 수 없다.'(상동)

이러한 사유의 근원은 역시 만물이 끊임없이 변하며, 도(道)는 기(器), 즉 그 처해있는 현실에 근거하여야 한다는 유물론에 따른 변화론과 도기론인 것이다. 그렇기 때문에 국가는 '계속 새롭게 변하여 시세에 따라야 하고, 시대의 추이(推移)에 따라 일을 처리하고 법을 바꾸어야 한다.'(상동)

왕부지는 황종희 고염무와 함께 명말청초의 삼대 유가(儒家)로 꼽히고 있다. 그러나 황종희나 고염무가 관념론자였는데 반하여 왕부지는 유물론의 입장에서 그의 철학적 사유(思惟)를 풀어나갔는데 이는 그의 과학정신으로 표현되었다.[38]

유물론자인 왕부지의 과학정신은 전통 유가에서 신성시하는 삼대(三代)를 과감히 야만(野蠻)시대로 격하시킬 수 있었다.

3. 인간의 이성적 능력

왕부지는 비록 성리학을 따랐지만 그는 이학(理學)의 중요한 개념들을 분석한 후 유물론적 자연관과 도기(道器)이론을 기초로 유학의 기본적 관점에 대한 근본적 수정(修訂)을 가하였다.

사실 도기론 자체가 이미 사물을 궁구(窮究)함에 있어 선험적 이념의 제약(制約)을 거부하고 사물 자체를 독립적으로 해명하여 원리를 그 안에서 찾아내고자 하는 점에서 경험주의 철학의 과학정신에 입각했음을 보여주는 것이다.

---

38) 근세 초기까지 중국의 자연과학(自然科學)이 결코 서구에 뒤지지 않는 것이었음은 니담이 그의 명저(名著) 『중국의 과학과 문명』에서 누누이 강조한 바이지만 다만 중국에서는 논리학(論理學)이 발달되지 않았고, 사물(事物)에 대한 '개념화(概念化)'가 이루어지지 않아 체계를 확립하는데 실패하여 이것이 후대에 과학문명의 낙후(落後)의 원인이 되었던 것이다.

왕부지는 중용(中庸)을 이해함에 있어 주희의 선험론적 인식론에 따른 해석에 반대하였다. 그는 인식(認識)의 주체(主體)인 인간이 자각적(自覺的)으로 자신 내면의 인식과 외적 대상을 합일시킬 수 있어야 진정한 지식이 형성된다고 생각하였다. 따라서 주희가 말한 윤리적 규범은 우주법칙의 자발적인 현현(顯現)이라는 데 반대하여 이를 인간의 자각적(自覺的)인 인식에 의해 정립된 것으로 보았다.

그는 예(禮)에 대하여 인도(人道)는 천도(天道)에 의해 기본적인 방향이 규정되지만, 이후의 발전을 주도해 나가는 것은 인도의 영역이라 하여 인도의 독자적인 가치를 부각시켰다. 이러한 논리의 분기점(分岐點)은 주희가 '천지산천은 결코 발생과정을 거쳐 이루어 진 것이 아니고(然天地山川實非由累積而後大)' 처음부터 완전한 존재라 하여 우주의 생성운동을 부정(否定)한 데 있다. 주희에게는 당연히 예(禮) 역시 이미 완전한 것으로 인간은 이를 단순히 발견할 수 있을 뿐이다.

그러나 왕부지는 천(天)을 '운동(運動)'으로 파악하기 때문에 천도로부터는 예(禮)의 가능성만을 받았을 뿐 그 완전한 실체(實體)는 변화·발전하는 인도의 과정에서 이루어진다는 것이다.

인간은 한편으로는 천명(天命)을 이어 받고 다른 한편으로는 만물의 정상(情狀)을 살피어 그것을 지켜나가야 하는 임무를 띠고 있다.

'천지가 만물을 생(生)함에 있어 인간을 가장 수령(秀靈)한 것으로 만들었다. 그리하여 천지묘용(天地妙用)을 나타내게 하는 임무를 인간에게 맡긴 것이다. 따라서 인간은 천지의 중심이다. 그러나 도리(道理)의 원천이 천(天)이기 때문에 인간은 항상 천지의 생물지심(生物之心)을 그대로 받아 모든 사물을 처리해야 하는 것이다. … 그의 묘용(妙用)을 인간을 통해 나타내야 하는 까닭은, 천지는 변화·생성하는 자연(自然)일 뿐이기 때문이며 이로써 문화적인 창조는 인간이 주지(主持)토록 한 것이다(주역외전).

그는 한 걸음 더 나아가 인간이 천(天)에 대해 독자적인 가치를 확보하지 못하면 천(天)의 종속물이 되어서 천인(天人)은 서로 이루어주는 관계를 갖지 못하게 되어 결과적으로 모두에게 바람직하지 못하다고 하였다.

'자연의 상태에서는 존재하지 않던 것인데도 인간은 존재하도록 만들 수 있으며, 자연의 상태에서는 혼란스러운 것인데도 인간은 다스려지도록 만들 수 있다. … 자연에게 전적으로 맡겨두고 아무것도 하지 않는다면 이것은 진정한 인간이라 할 수 없다.'(속춘추좌씨전박의)

그리하여 왕부지는 그의 저서 "예기장구(禮記章句)" 서문에서 '위대하도다, 예(禮)여! 천도(天道)가 간직되는 곳이며 인도(人道)가 드러난 형태이다'라고 하였다.

4. 군현제(郡縣制)

왕부지는 분봉제(分封制)에서 군현제로의 전환은 역사 발전의 필연(必然)으로 보았다.

'군현제(郡縣制)는 진나라가 중국을 통일하기 이전에 이미 존재했고, 진나라가 비록 칠국(七國)을 멸망시켰으나 삼대(三代)에 실시하던 봉건적 잔재(殘在)를 완전히 없앤 것은 아니다. 봉건제가 군현제로 바뀌어 군주가 백성들의 위에 군림(君臨)하면서 인재를 등용하고 백성들을 다스리는 기강을 세우니 이로써 천하가 공평해지지 않았는가? … (봉건제의) 세습(世襲)이 없어지고 추천이나 과거(科擧)에 의해 인재를 선발하게 되니 지방관리들이 제후(諸侯)의 권한을 대신하게 되고, 자(刺)·사(史)·목(牧)·독(督)·사(司)·원백(元伯)의 직위는 비록 큰 덕과 공이 있다하더라도 능력이 없는 자손들을 비호(庇護)할 수 없으니 이는 시대와 형세에 따라 도리(道理)가 달라지기 때문이며, 내 생각에 이것은 천리(天理)가 아닌가 싶다.'(속통감록)

분봉제에서 제후(諸侯)와 대부(大夫)는 관직(官職)을 세습하며, 사인(士人)과 농민들 역시 세습이었다. 그러나 하늘이 사람을 낳을 때는 어느 누구에게 특정한 재능을 주지 않았다. 그러므로 제후, 대부, 사인들 자손(子孫) 중에 똑똑하지 못한 자들이 있을 수 있으며, 그런 자들이 권력을 세습하여 정치를 담당하게 되면 현인(賢人)들이 영원히 그들의 통치에 굴복만 할 수는 없기에 분봉제를 폐지하는 것은 합리적이다.

명말 청초의 사상가들, 황종희와 고염무 등은 명(明)의 멸망의 원인 중 하나를 과도한 중앙집권제에 있다고 판단하여 봉건제를 부분적으로 군현제 내에서 실시하자고 주장했으나, 왕부지는 한 왕조(王朝)의 이해득실(利害得失)을 넘어서 역사발전의 관점에서 이 문제를 판단하고, 그 합리성과 우월성을 들어 군현제를 주장하였던 것이다.

5. 민본 사상

1) 기본 개념

왕부지의 민본사상은 백성이 국가의 기본이라는 관점에서 출발하였다.

'군주가 정치를 함에 있어서는 백성을 그 기반으로 삼아야 한다. … 민(民)의 뜻을 얻지 못하면 군주는 존립할 수 없다(주역외전).' 군주는 마땅히 인의(仁義)를 실천하여야 한다. 이로부터 그 본체(本體)는 위로 천명(天命)이 되고 군사(君師)의 마음을 이룬다. 군주된 자는 인민의 부모된 입장에서처럼 자신의 도리를 다하고, 스승으로서 자신을 절실히 수양하는 것을 제일의 천직으로 여겨야 한다(독사서대전설).

왕부지는 백성과 군주 사이를 자식(子息)과 부모, 제자와 스승의 관계처럼 매우 친밀한 것으로 파악하고, 그러한 마음에서 인민의 생활문제 역시 그들의 고통에 초점을 맞추어 구체적이고 사실적으로 설명한다.

'오늘 날 농부들은 질척한 땅에서 농사지으며, 옷감 짜는 여인들은 추운 곳에서 길쌈한다. 어부는 심한 파도를 헤쳐 나가고, 사냥꾼은 맹수를 쫓으며, 상인(商人)은 서리를 밟으며 고향을 그리워하고 슬퍼한다. 그들은 금속을 제련(製鍊)하고, 구슬을 줍고, 그물로 물총새를 잡으며, 산호나 상아를 찾으며 생사를 넘나든다.'(황서(黃書))

왕부지는 다스림에 있어서는 백성에게는 관대(寬待)하고 관리(官吏)에게는 엄격하게 대하라고 가르친다.

'관리(官吏)를 다스리는 방법은 엄격해야 하며, 백성을 양육(養育)하는 방법은 관대해야 한다. … 그럼으로 이 두 가지를 잘 병행한다면 통치효과를 얻을 수 있다(독통감론).' 그리고 이에 앞서 '위정자(爲政者)는 청렴(淸廉)으로서 자신을 깨끗이 하고, 자애(慈愛)로서 백성을 사랑하고 자신의 힘을 다해야 한다(상동).'고 하여 통치자들의 자정(自淨)을 요구하였다.

그는 명대(明代)의 폭정(暴政)을 보았기에, 그가 제시하는 관대함의 내용은 하나는 부역(負役)을 경감하여 백성들을 부유(富裕)하게 하는 것이고 다른 하나는 교화(敎化)를 중시하고 형벌(刑罰)을 가볍게 하는 것이다.

왕부지의 민본사상은 백성들의 지위를 중시하는 것 외에 군주(왕조, 王朝)와 백성의 관계를 공(公)과 사(私)라는 시각에서 구별하였다. 즉 '한 성(姓)의 흥망은 사(私)에 관계되는 일이며 백성들의 생사(生死)는 공(公)에 관계되는 일이다(독통감론).'라 하여 맹자(孟子)의 '귀민(貴民)'을 넘어섰다. 이는 중국정치의 대원칙인 천하위공(天下爲公)이라는 관념의 공(公)의 범주에서 왕가(王家)를 제외시키고 공(公)이 곧 백성임을 밝혀 정치가 지향할 바를 분명히 한 것이다.

그는 '중국은 스스로 쓸 만큼 물자가 풍부하며 스스로 지킬 만큼 병력이 강하며, 또 수많은 지자(知者)가 있음으로 한 사람이 천하를 넘보아서는 안 되며, 한 사람에게 속해서도 안 된다(황서).'라 하여 지고무상(至高無上)한 군주가 그의 권력남용만 하지 않는다면 대단히 희망이 있다고 여겼다.

2) 토지에 대하여

왕부지는 그의 합리적 사유(思惟)에 따라 역대(歷代) 유가(儒家)들이 칭송하는 삼대의 정전제(井田制)의 복구(復舊)에 대하여도 부정적인 입장이었다. 그러나 그가 부정적인 결론에 이른 이유는 판단의 기준(基

準)을 정전제 자체의 효능에 관계없이 그 시행 가능성에 대한 사실적 여건(與件)에 두었기 때문이다.

그는 삼대 이전에는 토지의 소유권이 확정되어 있지 않았음으로 국가가 백성들을 위해 그 경계를 정해줄 수 있었으나 진·한 이후에는 '천하가 하나의 왕에게 통일된 후에 토지가 사유화되어 백성들이 스스로 그 경계를 정했음으로 구태여 토지를 나누어 줄 필요가 없어 졌기 때문이다.'(독사서대전설)

농본경제가 절대적인 주축을 이루는 사회에서 토지문제는 정책의 근간(根幹)으로 가장 중요한 문제이었다. 그는 자신의 저서 『독통감론(讀通鑑論)』에서 '왕은 천하 사람을 자신의 신하로 삼을 수 있으나 천하의 토지를 독점할 수는 없다. … 토지는 원래 천지간에 존재하는 것이다. 한 왕조가 망하고 다른 왕조가 흥해도 산천초목은 여전히 그대로이다. … 왕은 토지를 독점해서는 안 되며 하늘도 마찬가지다. 하늘은 쪼갤 수 없으며, 땅은 분할할 수 없다. 왕은 비록 하늘의 아들(天子)이지만 어찌 천지를 자기 것으로 하며, 어찌 감히 원래 존재하던 천지를 나누어 자기의 것으로 삼을 수 있겠는가?라 하여 토지의 공공성(公共性)을 주장하였다.

그는 당시의 왕족과 세도가의 과다한 토지겸병(兼併)이 왕이 토지를 자신의 사유물로 여겨 가까운 사람들에게 나누어 줄 수 있다는 생각에서 비롯되고 또 토지겸병이 묵과됨을 그 원인으로 보아 이를 원칙적인 면에서부터 비판한 것이다.

그는 토지는 백성들 생활에 필수적인 것이며, 노동력이 있는 사람이라면 누구나 경작할 수 있게 하여 백성들이 풍족해 지도록 해야 한다. 그러나 현실은 노동하는 자들이 토지겸병에 의해 그 수확물을 다 빼앗기어 가난을 면치 못하고 있다.

이로서 '재물이 많은 자는 풍족하며, 풍족은 불평등을 나타낸다. 또한 한 사람이 재물을 모으면 다른 사람은 부족하게 되며, 부족(不足) 역시 불평등을 나타낸다. … 그러므로 천하가 평등하다는 것은 재물이 균등하게 분배되는 것을 말한다.'(시광전)

이러한 그의 균등(均等)을 지향하는 생각은 민본사상의 기본틀로서 뿐 아니라 사회안정의 요구에도 필수적인 것이다. 공자(孔子)도 이미 말했듯이 모든 사회 불안의 가장 큰 요인은 재물의 부족에 있는 것보다는 불평등한 소유(所有)에 그 원인이 있고, 따라서 재화의 균등은 사회 안정에 요건인 것이다.

3) 의(義)와 이(利) 그리고 화이(華夷)에 대하여

왕부지는 인의(仁義)와 공리(功利), 어느 한쪽에 치우치는 것에 반대하였다. 그는 '의를 버리고 이를 추구하면 인간으로서 지켜야 할 도리가 서지 않게 되고, 이를 버리고 의를 추구하면 인간 생활에 필요한 것을 생산하지 못하게 된다(상서인의(尙書引義)).'고 하였으나 그래도 '천하에 공(功)을 세우고 백성들을 이롭게 하는 것은 인자(仁者)가 중시해야 할 일이다(주역외전).'라고 하여 유가 최고의 덕목인 인(仁)을 공리의 실현에 두었다.

유물론의 입장에 선 왕부지는 그의 화이론(華夷論)에서도 독특한 견해를 밝힌다.

'천하의 큰 나뉨에는 둘이 있으니 이적(夷狄)·화하(華夏)와 군자·소인이다. 본래부터 다름이 있는 것이 아니라 선왕(先王)이 힘써 나눈 것이다. 이적은 화하와 태어난 곳이 다른 땅이고, 땅이 다르니 그 기(氣)가 다르다. 기가 다르니 습(習)이 다르고 아는 바와 행하는 바가 다르지 않음이 없을 것(속통감론)'이라 하였다.

이는 종래 화이론의 윤리·문화 중심 일변도에서 사회지리적 종족(種族)의 개념을 첨가하는 뜻이 되어 배만론(排滿論)의 의미를 담고 있었다. 이러한 화이론은 변혁기(變革期)의 민족주의 사상에 영향을 주었다.

제10절 당견(唐甄, 1630-1704)

1. 생애와 사상적 성격

당견의 본래 이름은 대도(大陶)이며, 자는 주만(鑄萬) 호는 포정(圃亭)으로 사천(泗川) 사람이다. 그는 관료지주의 문인집안 출신이고 청대(淸代)에 향시(鄕試)에 합격하고 산서성(山西省) 장자현에서 10개월간 지현(知縣)을 맡으면서 농촌의 발전과 생산성 향상에 특별한 관심을 가지고 힘썼으나 상사와 의견이 맞지 않아 그만두었다.

그는 봉건관료들의 부패상에 충격을 받았고 집안의 경제 사정도 기울어 경상(經商)노릇을 하였으나 이 역시 순탄치 않아 가난한 문인(文人)으로 말년을 보냈다. 그의 저서는 『잠서(潛書)』 97편이 있는데, 상권 50편은 주로 학술을, 하권 47편은 정치를 논하고 있다.

당견은 명말청초에 정치방면에 깊은 관심을 갖고 비교적 진보적이고 독자적인 견해를 가진 사상가이다. 그는 '만약 나를 현명한 군주 곁에 둔다면 침착하게 자문(諮問)에 응하고 단점을 버리고 장점을 이용하여 군주가 선행을 하도록 돕고, 관리를 잘 임명하고, 백성을 풍족하게 하고, 혼란을 잠재워 10년이 지나지 않아 천하를 태평스럽게 만들 수 있다(잠서).'라 할 만큼 말년까지 자부심을 잃지 않고 살았다.

당견의 사상은 양명학에 그 연원(淵源)을 두고 있다. 그는 '천지가 비록 크다고 하나 그 도(道)는 오직 사람에게 있으며, 사람이 비록 많다고 하나 그 근본은 오직 마음에 있으며, 마음이 비록 다르다고 하나 그 표현은 오직 정(情)에 있으며, 사람의 행위가 순역(順逆)과 강유(剛柔)의 차이는 있으나 그것이 모두 정(情)의 표현인 점에서는 같은 것이다. 그럼으로 군자는 처자(妻子)의 행위를 살펴 천하를 다스리는 도를 얻을 수 있으며(잠서(潛書))'라 하여 심학의 '마음을 밝혀 본성을 보는 것(明心見性)'을 따랐다.

그는 유학의 중요성을 '혼란을 수습하고 포악함을 없애고 백성을 안정시킬 수 있는 학문'(변유)이라는데 두었다. 그는 그의 저서 『변유(辯儒)』에서 '일을 이루지 못하고 공(功)을 세우지 못하면 어찌 쓸데없이 마음을 귀중하게 여길 수 있겠는가? 그럴 바에야 차라리 마음을 버리는 것만 못하다'라 하여 그가 추구한 것이 단순한 사변(思辨)이 아니라 '다스리는 도(道)를 얻고자 함'임을 밝히었다.

그의 모든 관심은 정치(政治)에 있었고 사상은 이를 뒷받침할 이론적 근거로서 요구된 것이다. 이러한 입장에서 그는 정주(程朱)가 학문만을 말하고 정치에 대해 언급하지 않았다고 비판하였다. 그에게는 '학문이 곧 정치이고, 정치가 곧 학문'이었으며 '수신(修身)은 천하를 다스리는 조건이므로 천하를 다스리지 못하면 수신도 불가능 한 것'(성공(性功))이라 주장했다.

2. 민본사상

그는 도(道)가 정치(政治)의 근본이며 이 도의 근본은 인심(人心)에 있다고 보았다. 즉 보편성(普遍性)을 갖춘 도(道)와 인심(人心)이 모두 인간의 한 마음으로부터 나오며, 또한 '성인(聖人)과 우리는 동류(同類)이다.'(잠서)라 하여 이를 자신의 민본사상의 토대로 삼았다.

그는 백성이 정치에 있어 가장 중요한 지위에 있다는 점을 강조하였다. 국토를 공고(鞏固)히 하고, 국가의 창고에 곡식을 채우고, 조정(朝廷)의 백관(百官)을 부양하는 것 모두가 백성에 의해 이루어지는 것이다. 그리고 이들 백성을 위해 가장 중요한 것은 토지와 재용(財用)의 문제였다.

그는 '인민은 나라의 근본이요, 토지는 나라의 기초이며, 재용은 민생의 명(命)'(衆爲邦本 土爲邦基 財用爲生民之命)(잠서)이라 하여 토지를 국가의 기본문제로 인식하였고 재용을 인민의 생명과도 같은 것으로 이해하였다.

그는 '정치를 잘하기 위해서는 반드시 토지와 시장(市場)의 제도를 잘 운영해야 한다. … 농민의 토지를 불안하게 하고 시장 활동을 위축시키면 그 국가는 반드시 가난해 진다'고 하였다. 이처럼 그는 양민(養民)의 문제를 가장 중요하게 생각하였다.

군주는 사치스런 생활을 하지 않고, 인민을 자신의 아들딸처럼 생각하며, 현명한 인재를 등용하여 정치를 도모하여야 하며 천하의 관리는 모두 인민을 양성하는 일에 힘써야 한다.

그는『잠서』달정(達政)편에서 양민에 대한 18가지 방안을 제시하여 인민으로 하여금 생업에 힘쓸 것을 권장하고 부역(負役)을 경감하며 규정에 따라 세금을 받을 것, 절약과 검소한 생활의 실천과 함께 윤리도덕을 준수케 하고, 백성을 구휼(救恤)하는 복지정책의 시행을 강조하였다.

그 밖에도 관직(官職)의 수가 많아지면 녹봉(祿俸)은 부득불 박(薄)해질 수밖에 없고, 녹봉이 박해지면 윗사람을 침범하게 되고, 아랫사람들에 포악해져 탐관오리가 된다. 따라서 양민의 방법은 반드시 관직을 줄이는 것을 급선무로 해야 한다(잠서 성관(省官))고 하였다. 그러나 당견의 기본적 인식은 백성들은 정치의 주체가 아니라 통치의 기초라는 전통적인 민본 사상을 벗어나지는 못한 것이었다.

3. 반전제군주론

당견은 명말청초의 사회혼란상을 통하여 국가에 대한 백성들의 역할을 인식할 수 있었고 나아가 전제군주의 병폐 역시 깨닫게 되었다. 황제는 천명(天命)에 의한 존재로 신성불가침의 성격을 상징하여 왔다. 그리고 당견의 반전제군주론은 이점에서부터 시작하였다.

그는 '천자(天子)는 존엄한 존재이나 상제(上帝)나 신(神)이 아니며 그 또한 사람이다.'(잠서 억존(抑尊))라 하여 이론상 군주와 평민을 동등시하며 더 나아가 '진나라 이후의 제왕들은 모두 도적이다(自秦以來 凡爲帝王者皆敵也)(잠서 실어(室語)). 사람을 죽여 그가 가진 비단이나 미곡을 빼앗은 자를 도적이라 한다면, 천하 사람들을 죽여 그들이 가진 재물로 자신을 부유하게 하는 자를 어찌 도적이라 할 수 없는가?(상동)'라 하였다.

그가 '천하 사람들을 죽여'라 할 때, 그는 평상시보다 권력투쟁이나 세력의 각축(角逐)시기를 염두(念頭)에 두었다. 이러한 시기에 백성들은 말할 수 없는 재난(災難)을 당해야 했고 그 사회 동란(動亂)의 근본적 원인이 모두 군주에 있으며, 그의 주장은 이에 대한 책임을 묻고 있는 것이다. 그는 관리가 백성을 괴롭히는 것은 단지 표면적인 현상일 뿐 그 진정한 원인은 군주에게 있다고 믿었다.

그는 군주의 자만(自慢)과 독단, 사치와 어리석음을 가장 경계하였다. 그는 현명한 군주가 갖추어야 할 조건들을 몇 가지 제시하였는데 그 중에서도 억존(抑尊), 즉 존엄의 억제를 가장 중요하게 생각하였다. '존엄하면 스스로 고립된다. 존엄하면 신하가 없어지고, 신하(臣下)가 없어지면 백성이 없어지고, 백성들이 없어지면 혼자 남게 된다(임상(任相)).' 즉 정상적인 군신관계를 세워 정치적으로 안정되기를 원했던 것이다.

그리고 군주는 마땅히 절약하고 검소함을 보여 천하가 근검절약하는 분위기를 조성하여야 한다. '이렇게 되면 미곡과 금전이 산더미처럼 쌓여 태평성대를 누릴 수 있다'고 자신 있게 주장하였다. 그에 더하여 현명하고 능력 있는 신하들을 등용하여 그들이 가진 바를 모두 발휘하게 한다면 군주는 이들의 보필을 받아 천하를 잘 다스릴 수 있다는 것이 그의 주장이었다.

제 11 절　대진(戴震, 1723-1777)

대진은 자가 동원(東原)이고 안휘성 사람이다. 그는 의류상(衣類商)의 아들로 태어나 주요한 관리의 집에서 가정교사와 편집인으로 생계를 유지하였다. 그는 고염무의 학풍을 이어받은 강영(江永)의 제자였는데 경학(經學)연구의 기초가 되는 음운(音韻)연구에 몰두하여 고대 언어 연구의 방법론을 확립하였다.

대진은 스스로 맹자(孟子)의 후학임을 천명하며 맹자가 양주와 묵적의 배척을 자기의 임무로 삼았듯이, 자신은 송·명대 도학가의 학설의 배척을 임무로 삼았다.

송대의 신유학(新儒學)에는 도교나 불교의 교리가 어느 정도 혼입되어 있었고 대진은 신유학에서 그러한 부분을 제외시키면서 유물론적 일원론을 구축하려 하였다. 신유학의 가장 핵심 개념인 이(理)의 해석에는 불교(佛敎)의 초자연주의적(超自然主義的) 성격의 영향을 받아 어느 정도 선험화(先驗化)현상을 보인 것은 사실이다.

주자(朱子)는 '천지간에는 이(理)와 기(氣)가 있는데 이(理)는 형이상의 도(道)로서 사물을 낳는 근본이며, 기(氣)는 형이하의 기(器)로서 사물을 낳는 도구이다'라 하여 기(氣)를 초월하여 이(理)가 존재한다(氣上有理)'라 하였다. 그러나 이에 대하여 대진은 음양오행(陰陽五行)이 곧 도(道)라 주장했다.

'도(道)는 운동(行)과 같다. 기화(氣化)가 유행(流行)하여 부단히 낳고 낳는다(生生不息). 그래서 도(道)이다. "역(易)"에 한번 음(陰)이면 한번 양(陽)이 되는 것이 도(道)라 했고, "홍범(弘範)"에 오행은 첫째 물, 둘째 불, 셋째 나무, 넷째 쇠, 다섯째 흙이라 했으니, 행(行) 또한 도(道)의 원칙이다. 음양을 거론하면 오행이 포괄되니 음양마다 오행은 구비되어 있고, 오행을 거론하면 음양이 포괄되니 오행마다 음양은 구비되어 있다(孟子字義疏證)'는 것이다.

이처럼 대진은 이(理)의 위치를 기(氣)에 내재하는 것으로 확실하게 되돌려 놓았다. 대진은 이(理)는 가장 비천(卑賤)한 인간에게도 존재하는 것이지만 이(理)가 인격을 높이고 보다 높은 차원의 법을 제공하리라 생각하였다. 그러나 다른 한편 송(宋)유학에서 이(理)를 선험적인 계시(啓示)의 원리라고 보는 이론이 사회적 영역에 까지 확대되어 '법(法)의 보편성'으로 환치(換置)되면서 정치권력의 절대적 정당성(正當性)을 담보(擔保)하는 역할을 하고 있음을 크게 우려하였다.

바꾸어 말하면 정치적 권력을 행사함에 있어 개인 즉 군주의 주관적 판단을 정당화시키기 위해 이(理)를 이용할 때 그 해악(害惡)은 클 수밖에 없다는 사실을 알고 경계하였던 것이다.

그는 이(理)를 정치적 특권을 옹호하는 법적 보편성과의 관계를 끊어 버리고, 이(理)의 본래적 의미인 우주(宇宙)의 형식·조직 또는 구조라는 뜻을 회복시킴으로서 그러한 비속화(卑俗化)로부터 이탈(離脫)하려 하였다.

제 7 장 | 서양 근세 후기
-이성과 자유의 자기전개 과정-

제 1 절 계몽주의 정치사상

12세기 스페인 출신 아리스토텔레스의 주석자(註釋者)인 아베로에스(Averroes, 1126-1198)가 종교와 철학적 진실은 모순된다고 하여 신앙과 철학의 분리를 주장한 이래, 이러한 이성(理性)에 대한 확신은 마르실리오와 옥캄 등에 연계되었고 신학이나 정치학뿐 아니라 사회의식의 변화에 영향을 주었다. 그러나 천년 동안 생활을 지배해 온 기독교 신앙의 신학적, 사회적 구조는 너무 단단하여 인간의 이성이 이러한 종교적 정서(情緖)를 헤집고 나오는 데는 많은 시간이 요구되었다.

하이데거는 기독교적 철학이란 '사각(四角)의 원(圓)'이라는 관념보다 더 어긋나는 것으로 사각형과 원은 서로가 공간적인 형상이란 점에서나마 일치하지만 기독교 신앙과 철학은 심연(深淵)에서 서로 분리되어 있다고 하였다.[1)]

그럼에도 불구하고 종교적 신념으로 다져진 교의(敎義)를 완전하게 이성(理性)으로 대체하는 것은 지금까지도 거의 불가능해 보인다. 사실 서구사회에서 기독교적 감성(感性)은 뿌리 깊은 사회적 콘센서스(consensus)를 형성하여 어느 누구도 그 사회로부터의 일탈(逸脫)을 각오하지 않고는 벗어나기 어려운 것이다.

---

1) 하이데거, 『니체와 니힐리즘』.

인간의 이성은 종교개혁으로 인한 사회변혁기에 활발한 활동으로 정치사회를 주도하는 이론체계를 구축하여 나갔으나, 17세기까지도 그 비중의 무게는 종교적 감성에 기울어 있었다.

정치사상에 있어 종교와 이성간 관계의 역전(逆轉)은 18세기 계몽주의[2] 시대에 이루어 졌다. 17세기의 합리주의적 풍조는 과학·철학·신학 모두에 진흥(振興)을 가져왔고, 다음 18세기에는 전(前) 세기에는 억제되었거나 밤쯤은 은폐되어 있던 것을 결정적으로 명확한 것으로 바꾸어 놓았다.

18세기의 철학활동의 진정한 성과는 사회생활을 순수한 현세적 개념(現世的 槪念)으로 정립(定立), 그 장(場)을 완성한 것이다. 이들은 뉴톤의 우주론(宇宙論)을 도입함으로서 어느 지성인(知性人)도 그리스도의 계시(啓示)를 문자(文字)대로 해석하는 것이 불가능하다는 것을 알게 하였고, 따라서 기독교의 권력도 교의(敎義)의 정당성이 의심되는 상태가 되면서 정치사회생활 전반에서의 영향력을 점차 잃어가게 되었다. 기독교 사상에 연원(淵源)하여 신비적인 근거가 주어진 '권위의 원리' 즉 왕권신수설을 공박하는 동의(同意)나 공리(功利)의 개념은 그 본질에 있어 이성(理性)에 근거한 것이었다.

18세기 서구대륙의 일대 사조(思潮)인 계몽주의의 근본적 특징은 이성을 절대적 기준으로 하여 인간의 제 현상, 즉 인간의 행위 및 정치, 경제, 사회적 제도에 대한 비판을 수행하는 것이었다.

합리주의는 이미 17세기 이후 베이컨, 데카르트, 아이작 뉴턴, 라이프니츠 및 로크에 의하여 그 사상적 배경이 준비되어 있었다.

뉴턴은 그의 물리학 연구에서 자연에 내재(內在)하는 공간적 시간적

---

2) '계몽주의(啓蒙主義)'는 칸트가 『계몽이란 무엇인가?』(1784년)를 저술한 후부터 사상사에 있어서의 용어가 되었다. 칸트는 '계몽주의는 인간이 자신에게 부과된 미성숙(未成熟) 상태와의 결별이다. 미성숙 상태란 인간이 다른 어떤 것의 인도(引導)를 받지 않고는 자신의 지성(知性)을 사용할 수 없는 상태를 의미한다. 이러한 미성숙 상태의 원인은 지성의 결핍이 아니라 다른 사람의 인도(引導)없이 사고하려는 결단과 용기가 없을 때 저절로 생기는 것이다. 따라서 감히 알려고 하라! 이것이 계몽주의의 모토이다(『계몽이란 무엇인가?』, 1784년).

제약 없이 타당한 기계적인 자연법칙을 명백히 밝힐 수 있다고 믿었다. 이와 마찬가지로 계몽주의자들은 이성을 확대 적용함으로서 정치, 경제, 사회적 제 현상에도 이러한 원칙을 세울 수 있다고 믿었다. 그리고 이성이 발견한 보편적 법칙에 의해 모든 사회적 현상을 설명할 수 있다고 확신하였다. 그들은 현상(現象)은 부여(附與)된 것이고, 원리(原理)는 발견되어야 하며 또 실증(實證)되어야 한다고 하였다.

17세기의 로크는 모든 사회제도는 역사적 형성과정에서 만들어진 여러 사회적 제약과는 하등의 관계없이 합리적으로 설명될 수 있으며 그 변화과정도 동일하게 취급할 수 있다고 하였다. 물론 로크는 이에 대해 관념(觀念)의 분석에 그치고 심리학의 범위 이외의 영역에는 미치지 못하였다. 그러나 계몽주의는 이러한 한계를 벗어나 인간의 역사사회에 확대 적용하려는 것이다.

계몽주의에 의하여 최고의 지위를 획득하게 된 이성은 불합리한 권위를 허용하지 않았고 종래의 모든 불합리한 제도를 허무는데 지대한 역할을 하였다. 계몽주의의 중요성은 그 철학이 끼친 대중에 대한 영향이었다. 그것은 현실적으로 서구 전체에 과학에 대한 확신을 전파시켰고 지성(知性)이 자신들의 사회적 내지 정치적 생활의 주인이 될 수 있다는 희망을 불러 일으켰으며 자유의 기회균등과 인간다운 삶의 이상(理想)을 열정적으로 옹호했다.[3)]

그들은 피억압적인 인민의 대부분이 무지(無知)한 상태 하에 방임되어 있다는 데 착안(着眼)하여 그들에게 이성의 각성을 촉진하여 인간으로서의 자립적 생활을 하게끔 하려고 생각하였다. 그리고 백과사전학자(百科事典學者)들이 지향하는 것 역시 이러한 방향이었다.

그러나 당시 프랑스 계몽주의자들의 한계(限界)는 자신들의 역할을 좀 더 충분히 그리고 실효 있게 철저히 수행하기 위하여서는 구체제(舊體制, Ancient Regime) 아래서 박해를 받으면서 신음하는 인민에 대하여 실천적 행동이 필요하다는 점을 파악하지 못한데 있었다.

---

3) 세이빈, 전게서, p.850.

루소의 정치사상의 성격은 이들과는 정반대의 입장이었다. 그는 절대군주에 의하여 파괴된 폐허(廢墟) 위에 인간의 자유를 위한 실천적 행동을 이끌어 내는 새로운 정치사상을 전개하였다.

18세기 후반의 여러 혁명－미국혁명, 프랑스 혁명, 산업 혁명 등－을 근대사회의 기초를 정립하려는 어떤 공통의 혁명정신(革命精神)으로 묶기에는 이 시기에 야기(惹起)된 변화는 너무 다양하였다. 그러나 사상이나 행동에서 인정되는 어떤 공통의 태도 즉 시대정신은 비교적 명확하였다. 그것은 진보(進步)에 대한 확신(確信)과 그 추구방법 과정에서의 실험정신(實驗精神)이었다.

18세기의 사상의 혁명은 사물의 혁명(산업혁명)이나 제도의 혁명(미국과 프랑스 혁명)에 못하지 않았는데 이는 낭만주의(浪漫主義, romanntisism)로 이 용어(用語)에는 인간사상의 전분야(全分野)를 망라할 수 있는 윤리적 철학적 의미를 담고 있다.

18세기 후기의 사상에 있어 참으로 새로운 것은 합리주의와 낭만주의의 이상한 혼합물이었다.[4] 낭만주의는 합리주의가 세련(洗練)하고 진보시킨 이론에 인간을 행동으로 몰아세우는 원천인 신념(信念)과 동물적 에네르기를 부여하였다. 18세기 후반에는 사상과정의 질서정연성(秩序整然性)을 실제생활에서도 실현하려고 하는 합리주의와 사상을 초월하여, 때로는 인생을 초월하여 황홀경(恍惚境)을 구하는 낭만주의가 구제도에 대한 공격에 서로 협력하였다.[5]

이러한 합리주의와 낭만주의의 결합으로 18세기는 그 후반에 혁명

4) 철학전인 면과 정치적인 면 둘 다에 걸친 의미심장한 반항은 그때까지 난공불락으로 여겨지던 여러 종류의 신앙과 제도에 대한 공격으로 나타났다. 이러한 반항(反抗)은 매우 다른 두 가지 형태로 나타났는데 하나는 넓은 의미의 낭만주의적(浪漫主義的) 반항이고 다른 하나는 합리주의적(合理主義的) 반항이다.
낭만주의적 반항은 바이런, 쇼펜하우어, 그리고 니체를 거쳐 무솔리니, 히틀러까지 이어진다. 합리주의적 반항은 프랑스 혁명기의 프랑스 계몽철학자들과 더불어 시작되어, 얼마간 완화된 형태로 영국의 철학적 급진파로 전해지고, 그 다음에 마르크스 사상 속에서 더욱 심화되고 난 뒤 소련에 유포되었다(Edwin R.A. Seligman, 『정치사회사상사』).

5) 상동.

시대를 활짝 열었다. 그리고 루소에서처럼 한 인물이 합리주의자인 동시에 낭만주의자이기도 하였다.

루소는 계몽시대의 지식과 과학의 진보에 의한 희망을 버리고 도덕적으로 소박하고 경건한 마음을 되찾는 것을 보다 중요하게 생각하였다. 그는 이성이 인간의 도덕적 직관을 방해한다고 보고 훌륭한 도덕적 동기를 전통과 관습의 가치 안에서 찾으려하였다.

근본적으로 계몽주의 의의는 다양한 이성의 시험을 통해 다음 시대에 야기하는 정치 사회적 제도의 개혁 내지 혁명에 대하여 기초적인 철학적 지반을 준비하였다는 점에서 그 중요성이 있다.

특히 백과사전 학파의 엘베시우스는 공리주의 철학을 영국의 벤담에 넘겨주어 이후 영국 급진적 자유주의로서 반세기(半世紀)를 석권하였으며 돌바크에 의한 유물론은 서구 사회주의철학에 연원(淵源)을 마련하였다. 그리고 이들 합리주의에 대한 반동(反動)은 흄과 버크 등 전통적 공동체 중심사상, 즉 보수주의에 역설적(逆說的)인 타산지석(他山之石)이 되었다.

제 2 절 몽테스키외(Charles Montesquieu, 1689-1755)

1. 배경과 생애

정치이론에 있어 17세기가 영국에 의해 주도(主導)된 반면 18세기는 프랑스가 그 중심이 되었다. 영국 정부는 과두적(寡頭的)이고 부패하기는 하였지만 모든 국민에게 상당한 시민적 자유를, 그리고 정치적 자의식(自意識)을 가진 계급에는 정치적 자유도 제공하고 있었다. 따라서 18세기 중엽까지는 새로운 정치이론이 요구되지 않는 상태였다.

계몽주의 시대에 프랑스의 사상가들은 인간적 이해의 범위를 확대하고 인간의 운명은 자신의 이지(理知)에 따라 달라질 수 있다는 신념을 가지고 있었다.

18세기 프랑스 계몽주의의 정치이론에 관한 체계는 몽테스키외에 의하여 수립되었다. 그는 보르도에서 귀족의 아들로 태어나 일찍부터 법률학에 흥미를 느끼고 하나의 원칙 발견에 노력하였다. 그는 백부(伯父)의 뒤를 이어 삼부회의장을 지냈으나, 1725년 36세라는 이른 나이에 집필활동을 위해 공직을 사임한 뒤 유럽을 여행하였다. 그는 영국의 정치제도 연구와 로크의 『정치론』에 심취하였으며 종교 정치 일반에 관하여 통렬한 비판서인 『페르시아인의 편지』 이외에 그의 주저 『법의 정신』을 저술하였다.

몽테스키외의 이론정립은 데카르트 이래의 합리주의 방법에 의한 분석적인 것이었다. 즉 사회적 사실을 항상 직시하고 성질, 원인 및 구성요소를 검토하여 사회적 현상의 의미관계를 인식하고 그 배후에 잠재하고 있는 원칙과 내용을 구명하려는 것이다.

그리하여 그는 광범위한 분야에 걸친 사례(事例)들을 수집하여 이들을 비교방법론에 따른 사회과학적 고찰을 통하여 정치제도에 미치는 영향을 연구하였다.[6] 그는 이 방법을 정치현상뿐 아니라 국가 및 사회 자체에 적용하였다. 그가 영국 여행을 통해 배운 것은 자유(自由)가 훌륭한 시민들의 도덕적 산물이 아니라 올바른 조직에 의한 것이라는 정치적 통찰이었다. 그리고 이러한 통찰이 이후의 그의 삶을 이끌었다.

이러한 정치사상적 관념의 형성에는 로크의 영향이 컸다. 그러나 몽테스키외와 로크는 다 같이 철저한 자유주의자들이었으나 그들이 처한 정치적 상황에서 당면했던 문제들에 차이가 있었으며 따라서 이 둘의 정치적 관심(觀心)은 서로 다를 수밖에 없었다.

즉 로크는 자유주의 정부 자체에 대한 것보다는 통치자가 정치적 권위의 정당성의 근거인 인민의 신뢰를 저버릴 때 이에 대한 저항권의 문제였다. 반면 몽테스키외의 주된 관심은 정부가 어떻게 조직되어야 하는가이었다.

몽테스키외는 정부형태를 전체 사회구조와의 관계 속에서 연구한 최초의 학자였다. 그의 가설(假說)은 정부는 국민생활의 모든 국면과 밀접하게 관련되어있다는 것이다. 그러나 그는 어느 이념의 주창자라기보다는 현상을 관찰 비교하는 박학다식한 인물이었다. 그는 사회와 정부에 관한 경험적 고찰을 하였으나 선입견에 치우쳐 홉스가 보여준 논리적 냉철함을 갖추지는 못하였다. 그는 로크처럼 논지가 상식에 어긋나는 결론에 이끌린다 싶으면 논리를 포기하는 편이었다. 그러나 새로운 질문과 가정을 만들어 내는 상상력과 창의성이 있었다.

2. 자연법

몽테스키외는 자연법의 일반 원리를 실정법에 우선하며 절대적 자유를 마련해주는 것이라고 하였다. 그러나 그가 설명하고자 하는 자연법은 규범적인 것이 아니고 단지 인간이 실제로 행동하는 방식에

6) 아리스토텔레스는 그리스 세계의 헌법에 대하여 최초로 비교 연구라는 접근 방법을 썼다 그러나 그는 그 범위를 도시국가들에 한정(限定), 그 타당성과 진실성을 확보할 수 있었으나 몽테스키외는 비교 대상의 범위를 지나치게 확대하여 그 실효성은 의심받을 수밖에 없었다.

대한 원칙일 뿐이다. 그는 자연법의 존재를 시인하였으나 그 법은 상이(相異)한 환경에서는 상이한 제도와 내용으로 나타난다고 보았다. 이는 이성(理性) 또는 법이 나타나는 데 있어 기후, 풍토, 직업, 통치형태, 상업, 종교, 습관 등이 각각 상대적 조건으로 작용하기 때문이다.

그는 자연법의 신봉자는 아니었고 오히려 도덕적 상대주의 편에 서 있었다. 이는 그가 사회학적으로 한 국가는 그 환경상의 구조와 기능에 따라 상이한 환경에서는 다른 제도가 형성되고 또 그것이 타당한 결과라는 논리에서 온 것이다. 그는 '법률은 한 민족이 살아가는 환경에 적응하여야 한다.'고 하였다.

3. 법의 이해

몽테스키외의 생각에 정부에 의한 자유(自由)의 보장은 첫째가 법에 의한 통치이다. 그는 국가의 본질을 보편적 법칙인 법의 존재로 보았고, 따라서 그의 연구는 '법(法)의 정신(精神)'을 이해하는 것이 목적이었다. 이를 통해 그가 구하고자하는 바는 사회에 실재하는 여러 법의 배후에 내재하는 정치적 사회의 보편적 법칙이었다.

법은 지상에서의 모든 주민을 지배하는 한(限), 그것은 인간이성이다. 인간의 이성이 각각의 국민에 적용되는 경우, 그것이 각 국가의 시민적 법이 된다. 개개의 현상은 법의 원칙에 적응하며 모든 국민의 역사는 그 결과에 불과하다. 따라서 법의 원칙 즉 '법의 정신(精神)'의 탐구가 그 주제가 되는 것은 당연하다.

그는 『법의 정신』 서두(序頭)에서 법을 '사물(事物)의 본성에서 나오는 필연적 제 관계'라고 정의한다. 이 정의(定意)가 가리키는 바에는 법으로서 도덕규범, 관습 같은 인간 행위에 관한 것뿐 아니라 사물에 내재하는 어떤 일률성(一律性)－원칙이나 정신－을 포괄하려는 의도(意圖)가 있다.

몽테스키외가 사용한 '법의 정신'은 그 말의 뜻이 너무 산만(散漫)하여 정의(定意)가 거의 불가능하다. 다만 그 내용을 여러 사회현상으로부터 귀납적(歸納的)으로 유추(類推)할 수 있을 뿐이다. 그의 생각에 따르면 '법의 정신'은 우리의 주변과 마음속에 존재하고, 우리의 습관과 편견 속에서 표현되며, 우리가 생각 없이 반응하는 행동들 속에 있으며, 우리가 그것을 만들어 간다는 것은 자각(自覺)조차 하지 못하고 세우는 가정(假定)들 속에 나타난다. 우리들은 법의 창조자라기보다는 오히려 법의 피조물(被造物)이다.7)

몽테스키외가 '법의 정신'이라고 부른 것은 '이성'이나 '자연법'에 상응하는 도덕적 의미를 함축하고 있는 것은 아니다. 그것은 법체계를 구성하는 법들 상호간, 그리고 공동체의 제도와 관습 등의 포괄적 관계의 배후에 존재하는 정신 내지 신념이다. 그의 생각에 법의 정신은 자연계와 정신적, 제도적 조건들에 대한 상호 관계성과 그들 간의 적합성(適合性)에 따라 형성되는 것이다.

그러나 인간의 의지나 이해에는 한계가 있다. 법과 관습이 갖는 다양성, 시간과 경험이 축적(蓄積)되는 더딘 과정, 그리고 인간 정신에 미치는 힘 등, 이들 즉 법과 관습이 형성하고 있는 것은 우리가 태어나 살아가는 환경으로, 그 안에 살고 있는 인간이 이들에 대해 전체적 그리고 객관적인 이해(理解)에 도달하지 못한다는 것은 어쩌면 당연하다. 따라서 그의 결론은 법과 관습은 인간의 의지나 이해에 따른 것이기 보다는 그 자체의 본성(本性)이 결정한다고 보았다.

4. 실정법의 성격

그는 실정법이 설정되게 되는 필연성과 과정을 다음과 같이 설명한다.

물질계와 지성계(知性界)를 구별하여, 지성계에도 물론 불변의 법(자연법)이 존재하기는 하나 이는 물질계같이 완전하고 통일적으로 통제될 수는 없다. 인간은 물리적 존재로서는 불변의 법에 지배되지만 이성적 존재로서는 무지(無知)와 오류를 피하는 데는 한계가 있다. 더욱

7) 플라므나츠, 전게서, 386.

이 감정적 피조물로서 허다한 정욕에 지배됨으로 그나마 빈약한 지식까지도 상실한다. 따라서 인간은 법에 위배되는 행위를 하게 된다.

인간은 사회상태로 들어가면 자기가 약하다는 것과 평등의 장점을 망각하여 투쟁상태가 시작된다. 그리고 각 공동체 사회 역시 스스로 그 힘을 잘못 과신(過信)하게 되면 공동체 사회는 또 다른 형태의 전쟁상태를 맞게 된다. 이 때 지성계의 법은 위험의 가능성으로부터 보호되어야 할 규범으로 실정법을 설정하게 된다. 그리고 이 법에는 정치적 사회의 구성원으로서 자신의 자유를 보호받기 위해 성립되는 지배자와 피지배자의 관계를 규율하는 공법(公法)인 정치법과 각 민족의 상호관계를 규율하는 만민법(萬民法)이 있다. 또한 국가구성원 상호관계를 규정하는 사법(私法)인 시민법이 존재한다.

그러나 몽테스키외는 법치국가라는 의미에서 법을 준수해야 할 의무가 피치자(被治者)뿐 아니라 통치자에게도 있음을 강조하였다. 그는 통치자들의 준법에 대해서도 전통적으로 의존해 온 이론을 벗어났다. 그는 통치자들이 따라야 할 준법의 근거를 신법이나 자연법 같은 신학적 도덕적 의미에서 찾지 않았다.

통치자가 반드시 법률에 복종해야만 하는 이유는 통치행위(統治行爲)는 절차를 포함하는 활동으로, 이는 규칙에 의해서 이루어져야하며 또 그래야만 유효(有效)한 것이라는 법치주의 원칙에 따른 것이다. 그는 정치권력의 행사에는 언제 어디서나 그 사용을 규제하는 약정(約定)이 있다고 보았다.

5. 정치형태와 그 행동 원리

몽테스키외는 정치형태와 그 원리와의 관계를 고찰하였다.

정치형태는 정치조직의 구조에 관한 것이며, 그 원리는 운용상 행위의 감성적(感性的) 원천(源泉)을 의미하며 이를 통해 그 조직이 작동하는 이유가 설명된다.

1) 정부형태

종래의 정치형태의 분류는 주권의 소재(所在)의 수(數)를 기준으로 구별하여 군주정, 귀족정, 민주정으로 나누었다. 그러나 몽테스키외는 수(數) 외에 도덕적 기준을 세워 공화정, 군주정 및 전제정(專制政)으로 분류하였고 공화정에는 민주정과 귀족정을 포함한다. 민주정과 귀족정은 상이한 정부 형태지만 이 둘은 법이 독립된 의회에서 규칙과 절차에 따라 제정되고 정부의 입법기능과 행정기능이 뚜렷이 구분되어 있다는 공통점을 갖고 있다. 이러한 공통점은 정치 행태(行態) 면에서 볼 때 분명 하나로 묶을 수 있는 충분한 이유가 된다.

도덕적 기준은 군주정과 전제정을 구분하는데, 그리고 수(數)적 기준은 공화정과 다른 두 정체를 구분하는데 적용하였다. 이러한 분류방식은 종래 방식에 비해 명료하지 못하지만 도덕적 의미에서는 장점이 있다.

군주정은 전통적이고 공적(公的)이며 질서 있는 방식으로 군주가 통치한다. 군주정에는 그 권력에 중간적 권력 즉 귀족이 존재하며, 또한 몽테스키외가 '법의 수탁자(受託者)'라고 불렀던 최고 재판관, 즉 당시로서는 '고등법원'이 보증자로서 반드시 존재하여야 한다.

이에 비해 전제정은 종교와 관습에 의해서만 제한되는 독재적인 통치형태이다. 이에는 통치자의 공사(公私) 구분이 없고 중간적 권력이 존재하지 않는다. 있다 해도 그들은 단지 군주의 신하로 그들의 지위와 특권은 전적으로 군주의 자의(恣意)에 따를 뿐이다.

2) 운용원리

그가 정부형태의 원리라고 부른 정치행위의 심리적 원천은 정부의 기능을 가능하게 하는 인간의 정서(情緖)를 말한다.

각 정부는 그 정부형태에 따라 각기 의존하는 심리적 원천이 다르다. 공화제는 덕성(德性)에 의존한다. 그 중 민주제에서는 시민 혹은 인민의 공공정신(公共精神)과 애국심이, 귀족제에서는 귀족과 인민간의 괴리(乖離)를 최소화 할 수 있는 귀족자신의 절제심(節制心)이 덕성으로 요구된다. 이에 비해 군주제는 명예, 그리고 전제정은 공포심에 의거한다.

몽테스키외는 공화정의 덕성을 '공화국에 대한 사랑이며 지식에 대한 문제가 아니라 감정이다'라 하였다. 또한 민주정과 귀족정을 구별하는 관점에서는 인민(人民)은 상류계급보다 쉽게 타락하지 않는다고 믿어 민주정에 대해 보다 신뢰를 보였다.

군주정은 공공선(公共善)보다는 왕에 대한 충성심을 위해 영광과 자존심을 지켜나간다. 그러나 그들의 충성심의 연원에는 자신들이 속해 있는 계급에의 소속감이 함께 하고 있다.

6. 자유와 권력분립

몽테스키외의 정치이론 중 중요한 것은 권력분립론이다. 그는 영국 특히 로크의 영향으로 당시 프랑스의 전제적 정치조직에 대한 개혁의 방식으로 영국의 입헌군주제에 대해 주의를 기울였다.

1) 자유에 대하여

몽테스키외는 정치적 자유와 관련해서 권력 분립론을 취급하고 있다.

자유는 일차적으로는 도덕적 개념이다. 그러나 몽테스키외의 철학적 정신에서는 자유가 사회, 즉 공동체의 본질을 구성하는 법과 관습을 떠나서는 어떠한 의미도 갖지 못하며, 따라서 자유와 법은 같은 맥락에 있다.

정치적 자유는 인간이 그 자신의 의사에 따라 행동할 수 있으며, 동시에 법이 허용하는 것을 무엇이든 할 수 있는 권리로 그 본질에서 법과 관계가 있다. 그는 정치적 자유를 두 종으로 나누었다. 즉 헌법에 관계있는 자유와 개인과 관계있는 자유가 그것이다.

자유의 효과적인 보장을 위해서는 적절한 방식에 의해 권력을 제한하여야 한다. 따라서 헌법에 관계된 자유는 정치권력을 제한하기 위해 정치적 권력을 어떻게 분산할 것인가의 문제이다. 왜냐하면 권력분립이 설정되지 않는 한 헌법은 자유에 기여하지 못하기 때문이다.

즉 이 정치적 자유는 법에 의한 권력 상호간의 견제(牽制) 내지 제한이 있는데 존재할 수 있는 자유이다.

다른 하나 개인과 관계있는 자유는 시민이 향유(享有)하고 있는 자유로서 기존의 법을 위반하지 않는 한 처벌되지 않을 것과 정당한 재판을 받을 권리 그리고 의사(意思)의 자유이다. 상식적으로 이는 법치주의를 뜻한다.

2) 권력분립에 대하여

그의 권력 분립론은 정치적 자유를 보장하기 위하여는 권력 남용이 방지되어야 한다는 전제에서 전개된다.

권력분립은 고대 이래의 혼합 정부형태의 이념에서도 볼 수 있는 것으로, 이들은 주로 사회 내지 경제적 이해집단과 계급들의 참여와 균형을 목표로 하였다. 몽테스키외의 새로운 점은 이 힘의 견제를 정부(政府) 내 조직에서 찾은 것이다.

세이빈이 말한 대로 몽테스키외가 『법의 정신』에서 자유를 입법적, 행정적 및 사법적 권력의 분립과 상호 견제와 균형의 소산이라고 한 정치적 원리는 자유주의적 헌법의 교리(教理)가 되었다. 그는 입법, 집행, 사법 세 종류의 권력은 독립·분립되어야 하고 상호간 견제와 균형(Check and Balance)의 관계에 있게 하여야 권력의 남용이 방지되고 정치적 자유가 보장된다고 보았다.

몽테스키외가 말하는 권력을 장악한 자(者)의 권력남용이란 통치에서의 불법적인 행위뿐 아니라 합법적인 압제(壓制)도 포함한다. 권력분립이 요구되는 이유는 이를 방지하기 위해서 전자, 즉 불법행위는 독립된 사법부(司法府)에 의해 처리할 수 있도록 하기 위하여, 그리고 후자 즉 합법적인 압제는 입법과정에 관계되는 기관들, 입법부와 행정부의 상호 견제가 필요하기 때문이다. 그는 국가의 세 종류의 권력에 대해 이들 권력 상호관계 그리고 정치적 자유와의 관계를 삼권이 분립되지 않았을 사태를 관찰함으로서 설명하였다.

동일한 인간 또는 집행관이 수중에 입법권과 집행권을 동시에 장악하였을 겨우 국민에게는 자유가 없다. 이는 동일한 군주 또는 원로원이 가혹한 법을 만들어 그것을 집행할 우려가 있기 때문이다. 또 사법권(司法權)이 입법권과 집행권에서 분리되어 있지 않은 경우, 만일 사법권이 입법권과 결합되어 있다면 시민의 생명과 자유에 대한 권력의 행사는 자의적(恣意的)이 된다.

3) 삼권(三權)의 구성에 대하여

그는 삼권의 구성론을 전개하였다.

입법권은 인민 전체가 가진다. 왜냐하면 '자유라야 하는 개인'은 정치적 지배를 받아들이는 논리적 전제가 '자기자신에 의한 지배(支配)'이어야 하기 때문이다. 그러나 현실적으로는 인민 전체가 입법권을 운영할 수 없으며 이는 대표자에 의하여 행사될 수밖에 없다. 따라서 입법부의 구성은 지역주민을 중심으로 하는 대표자의 선거에 의한다.

그는 양원제(兩院制)를 주장하여 세습적 귀족의원 그리고 선거에 의해 선출한 대의원으로 구성된 하원을 두고, 양원 사이에는 상호 견제와 균형의 관계에 있도록 한다. 또한 집행부는 입법권을 저지하는 거부권을 가져야 하고 의회 소집, 폐회의 권한을 가진다하여 입법부에 대한 견제를 가능토록 하였다.

집행권은 신속한 처리가 필요하기 때문에 군주가 담당하는 것이 좋으며 집행기관이 입법부에 의하여 선출되는 것은 '권력분립에 의한 정치적 자유의 보장'이 확보될 수 없다는 이유에서 반대하였다. 즉 의원내각제에 반대한 것이다.

그는 사법부에 대하여 특별히 언급하지 않았으나 이는 프랑스 전통의 고등법원(高等法院)의 기능을 그대로 인정한 것으로 보인다. 그러나 이러한 삼권 분립이 이루어지는 것만으로 정치적 자유가 보장되는 것은 아니다.

홉스는 사실상 군주의 직접적인 행위 없이 입법부가 기능하기는 어렵다는 입장이었고 일반적 정치현실은 그의 의견이 타당함을 보여 준다.

7. 결 어

몽테스키외는 다기다양(多岐多樣)한 사회 현상을 사변적(思辨的) 논리인 철학과 결합시키는데서 오는 사회철학의 복잡성을 인정하였다. 그는 일관적(一貫的)인 철학적 이해에 중점을 두기 보다는 사회현상에 주목하고 사회와 정부에 대한 경험적 고찰에 관심을 가졌다.

그는 매우 박식하고 현명한 사람이어서 자유주의 철학자로서 미국(美國) 헌법의 제정자들에 지대한 영향을 주었으며, 사회학의 아버지, 새로운 헌법의 창시자로서 추앙(推仰)되었다. 그러나 그는 경험적 연구의 방법인 귀납법에서 요구되는 증명을 소홀히 하였고 따라서 선입견(先入見)이 크게 작용하였다.

이에 더하여 몽테스키외는 입법부가 법을 집행하는 자를 심판할 권력을 가져서는 안 된다고 하여 중세적 의미인 군주가 법 위에 군림한다는 낡은 생각도 가지고 있었다.[8] 그러나 몽테스키외의 인간으로서의 가장 두드러진 장점은 '정치적 자유에 대한 열정'이라 하겠다.

8) 그는 흑인들에 대하여 "지혜로우신 하나님께서 온통 시꺼먼 몸뚱이에 영혼을, 그것도 훌륭한 영혼을 불어넣어 주셨을 리는 만무하다. … 우리는 그와 같은 인종이 사람이라고 생각할 수 없다. 만약 그들을 사람이라고 생각한다면 우리 스스로를 기독교인이 아니라고 생각하기 시작하는 것이기 때문이다"라고도 하였다. 이는 몽테스키외 개인의 의식문제가 아니라 인류 지성(知性)의 시대적 한계로 보아야 할 것이다.

제 3 절 볼테르(Francois Marie Arouet de Voltaire, 1694-1778)

1. 생 애

프랑스 계몽주의의 가장 선구적 활동가는 몽테스키외와 볼테르이다. 볼테르는 뉴턴과 로크의 사상을 일반화하여 전파하는데 필생의 노력을 경주하였다. 그는 합리적 이성을 절대적으로 시인하면서 '구체제(Ancient Regime)'에 대하여 파괴적 비판을 전개하였다.

그는 공증인의 아들로 중산계급의 가정에서 출생하여 소년시대에는 문학 심취하였다. 23세에 통치자에 대한 풍자문(諷刺文)을 썼기 때문에 11개월 간 바스티유 감옥에 구류되었으나 이로 인해 문필가로서의 명성이 높아졌다. 1726년 영국으로 가서 영국 최고 문학계 및 정치계에 접근하고 주로 프랑스의 정치 사회적 질서에 대한 비판을 취급한 『영국인에의 편지』를 출판하였다.

프랑스에서는 루이 14세가 종교적 관용을 표방(標榜)한 낭트 칙령(勅令)을 폐지(閉止)(1685)하면서 종교와 정치적 견해에 대해 억압적인 검열제도를 시행하였는데 이는 '출판의 자유'를 절실한 정치 쟁점으로 만들었고 문필가(文筆家)인 볼테르의 정치투쟁의 초점은 바로 이점에 집중되었다.

이러한 문제를 안고 그는 제네바 부근의 페르네에서 20년 간 망명생활을 하면서 그의 필생의 사업이었던 무지(無知)와 전제(專制)에서 인간을 해방시키는 자유사상을 계몽시키는 활동을 하였다. 1777년 귀국이 허용되어 귀국하였으나 다음 해에 사망하였다.

2. 철학적 배경

볼테르는 로크의 애독자로 로크의 감각주의적 개인주의적 심리학을 철학적 기조로 채택하였다. 그러나 흄과 같은 물질과 정신에 대한 철학적 회의론(懷疑論)이 아니라 인간의 이성에 의해 우주에 내재하는 최상의 지성(知性)을 발견할 수 있다고 믿었다.

그는 인간이 자연상태에서는 야만(野蠻), 미개하였다고 주장하였으나 고립적 인간의 상태라고 하는 홉스에는 반대하였다. 인간은 천성인 사랑으로 결합하여 군거(群居) 생활을 하였다. 그러한 인간의 성품에서 정의, 연민 등의 사회적 특성이 발생하고 그것이 사회의 기초라 하였다.

인간은 자연적 합리성을 갖는 존재로 인간에게 이성이 가장 존귀한 것이며 보편적인 것으로 이성이 인간과 동물을 구별하는 표식이다. 그는 이성에 따른 인간행위가 사회적 본성과 결합함으로서 인류의 진보를 보증하고 인간의 궁극적 완전성을 약속할 수 있다고 보았다. 그는 인류의 역사는 진보의 역사라고 낙관적으로 이해하여 루소의 비관적 역사관과는 다른 생각이었다.

그는 이성(理性-자연)과 관습(慣習-문화)을 구별하여 관습은 가변적이며 자연과 합치할 수도, 괴리(乖離)될 수도 있으며, 인간의 사회적 발전은 관습을 이성과 합치시키는데 존재한다. 이성이 인간 행동과 사회제도를 정당화 혹은 반대로 불신(不信)케 하는 기준이다. 따라서 그는 이성을 기준으로 하여, 잘못된 전통을 근거로 하는 신념, 제도 및 기성질서에 대하여 철저한 비판을 하였다.

합리주의자인 그의 종교에 대한 기본적 관념은 '관용(寬容)'이었다. 그리고 그의 주된 비판의 대상은 프랑스의 전제군주정치와 특히 로마카톨릭 교회(Roman Catholic Church)이었으며, 이는 그들이 가장 정의롭지 못하고 비합리적이며 인민을 억압한다고 믿었기 때문이다.

3. 국가·기타

볼테르는 사회의 기초로서 인간의 자연적 사회성을 지적하고 국가는 사회 구성원의 자연권과 그들의 책임을 확보하기 위하여 성립한 존재일 뿐, 본질적으로 자기 목적적(目的的)은 아니다.

그는 지배자가 인간의 자연권, 자연법, 자연적 종교를 보호하는데 실패하면 인간관계는 왜곡(歪曲)되며 따라서 피지배자인 인민은 반역 및 혁명권을 보유 내지 행사할 수 있다.

그러나 그는 계몽주의자의 한계를 넘지 못하였다.

인간의 이성, 즉 인간성을 초시간(超時間)·초공간적(超空間的)인 것이라 이해하여 기본적으로 인간의 동일성(同一性)을 인정하면서도, 동시에 선천적 내지 후천적인 능력과 욕망에서의 차이도 긍정한다. 사실 이러한 생각에서는 인간의 사회적 평등과 계급 없는 사회에 대한 관념은 배제(排除)된다.

제 4 절 백과사전학파(Encyclopedist)

1. 소 개

몽테스키외, 볼테르 등의 비교적 온건한 비판에 비하여 합리주의적인 이성에 의한 인민의 각성을 촉구하고 18세기의 지배적 전통에 대하여 맹렬히 공격한 것은 디도르(Diderot), 라마르크(Lamarck), 돌바크(D'Holbach), 엘베시우스(Helveltus) 등 백과사전학파로서 통칭되는 학자(學者)들이었다.

이들의 사상은 근본적인 점에서 회의론, 무신론, 유물론 등 서로 색채를 달리하고 있다. 그러나 이들은 전통을 공통의 적(敵)으로 취급하여 공격하는데 그리고 합리주의를 기치(旗幟)로 한다는 면에서 동일하였다. 또한 이들의 의식에는 다 함께 '진보의 관념'이 받침하고 있었다.

이들은 인간의 도덕적 능력은 타고나는 것이 아니라 지식의 보급에 의한 것이며 따라서 무엇보다도 철학의 대중화 즉 인민의 각성(覺醒)을 목표로 하였다.

18세기의 정치철학은 본질적으로 개개인의 인격에 고유한 권리를 주장하는 자연권을 근거로 정부권력의 한계를 설정하려는 데 있었다. 그러나 그들의 정치적 태도는 군주제 자체에 대하여 공격하는 것은 아니었고 현명한 개명(開明) 군주의 입법에 의한 통치를 기대하였다.

백과사전학파에서는 정치사상상(政治思想上) 중요한 두 이론(理論)이 배태(胚胎)·발전하였는데 그 하나는 엘베시우스에 의한 공리주의(功利主義)이고 다른 하나는 돌바크의 유물론(唯物論)이다.

2. 디도르(Denis Diderot, 1713-1784)

디도르는 건전한 인간의 첫째 임무는 모든 미신(迷信), 육안(肉眼)으로 보이지 않는 힘에 대한 공포를 제거하는데 있다고 하여 계몽주의 사상가로서의 견해를 표명하였다.

또한 그는 유물론자로서 하늘은 공허한 것이며 명령을 내리거나 강제할 수 없다고 믿었다. 또한 인간은 자연과학자들이 주장하는 바와 같이 유기체이며 욕구·희망·본능 등을 구비하고 있는 감각적 존재로 인식되어야 한다.

인간은 편견에 의하여 폐쇄되어 있는 감옥으로부터 해방하여 광대(廣大)한 대지와 공기를 만끽하여야 한다. 그리고 이는 인간이 올바르게 모든 힘을 발휘할 수 있어야 가능하다.

디도르는 백과사전학파의 사업에 종교가 간섭하는 데 분격(憤激)하였다. 성직자들은 가축이 축사에 들어가는 것과 같이 하지 않으면 인간은 예수의 가슴에 안길 수 없다는 식으로 생각한다. 또한 기독교에 귀의하여 신자가 되려면 건전한 상식을 버려야 한다고도 한다. 그러나 이러한 이성에 대한 신학자들의 막연한 반대만큼 못난 짓은 없다.

한편 디도르가 확신하는 바는 종래의 문명과 정치는 인간의 능력을 왜곡시킴으로서 행복을 말살시킨다 믿었고 따라서 인간을 질식(窒息)케 하는 전통적 풍습에 대해 반대하였다. 그는 인위적 부패가 성행하기 이전의 상태인 합리적 자연법에 기초하는 사회의 건설을 주장하였다.

3. 엘베시우스(Claude Adrien Helvetius, 1715-1771)

엘베시우스와 돌바크는 공리주의적 윤리론 및 무신론(無神論)을 주장한다.

엘베시우스는 인간의 심리적 활동에 대한 해석, 즉 정신작용은 연상작용(聯想作用)의 환원(還元)에 불과한 것이라는 전제에서, 모든 인간의 지적능력의 평등을 주장하고 내적 차이의 존재를 부정하였다.

엘베시우스는 그의 저서 『정신론』(精神論, 1758)[9]에서 인간 행위의

9) 엘베시우스는 『정신론』을 저술하여 명성을 얻었지만 소르본 대학측에 의해 소각(燒却)되었다. 벤담은 이 책을 읽고 나서 즉시 입법의 원칙을 지키기 위해 일생을 바치

첫째 동기(動機)는 이기주의라고 하였다. 감각적인 쾌락에 대한 선호(選好)와 고통에 대한 혐오가 인간의 가장 근본적인 정신활동의 근원이다. 그것은 자연이 인간에 부여한 것이며 모든 인간의 행위는 쾌락과 고통의 연상(聯想)에서 발생한다. 인간은 쾌락과 고통 이 양자에 입각하여 자기이익을 추구한다.

그는 도덕적 행동에서 자기이익의 추구(追求)는 물리학에서의 동력(動力)과 동일 지위에 있다고 보았다. 이런 심리적 접근방법에 따라 그는 몬테스키외가 기후, 풍토 등이 인간의 제도에 직접적으로 영향 미친다는 것에 반대하였다.

이기주의는 인간의 유일한 도덕적 판단의 기준이다. 어떠한 집단 또는 국만의 도덕적 판단도 그 옳고 그름의 기준은 그것이 일반적 이익과 합치되는가에 의거하며, 인간의 유일한 도덕적 길은 일반적 이익 가운데 자신의 이익을 결의(決意)하는데 존재한다.

그는 이기주의적 공리주의를 입법자의 개혁을 위한 이론으로 구성하였다. 즉 입법자는 개인적인 행복과 공공복지를 가장 완전한 조화(調和)에까지 높이기 위하여 인간행위의 제 동기요인(動機要因)을 이해해야 한다. 그는 법률의 중요성을 강조하며 민족의 덕(德)·부덕(不德)은 그들을 지배하는 법의 필연적 결과에 불과하다.

따라서 '도덕의 과학'은 입법의 과학으로 이어져야 하며, 최선의 정부는 최대 다수의 행복을 확보하는 정부이다. 이러한 최대행복의 원칙을 사회 개혁에 적용시키는 논리는 영국의 벤담에 직접적인 영향을 주었다. 그리고 그에 의하여 이 철학적 원리는 반세기 동안 영국 철학의 정통적 지위를 차지하여 정치상 급진적 개혁의 동인(動因)으로 작용하였다. 그리고 정치철학에서 최대다수의 최대행복이라는 명확하고 단일한 가치기준은 추상적인 자연법의 체계를 파괴시키는 역할을 하였다.

기로 결심을 하고 '베이컨이 물리학에서 한 일을 엘베시우스는 도덕의 세계에서 이루었다. 이제는 도덕의 세계에 뉴턴이 나타나야 할 것이다.'라고 하였다. 제임스 밀은 그의 아들 죤 스튜어트 밀의 교육을 엘베시우스에게 맡겼다.

4. 돌바크(Paul Henri Dietrich d'Holbach 1723-1789)

돌바크는 로크와 백과사전학파의 이론을 한층 발전시켰다. 당시 계몽주의 철학자들의 구체제(Ancient Regime)에 대한 공격은 특히 카톨릭에 집중되었고 그 역시 종교에 대하여 가공(可恐)할 공격을 하였는데, 이전의 철학자들과는 달리, 그는 그의 철학적 근거인 유물론에 입각한 철저한 무신론에 따른 것이었다.

그의 저서 『자연의 체계(自然의 體系, System of Nature, 1770)』는 '유물론(唯物論)의 성서(聖書)'라고 불려, 18세기 류(類)의 무신론, 유물론, 결정론을 전형적으로 집약·표명한 것으로 그는 이 책에서 인간의 모든 해악(害惡)의 근원으로서 종교(宗敎)를 공격하고 인간을 발전시키는 것은 교육(敎育)이라고 하였다.[10]

돌바크도 국가는 인민의 최대 다수의 최대 이익을 달성하기 위한 것이라는 공리주의 입장을 택하였다. 그의 공리적 견해(見解)는 이성에 대한 신뢰에서 비롯된 것이다. 즉 사회 내에서의 생활이익이 사회 없는 생활보다 유리하다 판단하였고, 또 그 판단능력을 믿은 것이다. 그러나 그는 사회계약론도 인정하며, 인간은 사회에서 공동생활을 영위하기 위하여 형식적 혹은 암묵적 계약을 체결함으로 상호봉사하고 침해하지 않는데 동의한다고 하였다.

그는 공리주의와 사회계약론이라는 대립적 견해를 함께 채택하였으나 사회계약론에 보다 중점을 두었다. 그러나 그는 루소적 자연상태를 부정한다.

사회는 다른 모든 자연적인 현상에서 보듯 서로를 포섭하는 흡인력에 의하여 결합된 서로 다른 요소의 혼성체인 동시에 남성과 여성의

---

10) 돌바크는 그의 『자연 체계』에서 '우리가 원초로 되돌아가 보면 무지와 공포가 신을 창조했고, 공상, 광신, 기만(欺滿) 등이 신을 미화하거나 왜곡(歪曲)했고, 마음이 약해서 신을 숭배했고, 관습이 신을 존중하게 만들고, 폭군은 인민의 맹목성을 자신의 이익에 이용하고자 신을 지지(支持)했다는 것을 알 수 있다'고 하였다(월 듀랜트, 『철학 이야기』).

결합에 의해 형성된 종적(種的) 사회이다. 인간은 사회 내에서 생활하는 것이 자연스러운 현상이며, 제 욕구·관습 등은 인간이 생활하는 사회의 필요성을 확인시켜 준다.

그의 사회계약론은 사회계약과 동시에 지배계약을 포함하고 있다. 정부가 합법적이 되려면 사회의 동의에 기초하여야 하며 그 권력은 사회로부터 창출된다. 따라서 정치적 권력을 장악한 자가 공공의 복지를 증진시키려 하지 않는 경우 그 권력은 무효하게 되며 계약 당사자로서 인민은 당연히 복종에서 해제된다.

정치사회는 다수의 가족 및 개인들과의 결사(結社)로서 성립하는 하나의 전체이며 그 목적은 상호부조 특히 축적된 재산의 안전을 보장하는데 있다. 이를 유지하기 위하여서는 인간은 사회의 목적을 자기 목적으로 인식하여 그 실현을 위한 수단을 유효하도록 하고, 그에 대한 방해물을 제거해야 한다.

인간은 사회 내에서 자신의 복지(福祉)를 추구하는 것을 본질로 하고 있다. 그러나 인간은 본능적 욕구를 추구하다 보면 공동의 복지를 위해 요구되는 개인의 의무를 망각하기 쉽다. 따라서 공동의 복지추구로부터 일탈(逸脫)하려는 인간의 성향을 억제하여 이를 자기 의무에 합치시키는 법률이 필요하다.

그는 법률을 사회구성원의 행위를 결집시켜 그 활동을 사회목적에 유도하는 사회적 의지의 총계(總計)라 하였다. 그러나 인구가 많은 사회에서 구성원을 결집시켜 하나의 의지행위로 표출(表出)하는 데는 곤란이 있다. 따라서 소수의 시민을 선출하여 사회 규제력을 위탁할 필요가 생긴다. 이것이 즉 정부의 기원인 것이다.

그는 정치형태는 그 시대의 요구에 따라 변혁되어야 하고 정치적 권력은 제한 혹은 확대될 수 있다고 생각하였다.

돌바크는 정치제도에 대하여 당시 몽테스키외 등이 찬미하는 영국의 정치제도를 포함하여 모두 결함이 있다고 하였다. 그는 현재의 제도가 폭행과 무지(無知)에 입각하여 유지되고 있다는 것이다. 그러므로 현제도는 현명한 의견의 지도를 받아 자연적 질서에 복귀하여야 한다.

그가 말하는 현명한 의견은 곧 과학적 방법에 의한 견해이고, 과학의 목적이 인간으로 하여금 자연과 합치시키는데 있다는 의미에서 그가 말하는 '자연적 질서'는 곧 이성적인 것을 의미했다. 그는 이러한 질서에 따르는 제도가 수립되면, 그리고 사람들을 개명시켜 자유롭게 하면 사회의 행복한 상태는 실현된다고 믿었다. 왜냐하면 인간은 자신의 진정한 이익이 무엇이고, 또 어떻게 획득되는 것인지를 알기만 하면 기꺼이 사회명령에 따를 것이기 때문이다.

따라서 낡은 제도와 오래된 법률은 이성과 정의에 합치하는 제도와 법률로 대치되어야 한다. 인간의 성질과 행동은 그를 지배하고 있는 제도와 법률에 의하여 영향을 받는 것으로 부정의(不正義)와 불평등은 인위적이며 불합리한 사회적 정치적 제도의 결과이다. 돌바크는 이러한 정부에 대하여 맹렬하게 공격하며 근본적 개혁을 주장하였다.

제 5 절 장 자크 루소(Jean Jacques Rousseau, 1712-78)

1. 생애와 시대적 배경

루소는 제네바에서 시계상의 아들로 태어나 어려서부터 타인에 의해 양육되었다. 그는 고전(古典)을 탐독하고 라틴어, 영·불·독어에 능통하였으며 철학과 음악에도 흥미를 가졌다. 영국에서는 흄과 교류하였고 1754년 『불평등 기원론』을, 1762년 제네바공화국이 위기에 처했을 때 공화제를 위하여 『사회계약론』을, 그리고 후에 교육론인 『에밀(Emile)』을 저술하였다. 이 책 『에밀』의 발간으로 그는 제네바와 파리의 체포령을 받아 망명생활을 하였다. 그의 중요한 저서(著書)에는 『불평등 기원론』과 『참회록』, 『에밀』 등이 꼽히고 있다.

그의 저술 시기는 『불평등 기원론』을 쓰던 초기와 『사회 계약론』을 저술하던 전성기로 나누어지고 두 시기에는 이론적 사상적 차이를 보여 준다.

17세기 영국에서는 명예혁명이 부유한 기업적 지주인 젠트리(Gentley)의 주도에 의하여 성취되고 그 이론적 배경은 정치사상가 로크의 사회계약론에 의하여 합리화되었다. 그러나 그 이후 18세기 중엽에 사회계약론은 흄과 퍼거슨 등에 의하여 비판적으로 극복되었다.

같은 시대 프랑스에서는 절대군주의 전제정치가 절정에 도달하였다. 절대군주는 봉건귀족과 결합하여 종래의 정치경제적 토대인 봉건적 질서를 강화하려 하였으며 이에 대하여 입헌적인 정치를 요구하는 시민적 부르주아를 중심으로 하여, 귀족에서 노동자에 이르기까지 프랑스의 모든 국민 계층을 포함하는 대부분의 국민이 그에 대립하였다. 물론 국민계층 사이에는 각양각색의 의견의 차이가 있었다.

2. 사상적 성격

계몽주의 운동은 이성에 대한 확신을 근거로 지식과 학문, 예술과 문명의 진보를 칭송했으나 루소는 이에 반발하여 인간의 가치는 도덕적 본성(本性)에 있으며 이 본성은 본질적으로 감성(感性)으로 구성되는 것으로 이성은 오히려 도덕적 직관을 방해한다고 보아 낭만주의의 경향을 보인다.

루소의 정치사상사적 근거는 몽테스키외, 볼테르 등이 찬미한 영국의 정치가 아니고 그리스의 도시국가, 로마공화국 및 제네바의 공화제에 있었다. 루소는 로크의 체계적 개인주의에 반대하였고 공동체의 가치를 부정하는 당시 영국의 공리주의 역시 거부하였다. 그는 홉스나 로크의 철학적 근거였던 자연법사상과 결별하였고 이에는 흄의 영향도 있었다.

루소는 자유·평등·재산 같은 권리가 자연법에 따른 것이 아니라 그 개념 자체가 시민사회에서 형성된 것으로, 이를 자연권이라고 하는 주장은 자가당착적이라는 것이다. 따라서 루소가 생각하는 평등은 협약과 법적 권리에 대한 것으로 로크의 자연권과는 그 관점이 다르다.

그는 인간의 본성을 타인의 고통(苦痛)에 대해 함께 괴로워하는 도덕성(道德性)에서 찾았다. 그리고 도덕적 덕성이 일반 민중에서 가장 순수한 형태로 존재한다고 가정하여 민주적 성향을 분명히 하였다. 그는 '인류를 구성하고 있는 자는 일반인민이며 인민적이 아닌 것은 거의 고려할 가치도 없다. 인간사회에서는 모든 계급이 동등하므로, 가장 수(數)가 많은 계급이 가장 존경받을 가치가 있다(『에밀(Emile)』 중에서)고 하였다.

그가 초기 개인주의 입장에서 벗어나 인간들의 진정한 유대관계로 형성된 공동체를 도덕적 실체로 이해하게 되는 동기(動機)는 플라톤의 사상적 경향, 즉 공동체가 도덕적 가치를 함유하며, 따라서 정치적 복종은 윤리적 정당성을 갖는다는 생각에 영향을 받은 것이다.

루소의 이상(理想)은 고대 그리스 도시국가를 모형으로 개인의 자유와 권리가 국가의 집단적 의지(意志)와 합일하는 공동체의 가치, 즉 공동체를 도덕적 실체로 간주하는데서 시작한다.

그는 윤리학의 기초를 감성에 두었고, 따라서 이는 전통과 관습의 권위에 대한 존중으로 귀결된다. 그의 철학적 입장은 지성(知性)은 경건심(敬虔心)을 훼손시키기 때문에 위험하고, 과학은 신앙을 빼앗아 가기 때문에 파괴적이며, 이성은 도덕적 직관(直觀)을 반대하는 신중성(愼重性)을 내세우기 때문에 사악(邪惡)하다[11]는 것이다.

철학사적으로 루소의 인간의 도덕적 본성에 대한 각성(覺醒)은 칸트의 윤리학에 영향을 주었고 공동체를 도덕적 인격체로 보는 전체주의적 성격은 헤겔의 관념론에서 큰 힘으로 나타난다. 그러나 루소는 홉스나 헤겔과 동류(同類)에 속하지 않는다.

그는 실제(實際)의 국가를 설정하지 않았으며 따라서 사회가 일단 명령한 것은 무엇이나 수행하는 것이 의무가 되는 그런 공동체로서의 국가와는 관계가 없다. 그러나 현실적으로는 루소의 사상은 곧 이은 프랑스 대혁명(大革命)에서 교리로서의 역할을 하게 되는데 이는 그의 일반의사(一般意思)가 갖는 민주적 원리에 더하여 이상성(理想性)과 급진성이 혁명이라는 열기에 더없이 적합하였던 때문이었다.

루소의 사상적 성격은 급진적이고 민주적 색채를 띠고 있으며, 그의 사회계약론은 추상적이며 철학적인 내용으로 구성되었다. 이러한 루소의 사상적 성격은 일차적으로 자신의 성품에 따른 것이지만 이는 또한 당시 프랑스 사상계의 일반적 현상이기도 하였다.

프랑스 대혁명 시기까지의 오랜 전제정치로 프랑스에서의 입헌적 전통은 그 토대가 뿌리까지 뽑혔다. 이러한 상황에서의 계몽주의 철학자들의 정치적 논의는 그 구체적 의미를 상실하고 서가적(書架的) 그리고 추상적인 담론(談論)이 되었다. 그리고 일반적으로 이러한 정치의 이상과 현실 사이의 괴리(乖離)가 크고, 또한 억압된 사회적 분위기 속에서

---

11) 세이빈, 전게서, p.858.

정치사상은 루소에게서처럼 선험적이고 급진적 성격을 띠게 된다.

루소 이론의 일차적 관심은 인간의 평등과 자유·정치 이전의 자연 상태에 있었다. 그가 생각하는 자연 상태는 미개하고 야만적인 무지의 상태로 언어가 없고 재산, 정부, 종교, 도덕이 존재하지 않는다. 그러나 홉스의 투쟁상태와는 달리 개인이 고립상태이기는 하나 그들의 삶은 자연적 자유를 누리는 선량하고 행복한 것이다.

그가 묘사한 자연상태에서의 '고귀한 야만인(野蠻人)'은[12] 자유로운 충동에 따르는, 그러나 동료들에 대한 연민과 동정을 갖는 삶을 살았다. 그의 생각에 타산적 이기주의는 자연적인 것이 아니라 타락한 사회 속에서만 존재한다.

그는 인류의 역사를 자연상태[13]로부터 타락해 가는 과정으로 생각했다. 따라서 이성적 인간이 해결해야 하는 문제는 자연 상태하의 자유와 평등 그리고 행복을 어떻게 유지하는가이다. 원칙적으로 그렇게 하려면 자연 상태로의 복귀, 즉 사회·국가의 폐기라는 방향이 논리적이다. 그러나 그는 무정부 상태를 구가(謳歌)하거나, 국가를 부정하지는 않았다. 사실 중세의 통합적 사회에서 경쟁적인 민족 국가로 이양(移讓)하는 이 시기에 어느 누구도 국가의 필요성을 인정하지 않는 사람은 없었다. 그러나 그는 국가가 재산(財産)문제에 집착하는데 대하여 절망을 표시한다.

---

12) 토마스 모어와 신세계의 발견의 시대에서 나온 이 관념은 루소시대에는 하나의 이상상(理想像)으로 널리 일반인에게 퍼진 흐름이었다. 몇몇 여행보고에 따르면 북아메리카의 미개인들은 금은(金銀)을 천하게 여긴다는 것이다. 그들은 산림 속에서 자유로이 행복하게 살았으며, 소집단을 이루어 화목하게 살았다. 루소나 그 밖의 사람들이 해석하고 있는 바와 같이 이들은 훌륭한 정서(情緖)를 갖고 자신의 지능을 전면적으로 거부함으로서 문명이 파괴해 놓은 소박하고 완전한 생활을 스스로 달성한 그런 인간이었다(브로노프스키 저, 『서양의 지적전통』, p.329).

13) 루소는 아마 자연의 상태를 인류 역사에 실재했던 한 시대로 파악하지 않고 가설적(假說的) 상태로 이해한 것 같다. 그는 이 상태는 "더 이상 존재하지 않으며 아마 결코 존재하지 않았으며, 아마 결코 존재하지 않을 것이다. 그래도 우리의 현재 상태에 대한 적절한 판단을 형성하기 위해서는 이 상태에 대하여 참된 개념을 갖는 것이 필요하다"고 하여 인간의 선(善)한 본성과 도덕적 삶의 가치와 근원을 예시하였다(프랭크 틸리, 전게서, p.514).

3. 사회계약

1) 사회계약 일반

루소는 『사회계약론』에서 플라톤의 『국가론』에서처럼 이상사회(理想社會)를 설명한다.[14] 루소의 정의(正義)로운 국가는 인간의 자신의 본성에 따라 살아가는 것이 가능한 국가이다.

루소는 사회계약의 목적을 그러한 유일한 국가의 형태를 찾는 것에 두었다. 그러한 국가에서는 "전체의 공동의 힘을 가지고 각 구성원의 인명과 재산을 보호하고 방어할 결사형태를 찾아내고, 그로써 각자는 자신을 전체와 결합하면서도 아직도 오직 자기 자신에게만 복종하고 그 이전과 마찬가지로 변함없이 자유로운 것이다."(사회계약론)

왜냐하면 사회계약에 의해 사회의 구성원은 서로가 자기의 신체·인격·재산 기타의 모든 권리를 일반의사에 위양하고 그 대가로 구성원은 전체의 불가분(不可分)의 부분으로서 자기 자신을 받아들이다. 그리고 이때 일반의사란 다른 개인이나 단체가 아닌 바로 자기 자신의 의사이기도 한 것이다. 이를 두고 루소는 그의 유명한 '인간은 자유롭기 위해 강제 당한다.'는 말을 했다. 따라서 국가원수에게 국민을 복종시키는 행위는 계약이 아니다.

루소는 '정당(正當)한 이성(理性)'이 정부 조직에 관하여 지시하는 바에 따라 이를 구체화하는 현실적 국가가 존재할 수 있다고 생각하였다. 그리고 이러한 그의 주장에 따른 이론(理論)은 국가는 물리적 실력이 아닌 계약에 의해 창설하여야 한다는 믿음에서 사회계약론이 전개될 계기가 되었다.

---

14) 루소의 정치 이론상의 상반된 논리를 이해하기 위해서는 그가 그리는 국가를 이상국가와 유기체론의 두 관점으로 접근할 필요가 있다. 『사회계약론』이 기술(記述)하는 국가를 현실국가로 보기에는 너무나 많은 비현실적 요소가 있고 그의 일반의사는 고대 도시국가에서나 가능한 것으로 루소의 의도(意圖)는 공동체의 도덕성 회복, 그리고 개인적 자유와 사회질서의 두 가지 요구에 부응하기 위한 방법을 모색하려는 것이었다. 따라서 현실성은 부차적(副次的)인 것이다.

그가 생각하는 현존의 정치사회의 문제는 이 자연적 자유가 정부에 의해 억압되고 있으며, 비록 그 억압이 필요에 의한 것이라 해도 그 자유를 제한하는 방법에 문제가 있다는 것이다.

그는 이 해답을 사회계약에서 찾을 수 있다고 보았다. 즉 자연상태의 자유(自由)와 시민법적 질서가 주는 권익과 평등, 이 둘을 함께 보장하는 정치형태가 사회계약에 의한 일반의사에 따름으로서 가능하다는 것이다.

사실 이 두 대립적이고 독립된 가치간의 조화는 루소에서 뿐 아니라 정치사상의 영구적인 과제인 것이다.

2) 일반의사의 형성

루소는 『사회계약론』에서 다음과 같이 말하고 있다.

'우리들 각자는 자신의 인명(人命)과 모든 권력을 공동으로 일반의사의 최고 지배하에 두고 우리의 단합된 역량으로 우리는 각 구성원을 전체의 불가분의 부분으로서 받아들인다. 동시에 각 계약 당사자의 개인인격 대신에 회의체가 갖는 것과 동수(同數)의 투표권자로 구성되는 도덕적이며 집합적인 단체가 생기어서 이 결합행위로부터 그 통일과, 그 공동의 일치(一致)와, 그 생명과, 그 의미를 받는 것이다. 이 공동인격(公同人格)은 그와 같이 다른 모든 인격의 결합으로 형성된 것으로 예전에는 '도시(都市)'라는 이름을 가졌는데 현금에는 '공화국' 혹은 '정치체'라는 이름을 가지고 있다.'

사회계약에 의해 성립된 공동체는, 기존의 힘을 통합하여 자연상태하에 누리던 자유·평등·행복을 확보하기 위해 체결된 것으로 이때 인민의 자기보존을 위한 '힘과 자유'가 감쇄되어서는 안 된다. 그리고 루소는 그 해답을 일반의사에서 구하였다. 따라서 국가를 활동, 존속시키는 기본원리로서 인정되는 일반의사는 어떻게 구성되는가의 문제가 제기된다.

일반의사(一般意思)는 모든 국가구성원 의사의 총계가 아니다. 전(全) 구성원의 '의사의 총계'는 다만 특수의사에 의하여 방해될 수 있는 개인의사의 총계이며, 이것을 전체의사로서 적용할 경우 사회의 행복에 관하여 오류를 범할 수 있다. 또한 '다수(多數)의 의사'도 역시 개인의 특수의사의 다수적 일치에 불과하고 의사의 총화(總和)로서의 일반의사와는 다르다. 일반의사는 특수의사 가운데 지나친 것과 모자라는 부분을 제거한 결과로서의 공통적 의사이며 항상 정당한 것이다.

일반의사는 공동체의 행복을 목적으로 하는 모든 구성원의 선의지(善意志)이다. 이러한 순수한 일반의사의 발견을 위하여서는 국가 내부의 통합에 방해가 되며 주권에 맞서는 특수의사로서의 교회, 사회단체, 학파 등이 있어서는 안 된다. 이러한 단체는 충성심이나 이익을 공유함에 따라 내부적으로 공고(鞏固)해져 집단적 편견을 형성함으로서, 개인의사가 시민(市民)으로서가 아니라 단체의 구성원으로서의 의사표현이 될 우려가 있다.

여하튼 이들은 일반의사 형성의 필수적인 시민자격으로서의 개인의사(個人意思)의 자발적 표현에 영향을 줄 수 있다. 따라서 이들 단체가 꼭 있어야한다면 그것들은 보다 영향력이 작을 수 있는 소규모, 다수가 바람직하다. 중요한 것은 개인의사의 자발적 표현을 위해서 개인이 일반의사를 명백히 표현할 수 있도록 자기의 확신을 발표하는 것이 보장되어야 한다.

그러나 이러한 여러 가지 경우의 구성논리를 극단적으로 진전시키면 국가 내의 여하한 시민(市民)의 의사와도 상이한 것이 될 수밖에 없다.[15)]

현실적으로 일반의사는 누구에 의해선가 대표되어야 한다. 그러나 대의원에 의한 대표는 일반의사와는 별개의 독립적인 것이다. 일단 선출된 의원(議員)으로 구성된 의회는 시시각각 변화하는 인민의 일반의사를 정당하게 대표하고 있지 않다. 따라서 인민이 전부 의회에 참

15) 일반의사가 어떻게 가능하고 또 형성되는가의 문제에 대한 루소의 서술은 상위하고 부조리한 내용으로 가득 차 이해하기 어렵다고 한다. 루소는 일반의사가 마련되기 위해서는 공동의 이익에 대해 자유로이 토론할 수 있는 평등한 사람들의 집회에서 가능하다고 하였고, 이는 직접민주주의를 상정(想定)한 것이다. 사실 루소가 법률적 권한을 타인에게 양도해서는 절대로 안 된다는 것만큼 강력하게 주장한 것은 없다.

여하는 직접민주주의가 아니면 안 된다.

현실적으로 민주주의의 본질이 주권적 결정에 영향을 주는 인민들이 자유로운 토론과정에서 그 의사결정을 수립하는 것이라 보았을 때 대규모 국가에서는 진실한 의미에서의 인민정부는 불가능한 것이다. 사실 그는 제네바와 같은 소국가를 이상국가로 간주하였다.

이상국가(理想國家)의 성격은 유기체적인 것으로 '도덕적이며 집합적인 단체'로서의 국가는 공동인격체로 개인의 자연적 자유와 국가의 집단적 의지 사이에 하등의 충돌이 있을 수 없다. 유기체인 공동체의 구성원은 전체의 불가분의 부분으로서 인간 몸의 기관의 건강이 곧 몸 전체의 건강과 하나인 것과 같다.

『사회계약론』에서 루소가 공언(公言)한 목적은 이상적 공동체에 대한 설명으로, 그 방안(方案)이 논리적으로 모순되거나 상위(相違)한 것은 어쩌면 당연한 것일 수 있다.

3) 일반의사의 성격

일반의사는 그 자체가 정의(正義)의 기준이기 때문에 항상 정당하다.

루소의 사회계약이론에서의 일반의사는 극히 추상적인 개념이기는 하나 국가의 공통목적을 위한 의사이며 그 기초가 인민의 의사 가운데 있는 통일적 공동의사라는 근거에서 성립한다. 그는 일반의사가 사회계약에 의하여 주권으로 되어, 그 성격상 절대적이라도 모든 시민의 의사를 무시하는 것이 되어서는 안 되며, 근대적 시민의 권리를 보장하는 것이어야 한다. 계약에 의해 개인은 자기권리를 어느 개인에게가 아니라 일반의사에 위양(委讓)[16]하는 것이다.

구체적(具體的)으로는 재산권은 사회계약에 의하여 그 성질이 국가의 소유물로 변환(變換)되는 것이 아니라 다만 개인의 재산을 안전하게 할 뿐이다. 계약에 의해 국가의 보호 아래 개인이 위양한 권리를

---

16) 위양은 의사(意思)의 자유 원칙에 위배된다. 일반적으로 의사의 양도(讓渡)는 일정 사항에 대한 의사에 대해 사회에서 주어진 권리(權利)의 양도를 의미하며 포괄적 의미로는 불가능한 것이다.

다시 찾는 것이다. 역설적(逆說的)으로 계약에 의해 자연에서의 능력의 불평등(不平等)이 정신적·법률적 평등으로 전환된다.

인간은 사회계약을 체결함과 동시에 자연적 자유를 상실하는 대신에 계약적 자유를 갖게 된다. 계약적 자유는 인간의 본능에서 나오는 방종(放縱)이 아니고 윤리와 공정(公正)에 입각한 자유이며 국가적 측면에서는 시민적 자유, 즉 정치적 자유이다.

4. 국가와 주권

1) 국가론

사회계약의 결과 국가가 성립한다. 국가는 개인이 일체의 권리를 일반의사에 위양하는데 따라 성립한다. 이때 국가는 개인의 단순한 총계가 아니고 그 자체의 생활과 의사를 가지는 하나의 정신적 통일체이다. 그것이 리퍼브릭(Republc, 공화국)이다. 리퍼브릭에서 구성원은 집합적 의미로는 인민(人民), 그리고 개개인이 주권에 참여하는 경우 시민(市民)이라 하고 국가의 법률에 복종할 때는 신민(臣民)이다.

국가는 근본적으로 구성원의 결합에 의하여 생명과 의사를 갖는다. 그러나 현실적 문제로 개인은 일반의사에 반하는 인간으로서의 특수의사를 가질 수 있다. 그러나 일반의사는 특수의사를 압박하여 강제하는 힘 즉 주권을 가진다. 왜냐하면 만일 특수의사가 일반의사에 반하여 존속한다면 정치단체는 해체(解體)되지 않으면 안 되기 때문이다.

루소의 국가는 정신적·인격적 통일체로서 그 자체의 생명과 의사를 갖는다. 정신적 인격체로서의 국가가 고려해야 할 것 중에 중요한 것은 사회계약이 무효(無效)하게 되지 않도록 하는 국가 자체의 보전이며, 또한 각 시민을 전체(全體)에 대하여 가장 유리한 방법으로 활동시키고 지배하기 위한 보편적이며 강제적인 힘이다.

환언(換言)하면 사회계약은 국가의 모든 구성원에 대해 이들을 복종시킬 절대적 힘을 국가에 부여하는 것이다. 그리고 이 힘이 일반의사에 의하여 행사될 때 주권으로서 호칭된다.

2) 주권론

루소의 주권은 절대적이라는 측면에서는 홉스와 같으나 그의 주권은 인민주권적인 성격을 갖는다. 또한 근대사회의 발전에 따른 외부적 권위와 전통에 대한 비판과 부정이라는 측면에서 보면 로크의 입헌군주제적인 것에서 근대적인 것에로 그 발전이 확립되는 과정이라 볼 수 있다.

루소의 주권의 네 가지 특징은 보댕이나 기타 주권론과 거의 동일하다. 그러나 그는 이를 철저하게 일반의사의 관점에서 말하였다.

첫째는 불양도성(不讓渡性)이다. 루소의 주권은 일반의사론에 입각한다. 근원적으로 인간의 의사는 양도할 수 없는 것같이 일반의사 역시 양도될 수 없다. 실제(實際) 정치에서 일반의사가 양도되어 있기는 하지만, 의사(意思)는 그 자체에 의하여 대표되어야하는 것으로 이는 직접민주주의에서나 가능한 것이다. 그러나 그가 근대국가와 같은 큰 지역 국가에서 직접민주주의가 불가능하다는 것을 모르는 것은 아니었으며, 따라서 그는 의회제를 인정하였으나 의회(議會)의원의 성격에 대하여는 중대한 제한을 가하려 하였다.

즉 의원은 인민의 대표가 아니라 인민의 대리이다. 따라서 그들은 인민의 의사에 합치하는 충실한 행동을 해야 할 의무가 있다. 그가 보기에 영국인민은 스스로가 자유라고 생각하고 있으나 그것은 의원선거시기에 국한되는 것이고 선거 후에는 노예의 지위에 있다.

주권은 의회에 의해 대표될 수 없을 뿐 아니라 군주 기타에게도 양도될 수 없는 것이다. 주권을 양도함으로서 여하한 대가 및 명예가 부여된다 하더라도 이론상으로나 사실상으로 그것은 불가능하다고 하여 입헌군주제를 부정하였다.

두 번째의 특징은 불가분성(不可分性)이다. 일반의사는 인민을 기초로 하는 단하나의 주권이다. 그럼으로 주권자체는 불가분성이다. 따라서 주권에서 파생하는 기관인 입법기관, 행정기관 등으로 주권을 분할할 수 없다. 그는 몽테스키외의 삼권 분립론과 첨예하게 대립한다. 이는 그가 영국의 정치조직이 인민의 자유를 보장한다는 몽테스키외의 견해와는 정반대로 영국의 의회를 인민을 억압하는 전제기관으로 간주하였다는 데도 기인한다.

입법기관이나 행정기관은 주권을 위하여 존재하는 것이다. 즉 주권이 이러한 기관에 어떠한 기능을 부여하는 경우 그 기관은 기능을 발휘하기 위하여 존재하는 것에 불과하다.

세 번째 특징은 무오류성(無誤謬性)이다. 일반의사는 반드시 일반 행복을 목적으로 함으로 정당성, 곧 공동선(公同善)이다.

네 번째는 절대성(絕對性)이다. 일반의사는 모두의 행복을 목적으로 하여 국가구성원에 대해 제한 없는 지배와 통제를 하는 절대적 성격을 갖는다. 그리고 무엇이 일반 행복인가는 일반의사 자체가 결정한다. 일반의사는 모든 법과 정의의 근원이며 그 표현이 곧 법률이다.

루소에게 주권은 홉스와 같이 인민을 제외(制外)한 군주에게 있는 것이 아니고 전체로서의 인민에 소속한다. 따라서 인민의 일반의사에 의하여 폐기될 수 없는 국가의 근본법은 존재하지 않는다. 따라서 혁명권이 보유되며 그것은 양도할 수 없는 권리이다. 이처럼 그의 주권론은 개인에서부터 출발하여 그것이 국가를 완전 지배하는 급진적 인민주권론으로 전개되었다.

5. 법률과 정부형태

1) 법 률

법률에 의하여 통치되는 국가가 공화국이며, 이는 공공의 이익을 제일로 하여 공공의 안녕이 중요시되는 합법적 정부이다.

루소는 인간의 보편적인 정의(正義)가 이루어지기를 열망하였다. 따라서 인간에게는 법 자체가 정의로워야 한다는 것이 법이 정당하게 적용되어야 한다는 것보다 더 중요하다. 그러나 법이 일반의사의 표현이기 위해서는 모든 시민에게 평등한 영향력을 가져야 한다.

루소에게 '법이란 이러저러한 위치에 있는 자(者) 혹은 행위를 한 자(者)는 누구나 이것을 행(行)해야 하고 저것을 행(行)해서는 안 된다는, 그리고 이런 방식의 취급(取扱)을 받을 것이라고 말하는 일반적 규칙(規則)이다'

그러나 인간의 개인으로서의 기능(機能)은 법(法)에 속하지 않는다. 왜냐하면 법률은 개인으로서의 인간 또는 특수행위에 대해서가 아니고 신민(臣民)을 전체로서 간주하여 그들의 행동을 추상적인 것으로 취급하기 때문이다. 그러므로 법은 특권(特權)이 존재한다는 것은 얼마든지 명시(明示)할 수 있지만 어느 누구를 지명하면서 그에게 특권을 부여 할 수는 없다. 이것이 일반의사로서의 법의 형상이며 동시에 각자의 행복과 모두의 행복을 융합(融合)시키는 이유가 된다.[17]

자연적 존재로서 인간은 서로 간 많은 차이를 갖고 있다. 그러나 자연적인 차이는 사회적인 것만큼 사람들을 분열시키지 않는다. 사람들의 올바른 교류(交流)를 어렵게 하는 것은 사회적 차이이고 이는 인류 상호간의 동정심을 약화시키며, 특히 권력이나 부(富) 및 교육에서의 불평등은 사회 불안의 근원이 될 수도 있다.

루소는 그가 강조한 도덕심의 앙양을 위해서도 공정한 입법을 일반의사라는 입장에서 요구한 것이다.

2) 정부형태

모든 국가는 인민주권을 기초로 하여야 하며 군주제, 귀족제 그리고 민주제에 관한 종래의 분류론은 당연히 국가형태에 관하여 적용될 수 없다. 만일 가능하다면 그것은 국가형태가 아니라 정부형태로서일 뿐이다.

국가에는 두 개의 원동력으로서 입법권과 집행권이 있고 이 둘의 협력에 의하여 국가는 활동한다. 그런데 법률은 일반의사의 표현이며 사

---

17) 프라미나츠, 전게서 2권, p.63.

회적 단결의 조건이기 때문에 법률제정권은 주권자로서의 인민전체가 가지고 있어야 한다. 그러나 집행권은 주권자와 신민과를 연락하는 것으로 주권자인 인민에 귀속되는 것이 아니다. 인민은 이 권력을 정부에 위임하고 정부는 집행권을 주권자의 이름 밑에 행사하는 관계이다.

그럼으로 양자의 관계는 위임관계이며 주권자는 정부권력을 마음대로 제한 또는 변경할 수 있다. 루소는 집행권이 위임되는 집행권자의 수에 의하여 정부형태를 분류했다. 즉 민주정, 귀족정, 군주정이 그것이다. 그는 혼합정도 인정하였다.

6. 결 어

루소는 개인주의적 견지에서 출발하였고 그의 이론은 극히 추상적이며, 그러나 일반적인 것으로 구성되었다. 군주정 역시 인민주권에 의한 것이라는 그의 견해와 정부의 기득권을 부정하는 주장은 당시의 프랑스 정치상태에서는 급진적 논설이었다.

루소의 정치이론은 프랑스혁명에 대하여 선구적인 역할을 하였다. 그러나 그의 일반의사에 대한 해석은 그것의 추상적 성격으로 말미암아 프랑스 혁명의 진전에 따라 구구(區區)하였다. 그러나 루소의 위대성은 자유의 추구와 도덕성을 인간의 최고의 가치로 승화시킨 데 있다. 그는 인간은 스스로 선(善)하다고 생각하는 삶을 살아가는 한에서 자유롭다하여 선(善)을 자유의 필요충분(必要充分) 조건으로 이해하였다.

루소의 영향력은 당시 서구의 지성계(知性界)를 근본에서부터 뒤흔들어 놓을 만큼 대단한 것으로 후일 J. S. 밀은 그의 저서 『자유론』에서 다음과 같이 쓰고 있다.

‘18세기에는 거의 모든 교육이 있는 사람들과 이들이 지도한 교육을 받지 못한 사람들은 소위 문명(文明)이라는 것, 즉 근대의 과학, 문학 및 철학의 경이(驚異)를 크게 찬양하였다. … 이는 전부 근대인 자신의 우수성(優秀性)을 나타낸 것이라고 제멋대로 믿고 있었다.

이때에 루소의 역설(逆說)－자연으로 돌아가라는 말－은 마치 폭탄처럼 작렬(灼熱)하여 밀집(密集)되어 있는 일방적인 의견을 일시에 허물어 버리고, 그 의견에 새로운 요소를 더하고, 새로운 성분을 부과해서 재결합하도록 하는 매우 유익한 충격(衝擊)을 던져 주었다. … 이로부터 인위적 사회의 속박과 위선(僞善)은 인간을 무기력(無氣力)하게 하고 타락시킨다는 사상은 교양 있는 사람들의 마음에서 결코 떠난 적이 없다.

또한 루소는 독일에서 칸트와 헤르더와 괴테와 실러에게도 깊은 영향을 끼쳤다. 칸트는 다음의 글에서 루소의 영향력에 의하여 자신의 사상에 일어난 변화를 증거한다.

"나는 성격상 탐구자(探究者)이다. 나는 진보의 단계마다 만족을 느끼면서도 지식을 향한 매우 강렬한 열망과 지식의 진보를 이루지 않고서 배길 수 없는 간절한 갈망(渴望)을 느낀다. 이 모든 것이 인류의 영광에 이바지 할 것이라고 믿었던 때가 있다. 그리고 나는 무지(無知)한 하층민(下層民)을 경멸했다. 그런데 루소가 나를 바로 잡아 주었다. 오만(傲慢)한 우월감이 사라졌다. 나는 인류를 존경하는 법을 배우고 있으며, 만일 이 반성(反省)이 다른 모든 직업에 가치를 줄 수 있다고, 즉 인류의 권리를 재확립할 수 있다고 믿지 않으면 나는 나 자신을 평범한 일꾼보다 훨씬 쓸모없는 자로 보아야 한다."[18)]

이러한 칸트의 독백은 루소를 어떻게 이해해야 하는가에 대한 기준(基準)이 될 수 있을 것이다.

---

18) 프랭크 틸리, 전게서, p.516.

제 6 절　데이비드 흄(David Hume, 1711-76)과 퍼거슨(Adam Ferguson, 1723-1816)

1. 철학적 이해(理解)

흄은 스코트랜드의 귀족으로 여러 대학에서 공부하였다. 그는 로크의 감각주의를 대학에서 접하였고 프랑스에 3년간 여행 중 그곳의 계몽주의자들과 접촉하였다. 그의 만년(晩年) 영국의 주불(駐佛)대사관원으로 체재 중에 백과사전학파들과 접촉하였으나 정치적으로는 시종 보수주의자였다. 흄의 보수주의는 논리적 경험론에 토대를 두었으나 그가 살았던 시대의 안정된 정치조건에 고무된 것이기도 하다.

흄은 로크의 감각주의적 심리학을 발전시키면서 감각을 모든 관념 그리고 그 타당성의 근원으로 이해하였다. 인간의 마음은 외계로부터 받은 감각을 자신에 환원(還元)시킬 수 있을 뿐이라 하여 그는 정신의 전체성(全體性)과 선험성(先驗性)을 거부하였다.

사실 데카르트의 합리론과 로크의 경험론 사이의 근본적 차이는 합리론자들이 정신의 전체성 즉 모든 사물의 본성과 사물간의 관계를 이해 가능하게 하는 근원으로서의 이성, 정신을 인정하고 사물끼리의 사이에는 긴밀한 관련이 있다고 생각하는 반면 경험론자들은 회의론(懷疑論)의 입장에 서있어 이를 수용하지 않는다는 데 있다. 그리고 흄 역시 경험론자였다.

흄의 인식론(認識論)에 있어 올바른 방법이란 '관념간의 관계'를 분석적(分析的)으로 헤쳐 나가 그 관계성 속에 내재하는 합리적 필연성을 확인하며 그 진위를 밝혀내는 것이다. 그는 인간의 도덕성을 완전히 사회현상으로 설명하려 하였다.

흄은 인간은 보편적(普遍的)이며 필연적(必然的)인 인식에 도달할 수 없다고 한다.

인간은 사물들 가운데 어떤 필연적인 연관을 경험하지 못한다. '판단(判斷)'에 대해 직관론자(直觀論者)들이 강조했던 필연성은 습관의 결과일 뿐이다. 인간은 관념만 인식하는데 이 관념들은 유사성(類似性), 근접성(近接性)과 인과성(因果性), 즉 인접성(隣接性)의 법칙에 따라 시간적 질서에서 서로 계기(繼起)한다. 다시 말해 관념(觀念)들은 이전에 의식(意識)에서 결합되었던 다른 관념들을 상기(想起)한다. 그럼으로 인식한다는 것은 관념의 올바르고 타당한 결합의 순서를 마련하는 것이며 이는 귀납적 방법에 의하여 달성된다.

2. 자연법

먼저 흄은 회의론의 입장에서 인간이 단순한 이성(理性)을 가지고 영원한 도덕률이나 자연법을 발견해 낼 수는 없다고 하였다.

흄은 자연법을 분석하여 그 총체적인 합리성을 부정(否定)하여 나아갔다.

과학(科學)의 목적은 결과가 원인에서 나온다는 연역적 체계에 의해 인과관계를 들어내는 것이다. 그러나 이 연역적인 체계가 성립하려면 먼저 이를 지탱해주는 진리 혹은 공리(公理)가 먼저 자리해야 한다.

흄은 수학(數學)같은 한정된 분야에는 이와 같은 진리, 즉 공리가 존재하여, 이때 하나가 진리이면 다른 명제도 진리로 추정된다. 그러나 이는 개념(概念)속에만 있고 실제사물(實際事物)에서까지도 그 필연성이 증명되는 것은 아니다. 그의 생각에 객관적 기준에 따르는 과학은 엄밀히 수학과 직접적 경험에만 한정된다고 하여 철학에서의 선험적 제관념 즉 자연법에 대한 회의적 견해를 밝혔다.

따라서 그는 자연법이 공언(公言)하고 있는 정의·자유 같은 필연적이고 불가피한 객관적 원리들을 부정하였다. 이를 설명하며 그는 인간의 행동은 항상 욕정, 즉 감정 또는 욕망에 궁극적으로 기인(基因)하며 이성(理性)은 혼자서는 의지작용(意志作用)에서 어떤 동기가 될 수 없다.

다시 말해 이성은 하나의 독립적이고 완전한 원리로서 어떤 행위를 시작하고 행동의 목적을 결정하는 능력이 없으며 순수하게 종속적 기능 밖에 가지고 있지 않다. 이러한 생각에서 흄은 '이성은 감정의 노예이고 노예이어야 한다'고 하였다.

인간은 의지(意志)의 형성동기(形成動機)에서 욕정을 거스를 수 없다. 그리고 이렇게 형성된 비합리적(非合理的) 의지에서 시작된 행동이 곧 사건이다. 따라서 사건들 사이에서 실제로 나타나는 상관성(相關性)에는 선천적, 필연성은 존재할 수 없다.

이처럼 자연법의 총체적 합리성을 부정하는 흄은 인간이 자연법에 의존하고 있던 자연과 사회에 요구하게 되는 규칙성과 가치의 귀착점에 대해, 이를 '관행(慣行, Convention)'에서 그 심리적 필요에 대한 욕구 해결 가능성을 보았다. 사실 관행만이 실제적 상식의 입장에서는 사물을 결합시킬 수 있는 불가피한 존재이다.

일단 받아들여진 관습은 홉스의 자연법처럼 사회분별의 공리에 불과하지만 관습을 지키는 것은 인정(認定)을 받을 수 있는 행위이고, 이때 인정은 인간 간의 공감(共感)에 근거한다는 점에서 중요하다.

관습의 도덕적 성격은 이기심을 어느 정도 극복할 때 갖게 되는 감정으로 공리주의자들이 말하듯 관습을 지키는 것이 단순한 이(利)로운 행위이기 때문만은 아닌 것이다.

그는 도덕적 경험은 필연적으로 감성적이고 의욕(意慾)에 따른 것이며 도덕적 판단 역시 경험에 근거하여야 하며 경험 이외에 객관적으로 주어진 어떤 기준에 의한 것일 수 없는 입장이었다. 결론적으로 그는 자연법을 부정하였다.

3. 사회계약론

18세기 들어서면 영국에서 사회계약론은 점차 중요성이 상실되기 시작한다.

흄은 그의 철학에서 이미 충분하게 자연법의 근거를 무너뜨렸다. 그리고 이제 그는 자연적인 정치적 사회적 질서의 기초로서의 원시적(原始的) 사회계약론을 역사적 그리고 심리학적 근거에 입각하여 공격하였다.

그는 첫째 인간의 본성과 역사학적 고찰에 따라 이를 논박(論駁)하였다. 그에 의하면 사회는 원래 고립적인 개인의 계약에 의해 결합(結合)함으로 생긴 것이 아니다. 인간이란 개념 자체가 이미 사회적 소산(所産)으로 인간의 존재는 본성상 사회적 영향을 고려하지 않고는 생각할 수 없는 것이다. 또한 계약에 의해 형성되었다고 하는 국가 역시 사회의 최초의 형태가 아니다.

원시시대에 가족의 각 구성원은 방위 및 식량의 생산을 위하여 공동생활을 영위하는 것을 필요로 하였기 때문에 가족의 연합, 종족, 부족 그리고 최후에 국가가 성립하게 되었다. 따라서 사회계약은 다만 의제(擬制)에 불과하다.

둘째 인류 사회학적 관점에서 보았다. 그는 사회학자가 아니었으나 여행가 선교사들의 인류학적 보고를 접할 수 있었다. 당시에는 이미 대서양(大西洋) 건너편에 사는 야만적 미개인에 대한 연구가 시작되어 그들의 습관과 정치생활에 관한 관찰을 통해 원시시대에서의 인간의 가족, 촌락단체인 부락을 형성하여 사회적 생활을 하고 있었을 것을 유추(類推)함으로서 인류의 원시시대에 대한 의문이 해명되기 시작하였다.

사실 국가적 권력은 역사상 침략과 정복 그리고 관습에 의하여 성립하였다. 또한 사회계약론은 원시인의 지식능력을 초월한 것으로 그들은 '자유의사에 의한 계약'이라는 관념을 알고 있지 못하였다.

흄은 자연법의 해체와 사회계약론의 부정을 통하여 정부의 궁극적 목적은 정치사회에서의 법적 질서의 유지 이외에 하등(何等)의 목적도 가지는 것은 아니라는 결론에 이른다.

이리하여 18세기 말 영국에서 사회계약론은 점차 비판을 받게 되어 거의 일소(一掃)되었다. 그러나 대륙에서는 이 시대 이후에도 영향력을 갖고 있었다.

4. 국가의 성립과 정치이론

1) 국가의 성립

정치적 권력은 역사적으로 폭력과 관습에 의하여, 그리고 전시(戰時)의 수장의 권위에서 성립한다. 인간은 가족적 사회 안에서 출생하면서 인간의 자연적 경향, 그리고 관습에서 반드시 사회를 가진다. 더 나아가 사회를 지켜 줄 법의 행사를 가능케 하기 위하여 정치적 사회를 형성한다. 그리고 정치적 사회에서 인간은 평화, 안전뿐 아니라 상호교제도 가능하게 된다.

국가의 자연발생적인 관점에서 보면 한 사람의 여자와 한 사람의 남자가 있었고 이들은 자식들을 양육하기 위해 최초의 사회를 형성한다. 그리고 그 가족을 확대하여 한층 더 큰 사회로 결합했을 것이다. 그리고 사회 내에는 자연적으로 어떠한 권위, 종속규칙 등이 행복의 보장을 위하여 필요하게 된다. 보다 큰 사회의 공동적 생활의 통제에 필요한 법률, 규칙은 작은 사회에 필요한 법률 규칙의 확장과 그 적용상의 복잡화로 나타난다.

흄은 이러한 견해를 좀 더 명백한 형태로 표현하였다. 그는 몽테스키외의 문화의 풍토와 기후에 의한 결정론에 반대하여 문화형성 과정에 대한 그러한 물리적 요소의 주요한 영향을 인정하지 않았다. 그는 문화의 형성에는 도덕적 원인이 결정적 역할을 하는 것이라 하여 정치문화와 도덕이론을 일체화(一體化)한다.

2) 정치 이론

흄은 정치적 피지배자의 동의(同意)에 의한 복종은 인간사회의 이해관계를 보호하고 약속의 존중을 위한 것으로 이는 사회적 존립의 필연성에 의거한다고 하였다. 정치적 복종은 정부의 권위적 힘과 폭력에 기원하는 것이기는 하나 그것은 동시에 사회적 필요에서 성립하여 존속하는 것이다.

인간 행동의 결정은 이성(理性)에 의한 것이 아니고 인간 심리에 기초한 것이다. 인민이 정부나 국가에 바치는 충성은 단순히 일종의 관습의 표현으로 그리고 그 관습의 정당성의 근저에는 공리주의적 관념이 깔려있다. 같은 맥락에서 정치적 권위도 역시 인간의 심리적 사실에 기초한다.

정치적 권위에 대한 인간의 복종은 정부가 개인의 안전을 유지하는 목적을 이행하는 한 복종하지 않으면 사회의 평화와 질서가 성립하지 못한다는 생각 즉 국가의 효용성(效用性)이 명백하다는데 의거한다.

이처럼 문명사회는 정치적 복종 없이 존재할 수 없으며, 따로 지배계약이란 허구(虛構)는 필요 없는 것이다. 더구나 계약자들에 의한 동의가 그 자손(子孫)들까지 구속한다는 것은 논리적으로 정당하지도 않다.[19]

흄은 왕권신수설도 역사적 사실에 입각하지 않은 이론으로 간주하여 이에 반대하였다. 그는 사회에 존재하는 모든 것이 신(神)의 의사라고 한다면 왕권신수설도 정당하다 그러나 그러한 이론에 따르면 신은 바보가 된다. 왜냐하면 신이 권력을 현명하고 인자(仁慈)한 지배자에게 부여하였다는 것과 마찬가지로 폭군에게도 무효가 될 수 없는 신성한 권리를 부여한 것이 되기 때문이다. 이 경우 모든 책임이 신에게 전가(轉嫁)된다.

아담 스미스도 그의 저서 『정의·정치·세입 및 군비에 관한 강의』에서 정부의 성립에 관하여 흄의 견해에 대체로 동의하였다. 그러나 흄이 수장(首長)의 권위가 전시(戰時)의 지도자로서의 지위와 평화시의 내부 중재자로서의 역할에서 성립한다는데 대하여 그러한 이유보다는 그가 소유하는 막대한 부(富)에 의하여 수립된다고 보았다.

즉 정부의 수립은 목축시대에 가축군(家畜群)의 소유와 그에 따른 재산의 차이에 결정적 원인이 있다. 따라서 사유재산제가 존재하지 않는 곳에는 정부도 없다. 그것은 정부의 본래의 목적이 부(富)의 안

19) 로크는 자손이 재산을 상속받는 것은 동의(同意)까지 포함한다는 주장이다. 그러나 흄은 재산개념을 과대 확장한 로크에 반대하여 재산과 개인 의사(意思)는 당연히 별개라는 것이다.

전을 도모하고 빈자(貧者)에 대하여 부자를 보호하는데 있기 때문이다.

만일 목축시대에 한 사람이 오백 두(頭)의 양(羊)을 소유하고 다른 사람이 양을 전연 소유하지 않은 경우 정부가 소유권을 보호하자 않으면 소유는 유지하기 어렵다.

5. 결 어

흄은 전통과 관습을 존중함으로서 정치적으로는 보수적 입장에 일관하였다. 또한 그의 생애 동안 영국의 정치상황이나 정부행태는 지지를 받을만한 것이라 믿었다.

그의 저서 『인간오성연구(Enquiry concerning Human Understanding and The Principles of Morals, 1748)』에서 그는 정치적·사회적 제 제도 및 상태는 습관과 관습에 의하여 해석되어야 한다고 한다. 그는 사회적 질서에 전통과 인간정신에서의 모방적(模倣的) 성질의 중요성을 강조하는 반면 이성의 역할은 중요시하지 않았다. 인간의 감정과 욕망이 인간을 지배하며 실제상 인간 생활에 중요한 것은 습관의 힘이라고 하였다.

그는 귀족주의 편에서 안정된 행복은 부유하고 교육받은 소수인의 수중에 권력이 주어진 사회에서 유지 될 수 있다고 한다. 그는 욕망을 충족하고자하는 단순한 충동에 따른 거친 행동은 사회에 안정을 해치는 것으로, 안정을 위해서는 합리적 타산에 따른 평온한 행동이 요구되며 이는 교육받고 경제적으로 외부 유혹을 뿌리칠 수 있는 부유한 계층 즉 귀족에 의한 정치라 생각한 것이다.

흄은 회의주의(懷疑主義)의 입장에서 철저한 논리적 분석을 거쳐 이성(理性)과 사실(事實) 그리고 가치(價値) 이 셋을 엄격히 구별함으로서 이성(理性)과 자연법의 영속적(永續的)인 진리성(眞理性)을 파괴해 나갔다.[20] 그 분석 논리는 너무나 완벽하여 같은 방법으로는 흄을 공박하기 어려웠다. 그리고 이러한 흄의 회의론에 따른 '자명(自明)한 진리'

---

20) 세이빈, 전게서.

의 공백상태에 대한 반동(反動)이 이어졌다. 그 하나는 벤담에 의한 가치개념을 배제(排除)한 철학적 입장, 즉 공리주의이고, 다른 하나는 버크에 의한 감성(感性)과 전통(傳統)으로부터 가치이념을 찾아내는 공동체에 대한 신뢰(信賴)로 기울었다.

대륙에서의 그의 철학은 칸트와 헤겔에 영향을 주었으며 특히 헤겔은 그의 관념철학에서 흄이 갈라놓은 이성, 사실과 가치를 통합하려 하였고 이는 절대가치(絕代價値)를 추구하는 형이상학으로 나타났다.

6. 퍼거슨(Adam Ferguson, 1723-1816)

퍼거슨은 어떠한 철학적 전제나 선험적 관념에 구애(拘礙)됨이 없이 다만 자신의 경험적 사회 관찰에 의거하여 현실 정치사회를 긍정하는 이론을 전개하였다. 이는 그의 논리적 근거가 종래의 자연법이나 사회계약이론을 이미 벗어났음을 의미한다.

그의 철학적 중심과제는 사회의 본질과 기원(起源)에 있었으며, 정부성립에 관한 사회학적 이론을 좀 더 철저히 수행하며, 발전시켰다.

1) 사회의 기원

퍼거슨은 『시민사회사』에서 자연 상태에서의 소위 자연인이란 의제(擬制)에 불과하다고 하며 인간은 원시시대에 유목민군(群)으로 방랑생활을 하였으나 차츰 사회를 형성하여 안주하였다고 본다.

인간이 개인으로 고립하여 존재하였다는 것은 하나의 오해이다. 인간의 본질은 사회생활과의 관련에서, 특히 무리(群)와의 관련에서만 관찰되어야 한다.

인간은 원래 사회라는 전체의 일부분이다. 개인에게 자연적으로 부여되었다고 간주된 인간의 충동은 동시에 사회적 공동생활의 진전에 따라 사회적인 충동 내지 감정 등으로 표출된다. 그는 인간 천성(天性)의 사회성을 도덕적 행위의 원천으로 보았다.

일반적으로 인간의 의견·노력·행위의 대부분은 인간이 생활하는 사회의 상태에 의하여 규정되며 인간의 본질을 자연적인 것과 비자연적인 것으로 나누는 것은 모순이다. 모든 인간의 특질은 자연적 소질에 근거하고 있는 즉 자연적이며 동시에 현재 존재하는 것과 같이 사회생활의 영향 하에 일정한 형식을 취하고 있는 한 사회적이다.

따라서 각 개인은 사회를 보다 완전한 것으로 인도(引導)하도록 자기에게 부여된 의무(義務)를 다하는 것이 도덕의 본질이다.

인류는 동물이 항상 동일한 형태의 생활과정을 반복하는데 그쳐 그 전(前)시대를 능가하지 못하는데 반하여 동물과 같이 출생, 성장, 쇠퇴 사망(死亡)의 과정을 밟기는 하나 야만(野蠻)에서 문명으로 발전한다. 그리고 사회적 발전과정은 그 전 시대의 진보에 의하여 초래된 결과 위에 시작한다.

정치적 사회는 무리, 종족 등과 같은 하나의 사회이기는 하지만 새로운 사회형식 즉 정치적 형식인 정부에 의하여 결합된 사회이다. 정치적 사회의 성립 이전에 하나의 계약의 체결이 존재하는 것은 아니다. 그와는 반대로 습관, 법률, 시민적 약속인 협약 등은 모두 정치적 사회의 성립 후 사회의 질서로서 채택된 것이다.

2) 국가관

국가는 경제적 관계에 기원한다. 정치사회 이전의 사유재산은 극히 미미(微微)한 것으로 정주(定住)시대 초기도 별반 중요하지 않았고 공동재산이 지배적이었다. 경제적 발전과 부(富)의 증대에 따라 재산소유에서의 차이와 노동이 분화(分化)되면서 불평등한 생활상태가 시작된다. 거기다 수장(首長)이나 용감한 자가 전리품의 분배를 많이 차지함으로 수장, 특히 종족의 장(長)이 명예와 권위를 증가시킴으로 일종의 원시적 군주제가 발생하였다. 그리고 군주는 그 지배권을 안전하게하고, 자신의 목적을 달성하기 위한 조직을 구비한다.

군주의 권력은 인근의 타종족을 정복함으로 피정복 종족을 통제하고 경제적으로 이용하면서 지배권은 한층 확고하게 된다. 이처럼 퍼거슨은 부(富)의 차이와 노동의 분화가 생기는 곳에 군주의 지위가 있게 된다하여 정치적 사회의 기원을 경제적 요인에서 구하였다.

군주의 권력은 귀족과 기타 이해관계에 있는 자들에 의하여 지지된다. 이러한 재산상의 차이, 노동의 분화로 인한 신분의 차별이 생기는 것은 인간의 발전과정 어디에나 존재하며 귀족 기타의 특권계급을 발생시킨다.

일반적으로 인민은 군주 기타의 계급을 지지할 뿐이지만 때로 귀족들만 아니라 승려계급도 정치적 특권을 요구하며 자기들만의 당파를 조직하는 경우도 있다. 국가는 이러한 각종 계급을 성립요소로서 그 혼합이 국가사회를 형성한다.

정치형태의 구별은 국가구성 요소가 근본적으로 어떻게 계급적으로 질서화 되어있는가 또는 각 계급에 국가 권력이 부여되는 사정에 의하여 결정된다. 그는 정치적 보수주의에 머물러 영국의 소위 개혁적 철학운동에 대하여 하등의 동정도 표시하지 않았다.

제 7 절 에드몬드 버크(Edmund Burke, 1729-94)

1. 생애, 시대 그리고 철학적 성격

에드몬드 버크는 법률가이고 국교도인 아버지의 차남(次男)으로 아일랜드 더블린에서 태어났다.

흄은 냉철한 철학자로서 자연법이라든가, 자연권 및 사회계약에 대하여 분명한 반론으로 관념의 해부자(解剖者)라는 명성을 얻었으나 버크는 같은 보수주의자라도 정치 실천가로서 사람들을 설득하여 그가 최선이라고 생각하는 방향으로 행동을 취하게 하는 웅변가였다.

당시 영국은 명예혁명 이후 서서히 정착되어 가던 "국왕은 군림(君臨)할 뿐 통치하지 않는다."는 헌법 원칙에 불만을 품은 찰스 3세가 친정(親政)을 실현하기 위해 의회정치에 개입하며 국내정치에 많은 물의(物議)를 일으키고 있었다. 버크는 이에 대해 강력하게 반대하였다.

이러한 국내문제 외에도 그는 식민지 아메리카에 대한 과세(課稅) 문제 그리고 동인도회사(東印度會社)의 인도 통치의 부당성을 들어 정부 정책에 강하게 저항하였다.

그는 영국과 미국 간의 관계에서 정책상의 대결(對決)보다는 자유에 더 큰 관심을 보였다. 그는 영국 정부의 아메리카에 대한 과세(課稅)목적이 재정수입이라면 식민지인들의 격렬한 분노를 일으키는 영국 정부에 의한 조세(租稅)부과 보다는 아메리카 입법부가 이를 가결하도록 유도하는 것이 합리적이라고 하였다. 그리고 버크가 우려한 것은 자유에 대한 관심에서 아메리카에서의 강압정치가 영국에서도 행해지는 것이었다.

또한 그는 경제문제에 대해서도 많은 의견을 제시했는데 아담 스미스도 그의 정확한 진단에 대해 동의한 바 있다.

한편 대외적으로는 당시 프랑스 혁명이 진행 중이었는데 이에 대해 영국의 좌파(左派) 경향의 인물들은 '인민의 자유 실현의 꿈'이 이루어지리라는 기대에서, 그리고 우파(右派)들은 숙적(宿敵) 프랑스의 붕괴를 바라는 입장에서 이들을 지켜보았으나, 이들과는 달리 버크는 혁명이 전통 사회를 파괴할 것이라며 이에 반대 의사를 분명히 하였다.

그는 『프랑스 혁명에 대한 성찰』을 출판하여 혼자의 힘으로 보수주의를 지적(知的)으로 확고부동한 지위에 올려놓음으로서 보수주의 이론가로서 명성을 획득하였다.

일반적으로 당시의 보수주의자들은 사회적 질서 속에서 자기의 지위에 만족하고 신(神)이 소명(召命)하여 있게 된 그 직위에서 자신의 의무를 다하는 것을 미덕(美德)으로 알고 지켜나가는 사람들이었다.

그리고 그때까지 보수주의자는 있어도 보수주의 이론가는 없었던 터라 이 저서(著書)는 당대뿐 아니라 후세에도 많은 영향을 끼쳤다.

버크가 처한 당시의 상황은 프랑스 대혁명이라는 근대적인 이데올로기의 도전을 맞아 구체제(舊體制)의 옹호자를 쓰레기로 격하시키는 분위기였고, 보수주의로서는 종래의 안이(安易)한 생각으로는 자신들의 믿음을 지켜나가기 어려운 상황이었다.

당시 진보(進步)의 이념은 아무도 거부할 수 없는 대세(大勢)로 보수주의 역시 이를 받아 들여야만 했다. 그러나 버크는 역사 발전의 근거를 혁명가들이 주장하는 개인의 합리적 능력이 아닌 전통사회의 가치에서 찾았다. 그는 문명이란 바로 연속적인 사회적 변화의 결실이라고 믿었다.

2. 전통적 질서관

버크는 논리 정연한 인물은 아니었고 보다는 상상력(想像力)이 왕성한 행동하는 실천적인 정치가로 이는 냉철한 철학자 흄과는 대조적이었다.

그는 평생 일관되게 보수주의자였다. 그의 보수주의 사상의 기저(基底)에는 본질적으로 전통적 기독교의 인간관이 깔려있다.

기독교의 우주적 질서관에는 신(神)의 의사(意思)로서의 자연법이 선천적으로 각인(刻印)되어 있고 인간은 이러한 질서 안에서 생존한다. 이 질서관은 기본적으로 위계적(位階的) 질서로 신은 그 질서체계의 중심에서 인간 각자에 역할을 할당(割當)하고 있다. 따라서 신이 주관하는 위계질서의 일원(一員)으로서 인간은 본성적으로 정치적 사회적 성품을 타고 난다. 인민 전체는 하나의 위계적 질서를 갖춘 유기체로서 역사는 신의 섭리에 따라 변천한다.

한편 인간이 원죄(原罪)를 숙명으로 지고 있다는 기독교 교리는 인간으로 하여금 도덕과 신앙 영역에서 불완전한 존재임을 인정케 함으로서 인간이 신적(神的) 질서에 복종할 의무를 강조한다. 이러한 입장에서 그는 신앙의 합리화나 이신론(理神論)의 합리적 지식으로 인간과 사회의 완전성을 꿈꾸는 계몽주의 사상에 대해 반대하였다.

버크는 계몽주의자들이 감히 '편견(偏見)'이라고 하는 역사적 사회적 이성(理性)을 신뢰하였다. 그는 '인간은 가장 우매(愚昧)하며 동시에 가장 현명한 존재이다. 개인은 우매하지만 그러나 종(種)으로서의 인간은 현명하다'고 믿었다.

사실 그는 인민의 구체화된 지혜에 대해 거의 신비적인 경외심(敬畏心)을 갖고 있었다. 그리고 문명사회의 제도를 궁극적으로 정당화하는 논리적 근거로서 인류의 역사적 예지(銳智)를 들었다.

'우리들은 날 때부터 크고 작은 사회에 소속되어있다. 이 사회의 전통적 관습은 제한된 능력 밖에 갖지 않는 개개인들이 많은 시행착오를 거치며 축적된 지혜의 보고(寶庫)이다. 즉 인류의 역사적 예지로 이는 신의 이성적 섭리(攝理)이기도 하다.'

버크는 인간 본성에 도덕적 자질(資質)을 부여하는 것은 이성이 아니라 사회적 관습과 전통에 있다고 하여 '시민이 됨으로서 하나의 인간이 된다.'는 루소에 따랐다. 그는 프랑스 혁명의 이론과 사상은 개인주의적, 합리주의적이고 반역사적인 것으로 현실성이 없는 형이상학적 추상일 뿐이며 이러한 추상적 이론은 구체적인 전통을 파괴한다고 믿었다. 또한 프랑스 혁명의 오류는 복잡한 현실을 추상적 이론에 맞추어 합리성을 가장(假裝)하는 것이라고 지적하였다.

이러한 합리성은 도덕적 정치적으로 허위(虛僞)일 뿐이다. 정치와 도덕은 인간의 구체적 실천에 따르는 것이고 수학이나 기하학같이 순수 이론의 방법으로 이를 재단(裁斷)하는 것은 타당치 않은 것이다.

수학에서 '직선은 점(點)과 점을 연결하며 폭(幅)을 갖지 않는 최단거리'라 하고 '점은 위치할 뿐 면적을 갖지 않는다.'고 한다. 그러나 현실에 그러한 점은 존재하지 않는다. 그리고 이러한 수학적 이론을 현실세계에 적용시키며 그 진리성을 강변하면 결국 위선(僞善)과 부패(腐敗)만 낳게 된다.

그는 인간의 권리는 절대적인 것이 아니라 구체적 실천적인 것으로 수학적 합리성에 따르는 것이 아니라 하였다. 현실사회에서 올바른 선택은 종종 선(善)과 선의 균형의 중간에, 선과 악의 타협, 또 때로는 악과 악의 타협 중에 존재하는 것이다. 그것은 때로 유해(有害)한 것으로 생각되었던 것도 선한 결과를 낳을 수 있고 그 반대도 성립한다. 그것은 일종의 중간적(中間的) 존재이다. 따라서 정치학은 오랜 경험을 필요로 하는 실천적 학문이다.

버크가 생각하는 합리주의의 의미는 선험적 원리에 따라 현실을 창출하는 것이 아니라 현재의 역사적 현실을 설명, 개량방법을 읽을 줄 아는 지혜이다.

3. 국가 제도론

버크는 기본적으로 제도(制度)들은 발명되거나 만들어지는 것이 아니라 생명력을 지니고 성장한다는 생각을 가지고 있었다.

버크는 국가 제도론의 기본적 원리의 하나인 시효(時效)를 '자연법의 가장 기본적인 조건'으로 보았다. 어떠한 사물이 진실이기 위해서는 '일정 기간 계속되어 온' 실제상태가 중요한 것으로 이 계속성은 정통성(正統性)을 획득하는 근거이다. 이러한 관점에서 그는 영국의 국가세도를 '평가를 불허하는 재보(財寶)'라 하였다.

그러나 국가제도의 정당성에는 인간의 의지(意志) 역시 무관한 것이 아니며 그는 이를 계약론으로 설명하였다. 그는 전통적 계약론에 입각하여 국가는 인간들의 계약에 의해 성립된 것으로 보았다. 그러나 근대의 비역사적(非歷史的) 합리주의에 따른 사회계약론에는 반대하였다.

그에 따르면 국가를 형성하는 계약은 과거·현재 그리고 미래의 인간들이 참여하는 것이다. 전통적으로 전해오는 계약에는 과거 인간의 의지와 현재 살고 있는 인간들의 의지가 함께 반영된 것이다.

그러나 국가는 일시적인 이익의 추구에 따른 결과가 아니며, '인민(人民)의 공동사업(共同事業)'으로서의 국가의 목적은 많은 세대를 거쳐가며 달성되는 것이다. 또한 현재 살고 있는 이들의 합동사업일 뿐만 아니라 앞으로 살아갈 인간들의 것이기도 하다.

더 나아가 '개개 국가의 이러저러한 계약은 영원한 사회의 위대한 태고(太古)의 계약의 한 조항(條項)'일 뿐이다. 국가는 신(神)의 신탁에 의한 것으로 인간은 신과의 계약으로 그 운용에 필요한 의무를 진다. 인간과 신의 계약은 결국 신법과 자연법을 존중한다는 의미로 국가제도는 자연법의 역사적 전개의 일환일 뿐이다.

결국 버크에 의하면 전통적 국가 제도는 과거로부터 이어 받아 미래로 계승하는데서 그 정당성을 확보한다는 것이다. 그리고 이러한 국가 안에서 자유와 권리는 취득, 세습되고 재산을 향유(享有)할 수 있다.

그는 혁명가들이 제창(提唱)하는 자유는 추상적인 것으로 보았다. 자유는 '우리들이 선조로부터 이어받아 후손에게 물려주는 세습재산이다.' 그것은 마그나 카르타(Magna Carta)의 권리선언 이후 지금까지 이어온 국가의 불변하는 방침이다.

그들이 주장하는 자연적 '자유'와 '권리'는 원자적(原子的) 개인의 초역사적(超歷史的) 생득권(生得權)일 뿐이다. 그러나 역사적 자연법 질서에 합치하는 자유는 인간다운 도덕적 규율(規律)에 따르는 것이다. 자유를 가능케 하는 질서는 일찍부터 이어져온 다양성(多樣性)들의 유기적 통일을 이루는 위계적 질서이다. 그리고 이 위계적 질서의 보편적 조화 안에서 자유는 존재할 수 있다.

이러한 진정한 '보편적 조화'는 이해와 의견의 일원화에 있는 것이 아니라 다양한 이해(利害)의 결합과 대립, 작용과 반작용의 결과로 생성되는 것이다.

버크는 공공심(公共心)의 육성(育成)이 사회의 다양성의 조화에 필수적인 것이라 하였다. 그러나 그는 직접 국가나 인류에 대한 사랑을 말하기 보다는 자신 가까이 있는 가족과 이웃에 대한 사랑이 서서히 확대되어 거기에 이르는 것이 자연스럽다고 보았다.

사실 사회구조 가운데 대부분의 이익관계는 작은 집단의 구성원 사이에 있고 따라서 그곳이 출발점이어야 하는 것은 당연한 것이다.

4. 합리주의의 중앙집권적 민주정에 대한 반대

버크는 혁명은 다양성(多樣性)을 유지하는 유기적 통일체로서의 국가를 파괴한다고 하였다. 그는 프랑스 혁명에 대해 그들은 인간을 균질(均質)의 원자적(原子的) 개인으로 분해하여, 이들을 산술적 방법에 따라 합리적으로 조직한 중앙집권적 정부를 세워놓고 이를 민주정(民主政)을 실현하였다고 하지만 이는 절대군주정과 다를 바 없다고 보았다.

왜냐하면 그들이 말하는 '전체로서의 인민'은 실체(實體)가 아닌 허구(虛構)이다. 그것 즉 '전체로서의 인민'은 막강한 정치력을 행사하면서도 그러나 어떠한 책임도 지울 수 없는 따라서 처벌의 대상도 될 수 없는 허구이다. 그리고 그러한 정치는 책임과 처벌로부터 자유롭다는 점에서 절대군주와 다를 바 없다.

이들의 정치권력의 근거는 '다수(多數)'에 있으나, 역설적(逆說的)으로 민주정의 최대의 위기는 '시민(市民) 중의 다수파가 소수파에 대해 잔혹한 억압을 행사하는 것'이다.

다수가 정당성을 갖기 위해서는 단순한 수적(數的) 우세가 아니라 공공심(公共心)을 전제한 것이어야만 하며 이때 비로소 자신들의 힘을 억제 내지 조정함으로서 '다수의 횡포'를 피(避)할 수 있는 것이다.

버크는 민주적 보통선거의 필요성을 모두 인정하지는 않았다. 그는 의회의 대중화를 반대하였다. 그는 민주적 선거는 의원(議員)이 자신에 대한 지지를 애원하게 만들고 따라서 의원의 독립성을 훼손(毁損)시킨다. 그는 선거의 폐해(弊害)를 많이 보았고 특히 보통선거에는 의문을 품고 있었다. 이런 부정적(否定的) 시각(視角)은 당시 의회가 대다수의 의원이 '의석(議席)의 세습'에 의해 구성된 것에 연유한 것이기도 하다.

당시 인민주권을 주장하는 혁명가들은 인민의 일반의사(一般意思)의 절대성을 근거로 예외 없이 정당을 악(惡)이라고 이를 거부하였다. 그러나 그는 확실하고 일관되게 정당(政黨)에 의한 의회정치를 옹호하였다.

버크는 정당정부(政黨政府)를 자유의 도구(道具)이며 보호물이라고 옹호한 최초의 인물이다. 정당은 구성원들이 동의한 특정 원리(原理)를 가지고 공동의 노력으로 국민의 이익을 촉진하려 결합한 인간들의 집단이다. 그리고 그들이 인간의 약점(弱點)을 존중하고 또한 공개적으로 활동한다면 바람직스러운 책임정부의 수립을 위한 수단이 된다고 믿었다.

사실 현실적으로도 공동의 원칙이나 일치된 정책에 의해 결속된 단체가 아니면 관직(官職) 임명권을 장악한 군주의 권력을 견제(牽制)하기 어려운 것이다.

그는 다원론적 관점에서 정치적 진실을 나누어 갖는 정당의 존재를 건전한 의회정치에 필요불가결한 존재로 보았다. 그리고 국민감정을 정확하게 반영하기 위해서는 의회(議會)는 정당에 의해 운영되어야 한다. 또한 정당은 개인으로서의 의회의원보다 쉽게 매수하기 어렵다는 이점(利點)도 있다.

5. 결 어

그러나 버크는 혁명가들을 포함한 대부분의 서구 사상가와 마찬가지로 그 역시 본질적으로 합리주의자였다. 그도 이성(理性)이 인간에게 주어진 능력 중에서 가장 고귀하고, 인간의 업적(業績)은 모두 이 능력에서 비롯된다는 것을 인정한다.

그러나 인간은 무한(無限)한 우주 속에서 유한(有限)한 존재로 이성에는 분명한 한계가－문제의 절반(折半)밖에는 설명해 주지 못하는－있으며, 또한 이성적일 뿐 아니라 감성적 존재이기도 하다.

버크는 영국 경험주의 철학의 전통에서 현실사회를 긍정하는 보수주의자로 일관하였다. 그는 귀족제를 옹호하였으며 사회적 불평등을 유발(誘發)하는 권력과 지위에서의 상이(相異)가 존재할 수밖에 없다고 믿었다.

그러나 문제는 불평등 자체에 있는 것이 아니다. 누구나 위계질서는 인정하지만 그것이 인간 개인의 능력(能力)차이에서 온 결과로서가 아니라 상속받았거나 기타 방법으로 전혀 노력을 들이지 않고 획득한 우월성(優越性)에 근거하였다는 점이다.

버크는 이에 대해 상층계급의 우월성은 사회적인 것이며 자연 생물학적인 것은 아니라고 생각하였다. 그러나 비록 이들이 우수한 성품을 지니고 태어난 것은 아니라 하더라도 사회적으로 성공한 사람의 지위는 우수한 재능에 의한 것으로 이때 그 재능은 그들이 타고난 환경조건으로 인해, 과거로부터 전수(傳受)받은 지혜를 획득할 기회(機會)를 가졌기 때문에 가능한 것이다.

버크는 상층계급이야 말로 공동체의 안녕이 달려있는 '집단적 지혜'의 보고(寶庫)라고 생각하였다. 그는 역사나 사회에서의 개인적 이성의 한계를 철저하게 인정한 인물로 중요한 것은 전통을 계승 발전시키는 유기체적 집단으로서의 국가이다. 그러나 그는 결코 국가주의자는 아니었다.

제 8 절　벤담(Jeremy Bentham, 1748-1832)

1. 정치사회적 배경

영국은 나폴레옹 전쟁(戰爭)시기(1797-1815), 유럽 대륙의 다른 나라들과는 달리 프랑스의 침략도 당하지 않고 혁명도 겪지 않은 채 유럽을 뒤흔든 소용돌이에서 벗어나 있었다. 그러나 정부는 특권집단의 수중에 있었고 근대 민주정부가 되기까지에는 갈 길이 멀었다.

영국의 정부는 산업화 과정에서 적극적인 역할을 수행하지는 않았으나 이는 자유방임(自由放任) 원리에 따라 간섭을 자제한 것은 아니었다. 1815년의 곡물법(穀物法)이 보여 주듯이 점차로 정부는 체계적으로 여타 계급보다는 산업자본가들에 유리한 원리들을 따랐다. 그리고 이러한 산업화 과정에서 성장한 상업과 산업에 종사하는 중간계급이 그들의 지위와 영향력의 확대와 함께 19세기 자유주의 정치개혁의 주도세력이 되었다.

그때까지 영국을 이끌어 온 윌리엄 브랙스톤(William Blackstone)과 에드몬드 버크(Edmund Burke)의 정치지도 이념은 정부와 경제사회의 안정된 지속성, 그리고 자율적 기관으로서의 정부를 유지하는 것이었으나 이들의 보수적 입장으로는 당시 만연하고 있는 부패와 비효율성을 개선시킬 수 없었다.

이제 사회개혁은 분명하게 불가피한 것으로 나타났다. 벤담은 사회개혁을 주장하는 입장에서, 브랙스톤이 '법의 해석'을 현상을 긍정하는 데 주안점(主眼點)을 두고 있다고 공격하며, 법의 주제에 대한 논구(論究)는 '사실을 기술하는' 법의 해설이 아니라 가치 판단에 의한 비판과 그 개선을 위한 역할을 하는 것이라고 지적하였다.

이는 마르크스가 철학의 임무가 역사를 변혁시키는 데 있다고 한 대표적인 예에서 알 수 있듯이 개혁론자들에게 보이는 당연하고 일반적인 주장이다. 그러나 일반적으로 계몽철학이 주장하는 정치적 개혁은 혁명지향(指向)을 의미하는 것은 아니며 다만 옛 부터 내려오는 미망(迷妄)의 사회적 악폐를 시정코자 이를 비판하는 것이다.

벤담이 호소하는 개혁의 방식 역시 혁명적인 열광(熱狂)의 미덕(美德) 대신에 공정한 원리에 의한 입법자의 과학적 자세, 그리고 그에 따른 입법에 의한 개혁이다. 그리고 벤담은 그의 초기에는 이러한 과학의 원리는 지배층도 수용(收容)할 것이라는 기대를 가지고 있었다.

그러나 그는 곧 사회적 악폐의 시정(是正)을 기존체제를 지배하고 있는 군주나 귀족들 자신에 기대하는 것은 모순임을 깨닫게 되었고, 따라서 현상(現象)을 긍정적으로 보고 이를 유지하려는 귀족계급의 이데올로기와 대결하는 것이 벤담의 기본자세가 되었다.

그는 공리주의(功利主義) 입장에서 개혁의 일환(一環)으로 정치를 포함한 모든 사회적 정책에서 효율성을 가장 중시(重視)하였다. 한때 벤담은 감옥을 개선하려 하였으나 이는 인권 보호를 위해서가 아니라 효율적인 관리(管理)의 차원에서 이를 시도하였다. 그리고 오랜 시간 구체적으로 계획을 세우고 정부가 그 계획을 인가(認可)하는 의회법을 통과시켰지만 땅 소유자들의 반대로 계획은 수포로 돌아갔다. 그는 이에 크게 좌절하고 분노하였다.

이러한 차제(此際)에 그는 제임스 밀을 만나 그의 영향으로 기존의 통치 에리뜨를 통해 개혁할 수 있으리라는 종래의 기대를 포기하고 입법(立法)을 통한 개혁으로 방향을 바꾸어 철저하고 급진적인 의회 개혁의 뜻을 명확히 하였다.

이런 과정에서 그는 당시의 철학적 급진주의자(Philosophical Radicals)들의 일원으로 제임스 밀이나 존 오스틴 등과 어울리게 되었다.

2. 공리주의

1) 배 경

철학사의 관점에서 영국의 자유주의(自由主義)는 홉스와 로크의 개인주의와 흄과 버크의 공동체의 가치를 중시하는 전체주의적 성격의 이론 모두에게서 영향을 받았고 또 역(逆)으로 이들 모두를 배척하였다. 다시 말해 자유주의는 영국 혁명시대의 이론적 근거였던 자연권과 사회계약론을 거부하며 동시에 버크의 보수주의 내지 전통(傳統)을 중시(重視)하는 사상에도 동조하지 않았다.

벤담의 공리주의는 빅토리아 시대의 엄격한 도덕과 충돌한데서 나왔다. 그는 전통적 도덕의 가정(假定)을 비판하며 도덕적 판단의 선험적 확신성을 거부하고 경험적 공리성의 시험(試驗)에 의해 도덕적 덕성(德性)을 올바르게 평가하는 새로운 표준을 세우려는 의도를 가지고 있었다.

공리주의를 내세운 이들 자유주의는 논리상으로는 다소 불완전한 사회철학이었으나 영국 특유의 경험주의 입장에 선 성실한 공공정신(公共精神)으로 사회개혁에 유익한 이론체계로 이끌어 나가 그 역할을 다하였다. 그들은 19세기 초까지 50여 년 동안 정치 및 경제사상에 지대한 영향을 주었다. 그 이론은 개인의 우위(優位)와 국가의 인위적 성격을 강조함으로서 헤겔의 관념론과 현격(懸隔)한 대조를 이루었다.

그가 1789년에 출판한 『도덕과 입법의 제 원리 서설』은 '입법(立法)에서의 과학'을 체계적으로 형성하려는 노력의 소산이었다. 그는 이러한 과학의 성과는 그 원리의 보편적인 적용 가능성을 감안할 때 영국뿐 아니라 다른 나라에서도 채택될 수 있을 것으로 믿었다.

벤담은 그의 저서 『헌법전(憲法典)』에서 당시 뉴톤을 비롯한 과학자들에 의한 자연계의 발견과 개선에 대응하는 '도덕개혁'의 주도 원리로서 '최대 다수(多數)의 최대 행복(幸福)'을 표명하였고, 당연한 논리의 귀결로 국민이 주권자임을 밝혔다. 그리고 이 원리는 자유주의 경제학자의 손에서 자유방임과 자유무역을 정당화하는 철학적 근거가 되었다.

브랙스톤은 사회계약론의 역사적 실재성에는 부정적이었으나 정치사회에서 각 구성원의 권리 보호와 법에의 복종을 이해하는 데는 유용한 이론으로 받아들였다.

그러나 벤담은 사회계약론은 무용(無用)하고 유해(有害)한 의제(擬制)라고 이를 반박하였다.

'원시계약은 다른 의제들과 마찬가지로 그것이 유용한 시대가 있었으나 현금(現今)에는 그러한 의제는 이미 의미가 없다. 그러한 명목은 개인의 인권을 침해하거나 기만(欺瞞)하는데 이용할 우려가 있을 뿐이다'

또한 벤담의 생각에 사회 계약의 '구속성(拘束性)'은 정치사회에서의 '지배와 복종의 필요'라는 공리성 원리(功利性 原理)에 의한 것일 뿐, 내적 성찰(省察)을 수반하는 윤리적 규범에 따른 원인이나 결과가 아니라는 것이다.

2) 도덕론과 공리성(功利性) 원리

벤담은 전통적 계열(系列)에 서있는 철학자는 아니다. 그의 철학은 형이상학적 관념은 물론 인식론에도 소홀한 경험주의자로서 사상가라기보다는 제도(制度)의 비평가였다. 그의 도덕론은 순전히 설명적이다.

벤담의 도덕론은 선험적 원칙에 의거하지 않고, 그 의미를 전적으로 인간을 행위(行爲)하게 하는 욕구와 그 행위의 결과로서 판단한다. 따라서 인간의 행동을 개선(改善)시키려는 일반적인 도덕론의 목적과는 완전히 다르다. 그는 옳은 행위를 어떤 환경에서 최대량의 쾌락(快樂)을 생산하거나, 고통(苦痛)의 양(量)을 훨씬 초과하는 쾌락을 생산하는 행위라고 정의(定意)한다. 결국 그는 정의(正義)라는 말을 단지 기술적인 수식어로 만들어 버린다.

그는 사회계약론에서는 계약이 인간을 구속하는 근거를 정의, 올바른 이성이나 자연법 같은 도덕적 덕성에 두고 있으나 실제 이러한 용어(用語)들의 의미는 구체적 또 직접적이지는 못하다고 한다.

이에 대에 대응하는 개념으로 벤담은 유일한 가치판단의 기준으로 간단명료한 공리성 원리(功利性原理)를 제시한다. 그는 '쾌락과 고통을 제거(除去)해 보라.' 그러면 '행복뿐 아니라 정의·의무·복종도 공허(空虛)한 말에 불과하게 될 것이다'라고 단언(斷言)한다.

그는 그의 대표적 저술인 『도덕과 입법의 제 원리 서설』의 서두에서 입법체계의 근본원리를 공리성 원리라 하였다. 그는 이 책에서 '조물주는 인류를 '고통'과 '쾌락'이라는 두 권력자의 통치하에 두었다. 오직 그것들만이 우리가 무엇을 할 것인가와 또한 마땅히 해야 할 바를 지시해 준다. … 사람들은 언제나 그것의 신하(臣下)로 남아 있게 될 것이다. 공리성의 원리는 이와 같은 종속(從屬)을 인정하는 것이다.'

따라서 '이해 당사자' 즉 사회 구성원 모두의 행복의 증감(增減)만이 그들이 자신들의 행위를 '시인(是認) 혹은 공감(共感)'하거나 '부인(否認) 또는 반감(反感)'을 갖게 하는 근본적 원리이다.

개인의 행위 및 정부의 정책은 그 결과가 사회 전반의 행복을 증진시키는 것이 선(善)이고 감소시키는 것이 악(惡)이다. 따라서 어느 행위가 옳은가(正義) 또는 옳지 않은가의 판단 기준 역시 이 공리성 원리 즉 행복의 증감 여부에 의해 결정되는 것이다.

벤담은 '공감과 반감의 원리'에 주목하였고 이는 호오(好惡), 즉 감정을 가치판단의 근거로 한다는 것을 의미한다. 종래의 가치를 판단하는 기준으로서의 도덕론은 선악 판단의 근거를 도덕적 감정, 정의, 자연법, 또는 올바른 이성에 두어 왔으나 벤담은 이를 주관적 감정인 공감과 반감, 즉 자의적(恣意的)인 감정에서 찾았다.

이러한 공리주의의 입장은 도덕적 판단에 선천적 인식을 배제하고 그 시대의 법률과 도덕에 묻혀 있는 편견과 미신을 파헤치려는 경험철학을 천명(闡明)한 것이다.

3. 정치권력

그는 브랙스톤이 주권(主權)의 절대성과 피치자의 무한한 복종을 주장하면서, 다른 한편 자연법에 반(反)하는 통치에 대항하는 피치자의 저항을 의무로서 논(論)하는 모순된 입장에 주목하고 그의 논의에 혼란한 면을 보았다. 사실 주권의 무제약성(無制約性)에 대한 주장은 자칫 전제군주의 주장과 다를 바 없는 것이다.

벤담 역시 최고권력(權力)의 무제한성을 인정하였다. 그러나 그가 말하는 최고권력은 입법권을 지칭한 것으로 정치권력의 무제약성을 의미하는 것은 아니다. 따라서 그는 입법권이 최고권력이라 해서 입법권을 장악한 자(者)가 행정권과 함께 사법권까지 장악해도 된다고는 결코 말하지 않았다.

또한 입법부가 무제한적인 권한을 합법적으로 보유한다는 것이 권력분립과 양립할 수 없다고도 생각하지 않았다. 그는 무제한적인 권위를 가진 입법권 역시 도덕적인 면과 현실적인 면에서 항상 제약된다고 보았다.

벤담은 정치권력의 크고 작음이 자유로운 통치와 전제정치의 구별(區別)의 기준이 되는 것은 아니라 하였다. 즉 그것이 양자 간의 상이점(相異點)이 아니라는 것이다. 그가 생각하는 자유로운 통치의 특징은 우선적(優先的)으로 권력에 참가하는 이들의 자격을 광범위하게 허용하고 이를 바탕으로 통치자와 피치자 간의 교체 가능성과 그 빈도(頻度)를 높이는 것에 있다. 또한 통치자의 권력행사에 책임을 확실하게 하기 위해 권력행사의 이유를 공개하여야 하며 언론과 결사의 자유 역시 보장되어야 한다.

벤담이 주권의 무제약성을 인정한 것은 다만 '최대다수의 최대행복'이라는 목적을 입법권을 가진 의회의 일원적(一元的) 권력에 의해 효율적으로 이루어 질 것이라고 기대했기 때문이었다.

4. 의회개혁의 전개

1) 최대행복을 위한 정부제도

벤담은 적극적인 의회 개혁론을 전개하였다. 그의 개혁론은 납세액(納稅額)에 따른 선거권에 대한 자격제한이 있기는 하지만, 그는 선거의 확대, 비밀 투표제, 평등한 선거구제 그리고 매년 선거할 것을 제안하였다. 이러한 제안의 목적에는 의원의 높은 자질(資質)에 대한 요구와 선거운영의 효율화를 포함하고 있다.

그는 사회 전체의 이익을 희생하면서 사악(邪惡)한 개인의 이익을 추구하는 군주와 귀족 계급을 비난하였다. 따라서 개혁을 위한 유일한 방책은 '민중의 우위'와 '실질적 민주주의'를 확립하는 것이다. 그리고 그가 제안한 급진적인 의회개혁은 그러한 우위를 확립하는 수단으로서 명확히 위치한 것이다.

법체계를 수립하여 '최대 다수의 최대 행복'을 달성하려는 벤담의 기본자세는 자기만의 이익을 최우선으로 하는 개인을 제재할 수 있는 강목(綱目)을 정리하고 이에 따른 정부조직을 구상하고 관철시키는 것이다.

이러한 의도에 쓰여 진 그의 말년(末年)의 저술(著述) 『헌법전(憲法典)』은 제1권이 '국민주권의 원리에 따른 근대 민주주의의 의회 및 행정기구론'을, 제2권은 '국방력과 행정기구 각론', 그리고 제3권은 '사법기구와 지방행정'을 취급하였다.

그는 제1권에서 국민주권의 원리를 설명하고 있다. 국가의 권력인 입법·행정·사법은 모두 권력을 구성하는 주체인 선거자격을 갖는 국민으로부터 나오고 이들이 실제상의 주권의 담당자이다. 주권(主權)은 의원과 공직자를 선출하고 파면을 청구할 수 있다.

그렇다 하더라도 일단 성립된 '최고 입법부의 권한은 전능하다.' 이러한 '전능성'은 법적 제약의 범주에서 벗어난 것으로 이에 대해서는 다만 매년 선거를 통해서만 이를 시간적으로 제약할 수 있을 뿐이다.

또한 일원론(一院論)의 입장에서 귀족원의 폐지를 그리고 권력분립을 부정(不定)하며 입법권의 전능성을 주장하였다. 이와 더불어 의회의 효율적인 성과를 위해 의원(議員)의 유급제(有給制)를 실시할 것과 매년 의회를 열고 이를 공개하고 의원들의 비밀 투표제를 주장하는 이론을 전개하였다.

그는 행정개선에 있어 첫째로 공직자의 자질(資質)을 확보하는 문제를 거론하였다. 이때 자질은 도덕적 자질은 물론이고 지적(知的)인 그러면서도 활동적인 능력도 함께 요구된다. 이들 공직자의 중요성은 전체로서의 사회의 '최대 행복'의 성취가 이들의 책임을 수행하는 능력에 있기 때문이다.

그리고 둘째가 경비(經費)의 최소화이다. 이는 통치기능의 능률과 더불어 최소 비용을 중시하는 벤담의 생각에서 다시 촉구한 것이다.

2) 입법의 부차적(副次的) 목적

벤담의 법제개혁 목적의 다른 하나는 관습법(慣習法, Common Law)의 복잡한 혼란 상태를 성문화(成文化)한 법전을 만들어 해소하려는 것이다. 그는 구체적이고 실천적인 상황을 염두에 두고 이를 시행하려 하였으며 그 이론적 기초를 '과학적 입법'이라는 개념으로부터 세웠다. 그리고 그 일차적 목표는 사회 전체의 최대 행복을 실현하는 것이다.

그러나 이 '최대 행복'의 의미는 다분히 추상적(抽象的)이고, 따라서 그 실현을 보완(補完)하는 구체적 입법의 부차적 목적은 생활의 존속, 평등과 안전을 확보하는 것이다.

이 중 최우선은 안전(安全)에 있다. 안전은 생명과 신병(身柄, 보호나 구금의 대상이 되는 본인의 몸)의 보장뿐 아니라 인간의 장래를 예측하고 하는 행위의 결과에 대한 보장 역시 안전의 중요한 요소이다. 소유권의 확실한 보장에 대한 기대는 인간이 노동의욕을 갖게 하여 사회의 번영을 가능케 한다.

이들이 문명사회의 특징이다. 사실 안정(安定)을 최우선으로 하는 벤담의 주장에는 자유와 평등을 최고 가치로 목표(目標)하는 프랑스 혁명을 비판하려는 의도가 있었다.

자유란 법 본래의 목적 즉 안전을 확보하는 법질서의 확립을 위해서는 이를 부분적으로 희생해야 한다는 점에서 이 둘은 대립되는 개념이다. 벤담의 생각에 자유(自由)의 가치는 개인이 다른 이로부터 권리를 침해받지 않는 '안전'의 한 종류이다.

평등(平等)은 사회의 최대행복을 밑받침하는 요소(要素)이나 이 역시 안전(安全)과는 대립되며, 이때 평등은 안전에 종속(從屬)되지 않으면 안 된다. 사실 완전한 평등은 망상(妄想)이다.

만약에 입법에 의한 강제적 평등을 촉구한다면 이는 사회를 야만(野蠻)상태로 역행시키는 것에 다름 아니다. 이를 위해 허용이 가능한 방법은 상속세를 부과하여 불평등을 간접적으로 완화시키는 방법뿐이다.

5. 징벌(懲罰)과 제재(制裁)

벤담은 의무(義務)에 대해 그의 『정부론 단편』에서 '만일 내가 그것을 행하지 않는다면 법에 따라서 처벌받아야 할 바로 그것을 행하는 것이 나의 의무이다'라고 한다. 다른 곳에서 그는 의무라는 개념을 확장시켜 제재라는 말로서 지시되는 모든 행위를 포함시켰는데, 이때 제재란 사람들이 두려워하는 모든 불유쾌한 결과이다.[21] 이는 인간이 자기의 쾌락 증대와 고통 감소를 위해 행동한다는 쾌락주의의 심리학에 따른 것이다.

입법자의 임무는 개인의 이 행위원칙과 사회 전체의 행복을 조화(調和)시키는데 있다. 그리고 인간들에게 이러한 조화를 유도하기 위한 방도 역시 쾌락의 심리학의 원칙에 따라 쾌락과 고통을 조작(操作)하여 제재(Sanction)를 가하는 것이다.

그러나 그가 주목한 것은 법적 형벌(刑罰)이라는 형태가 아니라 정치적 제재 즉 사회적 비난의 형태로 작용하는 도덕적 제재이다. 사회의 최대행복을 확보하는 데는 사회 전체의 이익을 희생해 가면서 특정 개인의 이익을 추구하는 행위를 억제할 필요가 있고 그 억제 기능이 효과적으로 작용하기 위한 정치적 제재의 강목(綱目)을 정리하는 것이 과학적 입법의 목적인 것이다.

벤담은 공리성의 원리에 따라 범죄에 대한 보복이론(報復理論)을 거부하였다. 보복이론에 따르면 정의(正義)는 해(害)를 끼친 사람에 가(加)한 고통이 그의 행위에 억제나 교정의 효과를 갖는지의 여부와 관계없이 해를 겪어야 한다고 요구한다. 그러나 그는 '모든 형벌은 그 스

21) 플라므나츠, 전게서 2권, p.203.

스로가 악(惡)이다. 공리성의 원리상으로 그것이 전적으로 용납되어야 할 마땅한 경우라면 그것은 오직 그것이 어떤 커다란 악을 배제할 가능성이 있는 한에서만 용납되어야 한다.'고 한다.

그의 생각에 징벌(懲罰)에 의한 보복은 정의(正義)의 균형을 회복시키기 보다는 오히려 세상의 악(惡)의 양(量)을 증가시킬 뿐으로, 사회가 법률에 구속력(拘束力)을 부여하는 것은 어떠한 도덕률(道德律)에 의거하는 것은 아니라는 것이다. 그는 징벌의 주목적은 제지(制止)에 있고 제지효과가 없는 경우에는 징벌을 가해서는 안 되며 또한 필요 이상으로 징벌을 가해서도 안 된다. 그는 예상되는 징벌의 효과에 대한 이익과 손실을 계산하여 징벌과 위반행위간의 비율을 정하는 규칙을 입안(立案)했다. 그의 기본 생각은 징벌의 치료 효과는 언제나 제지 효과에 종속되어야 한다는 것이다.

6. 여론(輿論)·기타

1) 여 론

여론은 정부가 권력을 해(害)롭게 행사했을 때 이를 견제할 수 있고 또한 유익한 권력 행사에는 도움을 주는 보완물(補完物)로서 불가결하고 유일한 세력이다.

유능(有能)한 지배자는 여론을 지도(指導)하고 현명(賢明)한 지배자는 이를 따른다. 우매(愚昧)한 자만이 이를 무시한다. 그는 문명(文明)이 발전한 단계에서 이 여론(輿論)의 명령은 '최대 행복'의 원리에 따른 요구와 거의 일치한다고 보았다. 따라서 그 위력(威力)은 결코 무시해서는 안 된다. 그러나 여론이 가하는 제재는 정치적 도덕적인 것으로 법적인 구속력을 수반하는 것은 아니다. 벤담은 이 여론의 활성화 내지 효율성을 위해서 입법·행정·사법의 각 영역에서 그들의 기록을 공개할 것을 촉구하였다.

2) 프랑스 혁명

그는 프랑스혁명의 민주적 성격에는 찬동하였으나 혁명원리 자체에 대해서는 부정적이었다. 그의 생각에 자연권 등에 의거한 인권선언(人權宣言)은 법질서와 양립할 수 없는 위험한 오류라고 엄격히 비판하였다. 그는 『통치론 단편』에서 자연권과 사회계약론이라는 의제에 근거하여 영국의 명예혁명 체제를 옹호하는 이론 역시 비판하였다.

비합리적인 의제(擬制)를 배제하려는 계몽주의자 벤담이 대결하고자 한 상대는 전통적 체제 옹호론자들이었고 따라서 그의 자유주의는 급진적이었다.

제 9 절 헤겔(Georg Wilhelm Friedrich Hegel, 1770-1831)

1. 생애와 철학적 기조(基調)

헤겔은 슈투트가르트에서 태어나 셸링과 같은 무렵에 튀빙겐 대학에서 공부를 했다. 수년 동안 그는 개인 가정교사로 일했고 이어 1801년에 예나에서 셸링[22]과 함께 있었다. 그는 프랑스가 침공하기 전에 이곳을 떠나 뉘른베르크에서 편집자로 일했고 이어 문법학교에 교장으로 있었다. 1816년 하이델베르크 대학의 교수가 되었고 마지막으로 1818년에 베를린 대학 철학교수로 초빙되어 여기서 머물렀다.

헤겔철학의 역사적 의의는 18세기 합리주의적 계몽사상, 즉 현상(現狀)을 단순화시켜 자신들이 생각하는 이상세계(理想世界)를 합리적 이성(理性)에 따라 행동함으로서 실현시킬 수 있다는 과장된 믿음의 한계를 통찰하고 인류의 '역사(歷史)'가 지니는 의미에 관심을 돌린데 있다.

헤겔철학을 구성하는 가장 중요한 관념과 원리는 '절대정신(絕對精神)'과 '변증법(辨證法)'이다. 그리고 이 두 원리가 궁극적으로 실현코자하는 목표는 '자유(自由)'이다.

헤겔의 절대정신은 플라톤의 '선(善)의 이데아'에 대응하는 형이상학적 성격과 지위를 갖고 있다. 또한 플라톤의 변증법이 특정한 가설(假說)을 타파하고 마침내 '선의 이데아'에 이르는 것처럼 헤겔도 변증법적 과정을 거쳐 '절대 정신'에 이른다. 이러한 절대정신은 서구의 전통적인 형이상학의 궤도(軌道)와 영역에 속하는 근본개념들, 즉 이데아, 창조자와 피조물, 권력에의 의지, 생산력과 생산관계 등에 해당하

---

22) 프리드리히 빌헬름 요셉 셸링(1775-1854)은 독일 레온베르크에서 태어나 라이프치히 대학에서 자연과학 강의를 들었고, 23세에 예나 대학에 무급(無給)교수가 되었다. 여기서 낭만주의적 학문 분위기에서 괴테, 헤겔 등과 교류하였다. 그는 독일 관념론 철학을 자연철학적 관점에서 연구하며, '자연(自然)은 보여 지는 정신(精神)이고, 정신은 보이지 않는 자연이다'라 하였다.

는 것이다.

플라톤의 '선(善)의 이데아(Agathon)'는 이데아들 중의 최고의 것이며 동시에 모든 이데아들의 본질적인 것이다. 한편 헤겔에 있어 '절대 정신'에 대한 정의(定義)는 매우 모호하지만 '우주 전체와 관련하여 그 정점에 선 실재(實在)(이는 아리스토텔레스의 신(神)에 대응하는 형이상학적 지위에 있다)로서 그 자체가 사고(思考)하는 관념(觀念)이다.

이처럼 실재(實在)와 관념을 동격(同格)에 두는 논리는 그의 관념론이 정신(Mind)의 과정을 자연의 과정과 동일시하는 것에 기반(基盤)하고 있기 때문에 가능한 것이다.

헤겔은 이 총괄적인 형이상학 이론을 역사에 적용한다. 즉 헤겔이 말하는 '국가 정신'은 역사 발전의 특정 단계에서 표현된 세계정신 즉 절대정신을 의미한다. 바꾸어 말하면 국가란 절대정신이 그 자신을 실체화시켜야 하는 자유의 현실적인 영역인 것이다. 그리고 국가적 이념이란 정신적인 진실이 현실에 부응하여 자신을 외부로 표현하고 있는 것이다.

2. 독일의 국가적 현실

18세기 초, 게르만 제국은 왕국·공국·공작령 등 여러 형태의 영지(領地)와 자유도시 등이 뒤엉켜있었고 이들은 합스부르크 왕조(Habsburg dynasty)가 확립한 보편제국(普遍帝國)의 황권(皇權)과 결합되어 있었으나 이들은 프랑스 공화국과 대결함에 있어 완전히 분열(分裂)되어 아무런 힘도 쓰지 못하였다. 이는 당시 독일에는 300여의 공국(共國)·공작령·자유 도시 등이 저마다 제국의 권위로부터 자유롭다고 생각하고 있어 구심점이 존재하지 않았기 때문이었다.

더구나 베스트팔렌 조약(條約)(1648년)은 종교를 정치적 종주권(宗主權)에 종속시킴으로써 공국·공작령 등간의 편협한 종교적 파당(派黨)으로 낡은 제국(帝國)과의 유대마저 단절시키고, 개별적 공국·공작령 등 간의 관계를 악화시켰다.

헤겔은 독일의 정치적 권력이 분열된 원인의 하나를 독일제국의 존재가 보편적(普遍的) 제국(帝國)으로 간주되었던 사실에 관련하여 설명하였다. 그는 정치권력(政治權力)은 한 국가로서의 공동방위에 기초하여야 효율적으로 형성할 수 있으며, 이는 보편적 제국에서는 불가능한 것이다. 이는 이탈리아의 정치적 상황이 로마교황에 의한 보편적 실체(實體)로 혼동하여 정치적 통일체를 이루지 못하고 분열을 겪고 있는 것과 유사한 상황이었다.

일부에서는 헤겔을 '열성적인 국가주의자'로 취급하지만 사실 헤겔에게 있어 민족적, 언어적 요소들은 그의 숙고(熟考) 대상이 아니었다. 헤겔에 의하면 언어(言語)는 우발적이고 자연적인 영역에 속하며 따라서 근대 국가에서는 중요하지 않다. 근대 국가의 기초는 '정신(精神)과 정치제도의 기술'을 매개로하여 이룩되는 시민과 공동체간의 합리적 유대(紐帶)인 것이다.[23)]

헤겔은 역사적이고 전통적인 것에 대하여 강한 감수성을 갖고 있었으나 전통주의자가 아니라 개혁자이며 근대론자(近代論者)이다. 그러나 헤겔은 국가를 절대적으로 인정하여 현존질서를 긍정(肯定)하는 보수주의자이기도 하다.

초기에 그는 1814년 통일된 독일을 세우지 않기로 한 비엔나 회의의 결정을 환영했고 피히테가 옹호하였던 1813년의 반(反)프랑스 폭동에 대해서도 반대하였다. 그가 주장한 것은 국가주의가 아니라 '독일 정치체제의 근대화'를 요청한 것이다.

그는 『독일 헌법』의 마지막 판을 '독일은 더 이상 국가가 아니다'라는 말로써 시작하며, 사회 문화적 시각에서 독일 구(舊)제도에 대한 비판을 논의하였다.

그는 국가가 개인 소유권을 유지시키는데 만족해서는 안 된다고 생각하였다. 그는 '한 무리의 인간이 스스로를 국가라고 부를 수 있는 것은 이들이 소유전체(所有全體)를 공동으로 방어하기 위해 단결할 수

---

23) 아비네리, 『헤겔의 변증법』, p.77.

있을 때만 가능한 것이다. 그것은 스스로를 지키려는 의도(意圖)를 가지는 것만으로는 충분하지 않다. 그 힘이 얼마나 크든, 성공 여부(與否)야 어떻든 간에 중요한 것은 실제적인 무기(武器)로 자기를 수호하는 점이다'[24] 이는 국가는 공동 군대와 이를 통제할 공적 권위를 형성해야한다는 것을 의미한다.

여기서 소유 전체란 개인의 사적(私的) 소유권이 아니라 국가 그 자체의 소유, 즉 집단의 소유권을 뜻한다. 또한 힘의 크기나 성공 여부가 아니라고 말한 것은 그가 생각하는 것이 '힘'이 아니라 '공동 의지(意志)'가 국가의 기초를 이룬다는 강조로 이는 헤겔의 국가관을 이해하는 데 있어 근본적 인 것이다.

따라서 헤겔이 '독일이 더 이상 국가가 아니다'라고 한 말은 이 '공동 의지'의 결여를 의미한다. 즉 독일을 비(非)국가로 만든 것은 독일의 패배가 아니라 이러한 공동의지(意志)에 의한 방어조직이 실제로 존재하지 않았다는 점이다. 그는 이러한 사태를 초래한 원인을 구체제에서 찾았고 따라서 영국이나 프랑스 같은 근대화된 국가를 지향한 것이며 복고적 국가주의 입장은 아니었다.

그는 독일 구체제의 특징을 독일이 처한 여러 공국, 영주들로 분열된 정치적 구조(構造)에서는 공동의 보편성 대신에 특수이익의 집합체의 성격밖에 없다는 사실에서 찾았다. 이러한 정치적 상황에서 공공성(公共性)이 개별성(個別性)으로 되어 버렸다. 이들에 의한 공공권력을 사적 소유권으로 만들려는 시도(試圖)는 바로 국가의 해체에 이르는 길을 걷는 것이다.

사적(私的) 소유권이 요구하는 바는 우연과 자의(恣意)의 문제이며 이에 비해 정치적 권력은 전체와 밀접한 관계를 맺고 있어야 하는 법률의 사회적 관계에 근거한 것이다.

이러한 독일적 상황을 법철학의 견지에서 보면 정치적 권리가 사적(私的) 권리의 이름 밑에 놓여지고, 공적·사적 법률의 구분이 없어 졌

---

24) 헤겔, Political Writings p.153.

다는 것이다. 헤겔은 근대국가의 특징을 법률적으로 사적인 권리와 공공 영역간의 명확한 구분이 이루어 진 사회에서 찾았다.

헤겔은 정치적 권력의 사유화(私有化)가 독일이 무력(無力)해진 원인이라고 보았다. 개별적 영역의 권력이 독일의 국력성장을 막았으며 이들의 세력 확장으로 근대국가가 필요로 하는 통일된 권력의 형성은 불가능하게 되었다. 개별적 정치적 존재들은 사적(私的) 권리와 재산에 기초한 것으로 이들의 합법성의 근거는 개인적 상속·혼약 등에 의존하는 것으로 그 권위 역시 개인적이지 보편적 정치권력은 아니다.

이에 비해 유럽의 다른 큰 국가들은 봉건적인 사적(私的) 단계를 벗어나 보편적 정치적 유대를 기반으로 출현한 것이다. 이러한 보편적 권위를 유지·확보하는 데는 하나로 통일된 '힘'이 필요하며 독일이 결여한 것은 바로 그 힘이었다.[25]

그런데 여기서 헤겔은 독일 분열의 원인의 중요한 원인의 하나로 '이는 자유를 완강히 고집하는 독일의 민족성 때문'이라고 하였다.[26] 이러한 자유를 독일 민족의 특성으로 보는 헤겔의 견해에서 그의 자유를 정점(頂點)으로 하는 사상적 전개의 단서(端緖)를 읽을 수 있다.

3. 자유론(自由論)

헤겔은 역사는 절대자 즉 절대정신이 점차로 자기를 실현해 가는 과정이며, 역사를 지배하는 법칙에 따라서 발전한다는 것이다. 절대정신은 그 자체가 이성(理性)이고 그 본질은 자유이며 따라서 역사는 자유의 전개과정이라 할 수 있다.

헤겔에 있어 자유(自由)와 의지(意志) 그리고 사유(思惟), 이 셋은 뗄

---

25) 이는 주권 개념의 확립이 근대국가 형성에 초석(礎石)이라는 점을 밝힌 것이다. 독일의 정치상황은 쇠락(衰落)해 가는 신성로마제국이라는 보편제국(普遍帝國) 아니면 난립(亂立)해있는 제후국(諸侯國)으로 나뉘어져 주권개념(主權槪念)이 자리할 정치적 제도상의 토대가 없었다. 주권은 국가권력의 공적(公的) 성격을 단적으로 표출한 것으로 헤겔이 그의 관념철학에서 등장시킨 '절대정신(絶對精神)'은 독일에서의 주권개념의 부재(不在)에 대한 반동(反動)으로 비상(飛上)한 측면도 있다.

26) 헤겔, 전게서, p.195.

수 없는 의미체계(意味體系)의 서로 다른 모습이다. 자유 없는 의지란 공허한 말에 지나지 않듯이 이와 마찬 가지로 자유는 오직 의지로서, 그리고 주관(主觀)으로서만 현실적인 것이다.[27] 따라서 자유라고 하든, 자유의지라고 하든 그것은 동일한 것이다.

그는 이어 '인간이 한편으로는 사유하고 다른 한편으로는 의욕함으로서 … 라고 생각해서는 안 된다. 사유와 의지의 구별은 어디까지나 이론적 태도와 실천적 태도의 구별을 의미할 뿐이다.'[28] 사유(思惟)는 사유하려는 의지가 움직이지 않으면 성립되지 않고, 의지도 사유 없이는 공허한 것이다.

'자의(恣意)가 얽힌 형태의 특수성을 극복하여 이를 보편성으로 고양(高揚)하는 것은 사유의 활동이다. … 이는 의지의 형태로 자신을 관철시키는 사유인바 여기서 의지는 단지 '사유하는 지성'으로서만 진실하고 자유로운 의지임이 밝혀진다.'[29]

다시 말해 사유는 직접적 개별성을 넘어 보편성을 부여하는 힘이다. '나는 어떤 대상을 사유함으로서 그것을 사상(思想, Gedanke)으로 만들어 그 대상에서 감성적인 것을 제거하여 그 대상을 본질적이고도 직접적인 '나의 것'으로 만든다.'[30]

그는 이런 말로서 사유(思惟)가 인간의 주관(主觀)에 고유한 것으로 자아(自我)는 사유를 통해 대상을 자기의 것으로 만들어 자아와 대상간의 동일성을 유지하여 개별성과 보편성이 하나가 되는 곧 사유가 자유임을 보여준다.

이처럼 자유의 본질은 인간의 개별적이고 자의적(恣意的)것의 실현에 있는 것이 아니라 만인(萬人)에게 연관되어 있는 보편적인 것의 실현을 의미한다. 참된 자유는 인간이 보편성으로서 존재하는 자유를 자신의 본질로 알고 이를 실행했을 때 비로소 구체적으로 현존하게 된다.

---

27) 헤겔, 『법철학』, 4절.

28) 헤겔, 전게서, 4절.

29) 헤겔, 전게서, 21절.

30) 헤겔, 전게서, 4절.

자유에 대한 욕구는 인간성에 보편적으로 존재하며 영국이나 프랑스에서 역시 자유는 항상 정치투쟁의 목표였다. 그러나 이들의 자유는 자연권 사상에 기반을 두고 소수파가 다수파에 대하여 종교적 관용을 요구하는 형태로 발전하여 국가에 대항하는 사적(私的)인 판단과 개인의 행위에 대한 자유를 옹호하는, 어디까지나 개인주의에 입각한 것이었다.

비록 루소의 사상에서 일반의사 혹은 일반의지(一般意志)를 통해 전체성(全體性)에 접근하였지만 그의 일반의사는 개별적인 것으로부터 추상(抽象)된 일반적인 것을 의미할 뿐 그 구체성 혹은 보편성에는 이르지 못한 것이다.

그러나 독일에서의 자유 또는 헤겔적인 자유라고 할 때의 자유는 이들의 자유와는 완전히 다른 의미의 것이다. 그것은 즉 자유(自由), 의지(意志), 사유(思惟)가 하나로 결합된 철학적 의미체계이고 이 전제에서 비로소 헤겔의 '국가론(國家論)'이 전개된다.

4. 국가론

헤겔은 재산권과 그 보장이라는 개념에 기초하고 있는 기계적이고 개인적인 근대국가를 대신하여 충성(忠誠)을 이끌어 낼 수 있는 국가(國家)를 고대 도시국가의 덕성(德性), 헤브라이의 율법(律法) 그리고 기독교의 사랑을 배경으로 구상하였다.

서구의 문명이 그리스 문화와 헤브라이의 신앙과 만나면서 이루어진 사실은 누구나 인정하는 바이지만, 헤겔이 특히 '기독교의 사랑'의 영향을 받았다고 했을 때 이는 종교개혁 특히 루터의 영향을 의미한다.

헤겔은 루터가 처음으로 양심(良心)의 관념 속에 내재되어 있는 자유에의 요구, 즉 인간은 자신이 받아들이는 외부세계의 규칙과 교의(敎義)의 정당성과 진리성을 내면적(內面的)으로 확신해야 한다는 요구를 분명하게 제기하였다고 보았다.

헤겔은 자유로운 그리고 자각적인 성숙(成熟)한 단계의 정신을 루터에게서 발견한 것이다. 그리고 게르만 민족은 신교(新教)에서 로마 민족보다 더욱 깊은 자유에 대한 의식(意識)을 성취하였다고 한다.

1) 국가의 성격

① 보편적 성격

헤겔의 국가이론은 많은 학자들이 그가 권위주의적인 정부를 지지했다고 생각하는데 대해, 아비네리는 '헤겔의 이론은 어떤 현존하는 기존의 국가를 언급하는 것으로 해석되어서는 안 된다'고 하여 이에 반대하였다. 헤겔은 역사적 실재로서의 국가가 아니라 이념(理念)으로서의 국가에 주목하였다는 것이다.

칸트는 그의 최고의 도덕법칙인 '일반법칙'을 도덕적 영역에 한정하여, 그것을 국가나 제도와는 무연(無緣)한 관계에 두었다. 따라서 '일반법칙'에 관한 의무(義務)의 구체적 내용을 제시할 수 없어 정치영역에 있어서 실천적 도표(道標)일 수 없는 이른바 형식주의에 그쳤다.

이 형식주의를 극복하기 위하여 헤겔은 국가를 이성적 의지(意志)의 외적표상(外的表象)으로, '절대정신'이 완전한 형태로 구체화되어 있는 '윤리적 이념의 현실성(Actuality)'이라 하여 거기에서 인간 삶의 실천적 도표를 구하였다.

뿐만 아니라 국가는 보편성에 대한 개인적 자각(自覺) 가운데 그 현실성을 갖게 되는, '즉자적(卽自的)이고도 대자적(對自的)으로 이성적인 것이라 하여 국가와 인간 의식(意識)의 상관적 관계를 밝혔다.

'국가는 개별적인 것이 거기서 비로소 진정한 의미의 개별적인 것으로 존재할 수 있고 자신의 실제를 성취시키는 구체적인 자유의 현실태(現實態)'이다. 즉 '개인은 이 국가의 성원(成員)인 한에서만 스스로가 객관성과 진리, 그리고 인륜성(人倫性)을 지닐 수 있는 것이다.'[31]

이러한 뜻을 그는 역사철학에서 '국가는 현실적으로 존재하는 실현된 도덕적 생명체'로, 인간은 자신이 정신적(精神的)으로 소유한 모든

---

31) 헤겔, 전게서, 258절.

실재를 국가를 통해서만 소유한다고 말한다.

헤겔은 '이성적(理性的)인 것은 현실적(現實的)이고, 현실적인 것은 이성적이라 하였다.

헤겔은 나쁜 국가는 있을 수 있기는 하지만 그러한 국가는 존재할 뿐 진정으로 현실적이지는 못한다고 하여 단순히 존재하는 것과 현실적인 것과를 구분하였다. 개별 사건이 우연적이고 일시적이고 피상적인 것이라는 점과 비교해 볼 때, 헤겔이 말하는 현실적인 것은 역사가 갖고 있는 영원한 내부의 핵심적인 의미이다.

다시 말해 그는 경험주의자들에게 사실들로 나타난 존재(存在)는 비이성적이며, 비이성적일 수밖에 없다고 역설한다. 헤겔에 의하면 개별적 사실들의 외관상 특성을 전체의 국면(局面)들로 판단하여 변형시킨 후에만 사실(事實)들은 이성적인 존재 즉 현실이 된다. 따라서 이러한 '현실은 당연히 이성적'인 것이다. 물론 이 '변형'은 의식 내지 관념의 문제이며 사실 자체의 변형을 의미하는 것은 아니다.

② 개인과의 관계

국가의 유일한 결합력은 구성원 각자가 지니고 있는 근본적인 질서감각(秩序感覺)이다. 국가는 그 구성원들이 자기 고유의 자기감정을 지닐 때에만 현실적이다. 그리고 공적인 목적과 사적인 목적이 일치할 때에만 현실적인 것으로 안정된다.

헤겔이 『법철학』 서문에서 국가를 '자기의식의 지반(地盤, element) 위에서 스스로를 실현시킨 바의 이성'이라고 말할 때, 그것은 제도(制度)가 외적 강제적 기관이 아니라 인간의 고유한 자기의식의 연장(延長, extensions)으로 이해된다는 것을 의미한다.[32)]

만약 국가가 자유주의자가 주장하듯이 개인이 추국하는 이익을 위해서만 존재한다면 개인은 국가의 일원이어도 좋고 아니어도 좋을 것이다. 하지만 헤겔에 있어 국가는 개인과 전혀 다른 관계를 맺는다.

32) 아비네리, 전게서, p.254.

국가가 바로 객관적인 정신임으로, 개인은 오직 참된 내용과 목적이 통일 자체인 국가의 일원이 되어야만 객관성, 진리, 도덕성을 지니게 된다.[33] 사실 이러한 주장은 성(聖)아우구스티누스가 교회(敎會)를 지지하며 주장했던 입장과 흡사하다.

2) 국가 권력의 구분

헤겔은 '국가체제가 이성적(理性的)일 수 있는 것은 국가가 그의 활동을 개념의 본성에 따라서 자체 내에서 구별하고 또 규정'[34]하기 때문이라고 한다. 그리고 그는 국가 내에서의 권력을 세 가지로 구분했다.

첫째는 입법권으로 보편적인 원리(原理)를 규정하고 확립한다. 둘째는 통치권으로 특수영역이나 개별적인 사건을 보편적인 원리 속으로 포섭, 즉 실행하는 권력으로 행정과 사법적 결정을 내린다. 셋째는 군주권으로 '최종 결정권을 가지는 의지(意志)로서 주관성(主觀性)이라는 특성이 있으며, 입헌군주제의 정점(頂點)이며 또한 기점(起點)이다.'[35] 그러나 이 세 권력은 자유주의 국가에서 서로 견제하는 관계와는 달리 '하나의 개체적 전체(全體)를 이루어야 한다는 점'을 강조한다. 그리고 입법권과 통치권은 군주권에서 개체적(個體的) 통일로 총괄된다.

입법권이 갖는 본래의 의의는 국가가 바로 국회(國會)를 통하여 국민의 주관적 의식에 접근하며, 또한 그 의식은 국가에 동참하는데 있다. 그는 배심원(陪審員)이 재판의 집행에 있어 대중적 요소인 것처럼 국회는 정부에서의 대중적 요소이다. 이들은 국민과 전문가(專門家) 사이의 연결매체이다.

입법권은 법률 제안(提案)을 하기보다는 오히려 정책 결정권을 가진 군주권에서 제출한 제안을 논의하여 받아들이거나 반대하는 것이다. 따라서 실질적 의미에서 법을 제정하는 것이 국회의 임무(任務)가 아니라고 생각한다. 그러나 국회는 법률을 의결함으로서 국가행위의 객

---

33) 러셀, 전게서, p.935.

34) 헤겔, 『법철학』, 278절.

35) 헤겔, 전게서, 273절.

관적 측면을 담당한다.

헤겔은 협동조합, 지방자치단체 및 직업단체의 대표들로 구성되는 하원(下院) 외에 장자상속(長子相續)에 기반을 둔 귀족대표들로 이루어진 상원이 필요하다고 하였다.

통치권은 법 아래에서 '사건들을 총괄'하기 때문에 정책결정(決定)으로부터는 배제되며 입법부가 정책을 시행하는데 필요한 법을 제정하는데 참가하는 권력은 정책결정권을 가진 군주권이다. 그러나 물론 군주가 자의적(恣意的)으로 행동해도 무방하다고 말하려는 것은 아니다.

오히려 군주는 회의에서 의결되는 구체적 내용에 구속될 뿐 더러 일단 헌법이 확정되고 나면 대개 군주는 자기 이름을 서명하는 이외에 더 할 일이라곤 없다.36)

헤겔은 '잘 조직된 군주제하에서는 법만이 객관적 측면을 담당하고 군주의 일은 단지 그 법에 '짐(朕)이 의지(意志)한다'라는 주관적 측면을 부가(附加)하는 것이다.'라고 한다.

5. 국가와 시민사회

1) 시민사회의 성격

헤겔은 그의 『법철학(法哲學, 1821)』에서 '시민사회(市民社會)'를 역사적으로 필연적인 존재로 인정하고 그 구조(構造)에 대한 인식을 심화하였다. 그는 '시민사회'가 국가와는 다른 독립적인 영역을 가지고 있으며 이러한 '시민사회'에 대한 개념을 기반으로 중앙집권적 국가, 입헌 군주제, 관료주의 통치기구론을 구상하였다.

헤겔은 시민사회를 변증법의 논리 구조에서 가족, 시민사회 그리고 국가가 각각 정(正), 반(反), 합(合)의 관계로 정립되는 발전과정에서 성립하는 것으로 설명하고 있다. 헤겔의 '시민사회'는 통치권인 폴리차이(Polizei, 내무행정)와 사법권(司法權)을 갖는다. 따라서 일반적으로 지

36) 헤겔, 전게서, 279절.

칭(指稱)하는 시민사회와는 성격이 다르고 국가와의 관계에서도 독특한 본질상의 차이가 있다.

만일 변증법적 해석을 무시한다면 헤겔이 생각하는 국가와 '시민사회'와의 관계는 중세의 영권(靈權)과 속권(俗權)간의 기능적(機能的)인 범주의 구별과 비교될 수 있다.

중세에 영권(靈權)이 '속권은 영권에 필요한 조건을 마련할 고유의 의무가 있으며 교회에 봉사하여야 한다.'는 주장처럼 헤겔에 있어 '시민사회'는 법률을 집행하며 경찰 업무를 관장 그리고 산업적, 경제적 이해관계를 조정하는 등의 공공 기능을 수행하는 직무를 맡았다. 따라서 헤겔의 시민사회의 임무는 중세 속권(俗權) 국가의 그것과 유사한 것이다.

헤겔에 있어 국가란 절대적으로 이성적이며, 스스로 인식하고 의도(意圖)하는 신성(神聖)이며, 영원한 정신적 존재이다. 이러한 형이상학적인 최고성을 실제적인 통치행위에 묶어 두는 것은 그의 논리 성격으로서는 적합하지 못한 것이다. 과장(誇張)해서 말하면 중세의 솔즈베리의 존이 속권을 비하여 말한 '교수형을 집행하는 따위의 일'을 신성(神聖)한 교회가 담당하는 것에 비유될 수 있다.

'시민사회'는 정치 사상사에 있어 헤겔이 처음으로 정식화한 개념이다. 그는 시민사회를 변증법적 역사적 전개에서 국가와는 다른 단계에 서있는 필연적 존재로 파악하였다.

헤겔은 안정을 가장 중요시하는 보수주의자였고 따라서 시민사회를 결코 비하(卑下)하거나 그 중요성을 가볍게 생각하지는 않았다. 오히려 사회에서의 경제생활은 국가와 국가의 문화적 사명(使命)이 그것에 달려있다고 믿었다.

이러한 시민사회는 두 개의 원리에 의하여 움직이는데 그 하나는 특수성(特殊性)의 원리이고 다른 하나는 '보편성(普遍性)의 원리'이다. 전자인 특수성의 원리는 시민사회를 구성하는 자립적인 개인들의 욕구충족을 위한 행위에 의한 '자연 필연성과 자의(恣意)가 혼합되어 있는 상태'에 적용되는 것이다.

후자인 보편성의 원리에 대한 설명으로 그는 시민사회가 욕구충족을 목표로 하는 개개인의 '전면적인 상호의존성(相互依存性)의 체계'라는 점을 들고 있다. 현실적으로 각 개인은 타자와의 관계에서만 욕구충족이 가능하며 따라서 이때 '전면적인 상호의존성의 체계'는 보편성의 원리에 의하여 매개되고 제약됨으로서 이를 실현할 수 있다는 것이다.

헤겔은 욕구충족을 위한 이 두 원리의 관계를 필연성으로 보고, 이때 특수하고 개별적인 것으로부터 보편성을 향한 승화(昇華)라는 필연적 과정에서의 지적(知的) 활동이 교양(教養)을 가능케 한다고 믿었다.

2) 시민사회의 구성과 조직

시민사회의 제도에는 폴리자이(Polizei, 내무행정)와 직업단체(Korporation)가 있다.

폴리자이의 임무는 특수한 복지의 실현을 목적으로 하고 있으며 이는 크게 셋으로 나뉘는데 첫째가 범죄의 예방과 처벌이라는 경찰행정과 형사, 사법임무 등이고, 둘째가 수요와 공급의 조정과 소비자 보호정책, 공공사업에의 개입, 공공시설의 관리감독 등, 그리고 셋째가 영업의 자율(自律)을 공공이익의 관점에서 제약(制約)하는 사회정책의 시행 등이다.

한편 '직업단체(職業團體)'는 폴리자이가 행정관료들에 의해 운영되는데 비하여 시민사회의 병폐를 시민들의 밑으로부터의 노력을 통해 이를 해소하려는 제도이다. 따라서 이를 '제 2의 가족'이라고 규정하며 구성원을 직능단체의 내부에서 보호하려는 것이다. 직업단체 내에서는 그 소속원들 사이에 동류의식(同類意識)이 형성됨으로 정체성 확인과 윤리적 심성 도야에 있어서도 폴리자이가 하지 못하는 기능을 수행해 낸다.

직업단체는 교육의 감독 내지 지도에서부터 예방접종, 방탕자의 교정(敎正)과 노동의욕의 회복을 위한 후견(後見) 그리고 구빈(救貧) 대책 등 사회정책을 임무로 하며 이들이 국회의 하원(下院)을 구성하는 모체(母體)가 된다. 그러나 그들이 수행한 임무는 최종적으로 행정관료의 감독을 받아야 한다.

시민사회를 형성 유지하는데 주요한 기관인 사법(司法)의 임무는 시민사회가 요구하는 소유권의 보호와 이를 통한 자유의 보편적 실현에 있다. 사법과정의 재판은 왕이나 정부쪽에서 베풀어진 한낱 '마음 내키는 대로의 호의(好意)나 은혜'가 되어서는 안 되며 또한 '복수(復讎)의 형식'을 취하여 범죄를 처벌하는 것이어서도 안 된다. 그러나 시민사회의 법은 단지 외곽에서 소유의 보호에만 관여하는 것이다.

결론적으로 시민사회는 기본적으로는 개인의 욕구를 충족시키고, 폴리자이와 직업단체에 의하여 공동 이익을 추구하는 주요기능 내지 역할을 하며 또한 사법에 의하여 자유의 현실성인 소유를 보호 한다.

6. 헤겔과 노동

헤겔은 아담 스미스의 노동과 교환을 매개로하는 근대 경제학의 성과를 인정하였고 또한 시민의 자유로운 사회적 경제적 활동의 영역을 인식하고 있었다.

헤겔은 아담 스미스의 스승인 제임스 스튜어트 경(卿)(Sir James Stewart)이 그의 저서『정치 경제학 원리의 연구』에서 묘사한 시장 메카니즘의 운동과 분석을 통하여 비로소 인간사(人間事)에 있어 노동과 산업 및 생산이 점하는 위치를 의식하게 되었고 경제의 일차적인 중요성을 깨달았다.

마르크스에 의하면, 헤겔『정신현상학(精神現象學)』의 위대성은 '노동의 본질을 포함하여 대상적(對象的) 인간을 현실적인 인간으로, 따라서 진정한 인간을 인간자신의 노동의 산물로서 파악한 점에 있다. 그러나 헤겔은 인간을 '자기의식(自己意識)'으로 대체하고 있기 때문에 현실적 존재로서 대상세계에 의해 제약당하는 면을 간과하고 있다고 보았다.

마르크스는 헤겔이 세계를 머리 속에 집어넣기 때문에 머릿속에서 또한 모든 한계를 해소시킬 수 있었다. 결국 헤겔이 다루는 실천(實踐)은 현실적인 '감성적 인간의 실천이 아니라 구체적인 역사적 사회관계에서 추상화된 '자기의식(自己意識)'의 실천이다'라고 하였다.

헤겔은 처음으로 노동(勞動)의 능동성(Tätigekeit)을 부각시켰다. 헤겔 철학의 기축(基軸)인 '주체(主體)'의 개념은 노동(勞動)과 불가분의 관계에 있다.

헤겔은 노동을 통해서만이 '우연히 소유하게 되는 것이 초극(超克)될 수 있으며, 또한 대상으로부터의 분리감(分離感)을 극복하는 것이다.' 그리고 '노동 속에서 인간은 '타자(他者)에게 보편인(普遍人)이 되며 타자도 이와 마찬가지이다'라고 하였다.

노동은 인간의 능력과 잠재성을 외화(外化)하고 객관화한다. 그러나 노동과정에 내재하는 소외(疏外)의 요소는 인간을 좌절시키는 조건이 되기도 한다. 이러한 소외는 두 가지 방면에서 생각될 수 있는데 그 하나는 그의 일과 욕구만족 사이에 생기는 간극(間隙)이고 다른 하나는 노동이 특수화되고 분업화됨으로 인간이 생산과정 자체에서 더욱 추상화되고 소외된다는 것이다.

헤겔에게 노동이란 언제나 교환(交換)을 그 인식체계에 포함하는 상호관련을 전제로 한다. 노동은 사물의 제작 행위로서 이는 곧 주체의 자기 외화(또는 물화(物化))의 다름 아니다. 그리고 시민사회의 토대는 제작된 사물이 상품(商品)이 되어 이를 다른 사람에게 양도 혹은 교환하는 유통 행위에 있다.

교환과 계약은 인간이 서로가 상대를 인격(人格) 및 소유자(所有者)로서 인정한다는 것을 전제로 하는 것[37]으로 이에 따라 인간은 사회관계에서 종래의 신분적 구속으로부터 해방되어 자유로운 인간, 자유로운 시민으로 등장하게 된다. 그리고 '시민사회'는 노동의 사회 형성력이 현출(現出)한 영역으로 경제적 자유주의에 따른 사법(私法)이 통용되는 곳이다. 이를 인간의 내적인 자유의 입장에서 보면 노동에 의해 마련된 소유는 자신의 자유를 가능케 하는 외적 영역을 확보함으로서 인격 자유의 보증이 되고 의지의 자유를 구체적으로 실현하는 것이다.

---

37) 헤겔, 『법철학』, 71절.

헤겔은 소유권이 초주관적(超主觀的)이며 비개인적(非個人的)인 성격을 갖고 있다고 추론한다. 소유권은 그 충족(充足)에 필수 요건으로 타인으로 부터의 승인, 사회적 동의가 요구되며 이는 근저(根底)에 보편성의 의미를 갖고 있는 것이다.

시민사회에서 개인욕구의 만족은 다른 사람들의 노동에 의존하며 이는 사회구성에서 전면적인 의존성의 체계를 형성하게 된다. 그러나 이러한 상호의존 체계에서는 개인의 자의(恣意)에 따른 과도한 행위는 전체 제도에 심각한 훼손(毁損)을 가져 올수 있다. 뿐만 아니라 시민사회에서의 개인의 능력차이나 우연한 원인에 의해 부(富)와 빈곤(貧困)의 과도한 대칭(對稱) 관계가 형성될 경우 이는 시민적 법관계를 해체시킬 수 있는 위험성이 있다.

헤겔은 그의 저서 『Philosophy of Right』에서 '빈곤(貧困)에 대해 다음과 같이 말하고 있다.

'사회가 그들로부터 자연적 획득수단을 뺏고 가족의 유대를 파괴했기 때문에 … 그들은 빈곤으로 인해 사회의 모든 이점(利點)들을(Advantages of Society) 박탈당하고, 어떤 종류의 기술이나, 교육이든 이를 습득할 기회를 빼앗기며 또 재판, 행정, 공공보건의 혜택, 심지어 종교의 위안(慰安) 등까지도 박탈당하게 된다.'

이처럼 그는 빈곤이란 단지 양적(量的) 개념으로서가 아니라 각종 혜택으로부터의 배제라는 질적(質的), 사회적 문제로 인식하여 여기서 비로소 '천민(賤民)'이 창출된다고 보았다. 그리고 이러한 '배제'에 의해 이들은 사회에 어떤 연대감도 느끼지 않는다.

그러나 헤겔은 빈곤의 문제를 시민사회 차원에서 해결할 수는 없다고 본다. 그는 기부(寄附)제도, 직접세를 통한 부(富)의 제분배 등의 소극적 대안을 제시하지만 헤겔 스스로 빈곤이 사회에 내재되어 있고 고유한 것이라고 침울하게 지적하였을 뿐 어떤 종국적 해결책도 제시하지 못하고 만다.

여기서 그는 국가가 경제행위를 떠맡아야 한다는 당연한 결론을 회피한다. 그리고 국가를 정신적 윤리적 존재로 비상(飛上)시켜 이 문제를 남겨둔다.

헤겔이 마르크스와 다른 점들 중 하나는 마르크스가 철학의 역할은 역사를 바꾸는 것이라고 믿은데 반해 헤겔은 '미네르바의 부엉이'가 의미하는 바에서 볼 수 있듯이 현상이 종결된 후에 다만 '해석'할 뿐이라고 생각하였다. 물론 그 '해석'은 다음 진로에 대한 방향을 잠재하고 있어 역사에 영향을 줄 수는 있지만 그것은 자신의 몫이 아닌 것이다.

7. 변증법(辨證法, Dialektik)

1) 변증법의 역사와 성격

변증법은 원래 그리스어 'Dialogos'로 플라톤의 저서 『대화』에 제목으로 사용되었다.

형식 논리학이 단순히 사유(思惟)의 형식과 법칙의 논리임에 비해 변증법적 논리학은 근원적인 존재의 형식이나 법칙을 대상으로 한다. 이런 점에서 플라톤이 사용한 용어를 헤겔이 차용(借用)한 것이다. 그러나 플라톤 이전(以前)에 헤라클레이토스는 이 세계는 영원한 생멸유전(生滅流轉)의 과정이며 이는 대립물(對立物)의 투쟁이라는 변증법적 운동에 의해 이루어진다고 하면서 '투쟁은 만물의 아버지'라는 명언을 남기었다. 그러나 그는 '신(神)은 낮이자 밤이며 전쟁이자 평화며 …'라 하여 대립에서 투쟁만이 아니라 그 동일성(同一性)도 보았다.

헤겔은 그의 변증법의 근거를 이러한 헤라클레이토스에게서 구하며 '그의 명제(命題)로서 나의 논리학에 채용되지 않은 것은 하나도 없다'고 하였다. 변증법은 역사적으로 대립하는 두 면이 다투는 과정에 대한 논리적 이해로 헤라클레이토스와 마찬가지로 헤겔도 투쟁을 중시한다.

그는 전쟁(戰爭)[38]이 평화보다도 도덕적으로 우위에 선다고까지 말

38) 마키아벨리 시대까지만 해도 전쟁은 용병(傭兵)들이 중심이 되어 진행되었고 그가 설립하고자 한 애국심을 기반으로 하는 민병대(民兵隊)는 그의 근대정신에서 비롯된 것이었다.

하였다. 왜냐하면 국가의 기능성(技能性)을 최고조로 상승시킬 수 있는 것은 전쟁에 의해서이기 때문이다. 이러한 입장에서 그가 근세 정치사상가 중 가장 존경했던 인물은 『군주론』의 저자(著者)인 마키아벨리였으며 그이야 말로 가장 고귀한 목적을 가진 진정한 의미의 정치적 천재라고 찬양하였다. 그는 마키아벨리를 단순한 군주(君主)의 조언자로 보지 않고 정치적 권력의 회복자(回復者)로 보았다.

헤겔은 변증법을 흥망성쇠를 거듭하며 발전하는 역사의 움직임에 대한 개관(概觀)에서 비롯하여 역사적 설명의 원리(原理)로까지 그 지위를 높였다.

헤겔이 변증법을 인간 역사를 이해하고 설명하는 논리적 도구로 하여 최초로 성립시킨 역사철학에서는 세계사(世界史)를 절대정신의 자기 전개과정으로 이해고 있다. 이는 중세 초기 성(聖)아우구스티누스가 최초로 기독교 복음을 지상(地上)의 역사와 관계 지어 이론적 체계를 수립한 기독교적 역사철학의 의의를 근세에 현출한 것이다.

아우구스티누스가 교회(敎會)는 신(神)의 영광을 이 땅에 실현시키려는 웅대한 계획을 전개하며 국가를 그 수단으로 이용한다고 말한 것과 같이 헤겔은 같은 내용을 다만 절대정신의 자기 실현과정으로 보았다. 이러한 아우구스티누스와 헤겔의 상관성은 실제상의 공통점보다는 그 철학적 성품에서 찾아 볼 수 있을 것이다.

헤라클레이토스가 '투쟁을 만물의 아버지'라 한 것 같이 아우구스티누스 역시 '지상의 전쟁은 영광스러운 평화를 위한 것이며 전쟁과 정복은 그 자체가 악한 것이지만 보다 선한 것을 실현시키기 위한 것'이라 하였다. 이러한 논리의 배경에는 '힘'에 대한 신뢰(信賴), 즉 힘을 정당성과 동일시하는 경향이 있다. 그러나 헤라클레이토스는 자연철학자로서 그가 투쟁이라고 했을 때 이는 윤리적 측면과는 상관없는 자

헤겔은 젊어서 프랑스 국민군(國民軍)으로 조직된 나폴레옹 전쟁을 경험하였다.
그러나 당시까지만 해도 전쟁의 살상력(殺傷力), 즉 화력(火力)은 지금과는 비교될 수 없을 만큼 약(弱)하였고, 전국민(全國民)이 총동원되는 것도 아니었다. 그것은 거의 일과성(一過性)을 띤, 참담하기는 하여도 회복(回復)이 가능한, 따라서 침체(沈滯)되었던 현상(現狀)을 일신(一新)시킬 기회가 될 수도 있었다.

연현상에 대한 것일 뿐이지만 아우구스티누스와 헤겔에 이르면 이 투쟁은 종교적 혹은 도덕적 당위성의 문제로서 역사적 필연성의 현실화를 위한 것이 된다.

이때 필연성은 물리적이고 도덕적인 강제의 요구를 뜻한다. 마키아벨리는 도덕론자는 아니지만 그가 생각하는 국가의 유일한 목적이 자신을 보존 강화시키는 것이라면 이를 위한 투쟁은 오히려 정치선(政治善)의 실현이라는 면을 갖고 있으며 따라서 이는 다른 의미에서 필연성과 결부된다.

헤겔의 변증법에서 그 전제는 천지만물이 끈임 없이 변화한다는 가설을 근거로 하며 그의 일차적 목표는 경험의 구성(構成) 속에 포함되어 있는 다양한 사건의 범주(範疇)들 사이에 논리적 연관이 존재한다는 것을 확립하는데 있다. 이때 변증법의 장점은 사실(事實)의 영역과 가치(價値)의 영역사이에 필연적인 논리적 관계를 제시해 줄 수 있다는 것이다.

동양의 역(易)사상 역시 변화하는 현상의 원리를 설명하고자하는 입장에서는 같다고 보아야 할 것이다. 그러나 동양 사상의 대전제(大前提)는 '순환론(循環論)'에 있고 모든 사유(思惟)의 흐름은 이에 따라 이루어진다. 이러한 순환론에 비해 기독교 이래의 서양철학에는 그리스 시대와는 달리 인간을 포함한 천지만물의 신(神)에 의한 창조(創造)와 죄악(罪惡)으로 인한 종말(終末)이라는 종교적 이해(理解)가 그 바탕에 깔려있다. 그리고 당연한 결과로 시간(時間)이라는 직관적 형식에 시작과 종말이 개입되어 역사가 어떤 일정한 방향, 즉 그들이 믿는 '발전(發展)'을 향한 수직적(垂直的)인 것으로 이해되었으며 이는 서양인들 사고의 근원에 잠재되어 있다.

하이데거는 이를 두고 서양인들은 어느 경우에나 신학적(神學的)이라고 표현하고 있다. 결국 헤겔의 변증법은 서구의 발전적 논리 내지는 역사관의 입장에서 모든 변화하는 현상에서 각 범주들 사이의 논리적 연관을 고찰(考察)한 것이다.

그러나 형식논리학이 '각 범주들 사이의 논리적 연관'을 해석하는데 있어 동일률(同一律)을 근본원리로 하는 대신에 변증법은 모순(矛盾) 또는 대립을 자연의 보편적인 속성(屬性)으로 보아 그를 원리로 하여 사물의 변화와 운동을 설명한다.

2) 변증법에 따른 정치이론

헤겔의 정치철학에서 현실(現實)은 본질적으로 정신적인 것이며, 또한 필연적으로 변증법적 발전과정을 거친다고 한다. 그리고 그 과정의 모든 단계는 그것 자체 내에서 긴장 혹은 모순을 발생시키는데 그 모순은 점차적으로 해소(解消)되어 가며 그 해소는 다음 단계로 이행하는 계기(契機)를 구성한다.

헤겔에게 변증법은 모든 사유(思惟)의 틀로서 그는 사회 초기, 인간이 자기자신의 개별성을 주장하는 단계로부터 인륜(人倫)의 사회를 이루기까지의 내면적 발전과정 역시 그에 따라 설명한다.

합리적이고 목적 지향적인 존재로서의 인간은 본질적으로 권리(權利)의 담당자다. 그리고 인간이 그의 개별성을 주장하는 즉 자기 자신의 자각(自覺)을 표명하는 사회 초기단계에 있어 권리는 아직 추상적(抽象的)이다. 그리고 이때 자신의 현존재성(現存在性)을 마련하기 위해 외면적 성질을 지닌 사물(事物)의 '소유(所有)'가 있게 되며, 법적으로는 단순한 범죄 및 형벌을 다루는 상태이다.

그리고 헤겔은 다음 현존재(現存在)의 이러한 단순하고 직접적인 소유에 의한 자유(自由)를 지양(止揚)하고 내면적인 성찰(省察)에 의한 도덕적(道德的) 단계를 제시한다. 이 도덕이라는 말로 헤겔은 단순한 욕구의 존재로서가 아니라 권리와 의무의 담당자로서의 인간이 지니는 감정과 의도(意圖), 그리고 궁극적으로는 선(善)을 지향하는 내면성, 즉 도덕성을 의미하고자 한다.

그러나 보편적 목적을 이루는 선(善)은 결코 내면에만 머물러서는 안되며 오히려 스스로 실현(實現)되어야만 하는 것이다. 그리하여 헤겔은 마지막으로 인륜(人倫)의 단계를 제시한다. 인륜성(人倫性)이란 인간의 개별자(個別者), 즉 주관적 의지(意志)와 보편적 도덕성이 통일된 상태이고, 그것은 '살아있는 선(善)으로서 자유의 이념이다.'[39]

인간의 자유는 추상(抽象, abstraction)을 극복하고 관계 속에서 구체화될 때 스스로를 표현할 수 있다고 헤겔은 말한다. 같은 맥락(脈絡)에서 인간의 추상적 권리(첫 번째 단계)와 도덕(道德)(두 번째 단계)은 그것들이 충돌할 때, 윤리적 삶 혹은 공동생활(마지막 단계) 가운데서만 화해(和解)될 수 있다.

이제 헤겔은 이와 같은 내면적 발전과정과 병행하는 외적, 공동체의 발전과정을 설명한다. 그리고 가족, 시민사회 그리고 국가를 그 세 단계의 계기(契機)로 설정한다.

그 공동체의 최초의 형태는 가족(家族)이다. 헤겔에 따르면 인륜성을 지닌 최초의 현존재에 하나의 자연적인 것, 즉 사랑과 감정의 형식을 지닌 것이 가족이다.[40] 그는 이어서 '가족관계에서 개인은 꼿꼿하고 거추장스러운 인격성(人格性)을 지양(止揚)하고 그 스스로가 전체 속에 몸담고 있다는 의식을 지니게 된다. 그러나 이 단계를 넘어서면 다시금 본래적인 인륜(人倫)과의 실체적인 통일이 상실(喪失)함을 보게 되는 바, 여기서 가족은 붕괴(崩壞)되고 그 성원(成員)은 저마다 자립적인 입장을 취하게 된다.'[41]

그리고 시민사회가 등장한다. 시민사회는 인륜적인 정신 속에서 나타나는 가족의 반정립(反定立)이며, 국가는 가족과 시민사회의 원리를 통합시키는 종합(綜合)이다. 시민사회는 그 내부의 질서를 유지하기 위해 필요한 공적(公的)업무를 수반(隨伴)한 생산자들의 공동체로, 시민의 권리와 의무는 정확하게 규정되고, 공식적인 계약이 체결되며, 분쟁(紛爭)은 책임 있는 공평한 인물에 의해 해결된다는 점에서 가족과 다르다.[42]

---

39) 헤겔, 『법철학』, 142절.

40) 헤겔, 전게서, 33절.

41) 헤겔, 전게서, 33절.

42) 플라므나츠, 전게서, 160.

헤겔 이전에는 '이러한 시민사회의 단계가 흔히 국가로 간주되어 왔다. 그러나 제3단계를 이루는 국가(國家)야 말로 인륜성이며 또한 개인의 독립성과 보편적 실체성의 거대한 통합을 이루는 정신(精神)을 의미한다. 따라서 이러한 국가의 법(法)은 오직 세계정신이라는 최고의 절대적 진리에 비해서만 그보다 하위(下位)에 놓여 질 수 있는 가장 구체적으로 형태화되어 있는 자유이다.[43]

헤겔은 인간의 자유와 가치체계를 인륜(人倫)이라는 개념(槪念)에 맞추어 그리고 그에 합당(合當)하는 실체(實體)로서 가족, 시민사회, 국가를 변증법적으로 설명하였다. 그러나 현실에 있어 내면성(추상적 권리·내적 도덕성·인륜)과 외적 실체가 단계적으로 항상 일치하는 것은 아니며, 사실 가족의 해체라는 설정에는 문제가 있기도 하다. 이는 오히려 부족사회(部族社會)의 해체로 보는 것이 더 타당할 수도 있다.

3) 역사 발전

칸트에 이르기까지 변증법은 진리(眞理)를 인식하기 위한 방법에 그쳤으나 헤겔은 이를 존재(存在)에 관한 논리, 특히 유기체적인 성장체(成長體)로서의 역사과정(歷史過程)을 이해하는 도구로 이해하였다. 그는 역사가 비합리적인 것이 아니라, 다만 분석적(分析的)으로 이해할 수 있는 것보다 더 높은 합리성의 형태로 존재한다고 보았다.

변증법에 따르면 인식(認識)이나 사물(事物)은 정(正), 반(反), 합(合)(또는 즉자(卽自)·대자(對自), 즉자 겸 대자)의 세 단계를 거쳐서 전개된다. 그리고 이러한 해석에 따른 역사발전 과정을 세이빈은 다음과 같이 이해하였다.

헤겔은 인간의 '정신(精神)'은 역사(歷史) 속에서 종교와 철학 예술, 도덕이 서로 영향을 주며 어우러져 있는 하나의 문화 단위를 창조(創造)하며 발전한다고 하였다.

---

43) 헤겔, 『법철학』, 33절.

그리고 그 과정에는 세 단계로 구분되는 일정한 구성형태를 찾아볼 수 있다.

첫 번째는 '자연적이고' 행복하며 젊지만 대개는 무의식적(無意識的)이고 즉흥적인 기간(그리스 시대)이다. 두 번째는 정신이 '내부(內部)로 행해지고' 그것의 자발적(自發的)인 창의성을 잃게 되어 자의식(自意識)이 생기고 고통스러운 좌절(挫折)이 이루어지는 시기(소크라테스와 기독교문명)이다. 세 번째는 정신이 보다 높은 수준에서 '그 자신으로 돌아오는' 단계로 좌절로부터 얻어진 통찰력(洞察力)에 의해 구체화되는 새로운 시기(時期)(프로테스탄트와 함께 시작된 독일국가형성)이다.[44]

헤겔은 국가를 이성(理性)이라는 이념(理念)이 자신을 실체화시켜야 하는 자유(自由)의 현실적인 영역(領域)이라고 보았다. 그리고 그가 추구하는 자유는 절대정신의 구현체인 독일국가에서 실현되며, 따라서 독일국가의 형성은 곧 역사발전의 완성을 의미한다.

44) 세이빈, 전게서, p.923.

제 10 절 J. S. 밀(1806-1873)

1. 시대적 배경

영국에서는 산업사회에서 발생하는 정치·경제적 문제들이 종전의 자유방임주의를 더 이상 방관(傍觀)하기 어려운 상태로까지 진전되어, 이제 상업, 산업주의의 병폐는 사회의 안전(安全)과 안정(安定)을 위협하는 단계에 이르렀다. 이때 정치권에서의 노동입법을 위요한 찬반의 입장은 매우 미묘한 것이었다.

당시 집권당인 자유당은 노사(勞使)간의 계약자유를 규제하여 노동자들을 보호하려는 노동입법에 대하여 이를 반대를 하자니 양심(良心)의 소리가 있고 찬성하자니 그들 자신의 자유방임주의를 포기해야만 하는 딜레마(dilemma)에 빠졌다. 그리고 자유방임주의는 이러한 근로자 문제를 해결하기 위해서는 그 논리적 근거가 박약(薄弱)하여 위기에 처하였다.

사실 자유주의를 표방(標榜)하면서 노동자들의 비참하고 열악한 생활조건을 외면하는 것은 인도주의(人道主義)를 포기한다는 의미가 되며, 이는 인격적 가치를 주장하는 본래의 목적에 배치(背馳)되는 것으로 더 이상 진정한 의미의 자유주의가 아닌 것이다. 그러나 그들의 생각에 같은 자유이면서 언론, 결사, 정치의 자유는 긍정되고 노사(勞使)간의 계약의 자유는 부정되어야 하는가라는 의문이 제기될 수밖에 없었고 자유방임주의는 이에 대한 해답을 주지 못하고 있었다.

2. 자유이념의 변천

19세기 이러한 사회적 문제는 자유주의 이론에서 국가의 본질과 기능, 자유의 본질, 그리고 자유와 법률적 강제사이의 관계를 재검토하계 하였다.

이 중 자유의 관념에 대한 새로운 내용을 어떻게 설정할 것인가의 문제에 대해 1859년의 J. S. 밀의 『자유론(自由論)』은 문제해결에 귀중한 시사를 던진 것이다. 이 책은 자유주의의 경전(經典)이 되었고, 당시로서는 자유방임이라는 전면적(全面的)이고 무조건적인 자유개념으로부터 타당한 것과 그렇지 못한 것을 구별함으로서 자유주의의 수정을 촉구하는 계기가 되었다.

영국의 경험주의 철학은 J. S. 밀의 『논리학』에서 그 최고의 형태를 달성했으나 이 '최고의 형태'에서도 사회의 당면문제를 충분히 해결할 철학적 근거를 제공하지는 못하였다. 자유에 대한 관념의 변화에 따른 자유주의 정치이론의 수정은 자유의 본질과 이에 대처하는 국가의 기능 그리고 자유와 법률사이의 관계에 대한 재검토를 의미한다.

당시 영국에서 이러한 자유의 개념을 수정하려는 움직임의 하나는 영국 철학적 전통에서 성장한 J. S. 밀에 의한 개인주의·공리주의적인 입장에서의 노력이고, 다른 하나는 후기 칸트학파의 영향을 받은 옥스퍼드 이상주의자인 토마스 힐 그린에 의해 이루어졌다.

그린은 구세대(舊世代)의 자유주의가 근거하고 있는 감각론과 쾌락주의에 대해 비판을 가하며 그의 이념을 펼치기 시작하였다.

3. 자유주의와 공리주의

지유방임주의는 계몽철학을 기초로, 공리주의의 영향을 배경으로 형성된 이념이다. 1860년대의 영국을 지배한 경험주의 철학의 주류(主流)는 공리주의이고 여기에 프랑스의 콩트에 의한 실증주의가 합류하였다.

J. S. 밀에게 영향을 준 프랑스의 실증주의와 영국의 경험론 사이에는 많은 공통점들이 있다. 두 철학의 정신적 근원은 동일하다. 둘은 과학적 방법의 가치를 강조하고 원칙적으로 형이상학을 반대한다. 또한 둘은 사회개혁을 목표로 삼고 인간의 행복과 발전을 윤리적 이상(理想)으로 여긴다.

콩트의 실증주의는 사회철학을 사회현상에 대한 연구를 분석에 의해 경험적인 증명이 가능한 법칙을 세워 근대과학의 영역으로 끌어들이려는 노력의 일환이었다. 그리고 이러한 과학적 접근법은 시대의 추세였고 밀에게 지대한 영향을 주었다. 그러나 콩트가 방법론과 지식(知識)의 체계(體系)에 관심을 갖은 반면 J. S. 밀은 심리학과 논리학을 출발점으로 현실적 문제를 공리적 입장에서 접근하였다.

J. S. 밀은 그의 아버지 제임스 밀에 의해 경험주의자로 키워졌고 그 최고의 형태를 이루었으며 당시 반대 사상으로의 추이(推移)를 경험하면서 새로운 사상에의 관심을 보였다. 이때 그가 주력한 것은 벤담주의의 극복에 있었다.

그가 벤담주의와의 관계에서 내세운 차별성(差別性)은 윤리적인 면이었다. 그러나 이런 윤리성의 가미(加味)로 인해 밀의 공리주의 이론은 벤담에 비해 논리적 일관성이 부족한 것도 사실이다.

밀의 윤리의식은 이상주의(理想主義)와 일치하는 도덕적 성격의 개념들로 이루어져 있다. 그가 내세운 도덕적 개념들에는 이기주의의 포기, 자유와 성실 등 공리주의에서 행복을 유도하는 원인과는 직접적인 관계가 없는 것들이었다.

벤담에 따르면 쾌락의 가치는 강도(强度), 지속성(持續性), 확실성(確實性), 근접성(近接性), 생산성(生産性), 순수성(純粹性)과 파급범위(波及範圍)에 의하여 측정될 수 있다고 하였다. 이러한 쾌락의 계량(計量) 가능성은 이들의 질적(質的) 동일성을 전제로 한 발상이다.

반면 밀은 쾌락이 질적인 면에서 상이하며 지적(知的) 능력의 발휘와 더불어 발생하는 쾌락이 감각적 쾌락보다 더 고상하고 좋으며 이 둘을 다 경험한 사람은 더 고상(高尙)한 쾌락을 원한다고 한다. 그는 그의 저서 『공리주의(功利主義)』에서 '다른 모든 사물을 평가함에 있어서는 질(質)도 량(量)과 똑같이 고려되면서, 쾌락의 평가는 량(量)에만 의존하는 것은 불합리한 일이다'라고 한다.

그는 '똑똑한 사람은 바보가 되겠다고 동의하지 않을 것'이며 '만족한 바보보다 만족하지 못한 소크라테스가 되는 것이 더 낫다'고 하여 이 의미를 강조하였다.

벤담과 밀은 '최대 다수의 최대 행복'을 추구해야 한다는 데는 의견을 같이 한다. 그러나 벤담은 이기심을 인간의 본성으로 이해하여 이에 충실한 반면 밀은 인간의 사회적 감정, 동료 인간과의 하나 됨에 대한 욕망을 행위동기의 근거로 본다.

밀은 '개인의 행복은 보편적 행복과 어떤 유기적 관계를 갖는다. 즉 개인은 전체로서의 사회 구성원 즉 사회적 존재로서만 자신의 진정한 행복을 추구할 수 있다'고 하여 이는 이상주의자인 그린과 유사한 의견이었다. 밀의 『자유론』이 정치사상에서 강력하고 광범한 영향력을 갖는 이유는 바로 이러한 그의 도덕적 확신에서 비롯된 것이다. 칸트가 루소에게서 강한 영향을 받은 이유 역시 루소의 뜨거운 인류애(人類愛)였다는 점과 유사하다.

밀은 공리주의 입장에서 그러나 이러한 윤리적 관점에서 인간에게 자신의 행복과 다른 사람의 행복 사이에서 엄격하게 공평무사(公平無私)할 것을 요구한다. 그는 '나사렛 예수의 황금률(黃金律)에서, 우리는 공리(功利) 윤리학의 완벽한 정신을 읽는다. 남에게 대접 받고자 하는 대로 행하고 이웃을 내 몸같이 사랑하라는 것은 공리주의적 도덕의 이상적인 완전을 형성한다.'라 하여 예수의 가르침을 인용하며 그의 윤리적 품성을 한껏 표명(表明)하고 있다.

그러나 벤담이 공리주의자라 해서 냉혹한 인품에서 각박(刻薄)하게 이익만을 추구한 것은 아니었다. 이는 마키아벨리를 권력을 탐하는 권모술수의 비정한 인간으로 폄하하는 것과 다를 바 없는 오해이다.

사실 '모든 사람이 한 사람으로서 가치가 있으며, 누구도 한 사람 이상의 가치를 갖지 못한다.'는 벤담의 금언(金言)은 공리의 원리에 내재하는 도덕적 측면으로 밀의 철학과 일치한다. 이 말의 내면에는 칸트 식의 인간 존중과 평등의 이념이 강력하게 도사리고 있는 것이다.

4. 자유와 개성 그리고 사회의 다양성

1) 자 유

벤담이나 제임스 밀은 대의제(代議制)의 개혁과 선거권의 확장 그리고 여기에 공공교육(公共教育)이 실시되기만 한다면 정치적인 자유에 대한 심각한 문제들을 해결할 수 있다고 믿었다. 그러나 J. S. 밀은 정치제도는 더 포괄적(包括的)인 사회환경의 일부분으로 그것들만으로는 부족한 면이 있음을 간파하였다. 더구나 그러한 포괄적 사회는 자체의 명령을 집행할 수 있으며 또 집행하는 것이라고 생각하였다.

그는 법률 없이는 자유가 존재하지 않는다고는 생각하지 않았지만 그는 자유와 문명(文明)을 동일시(同一視)하여 사회 없이 문명이 형성되리라고도 믿지 않았다. 따라서 그는 자유와 사회와의 관계를 근본적인 문제로 생각하였다

또 하나 J. S. 밀이 사회에서 발견한 문제는, 이전 세대의 자유주의자들은 결코 걱정하지 않았던, '다수의 횡포'라는 민주주의의 기본 원리인 '다수결 원칙'에 대한 우려이다. 사실 그가 『자유론(自由論)』에서 취급한 것 역시 다수가 지배하는 사회가 개인에 대하여 정당하게 사용할 수 있는 권력의 특성과 한계에 관한 것이다.

이 문제의 요약(要約)은 '인간의 개성과 사회의 다양성의 확보'에 집중된다. 개성(個性), 자유, 그리고 다양성(多樣性)의 확보, 이들은 서로가 분리되어서는 존립할 수 없는 연관성으로 묶여 있는 개념들이다. '다수(多數)에 의한 횡포'의 문제는 바로 이들 개념에 대한 '우려할 적(敵)'으로써 거론되는 것이다.

J. S. 밀의 시대는 사회적 진전(進展)에 따라 이제 자유는 종전과 같이 소수의 특권계급과 다수(多數)의 민중과의 문제로서 존재하는 것이 아니라, 다 같이 민중 속에 있는 다수파 여론(輿論)의 소수파에 대한 억압의 문제로 변질되었다. 인민 다수자의 의사에 의한 지배가 가혹

하다면 이는 억압받는 소수파의 입장에서 보면 구(舊)특권계급에 의한 지배에서와 다를 바 없는 것이다. 따라서 자유주의자인 그는 사회(다수자)가 개인에 대하여 행사할 수 있는 권력의 본질과 한계를 논하면서, 그가 제시한 것은 '누군가의 행동의 자유를 정당하게 간섭할 수 있는 유일한 목적은 자기방어(防禦), 즉 타인에 대한 위해(危害)를 방지할 때 뿐 이다.'라는 오래된 원리이었다.

그는 인간의 행위를 두 종류로 분류한다. 즉 하나는 자기에 관한 행위(self-regarding action)와 다른 하나는 타인에 관한 행위(others regarding action)이다. 전자의 행위는 절대적으로 자유로워야 한다. 그러나 후자의 경우에는 상대가 있는 행위임으로 절대적일 수는 없고, 따라서 사회의 강제력에 의한 복종이 요구되기도 한다. 즉 개인은 자신의 신체와 정신에 대해 주권자(主權者)로서 절대적 존재이고 사회에 복종할 의무는 타인과 관련된 행위뿐이다.

'자기에 관한 행위'란 개인의 생활과 행위 중에서 그 영향이 자기 자신에게만 미치는, 인간 자유의 고유의 영역에 대한 것이다. 이는 기본적으로는 의식(意識)이라는 내적 영역으로 양심(良心), 사상(思想)과 감정(感情)의 자유이다. 그리고 사상의 자유와 밀접한 관계에 있는 출판의 자유와 더불어 결혼과 직업의 자유 역시 개인 차원의 것으로 이에 포함시키고 있다. 그리고 개인간의 '결사(結社)의 자유' 역시 이 범주에 두고 있다.

그는 사상과 언론의 자유를 인정해야하는 정당성의 근거로서 자유는 진리의 발견과 인류의 행복의 기초를 이루는 것이며 소수자의 사상을 박해한다는 것은 그 자신들 즉 다수파의 절대무과오(絕對無過誤)를 가정하는 것으로 이것은 오류이다. 더하여 반대설(反對說)과의 토론은 사상의 내부 깊숙이 간직되어있는 진리성을 다시 환기(喚起)시켜 이에 대한 명확한 인식이나 보다 생생한 인상(印象)을 부각시킨다.

그는 칼라일을 인용하여 당시를 '신념을 상실하고 회의에 갇혀 두려워하는 시대'라 이해하였다. 이러한 상황에서는 그 의견의 진실성

여부를 문제 삼기보다는 의견의 존재 자체를 긍정적으로 받아들이는 것이 중요하다고 생각하였다.

그는 소크라테스를 예로 들어 어떤 의견이 부도덕(不道德)하거나 경건하지 못하다고 일컬어진다 하더라도 그 의견이 자기변호를 할 수 있는 기회를 박탈해서는 안 된다고 한다. 그는 의견의 자유와 의견을 제약 없이 발표할 자유는 인류의 정신적 행복을 위하여 필요하며 '진리는 스스로 사고(思考)하지 않고 오직 다른 사람의 의견에만 맹종(盲從)하는 사람들의 참된 주장보다는, 오히려 적절한 연구와 준비로서 스스로 사고할 줄 아는 사람들이 저지르는 오류에 의해 더욱 크게 진보한다.'고 믿었다.

그는 죽은 진리보다는 살아 숨 쉬는 오류(誤謬)를 더 선호했는데 이는 죽은 것에는 자유가 아무런 의미도 없는 반면 살아 있는 오류는 가능성을 남겨두고 있기 때문이다. 사실 자유는 현실태(現實態)보다 가능태(可能態)로서의 존재의미가 더 중요할 수도 있는 것이다.

2) 개성과 사회 다양성

자유는 인간에 있어 '자기 목적적(目的的)'인 것이다. 인생의 목적은 개성의 최고도의 발전(發展)에 있고 이는 상황의 다양성과 더불어 자유를 요구한다. 개성은 개인 및 사회의 주된 요소로 그는 독일의 빌헬름 폰 훔볼트(Wilhelm Von Humbolt, 1767-1835)의 말을 다음과 같이 인용하였다.

'인간의 목적, 바꾸어 말해 영원불변의 이성(理性)의 명령에 의해 규정되고, 변덕스러운 충동에 의해서 이끌리지 않는 목적이라는 것은 인간의 여러 능력을 완전하고 조화 있게 한결같은 하나의 전체를 향해 최고도로 발전시키는 것이다. … 이는 곧 능력과 발전성 있는 개성(個性)의 발휘이다. 이를 위해 '자유와 환경의 다양성'이라는 두 가지 조건이 필요하며 이 둘의 결합으로서 개인의 활력과 풍부한 다양성이 그리고 이로부터 독창성(獨創性)이 생긴다.

이는 도덕철학의 입장에서 '개성 있는 인간의 성장'이 인생의 목적이며 이를 위한 자유와 다양성을 화보하는 것이 사회의 이상임을 밝힌 것이다.

그는 '역사에서 나타난 경험을 자신의 독자적인 방법으로 활용, 해석하는 것은 인간의 당연한 특권이며 정당한 조건이기도 하다. 독자적이고 개성 있는 인간으로의 성장에 필요한 지각(知覺)·판단·식별능력·정신활동 및 도덕적 선택 등을 포함하는 인간의 여러 능력은 스스로 선택적 행위를 할 때에만 훈련되는 것이다.'라 하였다.

이러한 능력의 근저에 자리한 자기 자신의 독자적인 욕망과 충동을 지니는 사람은 하나의 성격(性格)을 가진 인물이다. 그리고 이들 각자의 본성이 공정하게 발휘되도록 하기 위해서는 서로 다른 사람들이 다양한 모습으로 생활하도록 허용하는 것이 절대로 필요하다. 개성이 파괴되는 것은 어떤 이름으로 불리어지든 전제주의(專制主義)이다.

독창성이 인간사에 있어 하나의 중요한 요소인데도 천재는 극소수이고 언제나 소수파가 되기 쉽다. 그러나 소수의 천재를 낳기 위해서는 그들이 출현할 수 있는 토양(土壤)을 보존할 필요가 절대적으로 요구된다.

그는 영국이나 그 밖의 자유국가에서 정치가들이 어느 문제에 대해 여론(輿論)의 우위가 확립되고 대중이 그에 대해 하나의 의지(意志)를 갖고 있다는 것이 명백히 알려졌을 때, 정치가들의 마음에서 이러한 대중의 의지에 저항하려는 생각 자체가 사라지게 되어, 자칫 대중이 지배하는 무기력하고 타성에 빠지는 사회가 될 것을 우려하였다.

그의 생각에는 사회에서 탁월한 사람들이 이러한 경향을 견제하며 시정하려는 노력과 작용은 장려되어야 한다. 그들이 관습이나 여론 앞에 무릎을 꿇는 것을 거부하는 것 자체만으로도 이는 하나의 사회에 대한 공헌(貢獻)이다.

사회에 개성에 상응하는 다양성이 존재하지 않는다면 자신들의 본성이 허용하는 만큼의 지적, 도덕적, 심미적인 성장을 이루지 못하게 된다. 습관의 압제는 끊임없이 인간의 진보를 방해한다. 진보를 낳게 하는 유일하고 확실한 영속적인 원천은 자유이다. 만일 자유가 있으면 그곳에는 개인의 수만큼이나 많은 개성(個性)의 중추적인 힘이 존재할 수 있다. 사회가 '개성의 차이'가 존재하는 것 자체가 유익하다는 것을 인식하지 못하면 개성은 유지될 수 없다.

5. 노동과 복지

그의 경제적 관점은 생산조건과 생산물의 분배(分配)를 분리하여, 분배의 문제는 국가의 법률적인 통제의 영역이라고 한다. 그는 고전경제학에서는 사회제도의 본질, 즉 제도의 역사적 성장과 그에 따른 기능의 변화를 간과(看過)한다고 보았다.

그는 자연주의적 경제법칙의 개념을 포기하고 자유방임에 부정적(否定的)이 되었다. 그러나 그의 고전경제학에 대한 반대의 이유는 경제학적 측면에서 보다는 자본주의 사회의 불공평함에 대한 도덕적 분노(忿怒)였다.

인간이 사회 속에서 살고 있다는 사실 그 자체는 각자로 하여금 다른 사람들에 대해서 어떤 일정한 행위의 원칙을 준수하지 않으면 안 된다는 전제를 요구한다. 그리고 행위의 원칙은 첫째가 상호간의 이익을 해치지 않는 행위이고 둘째가 구성원을 위해(危害)나 부당한 간섭으로부터 방어해주기 위하여 필요한 노동과 희생을 각자의 몫만 큼 부담하는 행위이다.

이는 곧 개인적 자유와 사회복지라는 두 원리에 대한 것이다. 그 한 예로 사회적 행위인 상거래에서 개인자유의 원리는 상거래 당사자들 간의 문제이다, 그러나 사회적 해악(害惡), 즉 상품에 불순물(不純物)을 섞는 행위를 처벌하거나, 위험한 직업에 종사하는 노동자를 보호하기 위한 설비, 환경개선 등은 사회복지의 문제로 이는 제약(制約)의 대상이다.

그러나 밀의 노동자에 대한 관심은 먼저 노동자를 교육시켜 자유를 누릴 수 있도록 온갖 노력이 경주되어야 함을 강조하는데 그치고 만다. 그는 진정으로 사회적 관점에서 임금노동자들의 자유와 고통을 해결하려는 노력을 보인 적이 결코 없었다.

그는 사회적 약자들을 위해 자유의 원리를 재조명한다. 즉 자유의 원리라 함은 어떤 사람이 자유를 포기해 버리는 것도 역시 자유롭지 않으면 안 된다는 것을 의미하는 것은 아니라는 것이다.

그는 빌헬름 폰 훔볼트를 인용하여 '봉사(奉仕)의 제공을 포함한 개인적인 관계의 계약은 제한된 일정기간 이외에는 결코 법적 구속력을 가져서는 안 된다. 한 인간에게 자신의 행복을 희생해가면서까지 계약의 이행을 요구하는 것은 잘못된 것이다.'라고 하였다.

그러나 J. S. 밀은 정부에 의한 간섭에는 반대하였는데 그 이유를 첫째 어떤 일을 처리하는데 있어, 또 처리하는 방법을 결정하는데 있어 가장 적임자는 직접 그 일에 이해관계를 가지고 있는 사람들임으로 정부의 간섭은 비효율적일 수 있으며 둘째로는 정부의 권력을 불필요하게 증대시키는 것에서 오는 폐단을 들고 있다.

정부권력의 확대는 그 권력의 잘못된 행사로 인한 직접적인 폐단(弊端)뿐 아니라 탁월한 재능을 가진 사람들을 모두 정부의 공직(公職)으로 흡수하여 방대한 관료제에 지성(知性)이 집중되어 타 분야보다 월등해질 것이고, 그들은 입신출세(立身出世)를 이에서 구하려 할 것이다. 그렇게 되면 관료계급의 이익에 배치되는 어떠한 개혁도 실현될 수 없을 것이다. 그리고 그 해악이 인내의 한도를 지나칠 때는 이른바 혁명에 이르게 될 위험이 도사리고 있는 것이다.

6. 결 어

J. S. 밀은 아직 복지국가를 적극적으로 지향하지는 않았다. 그는 오히려 전통적인 자유주의 입장에서 작은 정부를 선호하였다. 그의 생각은 사회복지의 장애물을 제거하기 위해 사회가 그 힘을 집합적으로 사용하는데서 생기는 이익과 해악간의 경중(輕重)을 판단·결정하는

것은 원칙이 없는 난해한 것이다. 다만 이를 항상 염두에 두고 능률과 일치하는 범위 내에서 권력을 최대한으로 분산시킬 것을 요구한다.

국가의 가치는 궁극적으로 국가 구성원 개개인의 가치이다. 국가가 이들 개개인의 정신적 확대와 향상에서 오는 이익을 무시하고 국민을 위축시켜 온순한 도구로 만들려는 짓은 소인(小人)들의 행태이다. 그러한 국가는 세부적이고 사소한 행정적 수완이나 기술을 약간 증진시킬 뿐, 어떠한 위대한 일도 결코 이룩할 수 없다.

그의 실제적인 주장은 자유주의에 윤리적 성격을 부여(附與)하여 인도주의에 부합되는 보다 높은 형태의 정치적 자유이론을 제공하는데 있었다.

제11절 토마스 힐 그린(Thomas Hill Green, 1836-1882)

1. 생애와 철학적 성격

토마스 힐 그린은 1836년 욕셔 버킨에서 교구 목사의 아들로 태어났다. 그는 럭비에서 학교를 다니다가 옥스퍼드 메일리얼 칼리지로 진학하여 거기서 여생을 학생, 펠로우, 개별 지도 교수·강사, 교수로 지냈다. 그는 1878년 도덕철학 교수로 선발되었는데 1882년 사망할 때 까지 그 직위에 있었다.

그린은 결코 길지 않은 그의 생애 동안 학문적 활동 외에도 교육적, 정치적, 사회적 활동에 헌신했고 이런 일에서 하급계층에 따스한 동정심과 민주주의에 대한 지속적 신념을 항상 들어냈다.

그의 철학적 입장은 일종의 객관적 관념론인데 이는 독일 관념론 특히 헤겔의 영향을 받았고 그의 저서 『흄 입문(Introduction to Hume, 1875)』은 영국의 이상주의자(理想主義者)라는 이름을 얻는 계기가 되었다.

그린의 정치사상에 있어서 '이상주의는 자유주의의 계속성을 그대로 유지하고 있었다. 그린은 전기(前期) 자유주의가 입각하고 있다고 간주된 감각주의와 쾌락주의에 준엄한 비판을 가하였다. 그러나 그는 정치이론에 있어서 J. S. 밀보다 더 명백히 그리고 보다 철저하게 자유주의적이었다.[45]

그린을 필두(筆頭)로 옥스퍼드 대학을 중심으로 하는 이상주의 학파가 형성되기 이전에 정신적 가치를 찬양하고 인간의 협동성과 사회성을 강조하는 단편적인 사상운동(思想運動)이 있었다.

이 중 리드(Thomas Reid, 1710-96)는 흄의 경험주의가 회의론으로 귀결된다고 보았고, 인간 인식에는 선험적인 원리가 내재한다고 주장하

45) 세이빈, 전게서.

여 영국 이상주의의 길을 보여주었다.

이와 함께 콜리지(Samuel Taylor Coleridge, 1772-1834)와 영국문단에 낭만주의 문학을 통하여 인간의 '내적인 진실의 세계'를 소개한 칼라일(Thomas Carlyle, 1795-1881) 등이 이 학파의 선구자적 역할을 하였다.

그린은 고대와 독일의 이상주의에 대한 연구를 통해 칸트로 부터는 주로 인격(人格)의 관념을, 헤겔로 부터는 '국가에의 가치부여'의 논리를 섭취하면서 '공동선(共同善)의 관념'을 최고의 가치이념으로 삼아 독자적인 이상주의 체계를 구성하였다. 그리고 그의 정치사상체계는 이 공동선의 관념을 최고의 가치이념으로 삼아 목적론적으로 구성한 것이다.[46]

2. 정치철학과 공동선(公同善)

그린의 정치철학의 출발점은 개인의 자아실현이라는 인격완성이 궁극적 목표이며 모든 정치제도는 이를 위한 것으로, 이러한 관점에서 개인과 사회의 결합형식에 대해 연구한 것이다.

'우리의 종국의 가치표준은 인격적 가치라는 이상(理想)이다. 모든 다른 가치는 인간을 위한, 인간의, 인간 안에 있는 가치에 대한 상대적인 관계이다. 국가·사회·인간의 진보·개선·발전에 대한 언급은 그것이 보다 큰 인간의 가치에 관계하지 않는 한 의미 없는 말을 사용하는 셈이다'[47]

그린의 이 말은 윤리적 개인주의의 선언으로 '윤리'라는 면에서는 초기 자유주의와 그리고 '개인주의'라는 측면에서는 헤겔철학과의 차이를 표명한 것이다. 그가 최고의 가치이념으로 상정(想定)한 공동선이란 개인이나 사회가 있어야 할 정치적 그리고 도덕적 상태를 보편적으로 법칙화한 것으로 인간존재의 법칙으로서 요청되는 당위 명제(當爲 命題)이다.

---

46) 이상갑, 『Thomas Hill Green 정치사상의 체계적 연구』, p.51.

47) 그린, 『Prolegomena』, p.184.

그린에게 있어 '공동선'의 철학적 지위는 루소의 '일반의지', 칸트의 최고의 도덕 법칙인 '일반법칙' 그리고 헤겔의 변증법을 통해 그 표현을 현상계에서 구하고자 했던 '절대정신'에 상응하는 시공(時空)을 초월한 최고의 가치이념이다. 이는 또한 '도덕적 이상'으로 인간을 그 방향으로 유도하는 당위로서의 의미인 것이다. 따라서 그것은 이상이며 현재 실현되어있는 상태는 아니다.

그린은 인간을 공동선을 지향하여 자아를 실현하는 주체로서 파악하였다. 그리고 인격이란 '의식적으로 스스로 자기를 목적'이게 하는 주체의 능력을 말한다. 즉 자신을 객관시할 수 있는 능력이다. 이 능력에 따라 선(善)을 인식하고 판단함으로서 선자체가 이러한 인격 안에서 존재 가능하게 된다. 왜냐하면 인식되지 않은 것은 존재하지 않기 때문이다.

이러한 인격에 의해 공동선은 당위(當爲)에 그치지 않고 개인에게서 실현될 수 있는 것이다. 그린에게 있어 공동선을 인식하는 주체가 개인이라는 점은 정치적으로 개인주의를 지향하는 근거로서 국가주의를 거부할 확실한 명분이기도 하다.

사회는 개인을 통하여 비로소 존재함과 동시에 개인은 사회에 의하여 교육되고 그 안에서 자아를 실현시킬 수 있는 것이다. 최고의 가치 이념인 공동선은 개인적 측면에서는 '인격의 완성'이다.

도덕적 선(善)은 본질적으로 공동선으로 이러한 감정에 의해 사회는 유지된다. 공동생활을 가능하게 하는 것은 자기를 위함과 타인을 위하는 것을 동일시(同一視)할 수 있는 생각의 능력이고 이 능력으로부터 의무가 생긴다.

그린에 의하면 사회제도는 각인에게 내재하는 이러한 의무의 념(念)을 바탕으로 하는, 공동선 관념이 사회적 요청과 기대에 부응하여 밖으로 표현된 것이다.

따라서 '제도(制度)가 아니면 이성적, 자아(自我) 의식적인, 즉 도덕적인 인간은 존재할 수 없다. … 제도의 가치는 그것이 의지와 이성의 제 능력을 발양(發揚)하고 이것을 실행으로 행사하게 하는 작용에 관계하여 존재한다. '제도는 인간의 실천이성의 형식이고 실질(實質)이다. 그러니까 제도 없이 합리적 자아, 의식적 도덕인은 존재하지 않으며 그와 같은 인간의 성장도 있을 수 없다.'

'인간의 정신은 오직 사람의 안에서, 사람을 통해서만 실현될 수 있고 … 그 실현과 완성은 오직 사회 안에서, 통해서만 발생할 수 있음을 … 사회 없이 인간은 없다.'[48]

그린에 있어 사회의 기능은 '인격의 완성'에 있으며 개인과 사회는 공동선의 관념을 중심으로 유기적 불가분의 관계에 있다. 개인적 선(善)과 사회적 선은 공동선의 관점에서 보면 동일물의 표리(表裏)관계일 뿐이다.[49] 그리고 도덕적 존재로서의 자아만족을 구하려는 방향에 있어 그 욕구대상이 인격의 완성이다.

그린은 이러한 선의 범위의 확대에 더하여 선을 '선에 대한 순수한 인간의 의지'로 내면화함으로서 선의 정신화(精神化)를, 그리고 이를 통한 모든 인간의 '인격완성'을 논함으로서 그의 이상주의 성격을 더욱 강조한다.

즉 그는 '선(善)의 추구에 있어서 이익의 경쟁(물질적인 것)이 있을 수 없는, 그리고 그것을 추구하는 모든 인간에게 있어서 참으로 공통하는 유일(唯一)한 선은 그 자신 및 타인의 인간성을 가능한 한(限) 선하게 하려는 확고한 성질 즉 선하게 되려고 하는 보편적 의지(意志)에 있다'[50]고 하였다.

그리고 사회적 측면에서는 근대에 이르러 사회성원 모두에게는 인격이 인정되고 동시에 인격관념의 의식은 대중(大衆)의 정신적 요구에 수반(隨伴)하여 만민 평등사상으로 확장되면서 선의 공동성(公同性)이 확인되었다.

---

48) 그린, 전게서, p.236.

49) 이런 의미는 고대 그리스 도시국가에서의 시민에게 요구하는 참여와 다를 바 없다. 이는 영국의 이상주의가 독일 이상주의 뿐 아니라 고대 그리스의 영향 하에 이루어진 것임을 보여 준다.

50) 그린, 전게서, p.244.

그는 공동선을 '정신적인 것'의 평등에서 찾음으로 물질적인 평등을 요구하는 사회주의와도 거리를 두었다.

이처럼 그린은 초기 자유주의, 헤겔의 국가주의 그리고 사회주의와도 다른 인간 중심의 이상주의로 자신의 정치사상을 형성하였다. 그리고 헤겔에서 '개인'은 국가에 함몰(陷沒)되지만 그린에게 '개인'은 공동선 실현의 주체로서 꿋꿋이 서있다. 그는 열성적으로 약자(弱者)에 대한 따듯한 연민의 정(情)을 펼침으로서 짧은 생애에도 불구하고 많은 이들에게 감화를 주었다.

3. 국가론과 복종의 논리

1) 국가론

국가의 성격은 일차적으로 개인, 특히 개인의 자유와의 그리고 중간 단체, 즉 부분 사회와의 관계설정에서 규정된다. 이에 따라 가장 소극적으로는 재산권의 보호를 위한 제한 정부의 형태를 취하는 국가에서부터 가장 적극적으로는 헤겔의 절대정신의 구현체로서의 유일하고 절대적인 국가를 들 수 있다.

소극적인 국가관에서는 각 단체 즉 교회, 대학, 노동조합 등은 국민의 생활향상을 도모하는 데 있어 독자적인 존립성격을 유지하는 반면 절대적인 국가에서 이들은 국가목적을 위한 하나의 보조수단으로 국가에 의해 그 존재이유(存在理由)가 주어진다.

이를 국가의 목적과 기능면에서 보면 전자(前者)의 입장에서는 정부란 개인의 자유와 재산권을 방호(防護)하는 것으로 자연법의 관점에서는 자연권을 옹호하는 수단이고 공리주의자에게는 행복을 증진시키는 수단으로서의 기능(技能)에 한정된다. 이에 비해 후자(後者)에서는 국가가 도덕적 유기체로서 개인은 이를 통해 객관성과, 진리, 인륜성(人倫成)을 지닐 수 있는 현실적인 존재라는 양 극단으로 나뉜다. 그리고 그 중간으로 형태면에서는 중간단체의 존재를 긍정하는 다원주의(多元主義) 그리고 기능면에서는 사회복지를 적극적으로, 그리고 의무로서 이행하는 복지국가를 들 수 있다.

대체로 이런 분류의 입장에서 볼 때 그린의 국가관은 국가를 공동선의 체현(體現)으로 보는 점에서 로크, 벤담 등 경험주의자들과 다르지만, 그는 국가의 절대성을 부정하는 다원주의 입장에 섬으로 헤겔 등과 다르다. 그는 '교회(教會)와 국가를 동일한 정신적 유기체의 두면이라고 간주하는데 조금도 주저하지 않았다.'

헤겔은 개별적 자유가 실현되는 중간단체의 존재를 다만 인정할 뿐 아니라 공적인 자유의 기둥으로서 적극적으로 보장해야 한다고 하였다. 그러나 이는 국가와 사회적 기능을 분유(分有)한다는 의미가 아니고 유기체적인 국가 형태에서 국가의 목적을 수행하는 보조수단으로서의 종속적 의미일 뿐 진정한 다원주의를 지향한 것은 아니었다.

전통적으로 경험주의 철학이 우세하였던 영국인들은 국가를 보편적인 실체로서 개념화하지 않고 단지 기능론의 일환으로서 정부를 문제삼았을 뿐이다.

자유주의 초기, 이들은 개인의 자유를 최대화하기 위하여 국가의 간섭을 최소화하려 하였다. 그러나 법과 관습을 유지하는 국가의 기능을 부정하는 것은 아니며 사적(私的)인 지배와 불합리한 제약을 거부한 것이다.

이에 비해 그린은 이상주의 관점에서 국가는 '공동선'의 관념을 체현시킨 것으로 공동선은 국가에 의하여 그 형식성과 실재성을 부여받는다는 것 그리고 인간의 내적 활동과 밀접하게 관련되어있다는 것 등을 분명히 하고 있다. 이 때 그 법률과 명령은 누구도 거부할 수 없는 것이다.

그러나 국가는 어떤 새로운 상황이 출현하여 시대와 환경이 변화하게 된다면 그 변화에 대응한 제도의 개혁 또는 새로운 제도의 형성은 부득이한 것이다. 따라서 국가는 한 면으로 인간이 복종해야할 대상이지만 다른 한 면 인간에 의하여 개혁되어야 하는 대상인 것이다.

그린 스스로 '현실의 국가는 기껏해야 그 이상(理想)이 요구하는 기능을 부분적으로 수행할 뿐'이라 하여 인간도 국가도 미완성체로 공동선의 실현을 목표로 진행하는 과정인 것이다. 그가 국가에게 가치를 인정함은 국가 자체가 아니라 단지 국가가 수행하는 기능에 있다. 국가는 목적이 아니고 인격완성에 봉사하는 수단적 가치에 불과하다 하였고 이는 근대 자유주의와 같은 입장이다.

그러나 그에게 있어 국가는 공동선의 담당자이고 공동선에 관한 시민의식이 국가를 존속시키는 조건이다. 그럼으로 만일 국가가 이기적 동기나 계급이익에 의거하여 권력을 행사한다면 그것은 이미 참된 국가가 아닌 게 된다.[51)]

2) 복종(服從)의 논리

사회계약론은 권력에 복종하는 근거를 계약의 동의(同意)에서 찾는데, 그러나 '동의'만으로는 복종을 요청하는 '내부적 강제'가 일어 날 수 없다. 이에 비해 그린에 있어 복종은 동의한 것을 준수하는 것이 공동선을 위하여 필요하다는 이성(理性)의 판단에 의해서 자발적으로 이루어지는 것이다

공리주의 입장에서는 권리는 실정법(實定法)의 존재를 기다려서 비로소 생긴다고 하여 법을 그에 내재하는 의식(意識)을 요건으로 삼지 않고 권력을 그 요건으로 한다. 또 다른 의미에서 보면 홉스의 이론에서는 국가의 명령자체가 선악을 결정하는 것으로 이 때 복종 역시 권력에의 복종이다.

그러나 그린에게 있어 복종은 내재하는 이념에 귀 기울이는 것이며 따라서 자기의 의지에 의거한 것이다. 그에 의하면 국가의 기초는 권력이 아니라 의지(意志), 곧 공동선에의 의지로 이 때 권력과 개인과의 관계는 대립이 아니라 상호보완 하는 것이다. 따라서 '저항의 권리' 역시 공동선과의 관련에서만 긍정된다.

---

51) 그린, 『Works』, p.435.

4. 자유와 노동

공리주의가 현재 향수(享受)할 수 있는 행복에 궁극적 가치를 두고 있는데 비해 그린은 '인격의 완성'이라는 이상(理想)을 추구한다. 그린은 자유를 외적 강제의 배제(排除)라는 소극적 의미에 그치지 않고, 자유란 자기의 선택에 의거하여 어떤 행위를 결정하고 이를 하거나 또는 하지 않을 수 있는 '힘'을 의미한다.

따라서 자유를 인격완성에 필요한 '힘'을 확보하는데 필요한 제 조건의 보장이라는 적극적 의미로 전환시킨 것이다. 사실 그는 자유를 힘으로 이해하였고, 힘없는 자유란 공허한 것으로 독립적이지 못한 것이다. 이는 헤겔이 '자유는 오직 의지로서만, 그리고 주관으로서만 현실적이다'라 한 뜻과 다르지 않다.

그린은 이를 보다 구체적으로 설명하여 '우리가 자유를 말할 경우 적극적인 힘 혹은 행하고 향수할 가치가 있는 것을 행하고 향수하는 능력, 더구나 그것은 타인과 함께 공동으로 행하고 향수는 능력을 의미한다. 자유란 그의 동료에 의하여 그에게 주어진 원조(援助)나 보장을 통하여 행사하는 힘이요, 반대로 그가 그들을 보장하기 위하여 원조하는 힘이다.[52]

힘은 어떤 의지(意志)를 자기의 외부에 표현하는 능력이고 공동선을 지향하는 자유이다. 이러한 힘 있는 자유를 통해 도덕적 자기실현을, 즉 공동선에의 합일을 이룰 때 이를 '도덕적 자유'라 볼 수 있는 것이다. 따라서 그린은 헤겔과는 다르게 도덕적 자유는 아직 실현되어있는 것은 아니며, 그 자유 역시 국가적 차원이 아니라 개인에게 있어서만 실현되는 것이다.

이제까지의 영국사회에서의 자유 즉 소극적 자유는 국가의 간섭이라는 국가권력으로부터의 자유의 성격을 띠고 있었으나 적극적 자유

---

52) 그린, 전게서, p.372.

는 사회적 불균형으로부터 형성된 여러 장애를 제거함으로서 전체 사회의 안정, 즉 사회적 약자들인 임금 노동자들을 보호하여 그들에게 인격완성을 위한 힘과 기회를 가질 수 있게 하며, 사회입법 등을 통한 건강한 사회환경을 해치는 요인들의 제거를 의미한다.

그린은 노동자를 '오직 노동력 이외에는 아무것도 소유하지 않고, 다만 일상생활의 유지를 위하여 그것을 산업가에게 팔지 않을 수 없는 인간이며, 이러한 그들은 재산의 소유가 봉사해야 할 윤리적 목적과 관련하여서는. 전혀 이를 소유할 권리자체가 부정(不定) 당하고 있음과 같다.'[53]

또한 '재산의 소유가 다른 이의 소유를 방해 내지 보존하는 힘을 부정(不定)하는 일이 있다면 그 때에 소유는 재산권 관념과 모순된 방법으로 보존되고 있는 것이며 가능하다면 폐지되지 않으면 안 되는 상태에 있다고 말해져야 한다.'[54]고 간곡히 말하고 있다.

그러나 그는 노동자의 빈곤의 원인을 '어떤 사람의 부(富)의 증가는 필연적으로 타인의 부의 감소를 의미하는 것은 아니다.'[55]라고 하여 헤겔의 의견을 정면으로 부정하며 빈곤을 사유재산제도의 탓으로 돌리지 않았다.

그린은 주체로서의 개인이 지향(志向)할 바를 '공동선을 명확히 의식하고 국가의 방위나 사회발전에 봉사'하는 데 두는 소위 '지적(知的) 애국자'를 선호(選好)하여, 이들의 국가 업무에의 적극적 참여를 유도하였다.

5. 결 어

20세기에 이른 현금(現今)에도 가장 강력한 영향력을 행사하고 있는 자유주의 정치이념은 이미 19세기 영국에서 그 큰 틀의 기초는 확립되었다.

---

53) 그린, 전게서, p.525.

54) 그린, 『Lectures』, p.220.

55) 그린, 『Works』, p.530.

세이빈은 자유주의를 '정치이념으로는 시민의 자유, 즉 사고(思考), 표현, 결사의 자유와 재산권의 보장이고, 정부의 기본 입장에서 보면 법률의 준수, 유권자에 대한 책임을 지는 입법부의 권위의 확산 등이다. 그리고 이들이 지향해야할 목적 내지 자세는 칸트가 말한 인간을 수단이 아닌 목적으로 대할 것과 제퍼슨이 제시한 인간의 양도할 수 없는 권리의 보장 이 셋으로 압축될 수 있는 것이다.'라고 하였다.

이러한 영국의 전통적 경험주의적 관점에서의 자유주의에 비해 그린이 지향한 공동선(共同善)은 관념적 이상주의의 산물로, 그의 자유는 보다 내면적이고 도덕적 성격이 강하였다. 그리고 그의 도덕성은 하층계급에 대한 관심과 연민에서 비롯된 인류애에 표현이었다.

제 12 절 토크빌(Alexis de Tocqueville, 1805-1859)

1. 생애와 사상성격

토크빌은 보수적이고 종교적인 왕당파 귀족 가문(家門)의 후예였다. 그의 부모는 대혁명의 공포정(恐怖政) 때 파리로 압송되어 투옥되었으나 로베스삐에르(Robespierre)의 실각 덕분에 살아남았다.

1789년 '프랑스 혁명'에서 1830년에 이르는 프랑스의 역사는 전통과 추억에 매여 있는 귀족계급의 '구체제(舊體制)'와, 희망을 대표하는 부르주아(Bourgeoisie)라는 중간계급(中間階級)의 영도 하에 있던 '새로운 프랑스' 사이에 전개된 치열한 투쟁의 양상이었다. 그리고 이 투쟁에서 중간계급의 승리는 너무도 결정적이었고 또 완벽하였다.

그리고 귀족주의자인 토크빌은 이들이 주도하는 정부를 배타적이기보다는 압제자요 타락한 자들이 이끄는 경멸스러운 정부라고 생각하였다. 토크빌의 독특한 감성체계는 기본적으로 종교적인 불안정과 사회적인 고뇌(苦惱)로부터 온 것이다.

그는 인간이란 무엇보다도 본질적으로 종교적인 존재로서 신(神)이 인간을 위해 있는 것이 아니라 인간이 신을 위해 존재한다고 주장하여 인간의 이성적 삶에 한계가 있음을 인정하였다.

토크빌은 몬테스키외의 사상적 계보를 이어 받은 자유주의적 귀족으로 평가되어 왔다. 그는 근본에서부터 귀족주의자였다.

그는 귀족의 기능적 특질을 덕성(德性)으로서의 자유를 자각하고, 지방적 제 권력을 확립하고 평균화시켜 사회적 정치적 힘을 기초로 사회과정과 정치과정을 조화 있게 진행시킨 역사적 사실에서 찾았다.

이러한 그의 역사 이해에서 그는 귀족의 독립심이라든가 신앙심을 높이 평가하였다. 그는 민주주의의 도래(到來)는 필연적인 것으로 보았으나 민주주의의 주체세력인 민중을 싫어하고 두려워하였다. 그러나 토크빌이 귀족주의적인 본능을 지니고 있었다 하더라도 그는 과거를 복귀시키고 싶어 하는 보수주의나 전통주의자는 아니었다.

토크빌에게 자유주의와 민주주의 간의 원리상의 괴리(乖離)는 그의 주요 관심사였다. 그는 이러한 관심을 가지고 1831년 4월부터 약 10개월간 미국 여행을 했다. 그리고 귀국 후 그의 명성을 한껏 올린 책 『미국의 정치』를 출판하였다. 그가 평가한 미국의 정치사회적 현실은 비록 초기 미국의 현상이기는 하지만, 그의 귀족주의 입장에서는 결코 낙관적인 것만은 아니었다.

2. 토크빌과 J. S. 밀[56)]

1688년 영국의 명예혁명은 영국 정치적 전통의 결집으로 보아도 부족함이 없는 역사적 의미를 갖고 있다. 명예혁명으로 영국에서는 의회 중심의 입헌 군주제와 민의를 대변할 양당 제도가 확립되었고 그 이후 철학적 급진주의자인 벤담이나 자유주의자 J. S. 밀의 정치적 발언에서 볼 수 있듯이 정치제도에 대해서는 더 이상의 변혁을 필요로 하지 않는 정치상황을 마련하였다.

따라서 보수주의자인 버크는 물론이고 벤담이나 J. S. 밀 역시 기존 정치제도의 틀 안에서의 효율적인 정치문제 해결이나 자유의 실현을 추구하였다.

명예혁명 이후에 영국의 정치사상가에게서 '민주주의'라는 용어 자체가 전면에 부각된 적은 별로 없었다. 그들에게는 민주주의가 내포(內包)하고 있는 의미내용의 실현이 문제였지 제도상으로는 어떤 변화도 요구되지 않았다.

영국의 의회주의는 본래 단순한 자유주의적 제도로 그 기능은 사회로부터 정치권력을 위임받은 회의체(會議體)로서 정부가 법적 한계를 벗어나지 않도록 감시하는 것이었다. 그러다가 선거권의 확대와 더불

56) 토크빌이 밀에게 준 영향은 1. 여론(輿論)에 의한 개별성의 파괴, 2. 다수에 의한 소수의 억압, 3. 중앙 집권화 현상에 따른 자발성(自發性)의 상실 등이다.

어 권한이 커지면서 비로소 민주주의 제도로 정착되었다.

사실 '자유'의 주된 관심은 개인차원의 것인 반면에 '민주주의'는 평등을 기초로 하는 정치적 이념으로 이 둘의 조화는 근세 이래 주요한 정치적 과제인 것이다. 몽테스키외의 권력분립(權力分立)의 원리도 자유주의에서 시발(始發)하여 민주주의 가장 중요한 제도로 조화를 이룬 것이다.

이에 비해 100년 후의 프랑스 대혁명은 정치사회를 그 근저에서부터 변혁시키려 하였고 따라서 기존의 전통적 가치체계를 부정하고 사회 계급간의 투쟁을 통해 헌법질서를 무너트렸다.

헌법질서가 무너진 프랑스와 신생 미국(美國)에서는 제도적 변혁이나 창립(創立)이라는 정치적 과제 상의 유사성을 갖고 있었고 이때 민주주의적 제도의 문제가 정치사상의 전면에 등장하게 되었다. 그리고 이제 프랑스의 민주주의는 내용에서 뿐 아니라 그 이념을 실현시켜야 하는 제도적 변화의 욕구를 함께 담고 있었다. 따라서 '자유' 역시 제도와의 관계에서 함께 고찰되어야 했다.

이러한 정치 사회적 배경이 서로 친교를 맺고 있는 동년배의 영국의 J. S. 밀과 프랑스의 토크빌의 정치적 논점이나 자유의 이해를 다르게 한 것이다. J. S. 밀이 민주주의를 문명사회의 진보로서 받아들인데 비해 토크빌에게 민주주의는 섭리적(攝理的) 사실로 여겨졌다. 그러나 이 '섭리적'이라는 뜻은 그가 민주주의를 당시 사회의 사회적, 경제적 그리고 심리적 조건들에서 도출(導出)된 신의 의사에 따른 정치적 현실일 뿐 역사적 진보의 필연적 결과는 아니라는 의미이다.

3. 민주주의와 평등

토크빌이 파악한 민주주의는 역사의 어느 특정시점에서 이룩된 단일 행위의 완성물이 아니었다. 그것은 70년 이상 걸려 전개되어 온 것으로 사회현상의 진행과정에서 민주주의 이점(利點)이 나타났고 여러 계층의 사람들이 그 전개를 도와 준 것의 결과인 것이다.

민주주의는 근본적 정신구조면에서 보면 그것이 지향(志向)하는 가치는 평등이고, 그 운영은 참여인의 공공심(公共心)을 전제로 하며, 공동체의 존재근거는 도덕적 심성(心性)에 바탕해야 한다. 이들 중 평등은 민주주의 사회에서 나타나는 모든 현상들의 근본 원인으로서, 평등원칙은 '보편적이고 지속적인 인간의 모든 간섭을 회피하려는 경향'을 반영한 것이기도 하다.

토크빌은 평등원칙의 전개(展開) 역시 섭리적인 사실로 받아 들였다. 그는 민주주의에 대한 명쾌한 정의를 내린 적이 없으나 일반적으로 하나는 인민에 의한 정부라는 정치체제를, 다른 하나는 '여러 조건의 평등(the equality of conditions)이라는 사회상태를 의미했다. 그러나 그는 이 평등의 원칙은 인류 미래의 새로운 가능성을 뜻하는 희망적인 것인 동시에 온갖 사회 악덕과 폐단을 역시 가져 올 수 있다고 보았다.

그에 따르면 민주화에 따른 과도한 평등에 대한 열정(熱情)은 다수에 의한 전제(專制)를 초래하고 그에 대한 반동으로 일반대중의 정치에 대한 무관심을 가져 온다. 이러한 정치에 대한 무관심은 이기주의와 물질주의의 혼합으로 이어져, 사회가 지나치게 속물화(俗物化)되면서 진정한 자유가 침식될 우려가 있다.

그는 자유를 어떻게 평등주의적인 민주사회와 조화시킬 수 있을 것인가를 모색(摸索)하고, 그 폐단을 경고하여 왔다. 그에 의하면 평등을 지향하는 민주사회에서 모든 인간은 점차 비슷해지면서 누구나 전체에 대해서 자기 자신을 점점 무기력(無氣力)하게 생각하게 된다.

그러한 인간은 다수와 대립하면 금방 자아(自我)를 의심하며, 더구나 다수의 사람으로부터 틀렸다는 말을 들을 경우 즉시 자기 잘못을 인정해 버림으로서 스스로 자유를 포기하게 된다. 그러면서 정신적으로는 노예상태의 평등을 자유속의 불평등보다 낫게 생각도록 만든다. 따라서 다수자(多數者)는 강제할 필요도 없이 소수의 사람을 설득해 버리는 결과가 된다.

토크빌은 도덕적 관점에서 대중의 여론이 국가 내에서 완벽한 우위를 확립함으로서, 다양한 사회에서 요구되는 '대중과 의견 및 성향을 달리 할 수 있는 힘'인 '비순응성(非順應性)'을 사라지게 하여, 결국에는 개인성을 위협한다고 보았다.

밀은 토크빌에 대하여 그의 다수의 폭정(the despotism of the majority)에 대한 공포(恐怖)는 의견에 대한 폭정, 즉 모든 개별성과 사상, 감정의 독립이 여론의 전제적인 힘에 의해 희생되어서는 안 된다는 인류의 윤리적 존엄성과 진보성에 대한 관점에서 비롯된 것이었다라고 평하였다.

4. 자유와 개인주의

토크빌은 버크의 저서(著書)를 통해 정치가 제도만으로 이루어질 수 없고, 전통과 문화라는 기반 위에서 실현된다는 것을 알게 되었다. 토크빌에게 자유는 시대와 역사를 초월한 것으로 단순히 물질적 이익이나 지적인 진보를 위한 선결 조건이 아닌, 그것 자체가 절대적인 가치를 갖는 것으로 도덕적인 생활에 수반되는 적극적인 선택에 대한 능력을 의미한다.[57)]

그는 자유는 자유 그 자체로서 추구되어야 할 것으로 자유에서 그 밖의 다른 것을 추구하는 자는 노예가 되기 위해서 태어난 자이다. 자유는 신의 은총을 입은 위대한 심성의 소유자만이 누릴 수 있는 특권이라 하였다.

당시 프랑스의 자유주의자들은 대부분이 경제적 자유주의 견해를 갖고서 부르주아 사회의 진보적인 개인 자유주의에 따른 행위가 물질적인 진보와 향상을 제공할 것이라는 생각에 이를 환영했다. 그러나 토크빌은 이를 비판하고 공적(公的)인 의무와 책임감, 정치에 대한 관심을 이끌어 낼 수 있는 다른 내용의 자유를 주장하려 했다.

토크빌은 J. S. 밀과 같이 근본적으로 인간을 사회와 분리(分離)된 개인이 아니라 타인과 관계를 맺고 있는 사회적 존재로 보았으며 개

57) 방문숙, 『토크빌과 자유주의』.

인의 자유가 공동체 생활의 참여를 통해 적극적으로 발휘될 수 있다고 생각하였다. 토크빌은 개인주의를 사회의 평등화에 비례해서 확산되는 민주주의의 자연적 산물로 보았다.

그러나 사회가 평등한 상태에서는 개인들이 자신은 타인들에게 '빚진 것이 없으며 또 아무것도 기대하는 바가 없다'라는 생각이 들게 만든다.

그리하여 개인주의는 사회 각 구성원을 다른 동료 구성원으로부터 분리시키며 개인들을 자신의 조그만 성(城)안에 들어가게 한 후에 사회를 자신의 관심 밖으로 던져버린다. 처음에는 공공생활의 덕성(德性)을 좀먹다가 마침내는 이기주의로 전락(顚落)한다.

개인주의는 두 가지 모습으로 나타나는데 소극적인 면으로는 무기력과 침체로, 적극적으로는 물질적 안락에 대한 열정으로 들어나게 된다.

민주주의 사회에서 개인은 매우 허약하다 그러나 국가는 매우 강하다. 토크빌은 귀족주의적 사회가 지방정부를 지향하는 것처럼 민주적인 사회는 중앙집권화 된 정부를 지향한다고 한다. 그리고 이는 전제적인 권력으로 화(化)할 가능성을 항상 내포하고 있다.

이에 대해 토크빌은 정치적 자유를 보장하고 자치 영역을 확대하여 지방 분권화, 결사의 활성화, 언론의 신장(伸張), 종교와 교육 등을 통해 민주적 제도와 생활태도를 발전시켜나가야 한다고 생각했다. 그는 교육을 통해 '각자에게 선(善)한 것이 동시에 유익하다'는 것을 가르침으로서 많은 사람들이 규칙을 지키고 극기(克己), 자제(自制)를 습관화하는 방향으로 이끌어야 한다고 주장한다.

토크빌은 정치적 연대(連帶)가 이완(弛緩)되어 가는 개인주의의 경향에 비례해서 윤리적 연대가 강화되지 않는다면 사회가 어떻게 파멸을 피할 수 있겠는가?'고 반문한다. 그리고 그는 윤리적 연대의 관점에서 종교가 민주주의 국가의 취약한 점에서 강력한 힘을 발휘한다고 보았다. 따라서 그는 '전제정치는 신앙 없이 통치할 수 있지만 자유주의 정치는 그럴 수 없다고 강변하였다. 하지만 토크빌은 종교와 정치의 결합은 반대하였다.

5. 결 어

토크빌의 귀족주의적 성향은 그의 고답적(高踏的)인 사유(思惟)에 입각한 독특한 종교관—종교에 대한 맹목적인 추종을 거부하면서도 반종교적이 아닌—의 영향에 의한 것이다. 그는 부르봉 왕가(王家)에 대해 흠모(欽慕)와 경멸(輕蔑)이 담긴 애증을 함께 갖고 있었다.

토크빌은 민주주의가 자유주의와 결합하는 과정을 믿고 수용하였으나, 정치비평가로서의 입장에서는 당연한 것이기는 하지만, 장점보다는 단점에 더 많은 관심을 두었다.

프랑스 혁명에서 자유주의가 민주주의와 독특한 결합을 이루었고 이런 결합은 장기간에 걸친 이들 공동의 적(敵)인 절대주의 왕권과의 대결에서 이루어진 것이다. 이들 두 이념은 19세기에는 서구사회를 거의 같은 시간에 석권하였지만 양자의 원리는 엄격히 구분되는 것이다.

자유주의의 기본 원리는 개인의 자유와 모든 생활영역에 걸친 사회의 자율성(自律性)인 반면에 민주주의는 국민주권과 평등이 그 기본 원리이다. 그러나 이 두 이념에서는 공(共)히 신앙과 교회의 자유, 사상과 언론의 자유, 경제생활에서의 '자유방임주의' 그리고 결사(結社)의 보장과 소수파의 보호 등이 응용(應用)된다. 그리고 이때 국가는 사회에의 봉사자(奉仕者)이다.

토크빌은 민주주의의 도래를 섭리적인 것으로 보았지만, 동시에 자유란 종교 없이 존재할 수 없다고 하여 민주주의에서의 종교의 필요성을 역설하였다. 그는 거의 같은 철학적 고민을 안고 있던 J. S. 밀과의 교류(交流)를 통해 서로 영향을 주고받으면서 고전적인 자유민주주의를 탈피하여, 새로운 문제들을 20세기의 과제로 부각(浮刻)시켰다.

제13절 미국의 독립과 초기 정치사상

1. 역사적 배경

영국은 17세기 말 시민혁명인 명예혁명 이후 경제적 발전과 식민지 획득에 거대한 발전을 보이고 18세기에는 정치적으로 평온하였다.

영국의 하노바 왕조는 명목상의 왕위를 보지(保持)함에 불과하고 정당을 중심으로 하는 의원내각제가 성립되어 비록 귀족을 중심으로 하는 것이기는 하나 점진적인 민주주의의 발전을 보였으나 정치사상 면에서는 버크(E. Burke, 17301-1797)와 브랙스톤(William Blackstone, 1733-1780) 등에 의하여 귀족층 중심의 보수적 경향이 지배적인 현상이었다.

17세기 초반부터 영국인들을 중심으로 많은 서구인들이 북미대륙의 대서양 연안에 진출하기 시작하였다. 이들을 크게 두 부류로 나누면 그 하나는 서구 중상주의(重商主義)의 붐을 타고 경제적 야망(野望)을 가지고 진출하였고 다른 하나는 종교적 목적을 가진 자들, 소위 청교도(Puritans)들과 소수의 퀘이커 교도들이다. 이들은 종교전쟁의 박해를 피해 1629년경부터 이주(移住)하기 시작하였다.

이 두 부류는 물론 그 분계(分界)가 불가능하지만 첫 째 부류에게서는 뉴프론티어 정신, 그리고 두 번째 부류인 청교도들에게서는 그들 특유의 선민의식(選民意識)으로 미국인들의 낙천주의와 "White Burden" 이라는 백인 우월주의에 영향을 주었다.

미국의 정치사상에서 독창적(獨創的)인 면은 찾기 어렵다. 이는 어느 면에서 보면 당연한 것이기도 하다. 그러나 영국, 프랑스의 정치사상인 자연권, 자유, 인민주권 같은 개념들이 전혀 다른 역사적 배경과 환경조건에서 어떻게 적응하고 생명력을 가지고 지속 발전하였는가는 정치사상사에서 매우 중요한 의의를 가진다.

미국의 역사·정치의 전개는 독창적 사상을 보이지 못한 로마제국이 그리스 사상(思想)을 이어받아 그 이념을 광범한 로마제국(帝國)의 현실에 적용시켜 나간 것과 비교될 수 있다. 로마제국과 미국은 공통적으로 자신들이 형성(形成)하지 않은 고도(高度)의 문명을 사회사상의 기반으로 할 수 있는 여건(與件)과 기회를 가질 수 있었다.

고대 그리스 사상과 로마제국 그리고 근세 서구 철학과 미국, 이 한 쌍의 조합은 역사 발전의 한 유형(類型)을 보여주고 있다. 이 둘에게서는 공(共)히 팍스 로마와 팍스 아메리카를 이루어 내었다는 공통점을 볼 수 있다. 물론 이러한 결과에는 서로 다른 역사적 환경 조건들이 작용하였지만, 이들은 사변적(思辨的)이기보다는 능동적이고 결단력 있는 행동을 앞세운 현실주의 노선(路線)을 따랐다는 면에서 같았다. 그러나 이들의 현실주의는 현상에 안주하는 것이 아니라 이상(理想)을 가지고 현실을 개선해 나갈 줄 아는 진취적인 성격으로 이는 로마인들의 강건(剛健)한 성품과 미국인들의 뉴프론티어 정신이 원동력으로 작용한 결과이다.

초기 이민자들에게 있어 자연권, 자유, 평등은 생활이고 실천의 문제였다. 이들의 정치적 과제는 정치적 이념의 내용이나 성격을 궁구(窮究)하는 것이 아니라 다만 이들을 어떻게 정치제도에서 실현시키는가의 문제이었다. 초기 미국이민자들은 자유에 대하여 편협하고 강한 열의를 지니고 있는 영국인들 보다 더 자의식적(自意識的)이고, 호전적(好戰的)인 프로테스탄트들이었다. 따라서 자유 평등의 이념을 실현시키는데 있어 보다 열정적이었다.

버크에 의하면 개척자들의 식민지로의 이주(移住)는 영국인들 사이에서 자유에 대한 사랑이 가장 강했을 때 이루어졌다고 한다. 그들은 막연하게 자유에 몸을 바치는 것이 아니라 영국식의 원칙에 기초한 자유에 헌신(獻身)하였다.

영국 이민들을 중심으로 형성되는 미 대륙에서의 각 식민지는 프렌치 인디안 전쟁(French and Indian War, 1754-1763)[58]에 이르기까지 상호연락 없는 각기 독립한 상태에 있었다. 각 식민지는 그들의 경제상태가 상위(相違)하여 상호간 이해의 일치가 결여되어있었으나 정치적으로는 본국의 정치조직을 모방한 자치조직을 가지고 정치적 자유를 향유하고 있었다.

초기에 식민지인들은 영본국의 정치조직과 제도가 가장 우수하다는 관념을 가지고 있었으며, 영국으로 부터의 독립에 대한 욕구는 소극적이었다. 그러나 당시의 영국의 완고(頑固)한 식민지 정책은 지나치게 본국 이익중심이었고 이는 식민지인들의 자기발전에 부합(附合)되는 것이 아니었다. 이러한 본국 정책의 목표가 대립 투쟁과정에서 명백해지면서 새로운 방향으로 발전하였다.

영국정부와 대립과정의 초기에 미국의 지도자들이 기도(企圖)한 것은 독립이 아니었다. 그것은 영국인들이 그들의 본토에서 향유하고 있는 지위를 식민지에서도 누리도록 영본국에 요구한 것이었으나 점차 완전한 이탈(離脫)로 이어졌다.

프렌치 인디안(French Indian) 전쟁이 영국의 승리로 끝나자 이후 영국의 가혹한 식민지 착취정책이 노골화되고 이는 점차 식민지의 경제적 발전에 질곡(桎梏)으로 되어 영국의 지배에 대한 일반적 불만이 독립전쟁으로까지 제고(提高)되었다. 또한 프랑스의 계몽주의 사조(思潮)의 영향으로 그 불만은 가일층 자극을 받았다. 결국 영본국에 대한 식민지의 항쟁은 격화하고 그 추세가 저지할 수 없는 정도에 이르렀다.

영국은 프렌치 인디안 전쟁에서 비록 승리하였으나 이는 오히려 식민지 독립을 도와주는 결과가 되었다. 즉 식민지인들 입장에서 보면 이 전쟁을 겪는 과정에서 식민지 입법의회는 권력을 강화하여 전쟁에 필요한 세금을 부과하였을 뿐 아니라 자신들의 민병대를 훈련시킬 기회를 가질 수 있었다.

58) 영국이 미국 북동부에 식민지를 확보하고 서부로 확장하는 과정에서 서부 일대에서 인디언과 모피(毛皮)거래를 하고 있던 프랑스 식민자인과 이해의 대립이 생겨 정세가 긴박하게 되었다. 이에 따라 영국은 해군을, 이어 캐나다 정복을 위해 정규군을 파견하였고, 프랑스는 인디언과 제휴하여 점차 전쟁상태로 옮겨갔다. 이 전쟁으로 영국 식민지의 단결과 자위력의 강화(强化)가 이루어졌다.

이러한 전쟁의 경험으로 미국독립을 주도할 정치적 인물들, 조지 워싱턴(George Washington), 새뮤얼 애덤스(Samuel Adams), 벤자민 프랭클린(Benjamin Frenklin) 등을 배출하여 미국혁명으로 이어졌고 그 정치적 귀결로 미국은 독립하였다.

2. 독립시기의 정치사상

1) 배경과 형성과정

독립기(獨立期)의 정치사상은 독립전쟁에서 촉발된 공화주의(共和主義) 감정이 정치정세가 변화함에 따라 상이한 양상을 보인다. 그러나 이 당시의 정치사상은 이론상 체계를 갖춘 것이 아니고 소책자, 강연, 신문, 각종 결의 등의 형태로 나타났다. 이때 로크의 정치철학이 유력한 사상적 근거가 되었다.

이 과정의 전기(前期), 정치적 논점(論点)은 본국정부에 대한 식민지의 법적 관계가 주를 이루었다. 특히 본국의 일방적 과세에 대하여 반대하고 '과세상의 자치권(自治權)을 주장함'으로서 영국인으로서의 전통적 권리를 보장받으려는 것이었다.

식민지인의 권리주장은 영국 국왕의 통치에 대한 거부가 아니고 영국인으로서 그들의 자치적 대표기관(代表機關)을 요구하는 것이고 따라서 일종의 입헌군주제의 요구와 같은 것이었다.

식민지인들은 영국의회에 대하여 영국의회에 그들의 대표가 참가하고 있지 않기 때문에 그들이 식민지에 과세할 권리가 없고, 또한 식민지의회는 영국의회와 동등한 법적 지위를 가져야 한다는 것이다.

이에 비해 후기(後期)의 사상은 자연법, 사회계약론 및 인민주권설을 기초로 하는 독립된 정부를 건설하는 것이었다.

이들은 영국 본토로부터의 독립권을 주장하는 한편 자신들의 자유, 평등과 일반적 복지를 증진시키기 위하여 인민의 자유, 동의에 의한, 그리고 반드시 정부가 간섭해서는 안 되는 천부(天賦)의 권리를 국민이 보유하는 것이 허용되는 정부의 건립을 목표로 노력하였다.

그리고 천부적 인권의 내용으로 생명, 자유, 재산 및 행복 추구의 제 권리, 신앙과 언론의 자유, 배심관(陪審官)에 의한 공평하고 신속한 재판의 보증 그리고 공직(公職)에 취임(就任)하고 또 공직에 취임하는 자에 대한 투표권 등을 포함시켰다. 이 과정에서 영국인 페인(Thomas Paine, 1737-1800)은 지대한 영향을 주었다.

그는 그의 저서 『상식론(Common Sence, 1776)』에서 군주제의 배격(排擊)과 공화제를 주장하여 미국독립의 대의(大義)를 앙양(昻揚)시켰다. 1776년 7월 4일 대륙회의(大陸會議)에서 제퍼슨이 작성한 "독립선언서"를 채택하고 1783년 파리조약에 의해 미국의 독립이 승인되었다.

그러나 통일되지 않은 각 독립국가의 연합(聯合)에 불과한 상태에서는 대내 대외적으로 신의(信義)와 책임을 수행할 수 없었고, 따라서 연방정부의 창설이 초미(焦眉)의 과제가 되었다. 이러한 요구에 따라 1787년 '필라델피아 헌법회의(憲法會議)'가 소집되어 연방국가(聯邦國家)를 탄생시키는 미국 헌법이 제정되었다. 이 헌법의 제정 과정에서 정치사상은 국가의 성립, 정부조직의 설정의 문제를 현실적 제도적으로 추구하였다.

2) 자유주의와 공화주의

미국에서 개인의 자유를 확보하기 위한 당면한 과제들 중에 하나는 정치제도의 측면으로 연방정부와 주(州)정부간의 권한배분의 문제이고 다른 하나는 사회적으로 전통(傳統)이 없는 사회, 즉 전통과 관습에 의한 통제력이 없는 사회에서 민주원칙인 다수결에 의한 결정만으로 과연 소수의 권리가 보장될 수 있는가의 문제이었다.

이러한 문제들을 놓고 미국의 역사는 끊임없는 시행착오와 수정을 거치면서 합리적인 방향으로 진행하기 위해 노력해 왔다. 그리고 어떤 점에서 미국의 전통은 건국 초기에 이미 상당량이 결정되었다고 할 수 있다.

초기 미국은 정치적으로는 자유주의, 경제적으로는 자유시장, 자본주의 사회였는데 이는 이들 이념이 평민을 정치적 권위와 위계질서로부터 해방시켰기 때문이었다.

미국 혁명기의 지배적인 이상은 자유주의이며 이에는 존 로크에 영향이 절대적이었다. 특히 역사학자 칼 베커(Carl Becker)는 “독립선언서” 작성에서 ‘제퍼슨이 로크를 그대로 베꼈다’고 결론지었다.[59] 그러나 초기 미국의 정치사상에 로크의 자유주의의 영향만 있었던 것은 아니라는 학설(學說)이 1960년대 후반부터 소위 ‘공화주의적 수정론자’들에 의해 제기되었다. 이들은 미국 혁명의 사상적 뿌리가 공적 미덕(美德), 즉 개인의 사적인 이해관계를 공동체의 이익을 위해 기꺼이 종속(從屬)시키는 것을 강조하는 신념 체계인 공화주의에 있었다고 주장한다.

공화주의는 18세기 초 영국의 반정부 논객들인 ‘커먼웰스맨(the Commonwealthmen)들이 17세기 중엽에 영국의 사상가인 해링턴(James Harrington)의 이론을 받아들인 것이다. 공화주의는 권력(Power)과 자유(liberty)의 관계를 적대적(敵對的)인 것으로 파악하고 자유는 늘 권력을 감시해야하며 자유를 잃게 되면 공화국에는 부패가 만연하여 멸망에 이른다는 주장이었다.

다분(多分)히 도덕주의적인 이들의 역사해석에 따르면 미국 혁명의 발발(勃發)은 사회적 불만이나 경제적 불안의 결과가 아니라 독단적이고 비열한 영국정부의 권력에 대한 응전(應戰)이었다고 본다.[60] 그리고 이러한 이론(理論)의 배경에는 영국 반정부세력이었던 청교도(淸教徒)들의 도덕주의를 상기(想起)시키는 바가 있다.

미국 혁명의 세대는 그들이 의존했던 전통이 모호(模糊)하였고 어느 정치가도 자유주의와 공화주의 간의 경계를 분명하게 주장하지는 않았다. 그들은 현실이 요구하는 바에 따라 행동했고 주장했으며 공화주의적 미덕(美德)과 자유주의적 개인주의가 양립 가능하며 상호의존적이라고 믿었다. 그리고 미국 역사 역시 이 두 전통이 함께 작용하여 그 조화 속에서 이룩한 것이다.

---

59) 정경희, 『미국을 만든 사상들』, p.7.

60) 정경희, 전게서, p.15.

3. 연방주의와 반연방주의(해밀턴주의 대 제퍼슨주의)

1) 연방주의자(Federalist)

미국역사에 처음으로 보여주는 본격적(本格的)인 정치이념의 대립은 해밀턴주의(Hamiltonianism)와 제퍼슨주의(Jeffersonianism)라는 양대 정치인(政治人)의 이념 간에 이루어졌다. 이는 강(强)한 중앙정부와 중상주의를 주장한 해밀턴과 약(弱)한 중앙정부와 중농주의(重農主義)를 주창한 제퍼슨 간의 대결이었다. 그리고 이들의 대결은 미국 최초의 정당정치의 씨앗이 되는 연방파(聯邦派)와 공화파(共和派)를 구성하게 하였고 미국의 정치역사 역시 이 두 이념 간의 투쟁과 타협을 반복해 온 것이다.

역사적으로는 연방헌법을 제정하면서 승리한 연방파는 1800년에 제퍼슨이 대통령에 당선됨으로써 종말을 보았으나 20세기에 들어오면서 연방주의는 다시 꽃을 피우게 되었다.

연방주의자인 알렉산더 해밀턴(Alexander Hamilton, 1755(?)-1804)은 당시 미국의 정치환경에서 완전한 민주주의를 실행하는 것은 위험하다고 생각하였다. 그는 세계의 역사를 극단적인 왕권 독재정치와 무정부 정치 사이의 끝없는 투쟁의 악순환이라 보고 미국에서는 강력한 대통령을 중심으로 하는 중앙정부의 통제에 의한 민주주의가 옳은 길이라 하였다. 그는 칼뱅과 홉스적인 인간관을 받아 들여 인간은 본래 악하고 이기적인 존재로 이러한 악성(惡性)을 견제하고 방지할 수 있는 강력한 정부기구가 필요하다고 생각하였다.

해밀턴은 연방헌법 제정에 당면하여 민주주의 국가에서는 '사회를 형성하고 있는 사람들이 과연 자신들의 숙려(熟慮)와 선택에 의하여 좋은 정부를 만드는 능력을 가지고 있는가?, 만일 그렇지 못하다면 행정기구를 우연(偶然)이나 강제에 맡기게 되는 문제가 발생할 소지가 있는데, 이러한 정치적으로 중대한 문제의 결정권(決定權)을 자신들의 행동으로 표현할 기회가 인민에게 보유되어 있으며 그리고 지금은 이 결정을 해야 하는 시대이다'라고 하며 '지금 미국이 수행해야 할 임무를 잘못 선택한다면 그것은 인류에 불행이다'라고 하였다. 그리고 그는 이제 그 선택은 집단이나 계급 간의 갈등 그리고 여러 정부 기관과의 마찰을 해결할 수 있는 강력한 연방정부를 지지(支持)하는 것이라고 하였다.

제임스 메디슨(James Madison) 역시 연방 헌법을 지지하며 미국헌법 최초의 근본문제는 공화국임을 결정하는 일이라 하였다. 공화제의 전제조건은 인민주권과 공무원선임제가 이루어 져야한다는 것이다. 그는 공화제는 모든 권력이 직접 인민으로부터 유래하며 일정한 기간 정부의 관리가 선량하게 행동하는 한 그에 의하여 지배되는 것이다.

당시 공화제 정부의 창설에 관한 '인민의 의사결정'에는 문제가 있었다. 즉 헌법회의에서 표명(表明)되는 각 주(州)의 의사의 총화(總和)가 어떻게 국민적 의사로 간주(看做)되느냐는 것이었다.

당시 각 주는 다른 주와는 독립하고 있는 주권적 존재였다. 따라서 헌법회의에서는 인구수(數)에서의 차이가 무시된 채 독립적인 각 주(州)는 똑같이 한 표(票)로 주의사(州意思)를 행사하였으며, 이러한 투표에서의 주의사의 다수(多數)가 곧 국민적 의사라고 하는 데는 문제가 있을 수 있었다. 그러나 당시로는 이를 달리 해결할 방법이나 여건을 갖출 수는 없었다.

메디슨은 미국 공화제의 수립 기초가 연방제(Federal)가 아니면 안되는 이유를 연방정부의 권능은 '인민의 의사'에서 나오며 각 주정부(州政府)에서 연원하는 것이 아니라고 하였다.

연방헌법은 인민에 근원하고 그 헌법에 의해 주정부의 필수적인 역할을 위한 각주의 권능을 보지(保持)할 수 있으며, 연방정부에 위임되지 않은 영역에서는 주(州)들이 계속해서 주권을 행사할 것이다. 또한 정부권능의 확대, 축소 또는 변경의 필요가 있을 때 뿐 아니라, 주(州)정부의 한 부문이 타 부문의 헌법상의 권능을 침해할 경우에는 이 근원적 권능, 즉 인민주권에 의해 해결하는 것이 공화제와 엄밀히 합치하는 것이다.

이들의 일관되게 주장한 원리는 미국에서의 정부의 토대가 주(州, state)들의 이익이 아니라 국가(nation)의 이익이라는 것이다. 반연방주의자들은 작은 공화국을 통해 시민의 나라에 대한 애착과 준법성을 확보하려고 한 반면에 연반주의자들은 효율적인 정부와 훌륭한 행정을 통해 시민들을 정치체제에 묶어 두려한 것이다.

2) 반(反)연방주의자들

한 때 해밀턴과 동맹관계를 맺었던 매디슨을 포함한 일부 사람들은 해밀턴과 그의 지지자들을 위험하게 보기 시작했다. 연방파가 위협적이고 억압적인 권력구조를 조장하고 있다고 본 것이다. 그래서 이에 대응해 제임스 메디슨과 토마스 제퍼슨의 지도 아래 결집한 새로운 정치조직이 등장했으며, 스스로 자칭 '공화파(Republicans)'라고 했다(이 공화파는 1850년대에 출현한 현대의 공화당과는 관련이 없다).

제퍼슨(Thomas Jefferson, 1743-1826)은 연방주의자들의 강력한 중앙집권적 정치사상에 반대하여 주(州) 분권론을 전개하였다. 로크의 추종자인 그는 독립선언문에서 이미 천부인권설, 사회계약설, 그리고 인민주권설을 표명하면서 인민의 혁명권을 주장한 바 있다.

그는 인민의 사회적 생활형태에는 세 가지가 있다고 한다. 첫 번째는 무정부적 형태이며 그것은 미개한 야만의 형태이다. 두 번째는 강력한 정부 밑에서의 생활이다. 그것은 양(羊)의 무리에 대한 이리의 무리와 같은 관계로 인민의 기본 권리가 존재할 여지가 없다. 세 번째 형태는 정당한 정부 즉 인민의 권리가 정당하게 보장되어 이를 향유하고 있는 형태이다. 민주주의적 공화제가 그것이다.

제퍼슨은 민주주의적 공화제에서의 헌법의 기본원리를 주분권론(州分權論)으로 설명한다.

각 주의 정부가 가지는 모든 권리에 대하여서는 각 주정부를 지지할 것, 중앙정부는 국내의 평화와 외국의 위협에 대한 방위를 위한 대주주적(大株主的) 존재이며 이것을 헌법이 허용하는 범위 내에서 최대한으로 유지할 것을 요청하였다.

반연방주의의 국가 체제에 대한 기본적인 원리는 '독립적인 주(州)들의 동맹(同盟)'이었다. 이에 대해 연방주의는 연방헌법이 '부분적으로 단일 국가이고 부분적으로 연방적인(partly national, partly federal)' 새로운 형태라고 주장했다.[61]

제퍼슨은 새로운 헌법에 의해 구성될 연방의회는 국가 전체에 대한 무한한 권력을 행사하게 될 것이고 주(州)들은 점차 사라지게 될 것이라는 우려와 함께 이 헌법은 미국 혁명의 원리나 자유와는 본질적으로 다른 것으로 공동체의 기초를 파괴하는 것이다.

미국 혁명 이래 자유가 다시 위험에 처했다는 헨리(Henry)의 경고는 이 헌법에 '권리장전(權利章典)이 포함되어 있지 않다는데서 비롯된 것이다. 결국 반연방주의자들은 연방헌법을 저지하지는 못하였으나 '권리장전(The Bill of Rights)'으로 알려진 최초의 10개항의 수정헌법(修整憲法)을 탄생시켰다.

4. 다수파의 횡포

미국 사회는 처음부터 서구와 같이 전통과 관습이 확고하게 사회에 대한 강한 영향력을 발휘하는 나라들과는 달랐다. 미국에는 고정된 사회적 구별이란 존재하지 않았고 사람들은 자신들이 평등하다고 여겼다.

미국의 평등은 단순한 법 앞의 평등을 훨씬 넘어선 사회적 현상으로 '평등의 느낌'을 그 누구나 즐기기에 충분한 것으로, 개인들은 같은 장소에 모여 생각과 기쁨을 나누고 결합시켰다.

한 사회에서 인간의 행위를 통제하는 영향력은 정부가 제정한 법률 그리고 관습과 전통의 도덕적인 힘이 나누어 가지는 것이 자연스러운 형태이다. 사회는 이 두 세력이 때로는 충돌하고 때로는 협조하는 과

---

61) 토크빌은 이를 두고 '한 사회가 다른 사회 속에 접합되고 있다. 완전히 분리되어 거의 독립한 두 개의 정부(政府), 한 정부는 사회의 일상의 욕구를 완수하고 일상적이고 불확실한 요청에 대응하는 정부이고, 또 하나는 국가의 한정된 범위 내에서 일반적 이익에만 전념하는 예외적 권력의 정부이다. 사실 이는 그 방식에 있어 유례가 없는 체제인 것이다.

정을 되풀이 하며 상호간의 영향을 주고받는다. 그러나 관습과 전통의 힘이 극히 미약한 상태인 초기 미국사회에서는 다수파에 의한 권력 행사가-그것이 비록 법률의 형태를 띤다고 하더라도-서구 사회에 비해 견해 차이가 있는 소수에게는 더욱 치명적인 것이었다.

J. S. 밀이 이미 우려한 다수의 횡포는 이전 세대에서의 자유주의자들은 결코 걱정하지 않았던 문제이었다. 그리고 밀의 억압적이고 비관용적인 다수파의 여론에 대한 두려움은 그의 까다로우며 고도로 지성적(知性的)인 성품에서 오는 민주화의 병폐에 대한 환멸에 의한 것으로 특히 인간의 개성이 무시될 수밖에 없는 상황에 대한 우려이었다. 그러나 초기 미국 사회에서의 다수의 횡포는 보다 실제적인 것으로 훨씬 심각한 것이었다.

개인의 자유를 지향하는 자유주의와 '다수에 의한 지배'와 '평등에 대한 이상(理想)'을 지향하는 민주주의가 결합하는 과정에는 두 가치가 충돌하는 경계가 생기게 마련이다.

절대적인 개인자유는 사회 공동의 이익과 충돌하고, 관용 없는 다수의 권력은 개인의 자유를 침해하는 경우가 있을 수 있다. 그리고 이때 '다수'는 평등을 전제하거나 행위과정에서 이를 가장(假裝)한다. 그러나 현실적으로 '다수'는 명목일 뿐이고 실제 행위의 주체는 항상 주도하는 '다수 중 소수'들에 의해 대리(代理)된다.

일단 사회가 구성된 상태에서 '완전한 평등'이란 허구(虛構)이거나 야만(野蠻) 상태이다. 문명사회는 전통적 생활에 근거하여 이러한 '허구'나 '야만'을 극복하는 힘을 갖게 된다.

초기 미국사회가 결여한 것은 바로 이 힘이고 과도한 평등에의 열망은 다수의 이름으로 소수의 자유를 희생시키는 양상을 현출(現出)하였다.

토크빌은 미국 사회에서 '어느 문제에 관하여 일단 다수자가 형성되면 이들의 전진(前進)을 막을 힘은 어디에도 없고 최소한 그 전진을 지연시킬 수 있는 장애도 없다. 또한 전진 도중에 유린(蹂躪)당하는 이들의 불평에 귀를 기울일 만큼의 여유도 다수자에게는 남아있지 않다.'고 하였다.

사실 권력이 자기 앞에 그 전진을 가로막는 방해물이 없거나 그 자신의 정열을 절제하는 시간적 여유를 갖지 않으면 자유는 위험해 질 수 있다.

이 다수자 즉 최고의 권력을 행사하는 입법자에 의한 전제(專制)는 소수파 개인들의 자유 뿐 아니라 법률의 집행과 공행정(公行政)의 수행에도 악영향을 미칠 수 있다.

다수자라는 것은 인기를 얻고 있는 중요한 권력이며 그것이 기도(企圖)하는 사업에 사람들은 열심히 협력한다. 그러나 다수자의 주의(注意)가 일단 다른 문제로 쏠리면, 지속성을 요구하는 행정권이 추구하던 노력은 정지(停止)될 수도 있는 경우가 생겨, 행정권 역시 다수의 횡포 앞에서는 취약한 형편이다.

미국에서는 다수자의 권력을 지적(知的)으로 우월한 것으로 만드는 경향이 있었는데 이는 탁월한 개인에서보다 다수의 입법자에 보다 커다란 지식과 예지(銳智)가 있다는 관념에 기초하고 있다. 이는 평등이론이 '지성(知性)의 관념'에까지 적용된 것이다. 결국 논리는 다수자의 도덕적 지배를 의미하는 것으로 그들은 법률적인 힘뿐 아니라 도덕적 우월성도 함께 장악함으로서 소수자를 열등한 부류로 취급하여 그들의 자존심마저도 그 근저에서 공격하는 것이다.

미국에서 토론은 다수자가 아직 결정하지 않은 순간까지 진행된다. 그러나 일단 결정이 선언되면 모든 사람은 침묵하고 방법까지도 적(敵)과 동지가 협력하게 한다. 그 이유는 다수자만큼 전사회력(全社會力)을 장악하고 모든 반항을 극복할 수 있는 전제군주는 없기 때문이다.

또 하나 왕(王)은 물리력 밖에 갖지 않으며 사람들의 의지에까지 힘을 미치지는 못하지만 다수자에게는 완전히 물리적·도덕적인 힘이 부여되어 사람들의 행동과 의지를 다 같이 장악한다.

미국에서 다수자는 사상의 자유 주위에 넘을 수 없는 장벽(障壁)을 치고 있다. 사상의 자유라는 한계 내에서 저작자(著作者)는 자유이지만 이 범위를 넘어 서려고 하면 그에게 불행이 닥쳐온다. 그것은 그가 화형(火刑)을 각오해야 한다는 것이 아니지만 그는 모든 종류의 음모와 박해와 투쟁해야 한다.

'전제군주는 폭력을 물질화하고 오늘의 민주공화국은 폭력을 지적(知的)인 것으로 한다.'

토크빌은 이들 다수자에 의한 압제는 육체를 그대로 두고 혼(魂)으로 직진(直進)한다. 다수자는 말한다. '네가 나처럼 생각하지 않는 것은 너의 자유이다. 너의 생명·재산은 모두 네 것이다. 그러나 너는 오늘부터 우리들 사이에 전혀 관계없는 타인(他人)이다. 나는 너의 생명을 죽음보다도 나쁜 상태로 만들 것이다.'

이처럼 다수자가 전제적이고 불가항력적인 지배력을 갖고 있으므로 그 길로부터 벗어나고 싶을 때 사람들은 얼마간 그 시민권과 인간성을 방기(放棄)해야만 하게 되어 있다.

미국에서 만일 자유가 없어진다면 그것은 다수자의 전제권력의 책임으로 귀속되어야 할 것이다.

토크빌은 민주화가 진행됨에 따라 평등에 대한 과도한 열정은 마침내 자유를 침식하게 되고 이것이 다수의 전제, 개인주의, 이기주의, 물질주의에 대한 과도한 취향, 정치에 대한 무관심 등을 불러일으킬 것이라 예견했다.

제퍼슨도 다음과 같이 말했다. '우리 정치에서 집행권은 나의 주된 근심의 대상도 아니다. 입법자들(인민 또는 그 대표자로서의 다수)의 압제야 말로 현실로 그리고 금후에도 장기간 가장 무서운 위험물일 것이다.'(메디슨에게 쓴 편지)

제 8 장 | 동양 근세 후기 - 와해와 변혁의 시기 -

제 1 절 시대적 배경

1. 개 관

중국은 12세기 금(金, 1122-1234)이라는 이적(夷狄)에 의해 북중국 전역이 지배당한 이래로 20세기 청(淸) 제국이 멸망(1912)하기 까지 근 800년 동안, 명조(明朝, 1368-1644) 약 280년을 제외하고는 정치적으로 이들 이적에 복속(服屬)된 수치스러운 역사를 쓰고 있다.

이러한 역사적 침탈(侵奪)을 겪으면서도 한족(漢族)의 중국이 절멸(絕滅)되지 않은 것은 광대한 영토, 막대한 인구 그리고 장구(長久)한 역사에 힘입은 바이지만, 그와 함께 중국문화의 우수성과 뛰어난 동화력(同化力)이 크게 작용하였다.

그러나 동화력이라는 명목(名目) 뒤에는 문약(文弱)의 그림자가 드리워져 있어 한족은 역사상 오랜 기간을 핍박(逼迫)과 수모(受侮)를 당해야 했다. 중국의 문화가 아무리 우수해도 결국 피지배민족이라는 오명(汚名)은 씻을 수 없으며, 비록 문화적으로는 동화되더라도 그 동화된 이적이 일상 생활세계에서 자행하는 실제적인 핍박과 수모는 한족(漢族) 전체가 고스란히 당해야하는 뼈아프게 몸으로 겪어야 하는 현실이었다.

중국이 당해야 했던 역사적 수치(羞恥)의 원인은 먼저 한족(漢族)의 문약에서 찾아야 하겠지만 정치·역사적인 근본 문제들도 안고 있었다.

첫째 내적으로는 비록 중국이 광대한 영토와 막대한 인구를 가지고 있다 해도, 당시에는 통신과 교통수단이 이 조건들을 하나의 결집(結集)된 힘으로 묶어주지 못하였고, 따라서 중앙정부의 행정력이 해이(解弛)질 경우, 중국은 여러 지역의 연합체에 불과하였다.

행정력이 이완(弛緩)되는 국정 내분(內紛)의 시기에는 제일 먼저 잃게 되는 것이 이들 지방정부에 대한 통제력이어서 이는 외환(外患)에 대한 대응력(對應力)의 상실로 이어졌다.

환언(換言)하면 통제력을 제대로 갖추지 못한 상태에서 '막대한 인구' '광대한 영토'는 실제 상으로는 효율적으로 힘을 동원(動員)할 수 없었기 때문에 적어도 군사적 측면에서는 일종의 허구적(虛構的) 의미일 수밖에 없었다.

둘째 외부적으로 중국은 항상 북방의 기마(騎馬)민족인 유목 내지 반유목인들과 오랜 그리고 긴 국경을 맞대어 왔고 따라서 이들 이적(夷狄)으로부터의 끊임없는 침공(侵攻)은 중국역사와 함께 하여 왔다. 이들 유목민족은 근대 무기가 개발되기 이전까지 개인의 기본 전투력(戰鬪力)에 있어 우세하였다. 그리고 이들에게 영명(英名)한 지도자가 나타나 세력을 결집시켰을 때 힘이 분산된 중국정부로서는 당해내기 어려웠다. 사실 청조(淸朝)를 세운 만주족의 수(數)는 한족(漢族)의 2 퍼센트 밖에 되지 않았었다.

그러나 로마제국(帝國)이 카이사르 이래(以來) 북방 게르만이라는 만족(蠻族)과의 대결(對決)에서 3, 4백년 밖에 버티지 못한 것에 비하면, 물론 인구 구성상의 차이가 있었지만, 중국의 역사는 오히려 성공적이었다고 할 수 있겠다. 그 많은 영고성쇠(榮枯盛衰)에도 불구하고 본질을 잃지 않는 중국인들의 능력은 오랫동안 일관성은 잃지 않고 이어 온 문화의 힘이었다.[1)]

---

1) 중국문화의 계승과 발전에는 한자(漢字)의 공헌이 크다. 상형문자(象形文字)인 한자(漢字)는 그 글자가 하나의 형상을 나타내는 그 나름의 모양 세를 갖추고 있어 하나하나가 마치 생명체처럼 자신의 존재를 드러낸다. 그 한 글자 한 글자는 홀로 서서도 자신만의 의미를 가지며 또한 다른 자(字)와 결합되어 그 모습을 변신하여 사람들에게 사고(思考)의 지평(地平)을 열어 준다.
또한 과장해서 말하면 표의(表意)문자인 한자(漢字)는 천 년 전에 쓴 글이라도 어제

중국이 여러 만족(蠻族)의 지배를 견디어 내면서 항상 자신들의 사상과 문화를 계승 발전시킬 수 있었던 끈질긴 저력(底力)은 중화(中華)문화에 대한 자긍심(自矜心), 인본주의(人本主義) 그리고 생활에서의 현실주의적(現實主義的)[2] 성격에 있었다.

중국인들은 오랜 역사(歷史)를 통해 고난(苦難)과 영화(榮華)는 순환(循環)하며, 중화문화는 부침(浮沈)할 수는 있어도 가장 우수하다는 절대적 자긍심을 갖고 있었다. 유교와 도교는 상호보완(相互補完)하며 인간을 고귀하고 완전한 삶으로 이끌어주는 두 기둥으로서 그 각각의 역할을 다하여 인류 역사상 가장 위대한 문화를 창출하였다.[3] 그들에게 이적은 중국문화에 기생(寄生)하는 열악(劣惡)한 종족에 지나지 않았다.

또한 중국인들의 인본주의 사상이 가리키는 이상(理想)은 현실 넘어가 아니라 그 연장선(延長線)에 있다. 따라서 그들은 이상(理想)을 추구하였으나 결코 꿈꾸지 않았고, 현실(現實)에 실망하면서도 결코 포기하지 않았다.

이에 더하여 중국인들의 놀랄만한 인내력은 그들의 뿌리 깊은 현실

막 쓰이어진 글처럼 이해할 수 있다. 이러한 문어(文語)가 가지고 있는 특성 즉 문자의 본래의미가 시공(時空)의 한계를 넘어 자기의 뜻을 굳건히 간직하는 힘은 문화의 승계와 발전을 원활하게 하는 매개체로서 중국 문명을 지켜준 초석(礎石)이 되었다.
조셉 니담은『중국의 과학과 문명』이라는 책에서 "한자는 응축성(凝縮性)과 간결함 및 비명(碑銘)의 성질을 띠고 있으며 엄숙한 우아함, 웅혼(雄渾)함의 인상을 주는 점에 있어서 지금까지 발명된 어느 Communication 수단에 비길 바 없는 우수한 것이다"라고 평한 바 있다. 니담이 지적한 바와 같은 한자(漢字)가 갖고 있는 존재감(存在感)은 화가(畵家)가 산이나 강을 그리듯 그 자신 미적(美的) 대상이 되어 서예(書藝)라는 독특한 예술 형식을 창출해 냈다.

2) 임어당(林語堂, 1891-1976)은 그의 저서『생활의 발견』에서 중국의 국민성은 실제적이며 빈틈이 없고 명랑하다고 자평하고 있다.
그는 국민성을 평가하는 기준으로 현실감, 꿈, 유머감(感), 그리고 센스(sence)의 네 가지 요소의 배합의 비(比)로 설명하였다. 이들 각각을 4점 만점으로 했을 때, 중국인은 현실감 4점, 꿈 1점, 유머 3점 그리고 센스 3점으로 보았다.
현실감만 있고 꿈이 없으면 동물이고, 현실감에 꿈이 더하면 이상주의가, 반대로 현실감에 유머만 있으면 현실주의가 된다. 꿈만 있고 유머가 없으면 광신(狂信), 꿈과 유머가 만나면 환상(幻想)을 만들어 낸다.

3) 임태승,『나비와 소나무』.

주의에 기인(基因)한 것으로 잡초(雜草)와 같은 생명력으로 어떠한 고난도 이겨낼 수 있었다.

이러한 생명력이 아마도 몽테스키외가 지적한 '중국인들의 경이적인 다산(多産)의 근원이었을 것이다.

2. 명의 멸망과 청

명(明)나라는 두 번 멸망(滅亡)하였다. 한번은 내우(內憂)에 의해, 그리고 다음에는 외환(外患)에 의해 그 명(命)을 마쳤다.

1641년 이자성(李自成)은 균전(均田)과 면량(免量)을 구호로 내걸고 반란군을 일으켜 3년 만에 명왕조(明王朝)를 무너트리는데 성공하여 대순(大順)정권을 세웠으나 곧 바로 만주인에게 패망하였다.

명 멸망의 원인은 무능(無能)하고 암약(暗弱)한 황제들의 정치가 만력제(萬曆帝, 1573-1619)인 신종(神宗) 이래 의종(毅宗, 1628-1644)에 이르기 까지 4대에 걸쳐 이어져 왔고,[4] 여기에 조선(朝鮮)전쟁 등이 겹치면서 재정상태가 극도로 악화된대 다가 끊임없는 당쟁(黨爭)으로 남은 힘마저 결집시킬 수 없었다는 데 있었다. 이러한 사회현상은 민심과 함께 군심(軍心)의 이반(離反)으로 이어져 국경수비대는 다투어 군문(軍門)을 이탈하였다.

이러한 정치상황에서 이자성(李自成)이 이끈 농민군(農民軍)은 정부의 모든 병력(兵力)이 변방에 투입되어 만주족과 대결하고 있는 틈을 이용하여 북경(北京)을 점령하였고, 명대(明代)의 마지막 황제인 의종이

4) 신종은 주색에 빠져 20여 년간 한번도 조신(朝臣)을 부르지 않았다. 중요한 상주문(上奏文)을 방치하고, 결원이 생겨도 관직을 장기간 보충하지 않아 수도에 도착한 군비(軍費)를 아무도 수령하지 않아 변방에 군량미를 보낼 수 없는 지경에 이르렀다. 단명(短命)한 광종(光宗)을 대신한 천계제(天啓帝, 1621-1627) 희종(熹宗)은 목공(木工)일에만 흥미를 가져 그의 유모(乳母)가 환관(宦官) 위충현과 결탁하고 모든 권력을 차지하여 동림당에 대한 박해(迫害) 등과 같은 악행으로 조정(朝廷)의 관리체계를 깡그리 파괴하였다. 숭정제(崇禎帝, 1628-1644) 의종(毅宗)은 신하들의 의견을 듣지 않고, 시기심도 강하여 조정의 실세(實勢)들을 자주 교체하였고 그 틈에 간신배들이 풍파를 일으켜 청렴하고 유능한 사람들은 배척당하여 정치는 빠르게 암흑과 부패의 심연으로 빠져 들었다(쉬딩 바오, 『황종희평전』, p.14).

자살함으로서 명조(明朝)는 막을 내렸다.

그러나 오삼계(吳三桂)가 만주(滿洲)정권에 투항하여 북경으로 기수를 돌려 전혀 기강(紀綱)도 갖추지 못한 이자성의 군대를 패퇴시켰을 때 명(明)나라는 만주정권에 의한 두 번째 패망을 당해야만 했다.

3. 정치사상과 학문

1) 정치사상

중국 근대의 정치사상은 청조(淸朝)의 강희(康熙)·건륭(乾隆) 같은 강력한 군주에 의해 통치된 역동적인 기간(期間)이 경과한 후, 사회가 불안해져 19세기 중엽 태평천국(太平天國)의 난(亂)이 있기까지 오랜 동안 침잠(沈潛)되어 있었다.

명(明)초기 건국(建國)의 여세(餘勢)를 몰아 그 기상(氣像)을 대내외적으로 떨치던 시기에는 걸출한 정치사상가가 보이지 않았는데, 청대(淸代)에도 거의 같은 양상(樣相)이 나타났다.

두 왕조 초기(初期)에는 모두 군주(君主)의 막강한 권력을 이용하여 외부세력을 격퇴시키면서 지배영토를 확장하였을 뿐 아니라 내치(內治)에 있어서도 자신들의 정치세력을 공고(鞏固)히 하는 한편 경제적으로도 풍요를 누렸다.

1736년 프랑스의 예수회 신도(信徒) 장 바티스트 뒤알드는 중국을 보는 서구인들의 경외(敬畏)에 가득한 반응을 이렇게 요약한 바 있다.

'각 성(省)만이 지닌 풍부한 자원, 그리고 하천(河川)과 운하(運河)를 이용한 물자운송의 용이함 덕분에 제국(帝國)내 교역은 언제나 대단히 왕성 했다. … 중국내의 교역(交易)은 너무나 활발해서, 유럽전역의 상업은 이에 견줄 바가 못 된다. 각 성은 모두 왕국과 같아서 각자의 산물(産物)을 주고받는다.'[5)]

이 두 왕조의 초기 군주들은 문화사업, 특히 유교경전을 다시 집대

5) 헨리 키신저, 『중국이야기』, p.32.

성하여 통치이론을 뒷받침하도록 하며 학문 역시 주도하였다. 이들은 통치의 요건(要件)으로 획일적(劃一的) 사상과 신념(信念)이 곧 힘이라는 점을 충분히 인식하고 있었다. 그리고 그들은 백성들을 공통된 가치관에 의해 이들을 집결시켜줄 중심된 사회이념으로 그에 가장 적합한 유교 경전(經典)을 택하였다.[6)]

정치사상은 일반적으로 사회의 혼란과 불안한 정세(政勢)에 대한 대응(對應) 내지는 해결방안(方案)과 그 지도이념의 성격을 갖는다. 그러나 막강한 물리적 정치권력이 국가를 장악하고, 사회적으로 안정을 유지하고 있는 상황에서는 그러한 사변적 논의(論議)가 요구되지 않을 뿐 아니라 정치권력을 장악한 자들 역시 이설(異說)을 허용하지 않음으로서 정치사상은 침잠(沈潛)될 수밖에 없었다.

예를 들어 청조의 정치적 논의를 불허한 사상통제(思想統制)는 건륭제(乾隆帝)가 학계(學界)를 지휘(指揮)하며 『사고전서(四庫全書)』[7)]를 편찬하는 시기와 병행하여 문자옥(文字獄)이 15년간 계속되었다는 사실에서도 볼 수 있다.

따라서 중국에서 정치사상은 서구 열강(列强)에 의한 침탈(侵奪)이 시작된 19세기 중엽(中葉)에 와서야 침잠에서 벗어나 폭발적으로 등장하게 된다.

2) 학 문

청대에 와서 유교의 정통적(正統的) 지위는 만주(滿洲)정권의 필요와 결부되면서 오히려 이전보다 강화되었다.

청대의 학풍(學風)은 고증(考證)을 통한 한대(漢代)의 학문을 탐구하

---

6) 명대(明代)의 성조 영락제는 『오경대전(五經大全)』, 『사서대전(四書大全)』, 『성리대전(性理大全)』 등을 편찬케 하여 유학에 의한 학문과 사상의 통일을 추진하였고, 청대(清代) 초기에는 사대부들을 회유하기 위하여 강희제는 『명사(明史)』, 『강희자전(康熙字典)』을 편찬하였고 건륭제는 중국 역사상 가장 규모가 큰 편찬사업인 『사고전서(四庫全書)』를 비롯하여 『황조문헌통고(皇朝文獻通考)』 사업을 시행하였다.

7) 『사고전서』는 그 분량이 무려 3,457종, 7만 9,070권에 달하였고, 경(經)·사(史)·자(子)·집(集) 4부, 44류로 나누어 편찬하였으며 300 여명의 학자가 15년에 걸쳐 완성된 것으로 청 제국의 정치·경제적 실력을 유감없이 발휘하였다(이춘식, 『중국사 서설』).

는 쪽으로 선회(旋回)하였다. 이들 한학파(漢學派)는 송명(宋明)의 도학가(道學家)가 논한 경학(經學; 사서오경을 탐구하는 학문)은 노·불(老·佛)의 견해가 뒤섞여 있기 때문에 공맹(孔孟)의 참의미를 알려면 이들과 근접하고 도교와 불교의 영향을 받지 않은 한인(漢人)들의 경전 해석을 참구(參究)해야 한다는 것이다.

이들은 신유학의 후학(後學)들이 선유(先儒)의 한 두 마디 어록(語錄)에 매달려 공허하고 애매한 어휘를 구사하며 탁상공론(卓上空論)하는 것을 혐오하였다.

당대(唐代)의 고문운동(古文運動) 역시 같은 이유에서였지만 그들은 한대(漢代)의 학지들이 유교 원전(原典) 발굴에 급급하여 올바른 해석을 할 수 없었다고 생각하여, 그 원전(原典)을 바탕으로 유교의 참뜻을 재해석하려는 노력을 주로 한 반면, 청대의 학자들은 한대 학자들의 실증적인 방법에 의한 고증(考證)과 훈고(訓詁)를 높이 평가하여 이를 따르려 하였다.

이러한 학문적 선호(選好)는 고증학(考證學)의 발전을 가져왔고 이들은 자신들 학문의 원류(原流)를 한학(漢學)에서 찾았다.

그러나 청(淸)의 학자들은 한학(漢學)으로부터 많은 것을 얻어내지는 못하였고, 청대(淸代) 역시 이·기·성·명(理氣性命)등 송명 도학자들이 제시한 범주를 벗어나지 못하였다. 이는 성리학(性理學)이 형이상학(形而上學)으로 경세(經世)라는 구체적 정치이념을 논하기에 앞서 그 타당성의 근거로서 제시되는 한 차원 높은 범주(範疇)를 다루고 있기 때문에 학자라면 이에 대한 논구(論究)를 외면하기 어려웠던 데 그 이유를 찾을 수 있다.

청조(淸朝) 중기까지의 학문은 사상적 체계를 필요로 하지 않는 음운학(音韻學)이나 고증학(考證學)으로 기울었다. 이들의 주된 관심이 고전들에 대한 고증학적 학술 재평가에 있었지만, 그들은 또한 오랜 동안 무시해온 "묵자(墨子)", "순자(荀子)" 그리고 "한비자(韓非子)" 등의 서적을 포함해서 정통적 유교 이외의 다른 학파의 경전들을 함께 연구함으로서 사고의 지평(地坪)을 넓혀갔다.

4. 중국의 근대화 운동(전반기(1860-1911))

중국의 근대 여명(黎明)의 시기(時期)는 아편전쟁으로부터 신해혁명(辛亥革命)까지로 본다. 그리고 정치사상의 측면에서는 이 시기에 서구로부터 자유와 평등 같은 권리(權利)사상과 입헌(立憲)·공화(共和)라는 민주사상을 접촉하거나 받아들이기 시작하였다.

이 흐름의 초기에 지식인들을 중심으로 개혁이 주창(主唱)되었으나 그들의 사상과 의식(意識)은 크게 보아 중체서용(中體西用)의 범주를 벗어나지 못하였고, 또한 서구사상을 수렴(收斂)하는 과정에서도 서구이념을 단편적 혹은 개념적으로 이해하였을 뿐이었다.

2천년 동안 중국에서 유지되어 온 전통적인 여러 제도는 서양문명과의 충돌로 그 약점을 드러내었다. 1839-1860년 사이에 서구 열강들에 두 번(아편전쟁과 애로호 사건)이나 패전(敗戰)하자 중국은 서구식으로 강력해지고자 노력하였다.

중국에서 개혁하고자 하는 노력(努力)의 흐름은 크게 보아 먼저 군사적, 공업적인 개량을 시도하는 양무(洋務)운동으로부터 시작하여 강유위를 필두(筆頭)로 정치적 개혁을 주장하는 운동으로 이어졌다. 이들은 다시 입헌군주제(立憲君主制)를 지향하는 강유위·양계초 등과 손문을 중심으로 혁명을 통해 민주공화국을 건립하고자 하는 두 개의 파(派)로 나뉘었다.

당시 개혁운동을 주도한 중국의 지식인들은 그들의 성장기에 고전(古典)인 유학(儒學)을 공부하며 유교적인 전통 안에서 생활하였으며, 성장(成長)한 후에야 서학(西學)을 배울 기회를 접하였다는 공통점을 갖고 있었고 따라서 이들의 기본사상은 전통적인 중국문화에 근거하고 있다.

그러나 이들이 활약한 19, 20세기에 걸치는 변혁(變革)의 반세기(半世紀) 동안, 중국 지식인들의 정신적 태도의 변화(變化)는 중국전통을 흔들어 놓기에 충분한 것이었다. 이를 두고 1922년에 양계초는 다음과 같이 말하고 있다.

'내 기억에 1876년에 영국에 대사(大使)로 갔던 곽숭도가 그의 여행기의 한 대목에서, 대략 현재의 야만인은 옛날과 달라서 그들도 2천 년의 문명이 있다'고 적은 일이 있다. 아아! 이 일을 어찌하랴! 이 책이 북경(北京)에 전해지니 조정(朝廷) 안의 사대부들의 공분(公憤)을 사게 되었다. 사람들 마다 욕을 하고 매일매일 황제에게 진정을 올리니, 황제의 이름으로 그 책의 판본(板本)을 불태워 버리는 난리를 치르고서야 일이 끝났다. 지금에 와서는 '신문화운동'이라는 말이 지식인 사회의 상투어가 되었다. 마르크스는 거의 공자(孔子)와 자리다툼을 하려하고 입센은 거의 굴원(屈原)의 자리를 밀어내려고 한다. 이러한 심리의 변화가 옳으냐 그르냐는 별개의 문제이다. 요컨대 이 사상적인 급변은 확실히 과거 4천 년 동안에는 꿈에도 생각해 보지 못했던 일이다.'(오십년중국진화개론)

그러나 이 시기에 개혁운동의 한계(限界)는 이들의 정치의식(意識)이 경제적, 물질적인 하부구조(下部構造)의 토대 위에 세워진 것이 아니며, 개혁사상 역시 상층 지식인 계급의 전유물(專有物)로 이들에게 인민(人民)은 아직 정치의 대상(對象)으로 계몽이 필요한 단계로 생각되었고, 사회변혁의 주동적 역할을 기대하지도 않았다. 따라서 이들의 문제의식 자체도 인민의 생활근거인 경제적 물질적 구조(構造)의 개혁 아니라 상부구조(上部構造)인 정치개혁에 집중되어 있었다. 이들도 물론 양민(養民)을 말하였지만 이는 단순하고 피상적인 한계를 벗어난 것은 아니었다.

중국의 개혁 내지 혁명은 신해혁명에 의해 서구사상에 대한 방파제(防波堤)가 무너지면서 새로운 국면(局面)을 맞게 된다. 1900년에 발생한 의화단(義和團) 사건은 태평천국이 배만반청(背滿反淸)과 재산의 공유(公有)·균분(均分)이라는 혁명적 성격을 띤 봉기였던 것과는 반대로 '만주족을 일으켜 서양을 무찌르자'(扶滿滅洋)는 구호를 내세운 보수적이고 배타적 보국(保國)운동이었다.

이 사건의 실패와 그에 따른 수습과정은 중국에 국가 존립(存立)을 위협하는 참담(慘憺)한 상황을 초래하였고, 이는 혁명파의 등장을 촉진시켜 신해(辛亥)혁명에 이르는 직접적인 계기가 되었다.

신해혁명 이후에는 국민의식 개혁을 위한 사상계몽인 신문화(新文化) 운동이 일어났고, 이는 1919년 5·4 운동을 촉발하는 원동력이 되었다. 이로 인해 '인민(人民)의 힘'에 의한, 진정한 의미에서의 중국의 개혁이 시작되었다. 그리고 모택동은 그 '인민의 힘'에 의거하여 공산혁명을 이루어 낼 수 있었다.

1920년에는 중국공산당(中國共産黨)도 창립되어 이미 마르크스의 공산주의도 지식인들에 영향을 주고 있었다. 이 시기의 서양세계와의 문명충돌(文明衝突)에서 빚어진 문제는 종래 중국역사가 경험하였던 정치적 문제뿐 아니라 경제사회의 구조적 변화와 함께 사회 전반에 걸친 의식구조(意識構造)의 변화를 요구하는 것이었다.

그것은 전인민의 문제였고, 이들 인민 즉 농민과 노동자가 혁명의 중추세력으로서의 역할과 기능을 할 수 있었던 계기(契機)는 1920년대 후반(後半) 모택동의 중국식 공산주의에 의해 주어졌다.

제 2 절 태평천국(太平天國)의 난(亂)(1851-1864)

1. 시대적 배경

청대(淸代)는 중국의 역사상 절정(絕頂)과 바닥을 함께 겪었다. 18세기 중국의 인구와 영토(領土)는 티벳과 신장을 포함한 사상 최대의 것이었으며, 행정상의 기교와 안정성은 높은 수준이었다. 그러나 19세기에는 엄청난 재앙(災殃)과 직면하게 된다. 중국적인 전통은 너무나 확고하여서, 제도와 가치관(價値觀)을 철저하게 바꾼다는 것은 쉽게 상상할 수조차 없는 일이었다. 그러나 서구 문명(文明)과의 충돌로 중국은 그러한 변화를 강요당하였다.

19세기 들어서면서 밀려드는 서구 세력에 맞서야만 했던 중국은 이미 청초(淸初) 군사력의 핵심이었던 팔기병이 무력화(無力化)되고, 관료기구 정상부(頂上部)의 부패, 그리고 크게 증가된 인구(人口)[8]의 생계문제 등으로 쇠망(衰亡)의 징조를 보였다.

거기에 더하여 백련교(白蓮敎)의 난(亂)(1796-1804)으로 국가 재정이 고갈(枯渴)되고 국력이 극히 쇄잔(衰殘)해진 상태여서 중국 정부는 서구세력에 대항하여 주도적(主導的)이고 점진적인 변화를 모색할 대처능력이 전혀 없었다. 그리고 마침내 아편전쟁(1840)과 그 결과로 맺게 되는 남경조약을 시작으로 서구 제국주의(帝國主義)의 공개적인 침략은 중국을 걷잡을 수 없는 나락(奈落; 지옥)으로 빠트렸다.

태평천국의 난(亂)은 이러한 시대상황에서 발발(勃發)하였다. 이들이 기독교를 패러디(parody)한 종교형태를 취하여 신앙(信仰)생활을 정치혁

8) 명대의 인구 총계는 6,000만을 넘지 않는 것으로 집계되었는데 이 수치(數値)는 그보다 약 1,500년 전 한대(漢代)에 이미 도달한 것이었다. 우리의 추측으로는, 명대의 인구가 실제로는 17세기 초에 1억 5,000만에 이르렀으며, 19세기에는 약 3억 정도였을 것이다(라이샤워, 전게서, p.304).

명과 연계한 것은 전통의 유교 규범과 질서를 정면으로 거부하였다는 점에서 그 상징(象徵)하는 바가 크다.

이는 당시 사회의 혼란과 일반민중의 극심한 생활고와 더불어 지배계층의 억압행위를 일방적으로 비호(庇護)하는 변질된 유교주의에 대한 전면적인 거부를 의미하며 그 한계를 예감(豫感)한 것이다.

2. 성립과 그 진행과정

태평천국의 최고 지도자인 홍수전(洪秀全, 1814-1864)은 처음에는 관리가 될 꿈을 품고 여러 번 과거(科擧)에 응시하였으나 낙방(落榜)하였다. 후에 꿈속에서 '세상을 구하여 백성들을 다스리라'는 계시(啓示)를 받고 기독교에 귀의(歸依)하였다. 그리고 친구였던 풍운산(馮雲山)과 함께 배상제회(拜上帝會)를 조직하여 기독교를 선교(宣敎)하기 시작하였다.

상제교(上帝敎)는 기본적으로 기독교(基督敎) 교리를 받아 들였지만, 기독교의 삼위일체설(三位一體說)을 중국의 전통적인 사상과 결합하여 상제(上帝)는 아버지인 천부(天父), 예수는 천형(天兄), 홍수전 자신은 그의 아우인 천제(天弟)라 하여 중국 사회문화의 중심인 가족관계로서 변질시켜 정립(定立)하였다.

태평천국이 이전의 다른 농민반란들과 다른 점은 조직적 구성(構成)과 체계적인 이념(理念)을 가지고 있었다는 점이다. 이들은 본래의 종교적 선교(宣敎)에서 차츰 현세적인 구세관(救世觀)을 제시함으로서 정치이념으로 구체화하였다. 이들은 황제(皇帝)의 권위보다 큰 무소불능(無所不能)하고 무소부재(無所不在)한 상제(上帝)를 내세움으로서 세간의 낡은 관념이나 생활 방식을 받혀주는 물질적·정신적 권위(權威)를 부정(否定)할 수 있었다.

홍수전은 '속세의 인연을 벗어던지고, 누구도 모든 속세의 정(情)에 끌려서는 안 되고, 반드시 모든 망념을 버려야 한다(원도성세훈(原道醒世訓)).'는 도덕적 구원(救援)을 선전하는 '참회설교(懺悔說敎)'를 시작으로 하여 정치투쟁을 위한 호소로 발전시켰다.

이들의 선교(宣敎) 대상은 초기 서구 기독교에서와 같이 사회의 최하층 즉 토지를 상실한 농민과 기민(飢民)들·광부·실업자·아편 밀매업자 등 다양하였다.

태평천국은 기독교의 유일신(唯一神)인 상제(上帝)에 대한 신앙과 그 안에서 모두가 형제자매라는 교리(敎理)를 전파하였다. 이들의 선교 대상인 사회의 최하층민(最下層民)들에게 평등(平等)은 가장 절실한 꿈이고 이들을 묶어 주는 형제자매라는 강한 연대감은 상제에 의한 구원사상과 결합하여 폭발적인 힘을 분출할 수 있었다.

태평천국의 종교적 유대와 신앙생활을 기초로 하는 조직기율은 수많은 태평전사(戰士)가 일치단결하는 근거가 되었고 형제자매라는 의식은 스스로를 돌보지 않는 용사(勇士)로 변신시켜 전투에서의 승리로 이어졌다.

태평천국의 군사조직은 병농일치제(兵農一致制)였고, 단단한 군사조직과 이들이 믿는 종교의 계율과 의식(儀式)은 군대에 필요한 엄격한 기율(紀律)로 쉽게 개조되었다.

홍수전은 모세의 십계명(十誡命)을 십관천조(十款天條)로 바꾸어 태평군(太平軍)이 이를 받들어 초기의 군율(軍律)로 삼게 하였다. 배상제회의 종교 관념과 열렬한 신앙심은 신성화한 각종 기율과 의식(儀式)을 통해 선전·관철되고 엄격하게 집행되어 실제 투쟁에서 용감하고 헌신적으로 효과하였다.

태평천국은 '마음을 바꾸고 … 맑으면 병사를 조련하고 비가 내리면 천서(天書)를 습득하며 … 무릇 벌(罰)줄 때에도 도리(道理)를 강구하고 약탈할 때에도 도리를 강구하며 … 지극히 힘든 일에도 반드시 도리를 강구해야 한다(천정도리서).'고 신앙생활을 통한 인간의 도리(道理)를 강조하였다.

3. 건국과 개혁

1850년 홍수전은 천왕(天王)으로 추대되어 태평천국을 건립하였고

1853년 남경(南京)을 함락하여 이름을 천경(天京)으로 바꾸어 도읍(都邑)으로 삼았다.

태평천국의 난은 15년이란 오랜 기간 동안 중국 18개 성(省)중에 17개성에 영향력을 행사하거나 장악하는 대동란(大動亂)이었다. 이들은 강렬한 배만반청(背滿反淸), 반관료, 반지주, 반고리채(反高利債)라는 기치를 내세워 민중(民衆)의 감정에 호응하였고, 종교가 갖고 있는 특유의 강한 흡인력을 매개(媒介)로 하여 빠른 속도로 추종자들을 결집시켰다. 그리하여 남경을 점령할 때까지 참가한 인원은 남자 180만, 여자가 30만 정도에 이르렀다.[9]

이 밖에도 상제회에는 집단(集團)을 이루고 있던 여러 잡다한 무리들이 자신들의 보호를 위해 가입하였는데 특히 명말청초의 유민(流民)이 조직한 삼합회(三合會)의 세력이 컸다. 그들은 반청복명(反淸復明)을 목적으로 조직된 비밀결사(秘密結社)로 태평천국 지도부에 자신들의 노선을 관철시키려 하였으나 홍수전은 복명은 청초 강희제(康熙帝)때까지는 적용될 수 있었지만 200년 뒤인 지금에는 적용될 수 없다고 하며 배만(背滿)만을 고수(固守)하였다.

그러나 이들은 남경 점령 이후에는 복명(復明)을 주장하게 되었는데 그 이유는 단순한 배만(背滿)이라는 구호에 비하여 행동의 목표로서 보다 구체적인 복명이라는 표어가 필요하다는 판단에 따른 것이다. 그는 복명을 정책적으로 이용하기 위해 명의 후손을 자칭하고 명 태조의 능에 참배하였다.

1853년 홍수전이 남경(南京)에 도읍을 정한 후 반포(頒布)한 "천조전무제도(天朝田畝制度)"는 공인된 태평천국의 총강령(總綱領)이다.

기독교에서는 사후(死後)에 천국(天國)을 가게 하지만 홍수전은 지상(地上)에서도 천국을 세울 수 있음을 강조했다. '… 천국은 천상과 지상을 모두 일컬음이다. 천상에도 천국이 있고, 지상에도 천국이 있다. 천상과 지상은 모두 모두 신부(神父)의 천국이니 천상의 천국만을 가

9) 이춘식, 전게서.

리키는 것으로 오해하지 말라. 그러므로 천형(天兄)은 천국이 가까이 왔다고 예언하셨다. 무릇 천국이 범계(凡界)로 내려오고 오늘 천부와 천형이 범계에 내려와 천국을 개창(開創)함이 그것이다.'(마태복음비해)

태평천국의 정치사상은 반청복한(反淸復漢)·봉천박애(奉天博愛)·평등상현(平等尙賢)의 세 가지로 압축된다.[10] 그리고 천명(天命)을 빌어 군중에게 호소하는 신권(神權)정치의 형태였다.

그러나 인민과 군주가 종교적으로 평등하고 당연히 천왕도 실제적으로 그 통제를 받는다는 민주적 성격도 강조하였다. 그들은 배만토청(排滿討淸)을 표방하고 국가적 체제를 갖추기 시작하여 토지개혁을 시행하는 등 일련의 개혁을 시도하였다.

"천조전무제도(天朝田畝制度)"라는 강령(綱領)에는 토지소유제 개혁을 핵심으로 하는 상당히 완비된 일련의 이상적 설계를 제시했다.

토지분배는 인구에 따르되 남녀를 가리지 말고 식구의 다소를 계산하여 사람이 많으면 많이 분배하며 적으면 적게 분배한다. … 천하의 토지는 천하의 사람이 같이 경작해야 한다. … 음식을 같이 먹으며, 옷을 같이 입고 돈을 같이 씀으로서 모든 곳이 평등하고 모든 사람이 배불리 먹고 따뜻하게 입어야 한다. 특히 토지분배에 남녀를 차별하지 않은 점은 이들의 개혁성을 잘 나타낸다. 이는 나름대로의 소박한 공산사회로의 지향이며 중국전통의 '대동(大同)'정신의 표현이었다.

그러나 이 강령이 제시하고 있는 토지정책의 시행(施行)은 당시 태평군이 점령하고 있는 지역이 대부분 도시 아니면 성진(城鎭)이었고 계속되는 전쟁 중이어서 근본적인 개혁을 실시할 여유가 없었다.

이러한 태평천국의 기치(旗幟)에는 반청(反淸)과 한족(漢族)부흥, 반지주(反地主), 반고리채(反高利債), 반봉건(反封建)이라는 혁명적 요소와 함께 모든 재산의 공유(公有)와 균분을 주장하는 대동사회의 이상(理想)이 제시되었다. 또한 이들은 기독교 신앙 차원에서 도박·절도·음주·폭행 등을 금지하는 사회의식 개혁도 강행하였다.

---

10) 소공권, 『중국 정치사상사』, p.1081.

4. 실패와 그 원인

1) 원 인

태평천국이 내세운 기독교의 신(神)은 인격신(人格神)으로 이는 중국인들의 문화 심리구조와는 조화되기 어려운 것이었다. 중국에는 맹목적인 신앙의 속박을 요구하는 종교의 요소가 없이 인간의 이지(理智)에 따라 자기개선(自己改善)을 적극 추구하는 전통이 유지되어 왔다.

로마에서 기독교의 시작은 빈민층에서부터 확장되어 나갔으나 그 성공은 상류 계층의 참여에 의해 이루어졌다. 그러나 중국의 사대부들의 의식은 전통에 깊이 뿌리내리고 있는 인본주의(人本主義)가 그들의 기본정신이었고, 따라서 이들의 호응을 기대하기 어려운 상황에서 기독교를 표방(標榜)한 태평천국은 단명할 수밖에 없었다.

사실 태평천국은 중국 전통문화를 담임(擔任)하고 있는 향신(鄕紳)계층이 주도하는 증국번의 상군(湘軍) 등에 의해 격파(擊破)당하였다.

태평천국은 의식혁명을 추구하였으나 그들의 혁명이념은 혼동(混同)으로, 수미일관(首尾一貫)하지 못하였고, 오래된 병폐(病弊)를 안고 있는 구습(舊習)을 벗어나지도 못하였다.

태평천국 초기(初期)에 홍수전은 분서(焚書)와 금서(禁書)를 명(命)하면서 '지금 진정한 도서(道書)에는 세 가지가 있는데 이는 『구약성서』, 『신약성서』 그리고 『진천조명서(眞天詔命書)』이다. 공자·맹자와 제자백가의 요서(妖書)와 사설(邪說)을 모두 불태워 버리고 매매·소장·독서를 허락하지 않으며, 이를 어기면 죄를 묻는다(조서개새반행론)고 하였다.[11]

그러나 1861년에는 태평천국이 '천부(天父)께서 전에 성지(聖旨)를 내려 말하기를 공자와 맹자의 책을 폐지할 필요가 없다. 그 중에는 천

11) 상제교에서 공자(孔子)를 비판적으로 대한 것은 공자 본인에 대한 것이라기보다 상제와 대립되는 우상으로서의 공자에 대한 반대로 그가 공자의 위패(位牌)를 부순 것은 우상을 숭배하지 말라는 기독교의 신앙심에서 비롯된 것이다. 사실 그는 유교의 옛 성인 또는 현인을 모범적인 인간으로 생각하여 요순우탕 문무 주공에서 안회 맹자에 이르기까지 윤리를 실천한 인물들로 칭송하였다.

정도리(天定道理)에 부합되는 것도 많다(흠정사계조례).'고 입장을 바꾸었다. 그러나 이러한 변화의 심리적 배경에는 그가 투쟁하는 민중의 지도자에서 권력을 장악한 지배자로 입장이 바뀌었다는 데도 그 원인이 있었다.

또한 태평천국은 처음부터 여성(女性)을 전투대오(戰鬪隊伍)에 편입시켰고, 정부에 직책을 가지기도 하였다. 그들은 자유결혼을 실행했으며, '무릇 천하의 혼인은 재물을 논하지 않는다(천조전무제도).'라고도 하였다. 뿐만 아니라 여성의 고시(考試) 참여를 윤허하고 전족(纏足) 해제를 명했다.

그러나 홍수전 역시 '처(妻)의 도리는 삼종(三從)에 있으니 너희 지아비를 거스르지 말라. 암탉이 새벽을 다스리게 되면 가도(家道)의 고난을 초래하게 될 것이다(유학시).' '처의 잘못이 있을 뿐, 남편의 잘못은 없고 … 신하의 잘못이 있을 뿐 군주의 잘못은 없다(천부시).'라 하여 전통사회의 봉건성을 그대로 가지고 있었다.

사실 중국에서 소농(小農) 중심의 농촌의 사회구조는 혈연을 유대로 삼고 토지에 안착(安着)하여 종래의 종법(宗法)관념은 쉽게 흔들리지 않았다.

2) 난(亂)의 종식(終熄)

태평천국의 난(亂)은 청조(淸朝)를 뒤엎으려는 북벌(北伐)이 좌초(坐礁)되고, 지도부의 내분(內紛)으로 중심세력이 와해되면서 몰락하였다.

1860년 북경조약 체결 후 영국 등 열강이 반태평(反太平) 무력(武力)간섭정책으로 바꾸고 정부군에 대한 군사원조를 함으로서 태평군은 압살(壓殺)당하였다.

태평천국이 민족혁명의 대의(大義)를 내포했다는 것은 부인할 수 없다.

이상(理想)만으로 본다면 태평천국은 사회혁명의 선창(先唱)이었다. 당시 사대부(士大夫)들은 이들이 중국의 사회관습을 남김없이 파괴한다고 보았다. 이들은 만주족의 전제정치에 대한 한족(漢族)의 민족주의 운동의 맹아적(崩芽的) 성격과 함께 반봉건적 성격을 띤 것으로, 비록 혁명은 실패했으나 당시 중국의 정치, 사회, 문화가 갖고 있는 현실적 그리고 의식(意識)의 한계(限界)들을 세상 밖으로 끌어내어 펼쳐보였다.

태평천국의 난을 진압하는 주력군(主力軍)은 종래의 '만주 8기병'이 아니라 의병(義兵)형식을 띤 호남의 증국번(曾國藩)이 이끈 상군(湘軍)과 이홍장의 회군(淮軍)이었고 이로 인해 이 둘은 난(亂)이 진압(鎭壓)된 후에 중앙정치에 진출하여 청 정부의 중심인물이 되었고 이를 시작으로 정권은 서서히 한인(漢人)들에게 주도권이 넘겨졌다.

또한 이 진압과정에서 서구 열강이 제공한 서양의 무기(武器)가 위력을 발휘하면서 양무(洋務)운동의 시발점이 되었고 양무(洋務)운동에 이어 전통사회를 개혁하고자 하는 강유위(康有爲)가 주도하는 무술변법(戊戌變法)의 단서(端緖)를 마련하였다.

제 3 절 양무운동과 정치개혁

양무운동(洋務運動)[12]은 1861년 신유정변(辛酉政變)으로 서태후(西太后)와 공친왕(恭親王)이 정권을 장악하고 청조(淸朝)의 위기(危機)를 강력한 군사력과 각종 근대산업의 육성을 통해 극복하고자하는 노력의 일환이었으며 그 기간은 청일전쟁(淸日戰爭)이 일어난 1894년까지를 이른다.

1. 풍계분(馮桂芬, 1809-1874)

풍계분은 그의 저서(著書) 『항의(抗議)』(1860년)에서 국가의 부강(富强)을 위해서는 중국과 서양의 학술을 겸용해야 한다는 뜻을 펼쳤다. 그 해(年)는 아편전쟁(1840-42) 이후 20년 그리고 태평천국의 난이 종식되기 4년 전이고 무술정변 38년 전이다.

그가 서양에서 채용하려고 한 것은 형이상(形而上)의 도(道)가 아니라 형이하(形而下)의 기(器)로, 즉 중체서용(中體西用)의 입장이었다. 그는 중국이 서양에 여러 번 패(敗)한 이유는 다만 선견포리(船堅砲利 ; 견고한 선박과 강력한 대포)의 과학기술이 결핍되었기 때문이라는 것이다.

그는 『항의』에서 아편전쟁의 경험을 '천지가 개벽한 뒤로 그만큼 분통을 일으켜 심지(心地)와 혈기(血氣)가 끓어오르게 한 일은 없었다. 만리(萬里)의 지구를 지배했던 제 1의 대국이 오늘날 작은 오랑케의 압제(壓制)를 받게 된 것이다'라고 비분강개(悲憤慷慨)한 심정을 토로하였다.

그는 '저들의 장기(長技)를 본받아 저들을 제압해야 된다.'는 생각이었고 선견포리의 기술을 서양에 의지할 수밖에 없는 현실을 인정하였

12) 원래 양무라는 말은 이무(夷務), 즉 이적(夷狄)과의 문제를 처리하는 업무(業務)에서 나온 말로 아편전쟁 시기에는 연안방어(沿岸防禦)를 책무로 하였으나 아편전쟁 패배 후에 서방측의 요구에 의해 양무로 고쳤다. 이후 연안방어 외에 서양 세력과의 관계에서 광범위하게 통상(通商)업무를 관장하는 용어가 되었다.

다. 그러나 그것은 서양에서 구입(購入)하고 서양인을 고용함을 통해서가 아니라 스스로 만들고 사용하는 것을 원칙으로 해야 한다는 것이다.

그런 생각에서 그는 선포국(船砲局)의 설치를 건의하여 제조기술을 배우고 학교를 세워 제조인재를 키움과 동시에 책의 번역과 외국어 습득을 강조하였다.

풍계분은 옛 것을 버리지 못하였으나, 과거제도에서의 팔고문에 대한 공격 등 그가 실로 중시한 것은 유신(維新)이었다. 풍계분의 사상(思想)은 약 40년 후 무술정변 즈음에 장지동에 의해 '중학위체(中學爲體) 서학위용(西學爲用)' 즉 중체서용(中體西用)의 이름을 얻으며 계승되었다.

2. 장지동(張之洞, 1837-1909)

장지동은 『권학편(勸學編, 1897)』에서 중체서용설(中體西用說)을 주장하면서 스스로가 '신구(新舊)를 절충하고 본말(本末)을 종합하였다'고 하였다.

그는 '오늘날의 변란(變亂)은 춘추시대에도 없었던 것일 뿐 아니라 진·한 이후 원·명까지에도 없었던 것'이라고 하여 그 심각성을 이해하고 있었다. 그러나 도(道)를 근본으로 하는 중화사상에 대하여는 절대적인 믿음을 가지고 있어 그 보존(保存)을 우선시하고 자보(自保)의 방법으로서 서양문명의 장점인 무기생산과 더 나아가 공업화를 추진하려 하였다.

그는 '시대를 구제하려고 하는 자는 신학(新學)을 주장했고, 도(道)를 해칠까 염려하는 자는 구학(舊學)을 주장했고 이들은 하나로 절충되지 못하고 있었다. 구학파는 목이 막혀 먹지 못했고, 신학파는 길이 너무 많아 헤맸다. 구학파는 융통을 몰랐고, 신학파는 근본을 몰랐다. … 그 틈에 사설(邪說)이 난폭하게 나돌아 천하를 횡행(橫行)했다'고 하였다.

여기서 신학은 서양의 정치·기예·역사에 관한 공부이고, 구학은 사서오경(四書五經)과 중국의 역사 정치에 대한 것으로 구학은 체(體)이고 신학은 용(用)이다. 따라서 그 절충으로 신학과 구학의 장단점을 받아

들여 중체서용의 이론을 설명한 것이다.

중국의 사대부들은 아편전쟁을 비롯한 수많은 환란(患亂)을 겪으면서도 여전히 어리석고 교만했다. 중국인들은 옛것에 얽매인 채 교양(教養)과 부강(富强)의 실질적 정치에 대해 심력을 다해 구하려 하지 않고, 그것을 따라 고치지 않았던 것이다.

그가 생각하는 교양과 부국의 길은 '사회(社會)를 다스리고, 군사력과 경제력을 갖춤으로써 국세(國勢)를 키우고 외교(外交)를 하는 선비의 지식(知識)과 기기(器機)를 이용하고 물리 화학을 학습하는 공인(工人)의 지식, 그리고 군함과 무기를 갖추고 성벽을 쌓는 병사들의 지식 등 실제적인 지식에 따른 정치이다.[13]

장지동이 난국을 타개하기 위한 방책은 유학(留學)을 장려하고, 학당을 세우고, 서적(書籍)을 번역하고, 신문 잡지를 읽게 하여 지식을 개명시키는 것이다. 장지동의 변법은 법제·기계·공예 등 몇 가지에 한정되어 있다는 문제를 안고 있다. 그러나 보다는 그의 정치관(政治觀)에 문제가 있었고, 그것은 그의 정치행적에서 볼 수 있다.

그는 '내가 듣기로 오늘날 세상의 변란을 구제하려는 주장은 세 가지가 있다. 첫째 유교(儒教)를 보존하는 것, 둘째 민족(華族)을 보존하는 것 셋째 국가를 보존하는 것이다. 그 세 가지는 일관된 것이다. … 오늘날은 오로지 충군애국(忠君愛國)의 마음으로 부강(富强)을 강구(講究)할 시국이다. 우선 조정(朝廷)을 높이고 사직을 지키는 일이 중요하다'고 하였다.

이러한 장지동의 생각은 청(淸)에 충성하고 공자(孔子)를 존숭할 것을 그 기본으로 하고 있어 중국 정치발전(政治發展)과는 역행하는 것이었다. 그는 '군신의 벼리(綱)를 안다면 민권(民權)을, 부자의 벼리를 안다면 면상폐사(免喪廢祀 ; 상례를 없애고 제사를 폐함)를, 부부의 벼리를 안다면 남녀평등을 각각 행할 수 없을 것이다'라고 하여 삼강을 세워 개혁의 조류에 맞서 체(體)를 보존하려 하였다.

13) 소공권, 전게서.

그는 양무운동의 현장(現場)에서 일하였으며 경한철로(京漢鐵路), 평향매광(萍鄕煤鑛), 한양철창(漢陽鐵廠)을 기획하고 실현시켰다. 그리고 그의 말년에는 군기대신(軍機大臣)에 올랐다. 따라서 그의 논리는 그의 정치행적과 관련하여 볼 때 그로서는 당연한 것이다.

3. 실 행

양무운동은 군사중심(軍事中心)의 근대화를 적극적으로 추진한 관료군(官僚群)에 의해 주도(主導)되었다. 그 중심에는 공친왕(恭親王) 등 궁정대관료들이 있었고, 태평천국의 난을 진압하는데 각각 상군(湘軍)과 회군(淮軍)을 이끌어 수훈(首勳)을 세운 증국번과 이홍장이 앞장섰다.

당시 정치적 상황은 대외적으로는 아편전쟁과 애로호 사건으로 배외쇄국(排外鎖國)주의가 굴복당하고 대내적으로는 태평천국의 난으로 봉건적 지배체제가 위기에 빠져 있었다. 이러한 시대상황을 타개하기 위해 청(淸)정부는 서구(西歐)로부터의 근대기술의 도입(導入)을 통해 근대무기의 생산이라는 군사공업(軍事工業)을 일으켰다.

최고 관료집단인 이들은 민족·민생에 대하여는 별 관심이 없었다. 그들에게 필요한 것은 화기(火器), 증기선, 중장비 그리고 그런 것들을 만들어 낼 수 있는 지식과 기술이었다. 이들은 중국의 도덕적 가치가 우월하고 황실(皇室)의 특권은 정당하다고 믿었다.

비록 이러한 정치관을 가지고 있었지만 당시 중국정치 현실에서 외향적(外向的)인 이들 관료집단과 중국이 외국으로부터 배울 것이 없다는 편협한 파벌(派閥)들 사이의 간극(間隙)은 엄청난 것이었다.

이들 보수주의자들의 주장은 '나는 위대한 우리 땅의 신조(信條)를 이용해서 오랑캐들을 변화시키는 사람들이 있다는 말은 들어봤지만 오랑캐들에 의해서 변화를 경험한 사람이 있다는 얘기는 아직 들어본 적이 없다'식(式)이었다.[14)]

---

14) 헨리 키신저, 『중국 이야기』, p.106.

그런 면에서 보면 양무운동을 추진한 인사(人士)들은 오히려 진보적이고 개혁적이었다.

이홍장(李鴻章, 1823-1901)은 1863년에 작성한 제안에서 이 운동의 출발점을 '우리네 시민 체제와 군사체제의 모든 것은 서양보다 훨씬 우월하다. 단지 화력(火力)에 있어서만큼은 도무지 그들을 따라 잡을 수 없다. … 더는 외국의 혁신을 얕잡아본다든지, 그들이 만든 날카로운 무기(武器)들을 이상한 기술과 교묘한 손재주의 산물이라고 코웃음 치며 그런 것은 배울 필요도 없다면서 여유를 부릴 틈이 없다'[15)]

1861년부터 상해, 남경등 양자강 유역에 대규모 공장이 들어서기 시작하였다. 대체로 총포(銃砲)와 탄약(彈藥)을 만드는 군수공장들이었으나 기술·자금·원자재 등 모든 면에서 자체 운영이 불가능하여 서양인에 의해 운영되었다. 그리고 공장가동에 필요한 석탄·철강 등의 공급을 위해 광산개발(鑛山開發)도 시작되었는데 이로서 근대적 광업이 발달하게 되었다. 또한 서양 기술서적 번역과 그것을 가르치는 기관이 지방정부에 세워졌고, 뜻있는 젊은이들에게는 서양 유학(留學)의 길도 열렸다.

1870년부터는 민간기업의 창설과 일반수요(需要)에 맞춘 면방직 공장 등도 설립되었다. 그리고 이러한 사업은 외국상인들과 접촉하였던 매판(買辦)[16)]들이 그 역할을 담당하였다.

양무운동은 중국 최초의 근대적 개혁 운동으로 사회경제적 변혁의 계기가 되었다. 자본주의와 공장제(工場制)가 도입되어 기계공업의 발달과 민족 자본이 형성되었고, 사회적으로는 학교·번역사업·유학 등이 활발하게 진행되었다. 또한 상해 등에 상품경제가 형성되며 본격적인 자본주의가 실행단계에 들어갔다.

---

15) 헨리 키신저, 전게서, p.105.

16) 1. 1770년 경 이래 중국에 있는 외국 상관(商館). 영사관 등에서 중국 상인과의 거래의 중계수단으로 고용한 중국사람
  2. 외국자본에 붙어 사리(私利)를 탐하여 제 나라의 이해(利害)를 잊어버리는 일, 또는 그 사람(민중 국어사전)

그러나 이는 철저한 청정부의 자강(自强)운동으로 정치사회 체제의 개혁과는 무관(無關)한 정부정책의 일환으로 다만 소수자본가들이 관상(官商) 합작사업에 따른 이득을 취했을 뿐이다. 그러나 그나마도 청불(淸佛), 청일(淸日)전쟁의 패배로 그 약체성이 노정(露呈)되었다. 그리하여 구체제의 지배자인 이들은 정치주도권을 변법운동(變法運動)에 내주게 된다.

제 4 절 강유위(康有爲, 1858-1927)

1. 생 애

강유위의 자는 광하(廣夏)이고 호는 장소(長素)이며 그는 광동성에서 지주(地主) 독서인(讀書人)의 집안에서 태어났다. 그의 부친은 그가 11세에 세상을 떠났고 그는 조부 밑에서 18세까지 정주(程朱)의 학문을 배웠다.

19세에 결혼하여 성인(成人)이 된 그는 성인(聖人)이 되는 것이 자신의 운명이라는 강한 자부심과 자기 확신을 가졌다. 그는 『자편년보(自編年譜)』에서 '나는 내 자신을 과거의 위대하고 선(善)한 인물들과 교접(交接)시키면서 범인(凡人)들 위에 야심(野心)차고 담대(膽大)하게 올라섰다.'라고 쓰고 있다.

그는 이 시기에 이미 강한 우월감(優越感)과 자신감을 갖게 되었고 이는 그의 성품과 행로(行路)에 결정적인 요소로 작용한다. 그리고 청장년(靑壯年)에 이르면 '독단적(獨斷的)이고, 의지(意志)가 넘치는, 심지어 완고(頑固)한 개성'을 나타낸다. 그는 19세에 조부(祖父)의 친구인 주차기(朱次琦)에게 배우기 시작하였는데 스승은 공자(孔子)를 종(宗)으로 하고 제세구인(濟世救人)을 중시하는 경세치용의 학문을 주장한 신유학자였다.

21세에 그는 스승의 문하를 떠나 백운동(白雲洞)에 칩거(蟄居)하며 오로지 수행하며 도교와 불교 서적을 탐독했다. 22세 되던 해에 홍콩을 방문하여 비로소 서양학문을 접하였다.

2. 우주론과 본성론

1) 우주론

강유위의 우주론은 그의 삼세진화론과 더불어 변혁사상의 철학적 기초를 제공하는 관념으로 만물은 태원(太元)이라는 동일한 기(氣)에서 생성되었다는 원기설(元氣說)을 출발점으로 하고 '물아일체(物我一體)'를 근거로 이론을 펼쳐 나갔다. 그는 만물을 동일한 근원을 가진 존재(存在)로 인식함으로서 모든 인간은 평등한 관계에 있다는 그의 '평등론' '사해동포'의 정치철학의 기초가 마련된다.

강유위는 왕부지와 대진으로 이어지는 유물론적(唯物論的) 기철학(氣哲學)의 입장에서 서있다. 그는 '원(元)은 기(氣)이다. 형(形)이 없는 것으로서 일어나고, 형이 있는 것으로서 나뉘어져, 천지를 이루며 시작된다.' '천지의 본(本)은 모두 기에서 운용된다.'(춘추동씨학)고 하여 원기(元氣)가 우주의 전체로 만물의 본원(本源)이라 하였다.

그의 형이상학에서는 종래의 이기론(理氣論)에서 기(氣)에 대립되는 개념으로서의 이(理)를 추상적 관념이라 생각하여 이(理)를 논외(論外)하였다. 성리학에서 이(理)는 유무(有無)를 상통하는 우주의 선험적 존재 원리로서 기(氣)와 함께하였으나 이제 기(氣) 중심의 유(有)의 세계가 펼쳐지면서 만물의 생성을 설명하는데 있어 이(理)의 원리성(原理性)이 배제(排除)되고 이는 단순한 용(用)[17]이라는 생동감 있는 개념으로 대치된다.

이로부터 이(理)는 구체적이고 현실적인 자연관(自然觀)에 묻히고 만다. 이러한 관념상(觀念上)의 추세(趨勢)는 이미 왕부지와 대진에 의해 이(理)를 기(氣)에 내재(內在)하는 원리로 이해되면서 이루어 진 것이다.

강유위는 기(氣)가 우주의 본체(本體)이며 이 체(體)를 바탕으로 우주의 작용인 용(用)에 의해 만물이 생겨난다고 하였다. 용(用)은 체(體)를 떠나서는 발생할 수 없으며, 체 또한 용이 없으면 그 모습을 들어 낼 수 없다고 하여 용으로 이를 대체(代替)하였다. 그러나 용(用)에는 종래(從來) 이(理)의 정당성이나 원리성의 흔적은 보이지 않는다. 이미 송명이학에서의 이(理)가 갖는 주관(主管)하는 원리로서의 전면적이고 권위

17) 기(氣)에는 이미 운동이 포함되어 있고, 이(理)가 제공하는 운동법칙에 따라 스스로를 체현(體現)한다는 것이 신유학의 이기론이다. 그가 이(理) 대신 사용한 용(用)은 현실세계의 구체성을 생동감 있게 나타내기 위한 이기의 종속 개념으로 보아야 할 것이다. 그러해야 할 만큼 이(理)는 그 추상적·선험성 때문에 요원한 개념으로 현실세계에서 거리를 두게 되었다는 뜻도 된다.

적인 성격은 퇴락(頹落)하였다.

그는 '도(道)는 원(元)으로서 체를 삼고, 음양(陰陽)으로서 용을 삼으니, 이(理)는 모두 음양이 있다.'고 하여 음양의 교체를 우주의 근본법칙으로 보고 있다. 다시 말해 천도(天道)는 하나가 양(陽)이면 다른 하나는 음(陰)이며, 이는 사물(事物)에서 반드시 합(合)하여 진다.

역(易)의 원리는 음양이 교체하는 변(變)에 있고, 그 과정은 조화와 균형에 따른다. 우주자연은 상호 연관된 모든 부분과 다양한 힘의 위계적(位階的) 질서로서 이루어진 유기체로 조화(調和)는 이 질서의 절대적 요청(要請)이다.

이 법칙에 따르면 우주내의 모든 존재는 상호 대립하는 모순(矛盾)된 두 측면이 있으나 이 둘이 서로 조화(調和)되고 균형을 이루어 만물을 형성한다는 것이다. 그는 상호모순 되고 반대되는 점을 확실히 알게 되면 옳은 선택을 할 수 있고 그것이 곧 도(道)이며 이 도에 따라 조화를 이룸으로써 인류역사는 발전할 수 있다고 믿었다.

2) 본성론(本性論)

강유위는 역사가 진화 발전한다고 보았으나 그 주된 추진력(推進力)은 인간의 자연적인 수요(需要)와 욕구(欲求)·만족(滿足)을 추구하는 노력(努力)에 있다고 생각하였다. 그는 인간이 선천적으로 완전한 도덕본성을 지닌다는 정주(程朱)의 철학에 반대하고 '천리(天理)는 인욕(人慾) 속에 있다는 대진(戴震)의 사상을 이어받았다.

그는 공자(孔子)의 '성상근(性相近) 습상원(習相遠)'을 철학적으로 재해석하여, 인간의 본성(本性)은 본래의 생명력인 식·색(食·色) 등, 육체적 요소로 이는 서로 다를 바 없고, 도덕적인 선(善)은 후천적인 교화(敎化)에 의한 것으로 그 닦고 다듬음(習)에서 크게 차이가 날 수 있다는 것이다. 그러나 인간의 본성에는 교화되는 근원인 윤리적 요소를 포함하고 있다고 보았다.

인간은 그 본성에 선(善)의 소질이 있지만 아직은 선(善)은 아니다.[18] 선(善)은 성(性)의 정상적 발전에 의해 구현되며 악(惡)은 그에서 일탈(逸脫)한 결과이다. 이를 사회적 관점에서 보면 역사발전에 있어 올바르고 적합한 행위를 하면 번영하고 역행하면 멸망한다는 결론에 이른다.

강유위는 욕망 없이 산다는 것은 죽은 것이나 다름없다고 하여 인간의 욕망을 긍정했다. 따라서 행복추구는 인간의 가장 중요한 행위동기로 모든 사회, 정치제도는 모든 사람의 행복과 쾌락을 향유하도록 보장해 주는 기구여야만 한다.

그러나 행복을 추구함에 있어 '다른 사람에게 고통을 주어서는 안 된다'는 스스로의 한계를 지키는 것이 모두의 행복을 수호하는 행위기준으로 보았다. 따라서 공동의 가치척도는 공익(公益)에 있고 사회적으로 유익한 쾌락이 진정한 것이고, 해(害)가 되는 것은 거짓된 쾌락이다.

그는 하늘이 부여한 본성(本性)에 순종하여 인도(人道)가 실현되는 것을 즐거움으로 정의(定義)하고 있다. 그는 즐거움은 자연적, 이성적이라 하여 자연의 원칙과 이성의 원리가 동일한 것으로 믿었다.

3. 삼세설과 화이론(華夷論)

1) 삼세설

그는 동중서의 삼세관(三世觀)을 수용(收容)하였고 그 삼세에는 각각 요구되는 법(法)이 다를 수밖에 없다는 논리(論理)를 자신 정치철학의 목표인 변법(變法)의 당위성의 근거로 삼았다.

그의 삼세설에 따르면 '삼세란 공자의 비상한 대의(大義)로 『춘추(春秋)』라는 역사서에 그것을 밝혀 놓았다. 공자(孔子)가 전(傳)해들은 바(所傳聞)의 세(世)는 거란세(據亂世)이고, 들은 바(所聞)의 세(世)는 승평세(升平世)이며, 본 바(所見)의 세(世)는 태평세(太平世)이다.

18) 쌀은 벼에서 나오나 벼가 곧 쌀은 아닌 것이다. 이처럼 선(善)은 성(性)에서 나오나 성이 곧 선은 아니다. 즉 인성에 있어 선질(善質)은 있으나 아직 미발(未發)인 상태이므로 교화를 통하여 선으로 될 수 있다.

난세(亂世)에는 아직 문교(文敎)가 밝지 않았고, 승평세에는 점차 문교가 갖추어지니 바로 소강(小康)이다. 태평세는 바로 대동(大同)의 세(世)로 원근대소가 하나로 되며 문교가 완비된다.'(춘추동씨학)

그에게 삼세설(三世說)은 제도개혁의 필연성에 대한 이론적 근거였고, 그는 서양 진화론에서 아이디어를 얻어 종래 공양(公羊)[19] 삼세설을 순환(循環)이 아닌 전진적(前進的) 의미로 재해석하여 이를 인류전체의 발전원리로 삼은 것이다.

그는 각 세(世)에는 마땅히 있어야 할 제도와 법이 있어 그 시의(時宜)에 맞는 입법을 하여야 하며, 이를 잘하는 사회는 당연히 때와 더불어 병진(倂進)한다하여 변법의 필연성을 강조하였다. 따라서 강유위가 말하는 역사적 필연성이란 인간의 실천을 매개로한 필연성이다. 그리고 그는 그 필연성의 실현을 위해 온 몸을 바쳤던 것이다.

사실 그의 개혁론의 근거에는 시세(時勢)에 대한 인식이 있었고 이를 삼세론을 빌어 증거하려 했으며, 또 이것이 천도(天道)에 맞는 행위라는 믿음이 있었다.

2) 화이관(華夷觀)

역사상 고대(古代) 이래 청조(淸朝)에 이르기까지 여러 차례 이적(夷狄)들에 의한 정치적 지배를 받아 온 중국인들에게 화이(華夷)의 구별은 외래 이적(夷狄)의 왕조(王朝)를 중국의 정사(正史)로 보는 문제, 즉 중국의 정통성(正統性)의 범주를 결정하는 중요한 문제였다.

일반적으로 명대 이전에 화이관은 오상(五常)을 따르느냐는 문화적

---

19) 공양학은 『춘추(春秋)』에 대한 주석서(註釋書)인 공양고(公羊高)의 『공양전』에 근거하여 성립한 학문으로 서한(西漢)의 동중서와 후한의 하휴(何休)에 의해 체계화 되었다. 『공양전』의 핵심사상은 공자(孔子)가 천명을 받은 왕으로서 한(漢)나라의 법도를 제정했다는 것이다. 공자(孔子)가 살았던 시대는 공개적으로 법도를 제정할 조건이 아직 구비되지 못하여 공개적으로 논(論)할 수 없었고, 이에 공자는 『춘추』에 의리(義理)의 개념을 천하통일 이념으로 승화(昇華)시킨 내용을 미언대의(微言大義)로 함축시켜 놓았고 이를 공양고가 『춘추』의 주해(註解)로 풀어 썼다. 여기에 탁고개제(託古改制)라는 말이 나오는데 이는 한(漢)의 유자(儒者)들이 정치·사회제도를 제정함에 있어 공자의 말에 가탁(假託)하였다는 의미이다.

측면에서 보았으나 명말청초 왕부지에 의해 제기된 종족(種族)에 의거한 화이의 구별을 따르는 추세가 화이관을 주도(主導)하면서 당시의 배만(排滿)을 주장하는 이들의 심리적 근거가 되었다.

그러나 공양사상(公羊思想)에 근거한 강유위의 화이관(華夷觀)은 태평의 세(世)인 대동세계에서는 원근대소(遠近大小)가 하나라는 이념에 따라 종족적 화이가 아닌 문화주의, 그리고 더 나아가서 화이구별 자체를 부정하였다.

따라서 그는 현실적으로 청조(淸朝)를 긍정적으로 이해하였고, 또한 1893년의 저작인 『여유왕자필세이후인(如有王者必世而後仁)』이란 글에서 '성인(聖人)이 인정(仁政)의 어려움을 생각하여 『춘추』를 짓고 그로써 왕사(王事)를 가탁(假託)하였다. 대저 왕자가 있은 후에야 인정이 있을 수 있다.'고 하여 군주제의 필요성을 암시하였다.

그의 이후의 정치 행보(行步) 역시 이러한 만한불분(滿漢不分)과 군주제의 기조(基調)에서 벗어나지 않았다.

강유위는 삼세를 문교의 차이로 규정함으로서 그가 관념적 인문주의자로 현대 서구 정치사상에서 찾을 수 있는 사회경제적 관점에서의 실제적 사회구조에 대한 이해가 결여되었음을 보여준다.

그에 있어 삼세론은 그의 정치개혁론과 이상(理想)정치론, 두 이론을 연결시키는 철학적 기초로서의 성격을 갖는다.

4. 개혁론

중국 정치·사회제도는 모두 한대(漢代)의 유학자들이 제정한 것으로 이때 그들은 공자(孔子)의 말에 가탁했으니 그것이 '탁고개제(託古改制)'였고 금문학자로서의 강유위가 말한 '변법(變法)'은 곧 이 '개제'였다. 이는 완고한 보수주의자들을 설득하기 위해 그 역시 옛것에 가탁하지 않을 수 없었기 때문이었다.

1870년대의 양무(洋務)운동은 일종의 자강론(自强論)으로, 그들은 무기(武器)와 공업기술은 변화될 수 있지만 도덕적 원리나 제도는 변화될 수 없다고 하여 중화사상을 고수하였고, 그들의 목표는 군사적 공업적인 개량에만 한정된 것이었다.

사실 양무를 주도한 세력은 태평천국을 진압하며 중앙정치에 진입한 한족(漢族)들로 이들은 전통적인 질서의 수혜자(受惠者)로 다만 정치판도(政治版圖)의 재편(再編)만을 원했다. 그들도 국가의 부(富)를 말하였지만 이는 국가의 강(强)을 위한 수단이었다.

그러나 1898년 강유위가 영도한 개혁운동에서 부(富)는 국민의 생활경제를 포함한 의미였다. 이들은 정치혁신을 선결(先決)과제로 삼았고, 사회적 여건의 변화에 적응하지 못하는 낡은 제도에 집착하면 커다란 혼란이 생길 것이라 주장하며 제도적인 변화를 목표로 하였다.

강유위는 개혁파(改革派)로서 입헌군주제를 주장하며 혁명파의 공화제(共和制)에 반대하였다. 그는 '중국의 민족적 가르침과 제도, 즉 경의(經義), 전장(典章), 법도(法度)는 수 천 년 동안 수많은 성인과 현인에 의해 형성된 것이다. 그것들은 오랫동안 실시되어 왔고 백성들의 필요에 적응해 왔다.'("중국의 혼을 되살리자는 주장")고 하여 역사발전의 점진성(漸進性)을 중요하게 생각하여 신해혁명과 그로 인한 공화제를 문화적 혁명으로 보고 반대한 것이다.

1894년에 발발(勃發)한 청일전쟁으로 강유위는 본격적인 정치활동 즉 변법유신활동에 주력하게 된다. 청일전쟁의 참패(慘敗)로 인한 위기의식이 그에게는 좋은 기회가 되었다. 강유위 등은 청조(淸朝)라는 현체제를 전제로 정치·경제·사회·문화 등 각 분야에 걸친 근본적인 개혁을 요구하는 개혁운동을 전개하였다.

강유위는 1895년 과거(科擧)에 응시하고자 모인 거인(擧人)들을 설득하여 정치개혁을 핵심으로 하는 내용의 상서(上書)를 연명(連名)으로 올린 것(일명 공차상서(公車上書))을 시작으로 본격적인 정치활동을 펼쳐 나갔다.[20]

---

20) 청일전쟁의 패배가 확실해저 청조가 굴욕적 화의(和議)를 준비하자 마침 회시(會試)에 응시하기 위해 모인 각성의 수 천명 거인(擧人)들이 강유위를 중심으로 상서를 내도록 하였다. 이 때 18개성 1,300여명은 연합서명을 하여 화약(和約)을 거절하고

그의 정치개혁론의 기본목표는 군민일체(君民一體) 상하일심(上下一心)을 이루는데 있었다. 그의 주장은 군민공주(君民共主)의 정체(政體), 즉 입헌군주제와 의회제(議會制)를 실시해야 한다는 것이었다.

이를 위해 그는 여러 단계를 설명하고 그에 대한 방법을 제시하였다. 또한 국민총화라는 입장에서 만한불분(滿漢不分)을 주지(主旨)로 삼아 내우외환(內憂外患)을 극복해야 하며, 부국책(富國策)으로서 자원개발을 하기 위해 서구의 선진문명을 도입하여 상업과 공업을 주축으로 하는 개발정책을 세워야 한다.

강유위는 광서제(光緖帝)를 개혁의 핵(核)으로, 개혁의지를 가진 신진(新進) 인사층(人士層)을 개혁추진 동력(動力)으로 설정하였다. 그는 개혁의 주체에 대해 당시의 관료는 타성(惰性)에 젖어 있고 부패하여 참신하고 유능한 인재가 필요하다고 생각하였다.

그러나 유신개혁이 의도하는 바는 황권옹호가 아니라 그의 권한을 개혁의 추진력으로 삼은 것으로 오히려 황제의 전제권력을 스스로가 개혁주체가 되어 왕권의 전제성을 포기하는 것을 의미했다. 이는 일본(日本) 유신(維新)과정에서 유신을 성공시킨 천황(天皇)이 수행한 역할에 영향을 받은 것이다.

그는 개혁을 위해 1898년에는 총리아문(總理衙門)에서 이홍장(李鴻章) 등을 만나 정치개혁을 역설하였고, 광서제(光緖帝)와 만나 제도개혁을 위해 변법(變法)을 단행하고, 이를 위한 핵심기구로 제도국(制度局)을 설치할 것 등을 제안하였다.

광서제는 개혁의지가 분명하였다. 사실 강유위의 여섯 번째 상소는 광서제의 '구위입국(救危立國)의 방안을 건의하도록 하명(下命)한데 응(應)한 상소였다. 그러나 수구파(守舊派)와 실권자인 서태후(西太后)를 중심으로 한 보수세력의 반대로, 광서제 자신은 유폐(幽閉)당하고 100

천도, 변법할 것을 내용으로 하는 '만언서(萬言書)'를 상서하였다. 그 뜻이 이루어지지는 못하였으나 전국에 알려지면서 변법 유신운동의 기점이 되었다.

강유위는 7차에 걸친 상소와 29편의 건의서(建議書)를 광서제에게 올렸다. 또 34편의 건의문을 대신 초안(草案)하기도 하였다.

여 일 동안에 수립된 모든 신정책(新定策)은[21] 폐지되고 강유위 등은 망명길에 오를 수밖에 없었다.

5. 복벽(復辟, 1917)과 공교(孔教, 1912-1927)

1898년 무술정변(戊戌政變)으로 변법유신운동이 실패로 끝나자 강유위는 일본으로 망명하였다. 이곳에서 손문(孫文)파와 여러 차례 간부 모임을 갖고 합작을 논의하였으나 그는 입헌군주제를 고집하며 합작을 거부하였다. 그리고 1905년 이후 일본에서는 강유위, 양계초 등이 중심이 된 보황(保皇)입헌운동과 손문 등의 만주족 타도, 공화국 건설 주장을 대변하는 두 계파 간에 격렬한 논전(論戰)이 전개되었다.

손문은 그가 조직한 '동맹회(同盟會)'의 강령에 따라 『민보(民報)』를 통해 종족혁명과 정치혁명을 동시에 진행할 것을 주장했고, 이에 대해 강유위 등을 대변하는 『신민총보(新民叢報)』는 국민주의(國民主義) 입장에서 편협한 종족주의를 버릴 것과 중국인들의 민도(民度)의 미숙(未熟) 그리고 혁명과정의 혼란과 이에 따르는 외세(外勢)의 간섭을 우려하여 반대하였다.

그러나 1912년 신해혁명(辛亥革命)으로 배만흥한(排滿興漢)과 민주공화(民主共和)는 이미 중국 대중을 사로잡는 이념이 되었고, 이에 반대하는 강유위는 정치적으로 하강(下降)하는 추세에 있었다.

신해혁명(辛亥革命)은 시간의 바퀴를 너무 빨리 돌려 강유위나 양계초 같이 입헌군주제를 주장한 인사들은 물론, 손문처럼 공화제를 지향하던 이들에게도 정치행보(行步)에 차질을 가져왔다. 손문은 혁명의 삼 단계를 설정하여 과도기로서 군정(軍政)기간을 본헌법(本憲法) 시행의 준비단계로 예비하였고, 따라서 그로서는 그 준비기간을 빼앗긴 것이다.

이때 강유위는 특유의 독단적이고 의지(意志)가 넘치는 완고(頑固)한

---

21) 팔고를 폐지하고, 학당을 열고, 병제를 고치고, 쓸데없는 관원을 도태시키고, 언로를 넓히고, 광무·철로·공상·농·국(局)을 차례로 결정하여 시행하였다(소공권, 전게서, p.1110).

개성을 나타냈다.[22] 이러한 강유위의 정치 행보 중에 하나는 복벽(復辟; 물러났던 임금이 다시 왕위에 오름)운동이고 다른 하나는 공교회(孔敎會) 활동으로 이 두 시도(試圖)는 현실적으로나 중국인들의 문화적 성품이라는 점에서 볼 때 현실과는 맞지 않는 선택이었다.

원세개의 사후(死後) 그의 휘하(麾下) 장군들 간에 권력투쟁이 공공연히 행해지면서 정국(政局)은 군벌(軍閥)의 각축장이 되었다. 1917년 군대를 이끌고 북경에 진입한 장훈(張勳)은 이미 퇴위한 청제(淸帝)를 다시 옹립(擁立)하기로 하였는데 강유위는 이 복벽(復辟)에 찬동하여 이들과 합류하였다.

이에 대해 양계초는 크게 반대하였다. 양계초가 군주제를 선택한 것은 국가 안정의 필요에 따른 것으로 '황제의 존엄(尊嚴)은 신비적(神秘的)인 역사적 개념(槪念)에 의하여 생긴 것으로 무형중(無形中)에 그것은 직간접으로 정치의 안정(安定)을 이루는 힘'이 있고 그는 그 힘을 이용하려는 데 있었다. 그러나 한 번 '더럽혀진 존엄은 다시는 유지(維持)되지 못한다.'하여 복벽의 무의미함을 들어 반대하였다.

그러한 이유와 함께 양계초는 국체(國體)를 변화시키려는 어떤 시도(試圖)도 혁명적인 것으로 이는 인민에게 해롭기만 한 파괴적인 것이라 하여 신해혁명으로 한 번 바뀐 국체를 다시 되돌리는데 반대하였다. 그는 이전에 이미 원세개에 의한 황제제 복귀문제로 반원세개로 돌아섰던 것이다.

또한 강유위의 독창적이랄 수 있는 성격의 다른 한 단면(斷面)으로, 그는 유교(儒敎)를 국교(國敎)로 삼을 것을 제의한다. 금문경학에서 공자의 위치는 스승에서 왕으로, 왕에서 신(神)으로 나아갔기 때문에 금문경학을 주장하면 자연히 공자는 교주(敎主), 공자의 가르침은 종교로 되었다.[23]

22) 양계초는 '나의 스승은 극히 강한 자기 확신력을 갖고 계서서 어느 누구도 감히 그 분의 견해를 바꿔 놓을 수 없었다. 이는 그의 학문연구의 추구에서 뿐만 아니라 현실적 실천에서도 분명했다'고 하였다.

23) 펑유란, 전게서, p.672.

그러나 이는 중국의 문화성격(文化性格)과는 맞지 않는 것으로 이에 대하여는 그의 가장 측근인 양계초조차도 전통(傳統)에 대한 모독(冒瀆)이라고 비판하였다.

강유위는 서양에서 사회질서와 평화가 법(法)이 아니라 종교에 의해 유지되고 있다고 보았다. 그는 당시의 상황을 정치사회적인 것뿐 아니라 문화종교적인 것으로 이해하여 보교(保教)와 보국(保國)을 동시에 강조하였다.

가장 탁월한 유교 해석자로서의 강유위는 유교를 근거로 국혼(國魂)과 공교(孔教)로 이어지는 일련의 이론을 펼쳐나갔다. 종교를 제의하게 된 그의 정신적(精神的) 배경은 그가 전통문화와 이에 근거한 민족정신을 때 묻히지 않고 보존하려는 철저한 의지(意志)의 소유자라는 데 있다. 물론 그 현실적인 필요성은 중국을 안정된 나라로 유지하려는 것이기도 하다.

따라서 그는 종교를 제의하기 이전에 한 나라가 세워지는 원리(原理)로서 도덕적인 질서의 뜻을 포함하는 국혼(國魂)에 대해 언급하였다. '자기의 정신을 잃은 사람이 미치거나 죽게 되는 것과 같이 정신을 잃은 나라는 미치거나 멸망할 것'이라 하여 이를 지켜나가는 일을 가장 중요하게 여겼다. 그러나 이때 그가 말하는 국혼은 풍속이나 사회규범의 집적체(集積體)일 뿐, 헤겔의 '민족혼(民族魂)과 같은 형이상학적인 개념은 아니었다.

그는 '세계의 어느 나라도, 아주 야만적인 나라라 할지라도 종교 없이는 존립할 수 없다. … 한 나라의 종교는 민속과 합치되고 그 나라의 법의 근거가 되어야 한다. 그렇게 되어야만 정치가 잘되어 간다. 우리나라에는 우리 스스로 교주(教主)를 갖고 있는바 그의 가르침은 우리의 관습 속에 용해되어 있고 우리의 사상과 행동의 근본이 되고 있다.'(교육부에의 답서)

그러나 그는 종교가 꼭 신(神)의 도(道)일 필요는 없고 인간 내면의 의지(意志)를 인도(引導)할 수 있고 행동을 조절해주는 신념(信念)이면

된다고 생각하였다. 그는 천하의 종사(宗師)는 공자(孔子)이며 의리(義理)와 제도(制度)가 모두 공자에게서 나왔다고 하여 공자가 단순히 중국문화를 계승 발전시킨 것이 아니라 그로부터 비롯된 것으로 해석하였다.

그리고 이러한 이해(理解)에서 공자(孔子)를 교주(教主)로 하는 국교를 제의한 것이다. 그는 공자교(孔子教)의 중심교리를 인(仁)에 두었는데 인은 하늘과 인간을 하나로 맺어주는 매개이며 만물의 존재 근거이자 본질인 것이다.

강유위는 후에 서구 여러 나라를 다녀 견문을 넓혔으나 그의 근본사상에는 변화가 없었다. 양계초가 신해혁명 후에 공화제를 인정한 것과는 달리 그는 19세에 이미 득오(得悟)하였다고 말할 만큼[24] 자부심이 강한 인물로 문화적 보수주의를 고수하였다.

6. 이상론

강유위는 현실정치의 개혁을 추진하려 하였으나 성공하지는 못하였다. 실패(失敗)의 원인은 많았겠지만 그 하나는 그의 성품이 독단적이고 현실에 부응하기보다는 그의 원칙에 집착하는 면이 강하였다는데서 찾을 수도 있다. 사실 그는 현실적 조건의 변화와 관계없이 항상 자신의 주장을 고집하였다.

그의 삼세론에서의 대동세계(大同世界)는 이미 그 내용에 있어 이상세계(理想世界)였으며, 따라서 그의 이상세계에 대한 구상은 1884년부터라고 볼 수 있지만 그것이 보다 구체화되기는 1898년 백일유신(百日維新)이 실패하고 망명(亡命)한 시기부터였다.

강유위의 사상에는 항상 박애(博愛)와 평등사상이 함유(含有)되어 있다. 그리고 그가 이상(理想)으로 하는 대동세계란 인류의 박애와 평등을 실현한 이상적인 제도이다. 박애가 대동의 기초라면 평등은 대동

---

24) 그의 대오(大悟)는 과거, 미래를 현재의 한 시점으로 인식하고 무(無)를 부정하여 생유(生有)를 존중하고 시현(示現), 오각(悟覺)에 의거하거나 인자(仁慈)를 시용(施用)하여 원(元)을 체(體)로 하고 음양을 용(用)으로 하는 도(道)를 깨달은 것이다(최성철, 『강유위의 정치사상』, p.38).

의 작용이다. 박애가 대동의 동기라면 평등은 대동의 결과이다 이 두 가지는 상보병행(相補竝行)의 관계에 있지만 강유위는 박애를 더 중시했다.[25)]

강유위의 박애는 그 실천과정에서 공맹(孔孟)의 '인(仁)'과는 달랐다. 그는 공자(孔子)의 '성상근(性相近) 습상원(習相遠)을 해석하면서, 인간의 본성(本性)에는 교화되는 근원인 윤리적 요소를 포함하고 있으나 도덕적인 선(善)은 후천적인 교화(敎化)에 의한 것으로 그 닦고 다듬음(習)에서 크게 차이가 날 수 있다고 하였다. 그리고 지금 인류가 고통을 받는 것은 순전히 좋지 못한 사회제도 즉 후천적인 교화(敎化)가 잘못된 때문이라고 믿었다.

그에 따르면 인류(人類)의 모든 고통은 인간들이 9계(界)로 나뉘고 경계(境界)를 세워 자기를 고집하며 소통(疏通)이 차단(遮斷)되어 있기 때문이다.

9계란 국계(國界)·급계(級界)·종계(種界)·형계(形界)·가계(家界)·업계(業界)·난계(亂界)·유계(類界)·고계(苦界)의 아홉 가지 구분이다.[26)] 그 구분의 기준에는 정치사회학적·생물학적 그리고 더하여 불교적 색채까지 가담한 범인류문화적 범주를 포함하고 있다.

강유위가 그리고 있는 이상사회(理想社會)란 구계(九界)의 경계를 허물고, 박애정신으로 평등을 이룬 문교가 완비된 사회이다. 그리고 '문교가 완비된 대동의 세(世)'는 곧 문화적 이상(理想)세계이다.

강유위는 자기 본래의 이상적(理想的) 성품에서 동서고금(東西古今)의 어느 유토피아에서도 찾아 볼 수 없는 가장 비현실적 이상세계를 태평세의 이름으로 구상하고, 비상(飛翔)하였다.

그의 이상론은 인간이 본성(本性)에 있어 선(善)의 소질을 갖추고 있다는 전제에서 출발한다. 그는 난세(亂世)가 사사로움에 치우친 막힘(塞)이라면 태평세는 공공(公共)에 힘쓰고 통합을 향한다고 하며 이때

25) 소공권, 전게서, p.1119.

26) 소공권, 전게서.

가 되면 인성(人性)이 모두 선해지고, 인격이 완성되고, 풍습이 아름다워진다고 하였다.

그의 박애사상은 유가의 인(仁)에 바탕한 것으로 인(仁)은 곧 인류애를 의미하며 따라서 그의 이상세계는 '인(仁)의 실현이 극치(極致)에 다다른 상태'이다. 그가 구상하는 이상세계는 단일 민주정부를 갖춘 세계국가로서 사회적으로는 혈족, 종족, 계층의 구별 없이 모든 인류를 포옹하고, 인류의 과학기술의 혜택이 모든 이에게 극대화되는 체제이며 박애로 평등을 이루는 사회이다.

구체적으로는 무국가(無國家), 무가족(無家族)의 사회이며, 공양(公養)·공교(公敎)·공휼(公恤)이 시행되는 무사공평(無私公平)한 사회이다. 거기에는 남녀가 평등하며 사유재산이 인정되지 않는다. 그는 사유재산제도나 국가의 폐지는 물론 가족제도 심지어 남녀 간의 결혼 관계조차 부정하였다. 그는 일체의 인위적인 제도를 행복을 향유(享有)할 전제조건인 평등과 평화에 대한 방해물로 보았다.

강유위는 가족제도를 안으로는 가족간의 갈등(葛藤)으로 인한 각종 폐해(弊害) 그리고 밖으로는 이기주의의 온상(溫床)으로 사회악(社會惡)의 근원이라는 두 측면에서 이 제도의 폐지를 주장하였다. 그리고 부부관계의 청산(清算)을 가족제 폐지(閉止)의 첫 단계로 보았다.

그는 '가족제를 없애려고 한다면 오로지 천부인권(天賦人權)의 뜻을 분명히 하고, 남녀를 모두 평등·독립하게 하며, 혼인을 부부(夫婦)라고 이름붙이지 않고 다만 교호(交互)의 화약(和約)민을 맺게 해야 한다(대동서).'고 하였다. 그는 혼인(婚姻)을 '교호의 화약'이라 부르고, 또한 그 화약은 기한부로 하고 종신(終身)을 약속하지 않도록 하며, 혼인의 기간은 길어도 1년을 넘지 못하며 짧아도 1개월을 채우도록 함으로서 부부관계 역시 그 소멸(消滅)이 가능하다고 보았다.

중국 사회의 가장 특징적인 것 중 하나는 개인·가족과 국가 사이에 아무런 중간 단체가 없다는 점이다. 『대학(大學)』에서도 제가(齊家) 다음에 바로 치국(治國)이다. 그것은 바꾸어 보면 중국은 사회가 가족(家族)을 중심으로 형성된 1차적인 공동사회(共同社會)임을 의미한다.

이러한 중국의 역사문화적 현실이 아니더라도, 인간의 본성에서 차지하는 가족의 중요성을 조금이라도 인식한다면, 가족제도로 인한 폐해가 가족해체의 이유일 수는 없다.

플라톤 역시 가족제도의 폐지나 부부관계에 대한 국가의 감독(監督)을 말하였으나 그것은 지도계층의 통치자로서의 자질향상(資質向上)이라는 목표를 갖고 사회 일부에게 또한 한시적(限時的)으로 적용하려 한 것이었다.

이상(理想)은 당위(當爲)로서의 성격을 갖추어야 비로소 그 의미(意味)가 인정된다. 바꾸어 말하면 비록 실현될 수는 없다하더라도 현실세계에 대한 지침(指針)으로서의 기능은 가지고 있어야 그 존재가치(價値)가 수긍된다.

그러나 강유위의 이상론이 여기에 이르면 공허할 뿐 아니라 양계초가 말했듯이 '전통문화에 대한 모독(冒瀆)'일 뿐이다. 이는 그가 힘써 제창한 공교(孔敎)에서 윤리관의 입지(立地)가 과연 어디인가 의심스러워지는 주장이었다.

7. 결 어

양계초는 강유위를 다음과 같이 평하였다.

'나의 스승은 중국에서 민권(民權)을 옹호했던 첫 인물이다. 그러나 개혁에 대한 현실적 정책을 다룸에 있어 그 분은 군권(君權)의 중대성을 강조하였다. … 또한 민생을 실천하도록 황제를 이용해야 한다'고 역설하였다.

소공권은 강유위의 생애 전반(全般)을 다음과 같이 논평하였다.

'천진난만하게도 인간적인 강유위는 오류와 결함으로부터 결코 해방되지 못하였다. 그는 성인도, 성현도 아니었다. 잃어버린 명분을 찾아 투쟁한 투사로서 결코 영웅은 못 되었다. 때때로 그는 많은 이들의 관심을 끌었던 대상이었을 뿐, 이내 변화가 닥쳐왔다. 역사는 실용주의적 기준에 의거, 사회 정치적 행위를 보고 인물을 평가하는 경향이 있다. 현실에서 확증을 보여주지 못하는 예언자들의 선견지명에는 영광이 돌아오기 어렵다. 그러나 개혁가이자 이상주의자였던 강유위가 중국근대의 지성사(知性史)에 공헌한 바는 대단하다.'

강유위에게서는 한 '불우한 천재'의 모습과 그 운명적 형적(形迹)을 보게 된다. 그리고 그 천재성에 대한 찬사와 고집스러움에 대한 안타까움을 함께 하게 된다.

제 5 절 양계초(梁啓超, 1873-1929)

1. 생 애

양계초는 광동성 사람으로 호(號)는 임공(任公)이다. 그는 중국 최남단 광동성(廣東省)의 한 섬에서 태어났다. 그의 조부(祖父)에 의해 집안은 독서분위기(讀書雰圍氣)가 만들어 졌고, 그는 일찍이 학문에 접하여 열두 살 때 동자시(童子試)에 합격하고 수재(秀才)가 되어 신동(神童)으로 이름이 났다. 그는 수재자격으로 광주(廣州)의 한학(漢學)을 주된 과목으로 하는 학해당(學海堂)에 입학하였다.

그는 1889년 16세에 광동(廣東) 향시(鄉試)에 합격하여 그의 조부와 부친의 염원이던 거인(擧人)이 되었고, 다음 해에 북경(北京)의 회시(會試)에 참가하였지만 낙방하였다.

이 해에 그는 친구를 따라 강유위를 찾아뵙고 그의 제자가 되었다. 그리고 그를 사사(師事)하여 공양학의 정수(精髓)를 익혔다. 그러나 그는 강유위가 왕부지와 대진의 기철학의 계열에 따른 것과는 달리 육왕심학에 보다 친근하였다.

양계초는 단순한 정치 사상가나 이론가 이상(以上)이었다. 그는 대중적인 지성인, 언론인 그리고 정치활동가로서 그의 경력은 아주 젊었을 때부터 시작되었다.

그는 동시대인(同時代人)들 중에서 가장 국제적인 인물이었다. 그는 일본에서 16년을 보냈으며, 미국, 영국, 프랑스, 독일, 캐나다 등 많은 나라를 여행했고 또 많은 사람들, 데오도어 루즈벨트(Theodore Roosevelt) 대통령, 재계(財界)의 제이 피 모건(J. P. Morgan), 철학자 앙리 베르그송(Henri Bergson) 등을 만났다. 또한 버트랜드 러셀(Bertrand Russell)을 초청하였고, 그는 중국에서 일련의 강의를 하기도 하였다.

양계초는 강유위가 전통 유가(儒家)의 틀에 갇혀 유연성(柔軟性)을 상실한데 반하여, 그는 결코 중국 전통을 바꾸어 서양화(西洋化)하려고 하지는 않았지만, 서구의 정치와 사상을 이해하고 받아들이는데 앞장섰다. 그는 먼저 학문적 개념과 용어의 사용에서도 서구화되었다.

그러나 그는 말년에 이르기까지 유가의 근본교리를 결코 포기하지 않았으며, 오히려 장군매(張君勱, 1887-1969) 등에 영향을 주었다.

한 마디로 강유위의 장점은 독창력(獨創力)에 있는 반면 양계초는 사상(思想)이나 인간관계에서 친화력(親和力)을 바탕으로 하고 있다.

2. 사상의 성격

양계초는 신유학(新儒學)을 배워 우주생성의 근원에 대해 이를 원기(元氣)라 하고 원기는 '무성(無聲) 무형(無形)의 존재로, 이는 취할 수 없으며, 그 크기는 우주만물(宇宙萬物)을 만들 정도이나 작기로는 홀연히 위축(萎縮)되어 형태마저 사라지는 것이다'라고 하였다.

양계초를 유심론자(唯心論者)라고 말하기는 어려우나 그가 유심론 계열의 사유(思惟)를 한 것만은 틀림없다. 그는 '유(唯)'가 갖는 전횡(專橫)과 독선적 성격을 싫어했다.27)

그는 '문명(文明)에는 형질(形質)이 있는 것과 정신(精神)이 있는 것이 있다. 형질의 문명을 구(求)하기는 쉬우나 정신의 문명을 구하고자 하면 어렵다. 정신이 갖추어 지면 형질은 저절로 생긴다. 정신이 존재하지 않으면 형질은 의부(依附)할 곳이 없다. 그러니 진짜 문명이라 할 것은 정신만 있으면 된다(국민십대원기론).'고 하였다.

이는 그의 유심론의 한 단면(斷面)으로 국민계몽에 의한 정신적 자립(自立)을 강조하기 위해 문명론(文明論)을 빌어 정신의 중요성을 설파(說破)한 것이다.

---

27) 그는 '인생은 심과 물의 상호관계에 있으며 만일 유심론이라고 하는 주장에 충실하려면 모든 물질적인 조건과 세력을 부인하여야 하는데 실제 그것은 불가능한 일이다'라고 하였다.

그는 불교의 유심론의 영향을 받아 '경(境; 대상(對象)과 심의(心意)가 만나는 경계)'의 개념으로 '사물(事物)의 현상(現象)과 마음의 현상을 구분하였다. 즉 물경(物境)과 심경(心境)을 상대적인 것으로 구분하고, 사물의 본래 모습은 하나이나 인간은 오직 마음에 따라 나타나는 갖가지 현상, 즉 심경(心境)에 따라 이들을 이해하며 또 행동할 뿐이다.

이때 그가 심경(心境)을 들어 강조(强調)하고자 한 것은 국민 각자의 마음의 중요성이었다. 그는 '이른바 정신(精神)이란 무엇이냐? 곧 국민의 원기(元氣)이다. … 이는 일석일조(一夕一朝)에 할 수 있는 것이 아니며, 일인일가(一人一家)가 이루어 낼 수 있는 것이 아니며, 정부가 힘으로 강요할 수 있는 것이 아니며, 종문(宗門)의 가르침이 권도(勸導)할 수 있는 것이 아니다. … 나라는 무엇에 의해 설 수 있는가? 민(民)에 의해서 일 뿐이다. 민은 무엇에 의해 설 수 있는가? 기(氣)에 의해서 일 뿐이다(『국민 십대원기론』).'

이러한 양계초의 신념은 그의 후반기 삶을 국민계몽에, 그리고 학교(學校)에서 교수로서 가르치는 일에 전념케 하였다. 사실 양계초는 철학(哲學)을 지식탐구의 목적이 아니라 현실 개혁의 수단으로 생각하여 국민계몽에 힘쓰고 있던 그에게 우주생성의 원리와 같은 우원한(迂遠)한 논의는 그의 주(主)된 관심 밖이었다.[28)]

3. 정치사상

1) 정치사상

양계초 정치철학의 중심 화두(話頭)는 국가주의(國家主義)였다.

그는 중국인들에게는 '국가(國家)'와 '천하(天下; 세계)'를, 그리고 국가와 왕조(王朝; 왕실)를 구분하는 의식(意識)이 없었고 따라서 국가와 국민과의 관계에 대한 이해(理解) 역시 없었다고 하였다. 그는 이러한

28) 양계초의 철학은 강유위같이 엄격하거나 일관되지도 않았으며, 또 엄복같이 논리가 엄밀하거나 심오·단아(端雅)하지도 않았으며, 담사동처럼 기세가 웅대(雄大)하면서도 모순이 심하지도 않았다(맹상재(孟祥才), 『양계초전』).

이해의 부재(不在)를 중국의 정치적 폐해(弊害)의 근본적인 원인으로 파악하였다.

중국인들은 스스로를 천하(天下)라 하여 외부(外部) 세계를 다만 열등한 이적(夷狄)집단으로 취급하였다. 정치적으로는 계속하여 지배당하면서도 그들을 자신들의 문화에 동화(同化)시킴으로 중화(中華)라는 문화적 자존심의 늪에 빠져, 그러한 피지배 상태의 아픔을 사회발전의 동기(動機)로 삼지 못하고 정체(停滯)되었었다. 또한 군왕은 국가를 자신의 소유물로, 그리고 인민을 그 일가(一家)의 노예로 취급하는데 익숙하였다.

따라서 서구화(西歐化)를 지향하는 양계초에게 가장 중요한 것은 국가주의와 서양(西洋)의 국가번영 사이의 인과적 관계를 밝히는 것이었다. 그는 1902년에 다음과 같이 썼다.

'16세기 이래 유럽이 흥기하고 세계가 발전한 것은 모두 'Nationalism'의 떠오르는 힘 때문이었다. 국가주의란 무엇인가? 같은 종족, 언어, 종교와 관습을 가진 다양한 지역의 사람들이 서로가 서로를 동료로 보면서 독립적인 자치를 추구하고, 공동의 선(善)을 추구하거나, 다른 종족을 정복하기 위하여 정부를 조직하는 것이다. 그리고 19세기 말까지(지난 20년 혹은 30년) 이 주의(主義)가 극도로 발달하고 더 나아가 National Imperialism이 되었다.'(양계초 전집)

그는 국가주의(國家主義)를 그가 추구하는 역사적 변화에 따른 새로운 제도창설(創設)의 목표로, 그리고 그 정당성(正當性)에 대한 근거로 삼았다. 그는 '국가주의는 세계에서 가장 공평(公平)하고 가장 커다란 학설(學說)이다. 어떤 국가도 우리 국가의 자유를 침범해서는 안 되며 우리국가도 다른 나라의 자유를 침범해서는 안 된다. 이 학설이 국가에 적용될 때 그것은 인간(人間)의 독립을 의미하며, 그 학설이 세계에 적용되었을 때 국가의 독립을 의미한다.'

그는 국가주의를 역사화하고, 18, 19세기를 국가주의 시대로 이해하여 이제 '우리가 중화(China)를 하나의 국가로 건설해야 한다.'고 믿었다.

그는 처음으로 '국민(國民)'이라는 단어를 사용하였다. 이 단어(單語)

로 종래의 어떤 지역의 인구를 뜻하던 '민(民)'을 국가주의와 연결하여 국가와 민(民)을 하나의 공동 운명체로 느끼게끔 하였다.

국가주의는 국민의 입장에서는 민권(民權)의 보장을 의미한다. 그는 '국가에 대한 사랑이란 무엇인가? 그것은 인민이 자신을 사랑하는 것이다. 그러므로 인민의 권리가 신장(伸張)되었을 때 국가의 권력도 수립된다. 인민의 권리 혹은 권력이 사라지면 국가의 권리 혹은 권력도 사라진다.'라 하여 국권(國權)과 민권(民權)사이에는 밀접한 관계를 강조하였다(상동).

이 말의 배후(背後)의 논리(論理)는 '권력은 국민이 함께 행동할 때 생겨날 것이며, 이 권력을 통하여 새로운 공화국을 건설하여 역사를 만들어 나갈 수 있을 것이다.'라는 것이다.

양계초는 입헌군주제[29]의 지지자로 민주공화제를 주장하는 이들이 가장 중요하게 생각하는 민권(民權)에 대하여, 이는 군주입헌이나 민주입헌에서 동등(同等)하다고 주장하였다. 그는 군주와 민주는 국체(國體)상의 차이(差異)이고, 민권은 정체(政體)상의 문제로 이 둘은 입헌에 의한 정체라는 점에서 같다고 하였다.

그는 민권(民權) 신장을 필수적인 것으로, 그리고 지성(知性)에 의해 성장하는 것으로 이해했고 따라서 중국인민을 새로운 신민(新民)으로 교화시키는 것을 자신의 사명(使命)으로 알았다.

그는 정치적 자유(自由)는 권력과 함께한다고 생각하였다. 이 자유(自由)는 단순히 '나는 원(願)한다.'가 아니라 '나는 할 수 있다.'이어야 하며 이를 위하여서는 국가권력이 전제되어야만 한다.[30]는 것이다.

---

29) 입헌군주제에 대하여는 초기 변법론으로 분리될 수 있는 왕도(王韜)와 진치(陣熾) 등에 의해 소개된 바 있었다. 그러나 이들은 의회를 국가의 최고 입법기관이라기보다는 군신간의 의사소통을 돕는 기구로 보았다 그 역할도 민의를 반영하고 군민의 관계를 영결하는 기구로 군민 상호간의 연락, 진치는 '군민이 일체가 되니 상하가 일심을 이룬다'고 하여 의회에 대한 구체적인 인식에는 부족하였다. 그러나 강유위는 그의 상서에서 '국사는 의회의 논의에 붙일 것'이라 하여 최고 기관임을 분명히 하고 있다.

30) 그는 역사적 경험의 한계 때문에 국가권력(國家權力)과 민권(民權) 간의 예상되는 충돌을 의식하지 못했다. 더구나 인권문제는 시기상조였다.

2) 자유와 평등

양계초는 자유를 '권리의 표징(標徵)'이며 '정신계(精神界)의 생명'이라고 정의(定意)한다.

자유는 독립을 기초로 해서 구축되어야 하며 인간은 자유를 통해 독립된 인간으로서의 자격을 얻게 된다. 그는 당시 중국인들의 자유를 상실한 상태의 원인을 삼강오륜의 압제(壓制)[31]에 의해 형성된 노예근성(奴隸根性)에서 찾았다. 유가의 삼강오륜은 인간을 독립적인 존재로 보지 않고 사회를 구성하는 인간관계라는 큰 망(網)에 벼리(綱)인 군주, 부친과 남편에 이끌리는 한 눈(그물 따위의 구멍)으로 생각하였다.[32]

따라서 이러한 상대적 존재로서의 인간에게 '의뢰(依賴)'는 일상적 타성(惰性)이 되었고, 모든 잘못을 남의 탓으로 돌리는 노예근성이 굳어졌다고 보았다. 그리고 독립된 인간으로서의 삶을 위해서는 노예근성을 뿌리 뽑고 민권(民權)을 신장(伸張)시키고 자유가 무엇인지를 가르쳐야 한다.

---

31) 근대화 과정에서 집중적인 공격을 받은 유교의 삼강(三綱)은 원래 충(忠)·효(孝)·절(節)이라는 인간적인 덕목(德目)을 기초로 한 사회기강(紀綱)의 도덕적 원칙으로 이는 군주는 군주다워야 하고 신하는 신하다워야 한다는 '군군신신(君君臣臣)' '부부자자(父父子子)' 등 유교 정명사상(正名思想)에 근거한 것이다. 맹자의 폭군방벌의 논리적 근거 역시 군주가 군주답지 않았을 때 그를 폐할 수 있다고까지 한 것이다.
정명사상에서의 인간 상하관계는 얼마간은 역할이나 기능에서의 차이라는 의미를 함축하고 있으며 원리상 그 역할과 기능을 제대로 한다는 전제에서 삼강은 지켜져야 할 강령인 것이다.
신유가(新儒家)에 와서 인간의 덕성(德性)을 중시하던 정명사상의 근본정신이 은폐(隱蔽)된 채 성리학의 초월적 이(理)는 군주의 권위를 천리(天理)로 비호하여 그 전제성(專制性)을 강화하였다. 또한 상하관계를 지배층은 천리를 알고 따라 사는 반면 일반백성은 다만 욕심에 이끌리며 사는 타고난 성품상(性稟上)의 차이로 이해하여 계층간의 위화를 심화시켰다.

32) 세계의 모든 존재는 관계망(關係網)으로서 존재한다. 동양의 역사에는 과학과 종교의 모순이 없으며 인문주의적 최고의 가치가 바로 사람과 관련된다. 인성(人性)이란 다른 사람과의 관계에서 이루어지는 것이며, 따라서 인간이란 존재(存在)를 인간관계라는 관계(關係)의 실체로 본다. 관계가 곧 존재이다. 인성은 여러 개인이 더불어 만들어 내는 장(場)의 개념이다. 따라서 인성을 고양시킨다는 것은 자기를 키우는 것이 아니라 자기가 아닌 것을 키워 그것이 곧 자기를 키우는 것이다.
이에 비해 존재론적 구성원리(構成原理)는 개별적 존재를 세계의 기본 단위로 인식하고 그 개별적 존재에 실체성을 부여하는 것이다. 그리고 개인이든, 집단이든 국가든 개별적 존재는 부단히 자기강화를 해가는 운동원리를 갖는다(신영복, 『강의』).

그러나 그는 자유의 사회에 대한 윤리적 책임을 강조하여 제재력(制裁力) 없는 자유는 '공공(公共)의 적(敵)'이라 하였다. 그는 자유가 자유로워지기 위해서는 공리(公理), 법률, 그리고 집단의 다수의견에 복종할 수 있어야 한다고 하여 한편으로는 천부적인 자유를 인정하면서도 그에 앞선 공공의 질서와 이익을 중시하였다. 그는 집단의 자유가 우선 보장되어야 개인의 자유도 비로소 보장될 수 있다는 생각이었다.

'의무와 권리는 대대적(對待的)인 것이다. … 만약 이 세계가 점진적으로 문명화되어 간다면 결단코 권리 없는 의무는 없을 것이고 마찬가지로 의무 없는 권리도 없을 것이다. … 그러므로 권리와 의무의 양단(兩端)은 평등하고 서로 상응하게 되어있는 것이 그 본성이다'(飮氷室專集)라 하여 개인과 집단 간의 권리·의무와 자유의 한계를 말하였다.

또한 그는 정치적 법률적 자유를 사회적 윤리적(倫理的) 자유와 구분하였다. 그는 자유(自由)에 대하여 정치적 자유가 외부의 권력이나 제도로부터의 자유임에 반하여 윤리적 의미의 자유는 자신을 억제하여 육체적 욕망으로부터 벗어나 양지(良知)를 완전히 자유롭게 하는 것이다.

그는 '자유와 평등의 기능은 정치에 적용되는 것으로 누구나 법에 의해 보호받을 자유를 가지고 있으며, 누구나 법 앞에서는 평등하다는 것을 뜻하는데 지나지 않는다. 그것들을 이 영역을 벗어나 해석되어서는 안 된다.'(상동)고 하였다.

그는 '평등(平等)'에 대하여도 이는 인간은 같은 기본 성품(性品)을 갖고 태어난다는 것을 의미할 뿐이며, 인간은 성인(聖人)이 될 수도, 인간성을 상실하고 짐승처럼 될 수도 있는데 후자(後者)의 경우 그들이 다른 사람과 평등할 수 있겠는가?라고 반문한다.

3) 사법(私法)과 공법(公法)

양계초는 앞으로의 사회가 법률에 의해 운용될 것이라는 믿음을 가졌고 따라서 이러한 인간관계의 법률적 해석을 참구(參究)하였다.

그는 '근대 문명은 로마법의 연구로부터 시작되었다. 그 영향은 매우 커서 모든 근대국가의 법률체계는 의무가 아니라 권리를 기초로 성립되었다. … 권리가 법의 기초였음으로 법의 목적은 인민의 자유를 제한하는 것이 아니라 인민의 자유를 보호하는 것이었다. … 중국은 3천 년의 법률 역사를 가지고 있었으나 시민법(市民法)에 관한 것은 거의 전무하였다.'(상동)

농경(農耕) 중심인 중국의 전통사회에서는 기본적인 인간관계를 오륜(五倫) 즉 군신·부자·부부·붕우·장유라는 단순한 틀로 설정하고 삼강(三綱)에 의해 사회질서를 유지하였다. 이러한 단순한 사회관계의 설정의 기본적인 정서(情緖)는 종법사회(宗法社會), 즉 종족개념에서 비롯된 인간내면의 친근감을 결합의 원천력으로 하는 하나의 공동체 개념이 전제된 것이다.

그러나 경제사회의 발전에 따른 이익(利益) 중심의 인간관계, 즉 이익사회(利益社會) 혹은 산업사회가 점차 사회 일각(一角)에서 이행(移行)되어 갔고 그러한 사회에서의 인간의 행위는 전혀 다른 동기(動機), 즉 비인격적이고 계약에 의한 자기이익 추구에 있음으로 이는 오륜(五倫)의 범주(範疇)를 벗어난 것이다.

그리고 이러한 관계를 규정하는 권리·의무에 대하여는 근대적인 사법(私法), 즉 시민법(市民法)이 필요하며 그는 이를 인식하고 그 법제정(法制定)을 주장하였다. 그러나 그는 기본적으로 유가(儒家)의 오륜(五倫)의 본래의 뜻을 바꾸려는 대신 이러한 관계의 합당한 윤리를 추가(追加)하려는 뜻에서 이 관계를 설명하였다.

양계초는 법체계(法體系)에 대하여 사법(私法)은 일반인의 권리와 의무를, 공법(公法)은 국가에 관련된 국민의 권리와 의무를 결정하며, 그리고 국가와 국민의 관계인 공법(公法)의 기본요건(要件)으로서 헌법(憲法)이 필요하다는 점을 지적하였다.

4. 정치 실천과정

양계초의 정치적 목표는 국가주의의 실현에 있었고 이를 실천(實踐)

하는 과정의 행동원리(行動原理)는 단계적 사회진화론(社會進化論)에 따른 '점진적인 발전론'이었다. 그가 사회진화론을 전해 듣기는 강유위로 부터였고 담사동에 의해서도 진화론을 접할 수 있었다. 그러나 사회진화론을 중국에 처음 소개한 사람은 엄복(嚴復)으로 그가 번역한 헉슬리의 『천연론(天演論)』에 의해 학술적으로 소개되었고 양계초는 1896년 『천연론』이 출간되기 전에 그 수고본(手稿本)을 먼저 읽었다.

양계초는 이를 받아들여 중국의 현실에 대응하는 이론체계로 발전시켜 사회진화론의 학계(學界) 보급에 크게 기여하였다. 사회진화론의 이론적 전제(前提)는 사회 또는 국가의 유기체설로, 국가를 하나의 유기체(有機體)로 보아 그 유기체의 운동과 그에 따른 변화를 진화·발전과정으로 이해한다.

양계초는 국가에 국민이 있음을 마치 신체에 사지(四肢)·오장(五臟)·근육·혈관 등이 있음과 같다고 보았다. 그에 의하면 개인·가족·사회·국가 등은 각기 그 내부에 있어서는 일반 생물체와 다를 바 없이 하나의 '기관(器官)'으로서 이들이 서로 유기적인 관계를 이룬다고 보았다.

생물학적 진화에는 비록 돌연변이는 있어도 그 전체적인 과정은 연속적인 진행에 따른 점진적인 발전으로 비약(飛躍)은 있을 수 없다. 양계초는 이를 사회발전과정에 적용하여 입헌군주제라는 비교적 온건한 사회개혁의 논리적 근거로 삼았으며, 또한 급진적인 사회개혁을 주장하는 민주공화제의 이론에 대항하였다.

사실 입헌군주제는 군주제를 옹호하는 입장에서는 보수적이지만, 입헌(立憲)을 통해 군주를 형식상 상징으로 존속시키며 정치실권(實權)을 국민이 장악한다는 면에서는 당시로는 혁신적인 제도인 것이다.

양계초에게 국가의 안전(安全)은 곧 그의 국가주의의 실현을 위한 절대적 가치이다. 그의 정치이론은 개명군주제에서 입헌군주제로 그리고 다시 민주공화제로의 변화를 겪어 왔지만, 그 과정에서 그는 언제나 국가의 안전을 최우선으로 하는 선택을 하였다.

그에게 사회진화론이라는 논리(論理)는 '국가 안전'이라는 최우선의 가치를 확보하기 위한 수단으로서의 선택이었지 그 역(逆)관계는 아니었다.

사실 그는 '입헌(立憲)이 실행되고 정권이 의회로 돌아가면 황제는 폐물(廢物)에 다름이 아닙니다. 국세(國勢)가 안정된 뒤에 그를 폐하면 어떻고 남겨두면 어떻습니까?'라 하여 그의 궁극적 목적이 민주공화제에 있음을 밝힌바 있다.

신해혁명 이후 귀국하여 현실 정치 일선에 참여하면서 그는 민주공화제를 지지하는 변화를 보였는데 이는 이미 군주제가 폐지된 상태에서 더 이상 국체(國體)를 논하는 것은 의미가 없을 뿐 아니라 원래 국체는 혁명가들의 몫이며, 정치가인 자신은 정체(政體)에 대한 논의로 충분하다고 보았다.

5. 정치 개혁

일본 망명 초기의 양계초는 강유위의 영향을 잘 받아들여 그의 변법(變法)이론을 중국의 실정에 맞도록 구현(具現)하는 역할을 담당하였다. 이들은 입헌군주제를 가장 좋은 정치형태라 믿었다.

입헌국이 되면 군위(君位)의 계승과 주권의 소재가 분명해져 군왕의 폭정이나 신하의 왕권찬탈(簒奪)은 있을 수 없으며 또 군주의 명령이나 대신(大臣)의 임면(任免) 등 모든 조치는 의회의 동의를 받아야 가능하게 된다.

강유위는 변기(變器)·변사(變事)·변정(變政)·변법(變法)의 개념을 사용하여 그의 변법이론을 설명하였다. 즉 기선(機船)을 사고 기계를 설치하는 것은 변기이며, 우편국을 설립하고 광산(鑛山)을 개발하는 것은 변사·관제(官制)를 개편하고 과거제를 변경함은 변정 그리고 국헌(國憲)을 개정하는 것이 변법이다. 즉 헌법의 제정을 목표로 설명한 것이다.

양계초는 헌법(憲法)은 한 나라의 군주, 관리 인민들이 모두 지켜야 할 국가의 모든 법도(法度)의 근원으로, 중국에서 군주의 전제(專制)가 가능하였던 것은 군권(君權)을 '유한(有限)'하게 하는 헌법의 기능을 몰랐기 때문이라고 하였다.

그는 헌법은 일반적으로 세 부분을 가지고 있다고 설명하였다.

즉 1) 국가 조직의 체계, 2) 국가 행정에 관한 규정 그리고 3) 국가에 대한 국민의 권리와 의무의 세 가지가 있어야 하며 이 중에 어느 하나가 빠져도 그것은 헌법이라고 부를 수 없다.

양계초는 중국의 정치상황이 변정·변법 단계에 있다고 확신하였고, 강유위에 따라 변정(變政)으로는 삼권분립의 원칙에 따른 정체(政體), 그리고 변법(變法)으로는 입헌군주제로의 헌법제정을 주장하였다. 그러나 강유위와 마찬가지로 양계초 역시 '무릇 국가의 풍기(風氣)가 열리고 문학이 성(盛)하고 민지(民智)가 이루어진 다음에야 의원(議院)을 설치할 수 있다'고 하며 이들의 즉각적인 실시를 유보하였다.

이러한 준비론(準備論)은 1905년 이후로 더욱 강조(强調)되어 『개명전제론(開明專制論)』으로 나타난다. 그는 '인민의 의식정도(程度)'와 시정기관(施政機關)이 미비(未備)하여 입헌군주제의 본격적인 실행에 앞서 10-15년간의 국민의 참정능력을 함양(涵養)하기 위한 기간이 필요하다고 보았으며 이 기간을 개명군주가 이끌어야 한다고 믿었다.

손문도 혁명 이후 곧 바로 만주공화제로의 진입을 주장하지 않았고, 그는 이전 단계를 군정(軍政)기간으로 설정하였다.

그러나 이 때(1906년 9월 1일) 청조(淸朝)는 실시(實施)시기를 명시하지 않은 예비입헌(豫備立憲)을 발표하며 그 후속 조치로서 관제(官制) 개혁을 단행하였다. 그러나 청조의 이러한 조치는 황족(皇族)의 집권을 공고히 하려는 의도에서 이루어진 것이다. 이를 통해 원세개, 장지동 등 한족(漢族) 지방 독무(督撫)들은 군기대신(軍機大臣)으로 전보(轉補)되어 실권(實權)을 잃을 상태에 놓여졌다.

이 예비입헌 발표는 양계초를 고무(鼓舞)시켰다. 그는 이제 '정치혁명의 문제'는 일단락되었다고 믿었고 이로 인해 그는 손문의 민주공화파와의 논쟁에서 그 동안의 수세(守勢)를 벗어났다고 생각하였다. 그리고 청(淸)정부가 밝힌 집회·결사(結社)의 자유의 보장원칙을 믿고 다음할 일로서 입헌 단계에 대비한 정당(政黨)을 만드는 준비에 들어갔다.

그는 1907년 동경(東京)에서 유학생 3백여 명이 참가한 가운데 정문사

(政聞社)[33]를 창설하여 주위의 여러 정파와 연합하여 세(勢)를 확장하였다. 이들은 '황실에 대하여는 절대로 존엄을 해치는 마음을 갖지 않으며 국가에 대하여는 절대로 치안을 문란케 하지 않을 것'을 강조하였다.

양계초로서는 입헌(立憲)이 공론화되어 개명군주론은 이미 지나간 얘기가 되었음으로, 이제는 의회(議會)정치를 논하여, 정부가 과거의 군주에게만 책임지는 형태에서 국민에게 책임지는 '책임정부' 곧 내각책임제를 주장하게 된다.

그는 '국민적 정부라고 함은 국민에게 책임을 지는 정부이다. 국민은 많은데 정부가 어떻게 국민에 대하여 책임을 지겠는가, 그래서 국민이 선거한 국회에 대하여 책임을 지는 것이 곧 국민에 대하여 책임을 지는 것이다'(정문사 선언서). 따라서 국민적 정부는 의회(議會)의 다수당이 내각을 구성하는 내각책임제가 합리적이고 필연적인 것이다. 그러나 신해혁명(辛亥革命)은 양계초의 이러한 모든 입헌(立憲) 후의 정체(政體)에 대한 논의를 무의미한 것으로 만들었다.

6. 신해혁명의 영향

신해혁명 후 설립된 중국의 공화제 정부의 전도(前途)는 밝지 않았다. 원세개를 중심으로 한 보수세력과 군벌(軍閥)들에 의해 정국(政局)은 다시 복고적(復古的)인 정치 노선을 밟았고, 원세개의 사후(死後)(1917)에는 군벌들에 의해 정치세력이 분할 통치되었다.

이들은 1924년 국민당과 공산당 간의 국공합작(國共合作)이 이루어져 정치중심에서 밀려 났으나, 지방분권적 세력으로서는 유지되었다.

양계초 정치사상의 기본은 국가주의이고, 그가 가장 중요하게 생각하는 것은 국가의 안전(安全)이었다. 그가 실제 원세개 정부에 참여한

33) 양계초는 강유위를 수장으로 추대하려 하였으나 양도(楊度) 등이 반대하여 취소되었다. 1908년 2월 정문사를 동경에서 상해로 이전함과 동시에 마량(馬良) 등의 활동에 힘입어 국내의 입헌운동이 고조되는 계기를 이루었다. 1908년 7월에 정부에 전문(電文)을 보내어 3년 안에 국회를 소집할 것을 요구하며 본격적으로 정치활동을 전개하자 청조는 9월에 정문사의 해체를 명령하였다.

것도 신해혁명 이후 해이(解弛)해지기 쉬운 국가의 기강(紀綱)을 바로 잡기 위해서는 강력한 정부가 있어야 한다는 생각에서였다. 그가 무창봉기(武昌蜂起) 후의 사태를 지켜보며 친구인 서훈(徐勳)에게 보낸 다음의 글은 그의 정치(政治) 마인드(Mind)를 잘 보여준다.

'하늘이 화(禍)를 중국에 미쳤으니 대란(大亂)은 드디어 금일에 이르렀습니다. … 우리가 어찌 만인(滿人)을 통한(痛恨)히 여기는 마음이 혁당(革黨; 손문의 민주공화파)만 못하겠습니까. 다만 뼈 속의 종기(腫氣)를 없애려다 몸까지 버릴 수 없어 잠시 과도(過度)를 빌렸을 뿐이니 입헌이 실행되고 정권이 의회(議會)로 돌아가면 황제는 폐물(廢物)에 다름이 아닙니다. 국세(國勢)가 안정된 뒤에 이를 존속시키든 폐(廢)하든 무슨 대수이겠습니까. … 우리가 입헌주의를 견지(堅持)해 왔음도 이 때문입니다.'

7. 결 어

양계초는 한 유력한 정치가였지 심원한 철학자는 아니었다. 따라서 그가 정치문제에 대해 주장한 것은 시폐(時弊)를 지적한 것으로 시폐가 달라지면 주장도 달라졌다.

그는 자신이 지나치게 선입견(先入見)이 없다고 스스로 말하였지만, 그 선입견은 사상적, 사변적인 것을 말할 뿐이었고, 그의 삶의 원칙이나 신념에 대한 것은 아니었다. 그는 첫째, 국가를 사랑하고 사회를 존중하는 것이 개인으로서의 공덕(公德)이라는 점, 둘째, 민주정체가 인류생활의 마지막 귀결이라는 점, 셋째, 지식과 도덕이 정치의 기초라는 것, 넷째, 진보는 인생과 사회의 정상적인 추세(趨勢)라는 것이다. 그 네 가지는 양계초의 모든 주장을 관통했고, 수십 년 동안 바뀌지 않았다. 그 네 가지를 합치면 하나의 개명된 애국자, 온화한 민치주의자, 온건한 자유주의자가 된다.[34)]

34) 소공권, 전게서, p.1238.

제 6 절 담사동(譚嗣同, 1865-1898)

1. 생애와 사상적 배경

담사동은 호남(湖南) 사람으로 자는 복생(復生) 호는 장비(壯飛)이다. 그는 부친이 호북순무(湖北巡撫)에 올랐던 전통적인 무신(武臣)의 관료 가문에서 성장하였다.

그는 10세에 동향의 내각중서(內閣中書)인 구양중곡(歐陽中鵠)을 만나 그를 평생 스승으로 섬기게 되었다. 구양중곡은 왕부지의 영향을 깊이 받았고 금문경학(今文經學)에 심취하였으며 진보적인 지식인으로 당시 중국에서는 가장 진취적인 호남(湖南)에서의 신정(新政) 운동에 관계하였다. 이 스승과는 그의 짧은 생애 동안 항상 교류가 이어졌으며 그의 학문과 성품에 결정적인 역할을 하였다.

담사동은 12세부터는 왕정의(王正誼)에게서 무예(武藝)를 닦기도 하였다. 왕정의는 조실부모(早失父母)하여 도적이 되었으나 탐관오리의 재물을 빼앗아 빈민(貧民)에게 나누어 주는 의협(義俠)으로 담사동의 강건한 성격을 형성하는데 영향을 주었다.

18세(1882)에 그는 묵자(墨子)와 장자(莊子)를 읽으며 묵자의 자기희생(犧牲)을 마다 않는 실천정신과 장자의 호방한 정신세계에 관심을 갖게 되었다. 그는 25세에 비로소 왕부지의 『선산유서』나 황종희의 『명이대방록』, 『명유학안』 등의 저술을 읽게 되었다.

담사동은 1895년 강유위가 북경과 상해에서 강학회(强學會)를 조직했다는 소식을 듣고 북경으로 갔으나 강유위는 없고 대신 양계초를 만나 강유위 강학(講學)의 종지(宗旨)와 경세(經世)의 조리(條理)를 전해 듣고 크게 자극받았다.

이러한 전통학문에 더하여 그는 서구문명에 심취하기도 하였다. 그는 서양문화의 영향을 쉽게 접할 수 있는 광동에서 태어났고 그의 서양지식(西洋知識)은 주로 강남 제조국(製造局)의 번역관(飜譯館)에 있었던 자연과학, 서구의 역사, 지리, 정치에 관한 책들을 통해 이루어졌다.

이외에도 1896년 그는 천진(天津)에서 존 프라이어(John Fryer, 1839-1928)와 두 번째 만남을 갖고 그에게서 서양의 철학과 진보사상에 대해 들었으며, 또한 화석(化石), 계산기, X-Ray, 그리고 뇌(腦)의 파동을 측정하는 기구를 소개받기도 하였다.

특히 존 프라이어가 번역한 『치심면병법(治心免病法)』이라는 일종의 정신의학서를 보고 정신의 육체에 대한 근원적 우위를 다시 확인하여 중국 정치현실의 해결의 길이 인민의 의식(意識) 개조에 있다고 믿게 되었다.

그는 같은 해 북경에서 양문회(楊文會)를 만나 그에게 약 일년 동안 유식(唯識)·화엄(華嚴) 등 불교(佛敎)경전을 사사(師事)받았고, 이때의 영향으로 그의 대표작인 『인학(仁學)』[35]을 저술하였다.

담사동은 사상적으로는 공양학(公洋學) 계통의 유교와 불교, 묵가(墨家)사상에 바탕을 두고 여기에 서구 자연과학을 섭취하여 그 나름의 독특한 정치이념을 세웠다.

2. 정치사상

담사동의 정치사상은 '철학·과학·종교를 도야(陶冶)하여 일로(一爐)로 하고 이를 다시 정치적 삶에 적용하여 적절하게 형성한 것으로' 그의 전체적인 사상적 구상(構想)은 극히 대담하고 요원(遙遠)한 일종의 세계관(世界觀)이라 할 수 있겠다. 그는 개혁을 도덕·사상·문화의 영역으로 확대했고 거의 완벽한 철학 체계로 총괄 설명했다.

그는 불교의 유식·화엄사상을 기반으로, 당시의 서구과학 지식을

---

35) 담사동의 인학에서 '인'은 공자의 인(仁)으로서 인간이 상대하는 모든 타자, 사람과 사물 간의 건강한 소통성(疏通性)의 확보이고, '학'은 자연과학, 사물의 이치(理致)로서의 학이다(이명수, 『담사동』).

응용함으로서, 금문경학의 대동·태평세를 새롭게 해석하여 자신의 이상세계(理想世界)를 구상하였다. 그의 『인학(仁學)』은 강유위보다 치밀하게 대동사상을 발휘했다는 평을 받고 있다.[36)]

담사동의 철학은 왕부지의 도기관(道器觀)과 '천지의 변화는 날마다 새롭다'는 우주에 대한 인식(認識) 그리고 사물의 변화(變化)를 자신이 이해(理解)한 서양의 근대적 과학(科學)의 관점에서 해석했다.

그는 세계는 변화하는 가운데 있으며 '새롭고 새롭다'는 것이 사물 변화의 보편적 법칙이라고 생각했다. 그래서 '기(器)가 이미 변했는데 도(道)가 어찌 홀로 변하지 않겠는가?라고 하며 정치이념의 개혁을 외쳤다.

그는 정치·사회적 논의의 전제로서 인(仁)의 개념을 정립(定立)하였다. 그는 종래의 유가의 인(仁)의 범주(範疇)를 넘어 인(仁)을 우주의 생명력으로 이해하였으며[37)], 정치사상적으로는 인간이 스스로를 해방(解放)하는 평등사상을 포함한 내용이었다.

원래 공자의 인(仁)에는 인간과 인간관계, 즉 사회를 그 존재기반으로 할 뿐 어떤 형이상학적 의미도 없었다. 그것은 구체적으로 실천하는 인간관계에서 확실한 의미를 갖게 되는 것으로 인간의 도덕적 삶의 가능성을 마련해 주는 개념이었다.

그러한 인(仁)의 개념은 전한(前漢) 동중서의 천인감응설(天人感應說)을 거쳐 송명시대에 그 의미가 우주론적으로 확대 해석되었다. 정명도(程明道)에 이르면 인(仁)은 천인합일, 물아무간(物我無間), 혼연동체(渾然同體)의 체(體)로 들어나며, 천지만물을 한 몸으로 여겨 자기와 동일시하는 마음에서 비롯된다. 그것은 후천적(後天的)인 이기심에서 벗어나, 우주(宇宙)를 하나의 생명이며 사랑으로 얽혀 있는 시공간(時空間)으로 대하는 탁 트인 마음이다.

---

36) 펑유란, 전게서, p.687.

37) 공자(孔子)에게 인(仁)은 인간 관계론의 범주 안에서의 개념이다. 그러나 신유학의 형이상학적 해석, 특히 기철학에서 인(仁)은 그 범주가 확대되어 우주론에 이르게 되었다. 여기에서는 선(善)과 인(仁)의 개념의 관계가 불분명해 진다. 따라서 기철학의 입장에서 담사동이 인을 우주만물의 근원으로 본다 해도 틀린 말은 아니다.

3. 인(仁)

담사동에게 인(仁)은 그의 인식(認識)과 실천(實踐)의 출발점으로 그의 주관적 정신세계를 객관세계와 연결시켜 주는 교량(橋梁)이었다. 그는 인사상(仁思想)을 근거로 장자(莊子)의 절대자유(絕對自由)에서부터 프랑스 혁명정신에 이르기까지 범인류적 관점(觀點)에서 사회·정치·도덕·종교의 문제를 포괄하려 하였다.

담사동의 사상적 계보(系譜)는 장재(張載)에서 왕부지를 거쳐 대진에 이르는 기철학(氣哲學)에 속하며, 그는 서구 과학의 영향으로 기(氣)를 물리학(物理學) 용어인 Ether를 음역(音譯)한 '이태(以太)'로 변용(變容)하여 사용하고 있다.[38)]

당시 중국 지식인들에게 '민주(民主)'와 '과학(科學)'이라는 두 이념(理念)은 서구 문명으로부터 배워야 할 시대의 요청(要請)으로 받아들여지고 있었으며, 이 이념들을 깨우쳐 정치·사회생활에 적용하는 것이 중국 역사적 현실의 활로(活路)라는데 동의(同意)하고 있었다. 이러한 서구 문명을 수용하려는 사회적 위기에서 그는 전통철학의 기(氣)를 '이태'(Ether)라는 서구적 물리학 용어를 차용하여 대체한 것이다.

그는 '이태'를 만물일체를 구성하는 무형의 물질로, 인(仁)의 체(體)이며 인(仁)은 '이태'의 용(用)이라고 하였다. 그리고 인(仁)의 작용은 '통(通)' 즉 소통(疏通)으로 특징지었는데 이는 불인(不仁)이 곧 마비(痲痹)를 의미하는 인(仁)의 한의학적(漢醫學的) 용법과 같은 이해이다.

그는 이상 즉 인(仁)이 발현된 완전한 소통 상태를 인간의 현존재(現存在)로 보고, 장해로 인한 불통(不通) 상태인 난(亂), 즉 충결망라(衝決網羅)[39)]가 요구되는 상태는 본질적인 것은 아니고 장애를 제거함으

---

38) 담사동이 굳이 '에테르'란 용어를 사용한데는 서구의 과학용어를 차용함으로서 자신의 글에 구체성, 과학성과 더불어 세계성을 더 하려는 의도가 있다.

39) 충결망라는 모든 봉건의 그물을 타파하는 것을 의미한다. 그러나 그는 '먼저 이록(利祿)의 망라를 타파하고, 다음으로 속학(俗學)의 망라를, 모든 학문의 망라, 군주의 망라, 윤리의 망라, 하늘의 망라, 전 세계 모든 가르침의 망라, 마지막으로 불법(佛

로서, 난(亂)은 그로 인한 고통(苦痛)과 함께 소멸된다고 보았다.[40]

이러한 불통(不通), 즉 난(亂)을 비본질적(非本質的)인 상태로 보는 것은 인(仁)의 존재가치에 대한 강한 긍정이며 이는 곧 그의 현실 긍정과 개혁의지(改革意志)로 전화(轉化)된다. 사실 현실세계에 대한 긍정(肯定) 없이는 논리적으로도 개혁의지가 설 자리는 없다.

그는 불교적 논법(論法)을 따라 이 두 상태, 혹은 사회가 하나도 아니고 다름도 아니라는(非一非異) 상대주의적 인식에서, 오직 인간의 주체적인 의식(意識)과 이로 인한 실천력만이 사회를 인(仁)이 발현된 상태로 이끌고, 그리하여 타인(他人)과 공존(共存)할 수 있는 인간사회의 본질적(本質的) 상태인 소통(疏通)의 장(場)을 펼칠 수 있다는 생각이었다. 그리고 이에 대한 실천의식은 생명의 근원이 투시되는 '본원적 자아(自我)'에 이르러서야 가능한 것이다.

그는 인(仁)의 작용으로 중외(中外), 상하(上下), 남녀(男女), 인아(人我; 다른 사람과 나) 사이의 분별(分別)이라는 장애(障碍)를 넘어 섬으로서 어떠한 것에도 얽매이지 않는 완전한 소통 상태를 이상(理想)으로 한 세계관을 펼쳤다. 그가 말하는 네 가지 통(通)의 정치적 의미는, 중외통은 외국과의 통상무역을 강화하는 것을, 상하통은 봉건등급을 반대하고 군주와 백성을 소통시키는 군주입헌을, 남녀내외통은 남녀평등권을, 그리고 인아통은 인간평등과 개인 해방을 지향하는 것이다.

法)의 망라를 타파해야 한다(인학).'고 하여 전반적이고 근본적인 소통을 지향했고 이는 민기(民氣)를 신장시키려는 의도였다. 이러한 충결망라의 정신이 그가 인을 연구하는 근본정신이고 목적이다.

당시 중국의 문제는 이록(利祿)이나 학문의 가치라는 객관적 상황 만에 있는 것이 아니라 이들이 전체로 기능하는 주객·물심(物心) 양면에 환류(還流)가 폐색(閉塞)된 데 있다는 것이며 이를 소통시키기 위한 인의 기능, 즉 충결타파를 주장한 것이다.

40) 헤겔은 '이성적인 것은 현실적이고, 현실적인 것은 이성적이라 하였다. 그는 나쁜 국가는 있을 수 있기는 하지만, 그러한 국가는 존재할 뿐 진정으로 현실적이지는 못한다고 하여 단순히 존재하는 것과 현실적인 것과를 구분하였다. 이처럼 현실을 이중적(二重的)으로 이해하는 것은 존재와 당위를 일치시키려는 이상주의 철학의 특징이기도 하다.

4. 자기반성으로서의 개혁과 변법

담사동은 양계초와 같이 인간이나 국가의 생사존망에 결정적인 역할을 하는 것은 원기(元氣), 곧 국민정신으로 이는 외적(外的) 강제에 의해서 고취(鼓吹)할 수 있는 것이 아니며, 오직 나라의 기반인 민(民)의 기(氣) 자체를 고양시키는데서 출발해야 한다고 믿었다.

그는 이에 장애가 되는 중국인들의 중화의식(中華意識)을 비판하였다. '지구(地球)는 둥글다. 어디가 중(中)이겠는가? … 금일의 중국과 서양을 비교하면 서양의 법도(法度), 정령(政令), 공예, 기용(器用)의 면에서 중국보다 열 배나 정밀하다. 냉철히 말한다면 중국이야 말로 이적(夷狄)이며 서양이 오히려 문명국가이다.'라고 말하였다.

그의 이러한 강한 자기부정(否定)은 중국에 대한 객관적 성찰을 통해 중화사상에서 벗어나 서양의 문물을 수용할 수 있는 이론적 근거로서 국가 보존을 위한 개혁사상의 전개를 가능케 하려는 것이다. 그는 단적(端的)으로 '수구(守舊)하면 이적(夷狄)이고 개신(開新)하면 중국이다'라고 하였다.

1) 군주제

담사동이 가장 급진적(急進的)인 인물로 평가받는 근거는 그가 강유위나 양계초와 함께 무술유신에 적극 참여하였으나, 그들과는 달리 군주제 자체에 대한 비판과 아울러 배만(背滿)의 입장에서 청(淸)정부를 격렬하게 비난하며 결국에는 청조(淸朝)타도를 주장한데 있다.

담사동은 군주제의 기원에 대해 '민(民)이 생성된 초기에는 이른바 군신이 없는 즉 모두 민이다. 민은 서로 다스릴 수 없었고 또한 다스림을 받을 것도 없었다. 이에 한 사람을 받들어서 군(君)이라 했다. 무릇 한 사람을 받든다고 한다면 군이 민을 선택한다는 것은 잘못된 것이고 민이 군을 선택하는 것이다. … 민이 있음으로 인해 후에 군이 있다는 것이다. 군(君)은 지말(枝末)이고 민은 근본이다. … 군주를 선택할 수도, 폐지할 수도 있다(인학)는 것이라 하여 천하의 주인은 민이며 군주는 민의 선택에 의해 옹립되었음을 분명히 하였다.

따라서 군주가 인민에 의해 추대되었으므로 일을 잘못할 경우 인민에 의해 군주가 폐위되는 것이 보편적 정의라는 결론으로 이는 황종희의 영향을 받은 것으로 보인다.

그의 이러한 군주제의 기원에 대한 생각은 청조정권에 대한 부정으로 이어진다. 그는 만주인을 야만인이라 하여 경멸하면서, '청조는 한인(漢人)에 대해 어떠한 경우에나 참는 것이 평소에 황상(皇上)의 토지에서 생긴 곡물을 먹고, 황상의 토지에서 살 수 있게 된 인민의 본분이 아닌가?라고 한다. 그러나 본래 누가 누구의 토지의 곡물을 먹고 누가 누구의 토지에서 살고 있는가?'

담사동의 군주제 비판은 항상 인민과의 관계에서 논의되었다. 그는 태평천국의 난(亂)을 '홍수전과 양수청의 무리들은 군관(君官)에게 괴롭힘을 당하면서 어려움에 몸을 바쳤으니 그 모양이 가엽다'고 동정하고 인민이 모반하는 것은 그 정법(政法)이 나쁘다는 것을 반증(反證)하는 것으로 군주(君主)부터 중형(重刑)해야 할 것이라고 하였다.

또한 이들을 진압했던 상군(湘軍)을 조토위학지죄(助討爲虐之罪)를 저질렀다고 비난하면서 '중국의 군대는 외침을 방어하기엔 부족하면서도 자국민(自國民)을 도살(屠殺)하는 데는 오히려 여유가 있다'고 꼬집었다. 이러한 마음에서 그는 '나는 마땅히 청조를 멸하고 한민족을 구하겠다.'고 자신의 의지(意志)를 결연히 밝히고 있다.

담사동은 군주권의 구속으로부터 벗어나기 위한 투쟁정신을 임협(任俠)에서 찾았는데 이는 마치 의적(義賊)들의 기개(氣概)에 비견되는 지도층의 자기희생정신을 중시(重視)한 것이다. 이는 유자(儒者)에게서는 보기 어려운 특이한 점으로 자신의 성장과정과 무관한 것이 아니다.

2) 삼강오륜에 대한 비판

담사동의 봉건사회 전반에 걸친 비판의 초점은 명교(名教 ; 인륜의 명분을 밝히는 가르침)의 중심 윤리관인 삼강오상(三綱五常)에 대한 부정(否定)에서부터 출발한다.

유교에서 삼강이론(三綱理論)은 모든 도덕과 정치의 근본이다. 군위신강(君爲臣綱), 부위자강(父爲子綱), 부위부강(夫爲婦綱)의 논리는 군주, 아버지, 남편에 대해 신하(臣下)나 인민, 자식, 아내는 부속(附屬)된 존재로 따라서 자주적이고 독립적인 인격을 갖지 못함을 의미한다. 따라서 이 삼강논리에 의해 도출된 도덕적인 덕목(德目)인 충(忠)·효(孝)·절(節)은 자기를 밀어 남을 대하는(推己及人) 주인(主人)으로서의 도덕이 되지 못하고, 타인에게 종속되는 노예도덕으로 되었다. 인간의 모든 행동은 자아(自我)가 중심인데 이 자아를 상실한다면 다른 것은 말할 필요조차 없게 된다.

다만 오륜 중에 삼강의 논리에서 제외된 붕우유신(朋友有信)만이 인간관계의 중심에서 자주적 인간들의 사회를 가능케 한다. 따라서 담사동은 이 덕목(德目)을 학회의 정신(精神)으로 삼았다.

그는 '군주가 남들보다 더 뛰어난 것도 아닌데 무엇을 믿고 4억 백성들을 학대한단 말인가? 이는 일찍이 삼가오상의 글자에 의지하여 남의 몸과 마음을 억압할 수 있었을 뿐이다(인학).'라 하여 삼강오륜의 윤리관인 군존신비(君尊臣卑)에 의지(依支)한 군주전제제도의 타파를 주장한다.

그는 '2천 년의 정치는 진(秦)의 정치로 이는 모조리 대도(大盜)의 정치다. 2천 년 이래의 학문은 순자(荀子)의 학문으로 이는 모두 가짜 선비(鄕愿)의 학문이다(상동).' 그는 공자(孔子)의 가르침을 순자(荀子) 이후의 유학과 엄격히 구별하고 공자(孔子)에게서 민주와 평등정신을 찾으려 하였다. 그는 공자(孔子)의 인(仁)은 통(通)을 그 본질적 내용으로 하였으나 불통의 원인이 되는 명(名)에 의해 그 실현이 억압되어 왔다고 보았다. 물론 공자에게도 명(名)은 그의 정명사상(正名思想)에서 볼 수 있듯이 중요한 이념(理念)이었다.

그러나 유학(儒學)이 형이상학화(形而上學化) 되면서 명(名)은 소여(所

與)의 세계인 실(實)을 잊고 관념화되어 허망(虛妄)한 분별의 논리에 천착(穿鑿)하면서, 오히려 사회억압체제의 유지에 이용되고 모든 악폐(惡弊)의 근원이 되었다.

그는 『인학(仁學)』에서 삼강오상(三綱五常)의 참화(慘禍)는 모두 명교에서 나왔다고 한다.

'군주의 명분으로 신하를 속박하고, 관리의 명분으로 인민을 속박하고, 아비의 명분으로 아들을 억압하고, 남편의 명분으로 부인을 핍박하고, 형제와 붕우(朋友)는 각각의 명분으로 상대를 속박했다.

그는 명교를 성인(聖人)이라는 권위와 천자(天子)라는 권력이 야합한 교(敎)로 보았다. 따라서 이를 강하게 비판하며 '사람을 죽이는 도구'인 명(名)과의 확실한 단절(斷絕)을 주장한다. 이는 그와 철학적으로 같은 계열에 서있는 청초(淸初)의 대진(戴震)이 송유(宋儒)를 비판하며 '이(理)를 가지고 사람을 죽인다.'고 한데 비할 수 있다.

그는 불교적 사유(思惟)의 측면에서도 '명(名)은 성인(聖人)이 다투는 바가 아니다. 성인이라고 하는 것조차도 명(名)이며, 내가 말하는 인이니 학이니 하는 것도 명이니 명은 곧 존망(存亡)과는 관계가 없다.'는 것이다.

5. 학회와 개혁

1) 학 회

담사동은 진정한 학문(學問)의 본질은 실용성(實用性)에 있다고 인식했다. 그의 경우 학문은 국가의 존망과 관련된 것으로 '나라를 보전함에 급효(急效)를 구한다면 학(學)보다 빠른 것이 없다.'(인학)고 주장하며 '조정이 학문을 일으키지 않으면 민간부터 일으켜야 한다. 그것은 자위(自衛)를 위해서이다.'

그에게 학문의 진흥은 변법론(變法論)의 실현을 위한 필수적이고 근본적인 수단이었고 학회(學會)를 인(仁)－통(通)의 세계를 실현시킬 학(學)을 강구(講究)하는 절대적인 장(場)으로 구상한 것이다.

그의 개혁운동은 학회활동을 주축(主軸)으로 하였다. 그는 '이미 공자(孔子), 예수 이래 학(學)을 이룸에 있어서는 반드시 학회(學會)를 일으키고 많은 사람들이 손을 잡고, 때로는 수천만의 사람들이 친구로서 모였다.'고 하였다.

그의 생각에 '학회에는 변법의 명(名)은 없으나 실(實)은 있다.'고 하여 망종(亡種)·망국(亡國)·망교(亡敎)를 구제할 역할을 학회활동에 기대하였다. 그는 개명적인 향신(鄕紳)을 모아서 학회를 만들고 이를 중심으로 개혁을 진행시킨다는 취지에서 산학회(算學會)를 성립시켰는데 이는 청일전쟁후 호남유신 인사가 세운 최초의 학술 단체였다.

호남성은 전국변법 혁신의 거점으로 관신(官紳)이 공동으로 주도하여 신정(新政)을 시행하였고 이 중에도 남학회(南學會)가 중심에서 정치운동의 조직화와 신사조(新思潮)의 실천과 확대의 장(場)이 되었다.

그는 1895년에서 1898년 사이의 중국의 개혁운동에서 가장 활발한 양상을 보인 호남성(湖南省)의 학회운동에 가담하였다. 특히 1898년 1월 장사(長沙)에서 발족한 남학회(南學會)는 학회운동을 집대성한 것으로 그는 이에 상당한 역할을 하였다.

담사동은 남학회에서 네 차례 강연하여 인재 양성과 인민의 힘을 규합하여 중국의 위기를 극복하자고 하였다. 그러나 학회활동은 수구세력의 반대와 정부의 협조도 끊어져 중단되었다. 사실 이들의 개혁노력은 대중(大衆)의 힘을 모을 만큼 대중적인 것은 아니었다.

2) 개 혁

그의 변법계획은 재원(財源), 기기(器機), 군사(軍事), 교육의 네 분야로 정리되어 있고 사회적으로는 팔고문의 폐지, 실학의 진흥, 신문·잡지의 발행 등에 관심을 가지고, 특히 변발(辮髮)과 전족(纏足) 등의 폐지 같은 풍속의 개정 등도 주장하였다.

그는 개혁에 있어 민권(民權)의 신장을 이루기 위해서는 자신들의 권리를 주장할 수 있는 정치의식이 중요하다는 것을 알고 있었다. 그가 학회에 노력을 경주한 이유 역시 그 때문이었다. 그러나 중국에서 시급한 것은 경제문제이고, 이를 위한 그의 경제개혁사상의 목표는 '균빈부(均貧富)'가 이루어지는 대동사회의 건설이었다. 그리고 균빈부의 실현을 위한 분배문제 이전에 경제발전을 통한 재부(財富)의 확충(擴充)이 필요하며 따라서 상공업 발달을 촉진할 수 있는 자본주의 경제를 성장시켜야 한다.

그는 전통적 숭검론(崇儉論)을 배척하며, 검(儉)은 우민책(愚民策)으로 백성을 죽음으로 몰아넣는 술수이니 절약보다는 부(富)의 생산에 주력해야 하며 이를 위한 기계적 생산을 적극 주장하였다.

또한 그는 노자(老子)의 정(靜)의 논리에 대해서도 '움직임이 없으면 나태해지고, 나태하면 우매해진다. … 정과 검은 모두 백성들을 어리석게 하는 잔인한 수단으로 이들을 죽음에 이르게 한다(상동).'고 하였다.

그는 민생문제의 핵심이 중국인이 경시(輕視)한 상공업적 이익추구에 대한 인식의 전환에 있다고 보았다. 그는 중국을 오랫동안 지배해온 사농공상(士農工商)의 신분질서 의식을 장애요인으로 보고, 사람들이 물질적 욕구를 충족하려는 인욕(人慾)이 곧 천리(天理)라 주장함으로서 인식의 전환을 꾀하였다.

그는 사회에서 필요한 것은 이익추구를 위한 상호경쟁이며 개인의 부(富)는 결국 국가전체의 부로 축적된다고 보았다. 그는 또한 중외통(中外通)을 추구한다는 원칙에서 자립적인 기계생산기반을 마련하여 서방열강과 동등한 입장에서 통상할 것을 주장했다.

6. 결　어

1898년 6월 11일 변법(變法)을 국시(國是)로 발포하고 9월 20일까지 소위 백일천하(百日天下)의 개혁이 시작되었다. 담사동은 7월 광서제(光緖帝)의 부름을 받았으나 9월 초에나 북경(北京)에 도착하여 신정(新政)에 참여하였다.

그는 유신파(維新派)에 의한 신정(新政)이 실권이 없어 파국에의 길을 걷게 되자 군사력의 필요를 절감(切感), 원세개를 추천하고 그와의 협상을 자임(自任)하였다. 그러나 이 협상은 노회(老獪)한 원세개의 표리부동(表裏不同)한 태도, 그리고 이은 배신(背信)으로 실패하면서 백일(百日)간의 유신정권은 무너졌다.

전국에 수배령(手配令)이 내려지자 강유위와 양계초는 영국인과 일본인의 도움을 받아 홍콩과 일본으로 도주(逃走)하지만, 담사동은 망명의 권유를 뿌리치고 남는다.

양계초에 의하면 그는 '가는 것이 없으면 장래를 도모할 수 없고, 죽는 사람이 있지 않으면 성주(聖主)께 보답할 방법이 없습니다.'41)라 하였다. 그는 그의 무술(武術) 선생이기도 하였던 협사(俠士) 왕정의(王正誼)들과 유폐(幽閉)된 광서제(光緖帝)를 구출하려 하였으나 성사(成事)되지 못하고 체포되었다. 체포되기 하루 전 일본인 여럿이 일본으로 망명할 것을 강하게 권하였으나 듣지 않고 다음과 같이 말하였다.

'각국의 변법(變法)은 피를 흘리지 않고 이루어진 적이 없었습니다. 오늘에 이르기까지 중국에서는 피를 흘린 사람이 있었다는 이야기를 들어 본적이 없습니다. 이것이 나라가 번창하지 못한 이유입니다. 그런 사람이 있어야 한다면 이 담사동으로부터 시작되기를 청합니다.'

역사는 되풀이 되어 그의 죽음은 한비자(韓非子)의 결의(決意)와 너무 닮아 있다. 한비자(韓非子)는 동문수학(同門受學)한 진 나라 재상 이사(李斯)의 모함으로 옥에서 사약(賜藥)을 먹고 죽었다.

『한비자』 문전(問田)편에는 당계공(堂谿公)이 '지금 선생이 몸을 온전히 하고 이름을 보전하는 길을 버리고 위태로운 길을 걷고 있는 것이 걱정됩니다.'라고 충고하자 그는 '제가 선왕의 가르침을 버리고 법술(法術)을 세우고 법도(法度)를 만들고자 하는 까닭은 그것이 백성들을 이롭게 하고 모든 사람들을 편안하게 하는 것이기 때문입니다. 어지럽고 몽매한 임금의 박해를 꺼리지 않고 백성들의 이익을 생각하는 것이 바로 지혜로운 처신이라고 생각합니다. 제 한 몸의 화복(禍福)을

---

41) 양계초, 『담사동전』.

생각하여 백성들의 이익을 돌보지 않는 것은 탐욕스럽고 천박한 행동입니다. 선생께서 저를 사랑하여 하시는 말씀이지만 실제는 그것은 저를 크게 상(傷)하게 하는 것입니다.'고 답하였다. 그는 자신의 죽음을 예견하였고 그 앞에서 조금도 비켜 가려 하지 않았다.

담사동은 어려서부터 기질상(氣質上) 의협심(義俠心)이 강한 사나이였다고 한다. 그러나 그의 죽음은 사나이 의리(義理)를 위해서가 아니라 나라와 백성의 장래(將來)를 생각하는 절실한 마음에서 택한 희생(犧牲)이었다.

그는 광범위한 이념들을 포괄한 개혁운동가로서 그의 급진적 사고는 전통적 정치질서의 근간인 명교(名教)와 군주제를 공격하고 비판하였으나 새로운 이념이나 제도를 창제(創製)하는 데는 이르지 못하였다.

담사동이 강·양과 함께 추진한 변법운동과 그 실패는 청조 지배체제하에서 위로부터의 점진적 개혁을 통해 중국을 근대화시킨다는 것이 얼마나 허망한 일인가를 보여주는 가장 극적인 사건으로, 이 운동은 비록 실패는 하였으나 그 후의 혁명적인 변천을 몰고 온 원동력이 되었다는 긍정적인 효과도 가져왔다.

제 7 절 변혁기의 여러 정치사상

1. 서 론

중국에서 태평천국의 난이 평정된 1964년 이래 양무운동과 무술유신을 거쳐 신해혁명(1911년) 전후기(前後期)에 이르기까지 반세기(半世紀) 동안의 개혁을 위한 정치사상은 백가쟁명(百家爭鳴)을 방불케 하는 다양한 사상과 주장이 난무하였다.

이들의 정치사상은 크게 둘로 나누어 질 수 있다.

그 하나는 중화사상을 근본으로 서구문명을 수입·접목시키려는—그것을 과학기술과 무기(武器)개발에 한정(限定)시키던, 정치제도의 개혁을 시도(試圖)하건 간에—크게 보아 중체서용(中體西用)의 입장으로 이들은 서구의 문명과 정치이념을 개념적(概念的)이고 단편적(斷片的)으로 채택·적용하는 점진적 개혁을 주장하였다.

다른 하나는 중국의 정치사회 변혁을 공산주의를 포함한 사회주의(社會主義)나 더 나아가 무정부주의(無政府主義)에 이르기까지 다양한 서구(西歐)의 정치(政治)이데올로기에 따라 개혁 내지 혁명을 추구하는 급진적 경향(傾向)이었다. 그리고 시간적으로 보면 전자는 무술유신 전후(前後)가 되고 후자는 신해혁명 이후로 보아야겠지만 절대적 기준(基準)은 아니다.

2. 무술유신 전후

1) 개 관

아편전쟁 이후 서구열강에 의한 횡포와 그로 인한 중국인들의 좌절(挫折)은 청일전쟁의 패배로 극에 달하였다. 따라서 중국의 지식인(知識人)들이라면 누구나 개혁의 필요성을 인정하였으나, 중화사상을 표방한 기득권(旣得權)을 장악하고 있던 수구파(守舊派)의 세력은 이때까지 막강하였고, 그러한 정치사회적 현실(現實)에서 중체서용의 주장은 그 나름대로 매우 혁신적(革新的)인 정신자세(精神姿勢)이었다.

중체서용을 내세운 사람들 중에는 청조(淸朝)에 대한 자신들의 이해에 따라 만주정권을 정통(正統)으로 인정하여 수용하려는 입장과 한족(漢族) 중심의 민족주의(民族主義) 입장에서 배만토청(排滿討淸)을 정치사회 개혁의 전제로 하는 사람들이 함께하고 있었다.

이들은 대체적으로 서구 문명에서 민권(民權)이나 입헌(立憲) 등을 개념적(槪念的)으로 받아들여 전통사회에 개혁의 동기로 기능(機能)하게 하려 할 뿐 그러한 개념을 포괄하고 있는 정치사회적 이데올로기에 대해서는 관심이 부족하였다.

이들에 대해 시간적으로는 무술년(戊戌年-1897) 이전에는 풍계분(馮桂芬, 1809-1874)이 있었고, 이후로는 엄복(嚴復, 1853-1921)이 있었다. 내용적으로는 강유위나 양계초에 비해 수구적이던 장지동(張之洞, 1837-1909)이 있었고, 보다 진취적이었던 하계(何啓)와 호예원(胡禮垣)이 있었다.[42]

이들 중 풍계분과 장지동은 양무운동의 이론적 근거를 제공하였고, 엄복은 양무운동의 일환(一環)으로 세워진 복주선정학당(福州船政學堂)에서 공부하고 영국에 유학하였다.

2) 엄복(嚴復)

엄복은 자신에게 주어진 유학의 목적(目的)인 해군관계의 학술보다는 서구의 학문과 사상에 더 관심이 많았다. 그 당시 영국에서는 자유사상가 J. S. 밀이, 그리고 다윈과 스펜서·헉슬리 등이 진화론(進化論)을 펼쳐 명성(名聲)을 날리고 있었다.

그는 이홍장 등 양무운동의 주축세력과 깊은 관계에 있었고, 청불(淸佛), 청일전쟁(淸日戰爭)의 패배로 정치력이 약화되면서 무술년 이후로는 현실정치에서 밀려나, 번역(飜譯)에 전념하였다.[43]

---

42) 소공권, 전게서.

엄복은 중국과 서양의 문화적 차이를 중국이 '항상(恒常)'을 위주(爲主)로 하는데 비해 서양은 '변화'를 주로한데 있다고 보았다. 그리고 '변화'의 이론적 근거를 진화론(進化論)에서 찾았다. 그는 다윈, 헉슬리 등의 진화론을 번역·소개하여 중국 변혁기 사상가들에 새로운 역사인식(歷史認識)과 정치사상(政治思想) 그리고 사회적 기풍(氣風)에 지대한 영향을 주었다. 사실 양계초 역시 그로부터 단계적 진화론을 전수(傳受)받았다.

양계초의 정치사상을 일관하는 정치개혁에 있어 점진주의(漸進主義)는 그의 영향으로부터 유래한 것이지만 엄복은 오히려 '개명된 보수주의자'가 되어 혁명은 물론 유신(維新)개혁까지도 비난하였다.

그의 정치적 입장은 청조(淸朝)를 유지하면서 그 틀 안에서의 양무와 개혁을 추진하려는 것이었다. 그는 옛것이 없어지기만 하고 새로운 것은 얻지 못할 수가 있고 그러면 돌아 갈 곳이 없어 멸망하게 된다고 하여, 유학을 마치고 돌아와 주장하던 진보적 정치개혁의 입장으로부터 퇴보하여 수구(守舊)로 돌아갔다. 그는 자신이 번역한 『진화론』이 유신(維新)에 끼친 영향에 대해 잘 알고 있었다.

'오늘날의 혼란한 시국(時局)은 유신(維新)의 무리에 책임이 있다. 나는 그런 위험을 알고 있었으나 『진화론』이 나온 뒤였다. 불행이도 그런 풍조가 이루어지니 끝내 막을 수 없게 되었다.'

그는 자신의 수구(守舊)에 대한 이론(理論)을 다음과 같이 사례를 들어 말하였다.

'해금(海禁)이 열린 뒤로 시도한 것도 적지 않다. 첫째 번역사업, 둘째 동문관, 셋째 조선사업(造船事業) … 그런데 중국은 그것을 시행해도 준귤위탱(準橘爲橖)의 꼴이 되거나 … 부강(富强)은 억지로 되는 것이 아니다. 정치로도 할 수 없다. 근본을 세우지 못한 채 지절(枝節)에만 힘썼기 때문이다.'

---

43) 그가 번역한 책으로는 J. S. 밀의 『자유론』, 몽테스키외의 『법의 정신』, 아담 스미스의 『국부론』, 헉슬리의 『진화와 윤리』, 스펜서의 『명학이언』 등이 있다.

그는 근본(根本)을 세우려면 먼저 인민의 체력(體力)·지식과 도덕이 우수해야 한다. 이의 실현을 위해 그는 흡연(吸煙)과 전족(塡足)을 금지시켜 민족의 건강을 회복하고, 과거(科擧)를 폐지하고 서학(西學)을 강구(講究)할 등을 제안하였다.

엄복은 1905년 상해청년회의 초청을 받고 8차의 강연을 했고 그 원고(原稿)를 정리하여 『정치강의(政治講義)』로 간행하였다. 이는 서양의 학설을 받아들여 저술한 최초의 정치학개론(政治學概論)이었다. 비록 그 책의 취지(趣旨)가 청조가 주도하는 입헌(立憲)에 부응하려는 의도에서 이루어진 것이기는 하지만 그것은 과학적 방법에 입각하여 서양 정치의 실제를 설명함으로서 조리가 치밀하였다.

청말(淸末)에 강유위의 『대동서(大同書)』가 정치철학에 관한 가장 훌륭한 저서라면, 『정치강의』는 정치과학에서 그와 맞먹는 위치에 있다.

엄복은 유능한 학자(學者)로 북경대학의 총장을 역임하였다. 엄복이 유학으로부터 돌아온 시기의 개혁사상은 오히려 과격(過激)한 편이었다. 그는 27세에 이홍장의 천거(薦擧)로 요직을 담당하게 되었으나, 이홍장은 그의 논의가 과격하다고 생각하여 더 이상 그를 가까이 하지 않았다. 그러나 말년의 그는 원세개의 복고정책을 지지하는 모습을 보여 젊은 지식층으로부터 많은 비난을 받았다.

3. 신해혁명 전후기

신해혁명은 유교(儒教)의 중국사회를 주도(主導)하는 이데올로기로서의 기능에 대해 강한 의구심을 가져다 준 계기가 되었다. 강유위가 유교를 공교(孔教)로 바꾸어 국교(國教)로 삼자고 하자 지식인들 사이에서 격렬한 반발이 일어났다. 이들은 유교를 민족적 가르침으로 하는 것도 반대하였으니 이는 신해혁명이 내세운 공화제(共和制)나 민주적 생활양식과 양립할 수 없다는 점을 깨달은 것이다.

유교에 대한 비판적 시각은 태평천국의 난의 심리적 배경이 되었고, 이 후 양계초, 담사동 등 개혁론자들에 의해 그 병폐가 날카롭게 지적되기도 하였지만 그 근본적 공격은 1916년부터 일기 시작한 '신문화운동(新文化運動)'의 주된 투쟁목표의 하나가 되고 나서부터였다.

신문화운동의 가장 영향력이 컸던 두 인물은 진독수(陳獨秀, 1879-1942)와 호적(胡適, 1891-1962)이었다. 그러나 신문화운동에 참여한 이들은 유교 이후의 정치적 도덕적 문제를 두고 사회주의 계열과 자유민주주의라는 좌우 양대 노선(路線)으로 갈라서게 된다. 그리고 진독수와 호적 역시 좌우로 나뉘어 섰다.

1) 사회주의 계열

일찍이 1902년에 양계초는 일본에서 간행되던 그의 『신민총보(新民叢報)』에서 마르크스를 논하였다. 그리고 손문이 1905년에 제창한 민생주의 역시 사회주의의 변형이었다. 이와 거의 동시에 중국인 무정부주의자(無政府主義者)들의 잡지가 파리와 동경에서 간행되어 중국 본토로 흘러들어가 은밀하게 읽혔다. 그러나 1911년의 혁명 이후에 가서야 비로소 사회주의는 중국에서 공공연히 주장되었다.[44)]

이들은 단순히 정치제도를 개혁하거나 이념을 개념적으로 수용하는 수준으로는 중국적 상황에 근본적 대처(對處)가 될 수 없고, 사회를 주관(主管)할 수 있는 이데올로기의 필요성을 인정하며 이제 그 단계에 이르렀다고 보았다.

그들은 사회주의, 공산주의, 무정부주의 등에 대해 각기의 입장에서 자신들의 생각을 펼쳤다.

무정부주의(無政府主義)는 19세기 이래 국제노동자운동에서 마르크스주의와 대립되는 일종의 소자산계급의 공상(空想)사회주의 사조(思潮)이었다.

크로포트킨을 따라 중국의 무정부주의자인 유사복(劉師復, 1884-1915)은 '무정부주의란 강권(强權)을 배척하는 것을 근본으로 한다. 인민의 완전한 자유를 주장하고, 모든 통치를 받지 않으며 수령(首領)과 권위

---

44) 체스타 한, 전게서, p.58.

있는 기관을 없애는 학설이다'라고 정의(定意)하였다.[45]

그들의 정치 주장은 '근본적으로 세계혁명을 실행함으로서, 현사회의 모든 강권을 없애버리고 진리의 신사회로 정당하게 개조하여 이들을 대신한다.'는 가히 중국현실로는 공상적인, 그러나 젊은이들에게는 매력적인 것이었다.

이들은 마르크스주의가 중국에 전파되기 이전에 진보적 청년들에게 영향을 주었고, 후에 마르크스주의자들과 논쟁도 벌였지만, 결과적으로는 마르크스주의와의 유사(類似)한 기본개념들을 먼저 제공함으로서 오히려 마르크스주의자들에게는 자신들의 이데올로기를 전파(傳播)하는데 도움이 되었다.

2) 자유민주주의 계열

신문화운동(新文化運動)은 반(反)유교사상을 앞세워 중국인들의 정신생활을 혁명화(革命化)하려는 기본적으로는 자유주의(自由主義) 성격을 갖고 있었으나, 이에 참여했던 많은 인사들은 오히려 이념적(理念的) 성향이 강한 사회주의에로 좌경(左傾)하였다. 그것은 사회적으로 불안한 상태를 해결할 근본적인 지도이념에 대한 요구에 따른 것이었다.

그러나 실용주의자인 호적은 온건하고 개량주의(改良主義)적이었고 이념적인 것보다는 실제적인 것에 더 관심이 많았다. 사실 이러한 성향은 자유민주주의의 일반적인 성향이기도 하다.

또한 반(反)전통을 주장하는 문인(文人)인 노신(魯迅 1881-1936)은 우상파괴정신으로 유교를 공격하였다. 그는 '전통을 보전해야하는가 하는 것은 전통이 우리를 보존할 수 있는가 하는 것보다 더 중요한 문제는 아니다'라고 신랄하게 말하였다.

호적이나 노신은 기본적으로 개인주의 성향이었고 그들의 관심 역시 유교의 비인간적인 도덕률에 있었다. 이들이 자유민주를 지향한 것은 너무 당연하지만, 그러나 당시 혁명의 시기에 개인자유주의는 시의적절(時宜適切)한 것은 아니었다.

45) 이세평, 『현대중국정치사상가』, p.52.

한편 자유민주주의라 부를 수 있는 계열(系列)의 사상가(思想家)들 중에는 유교의 근본원리를 따르는 양계초를 비롯한 장군매(張君勱, 1887-1969), 장동손(張東蓀, 1886-1976)과 양수명(梁漱溟, 1893-?) 등이 있었다. 이들의 기본사상은 중체(中體)에 있어 호적이나 뇌신의 반유교와는 대립되지만 점진적 개량주의에서는 일치하고 있다.

이들 중 양계초와 장군매는 유럽을 함께 여행하면서 세계 1차 대전으로 유럽문화가 파산(破散) 지경에 이른 것을 보고 과학과 물질문명에 한계를 확인하여 유교의 근본원리에 대한 신념을, 그리고 양수명은 진정한 유교사상의 부활이 중국뿐 아니라 세계전체까지도 구해 낼 수 있다고 보았다.

3) 호적(胡適, 1891-1962)

호적은 안휘성(安徽省)이 고향인 부모 밑에서 상해(上海)에서 태어나 어린 시절 고전(古典) 읽기와 글쓰기를 배웠으나 1910년에 미국으로 건너가 코넬 대학에서 농과대학을, 그리고 콜롬비아 대학으로 가 존 듀이(John Dewey)에게서 철학을 공부해 박사(博士)가 되었다. 그는 5·4 운동의 지도자였고, 백화(白話)운동의 주요 입안자로 문자혁명(文字革命)에 앞장섰다.

1917년 귀국하여 북경대학 교수가 되어 20년 동안 간헐적(間歇的)으로나마 이 자리를 지키며 문학이론·국어운동·민속연구·철학사 등 광범한 분야의 연구를 하였다.

1928년에는 중국 국립연구원의 원장으로 임명되었으나 국민당 정부와의 불편한 관계로 다음해에 사임하였다. 그러나 1938년 항일전쟁(抗日戰爭) 기간 중에는 국민당 정부에서 주미(駐美) 대사로 활약하여 미국의 중국에 대한 협력과 친선에 큰 도움이 되었다.

호적은 토마스 헉슬리(Thomas Huxley)와 존 듀이의 영향을 강하게 받아 실용주의(實用主義; Pragmatism) 입장에서 실험을 중시하는 마음자세(Laboratory attitude of mind)를 항상 견지하였다.

그는 객관적 진리의 존재 가능성을 인정하지 않았다. 모든 진리는 단지 유용한 가설(假說)들이며, 그 가설이 참인지의 여부는 그 가설들이 기대되는 결과를 산출해낼 수 있는가의 여부에 달려있다고 주장한다. 그의 정치사상을 단적으로, 그리고 상징적으로 보여준 사례는, 1919년 중국에서 사회주의와 무정부주의에 대항하여 발표한 “문제와 주의(主義)”에 압축되어 있다.

‘중국인은 특정한 문제에 더 관심을 갖고 주의(主義)에 대해서는 덜 하는 것이 좋다. … 어떻게 인력거꾼의 생활수준을 높일 것인가를 연구하는 대신 사람들은 사회주의를 논한다. … 것은 근본적인 해결이라고 의기양야하게 자랑한다. 그러나 이것은 순전히 기만이고 엉터리이다. … 그것들은 오히려 중국의 사회개량(改良)의 모든 기회를 뿌리 뽑아 버릴 것이다.’

그는 주의(主義)에 대한 맹목적이고 열광적인 신봉(信奉)과 논의는 사람들에게 거짓된 만족을 주어 실질적인 문제에 대한 점진적인 노력을 등한시하게 한다고 경고하였다.

호적의 점진·개량주의는 아마도 타고난 성품으로 그것이 그가 존 듀이의 철학을 선택한 이유라 볼 수 있다. 사실 그는 미국으로 가기 이전에 양계초의 저서를 읽고 크게 감명 받았고, 그에 감사하는 마음을 표(表)하곤 하였다.

4) 정치사상

호적은 동양(東洋)의 정신과 서양(西洋)의 물질이라는 식의 이분법을 거부하였다. 그는 문명의 상태란 인간이 환경에 적응하는 과정에서 얻은 업적(業績)과 성취물(成就物)들의 종합이라 보고 과학(科學)을 현대 문명의 정신적 측면으로 이해하여 서양의 정신적 우월성을 단언하였다. 그는 민주주의의 성과로 쟁취한 자유·평등·박애사상 역시 서양의 정신적 우월성에 대한 증거로 들고 있다.

호적은 신문화운동의 지도자들 중에 일관되게 자유민주주의를 주장한 몇 안 되는 인물 중의 하나이다. 그는 ‘민주헌정은 정치적 훈련이 결핍된 국민에게 적합한 초보적인 정치이다. 민주주의의 장점은 그것이 뛰어난 영걸(英傑)을 필요로 하지 않고, 정치상의 권리를 점차적으로 신장시키는 신축성, 수많은 보통시민의 상식(常識)을 모아 함께 논의 할 수 있고, 대다수의 인민에게 정치에 참여하는 기회를 주어 훈련하게 하는 등에 있다. 요컨대 민주정치는 상식의 정치이다.'라 하였다.

그는 이 글에서 민주정치를 선거 때 투표만하면 되는 '유치원(幼稚園) 정치'라고 하여 호된 반대의 비난(非難)을 들었다. 그러나 그가 유치원 정치라고 한 참 뜻은 초보적 민주정치에 있어 시민에게 요구되는 최소한의 일을 말한 것으로 이로부터 배워가며 성장시켜 나가자는 것이었다.

호적은 중국의 재건방향에 대해 1930년 "우리는 어느 길을 밟아야 하는가?"라는 글에서 이를 두 단계로 나누어 첫째는 부정(否定)의 단계로 파괴(破壞)해야 할 것들을 파괴하고 둘째는 긍정(肯定)의 단계로 새로이 목표를 가지고 건설해 나가는 것이다.

그는 첫 단계로 파괴해야 할 것들을 빈곤(貧困), 질병(疾病), 무지(無知), 부패(腐敗), 무질서(無秩序)를 들고 이를 다섯 가지 구적(舊敵)이라 하였다. 그는 당시의 일반적 국민정서(情緖)인 반자본주의, 반봉건주의에 대해서는 이들을 허구(虛構)로 보았고, 반제국주의에 대해서 그가 주장한 구적(舊敵)을 극복하는 데에는 내치(內治)가 우선적이라는 해석(解析)이었다.

둘째 단계인 국가재건의 목표에 대해 그는 통일(統一), 질서(秩序), 번영(繁榮), 현대화(現代化) 등을 이룬 국가가 되어야 한다는 것이다. 그리고 그 가능한 방법에 대해 독재와 폭력에 의한 혁명에 분명히 반대하였고, 유일한 길은 '깨어있는 개혁(改革)'에 의한 길이다. 그리고 그 과정은 구적에 대한 명백한 인식을 바탕으로 모든 인적(人的) 자원과 지력(知力)을 동원하여 과학적, 기술적 방법에 따라 점진적으로 수행해 나가야 한다.

그는 서구 자유민주주의 강력한 옹호자로 공산당의 혁명에 반대함은 물론, 손문에 대해서도 그의 주장인 '지난행이(知難行易)'에는 지도자를 맹목적으로 추종시키려는 의도(意圖)가 있다고 비판하였다.

그의 장개석 정부에 대한 비판의 기조(基調)는 비민주성과 비합법적 정책에 대한 것으로 그 구체적 내용은 인권 문제와 사상과 언론의 자유에 대한 억압에 있었다. 또한 독재적(獨裁的) 측면을 강하게 비판하여, 많은 인사들과 찬반논쟁을 벌였다.

그의 국제적 명성(名聲) 때문에 그는 국민당 정부의 탄압으로부터 비교적 자유스러울 수 있어 그 비판이 매우 날카로웠으나 이 둘의 관계는 애증(愛憎)과 필요(必要)가 섞이어 있었다. 결국 그는 1948년 중공 정부 수립 직전에 미국에 망명, 그 후로 다시 대만에 건너가서 중앙연구원 원장, 총통부 자정(資政) 등의 요직을 역임하였다.

제9장 | 서양 현대

제1절 개관(槪觀)

근세는 데카르트가 '나는 생각한다. 그러므로 존재한다(ego cogito, ergo sum).'는 명제(命題)로[1] 인간의 존재이유(存在理由)를 스스로에게서 찾는 인간 주체성을 선언함으로 종래 기독교신(神)의 피조물로 그에 봉사함으로 자신의 존재이유 내지 구원(救援)을 확인하던 중세와 결별한다. 이는 물론 데카르트가 신(神)의 존재를 부정하는 의미로 한 말은 아니지만 그럼에도 불구하고 이 명제는 사변적(思辨的)으로는 신의 존재근거의 부정이기도 한 것이다.

칸트는 그의 『순수이성비판』에서는 신(神)의 존재를 증명할 수 없다 하고, 『실천이성비판』에서 다시 신의 존재를 인정한다. 이처럼 서구 철학자들의 고민과 갈등은 자신의 이성(理性)이 가리키는 방향이 생활의 감성(感性)과 윤리적 필요가 가리키는 것과 상반되는데서 오는 혼란에 있었다.

---

1) 이 명제(命題)가 가리키는 바는 사물들과 존재자 전체에 대한 모든 의식(意識)은 그 확실성의 부동(不動)의 기초인 인간주체(主體)의 자기의식(自己意識)에로 환원된다는 것이다. 즉 주체로서의 인간이 사물들과 존재자 전체를 객관적 대상(對象)으로 설정하고 그들의 실재성(實在性)이나 가치(價值)는 주체인 인간의 이성(理性)에 의해 결정된다는 것이다.
인간 개개인의 불멸(不滅)의 영혼을 신(神)의 계시(啓示)를 통해 구원하겠다는 기독교적인 구원의 확실성으로부터 이제 해방(解放)은 본질적으로 인간이 자기자신을 통해서 자신의 규정과 과제를 확보할 수 있다는 확실성으로의 해방(解放)이다(하이데거, 『니체와 니힐리즘』).

다시 말해 과학적인 합리성으로 이해되는 우주자연의 질서와 기독교의 교리(敎理)가 함축하고 있는 관념 사이에서 오는 갈등인 것이다. 아마도 이러한 갈등을 벗어난 최초의 인간이 니체라 하겠다.

이론적이고 관념적인 관점에서만 보면 초기 기독교 신(神)의 권좌(權座)는 아우구스티누스에 의하여 마련되었고 중세 동안 로마 교황청에 의해 확고하게 유지되었다. 그러나 종교개혁으로 그 통일된 힘은 분열, 약화되었고 근세를 거치는 동안 해체과정을 밟아 왔다. 그리고 그 근세의 서두(序頭)에 데카르트의 주체성 선언이 있었던 것이다.

하이데거는 '중세의 기독교 시대에 대해서 근세가 갖는 새로운 점은 인간이 인간 존재를 자체로부터 그리고 자신의 능력으로 확실하게 확보하기 시작했다는 것이다. 구원(救援)을 요구하는 본질적으로 기독교적인 사상은 인수(引受)되지만 데카르트의 구원은 피안(彼岸)의 영원한 지복(至福)이 아니라 오직 인간의 모든 창조적 능력과 자유로운 자기 전개(展開)이다.'라고 한다.

그러나 데카르트의 이러한 명제는 철학적 사유에 의한 것이었을 뿐 당시의 신앙생활에 직접적인 영향을 준 것은 아니었다. 그러나 합리주의 철학이 근세 철학에 주류(主流)를 이루고 정신계를 지배할 수 있었던 배경에 이러한 '존재이유'의 선언이 선행되었다는 것은 부정할 수 없는 것이다. 사실 19세기 니체가 '신은 죽었다'고 말한 것은 이에 대한 추인(追認)의 의미일 뿐이다.

17세기 라이프니츠는 신(神)이 생각하는 데로 세계가 창조된다고 하였다. 이제 모든 진리를 담보(擔保)하던 신의 권위의 부재(不在)는 서구세계 가치체계의 근거를 무너트리었고, 데카르트의 선언에 따라 인간은 주체로서 세계를 객체화시키면서 창조자로서의 신적(神的) 지위에 버금가는 위치에 올라 만물(萬物)의 주인으로 행세하게 된다.[2]

그리고 인간의 삶을 통괄(統括)하는 기독교 교리의 공백(空白)을 메

---

2) 고대(古代) 그리스나 동양사상에서는 있을 수 없는 근데 서구(西歐)사상의 특징으로 이는 인류문명의 진보의 요인(要因)인 동시에 인간을 자연과 대립 더 나아가 적대관계로 설정함으로서 현대(現代)의 위기(危機)를 제공한 원인이기도 하다.

우려는 철학자들의 세계관, 그 세계관에 따른 정치이념(理念)들이 진리(眞理)의 이름으로 인간을 지배하게 된다.

현대의 이상주의(理想主義)에 결정적 역할을 한 철학자는 헤겔과 마르크스이다. 그들은 사회적·지적·도덕적 변화의 기나긴 과정을 탐구하여 세계를 이해하였고, 당위(當爲)가 존재(存在)로부터 논리적으로 추론될 수 있다고 믿고 또 제시한 철학자(哲學者)들이다. 그들의 이상(理想)은 그 근저(根底)에 루소와 칸트의 이상, 즉 어떤 사람도 다른 사람들의 단순한 도구(道具)가 되어서는 안 되며, 모든 인간은 자신이 내면적으로 받아들인 원칙에 따라 살아 갈 수 있어야 한다는 것과 다르지 않다.[3)]

헤겔이 인간정신을 보다 깊이 통찰하였고, 마르크스는 그런 정신에 영향을 주는 사회과정을 탐구하여, 당시 정치질서를 인정하기를 거부했다는 점에서 헤겔보다 이상의 실천(實踐)에 더 충실했다.

이들의 이상주의 철학은 현대 정치사회에 적용하는 과정에서 실패하였으나 그 실패의 책임이 그들의 몫은 아니다.

문제는 '불가능한 것을 가능하게 만들려고 할 때 그것은 처벌할 수도, 용서할 수도 없는 절대적인 악(惡)이 된다.'는 경구(警句)를 무시하고 이들의 이념을 현실에 적용시키는 과정에서 왜곡(歪曲)시킨 정치인들에 더 큰 책임이 있다.

현대는 마르크스의 공산주의와 독일과 이탈리아의 국가사회주의 이념으로 시작되었다. 헤겔 자신을 단순하게 민족을 내세운 국가주의자라고 치부할 수는 없다 해도 그의 국가론은 절대정신(絕對精神)이 이끌고 있었고 이 이념(理念)은 왜곡(歪曲)·변질(變質)되어 나치즘의 발판이 되었다.

다른 한편 헤겔의 변증법(辨證法)은 단순한 논리의 형식이 아니라 존재론(存在論)의 의미를 함축(含蓄)하고 있어 '존재자로서의 인간'의 역사해석이 가능하였고 마르크스는 유물사관(唯物史觀)의 입장에서 변증법을 경제사회 현실에 적용하여 공산주의라는 이데올로기를 형성하였다.

---

3) 플라므나츠, 전게서, p.382.

20세기의 세계는 이들 이념(理念)의 지표(指標)를 따라 현실이 그 이념의 현실화를 위해 광분(狂奔)하는 형태로 현대를 개시하였다. 헤겔의 '미네르바의 부엉이'는 역사의 진행이 시작되기 전에 이미 날개를 폄으로 그의 주장을 배반하였다.

여하튼 이 두 이데올로기는 이분법적(二分法的) 서구 전통적 사유형식인 형이상학(形而上學)에 기초한 것으로, 이들의 실패(失敗)는 더 이상 이념(理念)의 현실에서의 실험(實驗)은 기대하기 어려운 마지막 모습이었다. 이 두 '이데올로기의 종언(終焉)'은 곧 서구 철학의 근본적 사유형식인 형이상학의 종언을 의미한다고 볼 수 있다.

이러한 서구의 역사·철학적 현상의 결과에 대해 러셀은 다음과 같이 말한다.

'이렇게 해서 현대 유럽과 미국은 정치와 이념 측면에서 세 진영으로 분열되었다. 하나는 자유진영으로 가능하다면 여전히 로크와 벤담을 추종하지만 산업사회의 필요에 따라 다양하게 적응하였다.

두 번째는 러시아에서 정권을 장악한 마르크스 진영으로 이들은 다른 나라로 점차 영향력을 확장해나갔다. 이 둘의 견해는 철학의 관점에서 보면 차이가 크지 않아서 모두 합리주의적 성향을 띠며 과학적이고 경험적인 목적을 추구한다.

셋째 진영은 정치적 측면에서 나치당과 파시스트당으로 대표되며 철학적인 면에서 합리주의에 반대한다. 철학의 편에서 이들을 출현시킨 원조는 루소, 피히테 그리고 니체이다. 이 진영은 의지(意志), 특히 힘에의 의지를 강조한다. 그리고 힘에의 의지는 특정한 종족과 개인에게 주로 집중되기 때문에 지배할 권리도 갖는다고 생각한다.'[4)]

그러나 러셀의 의견이 간과(看過)하고 있는 것은 영미(英美) 자유주의의 현실주의와 마르크시즘(공산주의)과 나치즘(국가사회주의)이 갖는 공통적인 이상주의적 성격과의 차이이다.

마르크스는 자신의 이론은 과학적 공산주의라 하여 18세기 프랑스

---

4) 러셀, 전게서, p.996.

의 공상적(空想的) 공산주의와 구별하고 있으나 목적에 접근하는 방법론의 차이가 중요한 것이 아니라 그가 설정한 목적 자체가 인간 성품과의 적합성(適合性)을 간과한 이상(理想)에 근거하였다는데 있다.

마르크스주의는 모든 가치의 전면적 전환(轉換)이라는 전체적 혁명을 기도(企圖)하였고, 혁명이 성공으로 이어지는 날 프롤레타리아뿐 아니라 인간의 역사 역시 완수된다는 메시아적 구제 종교의 성격이 강하였다.

마르크스주의가 '이상화한 공산주의 사회'를 지향한데 비하여 나치즘은 민족 혹은 국가를 이상화(理想化)하고 이를 추구하였다는 점에서 이들의 목표가 이상주의였음은 분명한 것이었다. 다만 그 차이는 마르크시즘이 물질적인 것에, 나치즘이 정신적인 것에 근거하였다는데서 비롯된 것이라 하겠다.

이들이 저지른 패악(悖惡)에 대해 세이빈은 다음과 같이 서술(敍述)하고 있다.

'이 양자(兩者)는 민주적인 헌법이 보호하려 했던 시민적 자유를 유린(蹂躪)하였고, 민주적인 정부의 받침대였던 정치적 자유를 파괴했다. 이들 양자는 권리와 자유의 보호가 정부의 제1차적 목표라는 사실을 부정하였다. 뿐만 아니라 인간 개인이야말로 그 자신의 국극적인 이익이나, 또는 정부가 일반이익이나 사회이익을 보호하기 위해서 마땅한 정책이나 시행을 판단하기에 적임자라는 사실도 부정하였다.

공산주의와 파시즘 양자는 개인보다 더 높은 가치를 갖고 있는 것으로서 집합적인 총체(總體)－파시즘인 경우 인종(人種)이고 공산주의의 경우 사회 또는 공동체이다－를 내세웠으며, 인간은 다만 집합체의 기관이나 부속에 지나지 않는다고 묘사하였다. 따라서 양자는 정치를 보통 인간은 파악할 수 없는 불가사의(不可思議)로 그렸으며, 특수한 능력과 재질을 타고난 엘리트의 기능으로 인식하였다.'

이 두 이데올로기는 기독교 신(神)에 의하여 주어진 가치를 더 이상 신빙할 수 없게 되었을 때 인간이 만들어 낸 이상적, 초월적 세계관에 의한 서구적 가치창출의 시도(試圖)였고 이 둘 모두 처참한 실패로 끝났다. 이제 서구의 형이상학은 니체가 말한 대로 니힐리즘으로 끝이 났고 서구철학으로서는 정치사상에 관한한 더 이상 시도해볼 만한 것이 남아있지 않다.

제 2 절 마르크스(Karl Marx, 1818-1883)

1. 생 애

마르크스는 독일 트리어에서 변호사의 아들로 태어났다. 그의 가족은 원래 유태교도였으나 그가 어렸을 때 프로테스탄트로 개종(改宗)했다.

그는 본 대학과 베를린 대학에서 법학을 전공했으나 동시에 헤겔 철학에 대하여도 깊은 관심을 가졌다. 그가 박사학위 논문(1840, 예나 대학)에서 다룬 것은 아리스토텔레스 이후의 고대철학이었으며 이는 철학의 태두(泰斗)인 헤겔의 사망 이후의 독일철학이 처한 상황이 이와 비교될 수 있는 것이기 때문이었다.

그는 이미 극단적인 헤겔좌파의 입장을 보였기 때문에 대학 교수직을 얻을 가능성이 희박하여 저널리스트가 되어 1842년 쾰른의 '라인 신문'에 주필(主筆)이 되었다. 그는 망명생활을 하며 런던으로 가 집필생활을 하다 1883년 그 곳에서 사망하였다.

마르크스는 1848년 독일 혁명을 기점(基點)으로 하여 전기(前期)에는 활발한 사회활동을 하며 그의 대표적 저술(著述)의 하나인 『공산당 선언』을 발표하였고 후기에는 런던에 칩거하며 『자본론』을 완성시켰다.

러셀이 말한 대로 하나의 이론이 인간생활의 실천 기초를 자율적인 이성에 의거하는 한, 그 이론은 합리주의적이며 이런 면에서 자유주의와 마르크스주의는 동일한 기반위에 세워진 것이다.

정치사상가로서의 마르크스는 개인의 해방(解放)을 위해 온갖 노력을 경주(傾注)하였다. 마르크스가 그의 저서 『정치경제학 비판』에서 사용하고 있는 용어들－억압, 착취, 소외(疏外), 비극－은 그가 내세운 이론이 단순한 경제적 교의(敎義)를 넘어 윤리적 의미를 함축하고 있음을 보여준다.

2. 마르크시즘 형성의 기초

마르크스는 독일의 관념철학, 영국의 정치경제학, 그리고 프랑스의 사회주의라는 서구의 19세기 정신적 산물들의 계승자로서 지난 세기의 유물론(唯物論)을 헤겔 철학의 차용(借用)을 통해 더욱 풍부하게 만들었다.

마르크스주의는 자유주의적 합리주의가 단지 부르주아 사회를 이상화(理想化)하는데 기여할 뿐이라고 봄으로서 이에 반대하는 비판적 사회이론을 세워 노동계급에 의한 집합적(集合的) 해방을 설정한다.

그는 노동계급의 해방을 위해 부르주아 사회의 경제적 기반인 자본주의를 분석하고 이를 변증법적 유물사관(唯物史觀)에 의거해 공산주의 사회의 도래(渡來)를 역사적 필연성으로 보는 이론체계를 형성한다.

이는 현실존재로부터 이상(理想), 즉 당위세계로의 전환이라는 역사적 추이(趨移)를 필연적인 것으로 해석한 것이다.

이처럼 변증법의 성격에는 현실로부터 당위(當爲)를 추구하는 과정을 필연적인 관계로 보는 윤리적(倫理的) 측면이 있다.

마르크스는 헤겔의 변증법을 자신의 방법으로 유지하면서 헤겔이 생각했던 것과는 전혀 반대되는 내용으로 바꾼다. 마르크스의 말을 빌리면 그는 헤겔의 변증법을 180도 회전시켜 인간이 '머리가 아닌 발로 딛고 서게 만들었다'. 즉 그는 헤겔과 달리 변증법적 발전 이론을 관념론적 세계관이 아니라 유물론적 세계관에 결부시켰다.

그는 '헤겔에 있어 사유과정(思惟過程)은 이념의 이름 아래 자립적 주체(主體)로까지 변화되는 현실의 조물주(造物主)이지만 내게 이념적인 것이란 단지 인간 두뇌 속으로 옮겨져 번역된 물질에 지나지 않는다.' 고 하였다.

마르크스는 포이에르바하의 유물론을 수용(收用)함으로서 관념철학으로부터 탈출하지만 그는 포이에르바하의 인간주의적 유물론에 반대하여 '사회적 유물론'으로 나아갔다. 그리하여 마르크스주의의 창시자

(創始者)들은 새로운 변증법과 철학적 유물론, 그리고 유물론적 역사관을 형성시키는 '철학 혁명'을 이룩하였다.

3. 변증법의 성격과 현실 해석

1) 변증법의 성격

마르크스는 변증법에서 혁명의 원리를 발견한다. 변증법에 있어 모순은 '정태적(靜態的)인 사물'의 존재에 대한 부정(否定)을 의미하는 것은 아니다. 대신에 그것은 본질 내지 실체의 자기전개 과정에서의 기초적인 상충(相衝)에 관계 되는 것이다.

변증법에 따르면 사회의 발전과정에서 상이한 힘과 경향들의 충돌 즉 '상충(相衝)'에 의하여 '양질(量質)의 전화(轉化)' 즉 양적(量的)변화는 필연적으로 질적(質的)변화를 초래(招來)한다. 그리고 이러한 '양질의 전화'가 갖는 의미내용에는 이미 그 사회가 일정 한계 내에서 작용하는 점진성(漸進性)을 중단하고 비약적인 변동을 가져올 수 있다는 논리구조를 갖고 있다.

마르크시즘에서 모순(矛盾)은 자본주의 그 자체의 거대한 사회 역사적 과정을 분석하는데 가장 중요한 역할을 하고 있다. 왜냐하면 모든 역사적 추세(趨勢)들은 체계내의 본질적 모순으로부터 나타나고, 또한 그것을 반영하는 한 그들은 어떤 변증법적 논리를 포함하고 있기 때문이다.

그리고 변증법은 우연히 병존(竝存)하고 있는 것처럼 보이는 사회적 사건들의 연관성을 볼 수 있게 하는 논리적 도구로서 이에 따른 역사에 대한 이해와 현상(現狀) 해석이 가능한 것이다.

2) 변증법의 현실적용

마르크스는 헤겔의 '이성적(理性的)인 것이 현실적(現實的)인 것이고, 현실적인 것이 이성적이다'라는 명제(命題)를 지지(支持)하였다.

헤겔이 '현실적인 것은 이성적인 것이다'라고 할 때 그 '현실'에는 두 개의 층이 있는데 하나는 불완전하고 병든 일상(日常)의 의미이고 다른 하나는 현실에 내재(內在)한 본질적이고 이성적인 면이다.

마르크스 역시 현실을 두 개의 층으로 나누어 보았는데 하나는 외부적인, 눈으로 볼 수 있는 그러나 환영적(幻影的)인 현실이며, 다른 하나는 내부적인-외부적 요인에 의해 음폐(陰蔽) 되어 있는- 진실한 실제적(實際的)인 현실이다.[5] 그는 철학의 임무는 외부적이고 환영적이 것에 근거한 '이데올로기적 현실'의 불합리한 내용과 구조의 실상(實狀)을 파헤쳐 진정(眞正)한 '실제적인 현실'을 밝혀내는 것이라고 생각하였다.

그의 이러한 임무를 통해 획득하려는 '현실의 단순한 외관(外觀)과 대비되는 진정한 현실(true reality)'은 곧 현실의 내면적 본질이며, 이는 규범 내지 당위에 해당(該當)하는 것으로 마르크스에게는 사회주의의 정의(正義)이며 이념(理念)이다.

이러한 이분법적 사유는 플라톤 이래로 서양 철학의 형이상학적 궤도(軌道)에 따른 것으로 새로울 것이 없으나 마르크스 철학의 특징은 종래의 관념 철학에서 벗어나 변증법적 유물론의 관점에서 '현실과 당위'라는 과제를 풀어나가고자 한 것이다

4. 경제관계이론

1) 생산양식(生産樣式)

레닌은 '유물론(唯物論)은 인간의 의식(意識)을 존재(存在)로부터 설명하는 것'으로 물질만이 현실적인 것이며 사유하는 의식은 현실의 반영일 뿐이다. 따라서 사회적 의식-이념, 이론-은 이러한 현실의 반영에 지나지 않는 것으로 인간이 주목해야하는 것은 사회적 삶의 물질적 토대라 하였다.

---

5) 마르크스에 의하면 이념(理念)은 현실사물의 영상(映像)에 불과하며 의식(意識)은 사물의 영상을 반영하는 거울이다. 자본주의 이데올로기란 자본주의 사회의 자기모순(自己矛盾)을 나타내는 현실의 불합리한 구조가 현실 속에 투영된 결과이다. 그리고 당시의 사회현상에 대해 그 환영적(幻影的)인 현실을 반영한 자본주의 이데올로기가 역(逆)으로 현실을 지배하며 이끌어나가는 이중(二重)의 모순을 보인다고 하였다.

이 '사회적 삶의 물질적 토대'에는 외적인 지리적, 인구 등이 포함되지만, 그러나 특정한 시대, 특정한 사회를 규정(規程)하는 요소는 물질적 재화(財貨)의 생산양식(生産樣式)이다. 따라서 마르크스에게 '생산양식'은 생산과 분배의 여러 가지 사회적 형태들을 인지(認知)하고 분리(分離)시키는데 뿐 아니라 역사를 구분하는 중심개념이다. 이에는 생산력(生産力)과 생산관계(生産關係)라는 두 측면을 포함하고 있다.

생산력(forces of production)이란 사회의 물질적 재생산을 위한 수단-인구, 기능, 기예, 기술 및 가공품-을 의미하고, 생산관계(relation of production)는 생산력을 지배하고 그 생산물을 분배하는 사회적 관계를 말한다. 이 생산관계는 권력과 위계질서에 따른 제도들을 낳고 이들은 모든 생산양식 속에서 발견되는 사회계급 속에서 구체화된다.

이때 계급들은 주로 그 구성원들이 생산과 분배과정에 대해 갖고 있는 공통적인 관계-군주, 농노, 임금 노동자, 자본가 등등-에 의해 규정되며, 계급 상호간에 존재하는 불평등하고 적대적인 관계를 그 특징으로 하고 있다.[6)]

생산양식은 전체로 보면 한 순간도 멈춰있지 않다. 그리고 변화는 언제나 생산력에서 시작된다. 즉 새로운 자연 자원의 개발이나 기술의 발명이 변화를 유발한다. 그리고 이 변화는 노동의 사회조직에서의 변화, 즉 생산관계의 변화를 수반(隨伴)한다. 만일 생산관계가 생산력의 변화에 적응하지 못하면 생산 과정에 장애가 생기며 결국 위기를 초래하게 된다.

2) 생산관계(生産關係)

마르크스는 그의 『정치경제학 비판』 서문(序文)에서 다음과 같이 말하고 있다.

'내가 도달한 보편적인 결론(結論)은 사회적 생산에서 인간은 일정한 관계 속에 놓이게 된다. 그러한 관계란 그들의 의지와는 독립된 불가

---

6) 하일부르너, 『자본주의』.

피한 생산관계로 그들의 물질적 생산력의 일정한 발전단계에 상응해서 나타난다. 이러한 총체적 생산관계는 사회의 경제구조를 형성한다.

이러한 경제구조 위에서 법적 정치적 상부구조가 구축되며, 그에 따라 일정한 사회의식(社會意識)의 형태가 형성된다. 인간의 존재를 결정하는 것은 그들의 의식(意識)이 아니라 반대로 인간의 의식을 결정하는 그들의 사회적 존재이다.'

따라서 모든 사회적 변화와 정치적 혁명의 궁극적인 원인은 인간의 마음속, 즉 영원한 진리와 정의(正義)에 대한 인간의 계속적인 통찰에서가 아니고, 생산과 교환의 양식(樣式)에서의 변화 속에서 모색되어야 한다. 또한 그런 원인들은 철학 속에서가 아니라 그 해당 시대의 경제 속에서 구해져야 한다.7)

마르크스의 판단에 따르면 역사적으로 생산체계는 토지나 기계 등의 생산력이 사회의 특정 개인이나 집단에 귀속되는 방식으로 생산관계가 짜여 있다. 자본주의 사회에서는 자본가가 생산수단을 독점적으로 소유하며 임금 노동자는 노동력을 상품처럼 팔아 생계를 유지해야 하는 체제이다.

사회에서 이런 생산 양식의 토대의 외부에 존재하는 모든 것 즉 정치적 법률적 관계와 질서, 사상, 이론, 예술과 철학 그리고 종교는 이 이데올로기의 상부구조(上部構造)에 불과하며 이는 경제적 토대가 변화함에 따라 변화할 수밖에 없다.

사회를 형성하는 각 계급에는 각자의 이데올로기가 있으며, 따라서 이론상(理論上)의 투쟁은 사회 계급투쟁의 반영일 뿐이다. 그러나 근본적으로는 사회에는 대립하는 두 계급만이 존재한다. 즉 생산수단을 장악한 자본가와 노동력만을 소유한 채 착취당하는 프롤레타리아이다.

마르크스의 유물론적 역사해석은 때로 이를 경제적 결정론(決定論)으로 오해되는 경향이 있다. 그러나 그의 해석(解析)은 이러한 경제적 상황에 대한 이해를 기반(基盤)으로 할 뿐, 역사의 변화과정에는 상부

7) 엥겔스, 『반 듀링론(Anti-Duhling)』.

구조(上部構造)의 여러 요소들의 영향력이 포함되어 있음을 인정한다.

엥겔스 역시 '계급투쟁과 그 결과로서 나타나는 정치 형태들, 투쟁에서 승리한 계급이 제정하는 헌법 혹은 법률 형태들 … 참가자들의 뇌리 속에 있는 철학적·종교적 견해들은 역사적 투쟁과정에 영향을 준다.'고 하였다.

다시 말해 생산관계의 총체(總體)에는 다양한 인간관계를 포함하고 있으며 정신적 관계들인 상부구조는 하부구조 즉 그 토대(土臺)에 작용을 미칠 뿐 아니라 토대와 상부구조 양자 간의 상호 침투(浸透)가 실현된다. 이처럼 마르크시즘의 변증법적 유물론[8)]은 '인간의 정신적 활동 즉 사유의 능동성'을 결코 간과한 것이 아니다.

사실상 실재하는 사건을 사유(思惟) 속에서 '수동적이고 대응적으로 재현(再現)'하는 것만으로 역사과정의 실재과정을 알아내는 것은 불가능하다. 인간은 관념의 영역에서 사유의 구성능력(構成能力)이라는 정신적 활동에 의해 실재를 관념 속에 적절히 재생시키는 것이다.

마르크스의 철학적 업적은 경제적 결정론(決定論)같은 기계적 이론이라 공박(攻駁)할 수 있는 것이 아니다. 그의 가장 중요한 철학적 업적은 유물론적 관점에서 상층계급과 하층계급간의 불평등한 관계로부터 비롯되는 극도의 긴장관계를 생산양식들 안에 내재한 모순으로 포착(捕捉)하여 이 긴장된 대립관계를 역사의 추동력(推動力)으로 이끌어내는 변증법적 사유형식에 있다.

이때 계급투쟁의 개념은 그것이 모든 생산양식들에 내재(內在)한 모순을 시현(示現)하기 때문에 변증법과 연계(連繫)되는 것이다. 공산당 선언(宣言)에서 '지금까지 모든 사회의 역사는 계급투쟁의 역사'라고 했을 때, 그것은 실제 역사적 사실만을 기술한 것이 아니라 역사를 꿰뚫어 볼 수 있도록 하는 변증법적 과정도 인식하게끔 하는 것이다.

---

8) 변증법적 유물론은 마르크스와 앵겔스 사상의 영향을 받은 레닌이 볼세비키당(黨)의 교조(敎條)로 만든 마르크스–레닌주의의 철학사상이다. 사실상 마르크스는 변증법의 논리를 사회와 역사의 영역에서만 적용하였고 그 자신 '변증법적 유물론'이라는 존재론적 술어(術語)를 사용한 바 없다.

계급투쟁은 생산양식의 구조적 속성에 뿌리 두고 있으며 그 구성요소인 생산력의 변화는 각 계급에 할당된 과제를 변경시키며 상호간의 거래조건을 새롭게 한다.

생산력이 급속도로 발전하는 자본주의 체제에서는 노동자들이 거대한 집단을 형성하면서 생산과정이 사회적 성격을 갖게 되며 따라서 생산수단의 사회적 소유를 요구하게 된다.

세계사적 사명을 띠고 있는 프롤레타리아가 혁명을 통해 이를 완수하면 미래에는 계급 없는 사회가 될 것이다. 따라서 마르크스의 과제는 혁명을 조직화하고 촉진시키며 이를 위해 프롤레타리아를 규합하고 교육시키는 일이다.

5. 자본주의에 대한 사회적 분석

1) 개 관

마르크시즘의 중심적인 과제는 자본주의에 관한 분석, 즉 노동가치설을 설명 원리로 삼고 잉여가치론을 분석 장치로 삼아 '자본주의의 운동법칙'을 들어내는 것이었다. 이들의 자본주의에 대한 연구는 단순히 자본주의가 생겨난 배경을 재투시(再透視)하는 것이 아니라 이를 이해하는데 필요한 하나의 관점(觀點)을 갖고자하는 목적에서였다.

자본주의는 겉보기에 합리적으로 운영되는 것 같지만, 본질적으로는 사적(私的) 이익이 충돌하는 만인(萬人)의 만인에 대한 투쟁의 장(場)으로 총체적으로 부정적(否定的)인 모순의 집합체이고 마르크스는 이 부정(否定)의 일반성·보편성을 정치경제학으로 해명코자 한 것이다. 그의 생각에 자본주의는 긴 역사적 여정(旅程)에 있어 하나의 단계에 불과한 것이다.

마르크스는 그의 사회분석을 자본주의 체제의 역사적 기원에 대한 설명으로부터가 아니라 자본주의적 생산양식에서 가장 보편적면서도 가장 단순한 범주인 '상품(商品)'을 그 분석의 출발점으로 삼았다.

2) 상품과 노동

마르크스가 『자본론(資本論)』에서 무엇보다도 먼저 분석한 것은, 가장 단순하고, 가장 보편적이며, 가장 기본적이고, 일상적인, 상품관계이다. 그는 이 분석을 통해 자본주의의 '세포(細胞)'인 상품이라는 가장 단순한 현상 중에서 현대사회의 모든 모순(矛盾)의 맹아(萌芽)를 밝혀냈다.

그는 상품의 본질을 아리스토텔레스 이후 경제학에 나타난 상품의 속성에 포함되어 있는 상품의 이중성(二重性), 즉 인간의 쾌락이나 용도를 충족시켜주는 목적물로서의 가치인 사용가치(使用價値)와 화폐(貨幣)나 여타 목적물과 거래할 수 있는 능력인 교환가치(交換價値)에 있다고 보았다

이때 사용가치는 '물질'과 '노동'이 결합하여 지니게 된다. 조물주에 의해 제공된 물질의 근본은 노동을 가하지 않더라도 그 사용가치는 남으며 노동은 이차적(二次的) 원천이다. 따라서 그의 사회 분석적 탐구는 상품이 소유하게 되는, 그리고 사회에 의해 주어지는 '교환가치'에 의해서 제기된다.

교환에는 '공통의 교환비율(交換比率)'을 수립하는 사회의 조정(調停) 원칙이 전제되어야 하며 마르크스는 이 원칙을 고전 경제학자인 리카르도(Ricardo)의 주장대로 '노동의 양(量)'이라고 한다. 그러나 상품 속에는 '가치의 공통분모'로 보이는 노동의 구체적인 실체란 없고 다만 다양하고 비교될 수 없는 행동으로 구성되어있기 때문에 이는 추상적 성격일 수밖에 없는 것이다.

이러한 추상적 성격의 '노동'은 특정한 역사적 상황 안에서만 이해가 가능하며 마르크스는 이를 자본주의의 생산 양식, 즉 생산으로부터 얻는 이익(利益)에 기초한 사회경제 제도 안에서 규명코자 하였다.

자본주의라는 사회경제 제도는 먼저 생산가(生産價)를 최저로 줄일 수 있는 생산 메카니즘을 요구하게 되며 이 필요에 부응하는 생산 방

식으로 아담 스미스가 말한 '분업(分業; division of labor)'을 추구하게 된다. 그리고 분업이라는 생산방식의 결과는 노동을 균질(均質)시키고 단순화하는 결과를 초래하여, 전통적인 도제(徒弟)관계를 무너뜨리고 노동시장을 창출(創出)하게 된다.

자본주의 성립의 역사적 배경이며 동시에 그 계기인 산업사회의 기술혁명은 농민을 토지로부터, 그리고 장인(匠人)들을 일터를 잃고 밀려나게 하여 제조업을 소유하고 있는 사회계층의 필요에 따라 그들의 노동력을 제공하지 않을 수 없게 하였다.

이렇게 하여 자본주의의 사회에서는 석탄이나 곡물처럼 팔거나 구매되는 새로운 형태의 노동을 탄생시켜 '노동력'이라고 불리는 균질된 상품이 시장에 등장하게 되었다.

이러한 사회경제제도에 대한 이해(理解)로부터 도출(導出)한 마르크스의 노동가치설은 단순히 '교환 비율'뿐 아니라 자본주의의 반쯤 감추어진 '사회적 관계'의 존재를 이해하게 해줄 실마리를 제공한다. 이제 '노동자 개인'은 자본주의 제도에서는 노동하는 사람의 '독특한 신분이나 기강(紀綱)'의 표현으로, '상품'은 단순한 부(富)의 단위에서, 마르크스의 표현을 빌리면 이제는 '사회적 상형문자(象形文字)'로 나타난다.

3) 물신주의(物神主義)

상품이란 물건(a thing)일 뿐 아니라 또한 보이지 않는 '사회적 관계'의 결합물이다. 자본주의에서는 '인간들 사이의 일정한 사회적 관계'가 물건들 간의 특수한 관계'로 대치(代置)된다. 따라서 그가 말하는 자본주의의 비뚤어진 관점의 하나인 물신주의에서는 상품의 교환성(交換性)이 상품의 물리적 속성 자체로 나타난다.[9]

바꾸어 말하면 인간의 노동에 의해 만들어 지는 생산물에 지나지 않는 상품, 그리고 생산에 기여(寄與)하는 토지와 자본 등의 사물, 이들이 인간들 간의 사회적 관계에서 떠나 마치 고유의 힘을 가지고 행동하는

9) 물신주의는 마르크스가 '단순히 보이는 현실'을 환영적(幻影的)이라 한 이유들 중 하나이다. 그리고 잉여가치에 대해서도 일반인들의 오해(誤解)가 있음을 지적한다.

게끔 하는 여러 동기를 인간 내부에 제공하는 정의로운 사회, 인간성과 일치하는 사회적 도덕적 질서가 확립된, 그러한 사회의 부재(不在)가 원인이 된다.

마르크스 역시 인간이 도덕적으로 되는 것은 사회 안에서이며, 그리고 과거의 공동체가 함유하고 있던 도덕적·문화적 제 가치는 당시에 존재하였던 그대로의 인간본성과 서로 적합(適合)한 상태였다고 보았다.

따라서 그는 소외의 유래(由來)와 원인을 자본주의 사회에서의 계급분화, 이윤추구, 무제한적 경쟁, 노동의 상품취급에서 찾는다. 그리고 공산(共産)사회의 실현은 이러한 제 요인을 제거함으로서 인간적인 삶을 회복할 수 있다고 믿은 것이다.

이러한 이해는 루소의 사회적 타락론(墮落論)과 같은 가정으로, 즉 사회가 근저에서부터 잘못되었다는 것에 바탕을 두고 있다.

6. 자본주의의 전개

마르크스는 경제적 요소를 다른 요소들과는 달리 자율적인 것으로 생각하여 그 변화양식은 그 자체의 특성이 결정한다고 상정(想定)했다. 그리고 같은 관점에서 자본주의의 궤도는 자본주의의 궁극적인 붕괴와 사회주의의 도래로 이어진다고 보았다.

마르크스는 자본주의의 전개과정을 다음과 같이 예측하였다.

자본가들은 비용을 절감하고 경쟁자들을 이기기 위해 노동을 기계로 대치시키게 되며 기계에 의한 노동력의 대체는 잉여가치가 도출될 수 있는 토대를 감소시키며 결국 이러한 팽창과정의 모순은 이윤을 저하하는 방향으로 나아가게 된다.

이윤율의 감소 경향은 한편으로 '과잉 투자'로 인한 전반적인 공황(恐惶)과 다른 한편으로 '과소 소비'로 인하여 절망적인 결과로 공황이 오게 된다.

공황이 계속되면 역(逆)으로 경제체계는 자본의 집적(集積)과 집중이 이루어지고 이러한 자본은 사람들을 세계경제구조 속에 편입시키며 더욱 국제적인 성격을 띠게 된다. 이처럼 소규모 자본사회가 거대한 자본세계로 변형되며 이제 소자본가들이 그 지위를 상실하고 프롤레타리아적인 노동자의 지위로 격하된다. 이렇게 하여 중간계급이 사라지고 두 개의 대립되는 진영으로 나뉘면서 노동계급의 허약했던 계급의식이 확고한 혁명의식으로 성장하게 되면서 계급의 폭동이 늘어나게 된다.

자본의 독점은 자본의 비호 아래 번영을 누렸던 생산양식을 제약(制約)하게 된다. 이제 생산수단의 집중과 노동의 사회화(社會化)에서 비롯되는 투쟁관계는 혁명을 통해 자본주의를 더 이상 지탱할 수 없게 하며 자본주의적 사유재산에 대한 종말을 고하게 될 것이다.

마르크스는 150년이라는 시공(時空)을 초월하여 지금의 세계경제와 정치의 당면과제를 거의 정확하게 진단(診斷)하였다.

"세계는 이성이나 예지(叡智)에 의해서가 아니라 자기 증식(增殖)을 꾀하는 자본의 지시에 따라 '발전하거나' 산업화된다. 그 결과 불균형의 세계, 즉 금융, 무역, 자원(資源), 발전 불균형의 세계가 지속된다. 이처럼 사적(私的)인 욕구에 의해 세계 역사의 경제적 흐름이 지배되는 한 이 불균형은 계속될 것이다. 이것이야 말로 자본의 무정부성(無政府性)에 대한 진정한 척도이며 또한 마르크스 사상의 모든 의미 가운데 가장 신빙성(信憑性)있고 확고한 것이다."[11)]

7. 국가와 법

1) 국가의 성격

자본주의 경제체제가 지배하고, 사회가 부르주아와 프롤레타리아의 두 계급으로 분열된 사회에서 국가는 그의 법과 더불어 한 계급이 질서의 테두리 안에서 착취의 유지를 위한 계속적인 강제기구(强制機構)이다. 그리고 이 '질서(秩序)'가 바로 법이다.

부르주아의 정치적 권력은 경제적 힘의 소산(所産)이다. 경제적 조건

11) 하일브루너, 『자본주의』, p.112.

과 국가 및 법과의 사이에는 상호 의존관계가 존재하는데 마르크스는 그의 『경제학 비판』에서 '생산관계의 총체는 사회의 경제구조, 즉 진정한 현실적 기반을 형성하며 이 토대(土臺) 위에 법적 및 정치적 상부구조가 올려 놓여진다.' 이때 '법적 정치적 상부구조가 바로 국가인 것이다'라고 말한다.

엥겔스는 '이처럼 국가란 밖으로부터 사회에 부과(賦課)된 권력은 결코 아니다. 오히려 그것은 어떤 발전단계에 있어서의 사회의 산물이다. … 이러한 대립이나 상충하는 경제적 이익을 가진 계급이 그들과 사회를 불평의 투쟁에 흡수되지 않게 하기 위하여 사회위에 분명히 서있는 권력을 필요로 하게 되고 이 권력의 목적은 갈등을 순화(馴化)하고 그것을 질서의 테두리 안에 유지하는 것이다. 바로 사회로부터 생성해서 사회 위에 위치하며 점차 사회로부터 유리(遊離)되는 이 권력이 국가(國家)이다'라고 하였다.12)

결국 국가란 갈등하는 계급간의 투쟁양상이 혁명적 폭력으로 발전하지 못하도록 함으로서 경제적 지배계급의 권익을 지키고 기존 사회구조에 대한 도전을 극복하려는 강자의 도구에 불과한 것이다.

역사적으로는 고대 국가는 노예의 압제를 위한 노예 소유자들의 국가이고, 봉건 국가는 농민과 농노(農奴)의 압제를 위한 귀족의 기관이며, 근대 대의제(代議制) 국가는 임금 노동자의 착취(搾取)를 위한 자본가의 도구에 지나지 않는다는 것이 엥겔스의 지적(指摘)이다.

2) 국가의 소멸(消滅)

마르크스의 이론에 따르면 조화(調和)가 불가능한 계급갈등의 산물로서의 국가는 이러한 문제들, 즉 계급과 그에 따른 착취가 없어지는 공산혁명이 완수되면 자연히 소멸된다. 그러나 마르크스와 엥겔스는 행정의 필요성을 부정하지는 않았다. 다만 이전의 생시몽처럼 '통치(Government)'와 '행정(Administration)'을 구분하고 계급 없는 사회에서는

12) 김덕 외, 『마르크시즘과 볼셰비즘』, p.59.

오직 '통치'만이 소멸할 것이라고 예언하였다.

만일 마르크시즘이 국가의 소멸을 목적으로 한다면 이는 무정부주의자(Anarchist)들의 목표와 다를 바 없을 것이다. 사실 이 문제를 두고 마르크시즘은 국가의 '고사(枯死)'를, 무정부주의자들은 '폐지(廢止)'를 주장하는 논쟁(論爭)이 있었다.

이에 대한 해답으로 엥겔스가 쿠노(Theodor Cuno)에게 보낸 편지 가운데서 국가문제에 관한 무정부주의자 바쿠닌(Mikhail Bakunin)의 이론을 공박하며 바쿠닌은 자본(資本)을 만든 것은 국가이고 자본가는 오직 국가의 두둔에 의하여 그의 자본을 갖는다고 주장하고 있다. 따라서 국가가 주요한 악(惡)이고 국가가 없어지면 자본주의도 자신들의 지옥으로 가버릴 것이라고 한다. 이와는 반대로 우리는 다음과 같이 말할 것이다.

소수인의 수중에 자본과 모든 생산수단이 집중되는 현상을 없애야 한다. 그러면 국가는 스스로 넘어질 것이다. 사회혁명의 선행(先行) 없이 국가의 폐지는 무의미하다.'[13)]

이렇게 사회혁명으로 부르주아 국가가 없어지고 난 다음에 진정한 공산주의 사회가 실현되기 까지 과도기에 국가조직은 불가피 할 것이며 이 조직을 마르크스는 '프롤레타리아 독재(獨裁)'라고 규정했다. 그가 국가 대신에 '독재'라는 단어를 사용한 것은 무정부주의자들의 공격을 기피한 것일 뿐, 그것은 분명하게 국가의 형태를 의미한 것이었다. 그리고 이러한 과도기적 국가를 거친 후에 진정한 의미에서 국가는 소멸한다.

그러나 이러한 마르크스의 국가 소멸론(消滅論)에는 시간상 세계 1차 대전의 충격과 국제적 여건(與件)의 변화라는 요인이 고려될 수 없었다.

세계 1차 대전(世界大戰)과 그 전후(戰後)의 체험을 통해 개인의 물리적 존재와 그의 경제적·사회적 행복은 물론 개인의 정신적·문화적

---

13) 김덕 외, 전게서, p.63.

운명도 국가의 운명과 밀착(密着)되어 있다는 것이 누구에게나 결정적으로 명백하게 나타났다.

세계 대전은 18세기의 군주(君主)간의 전쟁이나, 19세기의 민족 간의 전쟁과 다르게 용병(傭兵)이나 국민군(國民軍)이 승패를 결정하는 것이 아니었다. 거기에는 국민 전체가 모두 전쟁에 참여하여 전투원과 민간인의 구분이 없어지고 적어도 간접적으로나마 전쟁행위에 관련되지 않은 활동은 있기 어려웠다. 이때 '국민 전체'는 단순한 경제적 물질적 부면(部面)에서의 참여 뿐 아니라 '국민 전체의 의지(意志)'와 도덕적인 힘'이라는 정신적 단합(團合)이 요구된다.

이제 국가의, 그것도 전체주의적 국가의 필요성은 유럽 전역에서, 비록 공개적으로 표명하지 못하는 경우가 있더라도, 당연시 되어갔고 국가에 대한 마르크스의 후계자들의 생각이 달라질 수밖에 없었다.

제 3 절 레닌(Vladmir Il'ich Lenin, 1870-1924) -러시아 공산주의

1. 생애와 러시아 현실

레닌은 볼가 강변의 울야노프스크에서 교육자의 아들로 태어났다. 그는 알렉산드로 3세의 암살 계획에 참여하여 처형(處刑)된 맏형의 영향으로 혁명에 뜻을 두기 시작하였고 카잔대학에서 법학을 공부하는 한편 이미 1870년대에 프레하노프에 의하여 도입된 마르크시즘을 연구하였다.

스탈린은 레닌을 '프롤레타리아 혁명의 아버지' '프롤레타리아 독재의 이론과 전술가'라고 말하였다. 실제로 레닌은 마르크시즘의 변증법적 유물론에 의한 '혁명'과 프롤레타리아 독재'라는 결정적인 이정표(里程標)를 러시아에 정립시켰다.

레닌이 러시아에서 혁명을 수행하는 데는 교조(教祖)인 마르크스의 권위가 필수적으로 요구되는 상황이었으며 따라서 그는 자신이 마르크시즘의 진정한 후예(後裔)임을 내세워 정통성을 주장하였으나 다른 한편 그가 현실적으로 이론을 적용시키는 과정에서는 마르크스 이론에 대한 수정 역시 불가피한 것으로 논리의 일관성에는 관심이 적을 수밖에 없었다.

따라서 이 사이를 오가야하는 레닌의 혁명을 추진하는 과정을 두고 그의 추종자들은 그의 인격을 '신비롭다'고 찬양하는 반면 반대자들이 '기회주의자'로 폄하(貶下)한 것은 당연한 것이기도 하다.

사실 실행과정에서의 정책과 원리의 체계를 조화시킬 필요를 느끼는 사람은 사상가들이고 그러한 점에서 레닌은 사상가이기보다는 정치가였다.

레닌이 마르크스의 이론을 현실에 접목(椄木)시키는데 일차적으로 필요한 사회혁명 이론은 조직기반의 확립과 투쟁전략 등 볼셰비키 정권을 창립하기 위한 실천적인 것이었다.

레닌의 마르크시즘에 대한 첫 번째 수정 내지 첨가는 정당(政黨)의 필요성과 그 조직이론 및 혁명투쟁에서의 정당의 역할에 대한 이론이었다. 마르크스는 비록 독일 혁명과정에서 혁명을 시도하기는 하였으나 그 실천면에서는 정치적 상황 때문에 구체성을 갖추지 못한 상태에서 물러났었다.

사실상 마르크스는 레닌과는 달리 '위대한 사상가'이었지 '정치적 혁명가'는 아니었다.

2. 정 당

러시아 공산당(共産黨)은 레닌이 마르크스주의 당(黨)조직을 준비 중에 체포되어 시베리아로 유형(流刑)된 가운데 1898년 3월에 민스크에서 9명의 대표가 모여 '러시아 사회민주당(Social Democratic Labor Party)'라는 명칭으로 결성하였다. 그러나 대표 전원이 체포되어 당(黨)은 사실상 와해되었다.

1900년 유형을 마치고 스위스로 망명한 레닌이 1903년 '러시아 마르크스주의의 아버지'라고 불리는 프레하노프와 협력하여 당의 2차 대회를 열고 재건하였다. 이 대회에서 당원의 자격조건 문제로 마르토프와 대립한 끝에 레닌이 다수(多數)의 지지를 얻어 다수파 즉 볼셰비키가 되고 소수파 즉 멘세비키와 대립을 계속하다 1912년 결국 헤어지면서 볼세비키만의 당이 되고 1918년 '러시아 공산당'으로 개칭(改稱)되었다.

1917년 세계 1차 대전이 끝날 무렵 귀국한 레닌은 '자본주의 타도 없이 종전(終戰)은 불가능하다'는 등 10개항에 걸친 '볼세비키 당 방침'을 '4월 테제(April Theses)'라는 이름으로 발표하고 임시정부에 대항했다. 결국 레닌이 이끄는 혁명군의 승리로 끝난 '10월 혁명'으로 그는 마침내 집권에 성공하였다.

이제 레닌에게는 혁명 운동을 강화하여 대중, 즉 대부분의 농민들(국민의 75%)과 소수의 노동계급(10%)을 결합시키고 이들을 각성(覺醒)시켜 공산혁명에 참여케 함으로서 혁명을 완수하여야 하는 과제를 안게 되었다. 이러한 현실적 조건에서 그는 사회민주주의 의식(意識)은 대중 속에서 자발적으로 발생되지 않으며, 혁명지도자들의 지도력 의해 이끌어 내지지 않으면 안 된다고 생각하였다.

사실 레닌이 안고 있는 부담(負擔)은 10월 혁명이 러시아의 낙후된 생산력을 토대로 삼을 수밖에 없다는 경제적 현실이었다. 마르크스는 1845-46년에 엥겔스와 함께 쓴 『독일 이데올로기』에서 '만일 낮고 뒤떨어진 생산력 위에 사회주의 제도를 실시하면, 결핍(缺乏)이 일반화되고, 생존투쟁이 다시 시작되어 모든 낡은 오물(汚物)이 되살아나지 않을 수 없을 것이다'라고 하여 후진 사회에서의 혁명 성공 가능성을 의문시(疑問視)하였다.

이러한 정치상황에서 레닌이 구상하고 필요로 하는 정당(政堂)은 고도로 훈련된 직업적 혁명가로 구성된 엄밀한 조직을 갖춘 집단이었다. 그리고 이 집단은 대중에게 모든 생활 분야에서 유물론적 마르크시즘을 학습시켜야 하기 때문에 강력한 조직과 확고한 원리 아래 체계적 활동을 통해 이를 수행하여야 하였다.

따라서 프롤레타리아의 전위대(前衛隊)로서의 러시아 공산당은 혁명 이후의 정치적 상황에서 소비에트 생활의 모든 부면에서 안내자이며 동시에 감시자인 것이다. 또한 소비에트 인민을 선도(先導)해나가는데 필수적인 마르크시즘에 대해서 공산당(共産黨)은 마르크스 이론의 해석자로서 이론적 분쟁의 조정자이고 이론과 실천을 결합시키고 상호 조장(助長)토록 한다. 러시아의 정치·사회적 현실에서 레닌에게 프롤레타리아는 마르크스처럼 대중과 동일한 것이 아니라 '대중의 지도자'이다.

레닌이 지배하는 러시아는 농업국이고 대중의 대다수는 농민으로, 프롤레타리아 계급은 부르주아가 전복(顚覆)된 자리에 새로운 경제질서를 건립하기 위하여 조직된, 일시적으로 지배계급이 된다. 이때 정치 엘리트로서의 당의 전위대가 일차적으로 프롤레타리아를 교육시키고 그 파급효과가 농민층에 이르도록 한다.

레닌은 그가 러시아를 지배하기 이전에 이미 당의 엘리트주의와 중앙집권주의를 주장하였다. 그는 혁명적 이론 없이 혁명운동이 존재할 수 없으며, 따라서 과학적 이론으로 훈련된 엘리트들이 전위대가 되어 이들에 의해 정당이 안내되어야 한다. 그리고 정당이 효과적으로 업무를 수행하기 위해서는 이들 엘리트, 즉 직업적 혁명가는 소수이어야 하고 다년간(多年間)의 훈련과 엄격한 인선(人選), 그리고 비밀이 요구된다.

마르크스는 혁명은 필연적인 것으로, 정치권력의 장악은 대중에 의해 그리고 공개적으로 이루어질 것이라 믿었다. 반면에 레닌이 생각하는 대중이나 현실, 그리고 권력의 속성(屬性)은 다른 것 즉 대중과의 거리를 둔 비밀주의이었다.

엘리트주의는 반(反)이성적인 사고(思考)이며 인간 이성의 보편성에 대한 부정(否定)이다. 사실 이러한 엘리트주의는 스스로 합리성을 무시하는 나치즘에서 보다 극명하게 나타난다. 그러나 엘리트가 역사를 이끌어 가야 한다는 성공에 대한 의지(意志)도 중요하지만 대중의 이성적 반응에 대한 신념이 없다면 그것은 이성적 존재로서의 인간성(人間性)을 존중하기를 거부하는 것으로 정치적 전제(專制)일 뿐이다.

그리고 이러한 행태가 마르크스 본래의 의도와는 다르게 레닌으로부터 정권을 인수받은 스탈린에 의해 현대정치의 패악(悖惡), 그리고 실패로 막을 내리게 된 근본원인 중의 하나가 되었다.

마르크스와 레닌의 차이는 마르크스가 이성적·윤리적인데 비해 레닌은 때로 이러한 근원적 문제들을 무시하는 실천적 행동을 서슴치 않았다는데 있다.

3. 국제관계

레닌은 마르크스의 계급투쟁을 국제적 영역으로 확대하였다. 그는 자본주의 내의 모순이 식민지에 대한 제국주의 세력 간의 충돌로 심화되며, 따라서 자본주의가 존재하는 한 전쟁은 불가피하다고 본다.

전쟁을 자본주의의 한 현상으로 파악한 레닌은 세계 1차 대전 역시 같은 관점에서 이해하였고, 이를 러시아에서 전제정치를 종식시켜 프롤레타리아 혁명을 수행할 기회로 보았다. 이러한 그의 입장은 세계 1차 대전에 즈음하여 카우츠키와 프레하노프가 각국의 사회주의 정당들이 각기 자기 나라를 위해 싸울 것을 희망한 애국주의와는 대조적이었다.

레닌의 국제주의적 성격은 그의 주도하에 제3인터내셔널, 즉 코민테른(Comintern)을 결성한데서도 잘 나타난다. 세계 1차 대전으로 제2인터내셔널이 와해된 후에 레닌은 흩어져 있는 노동 운동내의 좌파(左派)들의 결집을 위하여 1919년에 모스크바에서 코민테른을 창립하였다.

마르크스는 프롤레타리아 혁명은 산업선진국에서 자본가 계급의 프롤레타리아 계급에 대한 착취가 심화되면서 이들과의 갈등을 야기하여 혁명으로 발전할 것으로 예상하였다. 그러나 현실은 오히려 산업후진국인 러시아에서 혁명이 시작되었다.

레닌은 산업선진국에서의 혁명이 지연(遲延)되는 원인을 이들 선진국가의 식민지 착취에서 찾았다. 서구의 산업 선진국은 모두 식민지를 보유하고 있었으며 이들 식민지는 그들에게 싼 원료의 공급과 공업 생산품의 시장이라는 이중(二重)의 이익을 가져다주었고 그로 인한 막대한 이익의 일부를 노동계급 상위층을 매수하는데 사용함으로서 혁명을 지연시킬 수 있었다는 것이다.

따라서 식민지 국가들의 민족 해방혁명을 지원함으로서 선진국에서의 혁명의 조기 실현을 기대하였고 그 주축 세력인 사회주의 좌파들을 단결시켜야 할 필요가 곧 코민테른을 형성하게 된 하나의 동기였다.

이러한 코민테른은 마르크스-레닌주의를 사상적 기초로 하고 강력한 중앙집권적 조직을 갖추었다. 즉 단일 사령부를 가진 국제 공산당이라는 이름의 정당으로 각국 공산당은 그 지부(支部)라는 형태를 취했다. 그리고 당연히 러시아 공산당은 그 지도력을 장악하여 이들 국가에 확실한 영향력을 행사할 수 있었다.

제 4 절 파시즘(Fascism) -이탈리아-

1. 사상적 배경과 그 성격

1) 배 경

파시즘과 나치즘은 세계 1차 대전과 사회주의 세력의 확산이라는 두 개의 커다란 서구의 역사적·사회적 상황을 배경으로 태동하였다. 그러나 그 이념 형성은 조직적이거나 체계적인 것은 아니고 진행과정에서 그들 이론을 첨가하거나 변경하면서 모습을 갖추어 갔다.

그들은 합리주의를 거부함으로서 자신들의 교리를 논리적으로 구성하여 전파하는 대신 이미지(Image)와 감성에 호소하는 슬로간(Slogan)을 대중동원에 이용하였다.

그러나 이들은 기본에 있어 철학적으로는 프랑스 혁명이 표방(標榜)한 이념들에 대한 반작용이었으며 정치적 이데올로기로서는 합리주의라는 동전(銅錢)의 양면관계에 있는 물질주의적인 자유주의와 마르크시즘에 대한 거부감에서 출발하였다.

세계 1차 대전은 사회적으로는 인간을 개인이 아닌 공동체 즉 민족이나 국가의 일원으로서 행동하게끔 하였다. 이 전쟁은 계급을 넘어서는 민족의 중심성(中心性)을 드러냈을 뿐 아니라 사회주의 인터내셔널이 주장했던 국제주의의 무기력함을 폭로했다.

전쟁은 인간의 가장 비이성적 행위로서 합리적으로 기대하고 기획할 수 있는 미래를 빼앗아 갔으며 참혹(慘酷)한 전쟁의 경험은 이제까지 지향하던 모든 가치체계를 붕괴시켰다. 그리고 그 후유증은 제일 먼저 사회 전반에 걸쳐 합리적 사고에 대한 불신을 가져왔다.

이제 대중의 힘은 그 가치체계를 떠받치던 이성(理性)이나 지성 대신에 공동체의 의지(意志)로 쏠리는 경향이었다. 이러한 성격은 반이성주의에 머물던 쇼펜하우어, 니체 그리고 베르그송 같은 생철학(生哲學)

계열의 사상가들이 주목을 받게 하였고 대중은 그들에게서 자신들이 나가야 할 방향을 모색하려 하였다.

특히 광야(廣野)에서 고고(孤高)하게 외치던 니체의 초인(超人)사상의 뿌리인 '권력(權力)에의 의지'는 파시즘의 정당성과 방향을 동시에 제공하였다.

니체에게 견실한 도덕은 이성이 아니라 자연적인 의지에 뿌리를 둔 본능에 의거한 것이다. 그는 '살아있는 생명체가 있는 곳'에서는 언제나 '권력에의 의지'를 발견한다고 하여 생명이 곧 '권력에의 의지'임을 역설(力說)한다. 니체 철학에서 '권력에의 의지'는 '존재자 전체'의 본질이며 따라서 인류 문명의 원동력인 것이다. 그것은 바꾸어 말하면 인간의 총체적 삶을 주관하는 정치사회의 핵심적인 결정요소가 이성이 아니라 '권력에의 의지'임을 뜻하는 것이다.

한편 베르그송은 생철학(生哲學)을 통해 '이성이나 지성'을 '직관(直觀)'과 그를 통한 '생(生)의 비약(飛躍)'으로 대체한다. 그는 표면적인 생활과 심층부의 삶을 구분하고 행위를 이끄는 의식은 이성의 한계를 넘어서 인간의 심층부에 내재한 자아(自我)와의 관계에서 형성된다고 보았다. 이성의 한계를 극복하는 포괄적 지식(知識)에 근거하는 직관은 본능에 가까운 힘으로 오랜 자기 내면에 대한 성찰(省察)에 관계되며 생명력(生命力)을 이해하는 실질적 수단이다.

이들과 더불어 정신 분석학(精神分析學)의 발전에 따라 점점 인간 행위의 무의식적 동기가 강조되었고 생물학적 진화론의 영향으로 사회진화론이 등장하면서 적자생존(適者生存)의 법칙에 따라 생존의 토대로서 투쟁이 중요한 행동 양식으로 이해되어 갔다.

2) 파시즘에서의 투쟁의 의미

이러한 철학의 정신적 영향을 받으며 성립된 파시즘은 생명의 근원에서 '권력에의 의지'를 읽어내고 이 권력에의 의지가 필연적으로 투쟁을 야기(惹起)시키게 되는 일련의 과정을 지배하는 것으로 파악했다.

이제 투쟁, 전쟁은 그 자체로서 미화(美化)되고 칭송(稱頌)되었다.

마르크시즘 역시 혁명과 해방의 과정에서 전쟁의 필요성을 주장하였지만 파시즘이 말하는 전쟁과는 근본적으로 그 성격이 전혀 다르다. 마르크시즘에서 투쟁은 수단이고 과정이지만 파시즘에서 투쟁은 투쟁 그 자체를 칭송한다.

에른스트 융어는 진정한 열정이 삶과 죽음이라는 즉각적이고 적나라(赤裸裸)한 투쟁 속에서 나타난다면, 언제 싸우는지, 무슨 관념을 가지고 싸우는지는 부차적(副次的)일 뿐이다'라 하였다. 또한 프랑스의 발루아는 전쟁은 '생명의 제1법칙'으로서 생명 본능의 가장 높은 수준에 도달할 수 있는 유일한 방법이며 따라서 권력에의 의지를 실현한다. 전쟁은 우리에게 극도의 위기 순간을 제공하지만 근원적이고 실존적인 중요성이 있다[14]고 하였다.

이러한 철학 내지 문화의 영향이 파시즘의 성립계기가 되는 사회의식의 바닥에는 불안(不安)과 절망(絕望)이라는 심리적 요인이, 특히 젊은 층에 짙게 깔려 있었다. 세계 1차 대전이 휩쓸고 지나간 서구세계의 경제적 파탄은 승전, 패전을 불문하고 심각한 수준이었다. 이와 더불어 종전(終戰)후의 불안한 정치상황은 사회주의세력의 약진(躍進)과 정치세력화 그리고 혁명적 기운(氣運)에 영향을 받은 것이었다.

특히 패전(敗戰) 국가인 독일에서 온 국민이 겪고 있는 굴욕감(屈辱感)으로 부터의 회복을 위해서는 개인의 합리적 삶 보다는 국가나 민족으로 집결되는 힘에의 의지에 대한 요구가 절실하였다. 그들은 민족 공동체를 통하여 민족 구성원간의 긴밀하고 훈훈한 공동의식(共同意識)이 모든 정치·사회적 그리고 종교 문화적인 면에서의 차이(差異)를 넘어서는 강력한 응집력(凝集力)이 되기를 희망하였다.

다른 한편 파시스트의 민족주의는 세계 1차 대전 이후, 마르크시즘에서 계급투쟁의 핵심으로 떠오른 국제주의에 대한 반동(反動)의 의미를 갖는다.

---

14) 마크 네오클레우스, 『파시즘』, p.57.

2. 무솔리니(Benito Mussolini, 1883-1945)의 등장

무솔리니는 1919, 20년까지 '전투 파시즘 운동'을 지휘하여 1921년 5월 선거에서 35명의 의원을 국회에 보낼 수 있었다. 그는 그해 11월에 파시스트당(黨)을 결성하여 정당 세력으로서의 합법적 측면 그리고 대중운동에 의한 비합법적·군사적 측면을 교묘히 이용하여 권력을 장악했다.

그 당시 독점적인 자본가들은 파시즘 운동으로부터 강력한 권위주의적인 국가의 수립(樹立) 가능성을 기대했고, 군부(軍部) 안에서도 국가주의적 경향을 띤 집단들이 파시스트의 무장(武裝)과 훈련에 협력하는 지지를, 그리고 경제적으로 열악(劣惡)한 남부지방에서는 국가 공무원들이 파시스트에 호의적 태도를 취했다.

그 후 1922년 10월에 파시스트들을 로마로 집결시키는 총동원(소위 '로마 진군(進軍)')으로 국왕을 압박하여 결국 국왕은 무솔리니에게 조각(組閣)을 명했다.

1925년 이후 파시즘은 입법 작업을 통해 자유주의 시대의 국회의 기능을 파시즘 대평의회(大評議會)에 이양(移讓)하며, 또한 정부 수장(首長)에게 절대적 특권을 주는 등 의회제 민주주의를 단절시키는 정치체제를 만들었다.

파시즘은 세계 1차 대전을 중요한 역사적 분기점(分岐點)으로 보았다. 무솔리니는 애초에는 마르크스주의자이었고 1912년 그는 다음과 같이 말하였다.

'우리는 애국적 사회주의를 생각할 수 없다. 진실로 사회주의는 범인류적이고 보편적인 특성을 지니고 있다. … 이 세계는 단지 두 조국(祖國)이 있을 뿐이다. 착취하는 자의 조국과 착취당하는 자의 조국이 그것이다. 그러나 1922년의 '나폴리 연설'에서는 '우리는 신화(神話)를 창조했다. … 우리의 신화는 민족이며, 민족의 위대함이다.'라고 하여 정반대의 입장을 표명했다.

무솔리니를 사회주의자에서 민족주의자로 더 나아가 파시스트로 변신(變身)케 하는 결정적 계기는 역시 세계 1차 대전이었다. 그러나 물론 이 변신에는 무솔리니가 그 이전에 이미 니체와 소렐 등의 철학적·정치적 이념을 통해 민족적 감정의 중요성에 대한 영감(靈感)을 얻었기 때문에 가능한 것이기도 하였다.

무솔리니는 자유주의와 마르크시즘이 공통적으로 기반하고 있는 물질주의를 비판하였다. 그는 19세기가 물질을 숭상(崇尙)했다면 20세기는 정신을 숭상할 것이며 이런 정신적 가치로 전환하는 것이 사회주의의 결정론(決定論)과 철학적으로 결별하는 계기가 된다고 주장했다.[15]

이제 그는 마르크시즘의 비판적 사회이론의 중심개념들인 계급, 역사, 혁명 등을 포기하고, 민족, 자연, 전쟁 등의 개념들로 이것들을 대체하였다.

3. 개인과 국가

파시즘은 민족과 국가의 관계에 대해 19세기까지 민족이 국가를 창조했다는 일반적 이론과는 반대로 민족을 창조하는 유일한 힘이 국가라고 주장한다. 그리고 민족을 창조하는 데는 이들을 결집시킬 수 있는 이념이 요구되었고 따라서 국가는 고도의 윤리적이고 보편적인 실재이어야만 하였다.

파시즘은 이성(理性)과 지성(知性)을 거부하고 이를 의지(意志)와 정신(精神)으로 대체한다. 그들은 사회주의자들을 결집시키는 것은 마르크스의 이론이 아니라 레닌 같은 지도자의 의지적 행위이다. 그리고 지성이 펼치는 추상적 원리나 '인류'라는 막연한 개념은 인간의 역사적, 문화적 삶에 뿌리를 둔 정체성(正體性)의 문제를 지워버린다고 믿었다. 그들은 생명력 넘치는 본성과 행동의 에너지야 말로 파시즘이 믿고 따라야 할 생활의 지침이라는 것이다.

---

15) 무솔리니, 『Which Way is the World going』, 1922년.

파시즘은 인간의 본성을 유물 내지 물질주의적으로 이해하는 자유주의 개인관을 뿌리를 잃고 실체성을 상실한 추상적 개념으로 간주한다. 그들은 개인은 국가나 민족에 합치하는 한에서만 인간성을 확보한다는 헤겔의 이론을 받아들였다. 그러나 이들의 국가관(國家觀)은 헤겔의 국가 즉 절대정신의 자기전개라는 정신적 실체로서의 국가가 아니었다.

파시즘에서 국가는 역사적으로 우연히 등장한 정치적 제도가 아니라 자연의 산물로서 생명개념에 근거하고 있으며 따라서 하나의 권력의지(權力意志)의 외적 발현(發現)이다. 이 의지 개념은 파시즘에서 지배적인 철학적 원리이다

파시즘은 사회현상을 '개별성을 초월해 정신적 사회에 대한 소속감을 심어주는 상위(上位)법칙이나 객관적 의지와 그것과 인간(人間)이 맺는 관계를 내재적(內在的) 시각(視角)으로 바라보는 일종의 종교적 개념이다.' 파시즘은 하나의 신념이자 영화(靈化)된 개념이다.[16]

파시즘에서는 국가가 혁명과 역사의 주체가 되고, 민족이 프롤레타리아를 흡수하여 사회혁명의 대행자로 등장한다. 이러한 목적에서 무솔리니가 해결해야만 했던 당면한 문제는 민족주의와 사회주의를 어떻게 조화시켜 이 둘 사이의 긴장관계를 해소하는가이었다. 그리하여 그는 민족의 근대화라는 목표를 세워 이를 추구하는 과정에서 이 둘을 함께 묶으려 하였다. 왜냐하면 사회주의의 기반(基盤)이 선진적인 산업 발전에 있으며, 민족의 발전이란 사실 산업의 발전을 의미하는 것이기 때문이다.

4. 파시즘의 진행과 조합주의

파시즘은 국가경제를 국유화(國有化)가 아닌 통제를 통해 국가에 편입시키려고 의도했다. 그들은 전체주의 국가를 국가의 정치적·법률적·경제적 조직이 하나로 통합된 구체적 형태라 규정한다. 그리고 생디

16) 마크 네오클레우스, 『파시즘』, p.52.

칼리즘을 국가통합에 필요한 여러 요구를 풀어줄 법률적 경제적 조직 이론의 근거로 채택하였다.

무솔리니는 생디칼리즘(Syndicalism; 노동조합주의)에서 '피억압(被抑壓) 집단'인 노동자 계급을 파시즘 국가에 포섭하는 해답을 찾았다. 사실 초기 프랑스에서 일어난 파시즘 운동은 마르크시즘에 대한 대응으로 조합주의(組合主義)를 설정했었다.

이제 파시즘은 계급투쟁이라는 개념을 버리고 국가 자신이 '전체 계급의 대표자'로 등장한다.

파시즘에서는 종래 사회질서를 위협하는 노동자 계급을 사회적 총체의 일원으로 흡수하는 이론적 기능을 생디칼리즘, 즉 조합주의에 근거한 '조합국가(組合國家 ; corporate state)' 개념이 맡았다. 그들은 조합국가를 '인민의 국가'로 선언(宣言)하여 국가는 계급 위에 존재하는 것임을 표명함으로서 하나의 경제체계 속에 계급들을 통합하려 하였다.

파시즘은 노동계급을 민족에 통합하여 프롤레타리아뿐 아니라 전체 인민을 위한 사회주의, 즉 '민족을 위한 사회주의'를 자처(自處)하여, 공산주의를 저지(沮止)하려 하였다. 뿐만 아니라 노동자 계급의 혁명적 힘을 우회(迂廻)시켜 생디칼리즘, 즉 조합주의에 동참케 함으로서 그 힘으로 정치적 권력을 쟁취 내지 유지하였던 것이다.

그러나 파시즘은 노동계급의 승리로 종식(終熄)되는 진정한 '계급 없는 사회'를 만들어 내는 대신 계급이 민족 통일체에 통합되어 '계급이란 존재하지 않는다.'는 이데올로기적 선언(宣言)만으로 이 문제를 해결하였다고 하였다. 이는 '계급 있는 사회'에 기반을 두고 있는 민족을 다만 그 개념을 '계급 없는 통일체'로 재해석하는 것뿐이었다.

파시즘이 사회주의를 자칭하고 좌익의 슬로건과 용어를 차용하였다 하더라도 이들은 역사적으로 자본주의를 옹호하는 입장이었다. 파시즘은 사적소유에 대하여 적대적이기보다는 오히려 수호자였다. 이는 분명히 파시즘이 내세운 '사회주의'와는 모순된 현상이었다.

이탈리아 정치에서 조합주의는 자유주의와 공산주의 사이에서 제3의 길로 조합국가를 내세워 노동과 자본의 협력 체제를 구축하였다. 1925년에는 종래의 사회주의 성향의 '노동 총동맹(General Confederation of Labor)' 대신에 설립된 파시스트적인 '노동 동맹(Labor Confedreation)'과 자본가들의 조합인 '산업 총동맹(Confederazione Generale dell'Industria Italiana)'이 둘이 상대방을 각각 노동자와 자본가의 유일한 대표로 인정하는 '비도니 조약(Vidoni Pact)'을 체결하여 하나의 노동조직과 하나의 자본조직만을 공식 인정하게 되었다.

그러나 '자본'은 강력한 힘을 가지고 독자적인 대표자를 통해 그들의 의사를 반영시키는 반면에 '노동(勞動)'은 파시스트 당 관료를 통해서만 자신들을 대변할 수 있게 되어 정치적으로 종속된 세력에 불과하게 되었다. 이런 사회적 여건을 만듦으로서 파시즘은 잠재된 노동계급의 정치력을 무력화(無力化)하여 자본가들의 잉여가치의 형성을 손쉽게 하였다.

한편 그들은 자본을 기생적(寄生的) 자본과 창조적(創造的) 자본으로 구분하여 자본주의에 대한 공격은 기생적 자본인 금융과 은행자본에 대하여 집중하였는데 이는 창조적 자본인 산업(産業) 자본가들뿐 아니라 노동자들에게도 호소력이 있었다.

5. 전체주의 국가

20세기 들어 서구(西歐)에서 일기 시작한 전체주의 국가에 대한 사회학적·정신적 기초이론은 파시즘의 이론가들에 이어졌다. 파시즘에 있어 국가는 정신적 힘이며 인간의 도덕적·정신적 생활 모든 형태를 포괄하는 전체주의 국가를 의미하며, 개인은 국가를 통해 자신의 자유뿐 아니라 정신적·윤리적 실존(實存)이 보장된다.

이러한 이탈리아에서의 국가주의는 그리스-라틴의 인문주의의 정신적 문화적 전통을 바탕으로 하고 있다. 따라서 이 전통을 근거로 한 국가주의는 새로운 종교나 윤리를 확립하려하지 않았다는 점에서 독일의 나치즘과 구별된다.

그들은 고질적(痼疾的)인 정치·사회적 분열을 겪고 있었으나 정신적·문화적 전통은 하나의 통일을 이루고 있었다. 따라서 그들이 필요로 한 것은 전통이 아니라 정치적 의미에서의 보편적 이념(理念)이었다.

따라서 파시즘은 국가가 오랜 시간에 걸쳐 형성된 민족정신을 계승시키는 역할을 함으로서 민족과 그 구성원의 윤리적 전통의 보호자가 되며, 축적된 민족문화 안에서 개인은 자신의 가능성을 마음껏 발전시킬 수 있다고 주장할 수 있었다.

제 5 절 나치즘(Nazism ; 독일 국가사회주의)

1. 독일적 상황

1920년대 말(末), 서구(西歐)의 거의 모든 국가들이 직면한 문제는 기술적인 진보에도 불구하고 경제적 성장의 완전한 정지(停止) 내지는 정체(停滯)에 대한 것이고 어느 나라에서나 그 원인이 자본주의에 있다는 생각이 팽배(澎湃)하였다.

이러한 비판은 프롤레타리아 계층에서 뿐 아니라 중산계층 사이에서도 광범위하게 일어나고 있었고 이제 그 해답으로서 사회주의는 유럽 정치적 지성(知性)의 목표가 되었다.

한편 이와는 별개로 독일에서는 불황(不況)으로 인한 경제적 위협의 원인이 패전(敗戰)에 돌려지고 있었다.

세계 1차 대전에서 승리한 연합국의 이익을 중심으로 체결한 베르사유 조약(條約)은 독일의 모든 식민지와 해외(海外) 이권(利權)의 포기, 독일의 영토, 군비(軍備) 제한, 막대한 배상금(賠償金) 지불 등 매우 가혹(苛酷)한 것이었다.

1923년에는 배상금 지불이 조금 늦어졌다는 이유로 프랑스, 벨기에 연합군이 루르 지방을 점령함으로서 더욱 더 인플레이션을 격화시켜 경제적 파국으로 몰아갔다. 이에 대해 독일 정부는 이제까지의 연합국에 대한 소극적 자세에서 적극적인 저항(抵抗)으로 정책을 바꾸어 이들의 불법적 점령행위에 맞서 점령지의 자본가·노동자와 관리들에게 총파업을 실행케 하여 성공하였고 인플레이션을 어느 정도 안정시킬 수 있었다.

이후 독일정부는 외국 자본을 차입(借入)하여 최신의 생산설비를 갖추게 되면서 생산이 향상하여 대공업국으로 전환할 수 있었다. 그리고 이러한 국력의 신장으로 대독일(大獨逸)을 지향하는 우익(右翼)과 군부 및 관료들의 권력이 강화되어 갔다.

그러나 1929년 미국에서 비롯된 경제공황(經濟恐慌)이 독일에 파급되어 실업자는 격증하고 국고는 거액의 적자(赤子)로 허덕이게 되었다. 이에 따른 정치적인 혼란은 중간파와 보수온건파를 지지하던 세력을 나치스 당(黨)으로 집결시키는 계기가 되었다.

새로운 국가주의를 지향하는 사람들에게 당시의 바이마르 공화국은 유약하고 타협적일 뿐 아니라 세계 1차 대전의 의미와 20세기의 정신을 이해하지 못하는 어리석은 시대착오적 정책으로 일관하는 것으로 보였다. 또한 이들이 시행한 서구 모델의 자유주의적 민주주의는 다만 그들의 불투명한 모방에 지나지 않는다는 부정적 평가를 받았다. 이러한 평가의 근원에는 독일의 통합적 사고의 전통이 있었다.

2. 독일의 통합적 사고의 전통

슈펭글러(Oswald Spengler, 1880-1936)는 '독일에서의 의회주의는 넌센스이며 배신(背信)이다. … 우리는 원래 민주주의적 국민이었고 … 그러나 사회계약 같은 인위적(人爲的)인 것은 아니었다. … 독일 민주주의의 기초는 종족제도, 조합, 공동사회, 동지적(同志的) 연맹체 자치에 있다.'고 하였다.

독일의 민주주의의 근원적 성격은 종족제도나 공동사회에 참여하는 과정에 뿌리를 둔 복합적·유기적인 것으로 이를 단순한 합리성에 맞추어 설명하기는 어려운 것이다.

사실 중세의 게르만적 전통에서 '왕은 세습(世襲)되면서 동시에 선출(選出)되었을 뿐 아니라 하느님의 은총(恩寵)에 따른 것이라는 서로 모순돼 보이는 개념들이 하나의 사실에 복합적으로 내재하는 관념을 거부감 없이 인정하는 의식(意識)에서 독일적 전통의 일면을 볼 수 있다.

이때 세습은 고대 가부장적 통치권의 성격을, 선출되었다는 점은 게르만 봉건사회의 민주적 전통을, 그리고 신의 은총은 기독교 교의에 따른 신정적(神政的) 성격을 의미하는 것으로 현실적 삶은 이들 모두를 아우르는 것이며, 이를 비판하는 분석적이고 피상적(皮相的)인 합리성은 무의미(無意味)한 것이다.

또한 1770년대의 독일문화에 나타난 질풍노도(疾風怒濤; Strum und Drang) 운동 역시 단순한 이성(理性)의 한계를 떨치고 생명 본연(本然)에 충실하려는 문화운동(文化運動)으로, 서구의 합리주의에 대항하여 자연과 개성(個性)을 옹호하는 시민정신의 표현으로 인간 해방(解放)에 앞장섰다.

독일적 사고(思考)의 전통은 서구의 피상적(皮相的) 합리주의의 인위적이고 추상적인 때로 가식적(假飾的)으로 보이기도 하는 이론과는 체질적(體質的)으로 차이가 있다. 프랑스의 저술가 슈타알 부인은 '독일인은 사상의 가장 위대한 대담성을 복종(服從)에의 가장 위대한 감각과 결합시킨다.'고 하였다.[17] 이러한 전통은 헤겔 철학에서 그가 인간의 자유를 국가와의 합일－복종의 의미일 수 있는－에서만 가능하다는 자유론을 펼칠 수 있었던 역사적·문화적 배경인 것이다.

민족을 유기적 또는 자연주의적으로 정의(定意)하는 경향은 독일 역사주의의 특징이다. 독일인들에게는 보편타당한 질서를 확립하기 위해서는 국가뿐 아니라 사회에 유기체적인 형태와 의미를 부여하는 것이 옳다는 의식(意識)이 근저(根底)에 뿌리를 내리고 있다.

독일에서는 전쟁 이후 모든 정치단체에서 '민족공동체'는 정치적으로 가장 중요한 이상(理想)이 되었고, 그들의 사회경제적 목표인 사회주의는 민족과 함께 시작되어야한다는 생각이 팽배하였다.

슈펭글러는 마르크스를 비판하며 '이 사나이는 유태인으로서 유럽의 이방인(異邦人)임에도 불구하고 유럽 민족의 사건에 끼어들어' 그의 잘못된 교의(敎義)가 독일 사회주의자의 정신과 두뇌를 지배하여 현실에 대한 눈을 어둡게 만들었다.'고 하였다. 그는 마르크시즘이 끝나는 곳에 독일적인 사회주의가 시작된다고 하여 당시 사상의 흐름을 유도(誘導)하였다.

---

17) J. F. 노이로르, 『제삼제국의 신화』, p.80.

사실 전쟁을 경험한 이후 독일의 프롤레타리아들은 국가가 계급의 이익(利益)이나 이해(利害)보다도 훨씬 더 강력한 현실이라는 것을 발견하게 된다.

철학적으로는 뒤르겡의 이론, 즉 '사회는 개인 이전(以前)에, 그리고 개인 위에 존재하는 구조물로 시간적으로도 개인의 의식에 선행(先行)하며 사회를 구성하는 개인의 총체와는 전혀 다른 형태로 존재한다. 사회는 정의(正義)의 원천일 뿐 아니라 모든 윤리, 정신생활과 이성의 원천'이라는 생각이 전체적 분위기를 지배하였다.[18)]

민족성(民族性)은 생명과 자연, 그리고 궁극적으로는 대지(大地)에의 귀소(歸巢)로서 1920년 무렵의 청년운동에 이상(理想)이 되었고 나치즘에서 정치적 사회적 신화(神話)가 되었다.

3. 독일에서의 의회민주주의

바이마르 공화국은 전쟁의 패배로 인하여 탄생한 정권으로 그들은 연합국인 서구(西歐)의 권유에 따라 의회 민주주의를 채택하였는데 이는 독일의 역사적 전통이나 정치적 현실에 전혀 맞지 않는 인기 없는 제도이었다.

의회민주주의는 기본적으로 국민의 의사(意思)가 정당(政黨)을 통해 표현되며 이때 정당의 득표(得票)는 자유로운 투표를 할 수 있는 정신적·도덕적으로 독립된 개인을 전제로 하여 성립한다. 그러나 독일의 정당은 독특한 사회조직을 형성하고 있었다. 그들은 정치적·사회적인 주의(主義), 주장 뿐 아니라 철학적·도덕적·종교적 목적을 추구하는, 그리고 고정적인 신봉자(信奉者)들을 가지고 있는 완성된 사회적 그룹을 형성하고 있었다. 정당은 위계제를 갖추고 엄격하게 조직된 사무직원들과 자체의 노동조합, 청년 단체, 학교까지 갖춘 조직으로 모든 정당은 '전체주의적 정당'이었다.

---

18) 노이로르, 전게서, p.87.

정당이 이토록 경직(硬直)되어 정당을 옮기는 것이 배신으로 간주되는 상태에서 선거는 본래의 목적을 실현할 수 없고 따라서 대의(代議) 정치의 의미를 잃게 된다. 또한 강철(鋼鐵) 같은 규율이 지배하는 정당들이 구성하고 있는 의회에서 의회주의가 전제로 하고 있는 정책 결정과정에서의 의원들 간의 자유로운 토론(討論)은 원천적으로 불가능한 것이다.

당시 독일의 정치상황에서 모든 결정 사항은 막후 협상에 의해 이루어지고 권력은 강력한 조직을 갖춘 정당에 배분되어 국가적 통합이 와해되고 말았다. 뿐만 아니라 제후(諸侯)들 간의 고질적인 반목(反目)은 이제는 중앙 정부와 주(州)정부, 의회와 정부 간의 반목으로 재현되었고 이것이 독일 통합을 더욱 어렵게 하였다.

4. 나치 정권의 성립과 국가주의

1930년 선거에서 나치당은 이기적인 여러 정당들의 소모적인 정쟁을 중단시키고 계급을 초월해 민족단결을 이루는 사회를 만들겠다고 강조하면서 특히 강력한 지도력을 약속했다. 그리고 뛰어난 웅변가이자 조직 장악능력을 갖춘 히틀러(Adolf Hitler, 1889-1945)가 선거전을 주도하여 대승(大勝)을 거두었다.

나치즘의 현실적인 사회적 여건은 바이마르 공화국의 실정(失政), 실업(失業)과 공황(恐慌) 그리고 베르사이유 조약(條約) 등에 의해 준비되었고, 그 이념적 배경은 마르크시즘과 사회민주주의 계열의 좌익(左翼)과 대립하면서 성립되었다.

그리고 민족주의를 내세워 한편으로는 바이마르 공화국의 우익(右翼)을 포섭하고 다른 한편 민족이라는 가치 아래 프롤레타리아를 통합하여 그 존재감(存在感)을 약화시킴으로서 반동주의자, 반혁명 세력과 이데올로기의 기반을 공유할 수 있었다.

세계 1차 대전 이후 1920년대 말에 이르면 국가주의와 사회주의는 유럽의 어느 국가에서나 그 강도의 차이는 있을지라도 하나의 흐름이고 대세(大勢)이었다. 영국에서 조차 사회주의는 소위 페이비언 소사이어티(Fabian Society)라는 최고의 지성인(知性人)들 그룹(Group)의 이념이 되었다.

독일에서는 권위국가(authoritare Staat)를 희망하는 '보수적 혁명'의 대변자들과 전체주의 국가(totaler Staat)를 지향하는 '국가주의 혁명'의 주장자들의 두 경향으로 나뉘는 양상(樣相)을 보였다.

이들 중 '보수적 혁명'은 계몽주의 관념과 합리주의적인 정치적 기획(企劃)에 반대하였다.

그들은 민족적 전통과 가치가 개인이 자연과 신(神)으로부터 소외(疏外)되는 것을 막아준다고 확신한다. 그리고 민족의 전통과 가치에 대한 존경심과 '민족에 의해 형성된 인격(人格)'으로서의 권리가 회복되기를 희망하였다.

그들이 요구하는 평등 역시 합리주의의 피상적(皮相的)인 것이 아니라 진정한 의미를 갖는 '개인의 내재적 가치를 포괄하는 독일적 가치' 안에서의 평등이었다. 그리고 이러한 요구는 민족적 자긍심(自矜心)과 맞물려 이를 국가의 권위(權威)를 강화함으로써 이루어 내려는 입장이었다.

그들이 지향하는 '권위국가(權威國家)'는 여러 사회적 대립 위에 서서 국가운영의 통일성을 보장하는 정치형태로 이는 국가의 권한 확대를 원(願)하는 것이 아니라 다만 정치적 권위를 최고의 지위까지 고양시키려는 것으로 헤겔의 국가론이 이에 근사(近似)한 것이다.

헤겔에게 국가는 보편적 이성의 구현(具現)으로 개인의 자유나 인격의 자유로운 발전을 가능케 하는, 그 자체가 목적이었다. 사실 헤겔은 서구 철학에서 칸트를 넘어서 이성의 권능을 가장 심도(深度)있게 확장한 사상가이다. 그는 '자유'의 개념을 확충시켜 단순한 외부 조건으로부터의 불간섭이라는 소극적 의미를 벗어나 인간 삶의 중심에 위치시켰고, 이는 영국의 경험주의 철학과 특히 옥스퍼드 이상주의에 영향을 주어 자유를 철저하게 사유(思惟)토록 하는 계기를 마련해 주었다. 이러한 헤겔의 국가주의는 사회의 다양성을 인정하고, 현실생활을 관장(管掌)하는 '시민사회(市民社會)'를 국가개념에서 분리시키는 등 순수한 권위주의 국가를 지향한 것이다.

이에 비해 '전체주의(全體主義) 국가'는 경제적 분야는 물론이고 교회와 교육제도 등 원래 단체소속인 많은 생활영역을 정부정책에 귀속시켜 자율성을 인정하지 않는다. 전체주의의 특징은 하나의 절대적인 이데올로기에 기반을 두고 모든 국민에게 이에 벗어나지 못하도록 폭력을 행사하는 데 있다.

전체주의 국가의 성립에는 대중, 즉 소속감이 없이 표류하는 모래알처럼 사회를 떠다니며 절망적이고 증오로 가득한 무리(群)들로 이루어진 사회의 출현을 그 전제조건으로 한다. 전체주의는 대중이 원칙적으로 자신을 사회적 가치와 연계(連繫)시키지 못하고 고립될 때, 이들은 공허감(空虛感)을 메워주고, 소속감과 정체성(正體性)을 부여해 줄 지도자를 기다리게 되며, 이때 지도자는 이들을 조직하여 자신들이 역사적 주체(歷史的 主體)라는 허위의식(虛僞意識)을 심어주는 방식으로 진행된다.

그리고 나치즘이 세우고자 했던 국가형태는 국민감정과 대중의 열광을 바탕으로 하는 국가 민주주의 국가(national demokratischen Staat) 즉 전체주의 국가였고 세계 1차 대전 이후의 독일의 사회적 현상은 바로 전체주의 출현의 조건을 완벽하게 갖추고 있었다.

5. 독일의 국가사회주의

독일의 국가사회주의는 이러한 목적을 위한 나치즘의 국가 내지 정부의 정책이었다. 처음에 나치는 이탈리아의 조합국가를 독일에 적용시키려는 생각으로 조합주의에 대한 연구를 하였으나 이는 곧 포기되었다.

민족의 통일성을 주장하는 나치즘의 입장에서 보았을 때 조합주의는 노동자와 자본가가 여전히 구별된 상태에서 결합하는 것으로 민족을 분열시킬 소지가 있었다. 따라서 나치즘에서는 '생물학적인 민족공동체'를 내세워 조합주의라는 법제적(法制的) 형식에 의거하지 않고라도 민족 통일의 위협이 될 소지(所持)가 있는 노동자와 유태인 문제를 동시에 해결할 수 있었다.

이들은 계급간의 대립을 계급의식이 아니라 계급 적대감으로 이해하고 이 적대감을 해소시키는 데 민족감정을 이용하였다. 그들은 노동문제를 해결하기 위해 범국가적(凡國家的)인 '독일 노동전선(German Labour Front)을 설립하여 개별 노동자를 그들이 속한 공장(工場) 공동체의 일원이 아니라 전체 조직에 소속되도록 하였다.

노동과 생산에 관계된 조직들은 모두 '공장 공동체'로 바뀌고, 이들은 민족 공동체를 구성하는 하나의 세포(細胞)가 되어 노동자 개인이나 개별 공동체는 국가 유기체(有機體)의 입장에서 하나가 되었다. 이 조직은 사회·경제적 지위와 무관하게 '일하는 모든 사람'의 조직이었다. 이 안에서는 계급·직업·사회적 신분에 따른 구별이 없었다. 즉 나치의 교의(敎義)인 계급과 계급 갈등이 존재하지 않는 제도가 확립된 것이다.

또한 사회적 '명예법정'을 세워 과도한 착취를 한 고용자 뿐 아니라 산업 평화를 위협하는 노동자들을 처벌하여 사회의 기강을 확립했다. 그러나 파시즘의 조합주의에서도 그랬듯이 자본가들은 그들의 권위와 권력이 증가했으나 상대적으로 제도적 기반이 무너진 노동계급에 대해서는 당(黨)과 정부의 억압 내지 탄압은 심해졌다. 1938년부터 노동자들에 대한 감시가 강화되고 주요 기업에는 소규모 수용소가 등장하는 등 일체의 노동운동은 금지되었다. 그리고 이러한 모든 일들이 국가나 민족의 이름으로 행해졌다.

6. 엘리트주의

1) 이 론

근본적으로 파시즘, 나치즘이 의거(依據)했던 행동 지침의 원리는 대중심리학(大衆心理學)과 엘리트이론이었다. 대중심리학에서는 비록 그 개인으로는 합리적인 성품의 인간도 집단행동 시(時), 군중의 영향 아래에서는 비합리적 행동에 참여하게 된다고 한다. 같은 논리로 노동계급이나 사회주의 운동을 하는 군중은 근본적으로 원시적 본능을 지니며 이성에 적대적일 수 있다는 것이다.

또한 엘리트주의의 주장은 사회민주화의 진전이 곧 그 통치자의 수(數)의 증가를 의미하는 것은 아니라고 한다. 일반 개인이나 집단은 자신들의 행동 근저에 있는 힘을 인식하지 못하여 자신들의 행동을 합리적으로 다룰 수 없기 때문에 정치의 핵심(核心)은 언제나 소수 엘리트들에 의해 결정되고 이끌어 진다는 것이다. 그들은 프롤레타리아의 영향력의 확대가 우중(愚衆)정치로 이어질 것을 우려하여 종래의 '귀족정치'를 '엘리트 정치'로 대체시킨 것이다.

이러한 정치 일반에 대한 나치즘의 행위양식은 인종주의·반유대주의를 실행하는데도 효과적이었다.

2) 독일 현실에의 적용

세계 1차 대전 이후 독일에서는 '민족적 관념'이 지적(知的)으로 유행하여 수많은 '민족 단체'들이 있었다. 그러나 민족은 정신적으로는 강력하지만 정치적으로는 불투명하여 그 힘을 현실화(現實化)하는 데에는 정치적 방향성(方向性)과 조직적 수단이 필요하였다. 그리고 나치즘은 바로 그 조직적인 수단으로서의 당(黨), 즉 대중을 동원하고 행동하게 하는 지도력을 양산(量産)하는 투쟁적인 조직을 지향했고 인종주의(人種主義)를 정치적 방향으로 설정하였다. 그리고 인종간의 투쟁은 우월성을 향한 의지(意志)의 행위로 기본적으로 불평등 원칙, 즉 엘리트주의의 의미를 내포하고 있다.

나치즘의 이데올로기는 '민족의 혼(魂)' 그리고 그 실현을 위한 국가사회주의 이념이었다. 나치즘에서는 개인의 자유로운 인격이 아니라 '민족의 삶'이 중요했고 국가는 교회, 법률, 예술 등을 포함하는 민족정신의 보존을 위한 수단으로 그리고 독일 민족의 통일을 성취하기 위한 도구로서 민족의지(民族意志)의 표현이어야 했다.

이러한 전체주의 국가는 주권재민(主權在民)의 원칙을 인정하고 이를 일반의지(一般意志)를 통하여 실현하고자 한다. 그리고 일반의지는 민족의지 혹은 민족혼(民族魂)의 표현에 다름 아니고 이는 한 영웅이나 천재의 삶과 의지를 통해, 그리고 민중의 갈채(喝采)와 동의(同意)에 의해 확인된다고 주장한다.

그들은 일반 민중(民衆)은 일반의지 혹은 민족혼을 자각(自覺)할 수 있는 능력을 가지고 있지 않으며 한 영웅이나 천재에 의해 자각될 수 있다. 그리고 '민족혼의 자각'에 의해 민중은 비로소 '국민(國民)'으로 승화된다고 한다. 또한 자유주의가 갖는 민중의 자연발생적인 창조력에 대한 가능성을 부정하고 '모든 위대한 창조는 필요와 순간적 상황이 요구하는 방법을 대중에게 강제할 수 있는 개인적 인물에 의해 좌우된다(레닌).'는 것이다.

이러한 엘리트 의식에 근거하여 이들은 기존의 다수파 또는 여론에 의존하지 않고, 권력 획득 이전에 이미 한 사람의 지도자를 중심으로 합법적이건 비합법적이건－영웅에게는 별 의미가 없는－국가 권력을 장악하기 위한 정당 또는 민중운동(民衆運動)을 일으킨다.

전체주의의 핵심적 목표는 정치적 공간 속에서 이루어지는 인간의 집단적 행위는 '운동(運動)'이며, 끊임없는 운동을 유지(維持)하고, 이 운동을 통해서 모든 개인을 총체적(總體的)으로 지배하려는 데 있다. 이 운동 안에서 인간은 자발적으로 행위(行爲)하는 것이 아니라 지도자의 지시에 다만 반응(反應)할 뿐이며 비이성적(非理性的)이기를 서슴지 않는다.

사실 나치즘이라는 전체주의에 대한 대중의 지지(支持)는 단순하게 무지(無知)나 세뇌(洗腦)같은 오성적(悟性的) 판단의 오류(誤謬) 때문에 온 것이 아니었다. 그것은 이러한 비이성적(非理性的) 민중운동이라는 행위에 의해 이끌어 진 것이다. 나치즘은 영웅적 지도자와 그 추종자들인 엘리트들, 즉 독일 친위대(親衛隊)에 의해 완벽하게 통제되는 전체주의 국가로 발전하였다.

7. 인종주의와 반유태주의

독일은 국가 통일 이전부터 언어와 문화의 전통을 공유하는 문화민족이라는 단일 민족의 개념을 인식하고 있었다. 이탈리아의 파시즘에서는 국가가 민족을 형성하기 위한 것이었음에 비해 독일은 민족을 수호(守護)하기 위한, 즉 민족의 순수성(純粹性)을 유지하기 위한 것이라는 투쟁의 목표를 갖는다. 그리고 이러한 순수성을 유지하기 위한 수단으로 생물학적 인종주의가 등장한 것이다.

독일에서는 민족을 역사의 창조물이 아니라 자연의 창조물, 즉 자연 자체의 일부로, 생물학적 유기체로 간주하게 되면서 인종신화(人種神話)는 활력을 얻게 되었다.

인종 사상의 기원은 18세기에 있지만 19세기로의 전환기에 제국주의 정책의 강력한 이데올로기로 인종주의가 등장하였다. 그러나 나치즘 이전의 인종사상은 자유주의의 일반적인 틀 안에서 서로 논쟁하는 '자유로운 견해(見解)'들 중의 하나였을 뿐이었다.

그러나 나치즘에서 인종주의가 그들의 세계관 즉 '이데올로기'의 중요한 요소로 등장하면서 새롭게 창조되었다. 이때 이데올로기란 역사를 해명할 수 있는 열쇠를, 그리고 자연과 인간을 관통하는 보편 법칙에 대한 지식으로 인간의 삶과 사회 문제에 대한 해결책을 가지고 있다고 주장하는데 있다. 그리고 그것은 이론적 교의(教義)로서가 아니라 정치 무기(武器)가 되어 그 힘을 발휘한다.

나치즘이 발전시킨 생물학적 인종주의는 '정통 파시즘'에서는 그렇게 중요하지 않았다. 그러나 히틀러는 『나의 투쟁』에서 '존재이유로서 국가권력 같은 것은 존재하지 않는다. … 인간 실존의 지상(至上)목표는 국가-정부는 말할 것도 없이-의 유지(維持)가 아니라 인종(人種)의 유지이다'라고 하였다. 따라서 나치즘에서의 국가는 인종적 구성체의 확립과 인종의 우월성을 달성하기 위해 필요한 수단이다.

나치즘에서 인종주의는 신체적 유형(類型)과 특징들은 유전(遺傳)되고 개인의 행동은 그가 속한 인종적 집단에 의존한다는 일차적(一次的) 의미를 넘어서 각 인종간의 위계적 서열(序列)을 매기고 그 차이에 기반하는 제도와 정치구조를 만들어 이를 지속시키려는 정치적 목적을 가지고 있다.

그들은 인종주의에 대한 전제(前提)로서 문화에 있어 문화담지적(文化擔持的; culture bearing) 민족과 문화창조적(culture creating)민족을 구별하고, 스스로를 문화 창조적 민족으로 자부하여 아리안족의 우월성을 주장한다.

나치즘은 단일 민족국가를 자연적·생물학적인 원리를 기초로 하여 이해함으로서 인종간의 경계를 합리화했으며 민족은 같은 피가 흐르는 단일체라는 것이다. 따라서 독일의 혈통을 타고난 자만이 민족의 성원이 될 수 있으며 인종의 혼합은 민족의 통일에 위협이 된다고 주장한다.

인종주의에 있어 자기 민족의 우월성을 주장하는 것은 긍정적이고 자기보호적인 측면으로 어느 민족에게서나 볼 수 있는 것이지만, 문제는 인종주의를 부정적(否定的)이고 공격적으로 해석하는데 있다. 나치즘은 이 공격의 대상을 유대민족에게서 찾았고 유대인 혐오(嫌惡)가 반유대주의로 진전되면서 이들을 공격하는데 군중심리를 최대한 이용하였다.

역사적으로 유대인들에 대한 혐오는 유대인을 '사탄의 대리자', '악마의 숭배자', '인간의 탈을 쓴 마귀'로 보았던 중세부터 장소와 시대를 불문(不問)하고 이어져 왔다.

나치즘에서 유대인을 공격하는 현실적 이유로는 유대인들의 음모가적인 기질과 마르크시즘의 중추(中樞的) 역할을 하였고 독일의 금융자본을 장악하고 있다는 점들이다. 그러나 본질적으로는 유대민족의 독단적이고 비타협적인 삶의 방식에 대한 것이었다.

나치즘은 유대인을 '다른 민족과 국가라는 신체(身體)'에 붙어사는 '기생충(寄生蟲)'으로 표현하는데 이는 다른 이방인(異邦人)들과는 달리 그들은 다른 민족 내부에서 자기들의 특정한 가치기준을 가지고 하나의 공동체로서 살아가기를 고수하는 데 그 원인이 있다.

2천 년을 자신들 민족의 주거지 없이 살아온 유태인들의 자기보호를 위하여 형성된 독특한 생활감정과 가치기준(價値基準)은 비정(非情)하고 냉철하게 실리(實利)만을 추구하는 것이었다.

많은 유태인들은 그들이 살고 있는 외부세계－'현재의 자기를 규정하는 정치적 삶의 양식(樣式)'－를 수용(收容)하기를 거부(拒否)하고, 그 국가의 민족사회 이념이나 이익과는 무관(無關)하거나 때로 상충(相衝)되는 삶을 살아왔다. 그러한 삶의 양식(樣式)이 그들에게 생활의 터전을 마련해 준 민족사회로 보아서 '기생충'이라는 과도한 표현을 이끌어 낸 간접적 원인이 된 것이다.

더구나 당시 독일에서는 그들이 민족사회의 경제핵심인 금융자본을 장악(掌握)하였고, 유대인들의 성품상(性品上) 그 힘이 적(敵)에게 유리하게 이용될 수 있다는 우려(憂慮)에서 그 증오의 강도는 한층 고조(高潮)되었다.

나치즘에서 인종주의(人種主義)는 인종들 간의 근본적인 우열(優劣)의 차이를 설정해 비록 자국사회의 하층인 노동계급(勞動階級)이라도 스스로를 상위(上位) 인종의 구성원, 즉 자연적, 인종적 귀족(貴族)으로 의식(意識)케 함으로서 노동자들에게 심리적 보상을 주고 대신 투쟁을 포기하게 하는, 계급투쟁의 대안책(代案策)으로서의 효과를 가져다주었다.

제10장 | 동양 현대

제1절 개관(槪觀)

1. 중국사회의 성격

중국 전통사회의 특징은 거대(巨大)한 1차적(一次的) 공동사회(共同社會; Gemeinschaft)[1)]로서 물질적으로나 문화적으로 자급자족(自給自足)하는 자기완결적(自己完決的)인 사회라는 점이다.

물질적(物質的)으로 중국의 규모는 인구(人口)나 영토면(領土面)에서 유럽 국가들을 훨씬 뛰어 넘었고, 산업혁명이 있기까지는 중국이 더 부유하기도 했다. 큰 강과 인구가 집중된 지역을 잇는 방대한 운하(運河) 시스템으로 통일된 중국은 여러 세기 동안 세계에서 가장 생산성이 높은 경제국이었고 가장 활발한 교역의 중심지였다.[2)] 그들에게 외부세계와의 교역은 부차적이고 미미(微微)한 의미밖에는 갖지 못하였다.

또한 문화적(文化的)으로도 중국은 인간의 존재이유(存在理由)나 삶의 가치를 서구(西歐)처럼 신(神)에 의해 부여(附與)받지 않더라도 인간 스스로가 자신들의 존재의미를 확인하며 살아가는 문화체계를 갖추고 있었다는 의미에서 자기완결적이다.

---

1) Gemeinschaft와 Gesellschaft는 인간의 사회적 관계를 중심으로 사회의 유형(類型)을 구분하는 이론으로 퇴니스(Tonnies Ferdinand 1855-1936)에 의해 제시되었다.

2) 중국은 지난 2000년 중 1800년 동안 세계의 국내 총생산량(GDP) 가운데 그 어떤 서구 사회보다도 더 큰 몫을 담당했다. 1820년에만 하더라도 중국은 세계 국내 총생산의 30퍼센트 이상을 도맡았고 인도, 서유럽, 동유럽, 미국을 모두 합친 것보다 더 높은 수치였다(키신저, 전게서, p.32).

인간에게는 존재(存在)의 여러 가치(價値)에 도달하는 경로(經路)로서 서로 용납하기 어려운 두 가지 요소가 내재한다. 즉 인간의 고유(固有)한 내면(內面)에는 자기억압(自己抑壓, 규범과 질서에 대한)과 해탈(解脫)에의 지향(指向)이 공존하는 사유세계(思惟世界)가 갖추어져 있고, 그에 따른 주관성(主觀性)에는 참여의지(參與意志)와 초월의지(超越意志)가 함께 하고 있다.[3)]

그리고 중국에서 이는 대체로 유가(儒家)와 도가(道家)가 그 지향성의 차이(差異)를 보이면서 인간의 두 경향을 각각 담임(擔任)하는 형태를 이루며 상충되는 욕구를 충족시켜 나갔다. 이러한 문화체계는 유가(儒家)와 도가(道家)가 대대(待對)의 관계를 유지하며 이끌어 왔다.[4)]

중국인은 이를 유가(儒家)에서는 내성외왕(內聖外王)으로 표현하고, 또한 젊어 사회에 참여하는 동안에는 유가(儒家)로, 그리고 은퇴 후에는 자연으로 돌아가려는 초탈(超脫)한 도가적(道家的) 삶을 당연한 것으로 받아들인다. 이때 자연은 그저 자연에 불과한 것이 아니라 인간의 의지(意志)와 정서(情緖)가 배어 있는 일종의 상징으로서 인간계(人間界)의 정신이 회귀(回歸)하는 곳이다.

이는 우주자연과의 일원론적(一元論的) 통합이고 유가와 도가의 상호보완성은 자연세계와 더불어 인간 공동체 사회의 자족(自足)을 의미한다. 그것은 따로 초월적인 신(神)의 존재를 필요로 하지 않는 인본주의(人本主義)의 기틀이다.

2. 유가(儒家)와 종법(宗法)사회의 성격

유가(儒家)의 목표는 수신(修身)을 거쳐 개인을 도덕화(道德化)하고, 제가(齊家)에서 치국(治國)을 거쳐 평천하(平天下)로 도덕화된 사회와 세

---

3) 임태승, 『소나무와 나비』.

4) 유가가 대체로 지배(支配)이데올로기로서의 지위를 누려온 반면 도가(道家)나 선종(禪宗) 등의 사유는 유가에 대한 반동적(反動的) 내지 대대적(待對的)인 위치를 점해 왔다. 이때 대대(待對)라 함은 둘이 각기 독립성을 유지하면서도 서로가 있기에 자기존재가 가능하게 되는 관계 즉 태극(太極)에 표현되는 음양(陰陽)의 관계를 의미한다.

계의 건설에 있다.[5] 그리고 유가(儒家)의 윤리실천의 근간(根幹)인 삼강오륜(三綱五倫)은 종법(宗法)의 실천상의 구체적 강령이다.

종(宗)은 중국정치사회를 일관하는 정신적 결합의 원리인 분족(分族)이라는 혈연적 연대의 관념이고, 종법(宗法)은 이 관념을 규범화한 것이다.[6] 그리고 종법제는 조상과 그의 계보를 축(軸)으로 한 일종의 정치사회적 질서이다.

사회학적(社會學的) 관점에서 본 종법이 상정하고 있는 사회(社會)는 가족제도를 기축(基軸)으로, 인간내면의 친밀감(親密感)을 행위동기의 심리적 원천(源泉)으로 상호유대(相互紐帶)를 유지하는 거대한 공동사회(共同社會 ; Gemeinschaft)이다.

왕양명은 '대인(大人)은 천지만물로서 일체인 것으로 한다. 천하를 보는 것 또한 한 집과 같고 중국 또한 한 사람과 같다. 만약 그 형해(形骸)로 나누어서 너와 나를 가르는 자는 소인(小人)이다.'라 하여 공동사회를 한 가정의 확대형태로 이해하였다.[7] 이러한 공동사회의 전제는 구성원의 동질성(同質性)에 있고 중국에서 그것은 농본주의(農本主義)에 의해 형성·유지되어 왔다.

이러한 중국사회가 정적(靜的), 내향적이고 자급자족의 공동사회라면, 서구는 동적(動的), 외향적이고 공업화된 산업사회라 할 수 있다.

3. 서구와의 만남

서구(西歐)는 종교개혁으로 사회가 세속화되면서 인간의 이성(理性)이 주도하는 개성(個性) 중심의 산업사회로 변모하여 갔다.[8] 그리고

---

5) 대학(大學)의 팔조목(八條目) 중 격물(格物), 치지(致知), 성의(誠意), 정심(正心), 수신(修身)은 개인의 도덕화를 그리고 이 바탕 위에 그리고 그 연장 상에서 제가(齊家), 치국(治國), 평천하(平天下)를 목표한다.

6) 주실(周室)을 가리켜 종주(宗周)라 하였고 종묘(宗廟) 종족(宗族) 등은 모두가 이 관념에 바탕을 둔 것이다(西島定生, 『중국고대사회경제사』).

7) 대학(大學)의 팔조목(八條目)에는 수신(修身), 제가(齊家), 치국(治國), 평천하(平天下)라 하여 개인, 가족과 국가를 같은 차원(次元)에 병립시키고 있다.

8) 데카르트는 주체자로서의 인간의 이성(理性)을 외부에 존재(存在)하는 것, 즉 객체로

이때 서구사회를 이끄는 지도적 이념은 개인 자유주의(個人自由主義)와 평등사상(平等思想)이었다.

1840년의 아편전쟁의 의미는 정치적으로는 서구 세력에 의한 중국에 대한 침탈행위이지만, 크게 보아 그것은 서양과 동양문명 충돌의 폭력적(暴力的) 표현이었다. 이 전쟁의 패배로 중국사회는 서구 근대의 비인간적이고 계약적인 인간관계를 원칙으로 하는 Gesellschaft적인 산업사회(産業社會), 즉 도시중심의 자본(資本)과 기술을 갖춘 공장, 복잡한 유통과정 등으로 유지되는 사회를 받아들여야만 했고, 중국은 더 이상 Gemeinschaft적인 공동사회의 성격을 유지할 수 없게 되었다.

따라서 사회문화의 동질성(同質性)을 유지하며 친밀하고 지속적이며 사회내의 각 개인의 위치를 명확히 이해하는 종법사회(宗法社會)를 전제로 한 유가(儒家)의 가치체계는 더 이상 국가사회를 주도하는 이데올로기일 수 없었다.

사실 명조(明朝) 중엽 이후 많은 사회적 분란(紛亂)에는 상공업의 발전으로 오륜(五倫; 군신·부자·부부·붕우·장유)으로 커버(cover)할 수 없는 이익(利益) 중심의 비인격적, 계산적인 인간관계가 형성되며, 기존 지배계층 윤리(倫理)와의 적대적 모순관계가 그 저변(底邊)에 자리하고 있었던 것이다.[9)]

서의 대상(對象)에 대한 기준(基準)과 척도(尺度)로 선언하였다. 이러한 외향적 성격의 이성은 자연과학의 발달과 산업혁명으로 이어지면서 근대(近代)를 산업사회(産業社會)로 탈바꿈시켰다. 하이데거는 증기기관의 발명이 가능하였던 것도 데카르트에 힘입은 바라 하였다.

근대 서양의 이성이 외향적일 수밖에 없었던, 또 그럴 수 있었던 근본적인 원인은 기독교에 있었다.

동양에서 인간의 이성은 세상에서 자신을 포함한 모든 대상에 대한 실체성과 윤리성(존재와 당위)을 판단하는 존재자로서의 역할을 한다. 즉, 삶의 근원적 문제인 인간답게 사는 것의 방식 뿐 아니라 그 목표까지를 포함한 의미내용을 스스로 찾아내고 규정해야 하는, 따라서 필연적으로 내적 성찰(省察)을 요구한다.

또한 개인적 삶의 완성뿐만 아니라 사회질서의 안정적 설립·유지를 위해 저 밖에 존재하는 신(神)의 관념이나 권위에 의부(依賦)함이 없이 인간성품에 적합한, 오직 그것만이 기준인, 사회윤리적 행위체계의 확립 역시 인간이성의 몫이었다. 그리고 서양에서는 기독교가 이 모두를 관장함으로서 인간이성은 이론부터 소외되는 자유와 여유를 외부 물질세계에의 관심으로 돌리었다.

9) 중국 농본사회에서 상공업(商工業)의 사회적 지위는 정치의 주요한 관심대상이었다.

그러나 중국이 이러한 문명 충돌과정에서 보인 끈질긴 수구세력의 저항은 놀랄만한 것이었다. 이는 동중서(董仲舒, B.C. 170(?)-120(?))에 의해 유가의 윤리이념을 한(漢)의 정치 기틀로 정립하려는 목적에서 제시된 삼강오상설(三綱五常說)이 큰 변화 없이 중국 역사 2천년을 지배해 왔다는 경이적인 사실과 무관한 것은 아니었다.[10)]

이제 중국인들은 서구의 월등한 과학과 경제발전을 대하며 이들의 문명을 '선진(先進)'으로 인정할 수밖에 없었고, 중국 침체원인 중의 하나인 역사 순화론(循環論)을 포기하고 역사발전을 시간상 수직선(垂直線)의 선후(先後)관계로 이해하게 되었다.

또한 종법사회를 유지하던 삼강(三綱)의 수직적(垂直的) 윤리(倫理)체계는 산업사회에서의 개인자유와 평등이라는 수평적(水平的) 도덕관념에 자리를 내주어야 했다.

그것은 관념상(觀念上)으로는 시간(時間, 우(宇))상으로 대상(對象)을 인지(認知)하는 의식구조가 순환하는 원(圓)에서 일정한 방향을 갖는 직선(直線)으로, 공간(空簡, 주(宙))상으로는 수직적 체계에서 수평적 관계로의 변혁(變革)을 의미한다.

그러한 현상은 단순한 논리나 이념의 문제 이상이었다. 그것은 문화양식(樣式)의 문제이고 모든 사물의 인식과정에서 먼저 거치게 되는 사유(思惟)의 기본 틀의 변화이었다.[11)]

중국사회는 역사발전론을 전면적으로 수용하고, 인간관계를 수평적으로 이해·설정하여 이러한 새로운 틀에서 모든 사회체제를 재구성

상공업의 필요(必要)와 농본주의(農本主義)사이의 균형, 즉 종법사회가 요구하는 사회의 동질성의 유지가 가능한 범위에서 허용하려는 노력과 관심에는 이미 상공업의 행위동기에서의 원천적 이질성(異質性)을 인식하고 있었던 것이다.

10) 하나의 윤리도덕적 가치체계가 2천년을 사회지도이념으로 유지할 수 있었다는 것은 그 사회가 침체되어 활성화되지 못하였다는 측면도 있겠지만 보다는 그 가치체계가 갖는 인간본성(本性)과의 적합성(適合性)을 간과할 수는 없을 것이다.

11) 칸트는 '공간과 시간'은 대상인식에서 감각을 통해 의식에게 주어지는 것, 즉 현상의 재료가 되는 잡다한 것을 '일정한 관계에서' 말하자면 서로 '결하여'(병렬적(竝列的), 서로 '잇달아'(계기적(繼起的)의 방식으로 정리하는 틀이라고도 하였다(칸트, 『순수이성비판』).

(再構成)해야 하였다. 그리고 중국인들이 현대(現代)를 맞이하는 과정에서 치러야 할 이러한 의식(意識)의 근본적 변혁은, 그 의식을 밑받침하고 있는 사회경제적 구조의 철저한 파괴(破壞)와 재건(再建)을 통해서, 즉 혁명(革命)으로서만 가능한 것이다.

인간은 스스로를 완벽하게 분리(分離)해 낼 수 있을 때 오히려 자신에게로 돌아가 잠재적으로 자신 안에 존재하는 본연의 의미 있는 모습을 회복할 수 있는 것이다. 그리고 중국의 공산주의 혁명은 변화과정에서 이러한 자신들의 임무를 완벽하게 수행하였다.

4. 현 실

손문과 모택동은 현대 중국을 탄생시키는데 가장 큰 공헌을 한 인물들이다. 이 둘에게 유가적 윤리관은 산업사회에서 적합성(適合性)을 이미 잃었으며, 뿌리 깊은 수구(守舊)세력을 중심으로 하는 전통적 의식세계를 끊어내기 위해서는 혁명만이 유일한 방법이라는데 인식을 같이 하였다.

그러나 손문과 모택동은 근본적인 차이가 있었다. 손문은 서구 부르주아 민주주의 신봉자로 그는 상부구조인 정치혁명을 원했을 뿐 기본적으로 사회혁명을 바라지는 않았다. 그가 표방(標榜)한 사회주의는 '민생(民生)' 이상의 의미가 아니었다.

이에 비해 모택동은 '인민, 오직 인민만이 비로소 세계 역사를 창조하는 동력(動力)'이란 역사인식에 따라 총체적 혁명을 지향하였다.

제 2 절 손문(孫文, 1866-1925)

1. 생애와 사상적 배경

손문은 자(字)가 일선(逸仙)이고 호(號)는 중산(中山)으로 광동성에서 가난한 농가의 아들로 태어났다. 그가 태어난 향산현(香山縣)은 광동과 홍콩에 근접한 곳으로 광동성은 서양문화가 제일 먼저 침투된 곳으로 아편전쟁·반청운동의 중심지였다.

또한 홍수전이나 강유위, 양계초 등이 이 지방에서 태어났으며, 이는 이들의 정치성향이 특수한 지역환경과 무관한 것이 아님을 보여 준다.

그는 서당(書堂)에 다니다가 14세에 하와이 형에게로 가서 고등학교에 입학하였다. 그리고 19세에 귀국하여 홍콩의 의학교(醫學校)에서 배워 의사가 되었다. 이때 배운 어학실력은 일생을 통해 근대 유럽문명과 세계의 조류(潮流)를 쉽게 터득하는 중요한 도구가 되었다.

손문의 정치적 주장은 그가 일본으로 망명하여 이전의 청정부에 대한 반대라는 소극적 입장에서 벗어나 적극적으로 새로운 중국의 정치체제 건설이라는 목표를 세운 시작부터 이미 '혁명(革命)'[12]이었다.

그는 성장시기에 서양문명을 호흡하며 기독교인이 되었고, 배움 역시 서구 교육과정을 거쳐 양의(洋醫)가 되었다. 이러한 그의 생활과 학문적 영향으로 그의 정치적 안목은 이미 서구 근대 민주주의에 익숙하여, 중국전통 정치체제에 대한 부정적 시각을 갖게 되었고 근본적으로 이를 뒤엎어야 한다는 데 정서적(情緒的)으로 아무런 부담을 갖지 않을 수 있었다.

이는 강유위나 양계초 등이 중국전통의 부정적 요인들을 지적하면

12) 손문이 쓴 '혁명'이라는 말은 고대 중국의 탕왕·무왕의 기의(起義)에 관련된 고전적인 중국의 용어로, 1895년 일본의 한 신문에서 처음 사용되었고, 그가 고베에서 그것을 우연히 읽고 채택한 것이다.

서도 점진적 개혁을 주장할 수밖에 없었던 정신적(精神的) 배경과는 근본적 차이가 있었다. 따라서 그는 민주주의와 사회주의를 주장함으로서 단순한 왕조(王朝) 변화 이상의 일을 한 최초의 인물이 되었다.

그러나 서양에서 교육받았음에도 불구하고 그는 중국인이었고 그의 정치사상은 그 뿌리를 전통적인 중국사상에 기반을 두고 있다. 그의 정치행위의 구체적 내용이나 동기는 서양근대 문명의 영향 아래 이루어졌으나 그 목표나 이상은 중국전통에서 찾고 있다. 따라서 그는 서양의 제도를 통째로 모방하려는 생각은 없었고 많은 문제에 있어 독창성을 나타내었다.

2. 지난행이(知難行易)

손문은 신해혁명(辛亥革命)의 실패를 경험하면서 자신의 과업에 가장 큰 장애를 행(行)에 대한 중국인들의 그릇된 사고(思考)에 있다고 믿게 되었다.

그는 고대 서경(書經)에서부터 보이는 전통적 지이행난(知易行難)의 명제(命題)가 중국인들을 오랫동안 이론(理論)의 작용을 경시(輕視)하는 사고의 틀에 고착(固着)시켜 과학과 민주사상을 깨닫지 못하게 할 뿐 아니라 만청(滿淸)의 타도(打倒)로 새로운 세계를 건설하려는 의지(意志)를 위축(萎縮)시키는 역할을 한 것으로 평가했다. 그는 이러한 사고(思考)의 틀은 한 사람의 뜻을 빼앗을 뿐 아니라 수많은 사람의 마음을 미혹시켜 그 피해가 만청보다 크다고 하였다.

손문은 그와는 반대로 지난행이(知難行易)를 주장했다. 그의 인식(認識)은 실천 활동을 지(知) 형성의 근원으로 이해하고 있다.

중국 전통의 유교적 지(知)는 궁극적으로 '성인(聖人)에의 길'을 자각(自覺)하는 것이며, 행(行)은 그 자각을 바탕으로 한 윤리적 실천을 지칭하는 것으로 개인적인 수양에 뜻을 두고 있다.

그러나 손문이 주장하는 지(知)는 오랜 역사적 활동에 의해 축적(蓄積)된 객관적 세계에 대한 과학적(科學的) 지식으로, 이를 통해 객관적 세계를 개조하기 위한 방법을 인식하는 것이다. 이처럼 지(知)는 인간의 경험을 바탕으로 장구한 시간과 많은 인간의 노력으로 이루어진 이성적 체험과 실증을 통해 이루어진 것이기 때문에 '지난(知難)'인 것이다.

이러한 지(知)는 대중적 보편적 성격을 갖는 것으로 이를 확실하게 이해한다면 그 실천목표인 사회개혁은 대중계몽을 근간으로 하여 이루어 질 것이다.

그가 지난행이(知難行易)를 주장하는 부차적(副次的) 이유는 행이(行易)로 '두려워하지 말고 즐겁게 행하라'고 사람을 격려하며 실천을 강조는 뜻에서였다 그러나 호적(胡適)이 지적한 '지난(知難)으로 지도자를 받들게 하려는' 측면(側面) 역시 있었다고 보아야 할 것이다.

그는 지(知)와 행(行)의 이분법적 관점에서 인간을 세 부류로 분류하였다.

'인간으로 말하자면 세 계열이 있다. 첫째는 먼저 알고 먼저 깨닫는 자(先知先覺者)로 창조와 발명을 하고, 둘째는 나중에 알고 나중에 깨닫는 자(後知後覺者)로 모방하여 실행하고, 셋째는 알지 못하고 깨닫지 못하는 자(不知不覺者)로 이들은 힘을 다해 이루기를 좋아한다(손중산선집).'[13]

그는 '또 앎에 힘쓰는 자가 있고 행함에 힘쓰는 자가 있어서 각기 하는 일을 나누어야 비로소 사회를 조성할 수 있고, 문명의 진화는 세 계열의 사람의 협력에서 이루어진다(상동).'고 보았다. 이러한 인간 품성에 대한 해석은 현실분석의 입장에서 지행분임(知行分任)으로 각자의 역할을 존중하려는 것이었다.

그는 또한 인류진화사(人類進化史)와 인식발전사(認識發展史)를 연결하여 지(知)에 대한 행(行)의 작용 즉 인식 안에서의 실천의 작용을 고찰하였다.

그는 인류의 진보를 세 시기로 나누었다. 첫 번째는 알지 못하면서

---

13) 고대 그리스의 피타고라스와 플라톤이 주장한 세 부류의 인간상을 모방한 이러한 이론은 인간의 사회적 역할이 타고난 품성에 의거한다는 엘리트 의식에 근거한 전근대적(前近代的) 사고이다. 이는 같은 엘리트주의라도 레닌의 역할론(役割論)과는 근본적 차이가 있다. 이러한 이론에서 손문사상의 한계를 볼 수 있다.

행하는 것이고, 두 번째는 행한 후에 아는 것이고, 세 번째는 안 후에 행하는 것이다. 앞의 두 시기는 행으로 지(知)를 구(求)하는 시기이고, 뒤의 한 시기는 지(知)로 인해 행으로 나아가는 시기이다. 따라서 총체적 인류의 인식사(認識史)를 '행으로 지를 구하고, 지로 인해 행으로 나아가는'(상동) 과정으로 개괄했다.

이를 간단하게 표현하면 행－지－행으로 이는 후에 모택동이 인식의 총체적 법칙을 실천－인식－재실천－재인식의 공식으로 정리하는데 중요한 단서가 되었다.

3. 삼민주의(三民主義)와 그 변천

손문 정치사상의 정수(精髓)라 할 삼민주의는 1896년 런던의 총국공사관에서 풀려난 후, 2년 간 유럽에 체류하는 동안 사회문제와 사회주의 이론을 집중적으로 공부한 결과이다. 그는 '선진 유럽 각국이 강하게 되고 민주정치가 행해지고 있지만 국민에게는 완전한 행복을 주지 못하고 있음을 깨달았다. … 그리하여 혁명을 통해 민생, 민족독립 그리고 민권문제를 동시에 해결하는 방법을 생각해 냈다. 이리하여 삼민주의가 있게 된 것이다.'[14)]

그러나 민족(民族)·민권(民權)·민생(民生)의 삼민주의가 손문의 변혁론(變革論)으로 제창된 것은 1905년 동맹회의 결성시기부터이다. 그리고 이러한 민족·민권·민생은 그 실행과정에서 결코 나누어 질 수 없는 통일된 주의(主義)이며 사상인 것이다.

1) 민족주의

손문이 생각하는 민족주의의 참된 정신은 '열강(列强)을 누르고 약소국을 도와 불평등을 해소하는 것을 목표로'하며 이는 '본래부터 지니고 있던 도덕과 평화를 바탕으로, 세계를 통일해 나아가 대동(大同)정치를 완성하는 것'[15)]이다.

---

14) 총리전서, 손문학설.

초기 손문의 민족주의는 만주왕조의 타도에 초점이 맞추어져 있었다. 그는 다른 종족이 한(漢)민족을 침략하여 빼앗아 간 국권(國權)을 회복하여 한민족 본래의 국가로 부흥하려는 것이었다. 따라서 제국주의 열강(列强)에 대해서는, 이들에 저항한다는 생각보다는 오히려 자신의 목적 달성에 그들의 협조가 필요하다는 뜻을 비치고 있다. 이는 그가 반제국주의의 의사가 없음을 시사(示唆)한 것이다.

그는 신해혁명으로 일단은 민족주의가 성공한 것으로 보고, 민족주의의 대내 문제, 즉 한족(漢族)과 소수민족과의 협화(協和)를 제창하였다. 그는 소수 5족, 즉 한족(韓族)·만주족·몽고족·티벳족 그리고 회교도인(回教徒人)들이 다 같은 공화국의 인민으로 한 집안이며, 만주족의 압박을 벗어나 평등한 지위를 회복하였으니 이제는 서로가 마음을 합쳐 나라의 발전을 추구하여야 한다는 것이다. 이는 분명 멸만흥한(滅滿興漢)의 입장과는 다른 새로운 민족주의 내용이었다.

2) 민 권

손문의 민권은 국권(國權)의 확립을 통한 중국인들의 권리회복이라는 측면과 국민 전체의 평등(平等)을 지향하는 것으로 이 둘을 함께 달성하려는 정치주의적인 것이다. 그에게 인권(人權)이라는 개인의 차원(次元)의 문제는 아직 시기상조(時機尙早)였다.

그는 민권주의가 정치혁명의 근본이라 하여 만주족의 타도를 민족혁명으로, 그리고 청조라는 군주정의 전복을 정치혁명으로 보았다. 따라서 그의 일차적인 목표는 완전한 혁명의 성공으로 한족에 의한 공화국을 건립하는데 있었다.

이를 위해 1905년 손문은 혁명세력을 결집하여 '중국 동맹회(同盟會)'를 창립하고 그 총재(總裁)에 추대(推戴)되었고 여기서 '중화민국(中華民國)'이라는 국호(國號)를 결정하였다.

손문은 그의 장기적인 혁명 전략으로 그 전개과정을 삼 단계로 나누

15) 손문, 『민족주의』, 제6강.

었다. 먼저 군정(軍政)의 시기로 이 단계에서는 청제(淸帝)와 그 치하(治下)의 정치 사회적 악폐(惡弊)를 일소하고 두 번째 단계는 임시헌법(臨時憲法)에 의한 정치로 이는 정식(正式) 헌법이 시행되기 이전에 인민의 자치 훈련시기로 처음에는 약 6년을 예상하였다. 그리고 군정과 임시헌법 시기까지는 군사정부가 권력을 장악하고, 이들은 최종단계가 선포되면 모든 권력을 인민에 의해 선출된 새로운 입헌정부에 이양(移讓)한다. 그러나 손문이 신해혁명 후 원세개에게 권력을 이양한 동기(動機)는 이러한 군사정부에 대한 전략적 안목(眼目)과는 무관한 것이었다.

그는 창설될 중화민국의 정치제도로서 서구의 입법·행정·사법 이외에 중국적(中國的) 성격인 고선(考選; 관리채용시험)과 감찰(監察)을 독립기관으로 하는 오권분립(五權分立)을 구상하였다. 이때 인민이 갖게 되는 정치적 권리 즉 민권은 선거권(選擧權), 창제권(創製權; 법안 수정권), 복결권(復決權; 중요한 문제에 대해 투표에 의해 결정할 권리), 그리고 파면권(罷免權)의 네 가지 권리이다.

개인적 차원에서 보면 민권주의는 군주(君主)의 권력을 타도해서 모든 사람들이 정치적으로 평등한 지위를 갖는 것이다. 그는 이때 재능이 있더라도 이기적이면 타인의 이익을 침해하여 결과적으로 불평등을 초래할 수 있다고 보았다

그는 이를 경계하며 '인류가 복무(服務)해야 할 도덕심이 발달하면 반드시 평등을 이룰 수 있으니 이것이 바로 평등의 핵심적 의미이다'16)라 강조하였다.

3) 민생(民生)

손문에게 있어 민생은 사회주의의 다른 이름일 뿐이다. 손문의 해석에 따르면 민생주의는 4억의 인구를 위해 행복 즉 의식주(衣食住)가 풍족해지기를 도모하는 것이다. 그는 이를 위해 사유재산권의 무한한 자유를 제한하고 공산(共産)을 이상(理想)으로 하였다.

---

16) 손문, 『민권주의』, 제3강.

이러한 손문이 지향한 공산(共産) 이념에는 사유재산제에 기초하고 있는 서구의 개인적 자유가 부정되는 경향이 있음에 틀림없다. 그러나 중국적 사유(思惟)에서 개인(個人)을 독립된 존재(存在)로 보다는 연(緣), 즉 관계성 속에서 이해하려 한다는 문화적 차이를 감안한다면 이는 오히려 대동사상(大同思想)의 한 측면적 성격으로, 서구 공산주의가 지향하는 바와는 거리가 있다.

사실 그는 '백성이 국가에 대해 무엇을 요구하더라도, 모두 함께 할 수 있어야 한다. 그것이 바로 진정으로 민생주의의 목적에 도달하는 것이다. 이것이 공자(孔子)가 바라던 대동세계이다.'[17]라 하고 있다.

또한 그는 사회경제조직의 개량(改良)과 토지문제의 해결을 사회혁명(社會革命)을 방지(防止)하려는 차원(次元)에서 구상하였다.

토지 균등(均等)은 현소유(現所有)를 인정하고 다만 토지 가격사정(價格査定)을 시점(時點)으로 오르는 땅값을 불노소득(不勞所得)으로 보아 이를 국가소유로 하여 모든 인민에게 그 오른 차액이 돌아가도록 한다는 것이다. 그러나 이러한 정책(政策)의 문제점은 지가(地價)상승은 도시에서의 문제일 뿐이고, 또한 이는 빈농(貧農) 등의 토지요구를 전혀 배려하지 않았을 뿐 아니라 봉건적 토지소유에 반대한 것도 아니라는 데 있었다.

손문의 삼민주의에는 유가(儒家)의 도덕사상인 인(仁)·공(公) 그리고 '대동사상(大同思想)'의 본질적 의미가 짙게 깔려 있고, 이처럼 전통을 충분히 계승하고 있기 때문에 중국인들의 전폭적인 공감대를 형성할 수 있었다.

4. 사상과 이론의 변화과정

혁명시기의 상황의 변화는 매우 빠르게 진행되며 진정한 혁명 지도자는 자기의 사상과 계획방안을 반드시 이러한 변화에 대응하면서,

17) 손문, 『민생주의』 제2강.

자기 자신뿐 아니라 혁명에 참가한 모든 사람들의 주관적 인식 역시 잘 변화시켜야 한다. 그의 삼민주의(三民主義)의 내용변화는 이러한 필요에 의해 이루어진 것이다.

당시의 외부적 상황의 변화로는 혁명에 성공한 소련공산당이 중국의 독립과 해방에 협력하겠다는 뜻에서 발표한 '카라한 선언'[18]으로 민족운동이 고무되었고 국내적으로는 5.4 운동 이후 일반대중의 활발한 정치참여 의식이 국민당에 자극을 주었다.

그러나 당 내부적으로는 국민당(國民黨) 내 군인의 오만, 당무의 침체, 평화통일에 대한 열망의 저하 등으로 이를 일신시켜야 할 과제가 있었다. 따라서 그는 1924년 당(黨)을 정부보다 위에 놓도록 하는 소련식 일당지배를 제의한다.

그는 소련 혁명의 성공이 당이 정부위에 있었기에 가능하였다는 이해(理解)에서 그리고 현재로서는 통치를 할 수 있는 국가기구가 없으며 국가를 건설하기 위해 당체제를 강화하여 이를 수행하여야한다(건국대강)는 생각이었다.

이러한 대내외적 상황에 따른 그의 변화된 삼민주의 정책의 기본노선은 연소(聯蘇), 용공(容共) 그리고 농공부조(農工扶助) 정책으로 요약(要約)된다. 그는 소련 혁명을 본받아 1923년 중국 공산당과의 제휴를 결정하여 반제·반봉건의 통일전선을 구성하는 동시에 노동자 농민과의 결속을 꾀하였다. 또한 자본주의 폐해를 미연에 방지하기 위하여 '자본절제'와 토지개혁을 통한 '경자유기전(耕者有其田)'의 견해를 밝혔다.

손문은 1924년에 광동(廣東)에서 제1차 국민당 전체 대회를 열고, 중국 공산당과 연합하여 북방의 군벌(軍閥)을 타도하기 위한 작전을 펼치려 하였으나 결국 뜻을 이루지 못한 채, 다음 해에 세상을 떠났다.

중국에서는 공산당 정부나 국민당 정부를 막론하고 손문을 혁명의 아버지로 받든다. 그리고 민족(民族)·민권(民權)·민생(民生)을 내세운

---

18) 러시아 제정시대에 중국으로부터 취득한 토지를 비롯하여 동지철도, 광업, 임업권 등 모든 특권을 포함하여 영사재판권과 의화단 배상금 등을 포기한다는 내용이다.

그의 삼민주의(三民主義)는 중국인들에게 가장 존중되고 있는 정치사상이 되었다.

중국의 근대화를 위한 정치적 투쟁의 과정은 체제 변화 없이 서양기술만을 도입하려던 양무운동에 이어, 유교 봉건 이데올로기를 유지한 채 법과 제도의 개혁만을 시도한 변법운동을 거쳐 손문의 삼민주의를 내세운 정치혁명에 이르렀다.

그러나 계급조화이론(階級調和理論)에 근거하여 잡다한 반정부 세력을 흡수한 손문의 정치적 성격에는, 공산주의(共産主義)가 사회적 모순을 적시(摘示)하여 농민·노동자와 착취자들간의 적대적(敵對的) 관계를 자각시키고, 자신들의 정체성(正體性)을 확인케 함으로서 투쟁의지를 결집 분발시키는데 성공한 이데올로기로서의 응집력, 그것이 포괄적 성격의 삼민주의에는 부족하였다.

제 3 절 모택동(毛澤東, 1893-1976)

1. 생 애

모택동은 1893년 호남성(湖南省)에서 중농(中農)의 맏아들로 태어났다. 그는 13세까지 국민학교에 다니면서 사서(四書)를 공부했고, 혼자서 중국의 전통 문학·철학·사학 등 학문서적과 『서유기』, 『수호지』, 『삼국지』 등 고대 전기소설(傳奇小說)을 읽으며 자신의 생각을 키워 나갔다.

그는 성립(省立) 제일 중학교에 입학했으나 그 교과과정과 학칙을 견딜 수 없어 2년 반 뒤에 독학(獨學)을 계획하여 이 학교를 그만두고 매일 도서관에서 아담 스미스, 찰스 다윈 등 서구의 새로운 지식을 탐구하였다.

1912년 군(軍)을 제대하고 다음 해 호남성 제일 사범학교에 입학, 보다 성숙한 학우들과 선생들을 만났고 특히 후에 그의 장인(丈人)이 된 양창제(楊昌濟) 선생의 영향을 많이 받았다. 그는 영국과 일본에 유학했던 사람으로 윤리학과 논리학을 전공한 학자였다. 이 학교시절 그는 작문(作文)에 뛰어났으나 외국어에 대해서는 관심이 없었는데 이것이 오히려 후일 그의 장점이 되었다.

모택동은 1918년 이 학교를 졸업하고 윤리교사로 재직하다 당시 북경대학 교수에 재직하던 양창제가 북경대학 도서관장이던 이대교(李大釗)에 모택동을 소개하였고 그는 북경대학 도서관의 사서(司書) 보조원으로 근무케 했다. 그곳에서 그는 처음으로 『공산당 선언』, 카우츠키의 『계급투쟁론』 등을 읽었다.

1917년 소련 볼셰비키 혁명의 성공은 청조에 대해 반대하는 이들은 물론, 부르주아 민주주의를 기본이념으로 하는 손문의 중화민국(中華民國)의 노선에 대해서도 비판적인 많은 지식인들에게 희망을 주었다.

이러한 상황에서 모택동은 이대교와 5·4 운동의 영향으로 마르크스주의의 유물론을 수용하며 자신의 사상을 정립하여 나아갔다.

2. 마르크스주의와 모택동사상

마르크스주의 이론의 근간은 『자본론(資本論)』에서 밝힌 자본주의 사회의 경제적 분석과 변증법적 유물사관에 따른 사회발전의 역사적 필연성에 근거한 혁명이론이었다. 또한 그의 이론의 중심점은 자본의 생리를 분석함으로서 자본가에 의한 노동계급의 착취와 상품경제가 안고 있는 인간 소외(疏外)의 문제에 있다. 환언하면 사회적으로는 계급간의 불평등과 이로 인한 착취문제이고, 개인 또는 인간적으로는 소외(疏外)문제이다. 즉 경제구조·관계의 분석으로는 사회의 불평등을, 노동의 분석으로는 인간성의 박탈, 즉 소외 문제를 규명하였다.

그는 이러한 사회현상을 변증법적 유물사관에 의한 역사발전의 법칙에 따라 개괄하면서 결과적으로 자본주의의 몰락과 프롤레타리아 독재에 이르는 과정을 착취자와 피착취자간의 계급투쟁의 역사로 해석하였다.

그러나 모택동이 직면하고 있던 전통 중국사회는 마르크스가 변혁하고자 한 서구 근대사회와는 전혀 다른 사회경제적 구조를 갖고 있었다.

따라서 그는 마르크스주의의 근간(根幹)인 자본주의 사회에 경제·사회적 분석이나 인간 소외(疏外)문제는 주요 관심사가 아니었고, 결과적으로 이에 대한 연구는 그의 정치사상에는 포함되어 있지 않다.

모택동의 마르크스주의 학습(學習)의 주된 대상은 변증법적 유물사관에 의한 과학적 분석방법, 즉 '혁명의 과학'이었고 그에 따른 실천과정에서의 행위지침(行爲指針)이었다.

모택동은 마르크스의 철학적 구성(構成)의 체계와 그 결과, 즉 변증법(辨證法)과 사회경제이론에 따른 사회현상에 대한 해석(解析)은 수용(收容)하였으나 그에 대한 더 이상의 철학적 고찰에는 필요성도 관심도 없었다. 그는 마르크스의 이론을 근거로 중국의 현실적 당면문제의 해결을 위한 실천에만 몰두하였다. 그리고 그는 마르크스보다는 이를 실천해 나간 레닌에게서 더 많은 실제적 예를 보았다.

현실적으로 모택동에게는 실천이 중국혁명의 사활(死活)문제였던 것에 비해 철학의 임무가 사물의 이해가 아니라 그 변혁에 있다고 하는 마르크스로서는 사회변혁을 위해 당시의 부르주아 철학(哲學)을 전복(顚覆)시키는 것이 우선적(優先的) 과제였다.[19]

또한 중국철학 전통에는 유물론이나 변증법적 사유형식은 이미 충분한 단서(端緖)를 갖추고 있었고 모택동은 공산주의 이론과 함께 이를 발전적으로 흡수하였다.[20]

마르크스 철학은 '사회적 존재(存在)가 의식(意識)을 규정'한다는 기본 명제를 안고 있으나 변증법적 유물사관이라는 철학적 구성물은 그것이 단순한 사물의 반영으로 이루어진 것은 아니고 오히려 위대한 정신력 소위 인식의 능동성(能動性)의 결과물이다.

이와 함께 모택동은 중국 전통의 인본주의(人本主義)가 갖는 현실사회에서의 인간의 능동성을 적극 수용하여 그의 철학에 주요 요소로 받아 들였다. 이러한 철학적 배경에서 그는 역사 발전에서 물질적인 것이 정신적인 것을 결정하고 사회적 존재가 사회적 의식을 결정하는 것은 사실이지만, 어느 상황에서는 그 반대의 작용도 가능한 것이라 말할 수 있었다. 이러한 정신력 즉 능동성에 대한 이해는 모택동의 주요한 혁명이론인 '인식론'과 '실천론'의 중요성과 궤(軌)를 같이 하는 것이다.

---

19) 변증법적 유물론으로 기존 부르주아 철학에 대항하여 이를 번복시키려 할 때, 마르크스에게는 신(神)이 주관하고, 신의 예정설이 역사운동의 원인이라는 기독교사회의 종교적 세계관을 부정해야만 하는 어려움이 있었지만, 중국에서는 이미 이(理)가 기(氣)에 내재한다는 유물론적 성격의 기철학(氣哲學)이 있어 왔고, 도기론(道器論)으로 정립된 바 있다.

20) 중국 유물주의와 무신론의 우수한 전통으로 보자면, 선진제자(先秦諸子) 중 묵가학파로부터 춘추전국시대의 각종 사조를 종합한 순자(荀子)의 학설까지, 한대(漢代)의 투쟁적인 유물주의자 왕충으로부터 당송 이래의 유종원, 유우석, 왕안석, 장재 등 과 중국 고대의 소박한 유물주의를 집대성한 왕부지 등이 있다(필검횡, 『모택동사상과 중국철학』, p.33).

또 다른 마르크스와 모택동의 차이는 변증법(辨證法)에 대한 이해 내지 해석에 있었다. 마르크스주의 이론화에 중요한 분석도구로 사용하는 변증법적 추리의 관념에는, 모든 모순(矛盾)이 해결되는 종국(終局)에는 변증법적 과정이 끝나 갈등이나 모순이 종결된다는 것을 시사(示唆)하려는 경향이 있다.

계급간의 갈등(葛藤)이 역사를 계급 없는, 따라서 갈등도 없는, 사회로 귀결(歸結)되는 프롤레타리아 혁명으로 밀고 나간다는 생각은 마르크스주의 사고에 있어 이러한 종결과정에 대한 보기이다.[21]

그러나 모택동은 이러한 경향과는 달리 변증법적 과정을 개방(開放)되고 계속적(繼續的)인 것으로 이해하였다. 그는 객관적인 현실세계의 운동 또는 변화는 결코 끝나지 않으며, 따라서 실제를 통한 진리에 대한 인간의 인식 역시 결코 완성되지 않는다는 생각이었다. 그리고 이러한 논리(論理)에 따른 귀결로서 영구혁명(永久革命)을 염두(念頭)에 두고 있었다.[22]

3. 중국혁명의 주축(主軸)이론들

1) 실사구시(實事求是)

모택동 사상의 핵심(核心)은 실사구시에 있다. 이는 마르크스주의의 중국화(中國化)라는 그의 혁명철학의 필수적 근거로, '실사(實事)'는 곧 중국의 현실을 의미한다. 그리고 그의 주요한 저작인 『모순론』과 『실천론』은 실사구시 정신을 현실에서 실현키 위한 방법론적 성격을 갖는 것이다.

---

21) 세이빈, 전게서.

22) 마르크스의 변증법에는 역사 발전론에 따른 대립투쟁에서 새로운 요소의 등장이라는 외부적 조건과 기존의 내적 요건사이에는 시간적 차이가 존재한다. 물론 한 역사적 현실에서 만나기는 하지만 이 두 요소에는 분명한 시차가 있다. 그러나 모택동의 모순론에서의 두 요건의 관계성에는 계속성(繼續性)과 동시성(同時性)의 의미가 응축되어 있다. 이는 동양의 태극이 의미하듯 꼬리가 상대의 머리에 잇닿아 순환하고 있다. 지금도 중국에서 시간은 전후(前後)가 아니라 좌우(左右)로 표현하고 있다.

모택동은 마르크스주의 관점을 활용하여 실사구시를 이론적인 측면에서 철저한 혁명이론으로 개조함으로서 옛 중국학자들의 경세치용이라는 구실(求實)의 학풍을 계승 발전시켰다. 그의 해석에 따르면 '실사(實事)'는 객관적으로 존재하는 일체의 사물이며, '시(是)'는 객관 사물의 내부 연계 즉 고유한 법칙을, '구(求)'는 연구를 말한다. 이는 중국 전통철학인 도기론(道器論) 등 기일원론(氣一元論)에서 밝힌 '이(理)'라는 법칙의 인식은 마땅히 '기(氣)'라는 객관 물질 속에서 탐구해야 한다는 이론과 다른 것이 아니다. 사실 도기론은 유물론적 인식노선으로 볼 수 있다.

모택동의 『모순론』은 '실사(實事)'속에 시(是)가 있다는 생각, 즉 객관 사물 속에 내부적 연계와 발전법칙이 존재한다는 관점에서 출발한다. 그리고 이때 모든 연계(連繫)는 곧 모순이라는 것이다. 이에 비해 '실천론'은 어떻게 '실사(實事)'로부터 '시(是)'를 찾을 것인가에 물음에서 시작하여 객관 사물에서 고유한 법칙은 반드시 실천을 통해야만 인식할 수 있다는 결론에 이른다. 모순론이 사물의 본질을 규명하여 그 연계관계를 밝히는 것이라면, 실천론은 이를 근거로 인식과 실천의 문제를 다루는 것이다.

모택동은 「우리의 학습을 개조함」이라는 논문에서 '우리가 실제에서 출발하고 그 속에서 고유한 법칙을 이끌어 내 주위 사변(事變)의 연계를 찾으려는 것은 장차 우리의 행동을 지도하기 위해서이다'라고 하여 『실천론』이 혁명의 행위지침을 위한 것임을 분명히 하였다.

실사구시의 철학은 곧 마르크스주의의 중국화라는 목표를 위한 실천의 정신적 배경이다. 상황

'우리가 마르크스주의를 옳다고 말하는 것은 결코 마르크스라는 사람이 선철(先哲)이기 때문이 아니라, 그의 이론이 우리의 실천과 투쟁 속에서 옳은 것으로 증명되었기 때문이다. … 마르크스주의의 원리는 공부해야 되는 것이지만, 반드시 우리나라의 실제상황과 결합해야 한다. 우리는 원리(原理)가 필요하지만, 반드시 실제상황을 떠난 교조주의(敎條主義)를 바로 잡아야 한다.[23]

모택동은 '중국이라는 객관적 세계는 중국인들 자신이 인식한 것이지, 중국문제에 책임을 지고 있었던 코민테른의 동지(同志)들이 인식한 것은 아니다. 그들은 중국사회, 중국민족, 중국혁명을 이해하지 못했거나 잘 이해할 수 없었다.'고 하였다. 그가 마르크스주의는 중국의 구체적인 특수성과 결합하여 분명한 민족적 형식을 갖출 수 있을 때에만 이를 실천에 옮길 수 있다고 하였을 때 이는 실사구시 정신(精神)의 표현이며 곧 마르크스주의의 중국화(中國化)를 의미하는 것이다.

주체적인 입장에서 모택동은 중국 고대철학에 대해 '옛것은 현재를 위해 사용되어야 한다(古爲今用).'고 주장하여 이를 수용할 뜻을 밝혔으며 동시에 외래 철학에 대해서도 '서양은 중국을 위해 사용되어야 한다(洋爲中用).'고 생각했으며 모든 사상은 비판적으로 흡수하고 변증법적으로 융합(融合)할 것을 요구했다.

2) 혁명의 주체(主體)

인민 대중은 역사의 창조자이자 사회발전의 원동력이다. 이러한 믿음은 마르크스주의 유물사관의 기본원리이다. 그러나 이들 대중은 단순한 다수(多數)를 의미하는 것이 아니라 세계를 변혁하고자 실천하는 주체이어야 한다.

전세계 무산계급(無産階級)의 실천 투쟁을 반영하는 마르크스·레닌주의의 보편적 진리는 그것이 중국 무산계급과 광대한 인민대중의 혁명적 투쟁의 구체적 실천과 서로 결합될 때, 중국 인민이 백전백승하는 무기가 될 것이다.[24)]

모택동은 고대의 민본사상을 마르크스주의 입장에서 비판적으로 계승, 인민대중의 개념을 과학적으로 밝히고 있다. 그는 인민 대중은 하나의 사회 역사적 범주(範疇)로서, '다른 국가, 다른 시대마다 그 내용이 다르다'고 지적하며 '인민, 오직 인민만이 비로소 세계 역사를 창

23) 『모택동 저작선독』.

24) 『모택동 사상선집』.

조하는 동력(動力)'으로 사회의 재부(財富)는 노동자, 농민과 노동 지식인이 창조하는 것이다'라 하여, 이들이 사회와 역사의 주인(主人)임을 선포한다.

따라서 '공산당의 모든 말과 행동은 반드시 광대한 인민 대중의 최대이익과 그들이 옹호하는 최고의 기준에 부합(附合)해야 하고, 전심전력(全心全力)으로 인민에게 복무하면서 잠시라도 대중을 떠나서는 안된다.'[25]는 당의 지침을 세웠다.

그는 노동자, 농민, 의식(意識)있는 지식인을 포함하는 광대한 인민을 역사의 동력(動力)으로 인정하는 이념을 자신의 시대에 현실화하기 위해 부단히 노력하였다. 그리고 이를 중국의 현실에 적용하여 다음과 같이 설명하였다.

'중국은 인구의 80%가 농민이다. 이 때문에 농민문제는 중국혁명의 기본문제가 되었고, 농민의 역량(力量)은 중국혁명의 주요 역량이 되었다. 농민 외에 중국의 인구 중에 두 번째 부분은 노동자다. 산업노동자가 수백만이고 수공업과 농업 노동자가 수천만이다. 각종 공업노동자가 없다면 중국은 생활이 있을 수 없다. 근대의 공업노동자 계급이 없다면 혁명은 승리할 수 없을 것이다. 왜냐하면 그들은 중국 혁명의 지도자이고 혁명성을 가장 풍부하게 하는 사람들이기 때문이다.'[26]

3) 군사철학

모택동은 실사구시의 원칙에 따라 혁명 주체세력인 농민·노동자들이 가장 효율적인 투쟁으로 혁명전쟁에서 승리하는데 필요한 군사철학을 정립하였다. 그의 군사철학의 형성은 중국 민주혁명의 특징인 무장투쟁을 실천하는, 그리고 고대 병법서의 핵심을 수용하는 과정에서 이루어졌다. 그는 국제 공산주의 운동사(運動史)에서 가장 오랫동안 전쟁을 경험하고 직접 많은 작전을 지휘한 인물로 그는 이러한 풍부

25) 『모택동 선집』.

26) 『모택동 선집』.

한 전쟁 경험을 통하여 체계적 군사이론을 세운 것이다.

모택동은 군사력을 절대적으로 강조하며 '정치권력은 총구(銃口)에서 나온다.'는 유명한 경구(警句)를 따랐다. 사실 그는 혁명과정에서 민중봉기(蜂起)보다는 확실한 결정력을 갖는 군사력을 믿었다.

모택동의 군사철학은 중국의 역사적 전통, 특히 손자(孫子)의 영향이 컸으며 그가 젊어서 즐겨 읽던 『삼국지』나 『수호지』에서 보이는 전략이나 계략(計略) 역시 힘이 되었다. 사실 모택동은 중국역사에서 유명한 전투를 세밀하게 연구하였다.

그에게 볼셰비키들의 경험은 군사문제에 있어서는 별 도움이 안 되었고 그의 군사이론은 그가 치룬 수많은 전투경험에서 축적되고 확인된 것이다.

모택동에 있어 전쟁은 다만 하나의 특수한 사회현상이며, 군사철학은 전쟁에 그의 행위철학의 핵심인 '모순론'과 '실천론'을 적용시켜 실행해 나가는 과정 자체, 즉 군사와 철학의 접목으로 볼 수 있다.

모택동은 혁명 초기에 자신들의 군사적 약세(弱勢)를 충분히 인식하고 있었으며 따라서 진지전(陣地戰)을 피하고 유격전(遊擊戰)을 선택하였고 그의 유명한 16자결(字訣)을 이 유격전의 기본원칙으로 삼았다.

즉 적이 공격하면 아군은 후퇴하고(敵進我退), 적이 주둔하면 아군이 교란시키며(敵駐我擾), 적이 피로하면 아군이 치고(敵疲我打), 적이 후퇴하면 아군이 추격한다(敵退我追)는 것이다.

유격전은 주로 수적(數的)으로나 장비면에서 월등한 적을 다루기 위해 고안(考案)된 전술로서 이들의 행동원칙은 신속성(迅速性)과 능동성(能動性)에 있다.

전쟁에서 능동성이란 지피지기(知彼知己)를 전제로 전투상대를 선택하는 것에서부터 공격의 시기, 전투방법 그리고 후퇴의 결정까지 아군(我軍)의 주도하에 이루어지도록 하는 것이다. 그리고 이러한 능동성이 가능하려면 군(軍)의 신속한 행동이 절대적으로 요구된다.

모택동은 실사구시라는 철학적 모토(Motto)를 세우고, 인민대중을 주체(主體)로, 혁명의 승리를 위한 군사철학을 정립함으로서 혁명을 성공적으로 완수하였던 것이다.

4. 정치역정(歷程)과 정치사상

1) 배 경

모택동의 정치역정(歷程)은 크게 세 시기로 구분할 수 있다.

첫 시기는 1920년 공산당 제1차 대표자 회의에 호남성(湖南省) 대표로 참여하면서부터 대장정 중인 1935년 준의회의를 통해 당권을 장악한 시기까지이고 두 번째 시기는 그로부터 1949년 중화인민공화국 건립 후 10년까지 그리고 마지막이 대약진 운동(1957년)부터 1976년 사망할 때까지이다.

첫 시기에 그는 당권을 장악한 소련 유학생 중심의 교조적 마르크스주의에 대립하였다. 그는 혁명전략의 핵심세력이 정통 마르크시즘에서 주장해 온 도시의 프롤레타리아 중심이라는 생각에서 벗어나, 중국적 현실인 농촌을 근거지로 농민(農民)을 중심으로 하는 마르크스주의의 중국화(中國化)를 주장하여 성공하였다.

그는 이를 정강산에서의 노농(勞農) 홍군(紅軍)의 창설과 소비에트 건립을 경험함으로서 자신의 정당성을 확신할 수 있었다.

두 번째 시기에 모택동은 당의 영도자로서 중국혁명투쟁을 승리로 이끌었으며, 사상면에서도 『모순론』과 『실천론』, 『신민주주의론』 등 거의 모든 중요한 정치혁명 이론을 완성한 그의 정치역정의 전성시기(全盛時期)였다.

이에 비해 세 번째 시기에 그는 인민공사(人民公社)나 대약진운동(大躍進運動) 그리고 문화혁명(文化革命) 등을 시행하는 과정에서 많은 정치적 과오(過誤)를 범하였다.

이러한 과오와 실패의 원인은 크게 보면 입국(立國)과 치국논리(治國論理)의 차이를 무시한데서 온 것으로 볼 수 있다. 입국은 혁명적 사고(思考)에 의해 수행되지만, 치국은 안정을 바탕으로 내실의 확충을 지향하는 점진적 개혁과정인 것이다.

이러한 역사적 예(例)는 진(秦)의 천하통일과 빠른 멸망이 한(漢)왕조의 설립으로 이어지는 과정에서, 그리고 같은 경우로 수(隨)·당(唐)의 관계에서 볼 수 있다. 이러한 관점에서 보면 모택동은 혁명가이지 정치가는 아니었다.

2) 첫 번째 시기(1920-1935)

모택동은 5·4운동 이전까지 마르크스주의 철학보다는 주로 전통철학의 영향을 받았다. 그는 1917년 구소련의 볼셰비키혁명의 성공을 보았고, 1919년 북경대학 도서관장(圖書館長)이던 이대교(李大釗)의 영향으로 마르크스주의 사상의 중요성을 인식하게 되었다.

1921년에 공산당 제1차 전국대표대회에 호남성 대표로 참여하는 것을 계기로 그는 공산당에서 중요한 역할을 수행하였다. 1924년 국공합작(國共合作)의 산파역할을 하고, 국민당의 선전부장과 당보(黨報)인 「정치주간(政治週刊)」의 편집장이 되었다.

1920년 코민테른 2차 회의에서 최초로 세계 공산주의 혁명을 위해 동양 식민지의 피압박 대중과의 연합문제가 제기되었고, 중국 공산당의 탄생 역시 이들의 지도 아래 이루어진 것이었다. 그리고 1924년부터 스탈린은 코민테른에 대한 명령형식을 통해 중국혁명을 지도했으며 국공합작(國共合作) 역시 그의 지시에 따른 것이었다.

그러나 1927년 4월 장개석은 노동자 계급의 급속한 성장에 대한 두려움과 서구 제국주의 열강의 압력에 굴복하여 공산주의자들을 학살(虐殺)하기 시작했고 공산주의자들은 남창(南昌)에서 무장봉기를 일으켰으나 강력한 국민당 군대에 의해 섬멸되었다.

모택동은 1927년의 국공합작이 와해(瓦解)되자 정강산(井岡山)에 혁명 근거지를 확보하고 주덕(朱德)과 함께 토지의 균등한 분배를 기본정책으로 하는 소비에트 정권(政權)을 수립하기 위해 노력하는 한편 노농(勞農) 홍군(紅軍)을 창설하였다.

이 일을 통해 그는 공산당의 지방당(地方黨)을 국민당으로부터 완전히 분리하여 호남(湖南)지방에서 공산당 정권, 즉 소비에트를 수립하였다. 그리고 1931년에는 강서성(江西省) 서금(瑞金)의 소비에트 정부 중앙집행위원회 주석(主席)이 되었다.

모택동의 이때의 자주적인 투쟁노선(鬪爭路線)의 선택과 경험은 중국식 공산주의의 맹아(萌芽)로 소련 유학파들의 교조주의와 대립되는 그만의 탁월한 현실분석 능력에 따른 것이었다. 모택동은 1927년 '혁명의 선봉(先鋒)'이라는 부제(副題)를 부친 「호남농민운동관찰보고(湖南農民運動觀察報告)」를 당중앙위원회에 제출하였다.

이 보고서에서 그는 '농촌인구의 70퍼센트 가량을 이루고 있는 이 엄청난 빈농(貧農) 대중이 봉건세력을 타도하는 선봉인 농민협회의 근간이고, 수년 동안 이루지 못하였던 위대한 혁명사업을 성취한 으뜸가는 영웅(英雄)들이다. … 빈농들은 가장 혁명적이므로 농민협회의 영도권을 장악(掌握)하였다. … 빈농의 이 영도권은 절대 필요한 것이다. 빈농이 없이는 혁명이 있을 수 없다. 그들을 거부하는 것은 혁명을 거부하는 것이다. 그들을 공격하는 것은 혁명을 공격하는 것이다.'라 하여 이는 이미 자신의 혁명노선을 예고한 것이었다.

그가 농민운동을 처음 시작하지는 않았지만 농촌지역에 혁명 근거지를 마련하는 것에 대한 중요성을 인식한 것은 그가 처음이었다. 그는 다른 공산당 지도자들과는 달리 끈질기게 또 확고한 신념을 갖고 농민운동을 하였다.[27]

그는 적대하는 권력(權力)의 중심으로부터 떨어진 농촌에 혁명 근거지를 마련해야 할 다른 이유를 종래의 농민반란의 실패원인에서 찾았다.

---

27) 중국 공산당 역대 지도자들의 농민운동에 대한 견해나 입장은 다음과 같다. 진독수는 국민당의 반응에 신경을 쓰느라 농민운동면에서 과감한 행동을 취하는 것에 반대하였고, 구추백은 농민운동의 중요성을 인식하면서도 도시폭동에 관심을 쏟고 있었다. 중심도시를 공격하는데 몰두한 이입삼은 농촌에 대하여 별관심이 없었다. 진소우(陣紹禹)는 좌우 양파 기회주의자에 대한 그의 공격에도 불구하고 기질상으로나 또는 경험면에서나 농민투쟁에 있어 중요한 역할을 담당할 수 없었다(체스타 한, 『중국 현대정치사상사』).

그는 역사적으로 많은 농민반란이 있었고 이들은 처음에 공격은 하였으나 후퇴하여 거점으로 할 만한 강력한 기반을 결여하고 있어 실패로 끝났다고 보았다. 그는 혁명의 성공을 위해서는 혁명의 기반이 잘 다져지고 적(敵)의 공격으로부터 견딜 수 있는 곳을 확보하고, 농촌으로부터 도시를 포위해 나가는 것이 올바른 전략이라고 믿었다.

그는 공산당(共産黨)이 중국이 지방적인 농업경제를 근거로 하면서도 경제발전이 고르지 못하여 모순(矛盾)이 첨예화되어 있고, 그리고 광대한 중국농촌을 무대로 하면 움직임에 제약이 없다는 두 가지 조건을 이용하여, 먼저 농촌에서 승리하고, 그 후에 농촌에서 도시를 포위(包圍)하여 최종 승리를 거둘 수 있다는 것이다.

그가 파악하고 있던 정세판단에 따르면 적(敵)은 강력한 무장 세력으로 중심도시에서 방비를 하고 있는 반면 혁명세력은 아직 약(弱)하므로 이들과 도시에서 결정적인 전투는 피하고 투쟁을 계속하여야 한다는 것이다.

중국 공산당의 1934년의 대장정(大長征)은 일차적으로 국민당의 거센 공격에 의해 어쩔 수없이 내려진 결정이었지만, 그것이 단순한 도피행각(逃避行脚)이 아니라 혁명과정의 일환으로 될 수 있었던 것은 모택동을 비롯한 공산당 지도부의 단결된 의지(意志)의 결과였다.

이 과정에서 당내에서는 혁명의식이 강화(强化)되고 이에 따른 군기강(軍紀綱)의 확립으로 국민당군과의 차이를 보이면서 오히려 인민의 지지(支持)를 확대하는 선전(宣傳)의 여정(旅程)이 되었다.[28)]

그는 1927년 농촌중심의 중국화된 혁명을 주장함으로서 당 중앙위원회로부터 위원직을 박탈당한 이래, 8년 만에 마침내 1935년 준의회의에서 중국 공산당의 실질적인 지도자가 되었다. 이제 그는 대장정을 성공적으로 수행하여야 하는 책임을 지게 되었다.

이 시기의 모택동 사상은 국부적(局部的) 경험을 논문이나 보고서

---

28) 대장정의 이러한 효과는 중국 공산당이 연안에 그들의 정부를 굳건히 세울 수 있었을 뿐 아니라 혁명군을 강화할 수 있었다. 이 시기의 혁명군은 약 9만 명에서 100만 내지 300만으로 증가하였다.

형식으로 썼을 뿐 아직 전체를 아우르는 현실 인식이나 새로운 중국의 정치체제의 제시에는 이르지 못하였다.

3) 두 번째 시기(1935-1957)

대장정(大長征) 중인 1935년의 준의회의를 통해 그는 명실상부한 공산당의 영도자(領導者)가 되었고 이때 그가 당면한 현실적 과제는 대장정을 성공적으로 이끄는 것이었다. 그리고 그의 군사철학은 항상 임기응변이 요구되는 상황인 이 시기에 가장 긴요한 전투지침이 되어 성공하였다. 그리고 그들은 전투(戰鬪)에서만이 아니라 정책결정에서도 유연성을 유지하여 연안(延安)에 정착한 것은 그곳을 목표지로 선정하기까지 대장정의 진척과정에서 정치적 상황을 고려하여 자연스럽게 정해진 것이었다.

1936년 모택동은 전국적으로 퍼지고 있는 '내전정지(內戰停止)'와 '항일구국(抗日救國)'이라는 요구에 부응하여 '밑으로부터의 통일혁명'에 집착하지 않고 폭넓은 민족의 연합을 주장하는 제2차 국공합작을 제안하였다.

제2차 국공합작(國共合作)은 '공산당 토벌' 우선을 주장하던 장개석이 '서안사변'으로 어찌할 수 없이 이에 동의하게 되었고, 공산당으로서는 열세에 처한 자신들의 정치력을 신장(伸張)시켜 세력확장의 기회를 확보할 수 있었다. 특히 통일전선의 구심체로 '민주공화국' 구상(構想)을 제시함으로서 무당파(無黨派)지식층을 비롯한 대중을 끌어들여 정치적 도약대(跳躍臺)를 마련할 수 있었다. 그리고 이 '민주공화국'의 구상은 후일(後日) 『신민주주의론』으로 정리되었다.

모택동이 연안에서 대장정을 마쳤을 때 그는 자신이 해야 할 과업 중 공산당원과 인민(人民)들이 종래 봉건적 사고방식으로부터 벗어나게 하는 일을 우선적 지위에 두었다. 그것은 혁명에 필요한 과학적인 현실인식과 실천의 이론적 체계를 정립하여 공산당원들의 의식(意識)을 분명하게 깨우치도록 하는 철학적 작업이었다.

'동지(同志)들이 마르크스주의의 과학적 혁명의 인식론(認識論)을 모르는 경우가 있다. … 우리의 일을 성취하기 위해 각급 당(黨) 위원회는 마땅히 마르크스주의 인식론을 배울 것을 대대적으로 제창(提唱)하고 그들을 대중화하며, 광대한 간부와 인민 대중에 의해 장악되게 하고, 철학을 철학자의 울타리와 책 속에서 해방시켜 대중들 손안의 첨예한 무기(武器)로 변화시켜야 한다.'

그는 명료(明瞭)한 현실에 대한 인식 없이 혁명의 성공은 없다는 점을 강조한다. 의식(意識)의 변화는 중국인들 전체의 문제였고 그는 이제 어떤 한 사례(事例)를 들어 설명하는 종전의 입장에서 벗어나 거시적(巨視的) 안목에서 의식혁명을 희망하였다. 그리고 그 철학적 작업은 1937년 『모순론』과 『실천론』으로 각각 발표되었다. 그리고 모택동은 이 발표 이후인 1940년 『신민주주의론』으로 비로소 중국의 정치체제와 관련된 일련의 이론을 정립하였다.

5. 정치 이론(모순론, 실천론 그리고 신민주주의)

1) 모순론(矛盾論)

모택동은 공산주의자를 포함한 중국 인민들의 의식(意識)에 남아있는 기존의 선입관, 타성(惰性), 고루(固陋)한 윤리관의 제약(制約)으로부터 해방하기 위하여 자유로운 과학적 방법에 의한 사고방식을 학습하도록 지도해야 할 필요를 절실히 느끼고 있었다. 따라서 『모순론』은 당(黨)의 지도이념(指導理念) 설정이라는 요구(要求)와 인민의 사고방식의 변혁이라는 두 목적에서 이루어진 것이다.

모택동의 『모순론』에는 공산주의 이념에 대해서는 전혀 언급이 없으나 공산주의 운동에는 절대적으로 요구되는 행위의 전제로서 현실의 올바른 이해를 위한 관점을 제시해 준다.

중국 4억 5천만의 인구와 방대한 지역에서의 중첩(重疊)되는 사회현상에 대한 분석, 모순(矛盾)에 따른 대립과 투쟁의 문제는 결코 단면적(斷面的)이고 획일적(劃一的)일 수는 없는 것이다.

마르크스는 서구사회를 분석하며 경제적 관점에서 자본가(資本家)·부르주아와 노동자(勞動者)·프롤레타리아의 이항(二項)의 대립과 모순관계를 설정(設定)하여 이를 변증법적 논리로 해석하였다.

그러나 중국의 역사적 발전과정이나 사회구성상의 문제를 이해하기에는 단순한 이항(二項)의 설정만으로는 너무 부족하였다. 따라서 그는 중국 전통철학에 내재한 요소들을 마르크스에게서 배운 '혁명 과학' 즉 '과학적 사고방식'에 의거하여 수정·변혁하여 새로운 논리체계를 구성하였다.

중국철학에서는 이미 기(氣)란 '영원한 생성(生成) 중에 있는 우주적 실체'이며 이것은 '음(陰)'과 '양(陽)'이라는 자신에 내재하는 대립(對立)되는 힘들에 의해 운동·전개되며, 그 무한한 운동 속에서 인간과 자연이 정립된다고 하였다, 이는 『모순론』[29]의 근거로 충분하였다.

① 모순론에서의 우주론(宇宙論)

모택동에게 우주본체(宇宙本體)에 대한 논의는 형이상학자들의 몫일 뿐이었다. 그는 『모순론』에서 세계는 신(神)이나 절대정신(絕代精神)과 같은 형이상학적 존재에 의해 시작된 것이 아니라, 그 자체의 내부적인 요인(要因)에 의해 서로 대립되는 모순상태의 물질에서 비롯된 것이라 하였다. 이는 중국 전통철학의 관점에서 보면 기일원론(氣一元論)의 입장에 서있는 것이다.

그는 인류의 인식사(認識史)에는 지금까지 우주발전법칙과 관련된 두 가지 견해가 존재해 왔다. 하나는 형이상학적 견해이며 또 하나는 변증법적 견해로서 서로 대립하면서 두 개의 우주관을 형성했다.

그에 따르면 형이상학적 우주관은 세계의 모든 사물의 관계를 서로 고립되고, 영원히 반복되는 것으로 그리고 그 변화는 외부의 힘에 의한 수량의 증감이나 장소의 변경에 그친다.

---

29) 모순상태에서 세계가 비롯된다는 의미는 동양의 음양(陰陽) 오행론과 다름없다. 다만 모택동은 운동이 선험적 자연의 원리, 천(天)이나 이(理)에 의한 것이라는 형이상학을 거부하고, 그 원인을 사물의 내적 관계에서 찾는 변증법적 사유에서 운동변화를 사물내의 모순이 있기 때문이라고 보았다.

이에 비해 유물 변증법적 우주관은 사물의 발전을 사물 내부의 필연적인 자기운동으로 간주하고 이 운동은 모든 주변의 다른 사물들과 연관, 영향을 주고 있다. 즉 발전하는 근본원인은 사물 내부의 모순성에 있고 상호 연관과 영향은 그 두 번째 원인이다. 여기서는 외부의 힘은 변화의 조건(條件)일 뿐이며 이는 내적 요인에 의해서만 작용한다.

이러한 발전하는 근본원인인 '사물(事物)의 모순'의 법칙은 대립물의 투쟁과 통일의 법칙으로 자연과 사회의 근본법칙이므로 또 사유(思惟)의 근본 법칙이기도 하다. 그것은 형이상학적 세계관과 상반(相反)되는 것으로 인류의 인식사(認識史)에 거대한 혁명이다.

② 모순의 보편성과 특수성

변증법적 유물론의 관점에서 보면 모순(矛盾)은 모든 객관 사물과 주관 사유(思惟)의 과정에 존재하며, 모든 과정의 시종(始終)을 관철한다. 이것은 모순의 보편성(普遍性)과 절대성(絕對性)이다.

모든 사물(事物)에 포함된 모순의 여러 측면의 상호의존과 상호투쟁은 모든 사물의 생명을 결정하며 사물의 발전을 추진한다. 모순이 없으면 세계도 없다.

새로운 과정이 발생한다는 것은 무엇인가? 낡은 통일과 통일을 이루는 대립성분이 새로운 통일과 그 통일을 이루는 대립성분에 자리를 물려주고 새로운 과정이 낡은 과정을 대체하면서 발생한다. 그리고 새로운 과정은 다시 새로운 모순을 안고 있으며 모순의 발전사(發展史)가 시작되는 것이다.

한편 사물의 모순 매(每) 측면에는 각각 그 특징이 있다. 이것은 모순의 특수성(特殊性)과 상대성(相對性)이다.

사물인식(事物認識)의 기초가 되는 것은 모순의 특수성 혹은 상대성이다. 인간이 물질을 인식한다는 것은 바로 물질의 운동형식을 인식하는 것이다. 왜냐하면 세계는 운동하는 것을 제외하고는 아무 것도 없으며 물질의 운동은 반드시 일정한 형식을 취하기 때문이다. 그리고 어떠한 운동형식에도 내부에 자체의 특수한 모순을 포함하고 있으며 이 특수한 모순이 한 사물을 다른 사물과 구별하는 특수한 본질을 구성한다. 이는 자연계나 사회현상, 사상형식 모두에 나타난다.

자연계의 운동형식은 기계운동, 소리·빛, 열(熱) 등, 사회현상으로는 생산력과 생상관계, 계급과 계급투쟁 등, 사상형식으로는 유심론과 유물론, 형이상학의 관점과 변증법의 관점 등이 그 예이다.

인류 인식운동의 질서는 모든 사물이 언제나 개별적이고 특수한 사물의 인식에서 점차 일반적인 사물의 인식으로 확대되어 왔다. 그리고 다시 공통적인 인식을 지도로 삼아 다른 사물의 다른 특수한 본질을 탐구하는, 이른바 '특수에서 일반으로, 그 일반을 바탕으로 다시 특수로'라는 순환·왕복을 한다.

이때 중요한 것은 질적(質的)으로 다른 모순은 질적으로 다른 방법에 의해서만 해결될 수 있다는 점이다. 예를 들어 무산계급과 자산계급의 모순은 사회주의 혁명으로, 식민지와 제국주의 모순은 민족혁명의 방법으로, 사회주의 사회의 노동자계급과 농민계급의 모순은 농업의 집단화와 기계화의 방법으로 해결된다.

큰 사물의 발전과정에는 많은 모순을 가지고 있다. 예를 들면 중국의 자산계급 민주주의 혁명에는 피압박계급과 제국주의, 인민대중과 봉건제도, 무산계급과 자산계급, 농민이나 도시 소자산계급과 자산계급, 각종 반동통치계급 간의 모순 등 상황은 매우 복잡하다. 이러한 모순 그리고 매(每) 모순의 두 측면은 각각 특수성이 있기에 이들을 일률적으로 취급하여서는 안 된다. 각 모순의 총체, 즉 모순의 상호연계에서 그 특수성을 이해해야 할 뿐 아니라, 모순의 각 측면으로부터 연구에 착수해야 비로소 그 총체(總體)를 이해할 수 있다.

③ 주요 모순, 모순의 주요측면

우리는 모순의 특수성과 상대성을 연구할 때 주요한 모순과 주요하지 않은 모순을, 보편성과 투쟁성(鬪爭性)에서는 서로 다른 투쟁 형식의 구별에 주의해야 한다. 그리하여 교조주의를 격파할 수 있을 것이다.[30)]

---

30) 『모택동선집』

그는 복잡한 사물이 발전하는 과정에는 그것의 존재와 발전으로부터 다른 모순의 존재를 규정하는 주요(主要) 모순이 있다. 즉 '자본주의 사회 중 무산계급과 유산계급의 두 모순의 역량이 주요 모순이고, 다른 모순 역량은 이에 의해 규정되고 영향을 받는다.

중국의 경우 제국주의와 침략전쟁을 할 때, 국가 내부의 각 계급은 일부의 매국노를 제외하고 잠시 단결하여 민족전쟁을 거행하게 되며 이때 제국주의와 중국의 관계는 주요 모순이고 국가 내부의 각 계급 간의 모순은 일시적으로 부차적이고 복종의 지위로 떨어진다. 또한 매 모순의 주요측면도 같은 역할을 한다.

그러나 이러한 상황은 고정된 것이 아니며 서로 전화(轉化)되고 사물의 성질 또한 변화한다. 이처럼 서로 연결되고 또 서로 상반된 측면으로 전화(轉化)할 수 있는 것은 사물에 내재하는 모순에는 일정한 조건에 의해 동일성(同一性)을 가지고 있기 때문이다.

예(例)로서 토지관계의 모순은 토지혁명을 통해 지주(地主)계급은 토지를 상실하는 계급으로, 토지를 빼앗겼던 농민은 토지를 소유하는 소사유자(小私有者)로 전화되는 과정을 거친 것이다. 또한 농민 사유제는 점차 사회주의 농업의 공유제로 전화된다. 철학에서는 이를 동일성, 상호전화, 상호침투라고 부른다(모순론).

이를 레닌은 '대립의 통일은 조건적·일시적·잠정적·상대적인 것이다. 서로 배척하는 대립의 투쟁이 절대적인 것은 발전·운동이 절대적인 것과 같다'고 하였다.

④ 적대관계(敵對關係)

적대(敵對)는 모순의 투쟁에 있어 한 형식으로 특수한 표현이다. 그리고 레닌은 '사회주의에서는 적대는 소멸하지만 모순은 존재한다'고 하였다.

인류의 역사에는 계급의 적대가 존재해 왔는데 착취(搾取)계급과 피착취계급간의 모순은 노예사회, 봉건사회, 자본주의 사회에서도 상호 모순하면서 장기적으로 하나의 사회에 공존하며 상호 투쟁해 왔다.

그러나 모순이 일정한 단계에 이르면 쌍방은 외적(外的)으로 적대의 형식이 되어 혁명으로 발전한다.

투쟁의 형식은 모순의 성질에 따라 공개적인 적대성을 가진 모순도 있지만, 사물의 구체적 발전에 근거하여 비적대적이던 모순이 적대적으로, 또는 그 반대의 경우로 발전한다. 예를 들면 당내(黨內)의 올바른 사상과 진독수, 장국영 등의 잘못된 사상과의 모순은 처음에는 적대적인 양태로 나타나지 않았지만 나중에 발전함에 따라 적대적인 것으로 변했다.

정치적으로 모순론의 초점은 적대관계를 분명히 함에 있다. 모순론은 투쟁의 상황을 구체적으로 연구하여 적(敵)과 동지(同志)의 범주와 선택, 투쟁의 수위(水位)와 방법, 즉 적대적으로 대할 것인가의 여부(與否) 등 혁명과정에서 요구되는 가장 효율적 투쟁형식의 지침(指針)을 선택·결정하는 합리적 논리를 제공하는 것이다.

2) 실천론

인식(認識)이란 대상(對象)을 파악하는 주관적인 사고(思考)에 의한 것으로 객관적 실재(實在)의 성질과 구조 및 법칙이 경험적 이론적 지식의 형태로 인간의 의식 속에 비교적 적합(適合)하게 반영하는 것이다.

이러한 인식 자체는 주관적인 영역에 속하지만 그것은 하늘로부터 내려오거나 두뇌 속에 고유하게 보존되어 있는 것이 아니라, 사회의 생산투쟁, 계급투쟁·과학실험 등 사회적 실천으로부터 형성되는 것이다. 그에게 순전히 이론적인 즉 실천과 분리된 사변(思辨)이란 존재하지 않는다.

모택동은 진정한 인식의 원천은 대상의 상태를 '목적의식을 갖고' 변화시키는 인간의 활동, 즉 사회적 실천에 있다고 표현하였다. 이처럼 인식은 개관적인 실천에 의존하지만, 인간의 인식능력은 객관적 실재에 대한 단순한 반영(反映)에 그치는 것이 아니라 능동적으로 작용함으로서 주관과 객관의 통일을 이룰 수 있다.

그리고 그는 '세계 내에서 생각할 수 있는 모든 인간의 인식대상들이란 아직 완결되지 않은, 그리고 역사 내에서도 종결될 수 없는 끊임없는 변증법적 자기실현의 과정에 있는 것이다'하여 완결된 절대진리는 있을 수 없다는 것이다. 이러한 논리가 영구혁명의 근거이다.

그는 같은 맥락(脈絡)에서 실천의 성격 역시 그러한 한계를 갖는다고 생각하였다. 실천은 객관적인 물질 활동이면서 대상적인 감성 활동이기에 그 자체가 하나의 객관 존재이다. 따라서 현실 세계의 모든 존재와 모든 관계를 포괄할 수 없고, 실천 활동 자체도 관계 영역을 떠나 성립될 수 없는 하나의 관계로서 철학적 반성을 필요로 하는 대상이다.

실천은 생산활동에 국한되지 않고 계급투쟁·정치생활, 학문활동, 예술활동 등 인간의 모든 사회활동을 포함한다. 그는 유물론적 변증법의 원칙인 '대립의 통일'을 피상적(皮相的)인 형식논리학의 오성(悟性)인식에 의지(依支)하기를 거부하고 구체적 생활 속에서 실천을 통해 확증해야 한다고 하였다.

그는 '인류 인식의 역사가 우리에게 알려주듯이 많은 이론의 진리성은 불완전한 것인데, 실천의 검증을 통하여 이를 교정(教正)한다. 이른바 실천을 통하여 진리를 발견하고, 또 진리를 검증하며 발전시킨다.

그는 이를 감성적 인식, 이성적 인식, 그리고 실천을 세 단계로 나누어 설명한다.

감성적 인식에 대하여 그는 인간의 인식은 외부사물에 대한 주관의 작용으로부터 시작하는 것으로 감각은 인식의 기점(起點)으로 외부현상에 접촉하여 이를 반영한다. 이때 반영된 사물은 표면적·분열적·개별적인 현상으로 완전하거나 정확한 것으로 단정 지을 수 없다. 그리고 인식의 진정한 임무(任務)는 객관 사물의 내부 모순과 법칙성 그리고 사물의 본질과 전체의 내적 연계(連繫)를 깊이 있게 이해는 데 있으며 이는 이성적(理性的) 인식에서야 가능하다.

감성적(感性的) 인식이 능동적으로 발전함으로서 이성적 인식에 이른다. 이 과정에서 개념(槪念)과 판단(判斷)과 추리(推理)의 방법을 활용해야만 비로소 수많은 감성적 자료에서 논리에 부합되는 과학적 결론이 나오게 되는데 이때 논리학의 도움이 필요하다.

이때 감성적 인식이 이성적 인식에 도달한다는 것은 변증법적 관계이고, 이성적 인식이 감성적 인식에 의존한다는 것은 유물론적 견해이다.

그리고 세 번째 단계로서 현상에 대한 이해력을 갖춘 이성적 인식이 능동적으로 혁명적 실천을 지도함으로서 주관세계와 객관세계를 개조한다.

인간의 인식의 능동성 안에는 자각성(自覺性)·의식성(意識性)·자주성(自主性)·자위성(自慰性)·적극성(積極性) 등이 포함되며 이러한 능동성과 창신성(創新性) 및 독창성에 의해 창조적인 인식이 성립 가능한 것이다.

인간의 의식(意識)을 결정짓는 근본에 감성을 토대로 하는 유물론의 입장에서는 도덕의식(道德意識)에 대해 관념론자들이 이를 선험적·본래적인 것으로 보고, 그것이 감각과 지각에 의해 훼손(毁損)되는 것을 막기 위해 인간욕망의 절제를 주장하는 것과는 다르다.

한편으로 그는 중국의 풍부한 철학 유산(遺産)에 대해, 우수한 전통 철학을 비판적으로 계승하여 당시의 시대문제를 해결하는데 활용하였다. 한 예(例)로 그는 공자(孔子)의 '명분이 바르지 않으면 말이 순조롭지 못하고, 말이 순조롭지 못하면 일이 이루어지지 않는다(名不正 則言不順, 言不順 則事不成, …)[31]'는 명제(命題)를 분석하여 이는 '철학의 총체적인 강령으로 말하면 관념론(觀念論)이다. … 그러나 실천론(實踐論)으로 말한다면 옳다. 이것과 정확한 이론이 없으면 정확한 실천도 없다는 의미와 큰 차이가 없다.'[32]

또한 공자는 '배우기만하고 생각하지 않으면 어둡고, 생각만하고 배우지 않으면 위태롭다.'고 하였는데 이때 배움(習)이란 곧 실행을 의미한다.

---

31) 논어, 자로(子路).

32) 『모택동 서신선집』

『실천론』은 마지막에서 이렇게 요약하고 있다.

'진리는 실천을 통해 발현되며 또 실천을 통해 검증되고 발전한다. 감성적 인식이 능동적으로 발전하여 이성적 인식에 도달하고, 또 이성적 인식이 능동적으로 혁명적 실천을 주도하여 주관세계와 객관세계를 개조하는 것이다. 실천·인식·재실천·재인식의 형식은 끝없이 순환하고 그때마다 실천과 인식의 내용은 더욱 높은 단계에 이르게 되는 것이다. 이것이 변증법적 유물론의 인식론이자 지행통일관이다.'

3) 신민주주의론

모택동의 『신민주주의론』의 사상적·정서적(情緖的) 배경은 그의 '마르크스주의의 중국화'라는 민족적 형태의 공산주의에 대한 일관(一貫)된 관심에 있다. 신민주주의론에서의 문화는 민족적인, 민족의 위엄(威嚴)과 자주성을 지향하는 것이다.

모택동은 중국의 혁명은 두 가지 또는 세 가지의 단계로 나누어져 실행되어야 한다고 생각하였다. 첫째 단계는 반(半)식민지적·반(半)봉건적 사회를 독립된 민주적 사회로 변화시키는 것이고, 둘째 단계는 사회주의 사회를 건설함으로서 혁명을 더 한층 진전시키는 과정이다. 그는 첫 단계를 건너 뛰어 반식민지적·반봉건적 사회의 폐허(廢墟) 위에 사회주의 사회를 건설한다는 것은 비현실적이라고 하였다.[33]

신민주주의는 모택동이 이러한 단계를 상정(想定)하고 '독립된 민주적 사회'가 실현되는 중국의 장차 구성될 국가체제의 문제에 관해 최초로 체계적 접근을 한 결과이다.

1940년에 모택동은 소련의 모형(模型)과는 중요한 점에서 차이가 나는 혁명 이후의 중국의 정치체제를 제안하였다. 그는 정통 마르크스주의에서 주장하는 것과 같은 프롤레타리아 독재나, 스탈린이 농민과 노동자의 민주적 독재라 불렀던 것으로서가 아니라, '프롤레타리아에 의해 주도되는 모든 반(反)제국주의적이고 반봉건적인 인민의 공동 독

33) 『연합정부론』

재 하에 있는 민주주의 공화국'을 제안한 것이다.

그는 당시의 중국 사회에는 제국주의와 국민당과 연계된 자본계급의 여파가 여전히 잔존하는 것으로 여겼고 혁명이 아직 반제국·반봉건 단계에 있다고 보았다. 따라서 그는 자본주의의 요소를 완전히 소멸시킬 수 있는 정책이 아니라 자본주의를 절제(節制)시키는 정책을 생각하였다. 그리고 이념적으로는 부르주아 자유주의자들과 우경(右傾) 기회주의자들을 완전히 추출하고, 인민이 역사의 주인이 되는 세상을 건설하기 위해 모든 노력을 기울일 것을 요구하였다.

그의 제안에는 프롤레타리아와 농민 이외에 도시 소시민과 지식인층을 포함시켰고, 1949년에는 완전한 승리가 가까워지자 여기에 민족 부르주아를 포섭하는 변화를 주었다. 그의 지식인층에 대한 기대(期待)는 중국을 건설하는데 필요한 많은 교육자, 과학자, 기술자, 문필가, 예술인들의 노력이 요구된다는 것을 이해한 결과이다.

또한 민족 부르주아에 대하여는 '현단계에 있어 민족 부르주아는 매우 중요하다. 가장 포악스러운 적(敵)인 제국주의는 아직도 우리 옆에 나란히 서있다. … 중국의 낙후된 경제를 보다 높은 수준으로 끌어올리기 위해서는 국민경제와 인민의 생활에 유익하고 해(害)가 되지 않는 도시와 농촌의 자본주의 요소를 이용하지 않으면 안 된다.'(인민민주주의독재론)

그러나 그는 이들을 참여시키되 이들은 기회주의적 성품을 갖고 있음으로 국가권력에 있어 주된 역할을 맡게 해서는 안 된다는 단서(但書)를 붙였다.

모택동은 1949년 6월 30일에 중국 공산당 창립 28주년을 기념하여 인민민주 독재에 대하여 논하였다. 그는 당시를 농업국에서 공업국으로, 신민주주의 사회에서 사회주의 사회로의 전환기로 보았다.[34)]

---

34) 중화인민공화국의 성격은 헌법 제1조에 잘 나타나 있다.
'중화인민공화국은 신민주주의, 즉 인민민주주의 국가로서 노동자 계급을 지도자로, 노동자·농민의 동맹을 기초로 각 민주 계급(소자본가와 민족 자본가)과 국내 소수의 각 민족을 결집시키는 인민민주 전정(專政)을 실행하고 제국주의·본건주의·관료자본주의에 반대하며 중국의 독립·민주·평화·통일·부강을 위해 분투한다.'

그는 1953년에 공업화와 사회주의로의 전환을 동시에 추진하는 제 1차 5개년 계획을 선포하였다. 이때까지 상공업 부문에서 중국의 민족 부르주아는 영업을 계속할 수 있었으나, 정부는 비교적 강제권 발동(發動)없이 합법적인 권한행사를 통하여 경제의 사영(私營)부문을 국가 기업에 흡수하여 갔다.

또한 농업 부문에서는 1952년 초급합작회사를 통하여 집단화(集團化) 체제의 설립이 1958년 사실상 완성되어 대다수의 농가(農家)가 고급농업생산자합작사(高級農業生産者合作社) 또는 집단농장으로 조직되었다. 그리하여 1957년 제1차 5개년 계획이 완료되었을 때 중국 경제 성장률은 년 18%라는 경이적인 것이었다.

6. 정책의 실패 -세 번째 시기(1957~1976)-

1) 인민공사와 대약진운동

1957년 소련과의 관계가 악화되면서 원조를 거절당하자 모택동은 각종 당(黨)대회를 소집하여 농공업 분야의 비약적 발전을 목적으로 제2차 5개년 계획을 수립하며 이를 위해 ‘대약진운동(大躍進運動)’을 강력히 추진하기 시작하였다.

대약진운동은 경제정책과 이념적(理念的) 열광, 그리고 외교정책(外交政策) 등의 측면을 모두 합친 것이었다. 중국이 공산 혁명을 위해 대중(大衆)을 동원한 경험에 따라 경제성장과 공업화에 이들을 동원하려는, 바꾸어 말해 무한정한 중국의 인력(人力)을 자본재(資本財)로 전환시킨다는 발상(發想)이었다.

모택동의 실패는 농업생산을 증가하고 대약진운동을 지지하여 공업건설에 박차를 가하기 위해 농업합작사를 흡수한 인민공사(人民公社)를 창립한 것이 발단(發端)이 되었다. 인민공사(人民公社)는 소유재산, 음식, 노동을 한 군데 모은 집단농장(集團農場)으로 농민들은 이러한 준(準)군사조직에 징집되었다.[35]

---

35) 인민공사(人民公司)에서의 생활을 공동취사장과 공동거실의 형태로 마련함에 있어

그는 인민공사를 순수한 공산주의 사회로의 첩경(捷徑)으로, 그리고 소련을 능가하여 공산주의 최종단계에 이를 수 있다고 확신하였다. 그는 소련과의 불화(不和)로 심리적인 압박(壓迫)을 받고 있었고, 이것이 그를 조급하게 만들었다. 그는 물적 토대가 성숙되지 않은 상태에서 인간의 주동·능동성의 발현에 의해 사회적 조건을 비약적으로 변화시키기 위해 노력했지만 사회적 존재(存在)와 사회적 의식(意識) 사이의 부조화로 인하여 비실제적인 관념이 만연하였다.

1950년대 후기 특히 '대약진운동' 속에서 모택동은 '주관적 능동성의 발휘는 객관법칙에 의거(依據)하고 부합(附合)하며 오직 필연(必然)을 인식해야만 비로소 자유를 획득할 수 있다'는 자신의 원칙을 위배하고 중국 사회의 객관 법칙을 떠났으며, 심지어 자연 발전의 필연법칙까지 어겨가며 인간의 주관적 능동성의 발휘만을 강조함으로서 단지 정신작용만을 중시하는 유의지론(唯意志論)에 빠져들었다.[36)]

사실 모택동은 그의 '실천론'에서 '우리는 혁명대열 속의 완고파(頑固派)를 반대하는데, 그들의 사상은 변화하는 객관적인 상황에 따라 전진할 수 없다. 역사에서 그것은 우경기회주의(右傾機會主義)로 표현된다. … 우리는 좌익공담주의(左翼空談主義)를 반대한다. 그들의 사상은 객관과정의 발전단계를 초월하고 있다. 일부는 환상을 진리로 여기고, 일부는 장래에 올 현실적 가능성을 가지게 될 이상(理想)을 억지로 현시(現時)에 실시하려고 한다(실천론)고 하였다.

이러한 자신이 세운 논리에서 보면 그는 좌익공담주의에 빠진 것이었다. 인식은 그것이 '예정된 사상·이론·계획 방안이 동일한 과정의 실천 속에서 사실로 변화되거나 혹은 대체로 사실로 변화된다면 (실천론) 올바른 것이라 할 수 있는데 대약진 운동은 그렇지 못하였다.

레닌식으로 말하자면 '대중(大衆)의 발전을 앞지르지 말라.'는 경고를 잊은 것이다.

그는 농민의 전통적 경향과 내면적 보수성을 무시하였다. 한마디로 그는 농민의 가정(家庭)을 파괴한 것이다. 그는 또한 노동에 대한 물질적인 유도(誘導) 동기(動機)를 빼앗아 가는 이러한 방안을 농민들이 지지할 것이라 오판(誤判)하였다.

36) 필검영, 전게서, p.151.

2) 문화대혁명(文化大革命)

모택동은 하나의 실패를 만회(挽回)하기 위해 더 위험한 문화대혁명(文化大革命)이라는 패착(敗着)을 두었다.

1958년의 대약진운동의 실패와 인민공사에 대한 농민의 불만은 소련과의 이념분규와 국제정치에 있어서의 고립화의 심화와 겹쳐 당 내외에서 그의 입지(立地)가 불안해졌고, 당의 실권(實權)은 유소기와 등소평 등 경제성장을 주장하는 실무파(實務派)에 의해 장악되었다.

모택동은 광범위한 문화적 변혁을 통해 자신의 가르침인 공산주의 이념에서 일탈(逸脫)하여 도덕적 해이(解弛)와 산업화 과정에서의 관료화로 향하는 사회풍조(風潮)를 막아 보려는, 그리고 실무파에 대한 정치적 숙청을 통한 탈권(奪權)을 단행함으로서 복권(復權)하려는 의도를 갖고 있었다. 그리고 이를 그의 장기(長技)인 대중동원을 통해 이루려 하였다.

문화혁명은 거대한 정풍운동(整風運動)이었다. 그것은 명목상 실무파들이 당내에서 자본주의를 배양하여 혁명정신을 부패시키고, 진정한 사회주의 실현을 바라고 있는 혁명 대중을 억압하고 있다고 비난하며 이를 홍위병(紅衛兵)을 내세워 교정하려는 것으로 이는 영구혁명 정신에 근거한 것이다.

그러나 홍위병을 동원한 문화혁명은 그들의 난동(亂動)으로 사회 혼란이 극에 달하였고, 이 거대한 파도(波濤)에서 안전(安全)한 기구나 제도는 단 하나도 없었다. 대부분이 학생이었던 홍위병의 동원으로 오랫동안 중국의 사회질서를 떠받치던 교육체제는 완전히 멈추어 버렸다.

모택동은 『모순론』과 『실천론』에서 그토록 명확하게 펼친 자신의 원칙을 스스로 저버린 결과로 실패하였고 이 문화혁명은 모택동이 그간 쌓아 올린 업적과 명성을 일시에 무너트렸다.

1980년대부터 모택동의 계급투쟁의 정책은 폐기되었다. 정권을 장악한 등소평은 생산력과 생산관계의 모순을 해결하는 것보다 생산력을 향상시키는 것을 우선으로 하여 선진 자본주의의 경제 운용 시스템을 수용하고 외국인 투자를 유치하여 경제를 부흥시키고자 하였다.

3) 결 어

에드가 스노의 보도에 의하면 말년의 모택동은 자신을 중심으로 구축된 개인숭배를 개탄(慨歎)했다고 한다. '황제를 숭상하는 삼천 년 전통을 사람들이 극복한다는 것은 어려운 노릇이다. 그는 조만간 국가주석(主席) 등 그에게 부여된 칭호들을 없앨 것이며, 그가 보존(保存)하고 싶은 유일한 칭호는 바로 '스승'이라고 했다.[37)]

이러한 그의 독백(獨白)에 가까운 심경토로(心境吐露)는 그의 성품과 삶의 모습을 단적으로 보여준다.

모택동의 위대한 업적은 그의 과오(過誤)를 덮기에 충분한 것이다. 모택동은 제국주의와 봉건사회를 붕괴시키는 투쟁에 모든 중국 인민의 동의와 참여를 끌어내는데 성공하였다. 그리하여 그 승리의 영광(榮光)을 공산당이라는 한 집단만이 아닌 인민 전체에 돌리고, 모두가 해방의 성취감을 함께 함으로서 승리를 인민 각자의 몫으로 경험하게 하였다. 이렇게 하여 종래 일부 한정된 지식층의 문화적 자부심과는 다른 중국 인민들 전체에게 자신의 삶에 자존(自尊)의 신념을 갖게 하였다. 오천년 중국 역사에 획기적 전환점을 이룬 이 자존심(自尊心)의 회복이야 말로 모택동 혁명의 위대한 업적이다.

이제 중국은 과거의 질곡(桎梏)에서 벗어나 자각된 자신감으로 역사의 수레바퀴에 시동(始動)을 걸고 있다. 12억의 현실감각이 뛰어난 중국인들은 멀지 않은 장래에 세계를 뒤흔들만한 힘을 가게 될 것이다.

---

37) 키신저, 전게서, 281.

◈ 참고 문헌 ◈

〈서 양〉

1. 서양의 지적전통	브로노프스키·메즐리시	차하순
2. 서양 철학	사버트랜드 러쎌	서상복
3. 세계사 편력	네루	곽복희
4. 서양 철학사	앤소니 케니	이영주
5. 서양 철학사	프랭크 틸리	김기찬
6. 옥스퍼드 영국사	케네스 O. 모건	영국사학회
7. 미국의 역사프란시스	휘트니 편집	미국 국무부
8. 헤겔과 마르크스의 변증법		문국선
9. 토크빌과 자유주의		방문숙
10. 정치 사상사		백상건
11. 서양 정치사상사 1. 2. 3.	존 플라므나츠	김홍명
12. 제삼제국의 신화	J.F. 노이로르	전남석
13. 근대정치사상사	와트킨스	이홍구
14. 헤겔의 법철학		강성화
15. 헤겔의 변증법	슬로모 아비네리	김정권
16. 헤겔 철학의 현재성의 역설	하워드 P. 케인스	이명준
17. 자유론	J. S. 밀	이극찬
18. 피시즘	마크 네오클레우스	정준영
19. 서양 근대 정치사상사		강정인·김용민·황태연 엮음
20. 미국의 역사		최웅·김봉중
21. 미국을 만든 사상들		정경희
22. 자본주의	R. L. 하일부르너	신정현·한율
23. 공산주의 법이론	한스 켈젠	정경학
24. 마르크시즘과 볼셰비즘		김덕 외
25. 헤겔 변증법 연구	R.P. 호르스트만	김청호
26. 헤겔 절대 정신과 변증법 비판		강영계

27. 헤겔 변증법의 쟁점들 J. E. 매타가르트 이종철
28. Thomas Hill Green의 정치사상의 체계적 연구 이상갑
29. 西洋 政治思想史 中谷 猛/足立幸男 編著
30. 파시즘 마아틴 키친 강명
31. 정치 사상사 세이빈 외 성유보 외
32. 정치사회사상사 에드윈 쎄리만 이영재
33. 서양 문명의 역사 E. M. 번즈 외 박상익
34. 철학 이야기 윌 듀랜트 황문수

〈동 양〉

1. 동양 문화사 라이샤워 외 이해종 외
2. 동서 문화교류사 최소자
3. 중국 봉건사회의 정치사상 조덕본(曺德本) 김덕균
4. 전통 중국정치사상사 주일요(朱日曜) 정귀화
5. 왕부지의 중용관 연구 전병욱
6. 청말민국초 호남에서의 왕부지사상 김배철
7. 명말청초의 동림·복사 운동 조영록
8. 중국 현대정치사상사 체스타 한 민두기
9. 중국의 과학과 문명 조셉 니담 이석호 외
10. 중국 철학사 펑유란 정인재
11. 중국 근대사상사론 리쩌허우 임춘성
12. 태평천국의 종교사상 최진규
13. 중국 사회사상사 송영배
14. 모택동사상과 중국철학 필검횡(畢劍橫) 이철승
15. 이탁오 평전 옌리 예산(鄢烈山) 홍승직
16. 마오쩌둥 이철승
17. 잠서 당견 김덕균
18. 황종희 명전 쉬딩바오 양휘웅
19. 중국 정치사상사 소공권 성유보 외
20. 중국 현대 정치사상사 이세평(李世平) 최윤수 외
21. 중국 현대 정치사상가 지원순(池元順) 표명렬

22. 강유위의 정치사상		최성철
23. 강유위 양계초		최완식 외
24. 양계초	모이형(毛以亨)	송항용
25. 담사동		이명수

[저자소개]

지기영

1960. 서울 경동고등학교 졸업
1966.8 연세 대학교 행정학과 졸업
1968.8 고려 대학교 대학원 정치학과 졸업
정치학 석사
1983. (주)용지전자 대표이사
1993. 인도 배낭 여행
1996. 티벳 수미산 순례

東西 政治思想史(2)

2013년 1월 5일 | 초판 인쇄
2013년 1월 15일 | 초판 발행

지은이 | 지기영
발행인 | 고준영
발행처 | 법영사
등 록 | 1987. 11. 5 제3-125호(윤)
주 소 | (135-280) 서울특별시 강남구 대치동 611
전 화 | (02)501－8898
팩 스 | (02)501－8895
Site : www.bubyoungsa.co.kr
E-mail : bypuco@chol.com
ISBN : 978-89-7032-285-8

정 가 30,000원